마가복음을 읽는다

1

적은 무리여
기뻐하라

마
가
복
음
을

1

읽
는
다

정용섭
지음

홍
성
사

차례

머리말

전업 목사로 사는 사람은 평생 성경을 꾸준히 읽고 강해하고 설교해야 합니다. 이게 한편으로는 짐이고 다른 한편으로는 은혜입니다. 짐인 이유는 간혹 영성이 이완되는 순간에도 이 업무를 피할 수 없기 때문이고, 은혜인 이유는 이를 통해서 말씀의 깊이로 점점 깊이 끌려들어갈 수 있기 때문입니다. 저도 이 두 차원을 오가면서 수행하듯이 성경과 함께 살았습니다. 공적으로 담임 목사 자리를 떠나도 일종의 산티아고 순례길 여행이라 할 수 있는 이런 길을 계속 가게 될 것입니다. 성경을 읽다가 숨이 끊어진다면 가장 행복한 죽음이겠지요. 히브리서 기자의 고백처럼(히 4:12) 하나님의 말씀(호 로고스 투 데우)은 생생하고 강력하고 날카로워서 영혼의 심연까지 환하게 밝혀 준다고 믿기 때문입니다.

저는 마가복음을 4년 동안 읽고 그것에 대한 단상을 기록해 나갔습니다. 읽고 쓴다는 것이 얼마나 거룩하고 황홀한 경험인지를 절감한 시간이었습니다. 마가복음이 빛처럼 저에게 다가왔으니까요. 그렇습니다. 말씀은 텍스트 형식을 갖춘 생명의 빛이었습니다. 원시 기독교 공동체가 어린 싹을 틔우던 시절의 마가가 시간을 뛰어넘어 천사처럼 저를 찾아와서 자신의 예수 경험을 전해 주었으니 "이건 빛이야"라는 말 외에 다른 설명은 불가능합니다. 이게 렉치오 디비나(Lectio Divina, 거룩한 독서)일까요? 마가의 말을 듣는 동안 제 영혼이 전체적으로 환해지는 느낌이었으니까요. 10년 전 경험이 지금도 생생합니다.

제가 마가의 말을 무조건 받아 적기만 한 것은 아닙니다. 제 입장에서 질문도 하고 나름 의견을 제시했습니다. 우리 교회 교우들이 알고 싶어 할 만한 것들을 대신 물어보기도 했습니다. 이런 과정을 통해서 마가복음 당시의 원초적 신앙이 무엇인지 많은 것을 알게 되었을 뿐만 아니라 더 알고 싶다는 갈망에 휩싸이게 되었습니다. 성경의 사람으로 살아가야 할 목사에게 이보다 더 큰 즐거움이 어디 있겠습니까. 제 인생에서 다시 오기 힘들 정도로 행복한 시간이었습니다.

《마가복음을 읽는다》는 본격적인 성경 주석이 아니고 설교도 아닙니다. 일반적인 큐티도 아닙니다. 어느 특정 장르에 속하지 않습니다. 굳이 말하자면 인문학적 관점과 하나님 경험에 근거해서 풀이한 신학 에세이입니다. 읽고 묵상하면서 떠오르는 생각을 아무런 제한도 두지 않고 자유롭게 펼쳤습니다. 읽고 쓰기의 자유를 만끽했습니다. 교우들을 직접 보고 말한다는 생각으로 문체를 존칭으로 했습니다. 이렇게 책으로 출판될 것으로는 예상하지 못했습니다. 애써 주신 홍성사의 모든 관계자들에게 진심으로 감사의 말씀을 드립니다.

2019년 사순절을 맞으며, 원당에서
정용섭

1장

복음의 시작

1:1-8

¹ 하나님의 아들 예수 그리스도의 복음의 시작이라 ² 선지자 이사야의 글에 보라 내가 내 사자를 네 앞에 보내노니 그가 네 길을 준비하리라 ³ 광야에 외치는 자의 소리가 있어 이르되 너희는 주의 길을 준비하라 그의 오실 길을 곧게 하라 기록된 것과 같이 ⁴ 세례 요한이 광야에 이르러 죄 사함을 받게 하는 회개의 세례를 전파하니 ⁵ 온 유대 지방과 예루살렘 사람이 다 나아가 자기 죄를 자복하고 요단강에서 그에게 세례를 받더라 ⁶ 요한은 낙타털 옷을 입고 허리에 가죽 띠를 띠고 메뚜기와 석청을 먹더라 ⁷ 그가 전파하여 이르되 나보다 능력 많으신 이가 내 뒤에 오시나니 나는 굽혀 그의 신발끈을 풀기도 감당하지 못하겠노라 ⁸ 나는 너희에게 물로 세례를 베풀었거니와 그는 너희에게 성령으로 세례를 베푸시리라

헬라어 성경의 어순은 약간 다르지만 우리말 번역 마가복음은 예수 그리스도가 '하나님의 아들'이라는 말로부터 시작됩니다. 하나님의 아들이라는 말 자체가 이해하기 어렵습니다. 영으로 존재하는 하나님이 헬라 신화의 여러 신들처럼 자식을 두었다는 건 좀 이상합니다. 기독교인들은 이 말을 문자적인 차원에서 당연한 것으로 받아들이고 있으며, 더 나아가서 이 말을 예수님의 초월성에 대한 근거로 받아들입니다.

예수님이 하나님의 아들이라는 이 마가복음의 해석은 어떻게 나온 걸까요? 하나님의 아들이라는 표현은 구약성서에도 나옵니다. 간접적인 표현이지만 시편 2편 7절을 보십시오. "내가 여호와의 명령을 전하노라 여호와께서 내게 이르시되 너는 내 아들이라 오늘 내가 너를 낳았도다." 이스라엘의 왕이 즉위할 때 이런 시편이 합창대에 의해 불렸습니다. 예수님은 이런 구약의 전통에 따라서 초기 기독교인들에게 하나님의 아들로 인식되었습니다. 여기에는 예수님이 하나님을 아버지로 고백했다는 사실이 들어 있습니다. 이런 맥락에서 이 진술의 핵심은 초기

기독교 공동체가 예수님을 메시아로 경험했다는 사실입니다.

하나님의 아들이라는 표현이 어떤 사본에는 생략되기도 합니다. 지금 우리에게는 성서의 원본은 없고 필사본만 남아 있습니다. 필사본은 부분적으로 서로 차이가 있습니다. 왜 어떤 사본에는 하나님의 아들이라는 단어가 빠졌을까요? 이런 문제를 본격적으로 다루려면 많은 노력이 필요합니다. 마가복음의 편집 과정에서 무슨 일이 일어났는지 상세하게 알아봐야 할 테니까요. 그런 문제들은 학자들에게 맡겨놓고, 우리는 우리의 진도를 나가는 게 좋습니다.

마가복음의 중심은 예수 그리스도입니다. '하나님의 아들'은 '예수 그리스도'와 동일한 의미로 쓰입니다. 예수 그리스도가 주어라고 한다면 하나님의 아들은 술어입니다. 그렇다고 해서 하나님의 아들이라는 용어가 불필요하다는 말은 결코 아닙니다. 초기 그리스도교 공동체는 예수를 설명하기 위해서 하나님의 아들이라는 용어를 차용한 것뿐입니다. 어떤 사본의 필사자는 그것을 과감하게 포기했습니다. 예수 그리스도를 더 드러내려는 것이었는지도 모릅니다.

신약성서의 앞자리를 차지하고 있는 네 복음서는 예수님에 관한 이야기입니다. 부분적으로 예수님의 출생 설화와 열두 살 때의 에피소드가 나오기는 하지만 전체적으로 보면 예수님이 출가한 후 갈릴리에서 사마리아를 거쳐 예루살렘에 이르러 체포당하고 십자가 처형을 당한, 소위 공생애가 핵심입니다. 그 기간은 짧게는 1년여, 길게는 2년여가 됩니다. 전체 삶도 짧았을 뿐 아니라 활동 기간도 지나치게 짧았습니다. 3년짜리 신대원 공부보다 짧은 기간입니다. 만약 예수님이 좀더 오래 사셨다면 기독교의 역사와 유럽 역사, 전 세계 역사는 어떻게 변했을까요? 석가모니처럼 천수를 다하셨다면 어떻게 되었을까요?

성구사전에서 '복음'(에방겔리온)과 그것의 동사형인 '복음을 전하다'(에방겔리조)라는 항목을 찾아보니 마태복음에 두 번, 마가복음에 여섯 번, 누가복음에 네 번 사용되었네요. 공관복음서 중에서 길이가 가장 짧지만 가장 먼저 기록된 마가복음이 이 단어를 가장 많이 사용했고, 가장 긴 마태복음이 가장 적게 사용했습니다. 네 복음서 중에서 가장 늦게 기록된 요한복음은 한 번도 사용하지 않았습니다. 로고스, 또는 빛과 어두움 같은 개념에서 확인할 수 있듯이 요한복음서 기자가 헬라철학의 영향을 크게 받았기 때문에 복음이라는 단어를 낯설게 생각한 걸까요? 바울의 편지에는 이 단어가 수도 없이 나옵니다. 어쨌든 복음서 중에서 마가복음이 복음이라는 단어를 가장 많이 썼다는 사실(1:1, 14,15, 8:35, 10:29, 13:10)만이 아니라, 처음부터 다짜고짜로 복음을 들고 나왔다는 것은 예삿일이 아닙니다. 마가는 무슨 이유로 자신이 쓴 예수님에 관한 이야기책을 복음, 즉 기쁜 소식이라고 규정했을까요?

신앙적 성향을 가리킬 때 '복음주의'라는 말을 쓰기도 합니다. 기독교의 전통을 지키고 전도를 중요한 사명으로 인식하며, 사회와는 일정한 거리를 두는 신앙인들의 태도를 복음주의라고 부르는 것 같습니다. 본인들은 복음주의라고 부르지만 실제로는 보수주의 또는 근본주의인 경우가 많습니다. 모든 부분에서는 이런 보수주의와 맥을 같이하지만 에큐메니컬 운동에 비교적 열린 태도를 보이는 이들의 신앙적 태도를 신(新)복음주의라고도 합니다. 이들은 개인구원에 치우친 보수주의자들과 달리 사회구원에도 관심을 기울입니다. 그렇다고 그들이 해방신학이나 민중신학과 어느 정도 대화가 된다는 뜻은 아닙니다. 1970대 말, 스위스 로잔에서 열렸던 세계대회 이후로 그들은 사회정의에 대해서 발언하기 시작했습니다. 지금은 무엇보다도 복음의 회복이 절실한 때입니다.

신앙과 신학의 경향을 보수와 진보, 근본주의와 자유주의로 구분하는 것은 옳지만 복음주의를 앞세워 교통정리하는 건 개념적으로 정확하지 않습니다. 독일에서는 모든 개신 교회를 복음교회(에방겔리셰 키르헤, evangelische Kirche)라고 부릅니다. 문자적으로는 '복음교회'이지만 실제로는 개신 교회(protestant)를 의미합니다. 엄격하게 말하면 로마 가톨릭교회도 복음주의 교회입니다. 마가복음이 첫 구절에서 명시하고 있듯이 예수 그리스도를 복음이라고 여기는 기독교 공동체는 그 형식이 어찌 되었든지 기본적으로 복음적이기 때문입니다.

어느 누구도 바람을 독점할 수 없듯이 복음을 독점할 수 없습니다. 복음은 예수 사건에 보수적으로 접근하는 사람들에게만 주어진 것이 아니며, 진보적으로 접근하는 사람들에게만 주어진 것도 아닙니다. 복음은 일정한 경향을 보이는 교회가 독차지할 수 있는 대상이 아니라 예수 그리스도를 통해서 일으키신 하나님의 구원 사건일 뿐입니다. 복음에 충실하기 원하는 사람은 이 사실을 전폭적으로 믿고 따르는 일에 전념해야 합니다. 만약 보수적인 교회가 자신들의 정체성을 복음에서 찾으려고 한다면 교회의 전통을 복음적으로 수호해야만 합니다. 만약 진보적인 교회가 복음적인 교회로 남으려면 복음의 방식으로 오늘의 역사에 참여해야 합니다. 한국 교회의 보수와 진보가 서로의 특성을 살려 복음의 능력을 확장시켜 나간다면 서로 대립할 일이 없겠지요. 복음적인 보수와 복음적인 진보가 그리스도 안에서 영적으로 연대하며 하나님이 창조한 이 세상에서 하나님 나라를 위해서 일할 수 있는 그런 날이 올까요? 복음 사역은 우리가 아니라 하나님 자신이 행하시는 일이라는 데 희망을 둡니다.

마가복음 기자가 전하는 복음(福音, 유앙겔리온)이라는 단어는 복된 소식, 기쁜 소식이라는 뜻입니다. 유대인들의 역사를 배경으로 기록된 구약성서에서 가장 큰 기쁜 소식은 출애굽과 바벨론 포로 귀환입니다. 먹고살기 힘들어 애굽 땅으로 갔던 이스라엘 민족이 그곳에서 소수 민족으로 당해야만 했을 고난, 그리고 전쟁에서 패배하여 인질로 잡혀갔던 바벨론 제국에서 당해야만 했을 모욕이 얼마나 견디기 힘든 것이었는지는 긴말하지 않아도 분명합니다. 애굽 탈출, 바벨론 귀환은 이스라엘 사람들에게 복음이었습니다.

이 사건에서 두 가지 사실을 주목해야 합니다. 첫째, 이스라엘 사람들의 삶을 파괴한 이집트와 바벨론은 제국이었습니다. 그들의 통치자는 신(神)과 같은 권력을 행사했습니다. 오늘 한국 그리스도교는 민중들의 삶을 억압하는 제국주의로부터의 해방을 외치고 있을까요? 오히려 기독교 스스로 제국주의적 패권을 행사하고 있는지도 모릅니다. 끝없이 자기를 확장하겠다는 욕망이 내용적인 면에서 제국주의이니까요. 자기가 극복해야 할 그 힘을 자기 내부에 키우고 있는 셈입니다.

둘째, 출애굽과 포로귀환은 하나님의 행위였습니다. 출애굽을 보도하고 있는 이야기의 중심은 바로 무소불위의 힘을 행사하는 제국을 하나님이 무력화했다는 사실입니다. 이미 막강한 전투력을 확보하고 있던 이집트가 이스라엘을 포기할 수밖에 없었던 이유는 모세의 카리스마가 아니라 여호와 하나님의 도우심 때문이었습니다. 페르시아의 고레스가 바벨론을 밀어낼 수 있었던 것도 역시 야훼 하나님의 능력 때문이었습니다. 하나님이 일으키신 그 구원 사건이 그들에게 복음이었습니다. 구약성서가 말하는 복음의 내용이 정치적인 성격을 강하게 보인다는 것은 분명합니다. 복음이 정치적으로 일어날 수는 있지만 정치적 해방이 곧 복음은 아닙니다. 출애굽과 포로귀환을 보도하는 구약성서의 중심도 역시 정치적 사건 자체보다는 하나님의 행위에 있습니다.

이제 신약성서는 예수 그리스도에 의해서 완전히 새로운 지평에서 복음에 접근합니다. 신약의 정치적 배경도 로마라는 제국입니다. 그러나 신약의 복음은 정치적 해방보다는 한 인격체와의 일치를 통한 궁극적인 해방을 선포합니다. 신약성서는 구약이 천착했던 정치적 해방이 근본적으로 불가능하다는 사실을 직시한 것 같습니다. 옳습니다. 정치적 해방이 아무리 절실하다고 하더라도 그것이 진정한 의미에서 복음일 수는 없습니다. 정치의 최종 목표인 복지의 극대화를 생각해 보면 그 대답은 분명합니다. 신약성서 공동체는 예수 그리스도라는 한 인격, 한 사건, 한 운명에서 복음의 실체를 발견했습니다.

오해가 없기를 바라는 마음으로 한마디 더 드려야겠군요. 우리의 억압된 삶의 구조를, 그런 것들은 대개 경제와 정치에 연관된 것인데, 해방의 구조로 바꾸는 일이 무의미하다는 말은 아닙니다. 오늘 대한민국에서 외국인 노동자로 사는 분들이 아무런 차별을 받지 않고 살아갈 수 있도록 이 사회 구조를 바꿔 나가는 일은 교회가 선포해야 할 복음과 직접적으로 연결되어 있습니다. 이것만이 아니라 우리가 서로 연대해서 극복해야 할 문제들은 국내외적으로 끝없이 널려 있습니다. 정의와 평화가 이 땅의 삶에서 구체화할 수 있도록 교회는 깨어 있는 영성으로 계속해서 문제를 제기해야 한다는 말씀입니다. 여기에는 생태운동까지 포함됩니다. 이 지구가 지속 가능한 별로 남으려면 오늘 이 시대에 필요한 조치들을 구체적으로 전개해 나가야 하겠지요.

앞에서 말씀드린 사회·정치적 실천들은 양심과 윤리와 휴머니즘으로 가능합니다. 기독교 신앙은 이런 일들이 무의미하다고 생각하지 않으며, 이런 일들이 유보되어도 괜찮다고 생각하지는 않지만 그것 너머의 어떤 것에 전적으로 의존합니다. 그것은 곧 하나님입니다. 초기 기독교인들은 그 하나님을 예수 그리스도에게서 경험했습니다. 예수 그리스도를 통한 하나님 경험은 비밀로 나타났습니다. 우리는 바로 그 비밀로 들어간 사람들입니다. 이게 왜 비밀인지 한번 생각해 보세요. 복음의 실체를 조금 엿볼 수 있게 하는 소위 팔복 말씀의 첫 마디는 이렇습니다. "심령이 가난한 자는 복이 있나니 천국이 그들의 것임이요"(마 5:3). 누가복음은 심령이라는 단어를 생략했습니다만, 물질적으로 가난했든지, 아니면 심령이 가난했든지, 이런 사람들이 결국 천국을 소유하게 된다는 가르침은 우리의 현실적인 삶과는 좀 동떨어진 느낌이 듭니다. 우리의 경험은 그것과 정반대입니다. 이 세상은 가난한 사람들을 소외시킬 뿐입니다.

이런 말씀을 읽고 '마음을 비우라는 거구나'라고 간단하게 생각해 버리면 곤란합니다. 기독교 신앙은 단지 마음을 수양하는 종교는 아니니까요. 우선 가장 단순한 대답으로는 가난한 사람들만이 모든 물적 차별이 종식되는 하나님 나라를 희망한다는 것이겠지요. 이런 방식으로 그 말씀을 해석한다고 하더라도, 그것의 실체는 아직 비밀입니다. 천국이 무엇인지도 모르는 상황에서 그 두 관계를 안다고 할 수는 없겠지요. 이제 예수 그리스도의 복음을 이해하려면 우선 기쁜 소식이 무엇인지가 정리되어야 합니다. 마가는 그걸 설명하기 위해서 이 복음서를 쓰기 시작했습니다. 이런 점에서 그가 무슨 말을 하는지 귀를 기울이는 게 그리스도교적 신앙으로 살아가는 우리에게 필요한 가장 우선적인 태도입니다.

2절은 '선지자' 이사야의 글을 인용합니다. 이스라엘의 역사에서 선지자만큼 중요한 역할을 한 집단은 없습니다. 물론 이스라엘 사람들의 삶에 가장 큰 영향을 끼친 이들은 왕이며, 종교적인 삶에 가장 큰 영향을 끼친 이들은 제사장입니다. 왕과 제사장이 제도권의 상층부를 차지하고 있었다면, 선지자는 재야에서 이 제도권을 비판했다고 볼 수 있습니다. 왕, 제사장, 선지자가 이스라엘의 모든 역사에서 이런 관계를 형성한 것은 아닙니다. 경우에 따라서 선지자들이 왕정과 가깝게 지내면서 책사 역할을 할 때도 있었습니다만, 전반적인 흐름에서 볼 때 이런 구분이 가능합니다.

그들을 구분할 수 있는 더 결정적인 요소는 선지자들의 활동 방식에 있습니다. 그들은 왕과 귀족을 향해서, 그리고 이스라엘 민중을 향해서 말을 쏟아냈습니다. 그 말들이 구약성서입니다. 구약성서의 중심을 차지하는 예언서들이 그것입니다. 전기예언서는 예언자들의 활동을, 후기예언서는 그들의 예언을 모은 문서입니다. 모세오경과 성(聖)문서를 제외한 모든 문서가 예언서입니다. 확장해서 본다면 모세오경과 성문서도 역시 선지자들의 작품이라고 보아야 합니다. 왜냐하면 모세오경과 성문서의 내용에는 선지자들의 역사 해석이 담겨 있기 때문입니다.

이스라엘의 역사에서 활동한 선지자들 중에는 역사에 남지 못한

이들도 많았습니다. 그들의 말이 역사에 남지 않은 이유는 여러 가지겠지요. 당시 사람들이 이해할 수 없을 정도로 너무 수준이 높았거나 그들의 말을 문서로 남겨줄 만한 제자들이 없었기 때문인지도 모르지요. 아주 특별한 경우에는 분서갱유(焚書坑儒)를 당했을 수도 있습니다. 하여튼 역사는 진행되어 지금 우리에게는 주로 후기 예언서라고 불리는 그런 문서가 주로 선지자들의 예언 혹은 설교로 남아 있습니다. 이스라엘의 역사에서 활동한 많은 선지자들 중에서 거짓 선지자들도 많았습니다. 그들이 오히려 민중들의 지지를 받기도 했습니다. 포퓰리즘은 그때가 지금이나 하나님의 말씀을 전하는 사람들이 가장 경계해야 할 유혹입니다. 당시에 극찬을 받는다고 하더라도 그것의 실체는 역사에서 엄정하게 드러날 것입니다.

한국 기독교에 대해서 불안하게 생각하는 분들이 많은 것 같습니다. 성전에서 장사하던 사람들을 내어 쫓으신 예수님을 생각한다면 우상숭배하는 듯한 교회 앞에서 분노하는 건 당연합니다. 그러나 조급하게 생각할 건 없습니다. 인류 역사에는 사이비 선지자가 없던 때가 한순간도 없었습니다. 종교혁명을 일으킨다고 해서 교회가 완전히 새로워지는 것도 아닙니다. 혁명의 기운으로 잠시 무언가 새로운 공동체가 가능할지 모르지만, 혁명이 성공하면 그 혁명의 주체들은 아주 빠르게 무늬만 바뀐 거짓 예언자로 변질되기도 합니다. 루터와 칼뱅의 후예인 한국 교회가 극한으로 분열되어 있다는 사실에서 이를 확인할 수 있습니다. 우리는 이런 역사의 흐름에 순종하는 동시에 개혁과 변혁 운동에 역동적으로 참여해야겠지요.

마가복음 기자는 지금 이사야의 글을 인용하고 있습니다. 마가가 인용하고 있는 글은 분명히 이사야에 의해서 작성된 것이지만 우리는 그것을 하나님의 말씀으로 받아들입니다. 이사야의 글은 왜 하나님의 말씀인가요? 역사적 차원에서만 본다면 유대교가 기원후 90년 얌니야 회의에서 구약의 거룩한 문서 중에서 39권을 자신들의 정경으로 결정한 사건에 의해서 이사야서가 하나님의 말씀으로 받아들여지게 되었습니다. 그렇다면 정경화 이전에는 이사야서가 하나님의 말씀이 아니라는 말일까요? 정경으로 인정받지 못한 문서들은 하나님의 말씀이 아닐까요? 이런 질문은 신약성서에도 동일하게 적용되는데, 이것은 단지 학문적인 호기심만이 아니라 우리의 신앙생활에 직접 연관되는 현실적인 문제이기도 합니다. 왜냐하면 우리는 하나님의 말씀만이 우리의 삶을 규정하는 준거라고 믿기 때문입니다.

이사야서는 하나님이 이사야에게 직접 들려준 소리나 글이 아닙니다. 그는 자신이 살아가고 있는 세상을 영적인 깊이에서 들여다보고 해석했습니다. 자기 민족이 처한 운명을 창조자이고, 정의와 평화의 왕이신 하나님의 시선으로 해석했습니다. 하나님은 그런 방식으로 이 세상 사람들에게 말을 거신다고 보아야 합니다. 마가는 바로 그 선지자 이사야의 글을 통해서 주님의 길을 예비해야 할 세례 요한에 대해서 설명하고 있습니다. 마가는 이사야의 글을 통해서 하나님의 말씀과 만났으며, 오늘 우리는 마가복음을 통해서 하나님의 말씀과 만나고 있습니다. 하나님의 말씀은 이렇게 영적으로 깨어 있는 사람들, 즉 예언자들을 통해서 자기를 계시하고 있습니다. 그게 바로 계시의 역사, 구원의 역사이겠지요. 그런 역사의 한 순간에 지금 우리의 삶이 걸려 있습니다.

마가복음 기자가 선지자 이사야의 글이라고 인용한 구절 중에서 2절은 말라기 3장 1절입니다. 하나님께서 일꾼을 보내신다고 말합니다. 하나님은 사람을 통해서 일하신다는 뜻이겠지요. 조금 더 강하게 표현한다면, 사람이 없으면 하나님도 일을 하실 수 없다는 뜻입니다. 일꾼이라는 말은 하나님의 구원 행위가 현실화하는 과정에서 당연히 있어야 할 하나님과 인간의 관계가 무엇인지를 설명하고, 또한 하나님이 세상에서 일하시는 방법을 설명하는 것입니다.

그런데 이 대목에서 중요한 것은 하나님의 사자(使者), 즉 하나님의 일꾼이 감당해야 할 일이 무엇인가입니다. 그의 일은 '길을 준비하는 것'

입니다. '준비한다'는 말에 주의를 기울여야 합니다. 하나님의 구원 행위를 준비하는 사람이 곧 하나님의 사자입니다. 그는 하나님의 일을 직접 하는 것은 물론 아니고, 하나님의 일을 대신하는 것 역시 아닙니다. 일의 주체는 사람이 아니라 하나님입니다. 하나님의 구원 행위는 오직 하나님만이 가능한 배타적인 사건이라는 말입니다. 이런 배타적인 일을 감당할 수 있는 사람이나 조직은 이 세상에 없습니다. 어느 누구도 민들레꽃을 직접 피울 수 없듯이 하나님의 일을 대신할 수 있는 사람은 없습니다. 하나님의 일은 하나님이 스스로 하십니다.

마가복음이 3절에서 인용한 글은 이사야서 40장 3절 말씀입니다. 이사야의 글을 문자적으로 인용한 게 아니라 약간 손질을 했습니다. 이사야서를 그대로 인용하면 다음과 같습니다. "외치는 자의 소리여, 이르되 너희는 광야에서 여호와의 길을 예비하라. 사막에서 우리 하나님의 대로를 평탄하게 하라." 마가복음은 이사야의 글을 한 절만 인용했지만 누가복음은 이 뒤로 이어지는 이사야 40장 4, 5절을 보충했습니다. "골짜기마다 돋우어지며 산마다, 언덕마다 낮아지며…"(눅 3:4-6). 이사야서가 마가복음에서 1차로 변형되었고, 누가복음에서 훨씬 많이 보강되었습니다. 왜 이런 일들이 벌어졌을까요? 하나님의 말씀이라는 걸 전제한다면 같은 사건에 동일한 결과가 나와야 하지 않을까라는 질문입니다. 앞으로 이런 문제들은 반복해서 나올 테니까 여기서는 숙제로 남겨 두겠습니다.

마가가 이사야의 글에서 인용하고 있는 광야는 이스라엘 민족에게 딱 어울리는 개념입니다. 그들의 역사적 기원을 출애굽으로 잡는 데에는 이견이 없습니다. 그들의 족장들인 아브라함, 이삭, 야곱, 요셉 이야기는 출애굽 이후, 더 정확하게 말하면 민족적 정체성이 확고하게 뿌리를 내린 다윗과 솔로몬 왕조 이후 소급된 이야기이기 때문에 역사적인 무게는 별로 없습니다. 그들의 민족적인 특성을 명실상부하게 확보한 사건은 이집트 제국으로부터의 해방 사건인 엑소더스입니다. 그들은 이집트 제국의 문명으로부터 원초적 자연 상태로 남아 있는 미디안 광야로 삶의 근거를 옮김으로써 완전히 새로운 신앙의 세계로 돌입했습니다. 그 광야에서 그들은 하나님의 은총을 실질적으로 경험했으며, 그 경험이 신앙의 뿌리로 자리를 잡았습니다. 이스라엘 백성들은 광야에서 40년을 견뎠다고 합니다. 출애굽 당시에 스무 살 이상 된 사람은 여호수아와 갈렙을 제외하고 모두 그 광야에서 죽었습니다. 이집트의 정치, 문화, 질서에 물들어 있던 사람들로 구성된 이스라엘이 광야에서 완전히 물갈이되었다는 뜻입니다. 이스라엘 민족은 광야에서 영성을 공급받았고, 훈련받았습니다. 그들에게 광야는 영성의 영원한 샘물입니다. 요즘 표현으로 '노마드' 영성입니다.

모세가 여호와 하나님을 불붙는 떨기나무로 만난 호렙 산과 출애굽 이후 십계명을 비롯한 율법을 받은 시내산은 여러분이 잘 알고 있듯이 동일한 산입니다. 모세는 미디안 제사장이었던 이드로를 통해서 미디안의 성지인 이 거룩한 산에서 여호와를 경험했고, 결국 이스라엘 신앙의 진수인 율법을 완성할 수 있었습니다. 그 하나님의 산은 광야의 한 부분입니다. 광야가 곧 모세의 하나님 경험을 가능하게 했다는 말입니다. 미디안 광야만이 아니라 이스라엘의 역사 자체가 광야일지 모릅니다. 광야에 내동댕이친 나그네 같은 운명이 바로 그들의 역사였습니다. 유럽과 근동을 지배했던 제국들 틈바구니에서 그들은 천애고아처럼 치열한 생존투쟁에 매달렸습니다. 광야를 실존적으로 살아내야 할 개인이나 민족은 늘 죽음과 삶의 경계에 직면해야 하기 때문에 호전적인 모습을 보일 수밖에 없습니다. 지금 팔레스타인 원주민들을 향한 이스라엘의 행태가 그런 것입니다.

광야에서 하나님을 경험한 이스라엘의 역사를 통해서 예수 그리스도가 오셨다는 사실이 중요합니다. 광야의 이스라엘이 없었다면 예수도 없었을지 모릅니다. 예수님은 분명히 광야에서 하나님의 말씀을 받은 이스라엘의 아들입니다. 그 광야의 하나님 경험을 통해서 우리는 예수님과 그를 통한 구원 사건을 더 깊이 실질적으로 이해할 수 있습니다.

이스라엘의 신앙이 40년 광야생활에서 응축되었고, 바벨론 포로 귀환 소식이 광야를 가로질러 왔듯이 생명의 완성은 광야를 통과해야만 합니다. 영적으로 광야의 경험이 없다면 우리는 영적인 생명에 이를 수 없을지 모릅니다. 예수님도 공생애 직전에 광야에서 40일 동안 금식과 기도에 힘쓰셨고, 막판에 사탄에게 시험을 받으시기까지 했다고 합니다. 광야의 가장 일반적인 특징은 단조로움입니다. 흙, 돌, 모래, 구름, 하늘, 바람 그리고 광야에 사는 식물과 동물들이 있습니다. 궁극적으로는 이런 모든 것에도 역시 생명이 풍요롭게 담겨 있지만, 인간 문명을 기준으로 본다면 일단 단조로운 건 분명합니다. 이런 곳에서 야훼 하나님 경험이 가능했다는 사실을, 이스라엘의 역사에서 그런 일이 수없이 일어났다는 사실을, 그리고 기독교 역사에서도 실제로 사막의 성자들뿐만 아니라 문명과 일정한 거리를 둔 수도원 운동이 왕성했다는 사실을 눈여겨봅시다.

하나님 경험은 존재 경험과 가깝습니다. 무엇인가가 '있다'는 사실 앞에서 놀라는 경험이 바로 그것입니다. 왜 무엇이 없지 않고 있을까요? 왜 지구에는 고체, 액체, 기체라는 물질만 있을까요? 왜 모기는 모기이고, 민들레는 민들레일까요? 이런 질문은 존재의 궁극에 관한 것들입니다. 하나님은 바로 이런 궁극적인 질문에서 시작합니다. 성서는 아주 간단한 대답을 주고 있는 것 같지만 실제로는 궁극적인 질문 과정을 통과한 것입니다. 호렙산에서 하나님은 모세에게 '스스로 있는 자'로 자신을 해명했습니다. 마르틴 루터는 이 구절을 이렇게 번역했습니다. "Ich werde sein, der ich sein werde." 이를 우리말로 다시 번역하면 이렇습니다. '나는 존재하게 될 바로 그 존재가 될 것이다.' 혹은 '나는 내가 원하는 그런 존재가 될 것이다.'

궁극적인 존재 경험은 단조롭게 생활하는 광야에서 훨씬 풍부하게 일어납니다. 적게 봄으로써 훨씬 큰 것을 볼 수 있습니다. 적게 소유함으로써 훨씬 풍요로운 것을 소유할 수 있습니다. 적게 생각함으로써 훨씬 본질적인 것을 생각할 수 있습니다. 문명과 담을 쌓을 수밖에 없었던 광야의 삶은 이스라엘 백성들로 하여금 생존의 근거인 여호와 하나님에게만 마음을 두게 했습니다. 오직 하나님의 명령에만 집중함으로써 율법을 완성할 수 있었습니다.

어떤 점에서 오늘 우리 현대인들은 고대인보다 불행한지 모릅니다. 오늘 우리에게는 살아가기 위해서, 아니 자기를 확대하기 위해서 신경을 써야 할 부분들이 너무나 많기 때문입니다. 생존에 모든 힘을 쏟고 있는 몽고나 티베트의 유목민들에 비해서 우리는 지나치게 많은 것을 소유하고 확대 재생산하고, 경쟁에 집착함으로써 생명의 근본을 망각해 가는 중입니다. 생명의 근본을 잃어버리고 대신 자본과 오락에 치우칩니다. 광야를 버리고 문명을 일구었지만 생명의 근본은 날이 갈수록 희미해지고 있습니다. 교회도 더 이상 광야가 아니라 저잣거리가 되었습니다. 이 세상에서 영적인 광야가 되어야 할 교회가 오히려 세상보다 더 많은 볼거리와 이벤트를 생산하고 있습니다. 이제 교회당 건축도 그만하고, 헌금 종류와 액수도 적정 수준으로 줄이고, 교회 조직도 단순화하고, 말도 줄이고, 기도회도 줄이는 게 좋겠습니다. 도시 안의 교회가 완전히 문명과 담을 쌓을 수는 없겠지만 가능한 수도원의 형태와 정신을 살려나가야 합니다. 광야에 홀로 남아 끝없는 지평선과 석양의 붉은 노을을, 그리고 밤하늘의 총총한 은하수를 바라보는 사람은 아무 할 일도 없고, 할 말도 없습니다. 그는 그렇게 존재하는 것들의 신비 안에서 말없이 말을 거는 하나님과 말없이 말할 뿐입니다. "교회는 이 세상의 광야다!"

광야는 별로 낭만적인 장소가 아닙니다. 그곳에는 티브이도 없고 노래방도 없고, 테니스장도 없습니다. 그곳은 우리가 즐길 만한 그 무엇도 없습니다. 광야는 동창회를 열거나 계모임을 가질 수 있는 곳이 아니며, 연인들의 데이트 코스도 아닙니다. 이 세상에서 즐겁게 사는 것과는 좀 거리가 멀어 보이는 곳입니다. 영적인 광야도 역시 재미난 곳은 아닙니다. 그곳은 입담 좋은 부흥강사가 웃음보따리를 풀어놓는 부흥회도 없고, 성가대 단합대회도 없으며, 장로 장립식과 교회당 봉헌식도 없습니다. 열린 예배도 없고, 경배와 찬양이나 통성기도도 없습니다. 아무런 종교적 즐거움이 없는 영적인 광야를 찾아갈 기독교인이 있을까요?

우리가 영적인 광야를 회피하는 가장 결정적인 이유는 하나님으로 결코 만족하지 못한다는 게 그 대답입니다. 하나님과의 관계에서만 생명의 깊이를 확보할 수밖에 없는, 오직 하나님에게만 집중해야만 할 그 광야를 우리는 찾기 싫어합니다. 그런 곳에서는 하루도 견디지 못할 것입니다. 그곳에 한 달만 있으라고 한다면 기독교 신앙 자체를 포기할지 모릅니다. 영적인 준비가 되지 못한 사람들에게 광야는 자기 파멸의 길인지 모르겠습니다. 오늘 우리는 대개 광야와는 완전히 다른 도시에서 살고 있습니다. 설령 시골에서 살고 있다 하더라도 실제 삶의 형태는 도시와 다를 게 거의 없습니다. 신앙생활도 역시 광야와는 전혀 다른 도시풍의 재미에 기울어져 있습니다. 모든 삶이 화려하고 변화무쌍하고 열정적인 것 같은데, 실제로는 니체가 지적했듯이 광야의 허무주의가 오늘 현대인들을, 그리고 현대의 기독교인들을 지배하고 있습니다. 자신들의 신앙생활은 영적인 에너지가 흘러넘친다고 생각하는 분들도 있겠지요. 실제로 그렇다면 다행입니다.

이사야가 말하는 주의 길은 이스라엘이 바벨론 포로로부터 해방되어 고국으로 돌아올 때 가야 할 바로 그 길입니다. 여호와 하나님은 바벨론 포로와 함께 광야에 뚫린 길을 통해서 오신다는 것입니다. 이사야의 선포에 따르면 하나님의 사자는 바로 그 길을 준비해야 합니다. 이런 역사적 사건을 기억하고 있는 마가는 이사야의 예언을 통해서 이제 세례 요한의 사명을 설명하는 중입니다.

근본적인 차원에서 볼 때 여호와 하나님에게는 아무런 길이 필요 없으며, 예수님에게도 마찬가지입니다. 하나님은 사람이 만든 길을 초월하시며, 예수도 역시 그런 길과 상관없이 하나님 나라를 선포하셨습니다. 그런데도 불구하고 마가는 지금 2, 3절에서 세 번에 걸쳐 길을 강조하고 있습니다. 이사야의 글을 그대로 따르든지, 아니면 마가의 해석을 따르든지 여기서의 '길'은 실제의 길이라기보다는 영적인 의미의 길임에 틀림없습니다. 예수님은 이미 자신을 가리켜 '내가 곧 길이요'(요 14:6)라고 말씀하셨습니다.

길을 내라는 마가복음과 예수가 길이라는 요한의 증언을 연결해서 본다면 예수는 한편으로 길과 분리되기도 하고, 다른 한편으로 길 자체이기도 합니다. 예수와 길이 서로 구분되면서 동시에 일치한다는 이 말은 예수님과 하나님이 구분되면서 동시에 일치한다는 삼위일체론처럼 초기 기독교 공동체가 예수의 정체성을 전혀 새로운 차원에서 인식했다는 의미입니다. 이런 흔적은 예수가 하나님 나라를 선포했지만 초기 공동체에 의해서 그 하나님 나라가 예수와 동일화했다는 사실에서도 그대로 나타납니다. 예수님은 길을 지시한 분이면서 동시에 길 자체이십니다.

주의 길을 준비하라는 이 말씀은 무슨 의미일까요? 이 사회를 정의롭게 만드는 일이나, 세계를 복음화하는 일이 바로 그런 준비라고 생각할 분들이 있겠지요. 이런 일들은 분명히 오늘의 교회가 감당해야 할 중요한 과업입니다. 마가복음과 달리 누가복음이 인용하고 있는 이사야 40장 4, 5절을 보면 이런 생각이 더 분명해 보입니다. "골짜기마다 돋우어지며 산마다, 언덕마다 낮아지며 고르지 아니한 곳이 평탄하게 되며 험한 곳이 평지가 될 것이요. (중략) 이는 여호와의 입이 말씀하셨느니라"(눅 3:4-6).

우리가 실제로 골짜기를 돋우고, 산과 언덕을 낮게 해서 평탄하게 만들 수 있을까요? 조금 흉내를 낼 수는 있겠지만 근본적으로는 불가능합니다. 더구나 북유럽처럼 최상의 복지 시스템을 구축하거나, 중세기 유럽처럼 기독교가 국교로 작동한다고 하더라도 거기서 야훼의 영광이 나타날 수는 없습니다. 인간이 아무리 아름답게 가꾼다 하더라도 거기에는 그림자가 드리웁니다. 우리가 최선으로 경제·정치적인 정의를 세워 나가야 하겠지만 그것이 곧 주의 길과 일치한다고 말할 수는 없습니다. 제가 보기에 주의 길을 준비한다는 말은 곧 예수가 길이라는 사실의 현실성(reality)을 확보하는 것입니다. 이 일은 복지활동이나 세계복음화와는 다릅니다. 이 일은 휴머니즘의 제고(提高)나 교회 조직의 강화와는 전혀 다릅니다. 이것은 예수에게 일어났던 사건이 궁극적 생명의 선취(先取)이며 성취(成就)라는 사실에 대한 이론적·실천적 증거입니다. 이것이 때로는 영적 현실성을 담아내는 신학으로, 때로는 생명이 가득한 실천운동으로 나타날 수 있습니다. 우리가 어디서 어떻게 살고 있든지 이런 일에 증인이라고 한다면, 결국 주의 길을 준비하는 사람들이겠지요.

공관복음서만이 아니라 요한복음에 이르기까지 모든 복음서가 예수님의 공생애를 설명하기 전에 세례 요한을 다루고 있습니다. 누가복음은 심지어 세례 요한의 출생설화를 예수님의 출생설화와 연결시키기까지 합니다. 요한은 이미 가임기가 끝난 엘리사벳의 몸을 통해서, 그리고 예수는 동정녀인 마리아의 몸을 통해서 여섯 달 간격으로 태어났으며, 이 과정에서 양쪽 모두에게 똑같이 천사가 등장합니다. 그 뒤로도 요한과 예수의 관계는 끊이지 않습니다. 예수님은 요한에게 세례를 받았지만 요한은 예수의 신발 끈을 맬 자격도 없다고 자신을 낮추었습니다. 요한은 감옥에 갇혔을 때에 제자들을 예수에게 보내서 "당신이 메시아인가?" 묻기도 했고, 자신은 망하고 예수는 흥해야 한다는 경구를 남기기도 했습니다. 복음서는 근본적으로 세례 요한을 예수의 협력자로, 또는 보조자로 묘사하지만, 실제로는 요한이 예수의 경쟁자였을 개연성은 열려 있습니다.

요한이 예수님의 경쟁자였을지 모른다는 말을 불쾌하게 여길 분들이 있을지 모르겠군요. 복음서는 예수님을 메시아로 전제하고 있기 때문에 요한과 예수 사이의 경쟁이라는 건 말도 안 되는 것처럼 보이겠지요. 요한은 자기 나름으로 최선으로 하나님 나라를 전했고, 예수님도 하나님 나라를 전했습니다. 요한은 요단강 가에서, 예수는 갈릴리 호수 가에서 자신들이 경험한 하나님 나라를 사람들에게 전한 것이지요. 그런 과정에서 서로에 관한 소문을 들었을 것이며, 따라서 서로에게 관심이 있었을 것입니다. 자신들에게 다가오는 구체적인 위기를 절감하면서 상대방에게서 어떤 가능성을 보았을지도 모릅니다. 요한은 예수가 메시아일지 모른다는 생각을 했으며, 예수는 요한을 여자가 낳은 자 중에서 가장 큰 자라고 일컬을 정도로 적극적으로 평가했습니다.

저는 여기서 요한이 예수의 경쟁자였다는 사실을 적극적으로 주장하는 건 아닙니다. 그런 주장은 복음서 읽기의 바른 길이 아닙니다. 다만 요한의 운명을 더 진지하게 이해하기 위해서 약간의 상상력을 발휘한 것뿐입니다. 예수와 요한, 양자의 활동 기간이 매우 짧았을 뿐만 아니라 요한이 전혀 예상하지 못한 순간에, 어처구니없는 방식으로 죽었기 때문에 두 사람 사이에 갈등이 있었다 하더라도 미미한 수준에 불과했을 겁니다.

불을 토하는 설교와 금욕적인 삶을 통해서 유대 민중들의 영혼에 불을 지른 세례 요한은 유대의 마지막 예언자로서 그 당시에 대중적인 인기를 얻었던 인물입니다. 그가 요단강에서 세례를 베풀 때는 민중들만이 아니라 유대교의 고위 성직자들까지 모여들었습니다. 그러나 대중의 인기라는 건 그야말로 거품처럼 쉽게 사그라지기도 합니다. 요한이 헤롯의 부도덕성을 비판하다가 감옥에 갇혔지만 그 어떤 곳에서도 구명운동이 일어나지 않았으며, 급기야 그가 참수형을 당했어도 대중봉기는 일어나지 않았습니다. 요한을 통한, 요한을 위한 민중 혁명은 없었습니다. 어떻게 보면 그는 아주 허탈한 방식으로 역사의 중앙무대에서 내려왔습니다.

요한의 삶은 무의미한 게 아니었습니다. 그는 예수의 길을 열었습니다. 우리의 문학적 상상력을 발휘해서 설명한다면, 예수는 세례 요한의 출가와 그의 활동에 영적인 자극을 받았을지 모릅니다. 설령 그렇지 않다고 하더라도 마가복음을 비롯한 복음서 기자 모두가 동일하게 증언하고 있듯이 요한은 예수 그리스도가 역사에 등장할 수 있는 길을 준비한 사람입니다. 오늘 우리 모두는 각자의 영역에서 요한처럼 살아야 하는 게 아닐는지요. 그렇게 살다가 때가 되면 무대에서 빨리 내려오는 게 바로 우리에게 주어진 역할일 것입니다.

요한의 이름에는 반드시 세례가 따라다닙니다. 요한은 세례자라는 뜻입니다. 이는 흡사 예수님에게 그리스도라는 보통명사가 고유명사처럼 사용된 현상과 비슷합니다. 요한에게 세례자라는 이름이 따라붙은 가장 근본적인 이유는 요한의 주요 활동이 세례를 베풀었다는 데에 있겠지요. 예수님도 그에게 세례를 받을 정도니까 그 당시에 요한의 세례가 얼마나 광범위하게 베풀어졌는지, 그리고 그가 베푼 세례의 권위가 얼마나 보편적으로 받아들여졌는지 미루어 짐작할 수 있습니다.

세례 받을 사람을 물속에 넣었다가 다시 끌어내는 이 세례 예식은 일종의 종교적 세리모니입니다. 그 근본은 회개입니다. 그래서 마가는 본문에서 요한이 회개의 세례를 설교한다고 했습니다. 오늘 본문에서 회개로 번역된 헬라어 '메타노이아'는 근본적으로 삶의 방향을 바꾸는 것입니다. 학생이 선생님 앞에 가서 반성문을 쓰는 게 아니라 땅의 일로부터 하늘의 일로 궁극적인 관심의 토대를 바꾸는 것입니다. 즉 불한당에서 모범생으로 바뀌는 행위의 차원이 아니라 차안의 것에서 피안의 것으로 관심이 이동되는 존재의 차원입니다. 우리의 행동이 실제로 바뀌는 것이 기독교 신앙에서 아무런 의미가 없다는 게 아닙니다. 회개한 사람에게는 실제적인 삶의 변화도 따라오겠지요. 성서는 우리에게 훨씬 근원적인 변화를 요구합니다. 과연 우리에게 근원적인 변화가 일어났을까요? 우리의 영혼이 은폐된 생명의 세계인 하늘을 지향하고 있나요? 우리 자신에 관한 모든 것을 일체 내려놓아야만 열리기 시작하는 그런 하늘의 생명 세계를 향해서 우리의 영혼이 움직이기 시작했나요? 그런 열정이 오늘 우리 삶의 추동력으로 작용하고 있나요? 이것이 바로 회개의 세례입니다.

팔레스타인의 북쪽에 위치한 갈릴리 호수에서 시작해서 남쪽의 사해에까지 흘러드는 물줄기가 요단강입니다. 세례 요한은 예루살렘에서 가까운 요단 광야와 요단 강가에서 활동했습니다. 그곳은 예수님의 주 활동 무대였던 갈릴리 호수 부근과는 크게 다릅니다. 요한은 요단강을 중심으로, 예수는 갈릴리 호수를 중심으로 활동한 셈입니다. 요한은 제사장의 아들답게 예루살렘을 중심으로 한 주류에 속했다면, 예수는 목수 아들답게 변방 갈릴리를 중심으로 한 비주류였습니다.

'며칠 후 며칠 후 요단강 건너가 만나리'가 후렴으로 반복되는 찬송가(606장)가 있습니다. 이 찬송가는 두 군데의 성서 텍스트와 연관됩니다. 하나는 요한계시록에서 말하는 새 하늘과 새 땅에 대한 비전입니다. 그리스도인은 그 어떤 방식으로도 완전한 만족이 불가능한 이 세상이 아니라 완전히 만족스러운 영원한 생명이 시작되는 새 하늘과 새 땅을 기다리면서 삽니다. 그런 곳으로 간다는 희망이 우리에게 있습니다. 다른 하나는 여호수아서에 기록되어 있는 대로 광야생활을 끝낸 이스라엘 백성들의 가나안 입성입니다. 이스라엘의 가나안 입성 초입에 하나님은 요단강을 갈랐습니다. 출애굽 당시에 홍해가 갈라졌듯이 이제 출애굽이 끝나고 가나안 생활이 시작되는 순간에 다시 요단강이 갈라진 것이죠.

요단강은 세례 요한이 세례를 베푼 곳입니다. 그렇다면 영적인 면에서 세례야말로 요단강을 건널 수 있는 나룻배가 아닐는지요. 세례가 예수 그리스도의 이름으로 주어지는 것이라고 한다면 곧 예수가 영적인 나룻배가 아닐는지요. 그렇습니다. 우리는 세례를 통해 예수라는 나룻배를 타고 요단강을 건너는 중입니다.

강은 동서양을 막론하고 인간의 원초적 영성이 발현되는 곳입니다. 고대 인간 문명은 거의 강 유역에서 시작되었습니다. 황하, 갠지스, 유프라테스와 티그리스, 나일이 그런 강들입니다. 지금도 도시는 강을 끼고 있습니다. 한강의 서울, 낙동강의 대구, 라인 강의 쾰른, 센 강의 파리, 템스 강의 런던, 블타바 강의 프라하 등등, 크고 작은 도시들은 거의 강을 젖줄로 자리를 잡고 있습니다. 헤르만 헷세의 《싯다르타》를 보면 부처도 강에서 깨달음을 얻습니다. 헬라 신화도 인간이 죽을 때 다섯 개의 강을 건너야 한다고 묘사합니다. 레테(망각)의 강물을 마시면 이승에서의 모든 기억이 사라져서 마음이 편안해집니다. 그런 마음으로 마지막 에리다누스(죽음)의 강을 건너게 됩니다.

세례 요한이 세례를 베푼 요단강은 영적인 차원에서 차안과 피안을 구분하는 경계입니다. 광야에서 가나안으로 들어가려면 요단강을 건너야 하듯이 우리는 현재의 삶에서 미래의 삶으로 건너기 위해서 영적인 요단강을 건너야 합니다. 세례가 예수와 함께 죽고 함께 산다는 의미이듯이 영적인 요단강은 옛 삶은 죽고 전혀 새로운 삶이 살아나야 할 바로 그 공간과 시간이겠지요. 애벌레에서 나비가 되려면 허물을 벗듯이 영적인 허물벗기가 일어나야 할 바로 그곳이겠지요. 우리에게는 이런 영적인 요단강이 있을까요?

마가복음의 설명에 따르면 요한은 낙타털 옷을 입고 허리에 가죽띠를 띠고 살았다고 합니다. 선악과 사건 이후 동산 나무 사이에 숨은 아담과 하와에게 야훼 하나님은 가죽옷을 지어 입히셨습니다(창 3:21). 세례 요한의 낙타털 옷은 멋과 부의 상징이 아닙니다. 그것은 한편으로 광야에서 불을 토하듯 설교하는 요한의 영적인 카리스마를 돋보이게도 하고, 다른 한편으로 무소유의 삶을 드러내는 징표이기도 합니다. 낙타는 광야를 횡단하는 데 필수적인 동물입니다. 등에 물혹이 있어서 물을 마시지 않고도 사막에서 오래 버틸 수 있습니다. 기도를 강조하는 분들 중에서 낙타 무릎을 예로 드는 분들이 있더군요. 낙타는 어느 모로 보나 인내의 동물인 것만은 분명합니다. 세례 요한의 낙타털 옷은 그가 영적인 인내심이 강하다는 의미가 아닐는지요.

세례 요한은 낙타털 옷 한 벌로 한 인생을 충분히 살았는데, 오늘 우리에게는 옷이 너무 많습니다. 같은 종교 지도자들이지만 로마 가톨릭 사제들과 불교 승려들은 개신교 목사들에 비해서 옷에 관한 한 아주 소박합니다. 특히 선승들은 평생 한두 벌의 승려복으로 삽니다. 해어지면 다른 천을 대서 깁고, 또다시 깁고 해서 누더기가 될 때까지 입습니다. 하기야 우리의 몸을 가리는 옷이 한 벌이든, 열 벌이든 그게 무슨 큰 문제겠습니까? 각자의 형편에 따라 입고 살면 되겠지요. 정작 중요한 건 영혼의 옷입니다. 우리도 각자에게 어울리는 영혼의 낙타털 옷이 필요합니다.

요한의 먹을거리는 메뚜기와 석청이었습니다. 낙타털 옷을 입은 세례 요한이 메뚜기와 석청을 먹고 있는 모습을 상상해 보십시오. 그런데 학자들의 설명에 따르면 요한이 먹은 건 메뚜기가 아니라 같은 이름의 콩이라고 합니다. 석청도 꿀이 아니라 나무즙일지 모른다고 합니다. 사람이 무얼 먹느냐는 문제는 생물학적인 차원만이 아니라 정신적인 차원에서도 중요합니다. 유대인들은 먹을거리를 철저하게 구분했습니다. 그것이 바로 그의 생존을 지켜주는 최소한의 조치라고 생각했기 때문입니다. 돼지고기를 먹지 않는 그들의 생활 태도를 오늘의 시각으로 우습게 여기지 말아야 합니다. 그들은 그런 방식으로 생존의 위기 가운데서 하나님이 지키신다는 사실을 경험했습니다.

육식 중심의 먹을거리 문화는 여러 가지 면에서 문제가 있는 것 같습니다. 육식 중심의 식단이 현대인들의 건강을 위협한다는 사실은 일단 접어두고, 그것으로 인해서 가난한 나라 사람들의 생존이 위협당한다는 사실만이라도 한번 짚어야 하겠지요. 예컨대 육우를 키우기 위한 사료를 사람의 먹을거리로 돌린다면 인류의 굶주림 문제는 근본적으로 해결될 수 있다고 합니다. 인간 생존보다 더 본질적인 윤리는 없다는 점에서 오늘 잘사는 기독교 국가들은 하나님의 은혜와 축복 운운하기 전에 못사는 나라의 먹을거리를 우선적으로 챙겨야 합니다. 주기도에도 일용할 양식은 중요한 주제입니다. 이 말은 곧 자기의 양식만이 아니라 이웃의 양식도 중요하다는 뜻입니다. 예수님은 '나'의 일용할 양식이 아니라 '우리'의 일용한 양식을 위해서 기도하라고 말씀하셨습니다. 남한의 일용할 양식만이 아니라 북한까지 포함한 우리 모두의 일용할 양식이 필요하다는 것이겠지요.

세례 요한은 옷을 간소하게 입었습니다. 허리띠를 띠었습니다. 고대 이스라엘 사람들은 일반적으로 허리띠를 매는 옷을 입었습니다. 요한은 먹는 것이나 입는 것 등도 생명에 지장을 받지 않을 정도로 대충 해결한 게 아닐는지요. 요한의 모습을 통해서 구약의 한 장면이 문득 생각났습니다. 그것은 애굽의 고센에 살고 있던 이스라엘 사람들이 출애굽 전날 밤에 행했던 의식입니다. 그들은 양을 잡아, 피는 문설주에 바르고 고기는 구워 먹었으며, 무교병과 쓴 나물을 함께 먹었습니다. 허리에 띠를 띠고 급하게 먹으라고 했습니다(출 12:11). 식탁에서는 허리에 띠를 풀어야 하고, 신도 벗어야 하고, 손에 든 것은 모두 내려놓아야 하고, 그리고 가능한 천천히 먹어야 합니다. 그런데 유월절 만찬은 이와 정반대입니다. 그 이유는 이들이 다음 날 일찍 애굽을 떠나야 했기 때문입니다. 노예의 삶으로부터 자유인의 삶으로 삶의 토대가 바뀐다는 의미입니다. 삶의 중심이 자리 이동을 하는 순간에 여유를 부릴 수는 없는 노릇입니다.

출애굽기 12장 11절은 우리에게 훨씬 중요한 사실을 가리킵니다. 쫓기는 듯한 그들의 밥상은 유월절 사건을 회상하는 자리입니다. 이날 밤에 죽음의 천사가 애굽 전역을 찾아들었습니다. 모든 집의 장자와 집 짐승의 맏배가 죽었습니다. 그것은 교만한 인간을 대표하는 애굽의 파라오와 소수 민족을 학대한 애굽 사람들을 향한 여호와 하나님의 마지막 심판이었습니다. 인간은 너나 할 것 없이 이렇게 생존의 위기에 직면해야만 주제를 파악하는 것 같습니다. 양의 피를 문설주에 바른 이스라엘 사람들의 집은 죽음의 천사가 그냥 지나갔습니다. 그 사건이 곧 유월(逾越, pass over)입니다. 그 순간에 쾌적한 상태로 밥을 먹을 수는 없습니다. 우리 영혼의 허리띠는 준비되었을까요? 오늘도 죽음의 천사들이 우리를 방문하는 장면을 목도합니다. 그들의 방문은 늙은 사람만이 아니라 젊은이와 심지어는 어린아이에게도 일어납니다. 병원, 전쟁터, 자동차들이 달리는 고속도로, 공장, 집안에서, 인간이 살고 있는 거의 모든 곳에서 여러 종류의 죽음이 일어납니다. 우리는 그걸 보고 싶지 않아서 외면할 뿐입니다. 그러나 아무리 외면해도 죽음의 천사는 밤안개처럼 찾아옵니다.

애굽에 임한 열 번째 재앙인 떼죽음의 실체가 무엇인지 정확하게 따라잡을 수는 없습니다. 고대에 이런 떼죽음이 드물지 않았을 겁니다. 천재지변이나 전염병이 한 마을, 한 민족을 파멸시키는 일이 흔했습니다. 출애굽기 기자는 그것을 하나님의 징벌로 설명했습니다. 이런 역사 해석을 우스꽝스럽게 생각하지 마십시오. 부지불식간 이런 떼죽음이 우리에게 일어날지 모릅니다. 지구에 살고 있던 많은 생물종이 몰살했습니다. 인간도 그중 하나가 되지 말라는 법이 있을까요? 우리에게는 그들과 달리 문명이 있다구요? 그 문명이 우리를 떼죽음에서 구원하리라 믿으십니까? 인간 문명은 인간 종의 멸망 원인이 될 개연성이 높습니다. 죽음과 삶의 큰 힘을 느끼는 사람이라면 3천4백 년 전 허리띠를 띠고 유월절 만찬을 먹던 이스라엘 사람들처럼, 2천 년 전 광야에서 허리띠를 띠고 세례를 베풀던 요한처럼 영적인 허리띠를 띠고 살지 않을 수 없습니다. 달리기 위해서는 허리띠를 졸라매야 하듯이, 우리의 영적인 달음질을 위해서도 역시 그런 허리띠가 필요합니다.

세례 요한은 자기 자신이 아니라 예수 그리스도를 나타내기 위해서 역사에 등장한 인물입니다. 그의 모든 가르침과 행위는 예수 그리스도를 향합니다. 그는 자신이 얼마나 무력한지 알고 있었으며, 예수의 능력이 얼마나 큰지, 즉 자기 능력과 본질적으로 다름을 알고 있었습니다.

표면적으로 본다면 세례 요한은 능력이 대단한 사람이었습니다. 그는 예수보다 더 많은 군중을 몰고 다녔을 겁니다. 요즘의 스타 목사들처럼 말입니다. 이스라엘의 지도층이 예수에게는 시비를 걸었지만 세례 요한에게는 그렇게 하지 못했다는 역사적 사실에서도 당대에 세례 요한의 권위가 어느 정도였는지를 내다볼 수 있습니다. 헤롯에 의해서 세례 요한이 참수됐습니다만 헤롯도 요한의 권위를 크게 두려워했습니다. 제수와 결혼한 헤롯을 대놓고 비난한 사람은 세례 요한뿐이었습니다. 헤롯은 요한을 감옥에 가두긴 했지만 더 이상 손을 댈 수 없었습니다. 이렇게 능력이 큰 요한은 무슨 의미로 자기 뒤에 오시는 예수가 자기보다 능력이 많다고 말한 걸까요? 도대체 그가 말하는 능력은 무엇일까요?

사람들은 인간이 성취한 업적에 따라서 그의 능력을 평가합니다. 그런 업적은 현대 문명의 특징입니다. 시대의 화두인 경쟁력도 외적인 업적으로 사람의 능력을 판단할 때 적합한 용어입니다. 가장 두드러지는 업적은 정치나 경제에서 나타나겠지요. 특별하게 학문적인 업적을 남긴 사람들은 노벨상을 받습니다. 목사의 능력도 그런 방식으로 평가됩니다. 단시일에 교회를 성장시키는 것이 곧 목사의 능력과 일치합니다. 과연 이런 것이 참된 생명의 능력일까요? 부분적으로는 그럴 수도 있지만 근본적으로는 그렇지 않습니다. 성경이 말하는 능력은 다른 것입니다.

세상의 기준으로 말한다면 예수님이야말로 가장 무능력한 분이십니다. 한때 많은 사람들이 추종하긴 했지만 얼마 가지 않아 모두가 흩어졌습니다. 예수님은 예루살렘 성전 개혁을 시도하신 적이 있지만 그 결과는 미미합니다. 예수님이 율법학자들과의 논쟁에서 승리했습니까? 그래서 예수님 이후에 율법이 새롭게 해석되었습니까? 역사적으로 볼 때 그런 변화는 거의 없었습니다. 예수님은 자기 민족을 로마로부터 해방시키지도 못했습니다. 그는 민중을 노역에서 해방시키지도 못했습니다. 결국 그는 십자가에서 무기력하게 죽었습니다. 십자가는 무능력의 극치입니다. 십자가에 달리신 하나님!

여기서 능력이 무엇인지 다시 정리해야 합니다. 이 세상이 능력이라고 생각하는 게 과연 능력인지 돌아보자는 말씀입니다. 참된 능력은 사람과 이 세상을 살리는 것입니다. 사람에게서 나오는 것은 그것이 아무리 위대하다고 하더라도 늘 양면성이 있습니다. 그것은 살리기도 하면서 동시에 죽이기도 합니다. 무언가를 성취하기는 했지만 그게 어떤 부분에서는 살리는 능력으로, 어떤 부분에서는 죽이는 능력으로 작용한다면 그건 결코 능력이라고 할 수 없습니다.

능력은 오직 이 세상을 창조하신, 그리고 종말론적으로 완성하실 하나님에게서만 나오는 하나님의 존재론적 근거입니다. 하나님에게만 능력이라는 말이 해당됩니다. 따라서 그분에게만 영광이라는 말을 붙일 수 있습니다. 예수님에게 바로 이런 하나님의 일들이 일어났습니다. 예수님에게서 하나님의 구원 사건이 실현되었습니다. 요한의 능력은 아무리 크게 보인다고 하더라도 역시 예수님의 능력에 기댈 수밖에 없습니다. 그리스도인들도 요한과 마찬가지로 자신의 능력이 아니라 하나님의 능력에 철저하게 의존하는 사람들입니다.

신발 끈을 풀기도 감당하지 못하겠다는 요한의 고백은 자신을 가장 낮출 때 사용하는 관습적 용어가 아닌가 생각됩니다. 어떤 사람의 신발 끈을 풀려면 허리를 구푸리고 무릎을 꿇어야 합니다. 그리고 시선을 신발에 두어야 합니다. 몸의 위치를 가장 낮은 곳에 두고, 시선을 아래로 깐다는 것은 극단의 겸손을 의미합니다. 요한은 자신을 그렇게 낮춘 사람이었으며, 그런 방식으로 특별한 사람이 되었습니다. 예수님도 죽음이 임박한 어느 날 제자들의 발을 씻기신 일이 있습니다. 이를 본받아 요즘 교회에서도 고난주간을 맞아 세족식을 행하기도 합니다. 예수님처럼 자신을 가장 낮은 자리로 끌어내리겠다는 신앙을 고백하는 차원이겠지요.

그런데 이런 신발 끈의 영성이 현실적으로 모든 그리스도인들에게 가능한지 말하기는 어렵습니다. 자신을 땅처럼 낮춘다는 게 말로는 가능할지 모르지만 실제로 그렇게 산다는 건 쉽지 않습니다. 저는 모든 일을 접어두고 치매노인들의 수발을 들면서 살아갈 자신이 없습니다. 테레사 수녀처럼 죽음이 임박한 사람들의 친구가 될 자신이 없습니다. 바로 옆에 있는 가족을 섬기는 일도 어렵습니다. 이것은 교양에 속한 것이 아니라 영성에 관한 문제입니다. 이런 영성은 하루이틀 안에 주어지지 않을 겁니다. 그리스도의 영이 우리를 그렇게 지배할 수 있도록 우리 자신을 비우는 것부터 시작해야 합니다. 시선을 아래로 두는 훈련을 하다 보면 언젠가는 남의 신발 끈을 푸는 일만으로도 우리의 삶이 풍요로워지지 않을는지요.

요한은 물로 세례를 베풀었다고 설명합니다. 세례는 어디서나 물로 베풉니다. 요한이 굳이 물세례라고 표현한 이유는 예수님의 성령세례와 구별되기 때문입니다. 물에 잠겼다가 새로운 존재로 나온다는 의미에서 볼 때 요한의 물세례는 인격적인 변화를 의미합니다. 더 정확하게 말한다면 그런 변화를 상징합니다. 이런 인격과 윤리의 변화는 바로 요한의 메시지에 담긴 중심이기도 합니다.

이 사회는 종교를 향해서 이런 요구를 합니다. 종교인들은 세상에서 인격적으로 존경받아야 한다는 것입니다. 하나님 경험과 삶이 이원론적으로 분리되지 않는다는 점에서 인격적인 변화는 기독교 신앙에서 중요한 요소입니다. 한국의 그리스도인들이 인격적으로, 윤리적으로 변화된 모습을 보인다면 교회를 바라보는 세상의 눈이 달라질 것입니다. 이런 인격과 도덕의 변화는 단지 개인의 품성에 머무는 게 아니라 사회 구조의 변화까지 포함합니다. 교회는 이 사회에 정의와 평화가 실현될 수 있도록 투쟁해야 합니다. 보수적인 입장에서 강조하는 개인의 변화와 진보적인 입장에서 강조하는 사회의 변화 모두 일종의 물세례라고 할 수 있습니다. 양자 모두 삶의 형식이 바뀐다는 점에서 그렇습니다. 기독교 신앙은 개인 차원과 사회 차원에서 삶의 형식이 바뀌는 것에 머물지 않고 근원적인 변화를 요구합니다. 요한의 물세례는 현실적이고 절실한 것이지만 여전히 잠정적이고 제한적입니다. 법과 제도의 변화입니다. 요한은 그것을 분명히 뚫어보았기 때문에 자신은 물세례만 베풀 뿐이라고 고백했습니다. 물세례는 질적으로 다른 차원인 성령세례에 하루빨리 자리를 내주어야 합니다.

예수님은 직접 세례를 베풀지 않았습니다. 예수님의 제자들이 세례를 베풀었을 가능성은 있습니다. 사도행전에 따르면 여러 사도들과 대표 집사들이 세례를 준 것으로 되어 있는데, 바울의 편지에 따르면 바울도 세례를 거의 베풀지 않았습니다. 예외적인 경우는 물론 있었겠지요. 예를 들면 고린도 교회의 분쟁에 대해서 언급하면서 바울은 그 사실을 이렇게 밝혔습니다. "나는 그리스보와 가이오 외에는 너희 중 아무에게도 내가 세례를 베풀지 아니한 것을 감사하노니…"(고전 1:14).

모든 세례는 물로 베풀기 때문에 실제로 물세례와 성령세례가 따로 있는 건 아닙니다. 물로 세례를 베풀 때 성령이 임한다는 의미입니다. 그러나 사도행전에 따르면 분명히 구분됩니다. 아볼로의 세례는 요한의 세례였다고 합니다(행 18:25). 이는 예수님을 믿고 죄 용서함을 받았다는 종교적 징표인 물세례를 말합니다. 그런데 바울의 세례는 성령의 세례였다고 합니다(행 19:6). 초기 기독교에서 성령이 임했다는 증거는 방언과 예언이었습니다. 오늘 우리는 무엇을 성령세례의 징표로 생각해야 할까요? 저는 여기서 두 가지로 방향만 제시할 수 있을 뿐입니다. 하나는 성령세례의 주체에 관한 것입니다. 세례의 주체는 세례를 베푸는 사람과 받는 사람이 아니라 삼위일체 하나님이십니다. 다른 하나는 성령세례의 열매입니다. 만약에 우리가 성령세례를 받았다면 당연히 성령의 열매를 맺어야겠지요. 그렇습니다. 우리는 성령의 주체이신 하나님에게 우리의 삶을 완전히 맡김으로써 성령세례를 받은 자로서의 자리를 유지할 수 있습니다.

예수, 세례 받으시다

1:9-11

⁹ 그 때에 예수께서 갈릴리 나사렛으로부터 와서 요단강에서 요한에게 세례를 받으시고 ¹⁰ 곧 물에서 올라오실새 하늘이 갈라짐과 성령이 비둘기 같이 자기에게 내려오심을 보시더니 ¹¹ 하늘로부터 소리가 나기를 너는 내 사랑하는 아들이라 내가 너를 기뻐하노라 하시니라

예수님은 갈릴리를 떠나 세례 요한이 세례를 베풀고 있는 요단강으로 왔습니다. 갈릴리는 이스라엘의 북부 지역을 총칭하는 이름입니다. 중부 지역은 사마리아, 남부는 유대입니다. 유대는 다윗 왕조의 정통성을 확보하고 있는 지역이고, 사마리아는 혈통적으로 순수성을 인정받지 못하는 지역이며, 갈릴리는 비록 유대민족이라는 정통성은 있지만 이스라엘의 수도이자 성전이 있는 예루살렘에서 많이 떨어진 곳이기 때문에 차별을 받는 지역이었습니다. 그들에게는 아름다운 호수가 있었습니다. 갈릴리 호수입니다. 예수님은 이 갈릴리 호수 근처에서 하나님 나라 복음을 선포하셨습니다. 가버나움, 벳새다, 게네사렛, 막달라, 디베랴가 이 호수를 낀 마을들입니다. 이 호수가 바로 갈릴리 사람들의 마음을 씻겨 주었겠지요. 예수님의 어린 시절과 젊은 시절은 이런 지역적인 조건에 많은 영향을 받았을 것입니다. 나사렛에서 어찌 선한 것이 날 수 있겠는가 하는 냉소를 받았던 갈릴리 나사렛이 바로 예수님의 운명을 결정지은 고향이었습니다.

예수님은 요단강에서 세례 요한에게 세례를 받았습니다. 공관복음은 예수님의 세례 이야기를 약간씩 다르게 전합니다. 마가복음은 예수님이 요한에게 세례 받았다는 사실을 단순하게, 직설적으로 보도합니다. 아마 당시의 기독교인들은 이 사실을 조금 이상하게 생각했을지 모릅니다. 그리스도이신 예수님이 세례 요한에게 세례를 받는다는 게 말입니다. 그래서 그런지 마태복음은 요한의 입을 통해서 그 상황을 해결합니다. "내가 당신에게서 세례를 받아야 할 터인데 당신이 내게로 오시나이까?"(마 3:14). 마가복음은 요한복음과 마태복음의 해명성 발언을 모두 생략한 채 예수님이 세례 받으셨다는 사실만 보도합니다. 예수님은 원래 죄가 없으신 분이며, 그래서 인류를 구원하시는 그리스도이신데 왜 죄 사함을 받는 회개의 세례를(막 1:4) 받으셨을까요? 몇 가지 해석이 가능합니다.

첫째, 예수님은 당시 사람들과 마찬가지로 세례 요한에게서 구원의 빛을 보았을지 모릅니다. 요한의 세례야말로 사람을 새롭게 하는 하나님의 능력이라고 말입니다. 둘째, 예수님은 아직 자신의 메시아 됨에 확신이 없었던 건 아닐까요? 메시아라는 확신이 있었는데도 요한에게서 세례를 받는다는 것은 말이 되지 않으니까 말입니다. 이 문제는 아주 어렵습니다. 셋째, 예수님은 자신을 보통 사람의 차원으로 낮추신다는 뜻으로 세례를 받으셨을지 모릅니다. 그의 낮추심은 하늘로부터 땅으로 내려온 것일 뿐만 아니라 보통 사람의 삶을 그대로 유지했다는 사실에서도 일관됩니다. 죄인들과 어울리고 포도주를 즐기는 사람이라는 핀잔도 들으신 분이니까 다른 사람과 똑같이 세례를 받았다는 건 이상한 게 아닙니다.

예수님의 세례 사건이 말하려는 핵심은 예수님이 우리와 똑같은 역사적 인물이라는 사실입니다. 기독교는 어느 한 순간에도 예수님의 이런 인간성을 의심한 적이 없었습니다. 교부들은 그것을 부정하려는 영지주의적 가현설을 이단으로 척결했습니다. 우리는 기독교의 역사를 소중하게 여겨야 합니다. 우리는 초기 기독교인들의 신앙, 교부들의 신앙, 지난 2천 년의 세월 동안 활동했던 신앙의 선배들에게 구체적으로 빚을 진 사람들입니다. 오늘 교회가 기독교의 역사라 할 수 있는 신학과 전통적 영성을 무시하고 현재의 신앙 경험만을 중요하게 여기는 건 자신의 뿌리를 부정하는 태도입니다.

마가복음의 보도에 따르면 예수님이 세례 받으시는 순간에 나타난 특별한 현상은 세 가지였습니다. 첫째로 하늘이 갈라졌으며, 둘째, 비둘기 같은 성령이 내려왔고, 셋째, 하늘로부터 소리가 들렸습니다. 첫 번째 현상을 봅시다. 예수님이 요단강에 잠겼다가 올라오는 순간에 하늘이 갈라졌다고 합니다. 도대체 하늘이 갈라졌다는 것은 무슨 뜻일까요? 하늘이 갈라졌다는 말을 이해하려면 고대인들이 하늘을 무엇으로 생각했는지 짚어야 합니다. 창조설화에 따르면 하나님은 둘째 날에 물과 물을 나누어서 하늘을 만드셨습니다. 물과 물 사이가 궁창, 곧 하늘입니다. 이런 논리라면 하늘이 생기기 전의 세상은 온통 물이었다는 것이며, 하늘 너머에 여전히 물이 있다는 것이겠지요. 노아 홍수 때 하늘의 창이 열리고 그 물이 쏟아졌습니다. 고대인들에게 하늘은 이해할 수 없는 세계였기 때문에 그런 방식으로 진술할 수밖에 없었습니다.

신약성서 시대는 하늘을 생명이 숨어 있는 곳으로 이해했습니다. 그들은 하나님이 당연히 하늘에 계신 분이고, 예수님은 승천하셨다고 생각했습니다. 그들의 눈앞에서 벌어지는 생명의 신비와 그들이 도달할 수 없는 하늘의 신비가 일치한 것이죠. 예수님이 물에서 나올 때 하늘이 갈라졌다는 건 바로 예수님이 생명의 근원이라는 의미입니다. 생명의 신비가 곧 예수님에 의해서 열렸다는 것이겠지요. 예수님에게 일어난 모든 사건은 말 그대로 개천(開天)입니다. 우리는 예수님을 통해서 그 개천을 경험하고 거기에 우리의 운명을 맡겼습니다. 그 개천은 오늘 이 시간, 바로 우리의 일상에서도 일어나야 합니다. 생명이 열리는 그런 일들 말입니다.

예수님이 세례 받을 때 나타난 두 번째 현상은 하늘로부터 내려온 비둘기 같은 성령입니다. 비둘기가 평화를 상징한다는 일반적인 생각에서 본다면 마가는 이 장면에서 예수님이 이 세상에 참된 평화를 시작하신 분이라는 사실을 암시하고 있는지 모르겠습니다. 또는 뱀같이 지혜롭고 비둘기같이 순결하라는 예수님의 말씀을(마 10:16) 근거로 삼는다면 예수님이야말로 죄가 없이 순결하신 분이라는 의미인지도 모르겠습니다. 이 이야기에서 비둘기 자체는 별로 중요하지 않습니다. 여기서 핵심은 성령입니다. 예수님의 세례는 바로 성령 임재 사건이기 때문입니다. 이 사건은 단지 성령이 임재했다는 사실에 머무는 게 아니라 예수님과 성령이 일치한다는 사실까지 담고 있습니다. 우리들이 세례 받을 때는 말 그대로 성령이 함께하시지만 예수님은 세례 받을 때 성령과 하나가 되십니다.

우리는 성령을 그리스도의 영으로 믿습니다. 성령은 하나님 아버지의 영이면서 동시에 예수 그리스도의 영입니다. 성령이 하나님 아버지나 예수 그리스도보다 한 수 아래에 속하는 건 아닙니다. 성령은 바로 영으로서의 하나님입니다. 기독교 신앙은 성령을 삼위일체의 구도에서 보았습니다. 성령은 이 세상에 생명을 일으키는 영이면서 동시에 2천 년 전 목수의 아들로 살다가 십자가에 처형당한 예수 그리스도의 영입니다. 성령은 창조의 영이면서 부활의 영이고 종말의 영입니다. 예수님의 세례 순간에 그 영이 임했다고 합니다. 예수님이 바로 생명의 근원이라는 뜻이겠지요. 평화의 영을 따르고 싶으신가요? 그렇다면 예수 그리스도를 깊이 알아야 합니다. 여러분이 자유와 해방을 맛보시려면 예수 그리스도를 온전하게 믿어야 합니다. 왜냐하면 성령과 예수는 둘이 아니라 하나이기 때문입니다.

전체적인 틀에서 볼 때 예수님의 세례에 관한 공관복음서의 보도에 약간씩 차이가 있지만 그 순간에 나타난 세 가지 현상에 관해서는 일치합니다. 하늘이 갈라졌다는 것, 비둘기 같은 성령이 임한다는 것, 하늘로부터 소리가 난다는 것 말입니다. 이 세 가지 현상은 예수님의 세례 사건이 누구나 인정할 수밖에 없을 만큼 분명하다는 뜻입니다. 예수님이 세례를 받을 때는 아직 제자들을 선택하기 이전입니다. 제자들이 없었다면 도대체 누가 예수님의 세례 장면을 지켜보았다가 이렇게 구체적으로 전달했을까요? 예수님이 스스로 그 일을 제자들에게 알리셨다는 말인가요? 그렇지는 않겠지요. 이 사건은 초기 그리스도교 공동체의 신앙고백이 아닐까 생각됩니다. 조금 구체적으로 설명한다면, 세례 사건은 역사적이지만 거기에 따른 세 가지 현상은 신앙고백일 가능성이 높다는 말씀입니다.

오늘 우리는 신약성서에서 한편으로는 예수 그리스도에 관한 역사를, 다른 한편으로는 그분에 관한 신앙고백을 발견할 수 있습니다. 어떤 사람들은 객관적인 역사만을 중요한 것으로 생각할지 모르지만 그건 역사를 잘 몰라서 하는 말입니다. 역사는 죽어 있는 이야기가 아니라 해석을 통해서 훨씬 역동적인 힘을 발휘합니다. 신약성서는 예수에 관한 역사만을 말하는 게 아니라 초기 그리스도교에 의해서 해석된 역사를 말합니다. 이런 점에서 예수님의 세례 순간에 나타난 세 가지 현상은 그것이 비록 사실적인 역사가 아니라 하더라도 오늘 우리에게 중요합니다. 그 세 번째가 곧 하늘로부터의 소리입니다.

하늘에서 무슨 소리가 들린다는 게 무슨 뜻일까요? 사도 바울도 다메섹 도상에서 눈이 부신 빛을 보고 소리를 들었다고 합니다. 구약성서에 등장하는 많은 족장들, 모세, 여호수아, 사사, 수많은 예언자들은 하나님의 음성을 직접 들었다고 합니다. 그러나 우리는 하나님이 그들에게 히브리말로, 혹은 아람어로 직접 말씀했다고 생각할 수는 없습니다. 하늘로부터 소리를 듣는다는 건 일종의 신탁(神託) 아닐까요? 하늘로부터의 소리가 직접적인 게 아니더라도 무의미하다고 생각할 필요는 없습니다. 아니 직접적이지 않은 것이기 때문에 훨씬 깊은 의미가 있는 말씀입니다. 하늘로부터의 소리를 들을 수 있는 귀가 열린 사람들은 오늘도 역시 그런 소리를 들을 수 있기 때문입니다.

모차르트는 다섯 살 때부터 작은 작품을 작곡하기 시작해서 서른다섯의 나이로 죽을 때까지 수많은 소나타, 각종 협주곡, 오페라를 작곡했습니다. 도대체 그런 음악가들은 어떻게 작곡을 하는 걸까요? 그들은 소리를 듣습니다. 영혼을 울리는 소리를 듣습니다. 들리는 소리를 악보에 옮겨 적을 뿐입니다. 평범한 작곡가들은 쥐어 짜내지만 대가들은 이미 음악의 세계에 들어가서 그 소리를 들을 수 있기 때문에 아주 자연스럽게 놀라운 음을 만들어냅니다. 만들어 낸다기보다는 음악이 자기를 통과하게 하는 것이겠지요. 우리는 지금 하늘로부터 소리를 듣고 있는지 질문해야 합니다. 하루 종일 소리의 홍수에 파묻혀 살아가는 우리에게 생명을 살리는 소리가 얼마나 들리는가 하는 질문입니다. 오늘 한국 교회 강단에서는 하늘의 소리가 울려나고 있을까요? 생명의 신비가 오늘 열리며, 선포되고 있을까요?

하늘로부터 울린 그 소리의 내용은 이렇습니다. "너는 내 사랑하는 아들이라. 내가 너를 기뻐하노라." 그렇습니다. 초기 그리스도교회가 고백하고 있는 핵심은 이미 마가가 복음서의 첫머리에서 언급했듯이 "예수님은 하나님의 아들"이라는 명제입니다. 그리고 단순히 아들일 뿐만 아니라 구약성서에서 예수님은 하나님의 외아들로 해석됩니다. 초기 그리스도교 공동체는 예수님이 하나님의 아들이라는 사실을 어떻게 알았을까요? 예수님 자신이 "나는 하나님의 아들이다" 하고 말씀하시지는 않았습니다. 예수님은 스스로 메시아라는 사실을 제자들에게 알리지 않으신 것처럼 말입니다. 제자들이 그렇게 인식할 수 있는 단서가 예수님의 말씀 중에 없는 것은 아닙니다. 예수님은 하나님을 '내 아버지'라고 불렀습니다. 또는 '아빠 아버지'라고 부른 적도 있습니다. 초기 그리스도인들과 더불어 우리는 이제 예수님을 통해서 하나님을 두려움의 대상이 아니라 사랑이 풍부한 아버지로 인식할 수 있게 되었습니다. 여기서 아버지는 남성으로서의 아버지라기보다는 인간과의 인격적인 관계를 갖는다는 관점에서 보는 아버지입니다. 이제 하나님은 옥황상제처럼 하늘 높은 곳에서 인간의 행위를 감찰하고 판단하며, 인과응보의 기준으로 심판하는 분이 아니라 우리 인간의 삶으로 내려오셔서 우리와 하나 되신 분이십니다. 신학자 위르겐 몰트만은 《십자가에 달리신 하나님》에서 이런 하나님을 가리켜 인간의 고통이 있는 바로 그곳에 하나님이 존재한다고 설명한 적이 있습니다. 하나님이 이렇게 인간의 자리까지 내려오셔서 인간과 같은 몸을 입으셨다는 사실을 신학

용어로 성육신(incarnation)이라고 하는데, 그분이 곧 예수님이십니다.

이렇게 질문해 보십시오. '내가 너를 기뻐하노라'라는 구절을 읽을 때 무슨 생각이 듭니까? 일단 단순하게 예수님의 세례를 하나님이 기뻐하시는 것이라거나, 아니면 예수님의 공생애 시작이 바로 하나님의 기쁨이라고 생각할 겁니다. 또는 예수님의 인격과 그의 운명 전체를 하나님이 기뻐하시는 거라고 생각할 수도 있습니다. 하나님이 기뻐한다는 말이 오해될 수도 있습니다. 하나님을 사람과 비슷한 어떤 존재로 생각하는 오해 말입니다. 그런 하나님은 인간의 심리가 투사된 존재입니다. 우리가 원하는 그런 대상이 되고 맙니다. 그걸 신인동형동성론이라고 합니다.

하나님은 기뻐하는 분이라기보다는 기쁨 자체입니다. 모든 것의 궁극적인 토대인 하나님이 어떻게 기쁨과 구별될 수 있으며, 평화와 구별될 수 있겠습니까? 잘못하면 오해가 생깁니다. 세계 선교가 바로 하나님의 기쁨이라거나, 교회당 건축이 하나님의 기쁨이라고 말입니다. 하나님과 기쁨은 존재론적으로 일치합니다. 하나님과 사랑이 존재론적으로 일치하듯이 말입니다. 기쁨이 바로 하나님의 통치라고 한다면 기쁨은 곧 하나님의 존재론입니다. 예수 그리스도의 세례와 그의 사건과 그의 운명이 하나님의 기쁨이라는 것은 바로 예수 그리스도와 하나님이 일치한다는 의미입니다. 그것이 아들로, 또는 기쁨으로 표현되었을 뿐입니다. 우리는 예수 그리스도 사건이 왜 기쁨인지를 세상 사람들이 알아듣도록 해명하고, 그런 태도로 살아야 할 책임이 있습니다.

예수, 시험받으시다

<u>1:12-13</u>

> 12 성령이 곧 예수를 광야로 몰아내신지라 13 광야에서 사십 일
> 을 계시면서 사탄에게 시험을 받으시며 들짐승과 함께 계시니
> 천사들이 수종들더라

마가복음 기자는 성령이 예수님을 광야로 몰아내셨다고 말합니다. 그 성령은 예수님이 세례 받을 때 하늘로부터 내려온 영이겠지요. 일반적으로 오순절을 성령 임재의 시기로 잡지만 예수님의 활동이 이미 성령의 주도로 일어났다는 점에서 그것은 정확한 이야기가 아닙니다. 성령이 누구인가요? 헬라어 신약성서는 성령을 '프뉴마'라고 표현합니다. 프뉴마는 영, 정신, 바람, 힘 등 여러 의미가 있습니다. 위의 문장을 이렇게 바꿔서 읽어 보십시오. '바람이 곧 예수를 광야로 몰아내신지라.' 또는 '힘이… 몰아내신지라.' 이런 표현은 여러분에게 약간 불편하게 들릴지 모르겠군요. 히브리어 '루아흐'와 비슷한 의미인 헬라어 '프뉴마'는 우리가 규정할 수 없는 하나님의 영입니다. 그래서 요한복음서 기자는 프뉴마가 바람처럼 어디서 와서 어디로 가는지 우리가 모른다고 했습니다. 프뉴마가 우리의 계산서 안에 들어오지 않는다는 뜻입니다.

그렇다면 우리는 프뉴마에 관해서 아무것도 모르고, 아무런 경험도 할 수 없다는 말일까요? 그렇지는 않습니다. 신구약 성서와 기독교 역사는 그걸 해명합니다. 우리는 지금도 계속해서 성서에 귀를 기울여야 합니다. 처음 인간을 창조할 때 인간의 코에 들어간 하나님의 그 숨이 무엇인지, 이스라엘의 전쟁에서 승리를 안겨준 그 힘은 무엇인지, 궁극적으로 예수의 부활 사건을 일으킨 그 영이 무엇인지 설명해야 합니다. 아직도 프뉴마의 실질적인 현상에 대해서는 아무것도 말하지 못했군요. 바람처럼 움직이는 생명의 영이 예수의 온 영혼을 가득 채웠다고만 말할 수 있을 뿐입니다. 그 영은 바로 하나님 자체이십니다. 그 영과 일치된 예수님은 하나님의 뜻을 온전하게 드러낸 분이십니다. 이런 의미에서 예수님은 바로 하나님이십니다.

본문은 예수님이 광야에서 40일 동안 머물면서 사탄에게 시험을 받았다고 설명합니다. 아직 공적으로 하나님 나라를 선포하기도 전에 사탄으로부터 시험을 받는다는 것은 별로 기분 좋은 일은 아닙니다. 다른 공관복음서 기자들은 그 시험의 세 가지 종류를 자세하게 설명합니다. 돌을 빵이 되게 하라, 성전에서 뛰어내리라, 사탄에게 절하라. 이 세 가지 시험에 관해서는 잠시 뒤로 미루고, 오늘은 마가복음 기자의 보도를 충실히 따라가는 의미에서 예수님이 사탄에게 시험받았다는 그 사실 자체에 대해서만 생각하겠습니다.

우선 하나님의 아들이 사탄에게 시험을 받는다는 사실 자체가 매우 낯설게 느껴집니다. 왜냐하면 이미 모든 것을 알고 있고, 모든 것을 제압할 능력이 있는 예수님에게는 시험이라는 말 자체가 성립되지 않는 것처럼 보이기 때문입니다. 하나님과 동일한 존재인 분이 하나님에게는 일어날 수 없는 시험을 받았다는 사실은 무슨 의미일까요? 시험은 몸이 있을 때만 일어날 수 있는 유혹입니다. 예수님은 본질적으로 하나님과 동일하지만 동시에 우리와 동일한 몸을 지닌 분이기 때문에 이 시험을 피할 수 없습니다. 복음서 기자들이 자세하게 언급하고 있지 않지만, 미루어 짐작건대 예수님은 지금 광야에서만이 아니라 공생애 내내 시험을 받으셨을 겁니다. 부활의 몸을 입기 전까지 말입니다. 십자가 사건 앞에서도 가능하면 이 잔을 물리쳐 달라고 기도했으며, 십자가 위에서는 '하나님, 왜 나를 버리십니까?' 하고 절규하셨습니다. 궁극적으로 예수님은 하나님을 향한 온전한 신뢰심을 안고 십자가에서 죽었습니다.

니코스 카잔차키스의 《최후의 유혹》은 예수님의 인간적인 면모를 소설가적 상상력에 근거해서 묘사한 책입니다. 무장독립 운동을 하던 아들이 체포되어 십자가에 처형당하게 된 어느 유대 여인네의 절규로 시작됩니다. 이 여인은 예수에게 와서 저주를 퍼붓습니다. 네가 만든 십자가로 내 아들이 죽게 되었다. 너도 앞으로 내 아들처럼 십자가에 처형당할 것이다. 예수는 로마 관리의 명령에 따라서 반국가 사범을 처형할 십자 형틀을 만들어 팔지 않을 수 없었습니다. 복음서의 이야기 진행처럼 예수는 결국 십자가에 처형당하게 되었습니다. 자기 아들의 죽음 때문에 십자 형틀을 만든 목수를 저주한 유대 여인의 저주대로 예수는 십자가에 처형당했습니다. 정신이 혼미해지는 순간에 예수는 십자가에서 내려옵니다. 그리고 백마를 타고 베다니 마을로 가서 마리아, 마르다 자매와 결혼합니다. 그 당시에 이런 결혼 제도는 크게 이상하지 않았습니다. 예수는 아들과 딸을 낳고 부인들과 함께 행복하게 살아갑니다. 니코스 카잔차키스는 예수님이 십자가에서 처형당하는 그 마지막 순간에 당한 유혹이 무엇일까에 대해 작가의 상상력을 빌려 극적으로 묘사했습니다. 그 당시 일반적인 유대 청년처럼 결혼해서 평범하게 사는 것이라는 게 작가의 대답입니다. 예수의 인간적 모습을 작가적 상상력으로 잘 표현했습니다.

예수님이 사탄에게 시험을 받았다는 사실은 그의 인간적인 차원을 가리킵니다. 그 사실이 역설적으로 우리에게 은혜가 됩니다. 이 땅의 삶에서 우리만 시험받고 있는 게 아닙니다. 성서는 예수님도 우리와 똑같은 조건으로 시험받으셨다고 알려줍니다. 지금 우리가 시험받는 바로 그 순간에, 바로 그 자리에서 예수님도 똑같이 시험받고 있을지 모릅니다. 용기를 냅시다.

"네가 만일 하나님의 아들이어든 명하여 이 돌들로 떡덩이가 되게 하라"(마 4:3). 사탄의 요구가 흥미롭습니다. 그는 '당신이 하나님의 아들이라면' 하고 단서를 붙였습니다. 예수님은 주변에서 이런 질문을 숱하게 받았을 겁니다. 뿐만 아니라 자기 자신도 그런 의심을 하지 않았을까요? 자신이 하나님의 아들인지 아닌지 무엇으로든지 한번 증명하고 싶다는 생각을 했을 법합니다. 그 방법이 곧 돌로 떡을 만드는 것이었습니다.

재(財)태크에만 모든 관심을 기울이고 있는 이 시대는 사탄의 시대입니다. 아파트 값, 주식 값, 교육비에만 모든 흥미를 집중시키는 현대인들은 사탄의 친구들입니다. 2천 년 전 예수님을 조롱하듯이 사탄이 던진 질문은 오늘도 반복됩니다. 이런 시대를 어떻게 뚫고 살아가야 하나요? 우리 그리스도인들조차 사탄과 어깨동무하면서 예수님을 향해서 돌을 떡으로 만들어 보라고 시험하고 있는 건 아닌가요? 우리가 만약 예수님의 제자라면 사탄의 요구를 영적인 요구로 바꿀 수 있어야 합니다. 이렇게 질문해야 합니다. 주님, 우리를 살릴 수 있는 진정한 양식이 무엇인가요? 이런 점에서 그리스도교 영성은 세속적인 질문과 영적인 질문이 무엇인지 구분할 줄 아는 능력인 것 같습니다. 무엇이 사람과 생태계를 살리는 질문이고, 무엇이 죽이는 질문인지를 구별하는 능력 말입니다.

사탄의 요구에 대해서 예수님은 이렇게 대답하셨습니다. "사람이 떡으로만 살 것이 아니요 하나님의 입으로부터 나오는 모든 말씀으로 살 것이라"(마 4:4). 이 말씀은 사람이 세상을 살아가려면 떡과 말씀이 동시에 필요하다는 뜻일까요? 표면적으로만 보면 떡과 말씀을 같이 강조한 것 같지만 실제로는 그렇지 않습니다. 떡으로 사는 일은 누가 시키지 않아도 모두가 알아서 하는 것입니다. 지금 예수님은 떡도 필요하고 말씀도 필요하다는 뜻으로 이런 말씀을 하시는 게 아닙니다. 예수님의 이 대답은 하나님의 입으로부터 나오는 말씀에 방점이 있습니다. 그렇습니다. 말씀을 바르게 받아들이기만 한다면 사람들은 서로 떡을 나누어 먹게 될 겁니다. 교회는 하나님의 입으로부터 나오는 말씀을 바르게 가르치는 한 가지 일에 집중해야 합니다. 교회는 세상을 향해서 떡은 이만하면 됐다고 진정시켜야 할 필요가 있습니다. 그게 곧 인간을 살리는 첩경이기 때문입니다.

예수님이 사탄에게 받은 두 번째 시험은 다음과 같은 요구였습니다. "마귀가 예수를 거룩한 성으로 데려다가 성전 꼭대기에 세우고 이르되 네가 만일 하나님의 아들이어든 뛰어내리라. 기록되었으되 그가 너를 위하여 그의 사자들을 명하시리니 그들이 손으로 너를 받들어 발이 돌에 부딪치지 않게 하리로다"(마 4:5, 6). 사탄이 이렇게 예수님을 시험하는 이유는 무엇인가요? 이 질문은 인간에게 있는 관심이 무엇인지를 가리킵니다. 그 관심은 특별대우를 받고 싶다는 인간의 본성을 말합니다. 높은 곳에서 떨어지면 모두가 크게 다치거나 죽지만 자기만은 그렇지 않기는 바라는 그런 기대 말입니다.

하나님이 자기만은 특별하게 보호해 주신다는 생각을 하는 사람들이 많습니다. 물론 이런 생각 자체가 무조건 잘못은 아니겠지만 지나치면 병적인 증세가 됩니다. 그리스도인들은 하나님을 향해서 요구가 많습니다. 새 하늘과 새 땅을 기다리는 종말론적 공동체인 교회가 세속적인 기도에 치중합니다. 만약 진실한 그리스도인이라고 한다면 어려운 이웃의 자녀들이 좋은 점수를 받도록 기도해야 합니다. 이 세상에서의 좋은 자리는 세상 사람들에게 양보하는 게 그리스도교적인 삶의 자세가 아닐까요?

예수님은 사탄에게 이렇게 대답하셨습니다. "주 너의 하나님을 시험하지 말라"(마 4:7). 그렇습니다. 자기만 특별대우받겠다는 생각은 하나님을 시험하는 행동입니다. 그리스도인들만 축복받아야겠다는 생각은 하나님에게 영광을 돌리는 게 아니라 오히려 가리는 일입니다. 모든 사람에게 똑같이 햇빛을 주시고, 똑같이 비를 주시는 하나님을 향해서 자기에게만 햇빛과 비를 달라고 요구하지 맙시다. 그리스도인의 사업체만 특별하게 잘되게 해달라는 그런 요구를 하지 맙시다. 그건 불가능한 일일 뿐만 아니라 하나님을 시험하는 일입니다.

그렇다면 도대체 예수를 믿는 이유가 무엇인가 질문할 분들이 있을 겁니다. 믿음은 믿음 자체로 이미 충분한 사건입니다. '믿음'은 그것 자체가 우주론적 구원 사건이기 때문에 더 이상의 것을 필요로 하지 않습니다. 생각해 보십시오. 예수님에게 일어난 부활의 생명이 우리에게 약속되었다는 사실 이외에 우리에게 더 필요한 게 무엇인가요? 아무것도 없습니다. 이 세상에서 얻는 모든 것은 부스러기에 불과합니다. 이런 부스러기에 매달려서 신앙의 근본을 잃어버리거나 그것을 상대화하는 것은 곧 하나님을 시험하는 행위입니다.

사탄은 예수님에게 온 세상의 영광을 모두 보여 주고 다음과 같이 요구했습니다. 이것이 사탄에게서 받은 예수님의 세 번째 시험입니다. "내게 엎드려 경배하면 이 모든 것을 네게 주리라"(마 4:9). 앞에서 제기한 두 번의 시험은 하나님의 아들에 대한 확신 내지는 의혹과 연관된 것인데 반해서, 마지막 시험은 세상의 명예와 소유에 관한 것입니다. 전자는 영적인 문제라고 한다면 후자는 완전히 세속적인 문제입니다. 마귀가 예수님에게 한 말에서 우리는 두 가지 사실을 발견할 수 있습니다. 세속적인 명예는 마귀의 권한이라는 게 하나의 사실입니다. 마귀가 모든 것을 준다고 약속했다는 건 곧 그것을 자신이 마음대로 처리할 수 있다는 뜻입니다. 세상의 명예와 권력은 마귀의 소유입니다. 세속의 명예와 권력을 소유하려면 마귀와 타협해야 한다는 것이 또 하나의 사실입니다. 우리가 세상에 나가서 소위 출세하려면 일정한 정도는 마귀와의 관계를 유지해야만 합니다. 기업 운영만 해도 그렇습니다. 우리가 완전히 양심적으로만 기업을 운영할 수 없습니다. 상대적으로는 어느 정도 윤리적인 행동을 할 수 있지만 절대적인 윤리를 세속 사회에서 실현할 수는 없습니다.

예수님은 마귀에게 이렇게 대답했습니다. "주 너의 하나님께 경배하고 다만 그를 섬기라." 우리의 삶은 바로 여기에 자리를 잡아야 합니다. 하나님만 섬기는 삶이 그 대답입니다. 그것은 곧 하나님만이 나를 지배하는 삶을 가리킵니다. 이런 말은 우리가 흔하게 들었지만 실질적으로 다가오지 못할 때가 많습니다. 하나님이 관념의 차원으로 떨어졌기 때문이겠지요.

마태복음과 누가복음에 없는 언급이 마가복음에는 등장합니다. 예수님이 들짐승과 함께 계셨다는 언급이 바로 그것입니다. 이 들짐승이 무엇인지에 관한 설명은 없습니다. 마가가 무슨 의미로 들짐승 이야기를 여기에 첨부했는지 잘 모르겠습니다. 예수님과 짐승이 전혀 어울리지 않는 관계는 아닙니다. 예수님은 외양간에서 태어나셨습니다. 그 장면을 주제로 하는 그림에는 마리아와 요셉과 아기 예수와 함께 소, 또는 양이 배경으로 나옵니다. 또 예수님은 예루살렘 입성 때 나귀를 타셨습니다.

　　상상력을 발휘해서 이런 질문을 해봅시다. 하나님 나라에는 짐승들이 있을까요? 그 나라에서 인간이 영생을 얻는다면 짐승들도 역시 영생을 얻을까요? 사실 짐승만 문제는 아닙니다. 곤충과 박테리아를 비롯한 미생물은 어떻게 될까요? 그것 없이 우리는 생명을 상상할 수 없습니다. 오늘의 이 세계를 보십시오. 이 모든 생명체들은 유기적으로 연결을 통해서 다양하고 풍성한 생명의 그물망을 만들고 있습니다. 그 유기적 관계가 얼마나 심오한지 우리가 아는 것도 있지만 모르는 게 더 많습니다. 아마 이 세상이 끝날 때까지 모든 것을 알기는 불가능할 겁니다. 제 생각에 하나님 나라에도 우리가 모르는 방식으로 지금의 모든 생명체들이 서로 어울려 지내지 않을는지요. 예수님이 시험받는 그 장소에, 바로 그 순간에 사람은 함께하지 못했지만 들짐승은 함께했습니다. 들짐승이 바로 예수님에게 힘이 되었다는 뜻이 아닐까요? 이런 점에서 본다면 어려운 상황에 처한 예수님에게 힘이 될 수 있는 대상은 사람이 아니라 짐승이라는 말이 됩니다. 똑똑한 인간이 아니라 무식한 짐승이 훨씬 유용한 존재들인지 모릅니다.

　　마가복음에 따르면 예수님이 시험받는 마지막 장면은 예수님을 돕는 천사들입니다. 앞에서 짐승들이 예수님과 함께했던 것처럼, 이제 천사들이 예수님과 함께함으로써 예수님을 도왔습니다. 성서는 천사에 대해서 자주 언급합니다. 성서는 타락한 천사에 대해서 언급하기도 합니다. 그게 사탄이겠지요. 이 자리에서 천사가 과연 있냐, 없냐 묻지는 마십시오. 그런 방식으로만 생각하면 근원적인 것을 놓치는 수가 많습니다. 존재에 대해서 생각을 근본적으로 바꾸어야만 합니다. 이렇게 확인할 수 있는 사물들만 존재한다고 생각한다면 우리는 존재의 1차원에 머물고 마는 겁니다. 실체가 아니라 과정으로 존재하는 것들도 적지 않습니다. 아니 지금은 없지만 앞으로 존재하게 될 것들도 역시 없다고 말할 수는 없습니다.

천사가 예수님을 도왔다는 말은 여러 사람들의 눈에 공개적으로 나타나지는 않지만 볼 눈을 가진 사람에게 개인적으로 인식되는 신비한 메신저가 있다는 의미입니다. 마치 셰익스피어의 작품에 요정과 유령이 자주 등장하듯이 이 세상의 삶을 심층적으로 들여다볼 줄 아는 사람의 눈에는 그런 힘들이 보입니다. 그런 천사가 없다면 우리의 삶은 그저 생존 본능에 따라서 기계적으로 움직이는 단백질 덩어리의 작동에 불과하겠지요. 그러나 다행스럽게도 개인이나 집단이나 인간의 삶은, 그뿐만 아니라 모든 생명 세계는 그것을 초월하는 힘들에 의해서 움직이고 있습니다. 그 힘들이 성령이며, 그것의 동화식 표현이 곧 천사입니다. 아기의 숨결에, 별빛 속에, 남녀의 사랑 속에, 바람과 파도에도 천사들이 춤을 추며 함께합니다. 마음의 눈을 뜨기만 하면 곳곳에서 우리를 돕는 천사들이 보이게 될 겁니다. 천사를 볼 줄 아는 사람에게 복이 있으리라!

예수, 복음을 전하시다

1:14-15

> ¹⁴ 요한이 잡힌 후 예수께서 갈릴리에 오셔서 하나님의 복음을
> 전파하여 ¹⁵ 이르시되 때가 찼고 하나님 나라가 가까이 왔으니
> 회개하고 복음을 믿으라 하시더라

마가는 요한이 잡힌 후에 예수님이 활동을 개시했다고 전합니다. 요한이 잡힌 이유는 헤롯왕의 부도덕성을 비판했기 때문입니다. 만약 요한이 헤롯의 행위를 못 본 체하거나 에둘러 비판했다면 그렇게까지 큰 어려움을 당하지 않았겠지요. 결국 요한은 풀려나지 못하고 헤롯의 생일에 참수를 당합니다. 요한이 조금 더 오래 살아서 정의를 외쳤다면 예수님의 하나님 나라 운동도 조금 더 효과적으로 나타나지 않았을까 하는 생각도 듭니다.

요한의 운명은 2천 년 전 그 당시만이 아니라 오늘도 반복되고 있습니다. 정치·경제적 헤게모니를 손에 넣은 세력은 반대 세력을 아주 간단히 제압할 수 있으며, 실제로 그렇게 하고 있습니다. 경제 발전만 최고의 가치로 여기는 오늘의 대한민국은 새만금의 갯벌을 간단하게 제압했습니다. 청소년들은 입시교육에 찌들어 갑니다. 교회성장 만능주의가 교회 개혁을 불가능하게 만들고 있습니다. 제2의, 제3의 요한은 지금도 여전히 감옥에 구금당하고 있습니다.

그런데 보십시오. 유대의 마지막 예언자, 불꽃처럼 말씀을 선포하던 세례 요한이 잡혔지만 그것으로 하나님의 역사가 끝난 것이 아닙니다. 하나님은 그런 절망적인 상황을 뚫고 자신의 통치를 다시 본격적으로 시작하십니다. 예수 그리스도를 통한 하나님의 새로운 역사는 요한이 잡힌 후에 다시 시작됩니다. 우리의 눈에 요한이 잡힌 후는 절망이지만 하나님의 눈에 그것은 오히려 희망입니다. 혹시 오늘 우리의 삶이 '요한이 잡힌 후'처럼 어둡다고 느끼시나요? 대한민국이라는 이 공동체의 현실이 어두운가요? 그렇다면 그건 오히려 하나님이 활동하실 수 있는 기회일지 모릅니다. 임박한 하나님의 일을 손꼽아 기다려야 할 순간

일지 모릅니다. 그런 구원 역사의 신비 안에서 살아갑시다.

오늘 마가는 공생애를 시작한 예수님의 첫 말씀을 전하고 있습니다. 그 첫 말씀 중에서 첫 마디는 바로 때가 찼다는 것입니다. 성서가 말하는 때, 즉 시간은 연대기적인 의미인 크로노스가 아니라 사건 발생적인 의미인 카이로스입니다. 크로노스가 기계적인 차원의 시간 이해라고 한다면 후자는 생명이 완성되는 기준으로 보는 시간 이해입니다. 연애하는 사람들의 시간은 두 사람이 나누는 애정의 농도에 따라서 때로는 빠르게, 때로는 느리게 흘러가듯이 우리 그리스도인들의 시간은 하나님과의 밀착 관계에 따라서 흘러가는 게 아닐까요? 안타깝게도 대개의 그리스도인이 하나님과 맺는 관계는 아무리 시간이 흘러도 거의 변화가 없습니다. 단지 신앙생활의 노하우만 늘어났을 뿐이지 하나님과의 실제적인 관계에는 아무런 변화가 없습니다. 이렇게 살아가는 그리스도인들에게 하나님의 시간은 아무런 의미가 없습니다. 내면적 삶의 변화가 없고, 성장이 없고, 심화가 없다면, 그런 상태에서 외면적인 시간만 간다면 결국 우리는 영적으로 죽었다는 의미이겠지요.

하나님이 계획하시는 이런 생명의 시간은 개인만이 아니라 인류 전체, 그리고 생명계 전체와도 연관이 있습니다. 현대 문명이 과연 이런 하나님의 시간에 따라 움직이고 있을까요? 오늘의 생명공학은 하나님의 생명 운동을 받아들이고 있을까요? 오늘 이 세계의 정치와 경제와 문화는 하나님이 가까이 계시다는 사실을 의식하고 있을까요? 세상은 그렇다 하고, 그리스도인들만이라도 철저하게 의식해야 합니다. 그래서 각자가 살아가는 위치에서 하나님의 생명에 역동적으로 참여하는 일에 최선을 다해야 합니다. 주기도문의 형식에 따라서 말한다면 하늘의 뜻이 땅에서도 이루어지는 일에 매진하자는 뜻입니다.

하나님 나라가 무엇인지를 아는 건 기독교인에게 아주 중요합니다. 하나님 나라는 헬라어로 '바실레이아 투 데우'입니다. 바실레이아라고 해도 괜찮습니다. 앞으로 우리가 여러 관점에서 이 바실레이아를 생각하겠지만, 우선 기독교가 바로 하나님 나라에 전적으로 의존해 있다는 사실만은 명확히 할 필요가 있습니다. 오늘 본문에서는 하나님 나라가 가까이 왔다고 표현되어 있습니다. 그리스도교 신앙과 복음은 바로 이 사실을 토대로 합니다. 신약성서의 모든 내용은 바로 이 사실 앞에서만 의미가 있습니다. 하나님 나라가 임박해 있다는 사실이 느슨해진다면 복음의 긴박성은 그 순간에 사라지고 맙니다.

한국 교회 강단은 하나님 나라를 주제로 삼지 않고 있습니다. 하나님 나라 망각입니다. 교회 성장만이 최대의 목표가 되었습니다. 오늘 우리의 설교와 신앙의 자리에서 하나님 나라의 우주론적 지평이 상실되고 단지 교회 확장과 신자들의 종교적 감수성만 확대 재생산되고 있다는 사실은 그리스도교 신앙의 위기입니다. 하나님 나라가 선포되지 않는데도 불구하고 그것을 위기로 느끼지 못한다면 하나님 나라에 관심이 없기 때문입니다. 관심이 없다는 건 곧 하나님 나라를 모른다는 뜻이기도 합니다.

교회 현장에서는 하나님 나라보다는 천국, 즉 하늘나라라는 용어가 친숙합니다. 신약성서도 하나님 나라와 하늘나라를 구별할 때가 있습니다. 예컨대 마태복음 5장 3절은 하늘나라라는 뜻으로 헬라어 '바실레이아 투 우라논'을 썼습니다. 그러나 하늘과 하나님이 고대인들에게 거의 동일어로 받아들여졌다는 점에서 본다면 이 두 단어는 큰 차이가 없다고 보아야 합니다. 교회 현장에서 천국은 죽은 다음에 가게 될 공간 정도로 이해됩니다. 심지어 천국에 가면 황금 면류관을 받을 사람과 개털 모자를 받을 사람으로 구분된다는 주장이 있을 정도입니다. 이는 천국이 교회 안에서 흡사 노후보장 보험 상품처럼 받아들여진다는 증거입니다. 만약 죽음 이후에 그런 천국이 없다고 한다면 적지 않은 사람들이 교회를 떠날 것입니다. 죽음 이후의 생명이 없다는 뜻으로 이런 말씀을 드리는 게 아닙니다. 그 문제는 또 하나의 다른 주제이고, 지금은 하나님 나라가 어떻게 왜곡되어 있는지에 관한 가장 초보적인 사실을 설명하는 중입니다.

성격이 급한 분들은 이렇게 질문할 것 같군요. '하나님 나라든, 천국이든 그건 둘째 치고, 도대체 하나님 나라가 있다는 거요, 없다는 거요?' 하나님 나라가 가까이 왔다는 예수님의 말씀에 의하면 하나님 나라는 분명히 '있다'고 말할 수 있습니다. 그러나 그 하나님 나라는 창세기의 에덴동산이나 요한계시록의 새 예루살렘처럼 모든 것이 구비된, 그래서 완전 복지가 실현된 어떤 장소라고 말할 수는 없습니다. 그 나라는 우리의 그 어떤 인식론적 범주 안에 갇히지 않습니다. 우리의 그 어떤 상상력이나 표상까지도 넘어섭니다. 오직 하나님에 의해서만 실행되는 사건입니다.

하나님 나라는 공간적 의미보다는 통치 개념이 강합니다. 이를 이해하려면 먼저 실체론적 형이상학을 극복해야 합니다. 실체론적 형이상학은 이 세상을 구성하고 있는 근원적인 실체가 존재한다는 생각입니다. 그것이 플라톤의 이데아였든지, 아니면 아리스토텔레스의 형상이었든지, 서양 사람들은 그런 본질적인 실체가 존재한다고 생각했습니다. 이런 실체론적 형이상학에 의하면 '나라'는 분명히 실체(substance)로서 존재해야 합니다. 과연 그런 실체가 궁극적으로 존재할까요? 이미 현대 물리학은 그런 실체를 부정합니다. 물질을 이루는 최소 단위인 원자가 실체라는 생각은 이미 깨졌습니다. 하이젠베르크의 불확정성 이론이 가리키고 있듯이 양자(quantum) 세계에서는 물질 현상에 대한 객관적인 검증 자체가 불가능해집니다. 원소 안의 전자가 관찰자에 따라서 계속적으로 변화하기 때문에 그것을 측정할 길이 없다는 말씀입니다. 전자의 객관적인 측정이 불가능하다면 실험을 통해서 동일한 결과를 얻어야만 인정받을 수 있는 자연과학적 이론은 설 자리가 없게 됩니다. 이런 점에서 오늘의 물리학은 이제 정신과학과 가까워지는 실정입니다. 물질과 정신이 완전히 구분되는 게 아니라는 뜻입니다.

하나님 나라를 하나님의 다스림으로 이해하는 사람은 이 세상을 자기 주관에 따라서 재단하거나 소유할 생각을 하지 않고 하나님의 다스림에 마음을 열어 둡니다. 그런데 문제는 그 하나님의 다스림, 그 통치가 간단히 포착되지 않는다는 데 있습니다. 왜냐하면 하나님의 통치 방식은 늘 우리의 예상을 뛰어넘기 때문입니다. 오늘 우리는 하나님의 다스림을 어떻게 경험하고 있나요? 하나님이 아니라 제국주의적 질서에 지배당하고 있거나 세속적인 경제 구도에 사로잡혀 있는지 모릅니다. 그런 방식으로 하나님 나라를 소유할 수 있으려니 생각하는 건 아닐는지요. 그래서 그런 영역 확보에 우리의 모든 삶을 소비하고 있는 건 아닌지요. 그렇다면 이미 소유 중심의 삶의 원리에 완전히 지배당하는 것입니다.

예수님은 하나님의 다스림이 가까이 왔다고 말씀하셨습니다. 그런데 가까이 임한 하나님의 다스림을 아무나 인식할 수는 없는 것 같습니다. 예수님 당시에도 예수님의 삶과 가르침을 이해한 사람들이 별로 없었습니다. 십자가에서 처형당한 예수님을 메시아로 생각한 사람들은 별로 없었습니다. 지금 우리는 이미 예수님을 믿기 때문에 하나님의 통치를 인식하고 있다고 생각할지 모르지만, 그건 큰 오해입니다. 우리에게는 예수님을 믿는 것 자체가 일종의 권력이 되어 버렸습니다. 교회를 부흥시킨 지도자들이 행사하는 교권은 하나님의 통치를 무력화시키고 있는 실정입니다. 음악가가 음악의 세계에서 자기의 존재 근거를 찾듯 그리스도인은 가까이 다가온 하나님의 다스림에서만 존재 이유를 발견할 수 있습니다. 이를 위해서 기존의 고정관념을 일단 접어 두고 처음부터 다시 시작하는 마음으로 하나님 나라가 무엇인지 생각해야겠습니다.

하나님 나라가 가까이 왔다는 문장에서 우리가 착각하기 쉬운 부분은 하나님과 나라를 구분해서 생각하는 것입니다. 하나님이 따로 존재하고 그의 나라가, 즉 그의 통치가 따로 존재한다는 생각은 옳지 않습니다. 하나님과 하나님 나라는 일치합니다. 즉 하나님은 자신의 나라로서 존재하십니다. 하나님 나라는 하나님의 존재 방식이죠. 앞에서 나라는 곧 통치라고 했는데, 그렇다면 결국 하나님은 통치로서 존재한다는 말이 됩니다. 조금 더 풀어서 설명하면, 하나님은 통치이며, 행위이며, 힘입니다. 그는 평화, 정의, 기쁨, 자유라는 속성을 지닌 하나님 나라로서 존재합니다. 그는 그 모든 것의 핵심이라 할 사랑으로 존재합니다. 하나님은 곧 사랑이십니다.

간혹 어떤 사람들은 하나님의 말씀을 직접 들었다거나, 그 하나님을 자기가 직접 만난 것처럼 말하기도 합니다. 그런 하나님은 없습니다. 우리가 어떻게 '나라'를 직접 경험할 수 있겠습니까? 우리가 어떻게 사랑을 직접 만날 수 있을까요? 우리가 어떻게 바람을 직접 만날 수 있습니까? 물론 바람을 시원하게 받을 수는 있습니다. 그러나 그것이 바람 전체는 아닙니다. 바람의 일부를 경험할 수는 있지만 전체를 경험할 수 없는 것처럼 하나님 나라를 부분적으로 경험할 수는 있지만 전체적으로는 경험할 수는 없습니다. 전체를 경험하지 못하면 결국 하나님을 직접적으로 경험할 수 없다는 말이 됩니다.

성서에는 하나님을 직접 만난 것처럼 진술된 텍스트가 적지 않습니다. 성서 진술은 일종의 시(詩)입니다. 시인들은 사물과 직접 대화하는 것처럼 시를 씁니다. '바람이 노래하네.' 이런 시구를 사실에 대한 진술로 생각하는 사람은 시를 모르는 사람입니다. 성서 기자들은 높은 영적 경지에서 하나님 '나라', 하나님의 다스림을 인식했습니다. 그런 인식을 그들은 여호와 하나님이 자기에게 말씀하신 것으로 묘사했습니다. 지금 성서를 인간의 인식론적 범주로 제한하려는 게 아니라 하나님의 행위와 그것을 알아들어야 할 인간 사이에 작동하는 인식론적 통로를 설명하는 중입니다. 하나님의 존재의 신비와 계시의 존재론적 능력은 우리의 신앙과 행위에서 주도권을 갖고 있지만, 그렇다고 해서 인간의 합리적 인식론이 파괴될 수는 없습니다.

예수님은 하나님 나라를 선포하셨습니다. 그 하나님 나라는 곧 하나님의 통치입니다. 그렇다면 결국 예수님은 하나님의 통치를 선포했다는 말이 됩니다. 여기까지는 받아들이기 어렵지 않습니다. 그다음이 문제입니다. 초기 그리스도교는 예수님이 선포한 그 하나님 나라와 통치를 예수님과 일치시켰습니다. 어느 신학자의 표현처럼 선포자가 선포된 자와 일치되었다는 겁니다. 예수님은 하나님 나라를 대상으로 선포했는데, 초기 그리스도교에 의해서 그 대상이 주체와 하나가 된 겁니다. 예수님과 하나님의 일치입니다.

이게 어떻게 가능할까요? 초기 그리스도인들의 이런 인식은 어떤 타당성을 확보하고 있을까요? 예수님이 하나님을 '아빠 아버지'라고 불렀으며, 예수님이 하나님을 보았다거나 하나님이 자신을 증거한다는 진술이 증거일 수 있긴 합니다. 그러나 그런 진술만으로 예수님이 하나님과 본질적으로 동일하다는 기독교의 주장에 진리론적 근거가 확보되기는 어렵습니다. 예수님의 공생애 중에 일어났던 사건들이 그런 증거일지 모르겠습니다. 병자가 치료된다거나 오병이어의 기적이 발생했다는 사실들 말입니다. 복음서 기자들은 그런 사건들을 설명하면서 분명히 예수님이 메시아라는 사실을 염두에 두고 있습니다.

하나님과 예수의 일치에서는 기적보다도 십자가가 더 결정적인 사건일지 모릅니다. 왜냐하면 십자가는 인간 구원의 메시아적 징표이니까요. 십자가 자체는 일반적인 사건 중의 하나였습니다. 수많은 사람들이 십자가에서 처형당했습니다. 예수님의 십자가 처형 사건을 예수님과 하나님의 동일화에 대한 절대적인 조건으로 보기는 힘들다는 말이 됩니다.

부활이 핵심입니다. 예수님의 부활 이후에 예수님의 공생애는 새롭게 조명받았습니다. 그 이전까지 전혀 이해되지 않았던 예수님의 가르침과 십자가 사건이 구원론적으로 해석되었습니다. 복음서는 부활 이전의 사건 보도와 부활 이후의 해석 보도로 구분됩니다. 그 밑바탕에는 기본적으로 부활의 예수님에 대한 신앙고백이 자리하고 있습니다.

문제는 아직 완전히 해결된 게 아닙니다. 예수님이 하나님과 본질적으로 동일하다는 사실이 아직 완전하게 증명되지 못했습니다. 세상 사람들은 아직도 인정하지 않습니다. 아마 종말까지 이런 논쟁은 계속될 겁니다. 이 문제가 여전히 논쟁적이라고 해서 그리스도교의 진리성이 근본적으로 훼손되는 건 아닙니다. 오히려 정반대입니다. 자신을 진리 논쟁의 중심에 내놓을 때만 그리스도교는 그 정당성을 인정받을 수 있습니다. 그리스도인들은 혼란스러워할 필요가 하나도 없습니다. 이 세상 어떤 종교도, 어떤 학문도, 어떤 과학도 최종적인 진리로 결정된 것은 없습니다. 그리스도교는 그들과 선의의 경쟁을 하는 중입니다. 예수 그리스도가 생명의 근거이며, 그런 의미에서 하나님과 동일하다는 사실을 증명하기 위해서 지금 우리는 온몸을 던져야 합니다. 우리는 이런 진리 논쟁을 두려워하지 말아야 하고, 두려워할 필요도 없습니다.

하나님을 직접적으로 경험할 수 없고, 따라서 하나님을 아직 명료하게 알 수 없는 것처럼 하나님 나라를 그런 차원에서 알 수는 없습니다. "우리는 부분적으로 알고 부분적으로 예언하니…"(고전 13:9)라거나 "우리가 지금은 거울로 보는 것 같이 희미하나…"(고전 13:12)라는 바울의 진술은 이 사태를 가리킵니다. 하나님 나라를 직접적으로, 전체적으로, 명료하게 알 수 없다면 결국 하나님 나라는 우리에게 무의미한 게 아니냐는 주장이 가능합니다. 그렇지 않습니다. 우리가 아직 완전하게 모른다고 해서 하나님 나라가 우리와 무관한 건 결코 아닙니다. 어린아이들이 부모의 생각을 충분하게 헤아리지 못한다고 해서 부모가 그들의 삶과 무관하지 않은 것과 같습니다.

아직 실체로 드러나지는 않았지만 분명히 우리의 삶과 직접적으로 연관되는, 우리의 삶을 궁극적으로 결정하는 하나님 나라를 예수님은 비유로 설명하셨습니다. 하나님 나라는 비유가 아니면 설명이 불가능하기 때문입니다. 비유에 따르면 하나님 나라는 씨가 떨어진 여러 종류의 밭과 같습니다. 하나님 나라는 일용직 노동자들을 불러다가 포도원 일을 시키는 주인과 같습니다. 탕자를 기다리는 아버지와 같고, 가루 서 말 속의 누룩과 같습니다. 예수님의 비유는 오직 하나님과 하나님 나라를 지시하기 위한 고유한 가르침입니다.

다음과 같은 사실이 중요합니다. 비유는 어떤 실체에 관한 직접적인 묘사가 아니라 간접적인 설명입니다. 예수님이 하나님 나라를 비유로만 설명하셨다는 것은 곧 하나님 나라가 아직 완료된 게 아니라는 뜻입니다. 하나님 나라는 비유로만 접근할 수 있을 뿐이지 어떤 고정된 실체로 경험할 수는 없습니다. 그런데 예수님의 비유와 하나님 나라를 고정된 실체로 생각하는 이들이 많습니다. 현재 이 땅에서 가장 행복하다고 생각되는 그런 삶의 형식을 하나님 나라와 일치시키는 이들도 있습니다. 이 세상에 던져진 존재로 살아가는 우리에게 하나님 나라는 오직 비유로서만 인식이 가능합니다.

교회가 하나님 나라를 자기 존재의 근거로 삼지 않는다는 것은 비극이며 불행입니다. 겉으로는 간혹 하나님 나라를 언급하지만 실제로 그 하나님 나라에 마음을 두지 않는 설교가 많습니다. 하나님 나라가 임박했다는 사실을 깊이 생각하고 그 의미를 되돌아보고 해석하고 선포하는 설교자들, 하나님 나라와 생명이 어떤 관계인지 진지하게 고민하는 설교자들이 필요합니다. 하나님 나라의 개념이 교회 안에서 중심 주제로 부각되지 않기 때문에 그것이 무엇인지 이해하려는 마음을 먹지 않는 사람이 많습니다. 하나님 나라보다 교회 자체가 교회 안에서는 더 중요한 기구로 자리하고 있습니다. 심지어는 하나님 나라가 교회에 종속되는 것처럼 생각할 정도입니다. 하나님 나라는 교회를 뛰어넘습니다. 교회는 오직 하나님 나라에 의존할 때만 존재할 수 있는 반면, 하나님 나라는 교회 없이도 스스로의 길을 갑니다. 교회가 하나님 나라를 대신하거나, 하나님 나라를 독점할 수 있는 것처럼 행세한다는 것은 주제 파악이 되지 않았다는 의미입니다.

교회와 하나님 나라는 아무런 관계가 없다는 말인가요? 그렇지 않습니다. 교회가 하나님 나라 자체는 아니지만 종말론적 메시아 공동체로서 하나님 나라의 징표라고 말할 수 있습니다. 이런 점에서 교회는 대단한 명예와 책임을 안은 공동체입니다. 명예라는 것은 교회가 이 세상모든 기구 중에서 하나님 나라에 가장 가까운 징표라는 사실이며, 책임이라는 것은 교회가 하나님 나라에 직면해 있는 기구로서 감당할 일들이 크다는 것입니다. 그 책임이 무엇인지 구체적으로 고민해야 합니다. 고민을 위해서라도 신학적인 훈련이 모든 기독교인들에게 필요합니다.

　　하나님 나라는 왔습니까? 마가복음은 가까이 왔다고 말합니다. 이미 왔다고 말하지는 않습니다. 그러나 그 차이는 무시해도 좋습니다. 왜냐하면 이런 표현은 하나님 나라의 긴박성을 가리키는 것인지 시간의 실제적인 차이를 가리키는 게 아니기 때문입니다. 마가복음이 전하고 있는 예수님의 말씀에 따르면 하나님 나라는 이미 왔습니다. 그런데 우리의 삶이나 인류 역사에는 하나님 나라가 왔다는 흔적이 별로 없습니다. 하나님 나라가 가까이 왔다는 예수님의 말씀 이전이나 이후나 별로 달라진 것이 없으며, 더구나 하나님 나라와 동일한 예수 그리스도가이 땅에 오셨는데도 실제로 달라진 것은 별로 없습니다. 우리는 여전히 싸우고, 미워하고, 외롭고, 소외당하고, 아프고, 그리고 죽습니다. 하나님 나라가 이런 우리의 삶에 아무런 영향을 끼치지 못하는 것이라면 그 나라가 우리에게 가까이 왔다 한들 무슨 소용이 있겠습니다. 아무것도 달라진 것이 없다는 사실과 하나님 나라가 가까이 왔다는 사실은 서로 모순되는 것처럼 보입니다. 이 모순을 어떻게 해결할 수 있을까요?

　　예수님이 가까이 왔다고 말씀하신 하나님 나라는 그 순간에 온 것이 아니라 이미 와 있는 것일지 모릅니다. 하나님을 생명의 능력이라고 본다면 창조 사건은 곧 하나님 나라라고 보아야 합니다. 하나님만이 창조자이며, 그 하나님은 바로 창조 행위로서 존재한다고 한다면 창조 사건은 곧 하나님 나라와 동일합니다. 이런 점에서 하나님 나라는 이 창조 사건 자체입니다. 우리가 경험하는 이 창조의 세계는 늘 창조적이거나 생명 지향적인 것만은 아닙니다. 더구나 인간의 출현으로 인해서, 더 정확하게는 인간의 타락으로 인해서 이 세계는 폭력과 파괴가 지배하게 되었습니다. 이런 죄의 속성까지 하나님 나라라고 할 수는 없습니다.

앞 단락에 이어서 다음과 같은 질문이 가능합니다. 이 세계는 곧 하나님 나라와 사탄의 나라로 구분된다는 말일까요? 성서는 기본적으로 하나님으로부터만 모든 존재의 가능성이 열린다고 보기 때문에 하나님 나라와 필적할 만한 또 하나의 독립된 나라로 사탄의 나라를 가정할 수는 없습니다. 그것이 어떻게 구분되는지는 아직 알 수 없습니다. 이런 점에서 하나님 나라는 은폐의 방식으로 작동한다고 보아야 합니다. 하나님은 은폐의 하나님(Deus absconditus)이며 동시에 계시의 하나님(Deus revelatus)이라는 칼 바르트의 진술은 옳습니다. 하나님은 창조로서 자기를 계시할 뿐만 아니라 우리의 인식론적 통로로 완전히 해명해낼 수 없는 은폐의 방식으로 존재하신다는 말씀입니다. 계시는 노출될 뿐 아니라 은폐이기도 하고, 은폐는 숨김일 뿐만 아니라 노출이기도 합니다. 하나님 나라는 노출과 은폐의 변증법적 관계입니다. 하나님 나라가 왜 명확한 흔적을 남기지 않는가 하는 질문은 바로 이런 은폐성에서 설명될 수 있습니다.

하나님 나라가 은폐되어 있다는 말은 곧 그 나라가 종말론적이라는 뜻입니다. 하나님 나라는 종말을 향해 열려져 있을 뿐만 아니라 종말이 이르러야만 온전하게 알려질 수 있습니다. 그래서 신학자들은 이러한 하나님 나라의 속성을 '이미'(already)와 '아직 아님'(not yet)의 긴장으로 설명합니다. 하나님 나라는 창조와 예수 그리스도를 통해서 이미 시작되었지만, 모든 생명의 실체가 드러나게 될 종말에 이르지 않은 역사에서는 아직 아님이라고 보아야 합니다. 이미, 그러나 아직 아닌 하나님 나라는 하나님의 존재의 신비입니다. 그런 세계를 볼 수 있을 때 우리는 그 나라에 가까이 이르게 될 것입니다.

임박했다고 예수님이 말씀하신 하나님 나라는 현재 우리가 살고 있는 이 세상, 혹은 이 땅의 나라와 일단 구별됩니다. 만약 하나님 나라와 이 세상의 나라가 동일하다면 하나님 나라가 가까이 왔다는 말은 무의미하니까요. 그렇습니다. 분명히 하나님 나라는 이 땅의 나라와 구별되며, 구별되어야만 합니다. 실제적으로 보더라도 오늘 우리가 경험하는 이 세상은 하나님 나라와 동일하다고 말하기에는 어울리지 않는 부분이 너무나 많습니다. 죄와 악이 자리합니다. 부조리한 일들이 반복되고 있습니다. 이 세상은 에덴동산에서 쫓겨난 아담과 하와의 후손들이 살아가는 현실입니다.

창세기 기자가 말하는 에덴동산에는 전혀 다른 방식의 삶이 있었습니다. 아담과 하와의 타락 이후에 인간이 짊어져야 할 실존적 고통이 없는 삶입니다. 그러나 타락 이후에 아담과 하와는 몇 가지 운명을 받아들여야만 했습니다. 노동을 통해서만 생존을 영위할 수 있으며, 해산의 고통을 감수해야만 했습니다. 그리고 아담과 하와 두 사람에게 공통적으로 주어진 최종적인 운명은 죽음이었습니다. 타락 이전의 삶은 노동과 해산의 고통이 없었으며, 죽음이 없었다고 보아야 합니다. 성서는 인간이 그런 에덴동산에서 삶을 잃어버리고 현실의 삶을 살아가게 되었다고 설명합니다. 그게 곧 이 땅의 나라입니다. 여기서 우리는 땀을 흘려야만 먹을 수 있습니다. 해산의 고통을 겪어야만 후손을 이어갈 수 있습니다. 그리고 죽음을 향해서 나가야 합니다. 그것이 이 땅에서 살아가는 사람들의 현실입니다. 그것이 과연 하나님이 인간에게 내린 징벌이냐 아니냐 하는 것은 신학적 논쟁거리입니다. 다만 성서에 의하면 이 땅의 삶은 창조의 원초성과는 다릅니다. 완전했던 창조의 생명과는 다른 삶을 지금 우리는 살아갑니다.

물론 이 세상은 아름답습니다. 강, 산, 꽃, 구름, 바람, 어린아이, 젊은 연인들 등 우리가 살아가는 이 지구는 아름답고 인간의 삶도 아름답습니다. 생명이 약동하고 있습니다. 이슬 한 방울, 이름 없는 풀 한 포기가 모두 생명의 알맹이들입니다. 이런 생명의 환희가 우리를 기쁨으로 몰아갑니다. 인간의 죄도 이 큰 아름다움에 비하면 별것 아닙니다. 이 땅의 삶은 현재 우리에게 주어진 유일한 현실이기 때문에 존재론적으로 아름다울 뿐만 아니라, 설령 그렇지 않은 대목이 있다 하더라도 우리는 힘을 모아 아름답게 가꾸어야 합니다.

그러나 우리의 노력에는 한계가 있습니다. 이 땅에서 우리가 경험하는 삶의 형식은 영원하지 않습니다. 우리의 젊음과 건강은 화살처럼 지나갑니다. 인간을 포함해서 모든 생명체는 죽습니다. 모든 것들이 지나갑니다. 무상합니다. 허무합니다. 그렇지 않은 것들은 하나도 없습니다. 그 죽음을 통해서 또 하나의 생명이 시작하지만, 이런 순환을 우리는 궁극적인 것으로 볼 수는 없습니다. 오해는 마십시오. 기독교 신앙이 허무주의라는 사실을 말씀드리려는 게 아닙니다. 부활을 믿는 기독교 신앙이 허무에 빠질 가능성은 전혀 없습니다. 세상을 일단 정확하게 직관해야 한다는 사실을 말씀드리는 중입니다.

성서는 우리에게 새 하늘과 새 땅을 약속합니다. 하나님 나라가 우리에게 온다는 뜻입니다. 은폐의 방식으로 이미 우리에게 와 있지만 아직은 종말론적으로 성취되어야 할 그 하나님 나라가 우리에게 온다는 이 사실에 그리스도교 신앙이 토대하고 있습니다. 이제 조금 더 구체적으로 그 하나님 나라의 속성이 무엇인가를 질문해야 할 차례입니다. 하나님 나라는 먹고 마시는 데 있는 게 아니라는 주님의 말씀에 따르면 일단 정의, 평화, 기쁨, 자유 같은 정신적인 것들이라고 말할 수 있습니다. 그러나 엄밀하게 말하면 그런 속성들은 이미 이 땅에서 경험하는 것들입니다. 정의로운 세계, 평화로운 삶은 이 땅에서도 우리가 완전하지는 않지만, 어느 정도 근사하게 경험할 수 있을 뿐만 아니라 그렇게 노력하고 있습니다.

이러한 경험과 전혀 차원을 달리 하는 속성은 무엇일까요? 그것을 영생이라고 말할 수 있습니다. 영원한 생명은 우리가 이 땅에서 살아가는 한 결코 확보할 수도 없으며, 어떤 점에서는 경험할 수도 없습니다.

우리는 여기서 유한한 삶의 형식으로만 살아갑니다. 낱말 뜻으로만 본다면 영생은 한계가 없는 생명을 말합니다. 그런데 여기서 끝이 없다는 게 무슨 뜻인지 따라가기가 쉽지 않습니다. 우리가 1억 년을 산다고 해도 그건 영원한 게 아닙니다. 10억 년을 산다고 하더라도 마찬가지입니다. 그렇다면 영생은 무한히 계속되는 생명을 가리킨다는 말인가요? 무한하게 계속된다는 것은 곧 무한하게 반복된다는 뜻입니다. 우리는 대개 하루 세 끼 밥을 먹고, 배설하고, 사람들을 만나고, 생활을 합니다. 먹고살기 위해서 돈도 벌어야 합니다. 이런 삶이 영원히 계속된다면, 이런 일들이 영원히 반복된다면 과연 행복할까요? 어떤 분들은 매일의 삶이 똑같은 게 아니라고 생각할 겁니다. 나이도 들고, 철도 들고, 그리고 재산도 늘고, 사회적 지위도 늘고, 그러고 늙기도 하니까 말입니다. 그러나 그 모든 것은 근본적으로 반복에서 벗어날 수 없습니다.

앞 단락에서 말씀드린 대로 만약 하나님 나라의 삶이 이런 삶의 영원한 반복이라고 한다면 참으로 당혹스럽습니다. 요한계시록이 묘사하듯 아무런 고통이나 슬픔이 없는, 그래서 가장 만족스러운 삶이라고 하더라도 영원하게 계속되는 것뿐이라고 한다면 그것은 결코 하나님 나라의 속성과 어울리는 게 아닙니다. 아무리 즐거운 일이라고 하더라도 영원히 반복되면 축복이 아니라 재앙이기 때문입니다.

하나님 나라는 우리가 이 땅에서 경험하는 이런 방식의 삶이 영원하게 반복된다는 의미에서 영원한 삶이 보장된 곳이 아닙니다. 하나님 나라의 영생은 전혀 다른 삶이 시작된다는 뜻입니다. 이 영생을 단순히 시간적인 의미에서 생각하면 오해입니다. 기본적으로 우리가 경험하는 이런 시간을 넘어서지 않는다면 영생은 아무런 의미가 없습니다. 그리스도인들은 단순하게 영원히 존재하는 영생이 아니라 변화된 삶을 기다리는 사람들입니다. 구체적으로 말한다면 예수의 부활로 변화된다는 희망을 안고 살아가는 사람들입니다. 비유적으로 애벌레에서 나비로 변화하는 삶이 아니라면 영생은 무의미하기 때문입니다. 이런 질적인 변화가 없다면 시간의 연장은 무의미하기 때문입니다.

　기독교 신앙은 이런 변화된 삶을 지금 여기서도 경험할 수 있다고 가르칩니다. 오늘 이 땅의 삶에서도 하나님 나라의 영생을 경험할 수 있다는 뜻입니다. 그 답은 이미 알고 있습니다. 예수의 부활과 일치한다면 그것이 곧 영생이겠지요. 여기서 예수의 부활은 무엇일까요? 우리는 어떻게 예수의 부활과 일치할 수 있을까요? 앞으로 이에 관해서 자주 질문하고, 대답을 찾게 될 것입니다.

　하나님 나라는 기독교 신앙의 초석이며 목표입니다. 하나님 나라에서도 우리의 삶이 진행된다고 한다면 과연 어떤 형태의 삶일까요? 우리가 일반적으로 생각하는 하나님 나라에서의 삶은 최선의 복지가 완성된 상태입니다. 속된 표현으로 잘 먹고 잘살 수 있는 상태를 말합니다. 하나님 나라에서는 아무도 아프지 않고 외롭지 않고 슬프지 않습니다. 그런 상태를 우리는 완전복지라고 말합니다. 그런데 완전한 복지가 구비된 곳에서 살면 인간의 삶이 완성될까요? 그렇지 않다는 걸 우리는 이 땅에서 경험했습니다. 복지는 우리의 삶을 개량할 뿐이지 근본적으로 새롭게 하지 않습니다. 손으로 빨래를 하다가 세탁기로 돌리는 정도의 변화입니다. 물론 세탁기를 통해서 우리의 삶이 달라지긴 하지만 그것으로 완전한 삶이 보장되는 건 아닙니다. 그런 복지에 치우치면 삶의 근본이 허물어진다는 데에 삶의 신비가 있습니다. 복지 문제로 해결되지 않는 삶의 신비를 보아야만 하나님 나라의 신비를 조금이라도 맛볼 수 있습니다. 하나님 나라를 지향하는 교회는 복지가 아니라 철저하게 생명의 신비만을, 즉 예수 그리스도를 통한 생명의 신비만을 추구해야 합니다. 복지 너머로부터 오는 삶의 신비에 영적 시각을 고정시켜야 합니다. 교회의 본질이 바로 거기에 있기 때문입니다.

　오늘의 교회는 이와 반대로 움직입니다. 대도시의 중대형 교회는 경쟁하듯 복지 활동을 벌이고 있습니다. 전에는 교육관과 교회 묘지 마련에 진력하더니 지금은 복지관으로 그 대상이 바뀌었습니다. 물론 기독교는 초기부터 과부와 고아들을 돕는 전통을 유대교로부터 물려받았기 때문에 복지 활동을 부정적으로만 볼 수는 없습니다. 더구나 장애인, 외국인 노동자, 결식아동과 노인들을 돕는 일은 정부에서 다 해결할 수 없다는 상황에서 교회가 적극적으로 나서야 할 겁니다. 교회의 사회봉사는 필요한 일입니다. 그러나 교회는 이런 일에도 신학적인 성찰을 해야 합니다. 왜 교회가 복지 활동을 펴야 하는지 신학적 검토 없이 다른 교회가 하니까, 또는 교회의 이름을 내기 위해서 한다는 건 문제가 있습니다. 신학적으로 말한다면 복지 활동은 이 세계가 종말론적인 하나님 나라의 지평으로 변혁되어야 한다는 사실을 위한 상징적 행위입니다. 복지는 하나의 상징으로 남아야 합니다. 그것이 교회의 중심으로 자리하면 결국 교회는 본질을 상실하게 됩니다.

교회는 복지를 통한 인간 구원을 지향하지 않습니다. 복지는 상대적인 가치밖에 없기 때문입니다. 그것으로는 참된 생명을 얻을 수 없기 때문입니다. 교회는 절대적인 생명을 붙드는 데 최선을 다해야 합니다. 절대적인 생명은 곧 하나님 나라를 가리킵니다. 하나님의 통치를 의미합니다. 하나님 나라가 우리에게 온다는 사실을 선포하는 게 교회가 감당해야 할 가장 귀중한 일입니다. 그 밖의 것들은 부수적인 일들입니다. 어느 것에 교회의 미래를 걸어야 할까요?

마가복음에 따르면 예수님은 하나님 나라가 가까이 왔으니까 회개하고 복음을 믿으라고 말씀하셨습니다. 회개, 또는 회심을 뜻한 '메타노이아'는 세례 요한이 선포한 설교의 핵심이기도합니다. 예수님은 세례 요한에게서 이 회개라는 사상을 배웠다는 의미일까요? 그런 내막은 정확하게 풀어낼 수 없습니다. 한편으로는 먼저 출가해서 하나님의 말씀을 선포한 세례 요한에게서 예수님이 영향을 받았다고 볼 수 있지만, 다른 한편으로 예수님은 근본적으로 세례 요한과 다를 뿐만 아니라 복음서는 예수님을 중심으로 기록되었기 때문에 예수님과 세례 요한의 사상적 교류를 복음서에서 찾아내기는 거의 불가능합니다. 다만 간접적으로 이런 문제에 접근할 수 있을 뿐입니다.

세례 요한도 회개를 언급했고, 예수님도 회개를 언급했지만 이 양자에게서 회개의 의미는 공통되는 부분과 아울러 단절되는 부분이 있습니다. 공통되는 부분은 양자에게서 일관되게 인간의 변화가 강조된다는 사실입니다. 세례 요한도 그 당시 민중과 더불어 모든 사람들의 변화를 요청했으며, 예수님도 역시 그런 변화를 요청했습니다. 회개는 '방향을 바꾼다'는 의미입니다. 방향을 바꾼다는 건 곧 변화된다는 의미이겠지요. 변화라는 점에서는 세례 요한의 회개나 예수님의 회개나 동일하지만 그 변화의 방향에서 큰 차이가 납니다.

세례 요한의 회개는 그야말로 새로운 삶으로의 변화입니다. 모두가 양심적으로 살아야 한다는 그런 요청이었습니다. 이런 요청은 사람들의 마음에 큰 불을 붙였으며, 그래서 사람들이 광야로 몰려 나갔습니다. 이에 반해서 예수님의 회개는 훨씬 본질적인 변화를 의미합니다. 예수님은 오늘 본문에도 기록되어 있듯이 하나님 나라를 향한 방향 전환을 의미합니다. 메타노이아는 이 땅의 삶을 향한 관심으로부터 하나님 나라의 삶을 향한 관심으로 방향을 바꾸는 것입니다.

어떤 사람들에게는 세례 요한의 회개가 훨씬 실질적이고 구체적이라고, 그래서 훨씬 바람직하다는 생각이 들 겁니다. 선생, 관리, 군인, 의사, 변호사, 목사, 노동자들이 정직하고 양심적으로 살아간다면 이 세상은 그만큼 아름다워지기 때문입니다. 이에 반해서 하나님 나라를 향한 방향 전환이라는 것은 추상적으로 보입니다. 그 실체가 손에 잡히지 않기 때문입니다. 여기에 바로 기독교 신앙의 어려움이 있습니다. 하나님 나라를 향한 방향 전환이 사람들에게, 아니 그리스도인들에게조차 오해될 수 있다는 뜻입니다. 교회 밖의 사람들은 그리스도인들을 향해서 먼 하늘만 쳐다보고 사는 사람들이라고 생각할지 모르며, 그리스도인들 역시 이 세상의 일에는 일절 관심을 끄고 관념적인 하나님 나라만을, 그래서 휴거할 날만 그리워하며 살아가는지도 모릅니다.

기독교 신앙은 그런 양극단을 지양하고 영적인 오솔길을 정확하게 걸어가는 삶의 태도입니다. 우리는 도덕적인 변화에 목을 매는 사람들이 아닐 뿐만 아니라 먼 하늘만 처다보는 사람들도 아닙니다. 그렇다고 해서 이 땅에서의 모범적인 삶과 저 하늘에서의 신비로운 삶에 양다리 걸치는 사람들도 아닙니다. 차안과 피안의 중간 지대에서 박쥐처럼 살아가는 사람들도 아닙니다. 우리는 기본적으로 땅과 하늘을 하나로 봅니다. 하늘에 휩싸인 땅을 우리가 살아가야 할 삶의 토대로 생각합니다. 이런 삶에 과연 구체적인 리얼리티가 있을까요? 기독교의 삶을 규정해주는 규범이 가능한가 하는 질문입니다. 이 질문에 대한 대답은 간단하지 않습니다. 정확하게 말해서 대답은 없습니다. 성령과의 공명을 통해서 개개인들에게 주어지는 삶의 경험을 객관적인 규범으로 재단할 수는 없습니다. 중요한 것은 생명의 영인 성령의 소리에 귀를 기울이는 것입니다. 임박한 하나님 나라의 화염에 휩싸는 것입니다. 이런 순간에서만 그는 고유한 삶의 리얼리티를 확보할 수 있습니다.

회개는 이 땅에 대한 관심으로부터 하늘로 관심의 축을 옮기는 신앙적 태도이며 결단입니다. 오늘 우리는 우주 공간의 어느 한 지역을 복음서가 말하는 그런 하늘이라고 생각하지 않습니다. 우리는 앞에서 하늘은 곧 하나님 나라라고 말했습니다. 하나님 나라가 가까이 왔다는 말은 곧 하늘이 가까이 왔다는 말과 같습니다. 그렇다면 우리에게 가까이 온 그 하늘은 우주 물리학적인 차원에서의 하늘이라고 말할 수 없으며, 또한 우리가 관심의 방향을 바꾸어야 할 그 목표도 역시 우주 공간의 하늘이 아니라는 게 분명합니다.

이미 답은 주어진 것 같습니다. 회개는 우리에게 가까이 온 하나님 나라, 즉 하나님에게 마음을 돌리는 것입니다. 회개라는 말은 자신의 업적과 성취, 인간의 문명과 경쟁이 아니라 하나님의 통치에 마음을 돌리는 것입니다. 하나님에게 온통 마음을 기울이고 사는 것이야말로 그리스도교 신앙의 핵심인 회개이며 동시에 영성입니다. 하나님에게 마음을 돌리는 일은 간단해 보이지만 실제로는 그렇지 않습니다. 우리 안에 다른 게 가득하기 때문입니다. 결국 마음을 비우는 게 관건입니다. 억지로 마음을 비울 수는 없습니다. 하나님에게로 돌아와야 합니다. 하나님의 영이 아니면 결코 자신을 비울 수가 없습니다. 생명의 영이 마음을 지배할 때만 욕망이 제어될 수 있다는 말입니다. 이런 건 복잡하게 생각하지 않아도 분명하게 드러나는 사실입니다. 좋은 것을 아는 사람은 시시한 것에 마음이 끌리지 않는 법입니다. 하나님의 절대적인 생명을 눈치 채고 사는 사람은 그때서야 자신을 비울 수 있습니다. 회개는 결국 하나님의 존재 방식인 그의 통치를 인식하는 데서부터 시작됩니다. 그를 인식하기 위해서 우선 그를 배워야 합니다. 이런 점에서 단지 이론으로서가 아니라 영적인 실체에 대한 큰 깨달음으로서의 신학 공부는 필수입니다.

　15절에 따르면 회개는 복음을 믿는 것의 전제 조건입니다. 회개가 복음의 선행이라고도 말할 수 있습니다. 왜 예수님은 '회개하고, 복음을 믿으라'고 말씀하셨을까요? 하나님을 향해서 마음을 바꾼다는 의미의 회개 경험이 없다면 복음을 받아들일 수 없기 때문입니다. 회개는 단순히 지난 일의 잘못을 뉘우치는 것이 아닙니다. 어떤 사람은 어렸을 때 주인 허락을 얻지 않고 남의 과수원에 몰래 들어가서 과일 따 먹은 것을 회개했다고 합니다. 어떤 사람은 교회에 다닌 후에, 술 마시고 담배 피운 것을 회개했다고 합니다. 이런 건 성경이 말하는 회개가 아닙니다. 세상 사람도 늘 그렇게 하는 반성입니다. 회개는 이 세상을 창조하셨으며, 생명을 유지하고 완성하실 하나님을 향해서 영혼의 관심을 돌이키는 것입니다. 자기성취, 자기만족, 자기업적으로부터 생명의 신비로 삶의 방향을 바꾸는 것입니다.

　그렇다고 해서 도덕성이 회개와 아무런 연관이 없다는 말씀은 아닙니다. 그것은 회개의 결과입니다. 도덕성은 순간마다 새롭게 결단해야 할 문제이지 어떤 도덕적 경지를 이루는 건 아닙니다. 사람들은 교양이 있다는 걸 도덕적이라고 생각하는데, 그건 큰 착각입니다. 미국은 교양이 있지만 이라크를 침략하고도 양심의 가책을 받지 않습니다. 자기들에게는 수천 기의 핵폭탄이 있지만 북한을 향해서는 서슬이 퍼렇군요. 이 땅에서 이루어지는 도덕, 교양은 시대와 상황에 따라서 다르게 나타나기 때문에 그것이 곧 회개의 증거는 결코 아닙니다. 다만 생명의 신비인 하나님에게 마음을 돌린 사람에게는 시나브로 깨끗한 삶의 열매가 드러나겠지요.

회개하고 복음을 믿으라고 주님이 말씀하셨는데, 우리는 회개를 건너뛰고 복음을 믿는 것에만 신경을 쓰고 있습니다. 결국 복음은 종교의 한 형식으로 나타나거나, 종교적 욕망의 확대로 나타납니다. 때로는 세속적인 욕망으로, 때로는 종교적 도피로, 때로는 심리적인 자기 확신으로 작용합니다. 하나님의 통치에 대한 관심은 전혀 없이 순전히 자신의 종교적 욕망에 사로잡혀서 신앙생활을 한다는 말씀입니다.

너무 비판적으로 말하고 있는 걸까요? 큰 틀에서는 틀린 말이 아닐 겁니다. 한국 교회가 모임과 세계선교에는 열정적이지만 하나님의 통치에는 관심이 없다는 진단이 틀렸나요? 이런 현상은 설교에서도 여실히 나타납니다. 목회에 성실하고 말씀도 잘 전하시는 인격적인 목사님들의 설교에서 가장 아쉬운 점은 하나님이 선포되지 않는다는 사실입니다. 그분들의 관심은 청중입니다. 청중에게 은혜를 끼쳐서 복 받는 삶을 살고, 또한 교회가 부흥하는 것입니다. 지금 필요한 일은 모든 업무를 대폭 축소하고, 하나님의 통치와 그의 계시에 관심을 쏟는 것입니다. 그것이 회개입니다. 이것 없는 믿음은 우상숭배로 떨어질 가능성이 높습니다.

과도한 신앙생활, 하나님의 통치와 거리가 먼 종교적 열정은 확 줄여도 문제가 없습니다. 이로 인해서 교회의 물적, 인적 토대는 대폭 줄어들겠지요. 그런 건 하나님 나라와 별로 상관이 없습니다. 원칙적으로만 말한다면 교회는 밀가루 속의 누룩처럼 이 세상에서 소수의 공동체로 만족해야 합니다. 온통 누룩밖에 없다면 밀가루와 누룩의 관계는 허물어집니다. 역사적으로 본다고 하더라도 기독교의 국교화가 복음의 능력을 발휘한 적은 거의 없습니다. 콘스탄티누스 대제 이후 라틴 교회, 중세기의 유럽 교회, 볼셰비키 혁명 이전의 러시아 정교회를 모범으로 삼을 수는 없습니다.

예수, 제자를 부르시다

1:16-20

¹⁶ 갈릴리 해변으로 지나가시다가 시몬과 그 형제 안드레가 바다에 그물 던지는 것을 보시니 그들은 어부라 ¹⁷ 예수께서 이르시되 나를 따라오라 내가 너희로 사람을 낚는 어부가 되게 하리라 하시니 ¹⁸ 곧 그물을 버려두고 따르니라 ¹⁹ 조금 더 가시다가 세베대의 아들 야고보와 그 형제 요한을 보시니 그들도 배에 있어 그물을 깁는데 ²⁰ 곧 부르시니 그 아버지 세베대를 품꾼들과 함께 배에 버려두고 예수를 따라가니라

마가복음 기자는 예수님과 시몬 형제와의 만남을 간단하게 묘사합니다. 예수님은 갈릴리 해변으로 지나가시다가 고기를 잡고 있던 그 형제를 보았다고 합니다. 본문이 정확하게 보도하지 않기 때문에 단정적으로 말할 수는 없지만 예수님은 매일 새벽마다 그 해변을 산책하셨을 가능성이 높습니다. 그렇다면 예수님은 시몬 형제를 한두 번 본 게 아닐 겁니다. 어쩌면 여러 번 대화를 나누었을지도 모릅니다. 예수님은 일상적으로 해변을 산책하셨고, 시몬 형제는 일상적으로 고기를 잡고 있었습니다. 이런 일상보다 더 위대한 사건은 없습니다. 우리가 숨 쉬고, 밥먹고, 배설하고, 아기를 낳고, 서로 얼굴을 쳐다보면서 살아가는 이 일상은 하나님의 창조와 일치합니다. 볼 눈을 가진 사람에게는 분명히 우주론적인 의미가 담겨 있는 이런 일상이 어떤 사람들의 눈에는 하찮아 보입니다.

예수님은 늘 일상적으로 해변을 지나시다가 일상적으로 고기를 잡고 있던 시몬 형제를 보셨습니다. 도대체 이들 사이에 무슨 일이 일어난 것입니까? 예수와 시몬 형제 사이에 말입니다. 이 사건에 관한 내막을 정확하게 포착할 수는 없습니다만 우리는 복음서에서 이 일이 어떻게 진행되는지 알고 있습니다. 이들의 만남에서 기독교의 역사는, 아니 세계 역사는 완전히 새로운 변화의 계기를 맞습니다. 우리의 일상에도 이러한 엄청난 사건들이 숨어 있지 않을까요? 기대하지 않았던 사건이

실제의 역사에서 표면화될 수도 있고, 아니면 묻혀 버릴 수도 있습니다. 여기에서 제외되는 일상은 없습니다. 그렇습니다. 우리 모두의 일상은 똑같이 비밀스러운 방식으로 그리스도의 사건과 연결되어 있습니다.

예수님은 그물을 던지고 있던 시몬 형제들을 보시고 이렇게 말을 거셨습니다. "나를 따라오라." 예수님이 어떤 한 자연인을 보고 말씀하신 첫 마디입니다. 하나님의 아들이신 예수님이 소리를 내어 '말'을 하신 겁니다. 인간은 언제부터 말을 하게 되었을까요? 어머니의 몸에서 처음 떨어져 나왔을 때 신생아에게 가장 중요한 생명 현상은 숨 쉬는 것과 우는 것입니다. 그 이전에는 모든 생명의 조건을 탯줄을 통해서 공급받았기 때문에 어머니 배 속에서는 이런 기초적인 것도 필요 없었습니다. 이런 신생아의 울음소리는 아직 말은 아닙니다. 그건 단지 그 아이가 숨을 쉬고 성대가 정상적으로 작동된다는 표시에 불과합니다. 아이가 말을 배우려면 상당히 오랜 시간이 필요합니다. 물론 객관적으로 볼 때 아이가 아직 멀었는데도 이미 엄마와 아빠를 말할 줄 안다고 믿는 부모도 있습니다. 말 배우기가 왜 힘들까요? 말은 존재 경험이기 때문입니다. 말은 자기 혼자서는 가능하지 않은, 어떤 대상이 존재한다는 사실을 인식할 경우에만 나오게 되는 생명현상입니다. 신생아들은 아직 그런 인식이 없기 때문에 말을 할 수 없습니다. 성대 작용도 따라주지 않겠지만요. 그러다가 차츰 엄마와 아빠라는 대상을 인식하게 되면서 말을 배우게 됩니다. 그 대상의 범위가 늘어나면서 그 아이의 언어는 매우 빠르게 발전합니다. 유인원이 언제부터 구체적인 언어를 구사하게 되었는지 정확하게 말할 수는 없지만, 신생아에서 볼 수 있듯이 그렇게 오래 되지는 않았을 겁니다. 언어가 시작되었다고 하더라도 그것이 요즘과 같은 풍부한 어휘로 발전하기까지는 꽤나 많은 시간이 소요되었을 겁니다. 침팬지에게 말을 가르치는 사람들도 있는데, 그 효과는 아주 미미합니다. 왜냐하면 침팬지의 존재에 대한 인식의 깊이가 아직 미숙하기 때문입니다.

예수님은 구체적으로 시몬 형제에게 말을 거셨습니다. 이건 일상적으로 일어날 수 있는 일이지만, 동시에 위대한 사건이기도 합니다. 즉 예수님과 시몬 형제 사이에 어떤 엄청난 사건이 일어나기 시작했다는 의미입니다. 예수님의 말이 이제 시몬 형제의 삶에 전혀 새로운 의미를 불어넣게 됩니다. 그게 곧 말의 존재론적 힘입니다.

오늘도 우리는 말을 건네면서 살아갑니다. 그런데 대다수의 말들은 쓰레기일지 모릅니다. 그 말에 존재론적 능력이 없기 때문입니다. 우리는 그저 자신을 내세우기 위해서 친구를 부르고, 설득할 뿐이지 존재의 힘을 담아 내지 않습니다. 잘 생각해 보십시오. 오늘 하루도 우리는 어떤 생각으로 많은 말들을 쏟아 냈을까요? 생명과 진리, 희망과 사랑의 능력을 담아 냈을까요? 예수님이 시몬 형제들에게 말을 걸었듯이 말입니다. 기독교는 언제부터인가 말의 힘을 상실했습니다. 교회가 쏟아 내는 언어는 무기력합니다. 우리의 신앙적인 언어가 우리의 욕망을 담아 내기 때문이 아닐까요? 생각해 보십시오. 평화 지향적 신앙의 실천을 위해서 합법적인 군 대체 복무를 원하는 소종파 종교인들을 반대하는 그리스도교의 주장이 과연 생명을 담고 있는 언어일까요?

예수님이 시몬 형제를 향해서 말을 걸었던 그런 언어 사건이 시급합니다. 이건 그렇게 난해한 신학적 사유를 통해서만 가능한 것은 아닙니다. 말을 쏟아내고 있는 우리의 영혼이 진리의 영, 사랑의 영에 열려 있는가에 달려 있겠지요. 이것은 결국 성령과의 관계에 달려 있습니다. 즉 생명의 영과의 관계입니다. 자기 자신의 닫힌 영이 아니라 진리로 열린 성령이 핵심입니다. 예수님은 바로 그렇게 성령과 일치하신 분이었기 때문에 그의 말은 곧 인간을 살리는 구원 사건이 될 수 있었습니다.

'나를 따라오라'라는 예수님의 말씀은 지난 2천 년 동안 수많은 사람들의 영혼을 뿌리째 흔들었습니다. 이 말씀에 의지해서 세속에서 이루고 싶었던 모든 삶을 포기하고 수도원으로, 오지로 떠난 이들이 어디 한둘이겠습니까? 인류 역사에 등장한 수많은 위인들의 어록이 있지만 이 예수님의 말씀보다 더 큰 영향을 끼친 말은 없습니다. 이 명령문은 두 단어로 되어 있습니다. '나'를 '따라오라'로 구성된 아주 짧은 문장입니다.

기독교 신앙의 핵심은 바로 '나'를 가리키는 예수라는 실존에 있습니다. 예수는 기독교 신앙의 절대적인 중심입니다. 이 예수는 2천 년 전 목수의 아들로 살았던 역사적인 인물을 가리킵니다. 이 예수에게 발생한 모든 사건, 그의 운명이 기독교의 뿌리이면서 열매이기도 합니다. 이에 반해서 불교는 약간 다릅니다. 역사적인 인물인 싯다르타는 불교의 태두로서 중요한 인물이기는 하지만 그들의 신앙에서 절대적이지는 않습니다. 이미 불교 신자들의 내면에 부처가 내재해 있으니까 실제의 부처는 절대적일 수 없습니다. 기독교 신자들은 아무도 예수가 될 수 없습니다. 예수 그리스도는 오직 한 분이며, 그분에 의해서만 구원이 유효합니다. 이 사실을 인정한다면 우리는 이 예수 그리스도에게만 집중해야 합니다. 그렇게 뻔한 말을 뭐하러 하는가 의아해하시는 분들이 있을지 모르겠군요. 오늘 그리스도인들이 예수 그리스도에게만 관심을 보인다고 생각합니까? 예수 그리스도에게만 모든 영혼을 기울이고 있는 분은 행복한 사람입니다. 그러나 예수 그리스도에게만 관심을 기울인다는 사실 자체가 그렇게 간단한 게 아닙니다. 예수에 관해서 알려는 노력은 기울이지 않고 무조건 믿으려고만 하는 사람들이 많습니다. 자기의 신앙경험에만 의존할 뿐입니다. 이런 태도는 예수 그리스도에 대한 진지한 관심이라기보다는 자신의 종교적 만족감을 채우기 위한 노력일 가능성이 높습니다.

소위 '경배와 찬양' 유의 감상주의는 미국에서 수입된 심리적 영성입니다. 지도력 개발과 상담학도 많은 관심을 끌고 있습니다. 그런 것들이 모두 무엇입니까? 예수, 예수 사건, 예수 운명을 깊이 이해하고, 그와 하나 되는 것과 무슨 상관이 있습니까? 이런 데 한눈을 파는 사람에게는 예수를 통한 '하나님 나라' 그의 통치가 의미 없습니다. 종말론적 희망이 무엇을 의미하는지 생각하지 않습니다. 대림절이 교회력의 시작이라는 사실이 무엇을 의미하는지 관심이 없습니다. '당신은 사랑받기 위해 태어난 사람'을 부르면서 위로를 받으면 충분합니까? 우리는 사랑받기 위해서 태어난 게 아니라 우리의 탄생 자체가 이미 하나님의 사랑이라는 사실을 잊지 마십시오. 이미 사랑을 받았는데 왜 자꾸 더 달라고 하는지요.

한국 교회가 이런 유행 신앙에 휩쓸린 것은 교회 지도자들의 자업자득입니다. 이제는 더 이상 홍수처럼 이런 데 휩쓸린 신자들을 어떻게 해볼 도리가 없습니다. 예수가 아니라 자기의 종교적 만족이 최고의 관심이 되어 버린 마당에 다시 그들을 끌어다가 '나'를 따르라는 말씀의 차원으로 새롭게 하기는 불가능한 것 같습니다. 그들에게 생명의 신비를 들여다보라고 말을 붙일 수도 없습니다. 그들에게는 성서와 신앙 자체가 도구로 전락되었기 때문입니다. 제가 말씀드리고 싶은 것은 다음입니다. 예수님만을 따르는 사람들이, 예수님의 사건에서 일어난 생명의 신비와 구원의 신비만을 따라가려는 소수의 사람들이 남아 있는 한 실망할 필요는 없습니다. 이런 소수를 통해서 하나님의 역사는 진행되니까요. 그뿐만 아니라 이런 이들이 소수라는 사실은 자연스러운 현상입니다. '나를 따르라!'는 말씀의 무게는 우리의 실존 전체를 압박하고 있으니까요.

'나를 따라오라!'는 문장을 구성하고 있는 두 번째 단어는 '따라오라'입니다. 예수님은 '네 속의 부처를 찾으라!'라거나 '네 내면의 평화를 확보하라!', 또는 '네 사랑의 능력을 키워라!'가 아니라 아주 명백하게 나를 '따라오라!' 말씀하셨습니다. 바로 여기에 그리스도교 신앙의 두 번째 핵심이 들어 있습니다. 예수님을 따른다는 게 구체적으로 무슨 의미일까요? 앞에서도 한번 짚었지만 사람들은 기독교의 특징을 너무 종교화하는 경향이 있습니다. 죽음의 두려움이나 고통스러운 삶에서의 회복이나 심리적인 위로를 얻기 위해서 교회에 나간다는 분들도 많습니다. 심지어는 담배와 도박을 끊기 위해서, 또는 착하게 살기 위해서 교회에 나간다는 분들도 있습니다. 이런 요소들은 기독교의 본질이 아닙니다. 역사적 한 인물인 예수님을 따르는 것이 본질이며 중심입니다. 본회퍼의 설명에 귀를 기울일 필요가 있겠군요. 그는 그리스도인의 정체성을 구체적으로 '그리스도를 뒤따름'(Nachfolge Christi)으로 정의한 적이 있습니다. 이건 단순히 예수 그리스도의 생각을 받아들이거나, 종교적 담론을 펼치거나, 그를 통해서 하나님의 신비한 세계를 배우겠다는 정도가 아니라 그의 삶을 구체적으로 따라가는 것을 의미합니다.

무엇이 실제로 그리스도를 뒤따르는 것일까요. 타자를 위한 존재가 되는 것인지, 새로운 존재가 되는 것인지, 민족복음화와 세계 선교를 위해 발 벗고 나서는 것인지, 별로 명확하게 손에 잡히는 게 없습니다. 대개의 사람들은 교회생활을 열심히 하고 세상에서 그리스도인답게 사는 것이라고 생각하겠지요. 옳습니다. 그렇게 사는 게 일차적으로 그리스도를 뒤따르는 삶임에 틀림없습니다. 이런 사람들이 많아질수록 기독교 교회는 그리스도를 따르는 공동체로서 빛을 발할 수 있을 겁니다.

예수 그리스도를 뒤따른다는 말의 근본은 우리의 뒤따름이 부분적이 아니라 총체적이라는 사실에 있습니다. 우리의 전존재가 예수 그리스도에게 쏠린다는 사실을 의미합니다. 생각, 가치관, 결단, 궁극적으로 우리의 운명은 첫사랑에 빠져서 24시간 오직 한 사람만을 생각하는 사람처럼 예수 그리스도에게만 집중되어야 합니다. 그런 이들이 곧 예수 그리스도를 뒤따르는 제자들입니다. 예수님을 따르는 일 이외의 것에는 모든 삶에 소홀해도 괜찮다는 뜻이 아닙니다. 직장 생활, 취미 생활에 이르는 모든 일체의 삶을 접어야 한다는 말씀이 결코 아닙니다. 그럴 리가 있겠습니까? 그런 삶은 예수를 따르는 제자들에게 소중합니다. 그 삶의 내용이 그리스도로 전폭적으로 채워져야 하겠지요.

예수님은 왜 시몬 형제들에게 '나를 따라오라!'고 말씀하셨을까요? 본문은 이렇게 말합니다. "내가 너희로 사람을 낚는 어부가 되게 하리라." 사람을 낚는다는 표현이 우리에게 썩 유쾌하게 들리지는 않습니다. 고기를 낚는 것처럼 사람들을 하나님 나라로 이끌어 들인다는 의미일 텐데 이미 잘 적용된 용어니까 굳이 다른 단어를 찾아 나설 필요는 없겠지만, 자칫 그리스도교의 복음과 선교와 하나님 나라 운동이라는 제반의 문제들이 이런 용어로 인해 방향을 잃을 염려가 없지 않습니다. 사람을 낚는다는 말에는 대상화의 위험성이 있습니다. 세상 사람들을 수단방법 가리지 않고 교회로 끌어들이는 일들이 자주 일어나는 것을 보면 그 사실을 확인할 수 있습니다. 경품을 내걸고 사람들을 낚으려고 하거나, 기상천외한 조직을 통해서 그런 작업을 펼칩니다.

복음 전도는 열정적으로 펼칠수록 좋은 거 아닌가, 하고 생각하실 분들이 계시겠지요. 원칙적으로는 복음 전도는 필요합니다. 그러나 무엇이 복음 전도인지는 좀더 진지하게 고민해야만 합니다. 예수님은 시몬 형제에게 복음을 전하라고 말씀하신 게 아니라 먼저 '나를 따르라'고 말씀하셨습니다. 예수를 따르는 것 자체가 곧 복음 전도입니다. 사람을 낚는 어부가 되게 하겠다는 말씀이 이어집니다. 여기에 근거해서 현재 우리에게 일반적으로 일어나고 있는 그런 전도 방식을 합리화할 수 없습니다. 몇몇 이상한 전도 방법만을 문제 삼는 게 아닙니다. 세상 사람들을 대상화하는 그런 발상 자체가 기독교와 너무 거리가 멀다는 말씀입니다.

우리는 복음 전도를 존재론적으로 이해해야 할 필요가 있습니다. 위에서 언급했듯이 예수님을 따르는 것 자체가 존재론적으로 사람을 낚는 일입니다. 너희는 세상의 소금이라거나 빛이라는 예수님의 말씀을 따르더라도 우리는 소금이나 빛으로 존재하기만 하면 충분합니다. 세상 사람들을 소금으로 만들거나 빛으로 만들려고 지나친 방법을 찾을 필요가 없습니다. 그리스도인들이 그리스도의 제자로 존재할 수만 있다면 사람들은 교회에 나오지 말라고 해도 관심을 가질 겁니다.

이 대목에서 사도 바울을 앞에 내세우는 분들이 있을 것입니다. 옳습니다. 바울은 위대한 선교사였습니다. 그러나 그는 지금 우리와 같은 마음과 방법으로 전도하지 않았습니다. 그는 다른 사람의 선교 지역에 들어간 일이 없으며, 자비량으로 활동했습니다. 그는 오직 십자가와 부활에만 마음을 둔 사람이었습니다. 이에 반해 지금 우리에게는 복음전도마저 종교적 업적과 만족감의 수단이 되어버린 건 아닐는지요. 그 말씀의 무게를 느끼지 못한다면 사람을 낚는 어부라는 말을 아전인수로 이용하지 말아야 합니다. 사람을 낚는 일에 나서기 전에 우선 제자도(道)에 충실해야 합니다. 이보다 본질적인 복음 전도는 없습니다.

'나를 따라오라'는 말씀을 들은 시몬 형제는 그물을 버려두고 예수님을 따라나섰다고 합니다. 마가복음 기자는 시몬 형제의 그물을 왜 언급했을까요? 사실 어떤 사람의 운명이 결정되는 긴박한 순간에 그물은 별로 중요한 게 아닐 텐데 말입니다. 일단 단순하게 이렇게 설명할 수는 있겠지요. 예수님을 따르기 위해서는 자신의 생존에 필요한 것마저 포기하는 용기가 필요하다고 말입니다. 이런 시각은 잘 알려진, 무난한 해석입니다. 그러나 신약성서 전체의 관점에서 다른 시각으로 해석할 수도 있습니다. 이를 위해서는 성서 텍스트의 부분에 한정되지 말고 전체의 관점이 필요합니다. 부분과 전체의 '해석학적 순환'입니다. 이런 해석학적 순환은 성서 텍스트의 부분에 대한 오해를 막아주기도 하고, 더 심층적인 인식을 열어 주기도 합니다. 신약성서 전체의 주제는 기본적으로 예수 그리스도입니다. 그런 시각에서 우리가 오늘 본문을 읽는다면 그물보다는 역시 예수 그리스도가 핵심이라고 보아야 합니다. 무엇을 버린다는 사실보다는 누구를 따른다는 사실이 훨씬 큰 무게를 갖는다는 의미입니다.

여기서 이런 질문이 가능합니다. 버린다는 사실과 따른다는 사실이 결국 같은 말이 아닐까요? 그런데 무엇 때문에 후자가 더 중요한 것처럼 주장할까요? 물론 두 가지 사실은 서로 연관되어 있습니다. 그물을 버리지 않으면 예수를 따를 수 없으며, 따르겠다고 결단하지 않으면 그물을 버릴 수 없습니다. 그러나 버린다는 사실에 무게를 두는 해석과 따른다는 해석에 무게를 두는 해석은 궁극적으로 다릅니다. 왜냐하면 우리의 삶에서 중심은 바로 예수 그리스도, 즉 그분의 부르심에 놓여 있기 때문입니다. 이런 요청이 강력할 때만 버린다는 사실이 의미가 있기 때문입니다.

어떤 분들은 버리는 일을 앞세우기도 합니다. 이 세상에서 모든 일에 실패했기 때문에 신학공부를 하고 목사가 되겠다고 생각하는 분들이 간혹 있습니다. 그들은 그걸 바로 주님의 부르심으로 인식하고 있습니다. 물론 그런 일들도 일어날 수 있습니다만 그런 일들이 그리스도교 신앙에서 일반화하면 신앙의 본질이 왜곡될 가능성이 높습니다. 왜냐하면 그런 신앙에서는 자기가 버린 것, 성취하지 못한 것에 대한 미련으로 인해서 결국 자기가 따라야 할 분에 대한 생각이 정확하지 못하거나 그 관심이 편집증적으로 나타날 수 있기 때문입니다.

어떤 목사님들은 자신의 저서 수입이나 집회 인도 수입이 충분하기 때문에 교회에서 받는 모든 사례비를 다시 교회 헌금으로 바친다는 사실을 광고하듯이 말하기도 합니다. 주님의 몸된 교회를 위해서 물질을 포기한다는 것은 칭찬받을 만한 것이긴 하지만, 그런 걸 사람들에게 떠벌인다는 것은 기독교 신앙의 핵심이 무엇인지 잘 모르는 데서 나오는 어리석음은 아닐까요? 이런 점에서 설교의 중심도 버리라는 데 초점을 놓지 않는 게 좋을 것 같습니다. 기독교인의 삶에서 버려야 할 것들이 분명히 많습니다. 우리의 잘못된 습관과 태도가 많습니다. 신약성서도, 특히 서신들은 버릴 것에 대한 목록을 자주 피력하기도 합니다. 그래서 설교자들도 그런 방식으로 청중들에게 버리라는 설교를 자주 합니다. 궁극적으로 버림의 차원은 복음의 중심이 아닙니다.

그것보다는 그물을 버릴 수밖에 없을 정도로 영혼을 사로잡고 있는 주님이 핵심입니다. 그 주님이 선포한 하나님 나라에 설교의 초점을 놓아야 합니다. 그렇습니다. 우리의 신앙은 그물을 버리는 데서 시작하

는 게 아니라 주님을 따르는 데서 시작합니다. 이런 차이를 아는 일은
곧 복음의 본질을 분별하는 일이기도 합니다. 예수님을 따르는 것에서
자기 영혼의 구원을 경험한 사람은 그 이외의 것을 버릴 수밖에 없습니
다. 그런데 여기서 버린다는 것은 구체적으로 무엇을 의미할까요? 우선
본문의 묘사를 그대로 따른다면, 시몬 형제는 그물을 버렸다고 합니다.
그물은 그들의 삶을 지탱시켜 주는 도구였습니다. 매일 그물을 챙겨 들
고 배를 타고 고기를 잡던 그들이 그물을 버렸다는 건 이 땅에서 사람
들이 살아가는 기본적인 방식을 근본적으로 포기했다는 의미이겠지요.

시몬 형제가 처음 만난 사람을 따라나서기 위해서 모든 것을 포기
했다는 진술이 논리적으로 보이지는 않습니다. 예수님과 시몬 형제와
의 만남은 오늘이 처음은 아니었을 겁니다. 일정 기간 동안 친분을 나눈
후, 의기투합이 이루어져 예수님처럼 출가하게 된 것이겠지요. 성서는
예수님이 메시아라는 사실에 모든 초점을 맞추고 있기 때문에 이런 사
건의 자세한 내막에 대해서는 침묵하고 있습니다. 그러나 그것을 읽는
우리는 당연히 그런 내막을 어느 정도 내다보아야만 합니다. 이런 예측
은 성서 텍스트를 생생하게 읽기 위해서 필요한 문학적 상상력입니다.

여기서 조금 더 근본적인 질문을 해봅니다. 시몬 형제가 그물을 버
린 건 잘한 일인가요? 시몬 형제들의 땀이 배어 있는 이 그물은 바로 그
들의 가족이 먹고살아가는 생명선이기도 합니다. 이렇게 소중한 그물
을 버렸다는 것은 시몬 형제들에게 부양할 가족이 없다는 의미이거나,
혹은 가족 부양에 미련이 없었다는 의미이겠지요. 아무리 예수님을 따
르는 것이 소중하다고 하더라도 이렇게 가족들과의 관계까지 허물어 버
린다는 것은 좋아 보이지 않는군요.

오늘 본문에서 조금 뒤로 가면 30절에 시몬의 장모가 나옵니다. 가
족을 부양한 책임이 있는 사람이 그물을 버렸다는 건 문제가 심각합니
다. 그물을 버리고 예수님을 따라나섰다는 진술은 실제로 가족과 인연
을 끊고 출가했다는 의미가 아니라 느슨한 출가일지 모릅니다. 유월절

예루살렘 방문 같은 특별한 사건이 있을 때만 예수님과 동행하고 평상시에는 자기 집으로 돌아가서 일상적인 일을 할 수도 있었겠지요. 근거 없는 가정일 뿐입니다만 어쨌든 완전한 출가이든, 느슨한 출가이든 시몬 형제는 가족관계로부터 나사렛 예수 공동체로 자리를 이동한 것만은 분명합니다. 그들은 예수님이 선포한 하나님 나라에 자신들의 운명을 걸었다는 뜻입니다. 그 속사정을 다 알 수 없는 그런 정황을 복음서 기자는 그들이 그물을 버려두고 따랐다고 묘사한 것이겠지요.

우리는 2천 년 전 사도들과 똑같은 상황에서 살아가는 사람들이 아니기 때문에 출가의 방식으로 예수 그리스도를 따를 필요는 없다고 생각합니다. 그러나 그물을 버렸다는 것만은 기억해야 합니다. 구질서로부터 새로운 질서로, 땅의 질서로부터 하늘의 질서로, 가족 공동체로부터 예수 공동체로 삶의 중심이 이동한 것입니다. 패러다임의 변동입니다. 영혼의 중심이 새로운 현실로 자리를 옮긴 것입니다. 이런 경험을 한 사람들은 기존의 패러다임에 통용되던 것들을 버릴 수밖에 없습니다. 이를 위해서 우리가 무엇을 구체적으로 버려야 하는지는 아무도 정확하게 언급할 수 없습니다. 그것은 각자 자기가 감당해야 할 몫입니다. 남이 결정해 주는 게 아니라 스스로 선택하고 결단해야 할 문제입니다.

우리의 실제 신앙생활에서 버림이 중요한 대목이니까 이 문제를 더 구체적으로 살펴볼 필요가 있을 것 같습니다. 많은 그리스도인들이 '세상 등지고 십자가 보네!' 유와 같은 복음찬송에서 볼 수 있듯이 무언가를 크게 버린 것처럼 생각하지만 구체적으로 무엇을 버렸는가, 하는 질문 앞에서 딱히 내세울게 없을 겁니다. 물론 여기에도 개인 차이가 큽니다. 어떤 사람들은 그리스도교 신앙을 유지하기 위해서 많은 것을 포기했을 것이며, 어떤 사람은 그런 게 전혀 없기도 하겠지요. 과연 우리는 무엇을, 어느 정도나 버렸을까요?

기독교 신앙으로 살아가는 데 가장 우선적으로 다가오는 어려움은 정기적으로 예배에 참석하는 일과 헌금을 드리는 일, 그리고 나름 교회 조직을 위해서 봉사하는 것입니다. 그 이외에 신앙의 이름으로 참여하는 사회봉사도 있긴 하지만 이건 그렇게 본질적인 요소는 아닙니다. 일주일에 최소한 한 번, 아니면 두세 번을 교회에 나온다는 것은 시간을 포기해야만 가능합니다. 경우에 따라서는 매일 새벽 시간과 정기적인 특별 기도회와 모임을 위해서 시간을 내야 합니다. 웬만한 정성이 아니면 이런 신앙생활을 유지하기 힘듭니다. 헌금도 역시 마찬가지이겠지요. 웬만큼 신앙생활에 익숙한 사람들은 소위 십일조 헌금을 합니다. 돈을 포기한다는 건 오늘과 같이 자본이 절대적인 힘을 행사하는 이런 시대에서는 웬만한 결기가 아니고 가능하지 않습니다. 이런 버림은 기독교 신앙에서 결정적이거나 본질적인 게 아닙니다. 이런 버림의 영성에서 본다면 개신교 목사들보다는 천주교 신부들이, 더 나아가서 세속과 완전히 결별한 수도사들이 한 수 윗길입니다. 일상적인 삶을 체면 때문에, 종교적 명예심 때문에 포기한다면 이런 버림은 율법의 차원에 불과합니다. 도덕적인 가치로서는 그런대로 괜찮지만 신앙의 본질에서는 아무런 의미가 없는 것들입니다.

그렇다면 진정한 의미에서 버림은 무엇일까요? 자기 자신입니다. 자기를 버리는 게 핵심입니다. 이 말은 곧 자기 자신을 버리는 게 가장 힘들다는 뜻이기도 합니다. 돈이나 시간, 심지어 명예까지 포기할 수는 있다 하더라도 자기 자신을 포기하기란 아주 어렵습니다. 자기 몸을 불사르게 내어주는 한이 있더라도 자아를 포기하지는 못합니다. 저는 아직 그런 분을 못 보았습니다. 물론 저도 똑같습니다. 그렇다면 이런 일은 아예 불가능한 건지 모르겠군요. 이런 불가능한 일은 베드로 같은 사도 정도의 영적 경지에 들어간 사람들에게나 가능한 걸까요? 그건 잘 모르겠습니다. 어쨌든지 이것만은 분명히 해야 합니다. 우리는 주님을 위해서 자기 자신을 버릴 능력이 없는 사람들입니다. 가장 중요한 것을 버리지 못한 채 돈 몇 푼, 시간 몇 조각을 바쳤다는 이유로 하늘나라에서 상급을 받겠다는 건 놀부 심보입니다. '나는 아무것도 포기한 게 없습니다' 하고 고백하는 게 정직한 게 아닐는지요. 교회 중직이라는 체면 때문에 시간과 돈을 포기하지 마십시오. 그런 행위는 영성을 파괴할 뿐입니다. 왜냐하면 그런 행위들이 바리새인들처럼 자기 업적에 의존하게 만들기 때문입니다. 차라리 자기 부끄러움에 고개를 들지 못한 세리처럼 주님을 위해서 아무것도 하지 않는 게 그의 영혼에 훨씬 바람직합니다. 그렇습니다. 겉으로는 무언가를 버린 것 같지만 실제로는 아무것도 버리지 않은 사람이 있고, 겉으로는 아무것도 버린 것이 없는 것 같지만 실제로는 모든 것을 버린 사람이 있습니다. 주님을 위해서 자기가 무엇을 버렸다는 판단은 마지막 때 주님이 하십니다.

우리는 일반적으로 사도의 대표를 베드로라고 생각합니다. 세 명의 수제자에는 베드로를 포함해서 야고보와 요한이 있습니다. 그들은 예수님이 산에서 신비한 모습으로 변화하던 그 순간에 함께했으며, 공생애 마지막에 잡히시던 날 밤 겟세마네 동산에서 고통스럽게 기도하실 때도 함께했습니다. 복음서에서 그들의 지위는 분명히 두드러집니다. 마가복음에 따르면 시몬 베드로와 안드레가 먼저 부름을 받았고, 그 뒤로 야고보와 요한이 부름을 받았습니다. 누가 뭐래도 베드로는 사도 중에서 수장입니다. 사도행전도 그 사실을 암시하고 있습니다. 베드로의 동생인 안드레가 세 명의 수제자 제자군에 포함되는 게 순리인데, 어떻게 된 일인지 야고보와 요한이 포함되었습니다. 여기에 무슨 내막이 있는지 우리는 잘 모릅니다. 야고보와 요한의 어머니가 어느 날 예수님에게 와서 나중에 주님이 영광을 받으실 때 자기 두 아들이 오른편과 왼편 자리를 앉게 해달라고 부탁한 적이 있습니다. 그 어머니는 요샛말로 치맛바람이 좀 센 여자였던 것 같습니다. 마가복음 기자도 시몬 형제를 설명할 때는 단순히 시몬과 그 형제 안드레라고 했는데, 이들을 설명할 때는 굳이 세베대의 아들 야고보와 그 형제 요한이라고 한 걸 보면 그들의 부모가 좀 특별하긴 한 것 같습니다. 의례적인 표현일 수도 있습니다.

어쨌든지 예수님을 따라 나서기 전의 야고보와 요한은 배에서 그물을 깁고 있었다고 합니다. 시몬 형제들이 예수님의 부름을 받을 때는 그물을 던지고 있었는데 반해서 야고보 형제들은 그물을 깁고 있었다는 건 단지 시간적인 차이를 의미하는지 아니면 그 어떤 숨은 뜻이 있는지 잘 모르겠습니다. 그물을 던지거나 깁는 것은 어부들의 가장 중요한 업무라는 점에서 어떤 특별한 차이가 있는 건 아니겠지요. 마가는 그들이 아주 일상에 심취하고 있었다는 사실을 전하는 것 같습니다.

저는 오늘 말씀을 읽으면서, 시몬 형제가 부름 받을 때도 마찬가지였지만 어떤 위대한 사건은 자신이 의도하는 게 아니라 어떤 힘에 의해서 이끌림을 당할 때만 가능한 게 아닌가 하는 생각이 들었습니다. 그러니까 야고보 형제들이 세계 역사를 바꿔 놓겠다는 의지에 불탔다기보다는 그저 일상에 충실한 사람들이었다는 의미입니다. 겉으로는 별 볼일 없는 일에 충실하던 그들을 예수님이 보셨습니다. 다른 어부들과 똑같이 그물을 깁고 있던 야고보와 요한을 예수님이 보셨다는 겁니다. 저는 사도들이 예수님의 부르심을 받고 따라나섰다는 이야기를 읽을 때마다 그들에게 어떤 비상한 능력이 있었을까 하는 궁금증이 생깁니다. 그렇지 않고서야 예수님이 눈여겨볼 까닭이 없을 테니까요. 그런데 복음서에 묘사된 사도들은 우리들과 비교해서 특별한 능력이 별로 없는 사람들입니다. 그들은 예수님의 말씀을 잘 알아듣지도 못하고, 예수님의 체포 순간과 처형 순간에도 별로 이렇다 할 행동을 펼치지도 못한, 어떻게 보면 무기력한 사람들이었습니다. 예수님의 무덤에 제일 먼저 가본 사람들이 여성들이었다는 사실에서 우리는 남자들을 중심으로 한 사도 집단에 대해서 무언가 실망감과 분노를 느낄 만도 합니다. 다른 한편으로 보면 그 사도들에 의해서 그리스도교의 토대가 잡혔다는 역사적 사실을 우리는 부정할 수 없습니다. 보통 사람들에 의해서 세계사적 사건이 구체화되었다는 건 아이러니가 아닐까요? 여기에 무슨 힘이 작용했을까요? 야고보와 요한이 그물을 깁고 있는 그 장면을 머리에 그려 보십시오. 그들 곁으로 예수님이 다가갔습니다. 우리의 일상에도 모르는 순간에 예수님이 다가올지 모릅니다. 그런 순간을 외면하는 사람도 있고 포착하는 사람도 있습니다.

본문을 근거로 추정해 본다면, 야고보와 요한은 경제적으로 괜찮게 살았던 것 같습니다. 그들이 예수님의 부르심을 받고 아버지, 품꾼, 배를 버리고 예수님을 따랐다고 합니다. 물론 이 본문만으로 아버지가 선주이고 그 밑에 여러 명의 품꾼을 쓸 정도로 넉넉한 집안이었다고 단정할 수는 없지만 마가복음 기자가 시몬 형제의 소명 장면에서는 단순히 그물을 버렸다고만 묘사한 것에 비해서 여기서는 장황하다 할 정도로 자세하게 묘사하고 있는 걸 보면 양쪽 집안에 그런 차이가 있었을 개연성은 높습니다. 어쨌든지 제자로 부름 받은 이들은 소유를 '버려 두고' 예수를 따랐다는 사실이 중요합니다.

아시시의 프란치스코는 당시 지중해를 중심으로 국제무역을 하던 거상의 아들이었다고 합니다. 외아들인지, 큰 아들인지, 또는 여러 아들 중의 하나인지는 잘 모르겠지만 그가 후계자였다는 소문이 많습니다. 요즘으로 말하면 재벌 2세였던 셈이지요. 프란치스코는 그 모든 것을 포기하고 출가합니다. 그리고 탁발수도회를 창설합니다. 최소한의 생존 조건도 준비하지 않은 채 오직 구걸의 방식으로 살아가는 삶을 선택한 셈입니다. 그런데 그의 아버지가 일군 기업은 지금 이름조차 남아 있지 않지만 프란치스코 수도회는 천 년 동안 그리스도교뿐만 아니라 유럽 역사에 지대한 영향을 끼쳤으며, 그의 이름은 그리스도교 영성의 대명사처럼 일컬어지고 있습니다.

예수, 귀신을 내쫓으시다

1:21-28

²¹ 그들이 가버나움에 들어가니라 예수께서 곧 안식일에 회당에 들어가 가르치시매 ²² 뭇 사람이 그의 교훈에 놀라니 이는 그가 가르치시는 것이 권위 있는 자와 같고 서기관들과 같지 아니함일러라 ²³ 마침 그들의 회당에 더러운 귀신 들린 사람이 있어 소리 질러 이르되 ²⁴ 나사렛 예수여 우리가 당신과 무슨 상관이 있나이까 우리를 멸하러 왔나이까 나는 당신이 누구인 줄 아노니 하나님의 거룩한 자니이다 ²⁵ 예수께서 꾸짖어 이르시되 잠잠하고 그 사람에게서 나오라 하시니 ²⁶ 더러운 귀신이 그 사람에게 경련을 일으키고 큰 소리를 지르며 나오는지라 ²⁷ 다 놀라 서로 물어 이르되 이는 어찜이냐 권위 있는 새 교훈이로다 더러운 귀신들에게 명한즉 순종하는도다 하더라 ²⁸ 예수의 소문이 곧 온 갈릴리 사방에 퍼지더라

예수님은 안식일을 맞아 가버나움의 회당에 들어가셨다고 합니다. 여기서 안식일의 핵심은 곧 안식(安息), 즉 편안하게 쉰다는 데에 있습니다. 고대인들에게 편안하게 쉰다는 것은 노동으로부터의 해방입니다. 노동의 강도가 오늘과는 비교될 수 없을 정도로 심했던 고대인들이 일주일에 하루만이라도 그 노동에서 벗어날 수 있다는 것은 생명의 날입니다. 유대 사회에서 안식일에는 노예도 쉬어야만 했고, 심지어 가축까지 쉬어야만 했습니다. 일절의 노동 행위를 멈춰야 했습니다.

오늘날 교회의 주일은 안식일의 의미를 잃어버렸습니다. 주일은 안식의 날이 아니라 평소보다 훨씬 강도 높은 노동을 하는 날입니다. 새벽기도회부터 시작해서 여러 번에 걸친 예배와 각종 모임, 행사를 마치고 늦은 밤에 집으로 돌아가는 기독교인들이 적지 않습니다. 목사는 다음 날 쉰다고 하지만 평신도들은 월요일부터 세상의 노동 활동을 이어가야 합니다. 이렇게 고강도 노동을 수반하는 신앙생활을 보면 놀랍습니다. 신앙생활은 기본적으로 쉼입니다. 수고하고 무거운 짐을 진 사람

들에게 참된 쉼을 주겠다고 예수님이 말씀하셨습니다. 무거운 짐은 단순히 먹고사는 수고가 아니라 그 당시의 율법을 가리킵니다. 사람들에게 참된 쉼을 제공해야 할 유대교가 온갖 율법과 시행세칙을 통해서 사람들을 힘들게 했습니다. 예수님은 사람들로 하여금 자기의 종교적, 도덕적 업적을 쌓는 일보다는 가까이 온 하나님 나라를 받아들이는 길을 제시하셨습니다. 그것은 곧 참된 쉼의 길이었습니다.

오늘 우리에게 신앙이 또 하나의 율법으로 작용하는 건 아닐까요? 신앙생활에서 영적인 쉼을 얻고 있는지 질문해 보십시오. 일단 신앙생활에서 무엇이 참된 안식을 방해하는 요소인지 살펴봅시다. 오늘 신앙생활이 행사 중심으로 돌아간다는 사실을 부정할 사람은 없을 겁니다. 온갖 종류의 이벤트가 생산되고 거기에 시간과 물질이 투자되고 있습니다. 거의 비슷한 내용을 무늬만 바꿔 가면서 진행하고 있습니다. 이런 방식의 신앙생활에 익숙해진 신자들은 행사를 하지 않으면 어딘가 허전해합니다.

예배 이외의 행사를 교회에서 일절 하지 말아야 한다는 말은 아닙니다. 집에서 텔레비전을 보거나 놀러 다니느라 예배에 빠지고 행사에 참여하지 않는 행위를 두둔하는 말도 아닙니다. 가능한 대로 의미 있는 행사들을 알차고 정성스럽게 계획해서 실천하는 것 자체를 부정하는 말도 아닙니다. 한국 교회에는 그야말로 행사를 위한 행사가 너무 많다는 것입니다. 계절이 되었으니까 대심방과 부흥회를 열어야 하고, 총동원주일도 지켜야 하며, 각종 기도회에 참여하고 지도자 훈련을 시켜야 합니다. 교회 형편에 따라서 필요한 것도 있겠지만 시간을 때우기 위한 것, 흐트러진 교회 분위기를 일소하기 위한 것들도 제법 많습니다. 필수적으로 필요한 것 이외의 행사가 과도하게 많다는 것은 아무도 부인하지 못할 것입니다. 경쟁하듯이 교회 행사를 벌리는 이유는 참된 안식을 두려워하기도 하고, 그런 사실 자체를 모른다는 말이 아닐는지요. 하나님의 은총을 일상에서 받아들이는 것만으로는 무언가 부족한 것처럼 느끼고 있다는 말씀입니다.

안식은 참된 쉼입니다. 안식일에는 모든 인간의 행위를 멈추어야 합니다. 안식은 모든 걸 멈추는 데서 시작됩니다. 그때 안식의 꽃이 피기 시작합니다. 그 모든 것에는 상당한 경우 교회 일도 속합니다. 자신에게 물어보십시오. 현재 교회에서 맡고 있는 일들을 모두 포기하더라도 신앙생활을 계속할 수 있는지 말입니다. 장로, 안수집사, 서리집사, 권사, 성가대장, 주일학교 부장, 구역장 등등, 이런 일에서 손을 놓아도 역시 뜨거운 기쁨으로 신앙생활을 잘 할 수 있을까요? 모두 손을 놓으면 누가 교회를 꾸려갈까 염려할지 모릅니다만 한국 교회가 조용해지려면 교회 일에서 손을 놓는 사람들이 많아져야만 합니다. 그런 것들은 일절 놓아두고 하나님의 은총에 온전히 마음을 열어야 합니다. 우리가 이렇게 존재하는 것만으로도 기쁨을 느낄 수 있어야 합니다. 그리스도 사건만으로 우리의 삶에 희망이 가득해야 합니다. 이게 곧 안식입니다. 안타깝게도 많은 신자들은 이런 안식을 두려워합니다.

예수님은 안식일에 회당에서 가르치셨다고 합니다. 복음을 전하는 일에서 가르치는 행위가 왜 중요할까요? 가르치고 배울 게 아니라 그저 초능력만 보여 주면 모든 게 해결될 것 같은데 말입니다. 종교적 진리는 단순한 호기심이나 기복적인 관심이 아니라 고유한 세계와의 만남, 그 고유한 세계를 향한 돌입으로 열리기 때문입니다. 그 세계는 자동차 운전이나 웅변 기술을 습득하듯 해결되는 게 아니라 오히려 시를 쓰듯 존재론적 깨우침으로 열리게 됩니다. 예수님은 제자들과 몰려든 민중들에게 하나님 나라를 가르치기 위해서 무던히 애를 쓰셨습니다. 그러나 대개의 사람들은 예수님에게서 아무것도 배우지 못했습니다. 진리 자체이신 예수님을 직접 대면한 사람들이 깨우침의 단계로 들어가지 못했다는 것은 무엇을 의미할까요? 진정한 깨우침은 지성이 아니라 은총이기 때문이겠지요.

예수님의 가르침에 많은 사람들이 놀랐다고 합니다. 무식한 목수의 아들이 상당히 고급스러운 종교의 본질을 가르쳤다는 사실 때문에 그들이 놀랐을까요? 아니면 그들이 전혀 예상하지 못한 내용을 들었기 때문에 놀랐을까요? 마가는 그것에 대해서 별로 상세한 말을 하지 않고, 단지 놀랐다는 말만 전합니다. 앞으로 자신이 기록해야 할 마가복음서의 방향을 여기서 암시하는 것인지도 모르겠습니다. 예수님의 가르침 앞에서, 그리고 그의 행위와 그의 사건 앞에서 인간은 놀랄 수밖에 없다는 사실에 대한 암시 말입니다. 사실 성서는 오직 이 한 가지의 주제에 집중한다고 해도 과언이 아닙니다. 놀라움! 하나님의 창조 행위 앞에서 경험하는 놀라움! 그가 일으키는 새로운 역사 앞에서 인간이 경험하는 놀라움! 하나님이 예수님을 통해서 일으킨 구원 사건 앞에서 경험하는 놀라움! 그가 완성하신 종말 사건 앞에서의 놀라움! 그 모든 것을 안에 담고 있는 예수님의 가르침 앞에서 사람들은 놀라워할 수밖에 없습니다.

바둑을 예로 들겠습니다. 저 같은 수준의 사람들이 프로 기사들의 바둑을 보면 늘 놀랍니다. 아니 저런 수가 거기 있었단 말인가? 제 눈에 보이지 않던, 전혀 예상하지 못한 수들이 툭툭 나옵니다. 그렇지만 프로 기사들의 그 수도 절대적인 게 아닙니다. 바둑의 수는 계속해서 앞으로 나갑니다. 왜냐하면 바둑의 현장이 늘 달라지기 때문입니다. 가로 세로 19줄에 불과한 바둑판에서도 수의 종류가 무한에 가깝다는 사실을 감안한다면 이 세상을 창조하고 완성하실 하나님의 수는, 그것을 간접적인 방식으로 설명하고 있는 성서의 수는 아예 말할 필요도 없습니다. 우리는 하나님의 수를 아예 모른다고 말해야 옳습니다. 흡사 초등학생이 아인슈타인의 상대성 이론 앞에서 망연자실하고 있는 모습이라고나 할는지요.

영적인 놀라움을 안고 살아가는 기독교인들을 만나기는 하늘의 별 따기입니다. 감격하여 박수치고, 웃고, 눈물을 흘리는 사람, 그래서 신앙적인 심층으로 들어간 것처럼 보이는 사람들은 제법 많습니다. 무감각한 세상에서 그런 감수성을 보인다는 건 귀한 모습입니다. 그러나 그것이 영성과 일치하는 건 아닙니다. 영성은 인격적 차원에서 경험되는 원초적인 신앙 사건입니다. 생명의 가장 깊은 차원이라 할 영혼의 문제입니다. 감정은 그것에 따라오는 부수적인 요소 중의 하나에 불과합니다. 부수적인 요소를 신앙의 중심으로 삼으면 결국 신앙이 왜곡됩니다. 이런 감정적인 현상은 사이비 이단들에게서 훨씬 두드러지게 나타나기도 하고, 월드컵에 열광하는 군중들에게서도 나타납니다. 인간의 감정은 단순한 심리적 자극을 통해서 얼마든지 작용하는 하나의 생물학적인 현상입니다. 이런 현상에 집중하는 신앙의 특징은 하나님에 대한 깊은 깨달음이나 인식과 상관없이 순전히 인간의 주관적인 만족감을 강화하는 것에만 신경을 쓴다는 것입니다.

신앙의 세계에서도 아는 것만큼 보인다는 명제가 유효합니다. 하나님을 아는 것만큼 하나님이 보입니다. 하나님이 보이면 놀랄 수밖에 없겠지요. 여기서 하나님을 안다거나 보인다는 말은 직접적인 걸 의미하지 않습니다. 그를 직접 대면하는 게 아니라 등을 스쳐서 볼 뿐이고, 그의 말씀을 세미한 소리로 스쳐 들을 뿐입니다. 어쨌든지 생명의 신비로 찾아오시는 하나님을 인식하는 사람은 놀라지 않을 수 없습니다. 시인들이 물방울 하나를 보고 놀라듯이 말입니다. 신앙생활에서 말씀을 통한 놀라움이 별로 없다면 그것은 우리의 영혼이 건조하거나 잠들어 있다는 징조이며, 더 심각하게는 기독교 신앙을 모르고 있다는 증거일 가능성이 큽니다. 겉으로 보이는 교회생활의 열정과는 상관 없이 말입니다.

사람들이 예수님의 교훈에 놀란 이유는 그의 가르침이 서기관들과 달리 권위가 있었기 때문이었습니다. 이는 곧 서기관들의 가르침에는 권위가 없었다는 뜻입니다. 그게 좀 이상합니다. 서기관들은 하나님의 말씀을 전문적으로 연구하고 가르치던 사람들이었거든요. 오늘의 신학 박사쯤 되는 그들의 가르침이야말로 권위가 담보되어 있고, 거꾸로 별로 이렇다 할 학문적 배경이 없었던 예수님의 가르침은 권위가 없어야만 했는데, 마가는 정반대로 말합니다. 서기관들은 매우 성실한 학자들이었습니다. 의도적으로 민중들을 힘들게 하거나 자신들의 개인적인 영달을 위해서 하나님의 말씀을 호도한 사람들은 아닙니다. 그들이 예수님께 책망을 들었다는 이유로 총체적으로 부패한 사람들로 전제하면 곤란합니다. 복음서에서 매사에 예수님과 충돌하는 사람들로 묘사되는 바리새인들도 사실은 그 당시에 썩 괜찮은 사람들이었습니다. 그러나 서기관들의 가르침은 세련되긴 했지만 권위가 없었습니다. 그들의 신학적 지식은 예수 그리스도를 아는 데 오히려 걸림돌이 되었다고 볼 수 있습니다.

예수님의 가르침은 생명의 실질과 연관되었기 때문에 사람을 살리는 힘으로 작용했습니다. 예수님의 가르침은 마음을 열고 있는 사람이라고 한다면 그가 포도주를 즐기는 사람이든, 창녀이든, 세리이든, 죄인이든 상관없이 생명을 얻게 했습니다. 우리가 지금 신앙의 정보에 머물러 있는지 생명의 실질로 들어가고 있는지 질문해야 합니다. 기도, 헌금, 봉사, 직분 등등 교회생활에 적응하는 걸 신앙으로 생각하는 경향이 있습니다. 그건 서기관의 가르침입니다. 신앙에 관한 정보는 많지만 생명의 신비와 기쁨에 대한 깨달음이 없는 신앙입니다. 이것은 어떤 근원적인 세계로 발을 들여놓았는지 아닌지의 문제입니다.

회당에 귀신 들린 사람이 자리하고 있었습니다. 마가는 이 귀신이 더럽다고 묘사했습니다. 더럽지 않은 귀신도 있을까요? 사나운 귀신이나 약간 온순한 귀신은 있을지 모릅니다. 정신병에 걸린 사람들은 대개 피해의식이 강한 사람들입니다. 일반사람들과 다른 방식으로 세상에 반응하기 때문에 사람들에게 공격적인 행동을 하는 것처럼 보일지 모르지만 실제로는 오히려 그 반대입니다. 다만 특별한 상황에서는 자기 억제력을 완전히 상실하기 때문에 돌발적인 행동을 하기는 하지만 그렇다고 해서 남을 크게 위태롭게 하는 행동은 하지 않습니다.

귀신에 대한 2천 년 전의 보도를 사실 그대로 받아들이는 건 곤란합니다. 그들의 세계는 주술이 지배하고 있었습니다. 하늘 권세를 잡은 이들이 있고, 땅속 세계를 지배하는 악한 권세가 있다는 식으로 그들은 생각했습니다. 그들의 눈에 모든 질병은 죄의 결과였습니다. 심지어는 오늘의 의학적인 기준에서 간질이 분명한 병도 역시 귀신의 발작이라고 그들은 생각했습니다. 그렇지만 성서 기자들의 귀신 보도는 심층적인 인간 이해에서 나온 것입니다. 인간의 삶을 파괴하는 악한 실체를 들여다본 것입니다. 첨단 과학과 물질문명 가운데서 살아가는 오늘 우리에게도 이렇게 인간 삶을 파괴하는 악한 힘들은 많습니다. 지금도 노골적인 테러와 살인사건이 그치지 않습니다. 그런 현상을 보면 분명히 귀신이라는 실체가 작용하는 것처럼 보입니다. 그렇지 않고서야 인간이 이렇게도 끈질기게 생명 파괴적인 행동을 할 수가 있을까요?

귀신 들린 사람이 예수님을 향해 던진 말은 두 가지입니다. 하나는 예수님의 행위에 관한 것이며, 다른 하나는 예수님의 정체성에 대한 것입니다. 그의 행위는 귀신을 멸하는 것이며, 그의 정체성은 '하나님의 거룩한 자'입니다. 기독론에서 예수님의 행위와 정체성은 서로 변증법적으로 맞물려 있습니다. 그의 메시아적 행위는 그 메시아적 정체성에서 나온 것이며, 메시아적 정체성은 그 행위로 증명됩니다. 복음서 전체의 핵심이 오늘 이 귀신들린 사람의 발언에 담겨 있는 셈입니다.

악의 박멸은 인류의 오랜 염원이었습니다. 그런데 악은 왜 극복되지 않는 걸까요? 메시아이신 예수님이 2천 년 전에 오셨었는데도 악의 준동은 여전히 힘을 잃지 않은 것처럼 보입니다. 성서 기자들은 이 문제를 훨씬 본질적인 것으로 생각했습니다. 선악과 사건은 악의 존재론적 근원에 대한 신학적 통찰의 결과로 제시된 해명입니다. 아담의 죄가 인간에게 숙명적으로 작용할 정도로 죄와 악은 본질적이라는 뜻입니다. 아담은 하와에게 책임을 미루었고, 하와는 뱀에게 미루었습니다. 낯간지러운 변명입니다. 동생 아벨을 돌로 쳐 죽인 카인의 형제살해도 역시 폭력의 근원에 대한 해명입니다.

　오늘 본문에서 귀신들린 사람은 '나는 당신이 누구인 줄 안다'고 했습니다. 귀신의 약점은 바로 여기에 놓여 있는 것 같습니다. 자기가 상대해야 할 대상이 누구인가에 따라서 그들의 기가 살아날 수도 있고, 기가 죽을 수도 있습니다. 예수님이 하나님의 거룩한 자라는 사실 앞에서 그들은 더 이상 싸울 의욕을 가질 수 없습니다. 이 말은 곧 악과의 투쟁은 외면적인 힘이 아니라 예수님의 정체성을 바르게 인식하고 해명하는 내면적인 힘에 달려 있다는 뜻이겠지요.

　귀신 들린 사람에게 예수님은 두 가지 말씀으로 꾸짖으셨습니다. 하나는 '잠잠하라'이며 다른 하나는 '그 사람에게서 나오라'입니다. 예수님은 귀신 들린 사람이 아니라 귀신을 꾸짖으신 겁니다. 여기서 예수님이 꾸짖으신 첫 말씀에 생각을 모아봅시다. 예수님이 꾸짖으셨다는 말은 곧 귀신들린 사람의 말이 어딘가 잘못되었다는 뜻이겠지요. 그런데 귀신 들린 사람이 예수님에게 소리 지른 내용 자체는 크게 틀린 게 아닙니다. "예수여, 우리가 당신과 무슨 상관이 있나이까? 우리를 멸하러 왔나이까? 나는 당신이 누구인 줄 아노니 하나님의 거룩한 자니이다." 예수님을 향해서 하나님의 거룩한 자라고 외쳤습니다. 시몬 형제와 야고보 형제에게서도 아직 구체적인 신앙고백으로 진술되지 않은 진리가 뜻밖에 귀신들린 사람의 입을 통해서 나왔습니다. 어떻게 보면 칭찬받을 일인지도 모르지요. 그런데도 예수님은 잠잠하라고 꾸짖었습니다. 왜 그런가요?

　여러 관점으로 생각해볼 수 있겠지만 가장 핵심적인 것은 표면적으로 진술된 말보다는 그 말을 한 사람이 중요하다는 사실입니다. 하나님의 거룩한 자라는 말보다는 그 말을 한 사람이 중요합니다. 더러운 귀신이 한 말은 그것이 아름답게 꾸며졌다 하더라도 역시 더럽습니다. 기독교 신앙은 존재론적 변화를 행위보다 앞에 둡니다. 바울이 말하는 새로운 피조물이 바로 그것입니다. 예수님의 비유에 의하면 좋은 나무만 좋은 열매를 맺을 수 있습니다. 나쁜 나무는 비록 겉으로 좋은 것처럼 보이는 열매를 맺었다 하더라도 그것은 결국 그렇게 보일 뿐이지 실제로 좋은 열매를 맺은 것은 아닙니다. 흡사 귀신 들린 사람이 예수님을 하나님의 거룩한 자라고 말하는 것과 비슷합니다.

예수님은 귀신 들린 사람을 향해서 잠잠하라 하시고, 이어서 그 사람에게서 나오라고 말씀하셨습니다. 이 말씀은 귀신 들린 사람이 아니라 그 사람 안에 자리하고 있는 귀신을 향한 말씀이겠지요. 이런 묘사만을 근거로 본다면 결국 귀신은 장소 이동이 가능한 어떤 실체인 셈입니다. 군대귀신(레기온) 들린 사람 이야기에서도 그 귀신이 사람에게서 나와서 돼지 떼에게로 들어간 적이 있습니다. 귀신에 대한 복음서의 묘사는 오늘 우리의 세계관과 어울리지 않습니다. 그렇다고 해서 복음서 기자들을 어리석다고 보면 안 됩니다. 그들은 영적으로 아주 성숙한 사람들이었습니다. 그들이 귀신을 실체로 이해했다는 것은 인간을 불행으로 떨어뜨리는 어떤 존재론적 힘을 의식했다는 의미입니다. 우리는 인간의 삶과 그것을 파괴하는 악, 그 안에서 벌어지는 신비로운 세계를 나름으로 해명하려고 노력한 그들의 영적인 태도를 배워야 합니다.

오늘 개인과 사회에서 벌어지는 불행의 원인이 어디 있을까요? 참으로 이상한 일입니다. 인간이 놀랍도록 계몽되었고, 풍요로움이 넘치는 세계가 되었는데도 인간은 계속해서 악을 생산합니다. 인간을 불행으로 끌고 들어가는 어떤 악한 실체의 존재론적 근원을 전제하지 않으면 이런 문제들은 설명되기 힘듭니다. 이제 우리에게 필요한 일은 악의 존재론적 근원과의 싸움입니다. 그 싸움은 곧 오늘 예수님의 말씀을 따라서 사는 것입니다. 귀신을 향해서 이렇게 외쳐야 합니다. "그 사람에게서 나오라."

어떻게 우리는 귀신들린 사람을 귀신으로부터 벗어나게 할 수 있을까요? 제가 보기에 축귀 행위에서 가장 중요한 것은 사람과 귀신을 분리하는 일입니다. 그 사람이 생명을 향해서 존재론적인 변화를 얻도록 도와주는 것입니다. 예수 그리스도의 십자가와 부활을 받아들이고 궁극적인 생명에 희망을 품고 살아가게 하는 것입니다. 축귀 능력은 더러운 귀신의 실체가 무엇인지 예민하게 분별하는 데서 시작하는 것 같습니다.

마가는 더러운 귀신이 사람에게 발작을 일으켰다고 합니다. 우리도 여러 종류의 발작을 일으킵니다. 가장 가벼운 발작은 히스테리이겠지요. 신경이 과민한 상태에 이르게 되면 사람은 귀신 들린 듯 행동하게 됩니다. 개인적으로도 나타나고, 집단적으로도 나타납니다. 심한 조울증에 걸린 사람이 자기 아이를 고층 아파트에서 떨어뜨린다거나 사업 부도로 자기만이 아니라 일가족 전체를 차에 태우고 강으로 뛰어드는 발작 증세와 같습니다.

이런 현상은 종교적 영역에서도 일어납니다. 제가 어렸을 때 경험한 전도관에서는 몇 시간씩 열광적으로 박수를 치면서 찬송을 부르더군요. 거의 기계 같습니다. 1992년의 다미선교회 사건도 종교적 발작이겠지요. 중세기 때의 십자군 전쟁이나 마녀재판은 전형적인 발작이겠지요. 한국 교회가 보이는 극단적인 반공주의는 유사 발작일지 모릅니다. 모든 전쟁은 사실 더러운 귀신이 일으키는 발작입니다. 남북분단 체제를 아직도 극복하지 못하고 한민족의 정신적, 물적 에너지를 소진하고 있는 남북의 모든 사람들은 이런 귀신에 사로잡혀 있는 건지 모릅니다. 또 생태계의 발작 증세를 눈여겨보아야 할 때인지 모르겠군요. 모든 것을 돈으로만 환산해 보려는 이 시대정신은 곧 발작과 같습니다.

27절의 표현은 22절과 흡사합니다. 두 구절 모두 예수님의 권위에 사람들이 놀랐다는 사실을 지적합니다. 22절의 가르침과 27절의 명령에 권위가 있었다는 건 곧 기존의 것과 달랐다는 의미입니다. 예수님은 서기관들과 다른 걸 가르치셨으며, 보통 사람들이 할 수 없는 축귀 능력을 보이셨습니다. 예수님의 가르침이 서기관들의 가르침과 전혀 다른 권위를 확보하고 있었다는 건 이해가 가지만, 그 당시에는 귀신을 내어 쫓는 사람들은 제법 많았을 것 같은데 사람들이 놀라서 서로 물었다고 합니다. 예수 사건은 우선 우리를 놀라게 하며, 그 놀라움은 다시 질문을 야기합니다. 예수님을 바르게 대하기만 한다면 결국 우리가 중요한 것에 대한 질문을 할 수밖에 없다는 말이 됩니다. 왜 그럴까요? 그것은 우리가 기존에 알고 있던 것과 전혀 다른 사건이기 때문입니다.

기독교 신앙은 신자들을 점점 깊은 질문으로 끌고 들어갑니다. 생명의 본질에 대해서, 삶의 의미에 대해서, 역사와 시간의 실체에 대해서, 하나님 나라와 그 통치와 종말에 대해서 우리는 질문하지 않을 수 없습니다. 그런데 오늘날 교회는 오히려 이런 질문을 막아버리고 있는 건 아닐까요? 이해되지 않은 궁극적인 문제들에 대해서 질문할 기회를 주지 않고 무조건 믿으라고 강요하는지 모릅니다. 그런 신앙은 어느 사이에 우리에게 체질로 굳어졌기 때문에 아무도 불편하게 생각하지 않습니다. 사람들이 세상에서 출세하고 사는 것에 익숙해진 것처럼 교회 성장에만 익숙해졌다는 말입니다. 아무런 질문도 필요로 하지 않는 기독교인들과 그런 구조로 굳어진 교회는 어쩌면 예수님을 경험하지 못하고 있는지도 모르겠군요. 예수님이 가르치신 비유와 그의 행위와 그의 사건과 운명을 직면하는 사람은 누구나 충격을 받게 되고, 자연스럽게 질문하기 마련인데 아무런 질문이 없다고 하니 그렇게 생각할 수밖에 없습니다.

기독교 신앙이 우리에게 바르게 받아들여지고 있다면 세상 사람들이 교회에 대해서 놀라야 합니다. 왜냐하면 우리에게 무언가 새로운 것이 움직이고 있다는 사실을 그들이 발견할 테니까 말입니다. 물론 우리는 보화를 담은 질그릇에 불과합니다. 그러나 우리 안에 보화가 담겨 있다면 사람들은 보화를 보기 위해서라도 우리를 볼 수밖에 없습니다. 우리가 일상에서 그리스도의 빛을 안고 사는 게 가장 중요합니다. 우리 스스로 예수 사건에 놀라야 합니다.

21절부터 시작한 축귀 사건이 이제 28절에서 끝납니다. 마가복음이 전하고 있는 예수님의 공생애 사건 중에서 시몬 형제와 안드레 형제를 제자로 삼은 것 이외에 최초의 이야기가 이 회당 사건입니다. 이 회당에서 사람들을 놀라게 한 일이 일어난 것입니다. 두 가지입니다. 하나는 예수님의 교훈이며, 다른 하나는 축귀 사건이었습니다. 이 두 가지 모두 예수님의 말씀에서 나왔습니다. 예수님의 말씀은 앎의 새로운 지평을 열었으며, 동시에 능력의 새로운 지평을 열었습니다. 다시 말씀드립니다. 예수님을 통해서 사람은 권위 있는 앎을 경험했으며, 귀신 축출이라는 능력을 경험했습니다. 이 모든 것이 예수님의 말씀이 담보하고 있는 언어의 존재론적 능력입니다. 귀신까지 순종할 수밖에 없는 예수님의 그 말씀은 어떻게 가능했을까요?

예수님은 하나님의 아들이니까 당연히 귀신을 굴복시킬 수 있다는 대답은 충분하지 않습니다. 예수님은 임박한 하나님 나라에 완전히 일치함으로써 그것에 합당한 언어 능력을 행사할 수 있었다는 것이 그 대답입니다. 사람의 언어는 어떤 세계 안에서 살아가는가에 따라서 달라집니다. 노름꾼으로 사는 사람들의 언어는 노름꾼의 세계를 담고 있을 뿐만 아니라 노름의 능력을 행사합니다. 시인들의 언어는 시적 상상력 안으로 끌어들이는 힘이 있습니다. 어렸을 때 할머니들이 들려주던 옛날이야기는 아이들에게 무한한 상상력을 심어 줍니다. 이와 마찬가지로 하나님 나라에 일치하신 예수님의 언어는 바로 그 하나님 나라의 능력을 존재론적으로 담았습니다.

하나님 나라의 존재론적 능력이 예수님의 언어로 나타났다는 말은 예수님이 하나님과 일치한다는 뜻입니다. '태초에 말씀이 계시니라 이 말씀이 하나님과 함께 계셨으니 이 말은 곧 하나님이시니라'는 요한복음 1장 1절의 말씀도 이 사실을 가리킵니다. 이런 말이 말장난처럼 들릴지 모르겠습니다만 기독교는 언어의 존재론적 능력을 처음부터 인식하고 있었다는 사실만 알아두십시오. 그런 의미에서 하나님은 언어(문자)로 기록된 성서에 계시되었다고도 말합니다. 우리는 기독교인들의 언어가 얼마나 중요한지 잊지 말아야 합니다. 그리스도의 빛을 드러내는 언어인지, 가리는 언어인지, 사랑의 능력을 드러내는 언어인지, 감추는 언어인지 말입니다. 우리의 언어가 더러운 귀신을 몰아낼 수 있는 능력을 확보했으면 합니다.

　21절부터 시작한 축귀 사건이 이제 28절에서 끝납니다. 마가복음 기자가 여기서 독자들에게 전하고 싶었던 핵심이 바로 28절 말씀이겠지요. "예수의 소문이 곧 온 갈릴리 사방에 퍼지더라." 갈릴리의 한 촌 나사렛에서 자란 예수에 관한 소문이 아직 유대까지는 못 내려갔지만 공생애 초기 단계에서 갈릴리에 전 지역에 퍼졌다는 건 대단한 일입니다.

시몬의 장모

1:29-31

> ^{29} 회당에서 나와 곧 야고보와 요한과 함께 시몬과 안드레의 집
> 에 들어가시니 ^{30} 시몬의 장모가 열병으로 누워 있는지라 사람
> 들이 곧 그 여자에 대하여 예수께 여짜온대 ^{31} 나아가사 그 손을
> 잡아 일으키시니 열병이 떠나고 여자가 그들에게 수종드니라

시몬의 열병 든 장모가 시몬과 안드레의 집에 와 있었나 봅니다. 이 여자의 운명이 좀 기구했기 때문에 어쩔 수 없이 사돈댁에서 살게 된 것인지, 아니면 병이 들어 일시적으로 잠시 들른 건지 정확한 건 모릅니다. 예수님이 병을 고치고 귀신을 쫓아내는 능력이 있다는 소문을 듣고 사위를 통해서 도움을 받기 위해 사돈집으로 찾아온 것인지 모릅니다. 열병에 쓰러져서 사돈집에 누워 있는 이 여자를 다시 한 번 생각해 보십시오. 지금도 위생환경이 열악한 아프리카나 라틴 아메리카에 사는 원주민들에게 말라리아같이 고열과 설사를 동반하는 열병이 자주 일어나는 걸 감안한다면 2천 년 전 갈릴리 동네에서 이런 일들이 일어난다는 건 아주 당연합니다.

오늘날에도 열병은 많습니다. 실제로 육체적인 열병만이 아니라 정신적인 열병도 많습니다. 36.5도를 유지해야 할 몸이 40도를 넘게 되면 헛소리를 하게 되는 것처럼 예컨대 '나는 소비한다. 그러므로 존재한다'는 삶의 태도는 분명히 열병 증상입니다. 열병에 걸린 사람은 자기가 내지르는 헛소리를 잘 모릅니다. 훗날 열병이 치료된 다음, 우리의 후손들은 우리가 얼마나 심각한 열병에 걸렸는지, 얼마나 심한 헛소리를 내질렀는지 알게 될 것입니다. 가능하면 그런 증상이 밝혀질 날이 속히 와야 하겠지요. 오늘 교회에 주어진 사명은 이 세상의 열병 현상을 진단할 수 있는 영성이 아닐까 생각됩니다. 그리스도를 통한 생명의 본질에 천착할 때 그것이 가능합니다.

복음서의 정보에 따른다면 예수님의 열두 제자 중에서 장가 든 이는 시몬(베드로) 한 사람입니다. 바울의 편지에는 이와 약간 다른 정보

도 있습니다. "우리가 다른 사도들과 주의 형제들과 게바와 같이 믿음의 자매 된 아내를 데리고 다닐 권리가 없겠느냐?"(고전 9:5). 이 구절에 따르면 초기 기독교 공동체에 아내가 있는 사도들이 제법 되는 것 같습니다. 이들이 처음부터 결혼한 상태였는지 아니면 훗날 초기 기독교 공동체를 꾸리면서 결혼한 건지는 정확하지 않습니다.

예수님은 그의 손을 잡아서 일으키셨습니다. 그러자 열병이 떠났다고 합니다. 우리는 보통 열병이 나았다고 하는데, 마가는 '떠났다'고 말하네요. 당시 사람들은 그런 병의 원인을 악한 영의 활동이라고 보았기 때문입니다. 아주 간단한 묘사지만 이 보도에서 우리는 예수님이 이 여자의 열병을 고친 장면을 그려 볼 수 있습니다. 예수님이 손을 내밀었습니다. 그녀는 손을 잡는 순간에 어떤 기운이 전달되는 걸 느끼고, 정신을 차렸겠지요. 사람의 손은 신비롭습니다. 아이들이 복통으로 고생할 때 옛 어른들은 아이의 배를 만져 주었습니다. 이런 일은 대개 할머니들이 하셨지요. 할머니 손은 약손이었습니다. 손을 통한 치유는 생리학적으로도 설득력이 있습니다. 배가 아프다는 건 대개 소화불량일 경우가 많습니다. 장과 위가 원활하게 돌아가지 않는다는 건데, 손으로 그 부위를 만져주면 긴장했던 장과 위가 부드러워지면서 소화 기능을 회복하게 됩니다.

요즘은 그런 걸 스킨십이라는 용어로 표현하고 있습니다. 사람은 피부의 접촉을 통해서 정신적인 안정감까지 얻을 수 있다고 합니다. 몸과 마음이 신비한 방식으로 결합되어 있는 존재가 바로 인간이라고 한다면 스킨십이 인간의 마음을 평화롭게 한다는 건 그렇게 이상한 이야기가 아닙니다. 스킨십 문제를 사회학적인 차원으로 올려놓고 생각해 볼 수는 없을까요? 집단과 집단, 계층과 계층의 스킨십이 필요하다는 말입니다. 상류층 사람들에게 외국인 노동자나 장애인, 사회적 마이너리티는 거의 불가촉천민처럼 여겨진다는 겁니다. 이런 사회적 현상이 날이 갈수록 강화된다는 사실은 우리 사회의 미래를 어둡게 합니다. 오늘 우리는 이렇게 자문해야 합니다. 기독교는 서로 참된 마음으로 손을 잡고 있을까요? 큰 교회는 작은 교회가 손을 뻗칠까 걱정이 태산입니다. 미자립 교회와는 가능한 대로 거리를 두는 게 오히려 속 편하다고 생각할 겁니다. 한 도시의 그리스도인들을 싹쓸이하고 말겠다는 욕망에 사로잡힌 교회들이 서로 손을 붙잡는 일은 일어날 수 없을 겁니다.

시몬의 장모는 열병이 나았습니다. 예수님의 손은 생명의 에너지가 공급되는 통로였습니다. 교회가 이 세상의 열병을 치료하겠다고 생각한다면 우선 서로 마음의 손을 잡아야겠지요. 그다음에 사회를 향해서 따뜻한 손길을 내밀어야 합니다. 이것보다 더 우선적인 일은 우리를 향한 예수 그리스도의 손을 잡는 것입니다. 그 예수 그리스도의 손은 우리를 통해서 세상 깊은 곳까지 전달될 것입니다. 열병이 치료된 시몬의 장모는 예수님 일행에게 수종을 들었다고 합니다. 수종을 들었다는 건 밥과 마실거리를 대접하고, 편히 쉴 수 있도록 시중들었다는 말이겠지요. 열병에서 치료되자마자 곧 그렇게 활동할 수 있을까 이상하게 생각할 필요는 없습니다. 본문은 예수님의 능력으로 열병이 치료되었다는 사실만을 보도하는 것이지 그 치료가 즉시 이루어졌는지 상당한 시일이 지난 것인지를 말하는 건 아닙니다.

시몬의 장모가 열병이 떠나 제정신을 차린 증거가 시중 든 것으로 나타났습니다. 우리는 시중들기보다는 시중 받는 걸 좋아합니다. 시중 받고 싶다는 심리를 뭐라 할 건 없지만, 모든 사람들이 그런 마음으로만 살아간다면 이 세상은 어떻게 될까요? 시중 받는 자리에 오르기 위해서 모든 사람들이 끊임없이 경쟁하겠지요. 이와 달리 시중드는 것을 즐겁게 생각하는 사람들이 많아진다면 세상의 모습이 달라질 겁니다. 그런 사람들이 많은 가정, 직장, 교회를 생각해보세요. 이런 공동체는 비록 물적인 토대가 풍부하지 못해도 영성이 풍요로울 것입니다.

그런데 시중들면서 삶의 기쁨을 느낄 수 있을까요? 아마 아이들을 키워 본 부모들은 그게 가능하다는 걸 알고 있을 겁니다. 아이들을 돌보는 일은 대개의 부모들에게 기쁨입니다. 물론 그것도 정도에 따라서 달라지기도 하고, 전업주부인지 직장인인지에 따라서 달라지겠지만 부모와 자식이라는 그 관계에서만 본다면 그건 당연합니다. 그런 일이 가능한 이유는 부모가 자식을 자신과 동일하게 여긴다는 데에 있습니다. 이런 점에서 기독교인들의 섬기는 삶도 역시 그리스도 안에서 하나라는 사실을 인식하고 인정하는 데서 출발하겠지요.

약간 다른 시각에서, 우리가 이 세상에서 자기가 맡은 일을 성실하게 감당하는 것이 곧 섬김의 본질이라고 볼 수 있습니다. 농사꾼은 양심껏 농작물을 키우고, 선생은 학생들을 바르게 가르치고, 간호사는 환자를 정성껏 돌보고, 노동자는 좋은 자동차를 만드는 게 오늘의 다원화한 세상에서 새로운 차원의 섬김입니다. 그렇다면 교회가 세상을 시중드는 본질도 역시 교회의 역할을 잘 감당하는 데에 있다고 보아야 합니다. 교회에도 역시 하나님의 말씀을 바르게 가르치고, 성만찬을 바르게 집행하는 일이 훨씬 중요합니다. 그렇습니다. 교회는 우선적으로 그런 방식으로 세상을 섬겨야 합니다. 왜냐하면 이것은 이 세상의 많은 집단 중에서 교회만이 감당할 수 있는 일이니까요.

예수, 병을 고치시다

1:32-34

³² 저물어 해 질 때에 모든 병자와 귀신 들린 자를 예수께 데려오니 ³³ 온 동네가 그 문 앞에 모였더라 ³⁴ 예수께서 각종 병이 든 많은 사람을 고치시며 많은 귀신을 내쫓으시되 귀신이 자기를 알므로 그 말하는 것을 허락하지 아니하시니라

시몬의 장모는 이제 온전한 정신을 차렸습니다. 이 동네 저 동네 이 소문이 삽시간에 퍼졌겠지요. 사람들은 병자들과 귀신 들린 사람들을 예수님에게 데리고 왔습니다. 그때가 저물어 해 질 때라고 합니다. 야간 조명이 거의 없었던 고대 사회에서 해가 진다는 건 낮에 할 수 있는 모든 일들을 접어야 한다는 의미입니다. 낮과 밤의 경계인 바로 그 순간에 예수님에게는 일거리가 많아진 셈입니다. 우주 물리학적으로 해가 진다는 말은 옳은 게 아닙니다. 해는 그냥 그렇게 존재하는 것이고, 대신 지구가 돌고 있을 뿐입니다. 이런 사실을 전혀 몰랐던 고대인들에게 해가 지고 다시 뜬 현상은 신비로움 자체였습니다. 수많은 고대 종교가 태양을 신으로 섬겼다는 건 당연합니다. 그리스도교 역시 여기서 예외는 아닙니다. 물론 다른 종교처럼 태양 자체를 숭배한 게 아니라 그것을 창조한 여호와 하나님을 예배했지만 기독교 역시 태양 빛을 중요한 신앙적 메타포로 받아들였습니다.

오늘 우리는 고대인들에 비해서 엄청나게 많은 물리학적 정보를 알고 있습니다. 물론 이런 정보라는 것도 우주 전체를 대상으로 놓고 본다면 거의 무의미할 수도 있지만, 우리가 고대인들에게 비해서 상대적인 우위를 점하고 있다는 것만은 분명합니다. 그러나 이런 물리학적 정보의 우위가 우리에게 무슨 의미가 있을까요? 이런 정보가 우리의 삶에 무슨 영향을 끼치는 걸까요? 신비 경험이 축소되고 있다는 점에서 우리는 고대인들보다 영적인 차원에서 미숙한 사람들일지 모릅니다. 인간 언어를 뛰어넘는 존재의 신비에 대한 영적 시각을 놓치고 사는 삶은 점점 계량화되고, 점점 건조해지고 있습니다. 낮과 밤의 경계에서 황홀해

하던 어린 시절이 그립습니다.

　마가가 보도하고 있는 예수님의 초기 공생애는 드라마틱합니다. 제자 네 명과 함께 시작한 하나님 나라 운동은 회당에서 새로운 교훈을 전하시고 귀신을 내어 쫓는 일부터 시작되었습니다. 회당에서 나온 예수님은 시몬의 집에서 대기하고 있는 시몬의 장모를 치료하셨습니다. 그 소문을 들은 사람들이 해 질 때에 모든 병자와 귀신 들린 이들을 예수에게 데리고 왔습니다. 이런 상황을 마가는 이렇게 표현했습니다. "온 동네가 그 문 앞에 모였더라." 예수님 일행은 아직 시몬 형제의 집에 머물고 있는 중입니다. 여기서 문은 이 집을 뜻합니다. 온 동네 사람들이 시몬의 집 앞에 모였습니다. 시몬의 부모들과 형제들은 생전 처음 보는 장면에 깜짝 놀랐을 겁니다. 놀란 이들이 어디 그들뿐이겠습니까? 그 동네 모든 사람들이 놀랐겠지요. 도대체 예수에게 무슨 일이 벌어졌기에 사람들이 모였는가 하고 말입니다.

　그 장면을 조금 자세하게 상상해 보십시오. 예수님은 제자들과 함께 사랑채에 머물고 있습니다. 열병이 치료된 시몬의 장모는 그들을 시중들고 있습니다. 그리고 안식일이 지나고 새로운 날이 시작되는 저녁 시간이 되자 온갖 병자들과 귀신 들린 자들만이 아니라, 구경 삼아 수많은 사람들이 몰려들었습니다. 문 안쪽에는 예수님 일행이 자리했고, 문 밖에는 군중들이 자리했습니다. 문을 중심으로 이제 무슨 일이 벌어질까요?

　여기서 문은 신앙적으로 아주 중요한 메타포입니다. 요한계시록의 말씀을 보십시오. "볼지어다. 내가 문 밖에 서서 두드리노니 누구든지 내 음성을 듣고 문을 열면 내가 그에게도 들어가 그와 더불어 먹고 그는 나와 더불어 먹으리라"(계 3:20). 예수님은 양의 문이십니다. 미련한 처녀들이 기름을 준비하러 나갔다가 돌아와서 문을 두드려도 그 문은 열리지 않습니다. 예복을 준비하지 못한 사람들은 이미 문이 잠겨서 잔치에 들어가지 못합니다. 천국도 문이 있습니다. 노아 시대 홍수는 하늘의 문이 열려서 물이 쏟아진 현상으로 묘사됩니다.

　문은 두 가지 가능성을 모두 갖고 있습니다. 문 안과 밖의 세계가 소통될 수 있는 가능성과 단절될 수 있는 가능성이 그것입니다. 문이 열리면 소통의 가능성이, 닫히면 단절의 가능성이 현실성으로 나타납니다. 이런 점에서 문은 벽과는 다릅니다. 벽은 완전한 단절입니다. 오늘 하나님과 우리 사이에는, 교회와 이 사회 사이는 문이 놓여 있을까, 아니면 벽이 놓여 있을까요? 문은 여는 게 핵심입니다. 문은 열라고 달아 놓은 겁니다. 문을 벽으로 만들어 버리는 것처럼 어리석은 일은 없습니다. 어리석은 짓이지만 사람들은 문을 벽으로 만드는 일을 서슴지 않고 합니다. 왜 그럴까요? 문은 불안하기 때문입니다. 그것으로만은 안전을 보장할 수 없기 때문입니다.

　문을 열 수 있는 사람은 누구일까요? 문 밖이 아니라 문 안에 있는 사람만이 문을 열 수 있습니다. 천국 문은 그 안에 계신 하나님만이 열 수 있지만, 우리 마음의 문은 우리만이 열 수 있습니다. 주님은 문을 두드리기만 할 뿐이지 억지로 열지는 않으십니다. 그런 점에서 회개는 자신의 책임입니다. 주님이 우리를 억지로 회개시킬 수는 없습니다. 열쇠고리가 문 안에 달려 있기 때문입니다. 그렇습니다. 안타까운 일이지만, 우리 마음에는 바깥에서 주어지는 그 어떤 충격으로도 끄떡없는 이중 열쇠고리가 안으로 채워져 있습니다.

　이런 마음의 상태는 곧 현대의 전형적인 주거 문화인 아파트 문과 비슷해 보이는군요. 이중, 삼중의 안전 잠금장치 안에서 우리는 역설적이지만 불안하게 살고 있습니다. 문 안과 밖의 완전한 단절입니다. 어쩌면 오늘의 문은 문과 벽의 중간쯤 되는 것 같습니다. 사람과 사람 사이에, 사람과 자연 사이에, 교회와 세상 사이에 점점 소통이 줄어들고 있으니 하는 말입니다. 라오디게아 교회에 주는 말씀을 기억하십시오. "볼지어다. 내가 문 밖에 서서 두드리노니 누구든지 내 음성을 듣고 문을 열면 내가 그에게로 들어가 그와 더불어 먹고 그는 나와 더불어 먹으리라"(계 3:20).

　복음서에는 예수께서 병자들을 고치셨다는 보도가 자주 등장합니다. 이런 보도만 따른다면 예수님의 활동은 거의 질병 치유에 치중한 듯이 보입니다. 도대체 메시아로서의 예수님과 질병 치유는 무슨 관계가 있을까요? 이런 질문은 질병에 대한 고대인들의 생각과 연관됩니다. 이미 복음서에도 그런 단서가 나옵니다만 히브리인들은 병을, 특히 난치병을 죄와 연결시켰습니다. 그 죄는 악한 영이 활동한 결과입니다. 욥기는 욥이 당한 대재난을 하나님의 징벌로 설명합니다. 그래서 욥의 친구들은 욥에게 회개하라고 요구했습니다. 우리 조상들도 큰 병에 걸리면 굿을 하는 일이 많았는데, 이는 곧 질병을 악한 영의 조화로 생각했다는 의미이겠지요.

　메시아가 구원자라고 한다면 악한 영에 의해 벌어진 결과인 인간의 질병을 치료할 수 있어야만 합니다. 복음서 기자들은 바로 그 사실을 눈여겨보았습니다. 예수님에게는 메시아에게 일어나야 할 바로 그 사건이 일어났다는 것이지요. 각종 병이 든 많은 사람들이 예수님에게서 구원을 받았기 때문에 예수님은 바로 메시아라는 것입니다. 약간 단순한 논리같이 보이기는 합니다만, 이것이 복음서 기자들에게는 너무나 명백한 진리였습니다. 물론 이 질병 치유가 바로 예수님의 메시아성에 대한 결정적인 징표는 아닙니다. 이런 일들은 구약의 예언자들을 비롯해서 고대의 위대한 스승들에게서 흔하게 일어나는 것이었습니다. 질병 치유가 예수님의 메시아성에 대한 결정적인 증거는 아니지만 매우 중요한 증거 중의 하나라는 것만은 분명합니다. 인간의 육체까지 치유되는 세계가 바로 메시아가 통치하는 세계이기 때문이지요.

　여기서 이런 질문이 가능합니다. 메시아이신 예수님이 오셨는데도 이 세상 사람들은 왜 여전히 병을 앓아야만 할까요? 병을 앓는 정도가 아니라 왜 사람들은 병으로 고통스러운 삶을 살고, 병을 앓다가 젊은 나이에 죽어야만 할까요? 하나님이 과연 살아 계시는 걸까요? 신정론의 문제입니다. 소극적인 대답을 제시한다면 예수님 이후로 이 세상은 은폐의 방식으로 메시아가 통치하는 세상이 되었다는 대답이 바로 그것입니다. 이 문제는 사실 심각합니다. 예수님이 왜 메시아인지를 변론할 수 있어야 합니다. 이런 점에서 오늘 우리는 인간의 근본적인 치유가 왜 예수님에 의해서 가능한지를 논리적으로 설명할 준비를 해야겠지요. 그것은 곧 예수님에게 일어난 부활 사건이 보편적 생명의 궁극적 토대라는 사실에 대한 해명을 가리킵니다. 오늘 기독교 신앙은 생물학 및 물리학과의 대화를 치열하게 열어갈 수 있어야 합니다. 그런 학문들은 비록 잠정적이지만 병 고침의 인간학적 기초이기 때문입니다.

귀신을 내쫓았다는 이 보도에서 일단 귀신의 실체가 무엇인지를 따라가 봅시다. 헬라어 성서는 32, 34절에 나오는 귀신을 영어 'demon'에 해당되는 다이몬이라는 단어로 표현했고, 23절의 귀신은 영어 'spirit'에 해당되는 프뉴마를 사용했습니다. 깨끗하지 못한 영이 귀신이라는 뜻이지요. 참고적으로 루터 번역을 찾아보았습니다. 루터는 34절의 많은 귀신을 'viele böse Geister'라고 번역했고, 23절의 더러운 귀신을 'ein unsauberen Geist'이라고 번역했습니다. 우리말로 번역하면 각각 많은 나쁜 영들, 한 더러운 영입니다. 헬라어 성서는 다이몬과 프뉴마를 번갈아가면서 사용한 반면, 루터 성서는 가이스트만을 사용했습니다. 이는 독일어 가이스트가 그만큼 포괄적인 의미를 담고 있다는 뜻이기도 하고, 반대로 그만큼 단조롭다는 뜻일 수 있습니다.

귀신을 악한 정신으로 보는 것도 괜찮을 것 같습니다. 여기서 정신은 단순히 인간의 감정이 나타나는 차원이 아니라 최고의 영적인 능력이라고 보아야 합니다. 헤겔에게서 하나님은 곧 절대정신이거든요. 이에 반해서 인간은 상대적인 정신이겠지요. 양쪽 모두 정신이라는 사실은 일단 인간이 하나님의 형상으로 지음 받은 존재라는 성서의 가르침과 크게 다르지는 않은 것 같습니다.

저는 예수님을 바르게 믿는 사람이 바른 정신을 갖게 된다는 사실을 믿습니다. 여기서 바른 정신은 순수이성, 또는 실천이성이라기보다는 궁극적인 생명의 리얼리티를 예수 그리스도에게서 인식하고 신뢰하는 우리의 영적인 활동을 가리킵니다. 그렇다면 귀신은 공간을 차지하고 있는 실체라고 할 수는 없지요. 귀신이 실체와 비슷한 현상으로 나타날 수는 있지만 그런 좁은 의미로만 보는 건 바른 이해가 아닙니다. 훨씬 심층적인 의미에서 귀신은 더러운 정신입니다. 그 정신이 너무 강력하기 때문에 우리의 본질을 파괴하기도 합니다. 예수님을 바르게 알고 믿는 사람 앞에서 그런 세력은 무력해집니다.

예수, 전도하시다

1:35-39

³⁵ 새벽 아직도 밝기 전에 예수께서 일어나 나가 한적한 곳으로 가사 거기서 기도하시더니 ³⁶ 시몬과 및 그와 함께 있는 자들이 예수의 뒤를 따라가 ³⁷ 만나서 이르되 모든 사람이 주를 찾나이다 ³⁸ 이르시되 우리가 다른 가까운 마을들로 가자 거기서도 전도하리니 내가 이를 위하여 왔노라 하시고 ³⁹ 이에 온 갈릴리에 다니시며 그들의 여러 회당에서 전도하시고 또 귀신들을 내쫓으시더라

오늘 본문은 예수님이 새벽에 일어나 한적한 곳으로 가시어 기도하셨다고 합니다. 우리는 예수님이 매일 새벽에 일어나셨는지, 정기적으로 기도하셨는지 정확하게 알지는 못합니다. 예수님이 당시 율법주의자들이나 금욕주의자들처럼 종교적 경건에 모범을 보인 분은 아니지만 영적인 분이셨기에 경건 훈련을 실천했을 거라고 생각하지 않을 수 없습니다. 그 흔적의 하나가 바로 위 본문이 말하듯이 새벽에 일어나 한적한 곳에서 기도하셨다는 사실입니다.

새벽은 하루가 시작되기 바로 직전의 시간입니다. 육체적 에너지와 정신적 에너지가 밤새 축적된 시간이 바로 새벽입니다. 새벽에 그 에너지를 가동시키면 하루의 활력이 넘칠 것이며, 그런 여유가 없다거나 갑작스럽게 에너지를 올리면 어딘가 부자연스러워지겠지요. 이런 점에서 굳이 새벽기도라는 형식을 갖추지는 않는다고 하더라도 새벽 시간을 활용하는 것은 일상을 풍요롭게 하는 좋은 습관입니다.

우리나라 기독교는 새벽기도로 유명합니다. 우리처럼 새벽기도회를 철저하게 운용하는 교회는 이 지구상 어느 나라에도 없을 겁니다. 일반적인 새벽기도회는 물론이고, 신년맞이 새벽기도회와 100일 작정 새벽기도회 등, 소위 '특새'는 한국 교회의 브랜드가 되었습니다. 정기적으로 새벽부터 말씀을 듣고 기도를 드린다는 건 바람직한 경건훈련입니다. 기독교의 수도원 전통이나 불교의 예불전통도 새벽부터 시작

됩니다. 절에서는 새벽에 북을 치면서 숲속의 생명체에게 하루가 시작되었다는 사실을 알린다고 합니다. 그 북소리와 함께 그들은 예불을 드립니다.

분문의 새벽은 단지 시계가 가리키는 시간만을 의미하지는 않습니다. 새벽은 단독자로 자리매김하는 시간입니다. 도서관, 전철 안, 시장, 부엌, 공장 등 어디서나 단독자로 절대자와 대면할 수 있는 시간이 곧 새벽입니다. 새벽기도회에 참석하면서도 혼자서 하나님과 대면하지는 못한다면 새벽기도회마저 이벤트처럼 진행되는 탓일 겁니다. 우리에게 영적으로 새벽은 언제입니까? 완벽하게 단절된 시간과 공간은 죽어야 가능하겠지만, 살아 있는 동안에도 만들어 나가야 합니다. 이건 실제로 죽는 연습이겠지요. 무덤 속에서 우리는 혼자 종말을 기다려야 합니다. 바울의 표현처럼 예수님의 재림이 있을 때까지 혼자서 잠자는 절대고독을 미리 연습해야 합니다. 그런 경건의 훈련이 충분하게 주어지면 우리에게 고독은 자유로 다가오겠지요. 새벽은 절대고독을 통해서 우리의 내면으로 찾아드는 절대자유의 시간입니다.

예수님이 새벽 한적한 곳에서 기도하셨다는 오늘 본문의 보도는 예수님에 관한 설명 중에서도 매우 특이한 경우입니다. 물론 예수님이 기도에 대한 비유도 말씀하셨고, 실제로 주기도를 가르쳐 주시기도 했으며, 변화산 아래서 간질병 아이를 고치실 때도 기도 외에는 이런 종류의 능력이 나갈 수 없다고 말씀하셨지만 당신 자신이 기도를 드리셨다는 이야기는 별로 없습니다. 공생애 시작 전에 있었던 40일간의 광야생활은 기도보다는 사탄의 시험이 중점적으로 언급된 이야기입니다. 광야 시험 전승에도 예수님이 기도하셨다는 기록이 없습니다. 복음서에 예수님의 기도 이야기가 많이 나오지 않는 이유는 무엇일까요? 실제로 예수님의 일상에 기도가 많지 않았을까요? 아니면 복음서 기자들의 판단이 그런 걸까요? 복음서 기자들이 예수님의 기도 사건을 간과하거나 소극적으로 다루는 이유는 예수님의 정체성에 대한 초기 기독교 공동체의 인식에 놓여 있습니다. 즉 이건 기독론과 연결됩니다. 초기 그리스도교는 예수님을 메시아, 그리스도, 하나님의 외아들, 다윗의 후손, 퀴리오스, 재림주로 인식했습니다.

예수님이 참 하나님으로 받아들여진 이후에 예수님은 기도를 받으실지언정 기도를 드리는 분으로 묘사될 수는 없었습니다. 하나님이신 분이 어떻게 하나님에게 기도를 드릴 수 있습니까? 복음서가 문자로 기록되고 전승되는 과정에서 기독론의 발전과 더불어 예수님의 기도 행위가 과감하게 생략되었기 때문에 오늘 우리의 손에 들어와 있는 복음서에서 기도하는 예수님을 발견하기 힘든 것은 당연합니다.

예수님이 기도하셨다는 오늘 본문을 너무 쉽게 생각하면 좀 곤란합니다. 예수님의 기도는 우리의 기도와 차원이 다릅니다. 원칙적으로만 말한다면 예수님은 하나님과 하나이셨기 때문에 기도가 필요 없었습니다. 그러나 실제적으로 예수님은 하나님을 대상으로 인식했기 때문에 기도를 드리셨습니다. 초기 기독교인들에게 이게 풀기 힘든 문제였겠지요. 이런 이유 때문에 복음서 기자들은 예수님의 기도 이야기를 약간 모호하게, 복선적으로 처리할 수밖에 없었습니다.

'시몬과 및 그와 함께 있는 자들'에서 그와 함께 있는 자들은 누구일까요? 앞에서 제자로 부름 받은 네 명 중에서 시몬을 제외한 세 명을 일컫는 것일까요? 그렇다면 그들은 안드레, 야고보, 요한이겠지요. 그들이 제자들뿐이라고 했다면 마가가 그들의 이름을 거명했을 겁니다. 이 구절에 나오는 그와 함께 있는 자들은 이들 세 명의 제자들만이 아니라 예수님 일행과 합류한 그 이외의 사람들일 가능성도 높습니다. 그들은 한적한 곳에서 기도하고 계신 예수님의 뒤를 따라갔다고 했습니다. 그들은 예수님이 기도하시던 한적한 곳을 이미 알고 있었다는 걸까요? 아니면 예수님이 그들에게 행선지를 알려주고 가셨던 걸까요? 또는 모든 제자들이 흩어져서 예수님을 소리쳐 부르면서 찾아 나선 것일까요? 예수님이 기도하시던 장소를 제자들이 잘 알고 있었을 가능성이 높습니다. 가버나움이라는 어촌에서 기도할 만한 한적한 곳은 그렇게 많지 않았을 테니까 말입니다.

루터는 시몬 일행이 급하게 따라갔다고 번역했습니다. 그들의 마음이 아무래도 쫓기고 있었을지 모릅니다. 자신들이 섬기던 스승이 사람들의 주목을 받게 되면 제자들의 위치도 자연스럽게 올라가기 마련이니까 아무래도 마음이 쫓기기 마련입니다. 적당한 예가 될지 모르지만 급성장하는 교회의 신자들은 바쁩니다. 바쁜 정도가 아니라 쫓긴다고 말해야 옳겠지요. 새벽에 기도하러 한적한 곳에 나가신 예수님을 제자들이 급하게 따라가 불러내듯이 오늘 우리도 그렇게 살아가고 있는지 모릅니다. 제자의 길은 곧 그리스도를 뒤따름이라는 본회퍼의 말은 옳습니다. 신앙과 삶이 분리되는 것이 아니라 구체적인 삶에서 예수님을 따라야 한다는 말씀입니다. 이렇게 따르려면 매 순간 결단을 해야 합니다. 뒤따름은 자동적으로 일어나는 게 아니라 인격적인 결단에서만 일어나기 때문입니다.

예수님의 기도 장소까지 따라간 시몬과 동료들은 예수님에게 이렇게 말씀을 드렸습니다. "모든 사람이 주를 찾나이다." 사람들이 예수님을 찾는 이유는 앞서 예수님이 많은 병자들을 고치시고 귀신들린 사람을 고치셨기 때문입니다. 훼손되었던 민중들의 삶이 예수님을 통해서 정상적으로 돌아온 것입니다. 이것은 모두 메시아성의 징표들입니다. 그런 사건들은 인생에서 모두 잠정적이라는 사실을 놓쳐서는 안 됩니다. 예수님을 통해서 병이 낫는다거나 귀신들림에서 놓임을 받은 사람이라고 하더라도 여전히 삶의 근본적인 한계에서 벗어나지 못합니다. 그들은 다시 아플 수 있고, 사람들에게 배신당할 수 있고, 각종 사고에 노출될 수밖에 없습니다. 일상의 치유에 속하는 것들은 이 현실의 삶에서 꾸준히 붙들고 나가야 할 중요한 문제이기는 하지만 어느 순간에는 완전히 놓아버려야 할 일들입니다. 물론 교회가 단순히 관념적인 신앙에만 머물러 있어도 된다거나, 더구나 교회 확장에만 치우쳐도

된다는 말은 아닙니다. 이 세상과 교회를 이원론적으로 구분한다거나 차안과 피안을 이원론적으로 분리하는 건 건강한 기독교 신앙이 아닙니다. 여기에 긴장이 있습니다. 도대체 무엇이 절대적인 것이며, 무엇이 그것에 종속되는 것인지, 그것을 왜 구분해야 하는지, 그것이 실제로는 일치하고 있는 게 아닌지는 한두 마디로 해결될 수 없습니다. 시간이 필요합니다.

오늘 교회는 무엇 때문에 예수님을 찾아야 하는지 바르게 가르쳐 줄 책임이 있습니다. 교회를 찾는 사람들이 많다고 해서 흥분할 필요가 없으며, 그런 사람들이 줄어든다고 해서 실망할 일도 아닙니다. 그런 것과 상관없이 예수님의 구원은 종말론적으로 이 땅에 행사될 것입니다. 그 사실을 한눈팔지 말고 세상에 변증하고 선포해야 합니다.

사람들이 당신을 찾는다는 제자들의 말을 들은 예수님은 이렇게 대답하셨습니다. "우리가 다른 가까운 마을들로 가자." 예수님의 이런 말씀은 이상합니다. 사람들이 찾는다고 한다면 그들을 만나러 가는 게 당연한데 동문서답의 반응을 보이셨습니다. 사람들이 크게 실망했을 것 같습니다. 물론 전도 사역이 시급하기 때문에 어쩔 수 없었던 게 아닌가 생각할 수는 있습니다. 하나님 나라를 선포하는 일에 하루가 급한데 자기를 찾는 모든 사람들을 일일이 만날 수는 없는 것이라고 말입니다. 그러나 제가 보기에 예수님은 하나님 나라, 또는 하나님의 일에만 전폭적인 관심을 기울였지, 사람에게 보이려고 하지 않았다는 게 오늘의 상황에 대한 비교적 적절한 해명인 것 같습니다. 예수님은 자신의 모든 것을 버리기까지 사람들을 사랑하신 분이지만 궁극적으로는 하나님 나라에 절대적으로 순종하신 분이십니다. 인간 사랑과 하나님 사랑은 일치할 수도 있지만 구분해야만 합니다. 구분해야만 하는 이유는 사람, 혹은 사람의 일이 하나님 나라의 일을 막을 수 있기 때문입니다. 그래서 예수님은 원수가 집안 식구라고도 말씀하셨고, 죽은 자들로 죽은 자를 장사하게 하고 너는 나를 따르라고(마 8:22) 말씀하셨습니다.

우리는 사람 때문에 쉽게 기뻐하고 분노합니다. 지구라는 별에서 살아가는 사람들끼리 사랑의 끈을 단단히 엮고 살아가는 건 아름다운 일이며, 숙명이기도 합니다. 그래서 교회 생활도 이런 인간관계로 맺어질 때가 많습니다. 평생 한 교회에 다니면서 신자들 사이에 쌓인 정은 그 무엇으로도 대체될 수 없는 신앙적 구성요소입니다. 역사가 오래된 교회일수록 장로, 권사, 안수 집사 등의 위계질서가 공고하고, 그 사이에 아주 복잡한 인간관계가 형성됩니다. 이런 교회는 큰 시험이 와도 넉넉하게 헤쳐 나갈 수 있습니다. 그러나 다른 한편으로 교회 공동체가 인간관계 중심으로 묶인다는 건 교회의 본질이라는 점에서 큰 위기이기도 합니다. 끼리끼리 집단이 형성되고, 비합리적인 행태가 묵인될 수 있으며, 더 나아가 교회 이기주의에 빠질 수도 있습니다. 원로 목사님들이 후임 목사에게 큰 짐으로 작용한다는 사실이 바로 이에 대한 반증입니다. 원로 목사는 기존의 신자들과 인간적인 밀착관계를 유지하기 때문에 후임 목사는 그것을 뚫고 들어가기가 쉽지 않습니다.

예수님은 당신을 찾는다는 다급한 요청을 외면하시고, 다른 마을로 가자고 하셨습니다. 자기를 찾는 사람보다는 하나님 나라의 일이 더 중요하다는 말씀입니다. 물론 여기서 어느 쪽이 더 중요한가는 별로 핵심적인 게 아닙니다. 그렇게 경중을 따질 수도 없습니다. 어쨌든지 여기서 예수님은 자기를 찾는 목소리를 뒤로 하시고 하나님 나라의 일을 해야 할 또 다른 마을로 가셨다는 것만은 분명합니다. 온전히 하나님에게 사로잡힌 사람은 어떤 이들이 찾고 붙들어도 떠납니다. 자기를 잡는 사람들과 상종하기 싫어서가 아니라 절대적인 소리를 듣기 때문입니다. 진정한 목회는 신자들에게 미련을 두지 말고 쉽게 떠날 준비를 갖추는 것이 아닐까요? 의도적으로 떠나야만 할 필요는 없겠지만 소위 목회의 성공을 위해서 한 교회에 무조건 오래 머무는 게 능사는 아닌 것 같습니다. 어느 곳에 가든지 할 일은 있습니다. 이 지구 어디에 있든지 숨을 쉴 수 있듯이, 목사는 어느 곳에 있든지 하나님 나라의 일을 할 수 있습니다. 다른 마을로 갑시다.

　예수님이 당신을 찾는 사람들에게 반응하지 않으셨다는 건 훨씬 근원적인 것에 마음을 두었다는 뜻입니다. 다른 마을로 가자고 말씀하신 다음에 예수님은 그곳에서도 전도할 것이며, 그것이 바로 자신이 세상에 온 목적이라고 말했습니다. 전도한다는 말은 복음을 전한다는 뜻인데, 그 내용은 당연히 하나님 나라입니다. 예수님은 하나님 나라를 전하기 위해서 오셨다는 말이 됩니다. 우리는 흔히 이런 생각을 합니다. 예수님은 십자가를 지시기 위해서 우리에게 오셨다고 말입니다. 이런 생각은 여러 가지 면에서 위험한데, 그중에서 가장 큰 위험성을 한 가지만 지적한다면 이런 생각으로 인해서 예수님의 십자가 사건이 기계론적 역사관에 빠져버린다는 것입니다. 예수님의 운명이 이미 십자가 사건으로 결정된 것이라고 한다면 역사의 역동성은 실종되고 맙니다.

　그렇다면 예수님이 십자가를 지러 오신 게 아니라는 말인가, 하는 질문이 가능합니다. 우리는 여기서 기독교 교리가 어떻게 형성되었는지에 대한 전이해가 필요합니다. 사도, 속사도, 교부들, 3~4세기 위대한 신학자들은 그리스도교 공동체의 역사에서 일어난 사건을 해석한 사람들입니다. 그들의 해석에 의해서 그리스도론과 삼위일체론 같은 기독교 교리가 자리를 잡았습니다. 예수님의 십자가 사건이 일어난 후 상당한 시간이 흐른 다음에 예수님이 십자가를 지기 위해 이 땅에 오셨다는 교리가 나오게 되었다는 말씀입니다. 이렇듯 교리는 역사와 긴밀히 연결되어 있습니다.

　이게 무슨 말일까요? 예수님의 십자가 사건이 이미 결정되어 있었던 것은 아니지만 역사 안에서 일어나고 말았습니다. 이미 일어난 사건이라고 한다면 그것은 동시에 그렇게 예정된 사건이기도 합니다. 어떤 분들에게는 이런 논리가 말장난처럼 들릴지 모르지만 그리스도교 신학은 역사 과정을 거치면서 이런 결론에 도달한 것입니다. 즉 그리스도교는 구체적인 역사를 이성적으로 들여다보면서도 인간의 이성이 해명해 낼 수 없는 그 어두운 영역의 역사까지 아우른다는 뜻입니다. 그 어두운 부분은 곧 신비입니다. 역사의 신비입니다. 그것은 시간의 신비이며, 존재의 신비이기도 합니다.

앞에서 예수님이 십자가를 지기 위해서 오셨다는 명제에 관한 몇 가지 생각들을 정리했습니다. 우리는 '내가 이를 위하여 왔노라'는 말씀에 관심을 기울이려고 합니다. 이 구절은 십자가 사건의 기계적 결정론과 달리 예수님의 역사적 계기를 정확하게 드러낸다는 점에서 중요한 말씀입니다. 본문에 따르면 예수님은 전도하기 위해서 오셨습니다. 이 문구는 성서 본문이 스스로 가리키는 것입니다.

기독교 신앙은 인간의 가능성에 대한 관심에서 벗어나는 것입니다. 자기의 관심을 가능한 대로 축소하고 오직 하나님이 자기 삶을 전체적으로 지배하게 하는 것입니다. 궁극적으로 우리의 믿음마저 무화(無化)하는 그런 상태로 들어가야 하겠지요. 이런 일은 쉽지 않습니다. 그럼에도 성서는 우리로 하여금 철저하게 자기를 부정하라고 요구합니다. 그럴 때만 생명의 영이 그를 충만하게 채울 수 있기 때문입니다. 예수님의 설교는 오직 하나님뿐이었습니다. 예수님의 비유를 보십시오. 온통 하나님 나라에 대한 징표일 뿐입니다. 예수님이 전하신 하나님 나라에서 사람이 아무런 의미가 없다는 말인가, 하고 이상하게 생각할 건 없습니다. 하나님이 크게 드러날 때만 사람이 참된 생명을 얻을 수 있다는 뜻입니다. 하나님이 우리를 지배하면 할수록, 아니 그럴 때만 우리 각자의 생명 에너지는 당연히 영적 동력을 얻을 테니까 말입니다.

'내가 이를 위하여 왔노라'는 예수님의 말씀은 예수님이 자기 자신을 내세우는 게 아니라 하나님 나라의 가까이 오심을 전했다는 의미입니다. 전도, 또는 설교는 바로 이 사실, 하나님 나라가 바로 우리의 삶에 직면해 있다는 사실을 전하는 것입니다. 직면한 하나님 나라, 또는 그의 통치에 의해서 예수님은 치유와 축귀능력을 행하셨습니다. 예수님의 모든 가르침과 행위는 바로 이 한 가지 사실에 집중하고 있을 뿐입니다. 우리는 지금 하나님 나라가 가까이 다가왔으며, 다가오고 있다는 사실을 어떻게 경험하고 있나요? 대개의 기독교인들은 구원의 확신이 바로 그것이라고 생각합니다. 그런 확신을 갖는다는 건 기독교인들에게 매우 중요한 것이지만 확신이 무조건 하나님 경험을 전제하는 건 아닙니다. 사람은 실제로는 그 대상을 전혀 신뢰하지 않으면서도 개인의 심리적인 확신 안으로 숨어 들어가기도 합니다. '믿습니다!'라는 말이 크면 클수록 그에게 진정한 의미에서 믿음은 없는지도 모릅니다.

또 어떤 사람들은 자신의 일상에서 하나님이 함께하신다는 사실을 경험한다고 합니다. 거기에는 일반적인 일들도 있고, 특별한 일들도 있습니다. 사람은 실제로는 별 것 아닌 것을 침소봉대하는 경우가 많다는 사실을 알아야 합니다. 만약 어떤 아이가 숙제를 하지 않고 학교에 갔다가 '주님, 우리 선생님이 숙제 검사 하지 않게 해주세요' 라고 기도했는데, 그대로 되었다고 합시다. 우리에게 일반적으로 나타나는 이런 경험을 그리스도교 영성이라고 말하기는 힘듭니다. 생명의 신비를 경험하는 것이 유일한 길입니다. 유일하다기보다는 그것이 전부라고 말해야겠군요. 하나님 나라가 어떻게 생명의 신비로움으로 가까이 다가오는지를 아는 것이 곧 기독교 영성의 요체입니다. 예수님은 바로 그것을 전하러 오셨으며, 그것을 전하신 예수님에게 생명의 완성인 부활 사건이 발생했습니다.

마가복음 기자는 39절에서 다시 한 번 더 예수님의 활동을 요약했습니다. 예수님이 갈릴리의 여러 회당에서 설교하셨으며, 귀신을 축출하셨다고 말입니다. 설교는 말이고 축귀는 행위입니다. 설교는 하나님 나라를 언어로 해명하는 것이라면 축귀는 사건으로 증명하는 것입니다. 무엇이 더 중요할까요? 이 양자는 비교의 대상이 아닙니다. 언어와 사건은 서로 결합되어 있습니다. 언어는 본질적으로 사건이고, 사건은 언어로 표현되고 전승될 수밖에 없습니다. 이런 점에서 설교와 축귀를 대립적으로 우열을 나누는 것은 무의미합니다.

복음서 기자들이 축귀 보도를 그렇게 자주 전하는 이유는 무엇일까요? 그것은 고대인들의 세계 이해가 그런 방식으로 표현될 수밖에 없었다는 데에 있습니다. 그들의 세계 이해가 유치하다는 뜻은 결코 아닙니다. 다섯 살짜리 아이와 일곱 살짜리 아이가 이 세상을 아는 데는 별 차이가 없듯이 2천 년 전 사람들이나 지금 우리나 차이가 없습니다. 현대 문명은 이런 점에서는 거의 무능력합니다.

성서가 말하는 귀신은 악한 영입니다. 악한 영은 2천 년 전만이 아니라 오늘도 여전히 기승을 부리고 있습니다. 심한 우울증에 걸린 사람이 스스로 치유할 수 없다고 한다면 그는 분명히 악한 영에 사로잡힌 게 분명합니다. 대한민국이 빈익빈부익부 현상을 스스로 치유할 수 없다면 분명히 악한 영에 사로잡힌 것입니다. 지역감정도 악한 영의 작용이 아니라면 설명이 불가능합니다. 사람을 불화하게 만들고 적대감에 빠지게 하며, 물질적인 욕망에서 헤어 나오지 못하게 하는 악한 힘 앞에서 교회는 무엇을 해야 할까요? 메시아이신 예수님 앞에서 그런 힘이 이미 패퇴했다는 사실을 선포하는 일입니다.

나병환자를 고치시다

<u>1:40-45</u>

⁴⁰한 나병환자가 예수께 와서 꿇어 엎드려 간구하여 이르되 원하시면 저를 깨끗하게 하실 수 있나이다 ⁴¹예수께서 불쌍히 여기사 손을 내밀어 그에게 대시며 이르시되 내가 원하노니 깨끗함을 받으라 하시니 ⁴²곧 나병이 그 사람에게서 떠나가고 깨끗하여진지라 ⁴³곧 보내시며 엄히 경고하사 ⁴⁴이르시되 삼가 아무에게 아무 말도 하지 말고 가서 네 몸을 제사장에게 보이고 네가 깨끗하게 되었으니 모세가 명한 것을 드려 그들에게 입증하라 하셨더라 ⁴⁵그러나 그 사람이 나가서 이 일을 많이 전파하여 널리 퍼지게 하니 그러므로 예수께서 다시는 드러나게 동네에 들어가지 못하시고 오직 바깥 한적한 곳에 계셨으나 사방에서 사람들이 그에게로 나아오더라

한 나병환자가 예수께 도움을 청했고, 예수님은 그를 고치시고 유대교의 규례에 따라서 제사장에게 보냈습니다. 이 짧은 이야기에서 복음의 본질이 무엇인지를 배울 수 있습니다. 예수님을 찾아온 이 나병환자가 실제로 나병에 걸린 사람인지는 정확하지 않습니다. 그 당시에 사람들은 실제 나병과 심한 피부질환을 구분할 수 없었기 때문입니다. 쉽게 고칠 수 없는 모든 악성 피부질환은 일괄적으로 나병으로 불렸을 겁니다. 고대 이스라엘에서 나병환자는 사람 취급을 받지 못하는 그런 운명에 떨어진 사람이었습니다. 가족이나 친구와도 헤어져야 하고, 먹고 살 길도 막막했습니다. 나병환자들은 동네와 뚝 떨어진 곳에서 동정심이 많은 사람들이 가져다주는 먹을거리를 얻어먹으며 겨우 목숨을 부지할 수 있었을 뿐입니다.

　　이 사람이 감당해야 할 삶의 무게를 상상할 수 있을까요? 그는 매일 썩어가는 자기의 살덩이를 보고 살아야만 했습니다. 밤하늘은 누구에게나 아름답지만 이 사람에게는 무의미했겠지요. 그가 흘린 눈물은 강을 이루고, 그가 내쉰 한숨은 폭풍을 이룰 정도였겠지요. 천형(天刑)

을 저주하며 살아갈 수밖에 없었습니다. 왜 이렇게 살아야만 했을까요? 이 세상에 닥치는 이유 없는 고난을 보면 하나님은 정의롭지 못하고, 이 세상을 사랑하지도 않는 것 같습니다. 만약에 그분에게 정의와 사랑이 있다면, 더구나 그분이 전능하다면 이런 고난을 내버려둘 리가 없을 테니까 말입니다. 이 세상이 여전히 우리에게 비밀인 것처럼 이유 없는 고난의 문제 역시 그런 비밀 중의 하나입니다.

나병환자는 예수님께 엎드려서 이렇게 간구했습니다. "원하시면 저를 깨끗하게 하실 수 있나이다." 표현이 아주 완곡합니다. 직접적인 표현이든 완곡한 표현이든 여기에는 그가 살아온 삶의 절절한 사연이 모두 담겨 있습니다. 나병환자를 보시고 예수님은 불쌍히 여기셨다고 합니다. 불쌍히 여긴다는 것은 연민을 느낀다는 뜻입니다. 어려운 형편에 처한 사람을 볼 때 연민을 느끼는 건 보편적인 마음입니다. 사람의 마음에서 작용하는 이런 연민은 아담과 하와의 타락 이후에도 여전히 남아 있는 하나님의 형상이 아닐까 생각합니다.

개혁주의 신학은 인간을 전적으로 타락한 존재로 보지만 이런 문제는 아우구스티누스와 펠라기우스 논쟁 이후로 지금까지 계속되는 신학적 주제입니다. 가깝게는 바르트와 브루너의 자연신학 논쟁이 여기에 속합니다. 이런 논쟁은 사실 무의미합니다. 왜냐하면 이런 문제에 접근하는 방식에 따라서 이 두 입장은 완전히 구별되기 때문입니다. 인간이 스스로 구원의 가능성을 열 수 있는가 하는 점에서만 본다면 전적인 타락이 옳겠지만, 인간이 하나님의 구원 계획을 인식할 수 있고 반응할 수 있는가 하는 점에서 본다면 전적인 타락은 옳지 않습니다. 설령 인간이 전적으로 타락했다고 하더라도 여전히 다른 사람의 고통에 대해서 연민을 느낄 줄 아는 존재라는 사실만은 분명합니다. 그러나 현대인들에게 연민은 이중적입니다. 텔레비전 드라마에서 왕따 당하는 여자 주인공을 보고는 펑펑 눈물을 흘리는 바로 그 사람들이 자신들의 동네에 장애인 시설이 들어오는 걸 결사반대합니다.

예수님이 나병환자를 보고 불쌍히 여기셨다는 것은 단순한 연민만을 가리키는 건 아닙니다. 헬라어로 이 단어는 분노를 의미하기도 합니다. 진정한 연민은 분노에서 출발하거나 아니면 최소한 분노를 수반합니다. 분노는 나병환자를 사람 취급하지 않는 그 공동체를 향한 것입니다. 이 나병환자에게는 나병을 안고 살아야 한다는 사실만이 아니라 그것으로 인해서 사람들에게 완전히 소외당했다는 사실이 견디기 힘들었을 겁니다. 사회의 마이너리티를 몰아내는 이런 마음이야말로 실제로 집단적인 나병이 아닐까요? 그런 사회 구조에 안주한 채 분노할 줄 모르는 우리도 역시 정신적으로 나병환자가 아닐까요?

안마사 자격을 시각장애인들에게만 주는 건 헌법에 위배된다고 헌법재판소가 판결한 적이 있습니다. 법관들은 법 전문가들이니까 정확하게 법의 잣대로 판단했겠지요. 그러나 제가 보기에 그들의 결정은 안식일 규정으로 예수님을 비난했던 바리새인들의 율법 해석과 똑같습니다. 법은 사람을 위해서 존재한다는 기초를 외면하고 법 만능주의에 빠졌다는 말입니다. 이런 사회적 이슈에 대해서 분노하는 사람들이 별로 없습니다. 나름으로 사회복지 활동에 참여하고 있는 교회들도 이런 구조적인 문제에 대해서는 입을 다물고 있습니다.

한국 교회는 단순히 사회복지와 봉사 차원을 넘어 기독론의 차원에서 사회 구조적인 불의 앞에서 투쟁해야 합니다. 왜냐하면 하나님의 형상이 파괴되는 사태 앞에서 일으키는 분노는 바로 신앙의 본질에 속하기 때문입니다. 이를 위해서 우리는 이 사회가 어떻게 마성을 드러내는지, 어떻게 나병환자를 소외시키는지 면밀히 뚫어볼 수 있어야겠지요. 연민과 분노는 우리에게 여기에 대처할 수 있는 영적 감수성을 허락할 것입니다.

예수님은 나병환자에게 손을 내밀어 대셨다고 합니다. 손을 대셨다는 건 그와 한마음이 되었다는 징표이겠지요. 열병에 걸린 베드로의 장모를 고치실 때는 손을 잡았습니다. 어떤 때는 진흙을 이겨 시각 장애인의 눈에 바른 적도 있습니다. 일반적으로는 예수님의 치유는 말씀만으로 일어납니다. 손을 대시는 경우에도 말씀은 반드시 따릅니다. 직접 손을 대며 말씀하시는 것과 그저 말씀만 하시는 경우가 어떻게 구분되는지는 잘 모르겠습니다. 아마 특별한 의미가 있다기보다는 그것을 옆에서 경험한 사람의 기억에 따라서 다르게 표현되지 않았을까 생각됩니다. 서로 몸을 접촉한다는 것 자체는 서로의 동질성을 확인한다는 점에서 중요한 요소입니다. 가까운 관계일수록 몸의 접촉이 강하게 일어나겠지요. 어린아이들은 스킨십을 많이 받아야만 정서적으로 안정감을 얻는다고 합니다. 동질성을 회복하는 터치는 우리를 생명의 본질로 이끌어줄 겁니다. 이런 터치는 사람과 사람 사이만이 아니라 더 넓은 영역으로 확대되어야 합니다.

제가 어렸을 때 자연과의 접촉이 많았습니다. 장마가 들 때면 친구들과 어울려 고기 잡으러 냇가로 나갔습니다. 붕어들이 숨어 있을 만한 곳을 두 손으로 더듬거리다가 손에 걸리는 놈을 낚아채야 합니다. 동작이 빨라야 합니다. 물고기가 손바닥을 스치고 지나가는 그 촉감은 경험해 보지 않은 사람들은 잘 모르겠지요. 춥지만 않으면 산이나 들판으로 자주 놀러 다녔습니다. 그중의 하나가 나무 오르기입니다. 적당한 굵기의 나무 꼭대기까지 올라가서 나무를 옆으로 눕히면서 낙하산을 타듯이 내려오는 놀이가 그것입니다. 그때 손바닥에 닿는 나무의 질감은 우리와 나무를 하나로 만들기에 충분했습니다. 자연과 우리 몸의 일치 말입니다.

예수님은 나병환자의 몸에 손을 댔습니다. 우리 몸에도 손을 대십니다. 그게 언제일까요? 세례가 곧 예수님의 터치일 수 있습니다. 물이 머리에 뿌려진다는 건 곧 예수님의 터치입니다. 또한 예수님의 몸을 먹는 성만찬도 역시 우리를 향한 예수님의 터치일지 모릅니다. 우리 그리스도인들과 교회는 이 세상에 바로 이런 예수님의 터치를 대신 행해야 할 존재들은 아닐는지요.

　　나병환자의 몸에 손을 대시며 예수님은 그 사람에게 이렇게 말씀하셨습니다. "내가 원하노니 깨끗함을 받으라!" 누가 이렇게 말할 수 있을까요? 예수님 말고 누가 나병환자에게 이렇게 명할 수 있겠습니까? 예수님의 메시아성이 바로 여기에 놓여 있습니다. 그는 하나님의 통치가 바로 임박했다는 사실에 근거해서 사람들을 가르치고 병을 고치셨습니다. 하나님 나라의 통치와 일치하신 분이 바로 예수님이십니다. 그하나님 나라의 통치는 곧 메시아의 일입니다. 그렇다면 예수님이 메시아라는 말이 되겠지요. 그것을 믿는가, 아닌가는 각자가 판단해야 합니다. 성서 기자들은 그 사실을 우리에게 전해주고 있을 뿐입니다. 예수님은 메시아 시대에 일어날 일을 그대로 행하셨다고 말입니다.

　　메시아이신 예수님은 나병환자가 깨끗해지기를 원하셨습니다. 자기 자신을 위해서 원하신 것은 하나도 없습니다. 제자들을 위해서, 가난한 자들을 위해서, 병든 자들을 위해서 무언가를 원하신 분이십니다. 마지막 십자가에 달리셨을 때도 자기 자신을 위해서 아무것도 행하시지 않고, 무기력하게 죽었습니다. 오직 하나님 나라에 합당한 것만을 원하면서 사셨습니다.

　　우리는 공부도 해야 하고, 가르치기도 해야 하고, 장사도 해야 하고, 공장에서 일도 해야 합니다. 어쩌면 이런 일에 충실하게 사는 게 가장 중요한 일일지 모릅니다. 우리가 모두 나병환자를 고치러 다니거나 오지 선교사로 떠날 수도 없습니다. 예수님께서도 당신의 십자가를 우리에게 지라고 말씀하지 않고, 각자 자신의 십자가를 지라고 말씀하신 걸 보면 우리 기독교인들이 이 세상을 살면서 감당해야 할 몫은 제 각각 다른 것 같습니다. 문제는 우리가 일상에 충실하면서도 어떻게 하나님의 통치를 위해서, 그것에 의지를 갖고 살아갈 수 있는가에 있습니다. 우리가 지나치게 일상에 매몰되면 결국 하나님 나라를 위한 일에 무관심하게 됩니다. 하나님 나라와 일상은 구별되지만, 동시에 하나라는 사실을 정확하게 이해하고 살아가는 게 일단 필요합니다. 하나님 나라는 우리의 일상을 넘어서지만 동시에 우리의 일상에 침입하고 있기 때문입니다. 그렇다면 우리는 일상에 충실하면서도 나병환자에게 '내가 원하노니' 말씀하신 예수님을 조금씩 닮아갈 수 있는 길이 보일지 모릅니다.

'내가 원하노니'라는 말씀에서 다음과 같은 사실도 찾아볼 수 있습니다. 예수님의 이 말씀에는 아무런 이해타산이 들어 있지 않습니다. 예수님은 이런 능력을 행함으로써 자신의 이름을 낼 생각이 아예 없었습니다. 뒤에서 보겠지만 이 일을 아무에게도 말하지 말라고 경고하신 걸 보면 예수님은 하나님의 구원 사건에만 관심을 두었지 자기 자신에게는 관심이 전혀 없었던 것 같습니다. 오늘 예수님을 그리스도로 믿고 따르는 교회가 과연 이런 태도를 견지하는지 모르겠습니다.

'깨끗함을 받으라'라는 예수님의 말씀이 떨어지자 나병이 그 사람에게서 떠나가고 깨끗해졌습니다. 마가복음 기자의 표현이 재미있습니다. 나병이 나았다고 하든지, 그냥 깨끗해졌다고 하면 충분할 텐데도 굳이 나병이 '떠나가고 깨끗해졌다'고, 이중적으로 진술했습니다. 그 사실을 강조한다는 뜻인가요? 아니면 나병이 떠났다는 사실과 몸이 깨끗해졌다는 사실 사이에 무언가 미묘한 차이가 있다는 것일까요? 고대인들은 인간의 병과 장애를 모두 악한 영의 조화로 생각했다는 게 이에 대한 대답입니다. 그들은 악한 영을 실체로 생각했습니다. 악한 영이 우리 몸에 들어오면 몸을 망가뜨리고, 마음에 들어오면 마음을 망가뜨립니다. 그러나 이제 예수님에 의해서 악한 영은 쫓겨났습니다. 나병이 그 사람에게서 떠나갔습니다.

나병이 이 사람에게서 떠나갔다는 진술을 우리가 정확하게 이해할 수 있는 날이 올 겁니다. 아직까지는 이 세상이 우리에게 자신을 완전히 열지 않았지만 그런 날이 올 것으로 희망합니다. 이것은 단지 희망만이 아니라 예수 그리스도를 향한 믿음 안에서 현실입니다. 자기 자신을 학대하고 황폐화하는 그런 영적인 나병이 우리에게서 이미 떠나갔으며, 떠나갈 겁니다. 이는 곧 예수님을 통해서 우리가 이미 영적으로 구원받았다는 뜻입니다. 예수님은 근본적인 치유자이십니다.

헬라어 성경에 따르면 43절은 44절과 독립적인 문장입니다. 우리말 성경으로 읽는다면 43절과 44절이 연결되어 있습니다. 동사만 연결하면 '보내시며, 경고하사, 이르시되'가 됩니다. 그러나 헬라어 성경으로는 이 동사들이 각각의 문장을 구성하고 있습니다. 루터 성경도 역시 43절에서 예수님이 그를 위협하셨으며, 곧바로 내어 쫓으셨다고 번역한 다음에 44절은 다시 '그리고'로 시작합니다. 헬라어 성경과 우리말 성경에 뉘앙스의 차이가 나지만 기본적으로 마가복음 기자가 44절을 강조하기 위해서 43절의 말씀을 언급한 것만은 분명합니다.

예수님이 나병환자에게 엄히 경고하셨다는 사실은 예수님도 사람들을 자기의 뜻대로 설득할 수 없었다는 의미일지 모릅니다. 인간 사이의 관계, 그 관계에서 작용하는 대화와 설득은 예수님도 간단히 해결할 수 없을 정도로 어려운 일인 것 같습니다. 귀신을 말 한 마디로 내어 쫓으시고, 광풍도 그렇게 제압하실 수 있는 예수님께서 나병환자에게 이렇게 엄하게 경고하실 수밖에 없었으니까 말입니다.

인간 사이의 대화와 설득이 힘든 이유는 서로의 세계가 다르기 때문입니다. 서로 다른 말을 사용하는 사람들 사이에 통역이 없으면 대화가 불가능한 것처럼, 비록 같은 언어를 사용한다고 하더라도 세계가 다르면 본질적인 대화는 불가능합니다. 여기 모든 문제를 돈 버는 것과는 연결시키는 사람과 예술의 세계만을 생각하는 사람이 함께 여행을 떠났다고 합시다. 그들은 기차를 타고 가다가 멋있는 숲을 보았습니다. 장사하는 사람은 그 숲을 유원지로 만들어서 돈을 벌어야겠다고 생각하지만, 예술가는 그곳을 공원으로 만들어야겠다고 생각할 겁니다. 이 두 사람 사이에는 대화가 불가능합니다.

앞서 43절에서 예수님이 이 나병환자에게 엄하게 경고하신 이유가 44-45절에 걸쳐서 설명됩니다. 나병치유 사건을 아무에게도 말하지 말라는 말씀을 이 사람이 지키지 않았습니다. 예수님이 이렇게 될 줄 알았는지는 정확하지 않지만 결과적으로 그렇게 되고 말았습니다. 이 나병환자의 마음을 우리가 모른 바는 아닙니다. 자기에게 일어난 놀라운 일을 어떻게 숨길 수 있겠습니까? 그러나 모든 일은 때가 있는 법입니다. 예수님이 보시기에 이런 일들은 아직 드러낼 때가 아니었습니다. 아무에게 아무 말도 하지 말라고 말씀하셨는데, 그는 그 말씀을 지키지 못했습니다.

지금 우리에게 필요한 신앙적인 자세는 아무 말도 하지 않는 것일지 모릅니다. 우리는 자기를 다른 사람들에게 드러내는 데 너무 마음을 많이 쓰고 있는지 모릅니다. 개인적으로도 그렇고, 교회 공동체적으로도 그렇습니다. 기독교인의 실존은 없는 듯 존재하는 것입니다. 믿는 시늉을 너무 티 나게 하지 말자는 것입니다. 세상 사람들이 기독교인과 교회가 있는지 없는지조차 모르게 존재해야 합니다. 아무도 기독교인들을 몰라보지만 이 세상은 은연중에 주님의 말씀으로 변화되어야 하겠지요. 주님은 우리를 향해서 세상의 소금이라고 말씀하셨습니다. 그게 곧 우리의 본질입니다. 소금은 음식 만들 때 반드시 필요한 요소지만 겉으로는 전혀 드러나지 않습니다. 그냥 그렇게 짠맛을 유지하는 것만으로도 소금은 모든 음식을 음식답게 만드는 능력이 있습니다.

한국 교회에는 간증이 차고 넘칩니다. 특별한 집회가 아니라 때로는 삼위일체 하나님에게만 영광을 돌려야 할 주일공동예배에서도 간증이 행해지기도 합니다. 가능한 대로 감추어야 할 신앙 경험을 훨씬 부풀려서 다른 사람들에게 내세우는 간증은 별로 성숙한 신앙인의 자세는 아닙니다. 제가 간증 자체를 부정하는 것은 아닙니다. 천편일률적으로 승리했다는 내용이 대부분이지만 이왕이면 실패한 간증이 더 필요한 게 아닐는지요.

하나님의 은총을 깊이 경험한 사람들은 아무에게도 말하지 않습니다. 그럴 필요가 별로 없습니다. 왜냐하면 이미 내면적으로 만족하고 있기 때문입니다. 그냥 그렇게 존재하는 것으로 충분하기 때문에

'나를 알아주시오' 할 필요가 전혀 없습니다. 아무에게도 아무 말 하지 말라는 예수님의 말씀, 나병환자에게 주신 예수님의 말씀이 우리의 삶에 현실이 되기 위해서는 우리는 지금 밖으로 나가는 말을 줄이고 내면의 말을 늘리는 연습이 필요합니다. 그게 바로 기도이며, 말씀 묵상이며, 내적 성찰이겠지요.

　나병이 치료되었으면 그것으로 예수님이 하실 일은 모두 끝난 것으로 볼 수 있는데, 본문에서는 나병환자가 해결해야 할 절차 문제까지 예수님이 직접 지시하고 있습니다. 드문 경우입니다. 아마 나병 환자에게 병이 나았다는 확신을 갖게 하려는 것이었을지 모릅니다. 사람들은 무언가 확실한 것을 손에 넣어야 믿는 경향이 있으니까요. 당시 관행대로 제사장의 증명만 받아낼 수 있다면 이 사람은 자기가 완전히 치유되었다는 확신을 할 수 있었겠지요. 또 다른 이유는 없을까요? 이 말씀은 예수님이 그 당시의 종교 체제를 인정하셨다는 뜻일 수도 있습니다. 마가복음의 예수행적에 대한 보도를 일단 연대기적으로 어느 정도 정확한 것으로 본다면 지금은 공생애 초기입니다. 초장부터 제사장 계급과 마찰을 빚을 이유는 없습니다. 만약 예수님이 제사장의 허락도 없이 사람들의 난치병을 고치면서 돌아다닌다는 소문이 나기라도 하면 신상에 좋을 게 하나도 없는 거죠.

　예수님이 '아무에게도 아무 말도 하지 말고 가서 네 몸을 제사장에게 보이라'고 말씀하셨지만, 나병환자였던 이 친구는 귓등으로도 듣지 않고 동네방네 떠들어댔습니다. 나병이 다 나았다고, 예수가 나를 고쳤다고 나발을 불었겠지요. 우리는 그 마음을 충분히 이해할 수 있습니다. 그동안 나병 때문에 당한 마음고생, 몸 고생이 얼마나 심했겠습니까? 이제 자신도 떳떳하게 사람처럼 살아갈 수 있게 되었으니 예수님이 아무리 침묵 명령을 내리셨다고 하더라도 그렇게 떠들고 다닐 만합니다.

　그런데 이 본문에서 우리가 이해할 수 없는 건 그런 소문 때문에 예수님이 더 이상 동네에 들어갈 수 없게 되었다는 것입니다. 본문도 그 이유에 대해서 구체적인 언급이 없습니다. 그 이유는 다음과 같이 생각할 수는 있습니다. 예수님의 나병 치유 사건은 많은 사람들에게 충격과 호기심을 유발시켰을 겁니다. 만약에 예수님이 동네에 들어가신다면 엄청난 사람이 몰려들 겁니다. 예수님은 그걸 감당하기가 어렵거나, 또는 귀찮으셨을지 모릅니다. 평소에도 예수님이 많은 사람들과 만나기는 했지만 시시때때로 군중들을 피해서 조용한 곳에서 쉬는 적도 많았거든요.

혹시 이런 이유는 아닐까요? 예수님의 나병 치유는 율법적으로 시빗거리일지 모릅니다. 제사장의 허락을 받아야 할 일을 자기 멋대로 해치워버렸으니까 동네에 들어가면 공연한 분쟁에 휘말릴 수도 있었겠지요. 앞에서 예수님이 제사장과 모세의 법을 거론하셨다는 걸 전제한다면 이것도 하나의 가능성으로 남겨두어야 합니다. 그러나 이런 것들은 추측에 불과합니다. 예수님이 동네에 들어가지 못한 근본적인 이유는 다른 데 있다고 보아야 합니다.

그것은 예수님의 메시아적 징표가 사람들에게 알려질 때가 아직 되지 않았다는 것입니다. 복음서 기자들이 전하고 있는 예수님의 모든 가르침과 행위는 이 한 가지 사실에 집중합니다. 예수님에게 메시아적 징표가 나타났다는 사실 말입니다. 그런데 이 메시아적 징표는 아직은 비밀입니다. 예수님이 메시아라는 사실은 어느 때가 이르기 전까지는 비밀이어야 합니다. 그래서 예수님은 사람들에게 종종 침묵을 요구하셨고, 비유로 말씀하셨습니다.

궁극적인 의미에서 예수님의 메시아성은 지금도 역시 비밀입니다. 우리 그리스도인들은 예수님이 메시아라는 사실을 당연하게 생각하겠지만 다른 사람들에게는 전혀 그렇지 않습니다. 예수님에 대한 객관적인 사실을 인정할 수는 있지만 예수님을 믿지 못하겠다는 사람들이 꽤나 많습니다. 예수님의 메시아성이 비밀이라는 게 대답입니다. 비밀은 그것을 아는 사람들에게는 너무나 쉬운 일이지만 모르는 사람에게는 아무리 노력해도 해결할 수 없는 것입니다. 예수님의 메시아성이 완전히 노출되는 때는 종말입니다. 그가 구름을 타고 재림한다는 신약성서의 설명은 비밀이 환하게 노출되는 때를 가리킵니다. 그때까지 예수님의 메시아성은 비밀로 남아 있을 겁니다. 우리는 그 비밀을 사람들이 알아들을 수 있도록 설명해야 할 책임이 있습니다. 너무 서두르지 않는 게 좋습니다. 왜냐하면 자칫 예수님이 동네 안으로 들어올 수 없는 일이 벌어질지 모르니까요.

예수님이 한적한 곳에 머물자 사람들이 사방에서 그에게 몰려왔다고 합니다. 마가복음 기자는 지금 예수 그리스도와 그의 복음 사건은 아무리 한적한 곳으로 퇴각한다고 하더라도 사람들이 몰려들 수밖에 없다는 사실을 지적하고 있습니다. 빛은 저절로 세상을 밝히는 것처럼 예수님은 사람들에게 드러날 수밖에 없습니다.

본문은 예수님에게 몰려든 이들이 누군지 밝히지 않습니다. 우리가 상식적으로만 본다면 그들은 오로지 나병환자에 얽힌 이야기에 흥미를 가진 사람들입니다. 종교적 호기심이겠지요. 그들도 나병환자와 같은 병을 앓고 있든지, 아니면 그와 비슷한 어려움을 갖고 있었겠지요. 그들은 나병환자를 고친 예수님을 만나서 자신들의 문제도 해결하고 싶다는 욕망으로 이렇게 한적한 곳까지 찾아왔습니다. 이들이 보통 말하는 민중입니다. 그들은 기성 체제에서 소외된 사람들입니다. 만약 이 사람들이 재력가이거나 지식인들이었다고 한다면 이렇게 한적한 곳까지 찾아오지는 않았을 겁니다. 그들은 아무데도 의지할 데 없는 사람들이었기 때문에 물질과 지식과 권력과는 상관없는 방식으로 문제를 해결하는 예수님을 찾아왔습니다.

민중들에게는 두 가지 속성이 있습니다. 하나는 한(恨)이고, 다른 하나는 욕망입니다. 한은 기득권층에 의해서 파괴된 삶의 응어리입니다. 과거에 머슴의 자녀로 태어난다는 건 곧 다시 그런 머슴의 운명을 진다는 뜻입니다. 이들의 삶은 주인에 의해서 파괴되었습니다. 북미의 흑인 노예들도 마찬가지였습니다. 사람이 짐승처럼 팔렸습니다. 그들에게는 한이 응어리로 남아 있습니다. 이런 한은 요즘도 여전합니다. 외국인 노동자들과 동성애자들이 한국에서 겪는 한은 하늘을 찌를 듯합니다. 비정규직 노동자들도 역시 그렇습니다. 어느 순간에 실직할지도 모르며, 동일한 노동력을 제공하면서도 훨씬 적은 연봉을 받을 수밖에 없습니다. 또한 민중들에게는 모든 사람들에게 나타나는 욕망이 똑같이 자리하고 있습니다. 아마 이런 부분은 그들의 한이 풀린다고 해도 여전히 해결될 수 없는 부분일 겁니다. 한은 구조적으로 풀어야겠지만 욕망은 적절하게 제어되어야겠지요. 이런 민중의 모습은 바로 우리 자신일지 모릅니다.

　　민중신학과 해방신학의 신학적 동기는 기본적으로 하나님이 박해받는 계층에 대해서 당파성을 갖고 있다는 사실로부터 시작됩니다. 기존의 신학에서는 하나님의 사랑을 보편적인 것으로 여겼지만 민중신학에서는 그것을 편파적인 것으로 여겼습니다. 철저한 패러다임 쉬프트가 일어난 셈입니다. 하나님이 하층민들과 소외된 사람들을 일방적으로 편든다는 성서적 증언은 많습니다. 구약성서에서 가장 핵심적인 사건이라 할 출애굽은 이집트 사람들의 학정에 눌린 히브리 사람들의 호소가 하늘에 닿았다는 데서 시작됩니다. 출애굽의 하나님은 이렇게 눌린 자의 소리에 응답하시는 여호와이십니다. 같은 연장선에서 이 출애굽 공동체는 유대적 혈통을 가진 단일 민족이 아니라 그 당시 이집트에서 살던 소수 인종 및 미디안 광야에서 떠돌던 부랑자들, 오늘로 말하자면 외국인 노동자들이나 집시 같은 사람들의 다인종 공동체라고 합니다. 산상수훈에 나오는 팔복에서 가리키는 복 있는 사람은 가난하고 배고프고 우는 사람들입니다. 이 세상이 말하는 복 있는 사람은 재산이 많고 배부르고 웃는 사람입니다. 예수님도 공생애에서 실제로 사회적으로 힘이 없는 사람들과 함께 지낸 일이 많습니다.

　　하나님이 민중을 향해서 편파적이라는 사실을 성서와 기독교 가르침에서 찾아볼 수 있긴 하지만 이것을 기독교 신학의 근본으로 삼기는 어려움이 많습니다. 여기에는 여러 가지 이유가 있습니다. 우선 하나님의 구원이 단지 사회 구조적인 차원에 한정되지 않는다는 게 그 이유입니다. 구원은 민중이나 그렇지 않은 모든 사람들에게 필요합니다. 생명은 신분과 상관없이 모든 사람에게 요청됩니다. 따라서 우리는 하나님의 당파성을 일방적으로 강조하기보다는 오히려 구원의 현실성을 찾아가야 할지 모릅니다. 역사와 더불어 드러나야 할, 그러나 결국 종말에 가서야 완전히 드러나게 될 그 구원의 현실성(reality) 말입니다.

2장

예수, 사죄를 선포하시다

2:1-12

¹ 수 일 후에 예수께서 다시 가버나움에 들어가시니 집에 계시 다는 소문이 들린지라 ² 많은 사람이 모여서 문 앞까지도 들어 설 자리가 없게 되었는데 예수께서 그들에게 도를 말씀하시더 니 ³ 사람들이 한 중풍병자를 네 사람에게 메워 가지고 예수께 로 올새 ⁴ 무리들 때문에 예수께 데려갈 수 없으므로 그 계신 곳의 지붕을 뜯어 구멍을 내고 중풍병자가 누운 상을 달아내 리니 ⁵ 예수께서 그들의 믿음을 보시고 중풍병자에게 이르시되 작은 자야 네 죄 사함을 받았느니라 하시니 ⁶ 어떤 서기관들이 거기 앉아서 마음에 생각하기를 ⁷ 이 사람이 어찌 이렇게 말하 는가 신성모독이로다 오직 하나님 한 분 외에는 누가 능히 죄 를 사하겠느냐 ⁸ 그들이 속으로 이렇게 생각하는 줄을 예수께서 곧 중심에 아시고 이르시되 어찌하여 이것을 마음에 생각하느 냐 ⁹ 중풍병자에게 네 죄 사함을 받았느니라 하는 말과 일어나 네 상을 가지고 걸어가라 하는 말 중에서 어느 것이 쉽겠느냐 ¹⁰ 그러나 인자가 땅에서 죄를 사하는 권세가 있는 줄을 너희로 알게 하려 하노라 하시고 중풍병자에게 말씀하시되 ¹¹ 내가 네 게 이르노니 일어나 네 상을 가지고 집으로 가라 하시니 ¹² 그가 일어나 곧 상을 가지고 모든 사람 앞에서 나가거늘 그들이 다 놀라 하나님께 영광을 돌리며 이르되 우리가 이런 일을 도무지 보지 못하였다 하더라

나병환자 치유사건 이후로 외딴 곳에 머물러 계시던 예수님은 다시 가 버나움으로 들어오셨습니다. 가버나움은 갈릴리 호숫가에 자리 잡은 어촌 중에서 가장 번성한 마을이었습니다. 예수님의 공생애와 그의 사 역에서 가장 깊이 연관된 마을로 손꼽아도 크게 틀리지 않습니다. 복 음서에서 그렇게 중요했던 가버나움이 지금은 지도에서 사라졌습니다.

몰려들던 사람들이 모두 물러간 것인지, 아니면 제사장들을 중심

으로 한 종교 지도자들이 시비를 걸지 않는다는 확신이 섰는지, 또는 예수님의 고유한 영적인 시각으로 어떤 때를 감지하신 것인지 잘 모르겠지만, 예수님이 사람들의 마을로 들어가는 데 큰 어려움이 없게 된 것만은 분명합니다. 그렇습니다. 복음서 기자들이 일관되게 진술하고 있듯이 예수님은 사람들을 피하기는 했지만 다시 사람들 곁으로 돌아오셨습니다. 예수님이 있어야 할 자리는 자신의 영성을 정화하는 광야, 사막 같은 은둔처가 아니라 민중들이 시끌벅적하게 살아가고 있는 저 자거리였습니다.

곱든지 밉든지 사람들이 살아가는 현실적인 삶은 하나님의 구원 활동에서 그 무엇으로 대치할 수 없는 결정적인 요소입니다. 사기꾼, 아무것도 없으면서 잘난 척하는 사람들, 사기꾼과 조폭들, 알코올과 마약 중독자, 우울증 환자, 그런 사람들이 함께 꾸려가고 있는 그런 세상이 바로 복음이 자리해야 할 가장 중요한 현실입니다.

예수님이 한적한 곳에서 다시 가버나움으로 들어오셨다는 사실에서 우리는 기독교인의 두 가지 신앙적 실존을 발견할 수 있습니다. 하나는 광야이고 다른 하나는 마을입니다. 광야는 수직적인 경험이고 마을은 수평적인 경험입니다. 기독교 신앙의 수직적인 차원은 주변의 사람들이 완전히 배제된 단독자 경험이라 할 수 있습니다. 오직 홀로 생명사건과 조우하는 것입니다. 절대고독입니다. 하나님을 경험한 성서의 인물들은 모두 이런 과정을 거쳤습니다. 기독교 신앙의 수평적인 차원은 자신과 이웃의 일치 경험입니다. 복음서는 하나님 나라의 가장 전형적인 표상을 밥상 공동체로 그립니다. 더불어 먹고 마시는 경험은 바로 일치입니다. 마틴 부버가 말하는 '나와 너'의 관계, 또는 분별심을 버리라는 불교의 가르침도 이와 비슷하겠지요. 제가 보기에 수직적인 차원과 수평적인 차원은 근본적으로 신비입니다. 자기 집중으로부터 벗어나지 않는 한 우리는 수직도, 수평도 인식할 수 없고, 경험할 수도 없습니다. 한적한 곳에서 가버나움으로 들어가신 예수님은 이 모든 것의 중심입니다.

예수님이 다시 가버나움으로 들어가셨다는 표현은 예수님의 가버나움 출입이 비교적 잦았다는 사실을 암시하는 것 같습니다. 예수님께서 머문 집이 시몬과 안드레의 집(막 1:29)이었는지는 정확하지 않습니다. 복음서에는 그런 익명의 사람들이 제법 나옵니다. 예수님이 예루살렘에 입성하실 때 나귀를 제공한 주인도 그중의 한 사람입니다. 복음서 기자들은 예수님이 그리스도라는 사실에 대한 신앙고백을 진술하는 중이기에 모든 사람들에 대한 정보를 밝힐 필요가 없었던 것이지요. 어쨌든지 예수님은 유대 지역에서는 베다니의 나사로, 마리아, 마르다 남매 집에 머무셨듯이, 갈릴리 지역에서는 가버나움의 어떤 사람의 집에 머무셨습니다.

예수님이 집에 계시다는 마가복음 기자의 표현이 아무런 의미가 없는 것 같지만 약간만 생각을 돌리면 중요한 신학적 의미를 발견할 수 있습니다. 그 표현은 곧 그가 우리와 똑같은 방식으로 이 세상을 거처로 삼았다는 뜻입니다. 예수님은 공중을 날아다니거나 축지법을 사용하는 등 신출귀몰하는 분이 아니라 시간과 공간 안에서 우리처럼 거처할 곳이 필요한 분이었습니다. 이것은 곧 예수의 인성에 대한 확인입니다.

예수님은 우리와 마찬가지로 집에서 살아야 했을 뿐만 아니라, 먹고 마셔야 했으며, 배설해야만 했습니다. 화장실에 앉아 계신 예수님을 생각한다는 게 불경스러운 일처럼 보일지 모르지만 그런 정도까지 예수님의 인간성을 철저하게 생각하지 않으면 우리는 예수님을 오해하게 됩니다. 교부들은 예수님의 본질을 "참된 하나님, 참된 인간"이라고 인식했습니다. 반은 하나님이고 반은 인간이라는 뜻이 아니라 각각의 본질이 온전하다는 뜻입니다. 예수님은 우리와 다를 게 하나도 없이 똑같은 인성으로 세상을 사셨습니다. 만에 하나라도 예수님이 하나님이라는 사실을 강조하느라 인성을 약화하는 건 잘못입니다.

초기 기독교 역사에서 예수님의 인성을 부정하고 신성에 치우친 영지주의자들이 있었습니다. 그들로부터 가현설(docetism)이 출현합니다. 예수님의 신성을 강조하다 보니 어쩔 수 없이 이런 논리에 빠지게 된 것입니다. 이들은 교부들에 의해서 이단으로 정죄되었습니다. 물론 이와 정반대의 이단도 출몰했습니다. 에비온주의입니다. 그들은 예수님의 인간성만을 강조하다가 결국은 신성을 몽땅 포기하게 되었습니다. 그리스도교 신앙의 중심인 기독론의 질문, 즉 '예수 그리스도는 누구인가?' 하는 질문에서 인성과 신성의 문제는 고대 교회 시대에 이미 종료된 것이 아니라 현재도 여전히 계속됩니다. 한국 교회는 인간 예수를 거의 무시하고 있다는 점에서 영지주의적 요소가 강하다고 볼 수 있습니다.

이 대목에서 다음과 같은 반론이 가능하겠군요. 공생애 중의 예수님은 비록 인간성을 그대로 갖고 계셨지만 부활 이후에는 완전히 다른 존재가 되셨으니까 더 이상 인간성에 대한 논란은 무의미하다고 말입니다. 옳은 지적입니다. 예수님은 이제 변화된 몸이 되었습니다. 종말에 우리에게 생명의 리얼리티로 나타나게 될 부활의 실체가 되었습니다. 우리가 부활의 몸으로 변화된 예수님을 믿고 있지만 그렇다고 해서 그의 공생애에 있었던 인간의 삶이 부정되는 것은 아니며, 부정될 수도 없습니다. 왜냐하면 공생애와 부활 사이에는 질적인 변화가 일어났지만, 동시에 연속성도 남아 있기 때문입니다. 우리와 똑같은 방식으로 살았던 공생애 없이는 부활의 주님도 말할 수는 없다는 뜻입니다. 이런 점에서 지금 우리의 구체적인 삶은 매우 중요합니다. 우리의 먹고 마시는 삶에 예수님의 부활이 신비한 방식으로 함께하십니다. 종말에 드러날 절대적인 생명이 은폐의 방식으로 현재하십니다. 그런 신앙적 깊이를 이해하고, 그렇게 살아가려는 삶의 태도가 곧 기독교의 영성입니다.

예수님의 소문을 듣고 많은 사람들이 찾아왔습니다. 마가는 문밖 마당에도 입추의 여지가 없었다고 묘사합니다. 1장 32-34절에도 많은 사람이 모였다는 기록이 있는데, 이번에는 두 번째 방문인 탓인지 더 많은 사람들이 모였습니다. 예수님 주변에 사람들이 많이 모였다는 표현은 마가복음의 특징인데, 예수님에게 무언가 기대하고 있는 사람들이, 그리고 예수님에게 호기심을 느끼고 있던 사람들이 당시에 많았다는 의미겠지요. 이 사람들의 호기심은 예수님을 통해서 일어난 병 치유와 축귀 사건이었습니다. 오늘 우리가 그런 신앙을 절대화할 필요도 없지만 냉소적으로 바라볼 필요도 없습니다. 여기서 중요한 건 그들이 그런 방식으로 메시아적 기대를 충족할 수 있었다는 사실입니다.

오늘 한국 교회에서도 민중들은 그런 기대와 호기심이 큽니다. 어쩌면 그것이 그들의 신앙을 견인하는 실제적인 동력이라고도 말할 수 있습니다. 오늘 민중들에게서 나타나는 종교적 관심과 복음서에 나타난 많은 사람들의 관심이 다를 게 없다면 오늘의 민중들에게서 나타나는 종교 현상을 탓할 수 없는 게 아닐까요? 그들이 아무리 기복적이라고 하더라도, 그들이 아무리 이기적이라고 하더라도 말입니다.

이런 대목에서 성서 읽기의 어려움을 만나게 됩니다. 성서는 분명히 민중들에게 나타나는 호기심과 열망을 그대로 표현하고 있긴 하지만 그것이 중심 주제가 아닙니다. 중심은 예수 그리스도입니다. 성서기자들은 많은 사람들이 예수님에게 큰 관심을 보였다는 사실만 강조하고 있을 뿐이지 그 사람들의 호기심을 높게 평가하지 않습니다. 자신들의 욕망이 성취되지 않을 경우에 그런 호기심은 순식간에 실망으로 바뀝니다. 그 결과가 예수님의 십자가 처형이겠지요.

2절에서 마가복음 기자는 예수님이 도(道)를 말씀하셨다고 전합니다. 신약학자들은 이 진술을 마가의 편집이라고 설명합니다. 원래의 중풍병자 치유 전승에 없던 구절을 신학적 필요에 따라서 여기에 삽입했다는 것입니다. 편집이라는 말이 오해될 수도 있겠군요. 거룩한 하나님의 말씀을 흡사 잡지와 신문처럼 편집 운운한다는 게 말이 안 된다고 말입니다. 여기는 성서 역사비평을 본격적으로 거론할 자리는 아니군요. 다만 진리의 영이신 성령은 사람을 꼭두각시로 여기는 게 아니라 파트

너로 여긴다는 사실만 지적하면 충분합니다. 성서 기자들은 성령의 감동으로 자신 앞에 놓여 있는 전승을 새로운 차원에서 해석하고, 자신이 속해 있는 공동체에 필요한 말씀으로 편집했습니다.

우리말 성경에 도(道)로 번역된 헬라어는 원래 요한복음 14장 6절에서 길이라는 뜻의 헬라어 '호도스'가 아니라 요한복음 1장 1절에 말씀으로 번역된 '로고스'입니다. 루터는 이 단어를 '말씀'으로 번역했습니다. 우리말 성경이 오역한 것 같습니다. 로고스는 아주 다양한 의미가 있는 헬라어입니다. 말, 가치, 이성, 근거라는 의미도 있습니다. '태초에 로고스가 있었다'(요 1:1)라는 문장은 기독교 인식론과 존재론에서 언어가 얼마나 중요한가 하는 점을 가리켜줍니다. 하나님이 말씀으로 세계를 창조했다는 창세기의 진술을 이 요한복음과 연결한다면 하나님이 곧 말씀(로고스)라고 해도 과언이 아닙니다. 이미 요한복음은 예수님을 로고스로 해석하고 있습니다.

말씀을 통한 세계 창조는 기본적으로 언어존재론에 근거합니다. 로고스가 모든 사물을 가능하게 하는 토대입니다. 아리스토텔레스의 질료와 형상 개념을 빌려서 설명한다면 언어는 형상입니다. 오늘 우리는 복음서를 통해서 예수님의 말씀을 듣습니다. 그것이 인간 생명을 구원하는 창조적인 말씀으로 들리기 위해서 우선 바르게 해석하는 일이 필요하겠지요.

중풍병자 치유 이야기는 마가복음 2장 3절부터 본격적으로 시작됩니다. 들것에 실려 온 이 사람의 이름은 없습니다. 이름은 그 사람의 정체성을 나타내는 가장 중요한 사건이기 때문에 이름이 밖으로 드러나지 않는다는 건 비극입니다. 어쨌든지 이름 없이 병명으로만 불리는 본문의 중풍병자는 예수님에게 올 때도 역시 다른 사람의 도움을 빌릴 수밖에 없었습니다. 이 치유 사건에 관한 본문 전체를 읽어가다 보면 이상한 걸 발견할 수 있습니다. 이 중풍병자는 아무 말도 하지 않습니다. 병을 고쳐 달라거나, 감사하다거나 하는 말을 하지 않습니다. 예수님이 그를 향해 '네 죄 사함을 받았다'는 말을 듣고도 그는 아무런 대꾸가 없었습니다. 그런 분위기라면 뭔가 한마디라도 했을 법한데, 아무 말이 없습니다. 성서기자의 관심은 그에게서 무슨 일이 일어났으며, 그것의 결과가 무엇인가 하는 것뿐이기 때문이겠지요.

성서의 직접적인 관심은 아니라고 하더라도 우리는 중풍병자의 입장에서 본문을 다시 읽어볼 필요가 있습니다. 일종의 성서 뒤집어 읽기입니다. 이 중풍병자의 실존은 시대를 뛰어넘어 오늘 우리에게도 그대로 적용됩니다. 생존 능력이 전혀 없는 사람들, 역사에 아무런 흔적도 남기지 않고 사라진 사람들, 그 삶이 철저하게 파괴된 사람들이 어디나 어느 때나 많습니다. 선천적으로 장애를 갖고 태어났다거나 불치병을 앓는다는 사람들은 2천 년 전만이 아니라 오늘처럼 의학이 발달한 시대에도 지천입니다. 이런 숙명적인 경우만이 아니라 인간에 의해서 저질러지는 불행들은 더 많습니다. 어린이 유괴, 성폭행, 전쟁에 의한 민간인 살해와 강간, 가정과 학교폭력, 실업 등등 이런 일들은 지구촌 곳곳에서 일어나고 있습니다. 어떤 점에서 보면 본문의 중풍병자와 같은 상황이 옛날에 비해 더 심각해지는 게 아닌가 하는 생각이 들 정도입니다.

이 중풍병자를 네 사람이 들것에 들고 예수님을 찾아왔습니다. 이들이 중풍병자의 이웃인지, 친지인지 잘 모르겠지만 중풍병자에게 내려진 고통을 조금이라도 함께 나누어 가질 준비가 된 사람들이라는 것만은 분명합니다. 이런 방식으로 우리는 하나님 나라의 일에 동참할 수 있습니다. 이런 일이 말은 쉽지만 실제로는 어렵습니다. 중풍병자를 데리고 가는 일은 귀찮습니다. 우선 자기 일이 너무 많기도 하고, 그런 일에 의미를 별로 찾을 수 없기 때문입니다. 중풍병자를 예수님에게 데리고 가봐야 낫는다는 보장도 없다는 냉소가 우리를 지배하고 있습니다. 중풍병자를 이 땅의 오염되고 파괴된 생태라고 바꾸어 생각해 보십시오. 우리 중에 누가 자기 시간을 투자하면서까지 이런 걸 삶의 주제로 삼으려 하겠습니까?

중풍병자를 들것으로 옮겨온 네 사람은 예수님에게 가까이 갈 수가 없었습니다. 예수님이 거처하신 그곳은 그야말로 만원사례입니다. 정작 필요한 사람에게 자리를 내줄 수 없으니 사람들이 많다고 늘 좋은 것은 아니군요. 이 사람들은 지붕 뒤로 올라갔습니다. 마가의 설명에 따르면 이들은 지붕을 뜯어내고 중풍병자가 누운 상을 달아냈다고 하네요. 유대인들의 집이 그렇게 순식간에 지붕을 뜯어낼 수 있을 정도로 허술하다는 건지, 아니면 이들의 극성이 대단하다는 건지 모르겠지만 상황이 아주 극적으로 전개되고 있는 것만은 분명합니다. 그림처럼 묘사되어 있는 이 장면은 마치 키가 작아 사람들 뒤에서 예수님을 쳐다볼 수 없다고 생각한 삭개오가 뽕나무 위로 올라간 장면과 비슷합니다. 삭개오는 적극적으로 액션을 취한 건 아니지만 결국 예수님을 만나게 되었습니다. 이에 반해 오늘 지붕을 뜯어낸 사람들의 액션은 매우 적극적입니다. 삭개오보다 이들의 상황이 더 절박했다고 볼 수 있습니다.

지붕에 올라간 이 네 사람이 지붕에 구멍을 낸 장면을 상상할 수 있습니다. 그들과 예수님 사이에 구멍이 뚫렸습니다. 하늘로부터 땅으로 뚫린 구멍입니다. 이 구멍은 그들과 예수님 사이를 소통시켜 주는 통로이며, 다리였습니다. 이 소통의 문제를 단순하게 생각한다면 다음과 같이 말할 수 있겠지요. 기도 중에 어떤 소리를 듣거나 모양을 보는 것이 곧 주님과의 만남이라고 말입니다. 또는 기도한 내용이 그대로 이루어진 걸 보고 자신의 기도가 응답되었다고 생각합니다. 반면에 이런 경험이 없는 사람들은 자신이 실제로 주님과 소통하고 있는지 아닌지 불안하게 생각합니다. 또 어떤 사람들은 이런 신비적 방식이 아니라 말씀을 바르게 이해하는 게 곧 주님과 소통하는 길이라고 생각합니다. 이런 문제를 일반화해서 설명하기는 쉽지 않습니다. 왜냐하면 신앙의 본질인 주님과의 소통이라는 게 보편적인 성격이 있으면서도 동시에 매우 개인적인 성격이 강하기 때문입니다. 더구나 실제로 그런 경험이 없으면서도 얼마든지 사람을 속일 수 있기 때문이기도 합니다.

시인들은 사물의 소리를 듣습니다. 바람, 구름, 별, 소리, 죽음, 존재 등등, 자신 앞에 직면해 있는 어떤 세계로부터 울려나는 비밀스러운 소리를 듣고 그것을 언어로 형상화합니다. 그들과 세상 사이에 놓인 통로를 다른 사람은 볼 수 없습니다. 가짜 시인도 많습니다. 생명의 깊이를 전혀 경험하지 못했으면서도 단지 언어 기술로 시를 쓰는 사람들 말입니다. 진짜 시인과 가짜 시인을 어떻게 구별할 수 있을까요? 그걸 구별해 낼 수 있는 객관적인 기준은 아무 데도 없습니다. 생명과 조우한 경험이 있는 진짜 시인만 진짜 시와 가짜 시를 구별해낼 수 있습니다.

5절에 따르면 예수님은 그들의 믿음을 보시고 중풍병자의 운명에 개입하셨습니다. 지붕에 구멍을 내면서까지 중풍병자를 예수님에게 데리고 온 사람들의 행동이 바로 믿음이라는 것일까요? 그럴 수도 있습니다. 불행을 당한 사람들에게 측은지심을 느낄 뿐만 아니라 나름으로 그런 불행에 동참하는 것만큼 아름다운 행동은 없습니다. 풍요로운 세상이 되었다고 하더라도 우리 주변에는 그런 연대성을 필요로 하는 사람들이 허다합니다. 이 사회의 마이너리티가 바로 그런 사람들입니다. 외국인 노동자, 동성애자, 평화주의자, 채식주의자, 장애인, 빈곤층 사람들, 한 부모 가정 어린이, 알코올 중독자, 죽음에 임박한 사람 등등, 많은 사람들이 우리의 진정한 관심을 필요로 합니다. 하나님은 이런 사람들의 삶에도 하나님의 은총이 임하기를 바라십니다.

오늘 중풍병자들을 데리고 온 사람들의 믿음은 단지 휴머니즘이라는 개념으로 한정해서는 안 됩니다. 본문이 명시적으로 언급하고 있지는 않지만 이들의 믿음은 예수 그리스도와의 관계를 떼어놓고는 무의미합니다. 중풍병자를 데리고 온 이 사람들은 예수님에게 일어났던 메시아적 징표에 대한 소문을 듣고 찾아왔습니다. 그것이 믿음의 출발이겠지요. 그들이 예수님에게서 메시아적 희망을 발견했다는 말이 얼마나 정확한지는 이 자리에서 단정적으로 말할 수는 없습니다. 우리는 이런 사건을 오랜 세월에 걸쳐서 고유한 전승으로 담아낸 기독교 공동체의 입장을 중요하게 생각해야 합니다. 그들은 예수님과 관계된 사람들의 행위와 믿음을 신앙고백적인 차원에서 받아들였습니다. 예수가 메시아라는 사실과 연관된 것이 아니라면 그것이 아무리 높은 가치가 있는 것이라 하더라도 기독교 공동체 안에서 아무런 의미가 없었습니다.

5절에서 예수님은 놀라운 말씀을 선포하셨습니다. "네가 죄 사함을 받았느니라." 예수님이 공생애 중에 죄 많은 여인을 향해서 사죄를 선포한 경우는 있지만(눅 7:48) 장애나 난치병을 고치실 때는 '깨끗함을 받으라'든지 '네 손을 내밀라'는 명령을 내리실 뿐 사죄를 선포하지는 않으셨습니다. 이 사죄 선포는 초기 기독교가 예수 그리스도를 완전히 메시아로 신앙고백을 한 이후에 발생한 전승입니다. 학자들의 설명에 따르면 사죄 선포는 메시아의 업무가 아니라 하나님의 배타적인 행위라고 합니다. 이런 점에서도 이 선언은 예수 그리스도와 하나님의 동일시를, 즉 권위의 동일시를 전제한다고 보아야 합니다. 이런 문제는 신학적으로 까다롭기에 보충 설명이 필요합니다.

예수님이 당시에 죄를 용서할 수 있었는가 아닌가 하는 문제는 그렇게 간단한 게 아닙니다. 이것은 초기 기독교의 역사적인 배경을 놓고 생각해야 합니다. 목수 직업을 가진 어떤 젊은이가 갑자기 나타나서 '당신 죄가 용서받았소!' 하고 말했다면 그 당시 사람들이 어떻게 생각했을까요? 모든 말은 그것이 진술될 만한 상황을 전제해야만 설득력이 있습니다. 예수님이 바로 하나님의 아들이며, 하나님과 본질적으로 동일하다는 신앙고백이 전제되지 않으면 이런 사죄선포는 불가능한 진술입니다.

예수님이 중풍병자에게 죄 사함을 받았다고 말씀한 이유는 유대인들이 장애와 난치병과 같은 불행을 죄의 결과로 보았기 때문입니다. 선천성 시각장애인을 보고 그의 불행이 본인의 죄냐 부모의 죄냐 하고 물은 제자들도(요 9:2) 그런 생각에 머물러 있었습니다. 욥기에서도 비슷한 구도로 설명되어 있는 유대인들의 생각은 그렇게 터무니없는 건 아님니다. 이런 생각은 기본적으로 인간이 인간의 운명을 통제할 수 없다는 인식에서 나온 것입니다. 자연재해를 당하거나 전쟁의 참화 속으로 끌려들어가는 일, 갑작스러운 사고를 당하고, 믿었던 사람에게 배신을 당하는 일들은 아무리 조심한다고 하더라도 막을 길이 없습니다. 유대인들은 그런 불행의 원인을 죄라고 생각했습니다. 따라서 그 죄를 푸는 것이 곧 그런 불행에서 벗어나는 것이며, 그것이 곧 구원이기도 했습니다. 이런 점에서 죄로부터 구원받는다는 기독교 구원론도 역시 큰 틀에서 본다면 유대인들의 이런 생각과 맞닿아 있습니다.

본문에 나오는 죄는 헬라어 '하마르티아'의 번역입니다. 과녁을 빗나갔다는 의미입니다. 하나님이 제시한 목표로부터 벗어난다는 뜻이겠지요. 성서의 차원에서 죄는 단지 도덕적인 문제가 아니라 하나님과의 관계입니다. 죄가 무엇인지를 알려면 결국 하나님의 뜻을 아는 게 중요합니다. 그런데 문제는 하나님의 뜻이 실증적으로 주어지는 게 아니라는 데에 있습니다. 많은 지성인들이 기독교를 꺼림칙하게 생각하는 가장 큰 이유는 기독교가 죄를 강조한다는 사실에 있습니다. 옳습니다. 기독교는 그 바탕에 죄에 대한 깊은 통찰을 깔고 있습니다. 이런 통찰은 갑자기 위에서 내려온 게 아니라 귀납적인 것입니다. 성서의 전승에 참여한 그 사람들은 인간 삶에 뿌리를 박고 있는 한 현실을 보았는데, 그것이 곧 죄입니다. 성서 기자는 그 죄의 현실을 선악과와 카인 설화를 통해서 설명했습니다. 선악과 설화에 대한 논란에서 간혹 어처구니없는 질문들이 나옵니다. 예컨대 전지전능하신 하나님이 왜 인간을 뱀의 유혹에 넘어가도록 만드셨는가, 또는 선악과는 무엇 때문에 만드셨는가 하는 질문 말입니다. 에덴동산 안에서 벌어지는 사건과 현상들은 오늘 인간 삶을 규정하는 모형입니다. 성서 기자들은 그런 방식으로 인간 본질이 근본적으로 죄와 짝하고 있다는 사실을 증언한 것입니다. 그것이 곧 원죄 개념입니다.

교부들, 특히 아우구스티누스에 의해서 제시된 이 원죄론은 실낙원 이후로 모든 인간에게는 죄가 유전된다는 교리입니다. 그렇다면 인간은 이미 죄를 짓도록 운명을 타고 났기 때문에 현재 행하는 죄의 책임을 그에게 물을 수 없다는 논리가 성립됩니다. 이런 모순에도 불구하고 원죄론은 그리스도교에서 매우 중요한 요소입니다. 왜냐하면 인간의 구원 문제를 단순히 도덕성 회복이나 인간화에 놓지 않고 훨씬 근원적인 인간의 본질에 놓고 있기 때문입니다. 죄로 물든 우리의 본질이 근본적으로 새로운 피조물로 변하지 않는 한 인간에게 구원이 없다는 말씀입니다. 기독교의 죄론은 기본적으로 두 가지 성격입니다. 하나는 보편성입니다. 도덕적으로 하자가 있는 사람만이 아니라 괜찮은 사람도 역시 죄인이라는 게 곧 보편성입니다. 어떤 사람도 여기서 제외되지 않습니다. 바울은 자신을 죄인의 괴수라고 자처했습니다. 다른 하나는 극단성입니다. 기독교가 말하는 죄는 소크라테스가 말하는 지식의 결핍이 아니라 총체적 부패입니다. 인간은 어느 한두 군데 개량하면 쓸 만한 존재가 되는 게 아닙니다.

죄의 보편성과 극단성은 매우 정확한 인간 이해입니다. 옛날에 비해서 풍요롭게 사는 현대인들도 폭력을 행사합니다. 어쩌면 현대인들은 훨씬 더 파괴적으로 살아가고 있는지 모릅니다. 교육도 인간을 변화시키지 못합니다. 사회 구조도 역시 이런 부분에서 무능력하기는 매한가지입니다. 죄는 그런 방식으로 해결되지 않습니다. 그래서 기독교는 인간의 노력이 아니라 하나님의 은총으로 구원이 주어진다고 말합니다. 죄인인 우리가 구원받을 수 있는 유일한 길은 하나님이 우리에게 구원을 베풀어 주시는 것밖에는 없다는 말씀입니다.

이런 죄론이 일방적으로 강조되면 죄 숙명주의에 빠지게 됩니다. 죄의식으로 인해서 불안이 인간을 지배하게 됩니다. 그리스도교는 죄를 인간 본질의 중심으로 삼는 동시에 그것으로부터의 해방을 말합니다. 은총론은 죄론보다 상위 개념입니다. 우리는 죄인이지만 동시에 의인이라는 말씀입니다.

소위 구원파에 속한 사람들은 이미 미래의 죄까지 용서받았다고 주장합니다. 이런 사람들과 죄의 리얼리티를 심각하게 논의한다는 것은 무의미한 일입니다. 구원을 극단적으로 강조하다가 죄의 무게를 가볍게 만들 것입니다. 이 세상과 이 역사가 하나님과 아무런 상관이 없다고 생각한다면 그들의 주장이 옳을지 모릅니다. 그러나 우리 그리스도인들은 하나님이 이 세상을 창조하셨으며, 또한 예수가 이 세상에 오셨을 뿐만 아니라 다시 오신다는 그 약속을 믿고 있기 때문에 이 세상과 역사, 그리고 그 안에서 일어나는 인간의 삶에 대해서 책임감을 느낍니다. 하나님의 창조 행위가 훼손되지 않기 위해서 우리는 매 순간마다 자기 성찰을 치열하게 추구합니다. 이런 과정에서 곧 죄의 리얼리티가 드러납니다.

서기관들은 예수님의 사죄 선포를 신성모독이라고 딴죽을 걸었습니다. 서기관들은 오늘날 신학자들이라고 할 수 있습니다. 평생 율법을 연구하고, 기록하고 가르치던 그들의 머릿속에는 진리에 대한 규범이 들어 있었습니다. 그들의 규범에서 볼 때 예수님의 가르침과 행위는 정당성을 확보할 수 없었습니다. 그들이 보여준 치열한 학문성과 구도적 자세를 무조건 거부할 필요는 없습니다. 그런 학자들이 없었다만 유대교는 근동의 다른 종교와 혼합되고 말았을 겁니다. 이런 신학적 전통은 기독교 역사에서도 중요합니다. 삼위일체론, 종말론, 구원론, 칭의론과 성화론 같은 모든 교리는 신학자들에 의해서 현재의 형태로 자리가 잡혔습니다. 루터와 칼뱅도 역시 신학자입니다. 어쨌든지 예수님과 대립각을 세운 인물로 평가되고 있는 서기관들도 실제로는 유대교를 바르게 세워 온 신학자들이었다고 보아야 합니다. 그런데 문제는 서기관들이 신학의 본질과 근원을 오해하고 있었다는 사실입니다. 그들은 '거기 앉아서 마음에 생각'했다고 합니다. 중풍병자와 예수님 사이에서 벌어지는 어떤 사건을 직시하지 않고 이미 자신들의 생각 속에 정해진 틀을 진리 규정의 준거로 삼아 버린 것입니다. 신학과 교리는 어떤 생명사건

163

을 해명하기 위한 해석학적 틀에 불과한데도 그것이 진리 규정을 절대적인 규범으로 작용하게 되는 경우에 생명사건을 놓칠 수밖에 없습니다. '네 죄 사함을 받았느니라'라는 예수님의 말씀을 들은 서기관들의 눈에 예수님의 언행은 신성모독으로 비쳤습니다. 지금 우리와 달리 예수님을 평범한 유대 청년으로, 또는 젊은 랍비 정도로 생각한 서기관들의 눈에 예수님이 이상하게 보인 것은 당연합니다. 신성모독으로 예수님은 십자가 처형을 당했습니다.

모든 유대 종교 지도자들이 예수님의 말씀을 틀렸다고 생각하지는 않았을 겁니다. 꽉 막힌 사람이 아니라면 대개는 합리적인 이야기를 알아듣습니다. 그런데도 불구하고 예수님이 그들에 의해서 십자가 처형을 당했다는 것은 사람들이 진리에 따라서 행동하기보다는 개인적인 이해관계에 따라서 행동하기 때문이 아닐까 생각됩니다. 이게 평범한 우리의 한계이기도 하고, 숙명이기도 합니다. 아주 결정적인 게 아니라고 한다면 대개 좋은 게 좋다는 식으로 넘어간다는 말입니다.

대다수의 종교 지도자들이 예수님의 가르침을 약간 불편하지만 크게 잘못된 게 아니라고 생각했다고 하더라도, 예수님의 언행을 신성모독의 차원으로 침소봉대하는 사람들에 의해서 예수님은 십자가 처형을 당했습니다. 말없는 대중 다수가 아니라 거품 무는 극단주의자들에 의해서 인간의 역사가 극단으로 치닫는 일은 흔하게 일어납니다. 이런 실증을 여기서 일일이 들 필요는 없겠지요. 민중들은 극단적인 지도자들에 의해서 쉽게 부화뇌동당합니다. 교회도 역시 크게 다르지 않은 것 같습니다. 믿음이라는 명분이 받아들여지기만 하면 모든 행위가 용납됩니다.

서기관들은 예수님의 언행을 속으로 심히 불쾌하게 생각했지만 그 생각을 노골적으로 드러내지는 않았습니다. 왜 그랬을까요? 몇 가지 가능성을 생각해 볼 수 있습니다. 첫째, 예수님의 영적인 권위에 주눅이 들었을지 모릅니다. 그 당시에 예수님에게는 다른 사람과 완전히 구별되는 어떤 영적인 카리스마가 있었을까요? 그 가능성은 반반입니다. 예수님은 하나님의 통치에 완전히 일치하고 있었기 때문에 일상에서도 역시 신적인 권위가 나타났을 가능성은 있습니다. 그러나 다른 한편으로 그런 영적인 카리스마는 속에 내재하고 있을 뿐이기 때문에 겉으로는 아무런 차이가 없었을 수도 있습니다.

둘째, 서기관들은 자신들의 논리에 대한 확신이 없었는지 모릅니다. 예수님의 발언이 무언가 꺼림칙하기는 하지만 신성모독이라고 단정할 만한 확신이 없었겠지요. 사실 모든 전문가들에게도 이런 한계가 있습니다. 다른 사람들은 그런 전문가들이 자기 분야를 정확하게 알고 있다고 생각할지 모르지만 실제로는 그렇지 않습니다. 자신들이 전문 분야까지 모르는 게 많다는 사실을 불안하게 생각하거나 그것을 감추기 위해서 행동할 때가 많습니다.

셋째, 서기관으로 대표되는 이 종교 지도자들은 예수님을 제거하기 위해서 자신의 생각을 숨기고 있는지 모릅니다. 음모를 꾸미는 사람들의 특징은 이중성입니다. 예수님에 대한 적개심을 속으로 감추고 있긴 하지만 그것은 오히려 결정적인 순간에 한방에 날려버리기 위한 계략일지 모른다는 말씀입니다. 숨겨진 독수리 발톱과 같다고 할는지요. 예수님이 결국 신성모독이라는 죄명으로 십자가 처형을 당했다는 역사적 사실을 전제한다면 이들이 속으로 꿍꿍이를 꾸미고 있었다는 게 옳은 것 같습니다.

8절에 따르면 서기관들의 생각을 예수님은 중심에서 아셨다고 합니다. 여기서 중심은 영으로 번역될 수도 있는 헬라어 '프뉴마'를 가리킵니다. 루터는 이것을 '그의 영으로'(in seinem Geist)라고 번역했습니다. 예수님은 서기관들의 생각을 '자기의 정신'으로, 또는 '자기의 영'으로 아셨다는 뜻입니다.

영적이라는 말을 흔히 씁니다. 우리 목사님은 영적이라든지, 박 아무개 권사님은 영적인 능력이 있다는 말을 곧잘 합니다. 이런 말들은 그들이 어떤 사물이나 사태를 다른 사람들보다 훨씬 심층적으로 인식하고 있다는 의미를 갖고 있습니다. 모두가 힘들어할 만한 어려운 일을 당하는 경우에도 전혀 흔들리지 않는 삶의 태도를 보인다는 건 그만큼 사태의 심층을 볼 수 있다는 것이겠지요. 반대로, 좋아할 만한 일이 생겨도 별로 흥분하지 않고 담담히 받아들인다는 것도 역시 그 표면적인 사태의 심층을 알기 때문에 가능한 일입니다. 교회 안에서 이런 분들이 있습니다. 그들은 교회에 어려운 문제가 생겨도 전혀 흔들리지 않고, 그것을 평화적으로 수습하기 위해서 애를 씁니다. 영적으로 성숙한 분들입니다. 그런데 간혹 이 영적이라는 말이 왜곡되는 경우도 있습니다. 산기도나 철야기도를 다니면서 아무런 합리적인 근거도 없는 환상에 매달려 사는 신자들을 영적인 사람으로 생각하는 경우가 그렇습니다. 방언과 같은 은사주의에 치우치는 현상도 영적인 것으로 간주됩니다. 약간 다른 차원에서, 무슨 말을 하든지 늘 성경 구절을 들이미는 사람들이 있는데, 그런 사람들도 영적이라는 말을 듣습니다.

교회에서 사람들은 신기한 종교 현상만을 영적인 것으로 생각할 때가 많습니다. 신기하다는 것과 영적이라는 말을 구분해야 합니다. 신기한 일들은 교회만이 아니라 다른 종교에도 일반적으로 발생하는 것이며, 일반 도덕과 심신수련 단체에서도 발생하는 것들입니다. 무당과 점쟁이들을 비롯한 많은 신흥종교, 도덕재무장 운동에서도 신기한 일들은 많이 일어납니다.

영적인 것을 알려면 먼저 영에 대해서 알아야 합니다. 우리 인간도 영이고 성령도 영입니다. 인간의 영과 성령의 영이 동일한 건 아닙니다. 왜냐하면 성령은 삼위일체 하나님의 한 위격인 영으로서 창조의 능력이라고 한다면 우리의 영은 하나님에 의해서 창조된 능력이기 때문입니다. 말하자면 성령은 피조물이 아니라 창조주의 영인 반면에 우리의 영은 피조물이라는 것입니다. 참고로 사람의 영에 관한 한 기독교 전통은 플라톤보다는 아리스토텔레스의 입장과 가깝습니다. 플라톤에게 인간의 영은 영원한 이데아로부터 온 것이지 창조된 게 아니기 때문입니다.

우리의 영이 성령은 아니지만 성령과 소통할 수 있다는 점에서 영적인 성격을 그대로 갖고 있습니다. 영적으로 예민하다는 말은 창조의 영인 성령의 활동에 예민하다는 뜻입니다. 예컨대 하나님의 형상으로 지음 받은 사람이 소외되는 이 현실을 못 본다면, 또한 하나님이 창조한 이 자연의 파괴 현상을 못 본다면 우리는 성령의 활동에 예민하지 않은 사람들입니다. 더 궁극적으로 예수 그리스도의 십자가와 부활에서 발생한 생명사건을 못 본다면 성령과의 소통이 이루어지지 않는 사람들입니다. 이런 점에서 영적으로 예민하다는 것은 교회의 전통과 세상에서 참된 생명 현상에 눈을 뜨는 것이라 할 수 있습니다. 예수님은 그런 눈으로 서기관들의 생각을 뚫어볼 수 있었습니다.

예수님이 서기관들의 생각을 '영적으로' 인식하셨다는 말은 구체적으로 무슨 뜻일까요? 예수님에게 독심술이 있다는 뜻일까요? 웬만큼 정신적인 훈련이 된 사람들은 사람의 마음을 읽을 수 있으니까 예수님도 분명히 독심술 비슷한 능력이 있었을 겁니다. 사람의 생각과 마음은 그가 살아온, 또는 경험한 범주 안에서 작동하기 때문에 이런 일이 가능합니다. 그러나 본문의 내용을 독심술로 보는 건 예수님을 오해하는 겁니다. 예수님의 눈에 사람들의 마음이 읽혀졌다고 하더라도 그건 별로 중요한 게 아닐 뿐만 아니라 예수님이 그런 것에 의지해서 말씀하시고 행동하신 것도 결코 아닙니다. 그런 건 심리치료사들의 관심입니다. 예수님이 서기관들의 생각을 영적으로 아셨다는 말은 단순히 상대방의 마음을 읽었다는 뜻이라기보다는 영적인 차원에서 생각하고, 관계를 맺고, 행동했다는 뜻입니다. 예수님은 하나님 나라만 집중했습니다. 마치 시인들이 항상 시에 대해서 생각하듯이, 화가들이 그림만 생각하듯이 예수님은 하나님의 통치이며, 평화이며, 해방인 하나님 나라만을 생각하셨습니다. 그래서 예수님은 서기관이 그곳에 앉아 있었지만 좌고우면하지 않고 중풍병자에게 '네 죄 사함을 받았다'고 선포할 수 있었습니다. 다시 말씀드리지만, 예수님은 하나님 나라에 집중하고 있었기 때문에 서기관들에게 크게 신경을 쓰지 않았습니다.

9절은 중풍병자 전승의 전체 구조로 볼 때 있으나 없으나 아무런 상관이 없는 사족처럼 보입니다. 8절은 예수님이 서기관들의 속마음을 아셨다는 내용입니다. 10절은 예수님의 사죄 능력에 대한 진술이고, 11절은 '네 상을 가지고 집으로 가라'입니다. 이것으로 충분합니다. 그런데 왜 굳이 "어느 것이 쉽겠느냐?"는 9절 말씀이 이 자리에 끼어들게 되었을까요? 이 문장을 다시 생각해 봅시다. "네 죄 사함을 받았느니라"는 말과 "네 상을 가지고 걸어가라"는 말 중에서 어느 것이 쉬울까요? 개역개정 역으로 글자 수도 똑같군요. 사죄 선포와 걸어가라는 명령 중에서 어떤 것이 더 쉬울까요? 양쪽 모두 비슷한 무게를 담고 있기 때문에 어떤 것이 더 쉽다고 볼 수는 없습니다. 다만 사죄 선포는 종교적으로 위험한 행동이지만 걸어가라는 명령은 그것을 피할 수 있는 진술입니다. 사죄는 곧 치유의 본질입니다. 서기관들의 눈에 예수님의 치유 행위는 용납할 수 있었지만 사죄 행위는 신성모독으로 보였습니다. 그들은 사죄와 치유의 내적 연관성을 간과했다는 말이겠지요.

10절을 다시 소리 내서 읽어보겠습니다. "인자가 땅에서 죄를 사하는 권세가 있는 줄을 너희로 알게 하려 하노라." 이 진술은 기본적으로 초기 그리스도교 공동체가 고백하고 있는 그리스도론의 요체입니다. 이 한 문장을 주석하려면 한 권의 책으로도 부족할 것 같습니다. 그들은 왜 인간에게 사죄가 필요하다고 생각한 걸까요? 도대체 사죄와 구원이 무슨 관련이 있다는 말인가요? 그들은 어떤 근거에서 예수님이 인간의 죄를 용서하실 수 있다고 생각한 걸까요? 예수님이 십자가에서 흘리신 보혈이 왜 인간의 죄를 용서한다는 말일까요? 본문에서 그 예수는 인자(人子)로 일컬어지고 있습니다. 구약의 묵시사상이 말하고 있는 그 인자와 역사적 예수가 어떻게 동일인물이라는 걸까요? 여기서 우리는 더 긴 질문이 필요합니다. 예수님이 스스로 인자라고 생각한 건지, 아니면 초기 그리스도교 공동체의 해석인지 우리는 여러 관점에서 생각해야 합니다. 이런 질문들을 염두에 두고 인자라는 용어에 한정해서 이 본문을 따라가도록 하겠습니다.

사람의 아들, 즉 인자는 헬라어 '호 휘오스 투 안트로푸'의 번역으로 신구약 성서에서 매우 다양하게 사용되는 용어입니다. 창세기에서 아담은 인자로 언급되고, 다니엘서에서 메시아가 인자로 언급됩니다. 구약성서와 신약성서의 중간 시대에 유대인들은 인자 용어를 별로 중요하게 생각하지 않았습니다. 그러다가 예수님에 의해서 크게 부각되었습니다. 스데반은 순교당하는 순간에 본 환상에서 하나님 우편에 서신 예수가 곧 인자라고 진술했습니다(행 7:55, 56). 결국 새로운 세상에서 모든 영광을 확보하고 세상을 심판할 분으로 인식된 묵시적 인자는 초기 그리스도교에 의해서 예수와 동일시된 셈입니다. 이 신앙이 말하려는 핵심은 무엇일까요?

인자 개념은 기본적으로 메시아 사상과 연결됩니다. 인간을 구원할 어떤 이가 오신다는 이 메시아 사상은 다른 종교에도 흔적이 있긴 하겠지만 신구약 성서에서 가장 크게 다루어진다고 보아야 합니다. 왜 그들은 메시아를 기다렸을까요? 지금 우리가 경험하고 있는 이런 삶의 형식으로는 구원이 불가능하다는 사실이 가장 중심에 놓인 대답입니다. 위대한 정치인들이나 장군들이 한 나라를 부강하게 만들기는 하지만 그것으로 그 사회가 완전해지지 못합니다. 오늘 최고의 복지사회를 구현한 북유럽에 살고 있는 사람들이 질적인 면에서 참된 구원을 경험하지 못하는 것과 마찬가지입니다.

위대한 정신적인 스승들을 통해서도 우리는 구원을 경험할 수 없습니다. 우리를 즐겁게 만드는 스포츠와 온갖 종류의 엔터테인먼트처럼 정신적인 스승들을 통해서 우리가 정신적으로 고상해질 수는 있지만 그런 것은 일시적입니다. 메시아를 기다릴 수밖에 없습니다. 이 말은 구원이 밖에서 온다는 말씀입니다. 다니엘은 이 사실을 다음과 같이 말합니다. "내가 또 밤 환상 중에 보니 인자 같은 이가 하늘 구름을 타고 와서 옛적부터 항상 계신 이에게 나아가 그 앞으로 인도되매 그에게 권세와 영광과 나라를 주고 모든 백성과 나라들과 다른 언어를 말하는 모든 자들이 그를 섬기게 하였으니 그의 권세는 소멸되지 아니하는 영원한 권세요 그의 나라는 멸망하지 아니할 것이니라"(단 7:13, 14).

우리 그리스도인들도 이런 묵시적 희망으로 살아갑니다. 그 희망은 이 세상의 내부에서 발생하는 게 아니라 외부에서 주어지는 것입니다. 이런 세계는 구름을 타고 하늘로 올라가 하나님 우편 앉아 계신 예수 그리스도가 다시 구름을 타고 내려오심으로 시작됩니다. 우리는 오늘의 생명 현실을 질적으로 변화시킬 그 인자가 바로 예수라는 사실을 믿습니다. 마라나타!

10절에 나오는 '땅에서'라는 문구는 오늘 본문에서 있어도 그만, 없어도 그만인 것처럼 보입니다. 그걸 빼놓고 읽어 보십시오. 별 차이를 느끼지 못할 겁니다. 그러나 마태복음과 누가복음의 병행구도 역시 이 문구를 그대로 사용하고 있는 걸 보면 나름으로 어떤 특별한 의미가 있지 않을까요? 땅과 대비되는 용어는 하늘입니다. 땅에서 죄를 사하는 권세가 있고, 하늘에서 죄를 사하는 권세가 있다고 말할 수 있습니다. 하늘에서의 사죄는 하나님의 절대적인 권세인 반면에 땅에서의 사죄는 인자, 즉 예수의 권세이겠지요. 이 말은 곧 인간은 하늘로부터 용서받아야 할 뿐만 아니라 땅에서도 용서를 받아야 한다는 뜻입니다. 오늘 본문에서 하늘의 사죄와 땅의 사죄는 이렇게 연결되어 있습니다. 이 문제에 관한 참조 구절이 마태복음에 있습니다. "주는 그리스도시요, 살아 계신 하나님의 아들이시니이다"라는 베드로의 고백을 들으신 예수님은 이렇게 말씀하셨습니다. "네가 땅에서 무엇이든지 매면 하늘에서도 매일 것이요, 네가 땅에서 무엇이든지 풀면 하늘에서도 풀리리라"(마 16:19). 땅과 하늘의 일이 일치됩니다.

우리가 일반적으로 땅의 삶은 잘 알지만 하늘의 삶은 그렇지 못합니다. 고대인들에게 하늘은 생명의 근원이었습니다. 비록 그들이 아주 미숙한 물리학 정보에 의존하고 있었지만 생명의 근원을 추구했다는 사실에서는 우리와 다를 게 없습니다. 그들은 이 땅에서 확연하게 드러난 이런 생명 현상 너머에, 그 내면에, 다른 지평에 생명의 본질이 숨어 있다고 생각했습니다. 그곳이 바로 하늘입니다. 부활의 예수님이 하늘로 승천했다는 말은 곧 주님이 은폐된 생명의 세계로 옮겼다는, 그렇게 변화되었다는 뜻입니다. 그분은 다시 우리에게 오실 겁니다. 그때 우리는 새 옷을 덧입을 것이며, 전혀 다른 몸으로 변화될 것입니다.

초기 그리스도교 공동체에 의해서 인자로 일컬어진 예수 그리스도에게 사죄의 권세가 있다는 사실은 예수 그리스도를 이해하는 데 아주 중요한 요소입니다. 오늘 본문에 따르면 이에 대한 증거는 중풍병자 치유입니다. 카리스마가 강한 구약의 예언자들에게서 볼 수 있듯이 고대인들은 위대한 스승들에게서 이런 기적적인 사건들을 자주 경험했기 때문에 이 사건이 예수님의 사죄 권위를 무조건 담보하는 증거라고 단정하기는 곤란합니다. 우리는 성서에서 예수 그리스도에 대한 이런 실증적인 증거를 찾기는 어렵습니다. 예수님의 사건에서 가장 중요한 부활도 어떤 보편적인 증거가 아니라 그를 따르는 사람들에게만 나타난 어떤 현상에 대한 증언입니다. 전반적으로 볼 때 결국 성서는 어떤 객관적인 증거를 제시한다기보다는 예수님을 인자로, 그리스도로 고백한 사람들의 신앙체험이라고 할 수 있습니다.

그리스도교는 어떤 확실하고 객관적이며 보편적인 진리가 아니라 단순히 예수님을 따르던 사람들의 주관적 종교체험에 불과한 게 아닌가 하는 질문이 가능합니다. 흡사 요즘의 통일교 신자들이 문선명 씨에게서 경험하는 그런 것 말입니다. 여러분들은 그런 염려를 접어놓아도 좋습니다. 왜냐하면 그리스도교는 자신들의 경험을 폐쇄적으로가 아니라 개방적으로 변증했기 때문입니다. 교회 내부에서만 통용되는 방언이 아니라 교회 밖의 세계에서도 인식이 가능한 보편 언어로 그리스도교의 가르침을 설명하려는 노력이 지난 2천 년 그리스도교 역사입니다. 어떤 사람들은 그리스도교의 역사를, 특히 콘스탄티누스 대제 이후로 로마의 체제와 쌍벽을 이루는 교회 역사를 부정하거나 매도하지만 그건 그 역사의 실체를 잘 모르는 어리석음입니다. 7세기로부터 15세기까지에 이르는 중세기를 암흑의 시대라고 말하는 것도 틀렸습니다. 그들의 시대로 우리가 돌아간다면 그들에게서 진리를 향한 놀라운 열정을 발견할 수 있을 겁니다.

종교는 어쩔 수 없이 특수한 경험으로부터 시작됩니다. 그리스도교는 나사렛 예수라는 한 인물로부터 시작될 수밖에 없다는 말씀입니다. 초기 그리스도교 공동체는 그를 통해서, 그에게 나타난 하나님의 통치를 통해서 참된 구원의 리얼리티를 경험했습니다. 그런 경험들이 창조, 교회, 종말, 삼위일체 같은 그리스도교 전체 교리의 토대로 작용했습니다. 이런 구체적인 경험들이 독단적으로 그 안에만 머문다면 일종의 원리주의가 되고 말겠지만, 보편적인 진리의 차원에서 새롭게 해석된다면 인간 구원의 종교로서 분명한 자리를 확보할 수 있을 겁니다.

10절에 나오는 권세도 역시 그렇습니다. 인자이신 예수님에게 사죄의 권세가 있다는 주장은 초기 그리스도인들의 독특하고 구체적인 신앙체험입니다. 그런 일들이 2천 년 전에 일어났습니다. 그러나 그런 경험은 폐쇄된 원리로 남을 수 없고 종말론적 진리의 차원으로 열려야 합니다. 오늘의 신학이 감당해야 할 몫이 바로 그것이겠지요. 그리고 오늘의 그리스도인들도 그런 일을 감당해야 합니다. 도대체 예수님에게 주어진 사죄의 권세라는 게 무엇입니까? 왜 그에게 그런 권세가 있다는 겁니까? 이 질문은 끝나지 않았습니다. 우리가 처한 삶의 자리에서 책임 있는 대답을 찾아야 합니다.

본문이 말하는 권세는 헬라어 '엑수시아'의 번역입니다. 이것의 가장 일반적인 영역은 'authority', 'supernatural power', 'government'입니다. 일반적으로 권위로 번역됩니다. 복음서 기자들은 예수의 언행에 특별한 권위가 깃들어 있다고 보았습니다. 이 권위는 단지 기적을 행한다는 사실에만 있는 게 아니라 그의 인격 자체를 말하는 것입니다. 마태복음은 이를 이렇게 언급한 적이 있습니다. "이는 그 가르치시는 것이 권위 있는 자와 같고 그들의 서기관들과 같지 아니함일러라"(마 7:29). 여기서의 권위도 엑수시아입니다.

우리가 지금 검토하고 있는 중풍병자 이야기에 등장하는 서기관들은 분명히 권위가 있었습니다. 그리고 그들에게는 신학을 가르칠 수 있는 라이선스도 있었습니다. 자타가 인정하는 권위 있는 신학자들이었지요. 그런데 마태복음 기자는 예수님의 권위는 그들과 같지 않다고 했습니다. 예수님과 서기관의 차이는 진리를, 또는 하나님을 본 자와 들은 자라는 사실입니다. 예수님은 하나님 아버지를 보았지만 서기관들은 단지 전통적으로 들었을 뿐입니다. 여기서 보았다는 말과 들었다는 말은 단지 시각과 청각의 차이를 의미하는 건 아닙니다. 그것은 진리와 직접적으로 대면하고 있는가, 아니면 풍월로만 읊고 있는가 하는 차이라고 할 수 있습니다.

여기 두 명의 수영 코치가 있다고 합시다. 이들은 여러 권의 수영 교본을 집필하고 많은 제자들을 키운 경험이 있는 아주 훌륭한 코치입니다. 그들에게 한 가지 차이가 있었습니다. 박 아무개는 직접 수영을 할 줄 아는 사람이지만, 김 아무개는 수영을 못합니다. 김은 물속에 들어가 본적도 없습니다. 그래도 가르치는 일은 박 못지않게 잘합니다. 수영 초보자들에게는 이 두 코치가 아무런 차이가 없지만, 조금 더 전문적으로 들어가면 수영을 할 줄 모르는 김의 비밀은 탄로가 날 수밖에 없습니다. 사이비 코치는 아마추어들에게만 통할 수 있습니다. 이건 참된 권위가 아닙니다.

예수님은 하나님의 통치와 일치해서 살았기 때문에 권위가 있었습니다. 그런 권위로 예수님은 모세의 가르침까지 상대화할 수 있었습니다. 어디 그뿐인가요? 그는 그 당시 유대교의 절대적 권위를 상징하는 안식일과 성전까지 상대화할 수 있었습니다. 상대화라기보다는 본질을 드러낼 수 있었습니다. 진리와 대면해 있는 사람만이 권위를 확보할 수 있습니다.

이제 시나브로 중풍병자 이야기가 마지막 순간을 향해 치닫고 있습니다. 사죄, 신성모독, 치유와 연관된 논란이 끝나고 예수님에게 사죄의 권세가 있다는 사실의 증명만 남은 셈입니다. 예수님은 11절에서 중풍병자에게 이렇게 말씀하셨습니다. "일어나, 네 상을 가지고, 집으로 가라." 이 말씀은 좀 의외입니다. '네 병이 다 나았다'고 말씀하실 거로 예상했는데 말입니다. 이런 문제의 답을 찾으려면 훨씬 깊은 성서신학적 연구가 필요할 테니까 여기서는 일단 그냥 넘어가는 게 좋겠습니다. 대신 이 문장을 구성하고 있는 세 가지 명령을 신앙적 관점에서 검토하겠습니다.

첫 번째는 "일어나라"입니다. 이 사람이 왜 중풍에 걸렸을까요? 그 사연을 따지고 들어가려면 많은 상상력이 필요하겠군요. 그는 어느 날 침대에 실린 채 친구들의 손에 이끌려 어떤 낯선 남자 앞자리에 누워 있게 되었습니다. 다른 사람은 눈치 채지 못했겠지만 이 사람은 이 장면이 너무나 부끄럽습니다. 다른 사람은 모두 앉아 있거나 서 있는데 자기 혼자 침대에 누워 있다고 생각해 보십시오. 자신의 신세가 처량하다는 생각이 들 수밖에 없습니다. 누워 있는 사람에게 세상은 어떻게 보일까요? 우리는 늘 자기의 위치에서만 세상을 보기 때문에 마이너리티에 속한 사람들의 입장을 이해하지 못합니다. 이것이 바로 소통 부재의 원인입니다. 그는 낯선 남자가 처음 만난 자기에게 이렇게 말하는 걸 들었습니다. "작은 자야, 네 죄 사함을 받았느니라"(5절). 이 사람은 그게 무슨 의미인지 잘 몰랐습니다. 낯선 사람이 서기관들에게 몇 마디 말씀을 하시더니, 다시 자신에게 하는 말이 들렸습니다. 일어나라!

오랫동안 누워 있던 사람에게 일어나라니, 말이 되나요? 예수님은 그 사람의 손을 붙잡아 일으키지도 않았습니다. 주문을 외우지도 않았습니다. 기도를 드리지도 않았습니다. 아무런 예비 행동도 없이 다짜고짜로 일어나라고 말씀하셨을 뿐입니다. 예수님은 신적인 권위로만 가능한 명령을 내리셨습니다. 누워 있는 건 수평이며, 일어서는 건 수직입니다. 수평은 죽음에 가까운 자세이지만, 수직은 생명에 가까운 자세입니다. 죽음에 가까울수록 우리의 자세는 옆으로 기울어집니다. 생명에 가까울수록 우리의 자세는 바로 섭니다. 어떻게 보면 한 인간의 삶은 수평에서 시작해서 수직으로 세워졌다가 다시 수평으로 돌아가는 건지 모르겠습니다. 세상에 처음 태어난 아이들은 사생결단의 자세로 서려고 합니다. 뒹굴다가, 기고, 기다가 다른 것에 의지해서 서고, 그러다가 걷고 뛰어다닙니다. 세월이 지나면 우리의 육체는 허물어지기 시작하고, 누워 있는 시간이 늘어납니다. 어느 시점에 되면 더 이상 일어나지 못합니다. 일어나라는 말씀은 자기 몸을 자기가 주체적으로 다루어야 한다는 의미로 새길 수 있습니다. 들것에 실려 있는 몸은 자기 몸이지만 자기 몸이 아닙니다. 왜냐하면 자기가 마음대로 다룰 수 없기 때문입니다. 예수님은 우리에게 신체의 자유를 허락하십니다. 우리의 몸을 다른 힘에 종속시키지 말라고 말입니다.

신체의 자유보다 영혼의 자유가 여기서 더 중요하겠지요. 우리의 영혼은 일어나라는 예수 그리스도의 말씀을 통해서 이 세상의 모든 힘과 조직으로부터, 물질과 욕망으로부터 해방됩니다. 현대인들은 표면적으로는 해방된 것 같지만 실제로는 과거보다 더 종속적입니다. 눕지 말고 일어서라는 주님의 말씀은 해방의 능력입니다. 그분은 일어나라고 명령하십니다.

예수님의 두 번째 명령은 "네 상을 들라"입니다. 그 상은 그가 실려 왔던 들것, 곧 침대입니다. 병이 나았으면 그것으로 충분한 충분했을 텐데 이상하게도 예수님은 침대를 들라고 말씀하십니다. 그의 병이 치유되었다는 사실을 강조하기 위한 표현일까요? 약간 다른 시각에서 이 말씀을 이해할 수 있습니다. 이 말씀은 다음과 같은 사실을 배경에

둔 것인지 모릅니다. 이 중풍병자가 실려 온 침대는 그가 집에서 사용하던 것일 가능성이 높습니다. 이 사람이 병 나은 것만 생각하고 그냥 집으로 돌아단다면 그는 당장 잠잘 침대가 없겠지요. 예수님은 이렇게 세세한 것까지 챙겨주신 것인지 모릅니다.

우리는 신앙적인 눈으로 이 말씀을 이렇게 설명할 수 있습니다. 교회 안에는 사람의 흔적이 남아서는 안 된다고 말입니다. 중풍병자가 누웠던 침대는 바로 사람의 흔적입니다. 하나님의 놀라운 사건이 일어난 흔적입니다. 사람들은 그런 걸 기념하고 싶어 합니다. 사업가적인 순발력을 갖춘 제자가 그곳에 있었다면 이 침대를 영구보존하면서 자신들 공동체를 자랑할 수 있는 기회로 삼으려 했겠지요. 중풍병자가 누웠다가 치유 받은 침대를 보고 싶어 할 사람들은 어디나 많았을 테니까요. 그런데 예수님은 중풍병자에게 그 침대를 치우라고 말씀하셨습니다.

우리가 교회에서 치워야 할 침대는 무엇일까요? 하나님의 통치와 관련된 것이 아닌 모든 건 가능한 대로 철저하게 제거되어야 합니다. 개인들이 자기 집으로 갖고 가야 합니다. 교회는 오직 그리스도교 공동체에 관련된 것으로만 채워져야 합니다. 물론 하나님의 통치와 인간의 흔적을 구분하기는 쉽지 않습니다. 하나님의 통치는 우리 인간을 통해서 일어나기 때문에 우리는 순식간에 사람의 일을 하나님의 통치와 일치시키곤 합니다. 하나님의 통치와 인간의 흔적을 구분하려면 우리의 신학적 영성이 예민해야 합니다.

중풍병자였던 이 사람에게 예수님이 내리신 세 번째 명령은 "집으로 가라"입니다. 예수님은 왜 당신을 따르라 하지 않고 집으로 가라 말씀하셨을까요? 이 말씀을 자칫 오해하면 이 사람이 예수님의 제자들과는 달리 출가해서 예수님을 따를 만한 능력이 없는 것처럼 들릴지 모르겠습니다. 물론 그런 말씀은 아니겠지요. 모든 사람이 예수님을 따르기 위해서 출가할 필요는 없습니다. 사람의 형편에 따라서 따를 사람은 따르고 집으로 가야 할 사람은 집으로 가야겠지요. 그런데 제자들처럼 예수님을 따른다는 것과 이 중풍병자처럼 집으로 돌아간다는 것이 그렇게 결정적으로 다른 사태는 아닙니다. 표면적으로만 본다면 분명히 크게 다른 것 같지만 내면적으로 본다면 다를 게 없습니다. 어떤 형태의 삶을 선택하든지 중요한 것은 하나님의 통치를 따르는 것입니다.

집으로 가라는 말씀에서 우리는 중요한 두 가지 가르침을 발견합니다. 첫째, 예수님은 그에게 아무것도 요구하지 않으셨습니다. 불치병이 치료되었으니까 감사헌금을 바쳐야 한다고 말씀하지 않았습니다. 하나님이 살아 계시다는 사실을 확인했으니까 선교사가 되어야 한다고 강요하지도 않았습니다. 둘째, 예수님은 중풍병자였던 사람을 일상으로 돌려보냈습니다. 중풍의 치유는 놀라운 사건이었지만 예수님은 그를 아무 일 없었다는 듯이 집으로 보냈습니다. 그리스도 신앙의 자리는 바로 일상이라는 의미입니다. 일상이 중요하기는 하지만 일상에 매몰되는 되는 것마저 괜찮다는 말은 아닙니다. 적금, 복지, 자녀교육, 취미생활 등등 이런 일상에 포섭당한다면 그리스도인의 영성은 그 고유한 가치를 상실하고 맙니다. 일상과 영성이 일치되는 삶이 바람직하겠지요. 일상에서 생명의 신비를 볼 수 있고, 하나님을 통한 생명의 신비가 일상에서 구체화하는 삶 말입니다.

일어나 네가 누웠던 침대를 들고 집으로 돌아가라는 예수님의 말씀을 들은 중풍병자는 그대로 따랐습니다. 우리는 이제 이 사건을 주도적으로 이끌어 가신 예수님이나 그 대상이 된 중풍병자가 아니라 그것을 보고 있던 청중들의 시각으로 이 사건을 재구성해야 할 차례가 되었습니다. 복음서 기자도 역시 독자들에게 바로 그것을 요구하고 있을 겁니다.

예수님이 가버나움에 들어와서 어떤 이의 집에 머물고 있다는 소문이 퍼졌습니다. 사람들은 그곳에 모여들었습니다. 그런데 그들 앞에서 새로운 일이 벌어지고 있었습니다. 어떤 사람들이 지붕을 뚫고 중풍병자가 누워 있는 침대를 달아 내렸습니다. 희한한 광경을 목도한 그들은 예수님이 중풍병자에게 주신 두 마디 말씀을 들었습니다. 하나는 죄를 용서하신다는 것이며, 다른 하나는 침대를 들고 집으로 돌아가라는 것입니다. 청중들은 이제 무슨 일이 벌어지는지 자못 궁금했습니다. 사죄의 선포는 당연히 그곳에 떡 버티고 있는 서기관들에게 흠집을 잡힐 만한 행위였습니다만 다행히 큰 논란 없이 지나갔습니다. 예수님과 서기관 사이의 본격적인 싸움을 기대했던 사람들에게는 실망스러운 결과였을지 모르겠네요.

침대를 들고 돌아가라는 예수님의 말씀이 떨어졌을 때 청중들은 무슨 생각을 했을까요? 자기의 입장에 따라서 생각이 달랐을 겁니다. 중풍병자의 친구, 가족, 친지들은 그 말대로 중풍병자가 모든 걸 툭툭 털고 일어나서 자기들과 함께 돌아갔으면 하고 기대했겠지요. 또 어떤 사람들은 예수님의 말씀을 허풍으로 여겼을지도 모릅니다. 대다수의 청중들은 의심 반 기대 반 아니었을까요? 그런데 중풍병자는 그들 앞에서 보란 듯이 벌떡 일어나 침대를 들고 집으로 돌아갔다고 합니다. 도대체 그 당시 그곳에서 무슨 일이 일어난 것일까요?

창세기로부터 요한계시록까지 오늘 기독교가 경전으로 삼고 있는 성서 전체는 하나님이 놀라운 일을 일으키시는 분이라는 사실에 주목합니다. 구약성서 어느 곳이라도 펼쳐 보십시오. 그곳에는 하나님의 놀라운 일들이 묘사되어 있습니다. 우리와 똑같은 일상이 기록되기도 하고, 비인간적인 사건이 진술되기도 하지만 그 저변에는 우리의 진부한 일상을 뚫고 들어오시는 하나님의 행위에 대한 놀라움이 깔려 있습니다. 그 전형적인 예가 바로 출애굽입니다.

이스라엘 민족이 홍해를 건넌 사건과 연관된 두 편의 노래가 출애굽기에 등장합니다. 하나는 모세의 노래이며, 다른 하나는 모세의 누이 미리암의 노래입니다. 모세의 노래에 이런 대목이 있습니다. "여러 나라가 듣고 떨며 블레셋 주민이 두려움에 잡히며 에돔 두령들이 놀라고 모압 영웅이 떨림에 잡히며 가나안 주님이 다 낙담하나이다. 놀람과 두려움이 그들에게 임하매 주의 팔이 크므로 그들이 돌 같이 침묵하였사오니 여호와여 주의 백성이 통과하기까지 곧 주께서 사신 백성이 통과하기까지였나이다"(출 15:14-16).

모세의 노래보다 훨씬 오래된 전승이며, 그것의 원형이라 할 수 있는 미리암의 노래는 훨씬 간략하지만 이스라엘의 가장 중요한 신앙고백을 담고 있습니다. "너희는 여호와를 찬송하라. 그는 높고 영화로우심이요. 말과 그 탄 자를 바다에 던지셨음이로다"(출 15:21). 미리암은 소고를 들고 야훼 하나님을 찬송합니다. 결코 사람을 찬송하지 않습니다. 왜냐하면 사람에게서는 놀랄 만한 일들이 나오지 않기 때문입니다. 사람들에게서는 겨우 깜짝쇼나 기대할 수 있지 우리의 존재 자체를 뒤흔드는 놀라운 일을 기대할 수 없습니다. 미리암의 이 노래는 여호와 하나님의 하신 일에 대한 진술로 끝맺습니다. "말과 그 탄 자를 바다에 던지셨음이로다." 파라오가 보낸 기병들이 홍해에 수장되고 말았다는 이 노래는 도저히 불가능한 일이 일어난 것에 대한 놀라움의 표현입니다. 생각해 보십시오. 세계 최강의 군사력을 가진 파라오 군대가 오합지졸에 불과한 출애굽 이스라엘 민중들을 따라잡지 못했다는 건, 그뿐만 아니라 그들이 오히려 초토화하고 말았다는 건 아무도 예상하지 못했던 사건입니다. 이 놀라움을 이스라엘 민족은 잊지 않았습니다.

출애굽 사건만이 아니라 구약성서 전체는 그들이 도저히 예상할 수 없는 야훼 하나님의 구원과 심판 행위에 대한 묘사로 일관합니다. 어떻게 별 볼일 없는 아브라함에게서 하늘의 별처럼, 땅의 티끌처럼 많은 후손들이 나온다는 말인가요? 무소불위의 권력을 가진 왕들도 하루아침에 초라한 신세로 전락할 수 있습니다. 사람의 인식을 근본적으로 뛰어넘는 자연을 창조하신 야훼 하나님의 행위 앞에서 놀라지 않을 사람이 누군가요? 그래서 구약성서 기자들은 오직 야훼 하나님의 말씀을 청종하는 데서만 참된 구원이 가능하다는 사실을 줄기차게 외쳤습니다.

마가복음 기자도 역시 이런 구약성서 기자의 신앙고백과 같은 길에 서 있습니다. 그는 예수 그리스도에게서 놀라움을 경험합니다. 출애굽 사건 앞에서 놀랐던 이스라엘 백성들처럼 마가복음 공동체도 역시 예수님에게서, 혹은 예수님을 통해서 일어난 사건 앞에서 놀라지 않을 수 없었습니다. 중풍병자가 침대를 들고 집으로 돌아갔다는 사실은 어쩌면 작은 놀람입니다. 예수가 그리스도라는 사실, 그가 죽은 자로부터 부활했다는 사실이 가장 결정적인 놀라움이겠지요.

12절에서 중풍병자가 침대를 들고 나가는 걸 보고 청중들이 놀란 이유는 그들이 그런 것을 처음 보았기 때문이라고 합니다. "우리가 이런 일을 도무지 보지 못하였다." 일상에서 만나볼 수 없었던 일을 실제로 경험한 그들은 놀랐습니다. 놀람의 실체는 바로 이것입니다. 기존의 고정관념이 허물어질 때 사람들은 충격을 받고, 그것이 곧 놀람의 실체입니다. 루돌프 오토가 말하는 누미노제의 경험, 즉 거룩한 두려움이 바로 이것입니다.

그리스도교 신앙은 하나님의 행위 앞에서 놀라는 경험입니다. 그리스도교 신앙의 깊이에 들어가고 싶은 분들은 하나님이 창조한 이 세상과 역사를 전혀 새로운 눈으로 바라볼 줄 알아야 합니다. 일상의 매너리즘이 우리를 사로잡고 있기 때문에 이런 인식으로 들어가기는 쉽지 않지만, 그리스도인으로 살아가려면 다른 길이 없습니다. 이런 공부를 위해서 우리는 성서를 읽고, 성서를 해명하는 설교를 듣습니다.

아래의 글은 카를 바르트의 《복음주의 신학입문》(이형기 옮김, 76쪽)에서 발췌한 것입니다. 그는 신학적 실존을 놀라움이라고 규정하고 있습니다. 잠시 귀를 기울여 봅시다.

누구든지 신학에 종사하기 시작하면서 놀라지 않는 사람은 일단 신학에서 손을 떼고 편견 없이 자신이 다루고 있는 대상이 무엇인지를 숙고해야 한다. 그래서 가능한 한 놀라움의 경험이 솟아올라서 더 이상 상실된 상태에 있지 않고 계속 강건해져야 한다. 얼마 동안 놀라움을 경험했지만 지금은 놀라움이 없는 사람도 마찬가지이다. 이 놀라움의 경험과 거리가 멀면 멀수록 더욱 곤란하다. 이러한 놀라움의 경험이 신학자에게 잘 이해되지 않으면 그는 신학 이외의 다른 일을 하는 것이 더 좋을 것이다.

일반적으로 말해서 어떤 사람이 전에 만난 적이 없었던 정신적인 현상이나 자연현상에 부딪칠 때 놀라움의 경험이 일어난다. 이 사람에게 그 현상은 일단 비상하고, 낯설며, 새로운 것이요, 이 사람의 지금까지의 가능한 것에 대한 표상들의 한계 안에 들어올 수 없는 것이요, 이것의 기원과 본질을 그는 뒤늦게 물어볼 수 있을 뿐이다. … 여기서 우리가 말하려는 놀라움은 일시적으로 비상하고 낯설고 새로운 현상 앞에서 느끼는 일시적인 당혹과 질문 그 이상의 것이다. 이 일시적 현상은 학문의 전개과정에서 조만간 평범하고 낯익고, 그래서 지나가 버릴 것이며, 결국은 인간을 별로 놀랄 일도 아닌 다른 현상에 관심을 돌리게 만든다.

놀라움은 이건 비단 신학자만의 문제가 아니라 하나님을 믿는 모든 그리스도인에게 주어진 문제입니다. 우리의 신앙은 지금 이 순간 놀라움의 깊이에 들어간 것일까요? 우리가 놀라움을 느끼지 못하는 가장 큰 이유는 우리 앞에 놓인 이 세계에 너무 익숙해졌다는 데에 있습니다. 아침에 해가 뜬다는 사실이 우리에게 너무나 당연해서 전혀 새롭게 느껴지지 않습니다. 우리에게 가족이 있고, 직업이 있고, 친구들도 있습니다. 하늘과 산, 새와 나비는 늘 그렇게 있어 왔던 것들에 불과합니다. 그런 것들은 그냥 늘 그렇게 있을 뿐입니다. 우리가 조금만 생각을 다르게 하면 그 모든 것들이 그렇게 당연한 게 아닙니다. 내일 당장 해가 뜨지 않을 수도 있습니다. 지구의 자전이 멈추면 그것으로 낮과 밤의 변화는 불가능합니다. 만약 나비 애벌레가 먹을 수 있는 연한 잎이 사라지거나 지구의 기온이 뚝 떨어지면 나비는 더 이상 우리 주변에서 춤을 출 수 없습니다.

이 지구에서 소리를 경험한다는 게 얼마나 놀라운 일인지 모릅니다. 소리는 참으로 다양합니다. 깊은 가을에 풀벌레 우는 소리를 들어 보신 적이 있겠지요? 배가 고프다는 울음인지 아니면 짝짓기를 위한 세레나데 노래인지 모르겠지만 작은 몸체 치고는 참으로 큰 소리를 냅니다. 대나무 숲에서 바람소리를 들어보셨나요? 파도소리에 귀를 기울여보셨나요? 낙숫물 떨어지는 소리에 취해서 낮잠을 자본 적이 있나요? 엄마 품에서 잠자고 있는 유아들의 숨소리를 들어보셨나요? 우리는 소리를 너무 당연한 것으로 여기고 있습니다. 만약 어떤 사람이 선천적으로 청각 장애를 갖고 있다가 수술을 받고 청각을 찾았다고 합시다. 그가 처음으로 들은 소리가 의사의 말이든지, 아니면 가족의 말이든지, 또는 라디오에서 흘러나오는 노랫소리이든지 그에게 소리는 그야말로 자신의 존재가 새로워질 만한 큰 충격일 것입니다.

색깔도 마찬가지입니다. 우리가 지구에서 경험하는 색깔은 바로 지구가 살아 있다는 단적인 증거입니다. 생명이 없으면 색깔도 없습니다. 모든 색깔의 원천인 식물이 생산해 내는 색깔들은 탄소동화작용을 통해서 얻어집니다. 바다 색깔을 보셨나요? 어린아이의 눈동자 색깔을 보셨나요? 요즘 숲은 무슨 색깔인가요? 온갖 종류의 과일은 색깔 잔치입니다. 그 모든 것들은 마술입니다.

소리와 색깔만이 아니라 지구에서 벌어지는 모든 생명현상 앞에서, 즉 바람, 구름, 사계절, 자손번식, 진화와 돌연변이, 먹이사슬, 온갖 종류의 생명체로 나타나는 이런 생명사건 앞에서 우리는 놀라지 않을 수 없습니다. 이런 것들을 잘 알고 있다고 생각한다면 놀라움이 없습니다. 그러나 현재 우리 앞에서 벌어지는 이런 생명 현상 자체를 모를 뿐만 아니라 그것이 앞으로 어떻게 변해 갈지는 더더욱 모릅니다. 흡사 카드 놀이에서 다음에 무슨 카드가 나올지 모르기 때문에 사람들이 흥미를 느끼는 것처럼 우리가 이 생명현상을 그런 새로운 눈으로 바라볼 수 있다면 놀라지 않을 수 없습니다.

그리스도인들에게 가장 큰 놀라움은 물론 예수가 그리스도라는 사실입니다. 우리와 똑같이 역사적 인물이었던 나사렛 예수가 인류를 구원할 그리스도이며 심판자라는 사실은 기적이며, 신비입니다. 그런데 문제는 우리가 이 사실을 이미 결정되어 닫혀버린 교리로만 이해하고 있다는 것입니다. 이런 상태에서 우리는 그리스도교 신앙의 신비와 놀라움을 경험할 수 없습니다. 예수가 그리스도라는 사실은 당위나 필연이 아니라 오히려 우연입니다. 이 우연성 안으로 들어가는 게 그리스도교 신학과 신앙의 신비입니다.

신앙의 삶과 일상의 삶에서 매너리즘에 빠진 이유는 그리스도교 신앙의 신비와 놀라움을 모르거나 잃어버렸다는 의미입니다. 이 현상은 우리에게 두 가지 증상으로 나타나는 것 같습니다. 하나는 실제로 그리스도교 신앙에 대한 냉담입니다. 그리스도교 신앙에 냉담한 사람들은 실제적으로 교회생활에 게으를 뿐만 아니라 그리스도교의 작은 흠집이나 비본질적인 문제를 침소봉대해서 비난합니다. 자신들이 기독교 신앙을 안다고 생각한 채 자기 입장에서 교회 현상을 재단합니다. 주로 지성적 기독교인들에게 흔히 나타나는 이런 태도는 그리스도교의 문제점을 정확하게 지적하기는 하지만 근본적으로는 그리스도교 신앙을 잘 모르기 때문에 나오는 증상입니다. 냉담은 무지의 결과이며, 영적 황폐화의 원인입니다.

다른 하나는 자폐적 형태로 나타나는 열광주의입니다. 여기에 빠져 있는 사람들의 삶은 표면적으로 매우 역동적인 신앙형태를 보입니다. 매일 새벽기도회를 비롯해서 일주일에도 서너 번씩 교회모임에 나가고, 경제와 사회 문제도 역시 교회 중심으로 운용하는 이들의 표면적인 삶만 본다면 무언가 큰 신앙적 체험과 에너지를 확보한 것처럼 보입니다. 실제로 그런 그리스도인들이 꽤나 많겠지만, 대개의 경우는 허구일 가능성이 높습니다. 신앙생활은 매우 소란스럽지만 그 내면은 공허합니다. 우리는 별로 중요하지 않은 것에 우리의 영성을 소진시키지 말고, 하나님의 창조와 그의 구원 행위, 그리고 그것을 증언하고 있는 성서를 놀라운 눈으로, 전혀 새로운 눈으로 바라보는 것에만 집중해야 합니다. 이럴 때 우리의 영성이 심화되는 걸 경험하게 될 것입니다.

예수, 죄인을 부르시다

2:13-17

¹³ 예수께서 다시 바닷가에 나가시매 큰 무리가 나왔거늘 예수께서 그들을 가르치시니라 ¹⁴ 또 지나가시다가 알패오의 아들 레위가 세관에 앉아 있는 것을 보시고 그에게 이르시되 나를 따르라 하시니 일어나 따르니라 ¹⁵ 그의 집에 앉아 잡수실 때에 많은 세리와 죄인들이 예수와 그의 제자들과 함께 앉았으니 이는 그러한 사람들이 많이 있어서 예수를 따름이러라 ¹⁶ 바리새인의 서기관들이 예수께서 죄인 및 세리들과 함께 잡수시는 것을 보고 그의 제자들에게 이르되 어찌하여 세리 및 죄인들과 함께 먹는가 ¹⁷ 예수께서 들으시고 그들에게 이르시되 건강한 자에게는 의사가 쓸 데 없고 병든 자에게라야 쓸 데 있느니라 나는 의인을 부르러 온 것이 아니요 죄인을 부르러 왔노라 하시니라

갈릴리 호수와 그 호수를 낀 몇몇 마을, 그리고 오병이어 기적이 일어난 벳세다 광야 등등 갈릴리 호수는 예수님 활동의 실질적인 중심무대였습니다. 예수님의 출생지는 베들레헴이지만 그가 성장한 고향은 갈릴리 지역의 한 작은 동네 나사렛입니다. 복음서의 개괄적인 보도에 따르면 때가 되어 출가하신 예수님은 요단강에서 요한에게 세례를 받기 위해 일단 남쪽 예루살렘 근방으로 내려가신 것 같습니다. 그 뒤로 예수님의 본격적인 활동이 갑작스레 갈릴리 호수 근방에서 시작됩니다. 복음서 기자들이 예수님의 활동을 정확한 연대기에 따라서 보도하는 게 아니라 중요한 사건 중심으로 보도하기 때문에 이런 일들이 벌어진 것 같습니다. 예수님의 활동에서 갈릴리 호수가 차지하는 비중이 무겁다는 사실만은 분명합니다.

이스라엘의 수도라 할 수 있는 예루살렘의 관점에서 볼 때 북쪽 저 끝에 자리한 갈릴리는 오지 중의 오지였습니다. 갈릴리에 사는 사람들은 원래 혁명적인 기질이 강했다고 합니다. 이스라엘 역사에서 반정부, 반로마 혁명을 일으킨 사람들은 거의 갈릴리 출신이거나 갈릴리를 본

거지로 삼았습니다. 예수님이 십자가 처형을 당했다는 역사적인 사실을 감안한다면 그 당시 빌라도 총독도 역시 예수님을 그런 혁명가로 생각했을 개연성이 높습니다. 나사렛 예수 집단이 기본적으로 갈릴리 출신이라는 사실과 그가 선포하는 하나님 나라가 현실에 대한 전적인 변혁을 지향한다는 사실에서 그런 오해를 받을 만합니다. 물론 복음서 기자들은 예수의 하나님 나라 운동에서 그런 정치적인 성격을 완전히 배제했지만 빌라도가 그 당시 로마제국이 파송한 지방장관이라는 사실에서 볼 때 빌라도의 사법적인 판단이 잘못되었을 가능성은 낮습니다. 예수는 그 당시 명실상부하게 반역자에게 해당되는 십자가에 처형될 만한 사람이었다는 뜻입니다.

갈릴리 호숫가에서 예수님은 여러 명의 제자들을 선택했습니다. 바다와 호수는 인간의 영원한 고향인 어머니의 자궁과 같은 곳입니다. 지구의 생명체가 바다에서 시작되었듯이 인간 개인도 역시 어머니의 자궁에서 시작됩니다. 갈릴리 호수는 하나님 나라를 향한 예수님의 희망이 잉태된 영적인 자궁과 같습니다. 부활 이후의 예수님이 갈릴리에서 제자들을 만났다는 사실에서도 우리는 갈릴리 호수가 바로 예수님의 영적인 고향이라고 생각할 수 있습니다. 오늘 우리에게 영적인 갈릴리 호수는 어디인가요? 우리의 영혼을 살리는 갈릴리 호수 말입니다.

예수님은 바닷가에 모인 많은 사람들을 가르치셨습니다. 평소에 사람들에게 랍비라는 호칭을 얻었듯이 예수님은 가르치는 일을 중요하게 생각했습니다. 어떤 기독교 교육학자들은 병고침(healing), 가르침(teaching), 설교(preaching)가 예수님의 3대 업무였다고 설명합니다. 설교는 선포의 성격이 강한 반면에 가르침은 설득의 성격이 강합니다. 선포는 계시에 근거하지만 설득은 인식에 근거합니다. 선포로서의 설교에는 믿음이 요구되지만 설득으로서의 가르침에는 합리성이 요구됩니다. 그렇지만 설교는 기본적으로 선포이면서 동시에 설득이며, 가르침도 역시 설득이면서 동시에 선포입니다. 어쨌든지 오늘 본문이 보도

하듯이 예수님은 공생애 중에 많은 것을 가르치셨다는 것만은 분명합니다.

오늘 우리의 교회 현실에서 가르침이 작동하고 있을까요? 교회교육에서 가장 결정적인 문제는 신앙을 일종의 정보축적으로 여긴다는 사실입니다. 신학교의 가르침도 비슷합니다. 신학이 단지 정보로만 남습니다. 이런 상태로 졸업한 그들은 이제 신학적 사유와 담을 쌓고 오직 기구로서의 교회 관리에만 마음을 쏟습니다. 이런 목회자들에게서 신앙교육을 받는 평신도들은 결국 신앙의 심층을 맛볼 수 없습니다. 마치 동네 바둑을 두는 사람에게 바둑을 배우는 것처럼 신앙의 본질로 들어가지 못합니다.

이런 상황 앞에서 절망할 필요는 없습니다. 이런 상황은 비단 교회만이 아니라 다른 종교도 마찬가지이고, 더 근본적으로 모든 교육 자체가 이런 한계를 안고 있습니다. 더 궁극적으로 말한다면 진리는 누가 가르치는 게 아니라 스스로 만남으로써만 가능한 세계입니다. 이 말은 아무리 괜찮은 목사를 만난다고 해도 그가 그리스도교 진리를 무조건 경험하는 것이 아니며, 또한 준비가 안 된 목사를 만난다고 해서 그런 경험에서 배제되는 것은 아니라는 뜻입니다. 왜냐하면 진리는 진리 자체가 각각의 사람을 만나기 때문입니다. 우리 그리스도교 용어로 말한다면 성령은 성령 스스로 사람을 만나기 때문입니다.

진리는 남에게 배우는 게 아니라 스스로 만나는 것, 스스로 깨닫는 것이라는 말은 모든 교육 현장에서 매우 중요합니다. 어떤 사태에 대한 표면적인 이해가 바로 진리를 깨닫는 것이 아니라는 말씀입니다. 테니스를 대충 배우는 건 가능하지만 테니스공을 몸으로 느끼는 경험은 배워서 되는 게 아닙니다. 라켓과 공과 사람이 일치되는 그 순간은 본인 스스로 깨우쳐야 합니다. 운동도 그럴진대 신앙은 오죽하겠습니까? 성령 체험은 목사로부터 배우는 게 아니라 성령 자체로부터 배웁니다.

본문에는 예수님이 제자들을 부르시는 장면이 나오는데, 모든 제자들은 아니고 다섯 명이 그 대상입니다. 베드로 형제, 야고보 형제, 그리고 레위입니다. 앞의 네 사람은 어부였고, 레위는 세리였습니다. 오늘 본문에 따르면 이 레위는 알패오의 아들입니다. 오늘 본문과 병행구인 마태복음은 예수님이 제자로 부른 세리를 마태라고 이름하며, 누가복음은 마가복음과 똑같이 레위라고 이름을 붙입니다. 조금 복잡합니다. 일반적으로 레위와 마태를 동일인으로 보는 게 옳습니다. 여기서조금 궁금한 게 있습니다. 복음서 기자들은 어부와 세리 이외의 제자들이 부름 받은 것에 대해서는 왜 별 말이 없을까요? 그들 중에는 열심당원도 있었고, 나름으로 민족의식이 강한 사람, 그리고 지성인도 있었습니다. 각각의 모든 제자들이 초기 그리스도교에서 매우 중요한 역할을감당한 사람이었을 텐데, 복음서는 이들에 대해서는 입을 다물고 있습니다. 복음서가 기록되던 시기에 제자들에 관한 전승이 별로 남아 있지않았다는 사실이, 그리고 그들의 역할이 별로 크지 않았다는 사실이 가장 큰 이유일 겁니다. 요즘은 우리가 '열두 제자'라는 이름을 붙여서 그들을 그리스도교의 매우 중요한 인물로 여기고 있지만 실제로 그 당시에는 그렇지 못했다는 말씀입니다.

오늘 본문은 알패오의 아들 레위가 세관에 앉아 있었다고 합니다. 그날은 그에게 다른 날과 다를 게 하나도 없는, 그렇고 그런 하루였습니다. 아침을 먹었습니다. 어젯밤에 술 한 잔 했으면 조금 피곤했을지도 모르겠네요. 그는 아침에 가족과 인사를 나누고 세관으로 출근했을겁니다. 차를 마시며 동료들과 함께 그날 처리해야 할 업무를 의논하고 있지는 않았을까요? 아주 평범한 어떤 날에 그는 예수님을 만났습니다. 그렇게 역사는 우연한 방식으로 사소한 일상을 우주론적 사건으로 만듭니다.

레위 이야기를 약간의 상상력을 빌려 자서전적 소설로 써보겠습니다.

나는 다른 날과 마찬가지로 그날도 내 자리에 앉아서 내가 맡은 일을 보고 있었습니다. 세관에서 내가 맡은 일은 유대인들에게서 징수한 세금을 상부에 납부하는 것이었습니다. 내 아버지의 조언에 따라서 로마 공무원 시험을 보고 벌써 5년 동안 이런 일을 하고 있는데, 요즘 들어 마음이 복잡합니다. 가버나움에 사는 사람들의 살림살이가 점점 힘들어지고, 그래서 세금은 잘 들어오지 않는데, 위에서는 작년보다 더 많은 액수를 보내라고 닦달입니다. 우리는 어쩔 수 없이 강제적으로 세금을 거둘 수밖에 없었지요. 이러다 보니 사람들과 자주 다투게 됩니다. 우리를 보는 그들의 눈빛을 참아내기 어렵습니다. 우리를 사람으로 보지 않는 것 같습니다. 뭐, 이런 분위기야 어제오늘 이야기는 아니지만요. 실제로 나는 내가 하는 일에 대해서 별로 의미를 찾지 못합니다. 내가 지금 남에게 못할 짓을 하는 건 아닐까 하는 자책감에 사로잡힐 때도 많습니다. 내 일이라는 게 로마 총독부 좋은 일만 시키는 것 같기에 말입니다.

며칠 전 저녁 무렵이었지요. 집에 돌아갈 준비를 하고 있는데, 서른을 갓 넘긴 듯한 어떤 낯선 사람이 나를 유심히 살펴보는 거였습니다. 저는 이곳 가버나움에서 태어나서 한 번도 이곳을 떠난 적이 없기 때문에, 그리고 직업 관계로 많은 사람들을 만나기 때문에 웬만한 사람은 대충 알고 있는데, 그 사람은 완전히 생면부지였습니다. 새로 이사 온 사람인가, 아니면 총독부에서 내려 보낸 감사관인가, 이런저런 생각이 들었습니다. 그 사람 주변에 몇몇 사람이 함께 있는 걸 보니 그런 건 아닌 것 같았습니다. 그 일행 중에는 내가 아는 사람들도 있었거든요.

그날 저녁밥을 먹고 잠시 쉬는데, 한 친구가 찾아왔습니다. 그 친구는 바로 세관에서 나를 바라보던 그 낯선 사람과 함께 서 있던 일행 중의 한 사람이었지요. 그 친구는 나를 동네 찻집으로 데리고 갔습니다. 친구는 나에게 그 낯선 사람에 대한 몇 가지 이야기를 전해주었습니다. 그는 나사렛에서 온 목수 예수라고 하네요. 그가 귀신도 쫓아내고, 중풍병자도 고쳤다고 합니다. 심지어 그는 "당신 죄가 용서를 받았소" 하고 말했다고 합니다. 이 말에 충격을 받은 랍비와 서기관들은 예수의 정체를 밝히기 위해서 특별 조사위원회를 꾸렸고, 그의 고향인 나사렛에 조사관들을 파견했답니다. 그 친구의 말에 따르면 일반 민중들은 서기관들과는 달리 그 일 이후로 예수에 대해서 더 큰 흥미를 보이기 시작했다는군요. 어느 날에는 갈릴리 호숫가에 수백명의 사람들이 예수의 말을 듣기 위해서 모였다고 합니다. 예수에게 나를 소개하고 싶다는 친구의 말에 나는 가타부타 대답하지 않고 헤어져 집으로 돌아오고 말았습니다.

그렇지 않아도 아내로부터 예수에 관한 소문을 들은 적이 있었습니다. 예수는 사람들에게 "때가 찼다"는 말을 자주 했다고 합니다. 우리 갈릴리 사람들은 그런 말만 들으면 마음이 부글부글 끓습니다. 이스라엘 해방을 위한 마카비 왕조의 독립운동이 로마 기마부대에 박살 난 다음에 우리는 지금 자포자기 상태입니다. 아버지가 나에게 세리라도 하라고 말씀하신 건 그런 이유도 컸습니다. 로마의 막강한 힘의 현실을 인정하고 살아가라는 말씀인 거죠. 그렇지만 우리는 여호와 하나님이 언젠가 우리에게 기회를 주실 것으로 믿고 있습니다. "때가 찼다"는 예수의 말은 바로 그 기회가 왔다는 걸까요? 그는 휴화산과 같은 우리 갈릴리 민중의 마음속에 불을 지르고 있나요? 바로 그 예수가 저녁 무렵 세관을 찾아온 낯선 사람이었다니, 놀랍군요.

나는 어젯밤 선잠을 잤습니다. 아무래도 그 낯선 사람에 대한 이런저런 생각이 그렇게 만든 것 같습니다. 그가 누군지, 그가 한 말과 그가 한 일은 정말 옳은 건지, 참으로 궁금했습니다. 그가 나를 바라보는 눈빛을 잊을 수가 없네요. 내 영혼의 심층을 뚫어보는 것 같았습니다. 어떤 사람을 만나서 이런 경험을 하기는 처음입니다. 밤새도록 뒤척이는 나를 보고 아내가 잠결에 왜 그러냐고 묻더군요. 변소에 간다고 한마디하고 마당으로 나왔습니다. 깜깜한 하늘에서 수많은 별들이 쏟아질 것만 같았습니다. 도대체 하늘을 저렇게 뿌옇게 수놓고 있는 저것들은 무얼까요? 이런 깊은 밤에 혼자 하늘을 바라보기는 처음입니다. 아니군요. 처음은 아닙니다. 십년 전쯤 친구들과 예루살렘 성지 순례를 갔다가 노숙하면서 저런 하늘을 본 적이 있습니다. 친구들의 코고는 소리에 깊은 잠을 못 자고 혼자 우두커니 앉아서 예루살렘 성전을 생각하다가 문득 하늘을 보았습니다. 그때도 하늘은 별들로 가득했습니다. 도대체 저게 무얼까요? 저 위에는 무엇이 있을까요?

내가 어렸을 때 할아버지에게서 우리 선조들에 관한 이야기를 많이 들었습니다. 그중에는 야곱 이야기도 있습니다. 야곱이 쌍둥이 형 에서를 피해서 삼촌 라반이 살고 있는 하란으로 가다가 벧엘이라는 곳에서 노숙을 했다네요. 그런데 밤에 꿈을 꾸었습니다. 하늘까지 닿은 사다리를 타고 오르내리는 천사들을 보았다는군요. 그렇다면 하늘에는 천사들과 하나님이 살고 있다는 말일까요? 꿈이 깬 야곱은 하나님이 자기와 함께한다는 걸 깨닫고 베개로 삼은 돌로 제단을 만들었다고 합니다. 야곱도 나처럼 쏟아질 것 같은 별빛을 보고 정신이 아찔했을 겁니다. 하늘과 해와 별과 달, 그리고 이 세상의 모든 것들은 도대체 어디서 와서 어디로 가는 걸까요? 다시 방으로 들어가 보니 아내는 고른 숨소리를 내며 편안하게 잠들어 있었습니다. 아내와 결혼한 지 벌써 8년이나 되었습니다. 아이들은 셋을 두었지요. 원래는 아내가 네 명을 낳았는데 하나는 백일이 못 돼서 죽었지요. 넷을 낳아 하나를 잃었으니 우리는 그래도 괜찮은 거지요. 우리 이웃들은 대개 반이나 잃었습니다. 아이 하나를 잃을 때마다 우리는 도대체 세상을 산다는 게 무언지 참으로 허무하게 느껴지곤 했습니다. 그 아이를 잃고 나와 아내는 한동안 말도 없이 지냈습니다. 그래도 세월이 약이더군요. 그런 아픔들도 이제 기억에서 희미해져가고 있습니다. 잠든 아내 옆에 누워 잠을 청했지만 쉽게 잠이 들지 않았습니다. 그렇게 밤을 지내고 아침에 다시 세관에 나왔습니다.

일이 손에 잡히지 않는군요. 몸은 피곤했지만 정신만은 오히려 팽팽한 활시위처럼 긴장감으로 가득했습니다. 이런 상태로는 아무 일도 손에 잡히지 않을 것 같습니다. 아무래도 불원간에 그를 직접 만나봐야 할 것 같은 느낌이 듭니다. 아무도 몰래 수소문해서 그가 머물고 있는 곳을 찾아가는 게 좋을지, 아니면 나를 예수에게 소개하겠다는 그 친구에게 연락하는 게 좋을지 모르겠네요. 그럴 게 아니라 아내에게 내 속마음을 털어놓는 것도 좋겠군요. "때가 찼다"는 예수의 말을 나에게 전한 걸 보면 아내도 종종 예수가 가르치는 곳을 드나드는 것 같습니다. 정확하게는 모르겠지만요. 그렇지만 예수를 만난다는 게 망설여지기도 합니다. 사실 예수 같은 사람들은 한둘이 아니었거든요. 기적을 행하기도 하고, 탈무드 이야기를 재미있게 전하는 랍비와 유랑 전도자들은 많았습니다. 나도 그런 사람들을 몇 번 만나보기는 했는데, 조금 시간이 지나니까 시들해지더군요. 혹시 예수도 그런 유랑 전도자들 중의 한 사람에 불과한 건 아닐까요? 그를 만나러 갔다가 공연히 후회할지 모르겠다는 염려도 없지 않습니다.

마침내 나는 어젯밤에 예수라는 사람을 가까이서 만나볼 수 있었습니다. 나를 찾아왔던 친구가 헤어지면서 알려준 그 집에서 말입니다. 그 집은 예전에 한 번 가보았던 곳입니다. 시몬이라는 어부의 집이죠. 나는 어렸을 때 친구와 함께 시몬의 집에 놀러간 적이 있었습니다. 친구와 시몬이 사촌 간이었거든요. 시몬과는 그 뒤로 자주 만나지는 못했지만 친구를 통해서 가끔 소식을 전해 듣곤 했습니다. 아, 그가 장가갈 때 또 만났었습니다.

예수라는 사람이 시몬의 집에 머문다니 뜻밖이라는 생각이 들었습니다. 내 기억에는 시몬이 별로 종교적인 사람이 아니었거든요. 매년 유월절 때마다 친구들과 어울려 가는 예루살렘 성지 순례에도 시몬은 참가하지 않았거든요. 그런데 예수가 그의 집에 머물다니요. 저녁밥을 대충 먹고 아내와 함께 오 리 정도 떨어진 시몬의 집으로 갔습니다. 아내는 나보고 하루 종일 세관에서 일하느라 피곤할 텐데 뭐 하러 가냐고 물었습니다. 그렇게 말하면서도 별로 싫지 않은 내색이었습니다. 아내는 예수에 대한 흥미가 많았습니다. 실제로 먼발치에서 예수를 몇 번 본 것 같습니다. 어떻던데, 하는 내 물음에 아내는 잘 모르겠어요, 괜찮은 사람 같더군요, 하고 더 이상 말은 없었습니다.

길을 가는 중간에 나는 그냥 돌아갈까 하는 생각을 몇 번이나 했습니다. 평소에 저는 가까운 친구가 아니면 사람들이 모인 곳에 가지 않는 편입니다. 모든 사람들이 그런 건 아니지만 나 같은 세리를 정말 싫어하는 사람들이 있어서 말입니다. 그런 눈치를 받으면서까지 굳이 사람들과 어울릴 필요는 없잖아요. 그래도 이렇게 나선 마당에 돌아가는 것도 우습고, 예수를 직접 만나보지 않으면 잠도 안 오고, 일도 손에 잡히지 않을 것 같아서 결국 시몬의 집에 들어갔습니다.

시몬의 집에는 이삼십 명 정도의 사람들이 모여 있었습니다. 안방과 마당에서 조용하게 예수의 말을 듣고 있더군요. 몇 개 걸려 있는 초롱불이 어두워서 자세하게 알아 볼 수는 없지만 친구와 시몬, 그리고 몇몇 아는 사람들의 모습이 눈에 들어왔습니다. 우리는 눈빛으로만 인사를 나누었지요. 따뜻한 눈길이었습니다. 혹시 못마땅하게 생각하는 사람이 있으면 어쩌나 했던 내 걱정이 부질

없었다는 생각이 들었습니다. 나는 아내와 함께 안방 문에서 그리 멀지 않은 마당 한구석에 자리를 잡고 앉았습니다.

자리에 앉으면서 옆 사람들을 흘깃 쳐다보았습니다. 무언가에 마음을 빼앗긴 듯한 모습이었습니다. 긴장하고 있었지만 굳어 있지는 않았습니다. 그들의 영혼에 큰 물결이 출렁인다고 말해야 할 것 같군요. 신비로운 평화와 기쁨이 그들의 얼굴에, 그 집 전체에 가득했습니다. 만약 하나님의 영이 함께한다면 바로 이런 분위기일 거 같더군요. 내가 낮에 세관에 앉아서 보던 이들과 똑같은 사람들인데, 이 자리에서는 전혀 다르게 보인다는 게 참으로 이상했습니다. 이런 신비로운 힘이 도대체 어디서 오는 걸까, 이상하다는 생각이 들었습니다. 바로 그 순간에 예수의 목소리가 들려오더군요. 여러분, 하나님 나라가 가까이 임했습니다. 우리 조상들을 이끌어 내시고 지켜주신 하나님의 통치가 이미 여러분과 함께하십니다. 하나님 나라는 보이지 않기 때문에 믿지 못하겠다는 사람들도 있습니다. 보이지 않는다고 해서 없는 건 아닙니다. 이 세상을 창조한 영은 보이지 않지만 가장 확실한 생명의 능력인 것처럼 하나님은 지금 눈에 보이지 않지만 우리와 함께하십니다. 우리는 하나님에게 마음을 열어야 합니다. 우리 삶의 토대를 하나님에게로 돌이켜야 합니다. 이미 우리에게 가까이 오신 하나님 나라를 향해 돌아서야 합니다.

아, 하나님 나라가 가까이 왔다니요. 내 영혼이 참된 안식을 얻을 수 있는, 바로 그 하나님 나라가 우리에게 왔다니, 놀라웠습니다. 내 눈에는 보이지 않는 그 나라가 이미 왔다니요, 그게 정말일까요? 예수의 말을 액면 그대로 믿어도 되나요? 혹시 그는 사이비 예언자가 아닐까요? 우리가 그동안 한두 번 속은 게 아니었습니다. 말은 그럴듯하게 하는데 결국 사람들을 구렁텅이로 몰아넣은 자들이 많았거든요.

아내와 나는 어젯밤 시몬의 집에서 돌아오면서 많은 이야기를 나누었습니다. 하나님 나라가 가까이 왔다거나, 회개하라는 말이 무슨 뜻인지 말입니다. 아내도 그렇지만 나도 그런 말을 구체적으로 이해하기는 힘들었습니다. 물론 어렴풋이는 알겠는데, 다른 사람에게 설명하라고 하면 자신이 없습니다. 그래도 예수의 그 말은 마치 과녁 중심에 꽂힌 화살처럼 내 마음 깊은 곳에 박힌 건 분명했습니다. 하나님 나라에 대한 궁금증이 도저히 떠나지 않으니 말입니다.

사실 저는 평소에 여호와 하나님을 약간 생각하기는 했지만 별로 진지하지는 않았습니다. 그렇게 하고 싶어도 먹고살기가 힘드니까 그럴 여유도 없었지요. 그냥 자식새끼 굶기지 않고, 아내 눈물을 흘리게 하지 않고, 그렇게 살기만 하면 충분하다고 생각했습니다. 다른 사람들도 모두 대충 그렇게 살아가는데 뭐 나라고 다른 수가 있나 자위하면서도 어딘가 허전한 구석은 늘 남아 있었습니다. 그래서 간혹 회당에도 가고, 지난번에는 예루살렘 성지 순례도 다녀오기도 했지요. 그런다고 해서 허전한 게 해결되는 건 아니지만, 별 다른 뾰족한 수가 없으니까 그렇게라도 했던 거지요. 그런데 지난 며칠간 예수 때문에 내 마음이 매우 복잡해졌습니다. 그냥 그러려니 하던 생각과 어쩔 수 없지 하는 생각에 더 이상 머물러 있을 수 없게 된 것입니다.

어젯밤 예수의 말씀이 끝났을 때 친구가 나를 예수에게 인사시켰습니다. 물론 그 옆에는 시몬이 서 있었지요. 나는 세관에서 일하는 레위라고 합니다, 그리고 이 사람은 내 집사람입니다, 하고 인사를 하자, 예수는 아, 그래요, 나는 나사렛에서 온 예수라고 합니다, 만나서 반갑습니다, 하고 인사를 받더군요. 나이는 그렇게 많이 들어 보이지 않았습니다. 기껏해야 나보다 서너 살 많아 보였습니다.

예수는 나에게 요즘 일이 힘들지 않나요, 하고 물었습니다. 이런 질문은 흔하게 들었던 겁니다. 똑같은 질문인데도 예수에게 직접 듣는 질문은 전혀 다른 느낌이었습니다. 그는 아주 오래된 친구를 대하듯이 나에게 그렇게 물었습니다. 처음 만난 사람에게서 이런 평화로움을 전해 받을 수 있다는 게 놀라웠습니다. 평소에 마음에 담아두었던 질문을 했습니다. "선생님, 열심히 살려고 하는데, 마음이 허전합니다. 뭘 어떻게 해야 합니까?" 너무나 진부한 질문이었습니다. 이렇게 묻기는 했지만 조금 부끄러웠습니다. "레위, 나와 같이 하나님 나라를 전하러 다닙시다." 예수는 나에게 전혀 뜻밖의 말을 했습니다. 하나님 나라가 무언지도 잘 모르는 나에게 그걸 함께 전하러 가자니, 이 말은 나에게 전혀 어울리지 않았습니다.

밤새도록 나는 고민했습니다. 예수의 말이 무언지 정확하게는 잘 모르겠지만, 그를 따라나서야 하는 게 아닐까 하는 생각이 나도 모르게 점점 커졌기 때문입니다. 예수가 나에게 반드시 필요한 요구를 했을 거라는 믿음도 아주 짧은 순간에 점점 자라났습니다. 정말 이상한 일이었습니다. 어떻게 이런 일들이 나에게서 일어나는 걸까요? 이제는 정말 나는 예수를 따라나서야 한다는 소리를 외면할 수 없을 것 같군요. 내 운명을 예수에게 걸어야 한다는 내면의 소리 말입니다.

다시 글쓰기의 본래 자리로 돌아오겠습니다. 15절에 따르면 예수님은 세리 레위의 집에 들어가셨습니다. 그런데 성서기자는 예수님이 그의 집에서 음식을 잡수셨다는 사실을 명시적으로 언급합니다. 그 당시는 오늘과 달리 먹을거리가 충분하지 못했기 때문에 더불어서 무엇을 먹는다는 건 매우 중요한 일이었을 겁니다. 특히 오늘 본문 뒤로 이어지는 금식(막 2:18-22)과 제자들이 잘라 먹었다고 하는 밀 이삭 이야기

(막 2:23-28)에 이르는 일련의 상황을 보면 먹는 문제는 나사렛 예수 공동체의 성격을 규정하는 요소라는 것도 분명합니다. 사람들은 가까운 사람들과는 함께 밥을 먹습니다. 가깝지 않더라도 사업을 위해서, 정치적 야합을 위해서 밥을 먹기도 하지만, 일반적으로는 친밀한 사람들끼리 밥을 먹습니다. 먹는 일이 인간 생존에 가장 필수적인 행위라는 점에서 함께 밥을 먹는다는 건 생명의 동질성을 서로 나눈다는 의미이기도 합니다. 먹는 일은 거룩한 행위인 셈입니다.

기독교 예배의 중심은 말씀 선포와 성례전입니다. 설교는 듣는 말씀이라면 성례전, 특히 성만찬은 보는 말씀이며 몸의 말씀입니다. 성만찬을 통해서 우리는 예수 그리스도와 하나라는 사실을 경험하고, 그렇게 고백합니다. 이런 점에서 그리스도교 신앙은 영만이 아니라 몸을 본질로 합니다. 우리는 영적으로만이 아니라 몸으로도 역시 하나님과의 일치를 추구합니다. 이런 점에서 함께 밥을 먹는다는 건 단순히 밥에만 머무는 게 아니라 그것 자체가 이미 종교적인 의미를 담고 있습니다. 교회 공동체 안에서 성만찬과 친교 식사를 나누는 일은 어느 정도 자리를 잡았으니까, 이제는 교회 밖의 사람들과 함께 밥을 먹는 준비도 해야겠지요. 그런 준비가 구체적으로 무엇일까요? 우리는 어떻게 몸으로도 세상과 하나가 될 수 있을까요?

15절에는 세리와 죄인이 병렬로 자리하고 있습니다. 그 말은 세리와 죄인이 별 다를 게 없다는 뜻이겠지요. 신약학자들의 설명에 따르면 본문에 나오는 세리들은 국경을 통과하는 상품에 대해 부과되었던 변칙적인 세금을 징수하던 사람들이라고 합니다. 조세는 로마 황제의 국고로 들어가지만 관세는 지방 군주의 금고로, 즉 갈릴리의 분봉왕인 헤롯 안티파스의 금고로 들어갑니다. 관세는 세금청부업자를 통해서 이루어졌기 때문에 징세가 남용되고, 그로 인해서 세리들은 백성들의 원성을 많이 샀습니다. 그들은 당시 악당으로 분류되는 사기꾼이나 매국노로 간주되었는데, 레위는 바로 그런 사람이었습니다.

예수님이 밥을 드시던 레위의 집에 세리와 죄인들이 많이 모였다고 합니다. 아마 레위의 친구들과 평소에 예수님을 따르던 죄인들이 모였겠지요. 죄인들은 어떤 사람들일까요? 세리를 비롯해서 이방인, 창녀 같은 사람들을 가리키겠지요. 또한 천형을 앓고 있는 사람들도 모두 죄인들입니다. 예수님이 사기꾼인 레위를 제자로 부르고, 그의 집에서 밥을 먹었으며, 많은 세리와 죄인들과 어울렸다는 건 파격입니다. 그런데 궁금한 게 있습니다. 예수님은 왜 자기를 따르던 많은 죄인들에게 잘못된 삶을 고치고 바르게 살아라고 가르치지 않고, 그대로 어울리기만 했을까요? 그들을 뭔가 새로운 사람으로 만들어야 하는 거 아닌가요? 이게 세례 요한과의 차이입니다. 요한은 엄격하게 도덕적인 설교를 했는데, 예수님은 그저 임박한 하나님 나라만 선포했습니다. 예수님은 인간의 도덕적인 변화가 근본적으로 불가능하다고 보았을지 모릅니다. 그래서 그들에게는 변화된 삶이 아니라 은총으로 하나님 나라를 받아들이는 게 필요하다고 생각하셨겠지요.

예수님 주변에 세리와 죄인들이 늘 함께했다는 사실과 예수님이 그들을 모범생으로 만들지 않았다는 사실에서 복음과 설교의 근본이 무엇인지, 방향을 잡을 수 있습니다. 설교는 청중들로 하여금 하나님 나라의 통치에 마음을 열라는 초청이지 그들을 쓸 만한 인간으로 개조하려는 훈계가 아닙니다. 초청과 훈계는 근본적으로 다른 차원입니다. 초청은 초청의 주체에 중심이 놓여 있다면 훈계는 훈계의 객체에 중심이 놓여 있습니다. 전자는 하나님 나라가 관건이라면 후자는 사람입니다. 물론 하나님 나라가 사람과 아무런 상관이 없다는 뜻은 아닙니다. 하나님의 통치가 사람의 삶과 역사에 직간접적으로 개입하지만 주체는 여전히 하나님의 통치입니다. 초청과 훈계를 구분하지 못할 때 설교는 그 의도가 아무리 좋다고 하더라도 잔소리로 떨어질 가능성이 높습니다.

예컨대 탕자의 비유를 봅시다. 많은 설교자들이 탕자의 변화된 삶을 강조합니다. 그들은 청중들에게 잘못된 삶을 회개하라고 다그칩니

다. 도박, 마약, 술, 담배를 끊으라고 설교합니다. 이런 설교는 잔소리
이고, 더 심하게 말하면 코미디입니다. 왜냐하면 이 비유의 핵심은 탕
자가 아니라 아버지이기 때문입니다. 본회퍼의 진술을 들어보십시오
《《본회퍼의 시편명상, 153쪽》)

> 예수 그리스도의 이름이 우리의 입술을 통해 나오기까지 얼마나
> 많은 망설임과 고민의 과정을 거쳐야 하는가! 영적인 잔소리꾼,
> 지겨운 수다쟁이가 되지 아니하고 주의 모든 규례를 선포할 수 있
> 기 위해서는 많은 영적 체험과 수행, 그리고 어린아이와 같은 믿
> 음과 확신이 필요하다. 그리고 우리의 입술이 온전히 예수 그리스
> 도께 봉사할 수 있으려면 우리의 마음이 오로지 하나님의 말씀만
> 을 붙들고 있어야 한다.

기독교 신앙과 설교에 윤리적인 가르침이 필요 없다는 뜻은 아닙니다.
구약의 예언자들이 정의와 평화, 그리고 정직한 삶을 가르쳤고, 신약의
서신들도 역시 그런 주제를 말하고 있습니다. 산상수훈을 보더라도 그
리스도교는 어느 시대, 어느 곳에서만 고도의 윤리적 감수성을 유지한
것만은 분명합니다. 그러나 그런 요소들이 아무리 선한 것이라고 하더
라도 그것 자체가 아니라 그런 윤리적 삶을 수행할 수 있는 능력이 중
요합니다. 그것들은 규범으로서가 아니라 복음의 범주에서만 의미가
있다는 뜻입니다.

　그리스도교 신앙은 근본적으로 하나님 존재와 통치의 신비에 눈을
뜨는 것입니다. 주님의 십자가와 부활과 재림의 신비에 마음을 여는 것
입니다. 우리가 어떤 종류의 사람인가를 묻지 않고 생명의 세계로 들어
오라는 초청에 반응하는 것입니다. 종교학적인 개념으로 말한다면, 루
돌프 오토가 말하는 '거룩한 두려움'이라는 경험이 바로 그것입니다. 우
리의 의지와 판단과 생각이 모두 무의미해지는 가장 궁극적인 존재의

세계로 돌입하는 것입니다. 거기서만 우리는 거룩한 두려움을 경험할 수 있으니까요. 오늘의 그리스도인들은 그런 세계를 미리 맛본 사람들이며, 다른 사람들에게 그런 초청을 설명하는 사람입니다.

예수님이 세리와 죄인들을 그대로 받아주셨을 뿐만 아니라 그런 죄인들과 어울려 먹고 포도주를 마시면서 살았다는 건 그가 이런 절대적인 생명의 세계 안에서 사람들을 대했다는 의미입니다. 실존이 본질에 우선한다는 실존주의 철학의 명제를 여기에 대입한다면 복음을 따르는 변화된 삶(본질)보다는 하나님의 통치(존재)가 우선한다고 말할 수 있습니다. 예수님의 복음 안에 들어 있는 가장 궁극적인 성격이 그것입니다.

세리와 죄인들이 예수님과 자리를 함께했다는 본문 말씀을 다시 생각해 보십시오. 죄인들이 어떻게 예수님과 자리를 함께할 수 있었을까요? 그들의 영적인 감수성이 예민했다는 말인가요? 물론 사회로부터 따돌림을 당하는 사람들은 하나님의 통치를 기다리기 마련이지만 성서에 등장하는 세리와 죄인들이 반드시 그런 사람들이라는 보장은 없습니다. 성서의 관심은 그 어떤 사람도 하나님의 구원과 사랑에서 배제되지 않는다는 사실입니다.

그렇습니다. 하나님의 은총은 모든 것을 그대로 받아 주십니다. 예수님은 있는 그대로의 사람을 인정하십니다. 거기에는 인간의 윤리적 범주가 개입되지 않습니다. 다시, 오해하지 마십시오. 복음이 삶의 변화와 상관없다는 뜻이 아닙니다. 복음은 사람들이 받아주지 않는 세리와 죄인들을 그대로 인정하시는 하나님의 은총을 가리킵니다. 사람과 세상을 변화시켜야겠다는 생각을 너무 강하게 하지 않는 게 좋을 것 같습니다. 그렇게 해봐야 실제로는 변화하지 않습니다. 그리고 죄인들에게도 생명의 빛이 임해야겠지요.

요아킴 그닐카는 《마가복음 주석》에서 바리새파를 자세하게 설명합니다. 핵심은 두 가지입니다. 하나는 바리새인이 어느 한 순간에 만

들어진 조직이 아니라 상당히 점진적인 변화의 과정을 거쳤다는 것입니다. 그 안에 서로 다른 신학적 경향들이 자리하고 있습니다. 사도행전의 보도에 따르면 바울은 산헤드린에서 심문을 받을 때 부활 신앙으로 인해서 자신이 박해를 받는다고 피력함으로써 바리새인들의 적극적인 지원을 받습니다. 이런 점에서 바리새인들이 늘 그리스도교와 대립한 건 아니라는 사실을 알 수 있습니다. 다른 하나는 바리새인들이 예수님과 충돌했을 개연성은 아주 높다는 것입니다. 그러나 여기에도 역시 예외적인 단서가 붙습니다. 예수님의 식탁에 바리새인들이 참여할 때도 간혹 있었습니다. 그들은 보수적인 사두개인들에 비해서 예수님에 대한 관심이 훨씬 많았던 것만은 분명합니다. 관심과 기대가 많았기 때문에 그만큼 실망도 컸을지 모릅니다.

오늘 본문에 등장하는 바리새인은 서기관입니다. 바리새파에 속한 서기관이겠지요. 이런 묘사는 중풍병자 치유 현장에서 신성모독 운운한 사람이 단순히 서기관이었다는 묘사와 비교됩니다. 마가복음 기자는 왜 앞의 서기관과 본문의 서기관을 다르게 묘사하고 있을까요? 의도적일까요? 앞의 서기관과 뒤의 서기관은 동일인일까요? 전자는 신성모독을 거론했지만 후자는 단순한 성결의식에 관한 것만 거론했다는 점에서 구별됩니다. 마가복음 기자는 바리새인에 대한 편견을 가능한 대로 줄여 보려고 한 것은 아닐는지요. 좋은 사람들이었지만 그리스도교와 대립할 수밖에 없었던 이유가 무엇일까요? 그건 바로 오늘 우리의 문제이기도 합니다.

본문에 등장하는 바리새인 서기관은 대표적인 지식인입니다. 서기관은 유대교 율법을 연구하고, 수많은 불문 율법을 해석하거나 구약성서의 사본을 만들었습니다. 그런데다가 이 사람은 보수적인 사두개파가 아니라 진보적인 바리새파라고 합니다. 진보 지식인! 멋있는 말이군요. 그가 바로 이 글을 쓰고 있는 저 자신일지 모른다는 생각에, 부끄럽습니다. 일반적으로 지식인은 지적인 능력이 뛰어난 사람을 가리킴니다. 어떤 것을 분석하고 종합해 낼 수 있는 능력을 말하겠지요. 이런 지적인 능력은 인류 문명을 이끌어 온 중요한 요소입니다. 그래서 이런 지성인들은 지도자 역할을 했습니다. 지금의 대학 선생님들이나 법관, 변호사, 과학자들처럼 말입니다. 지성이 정상적으로 작동하는 사회를 우리는 합리적인 사회라고 말합니다. 그러나 지식이나 지성이 곧 진리 자체는 아닙니다. 지식이나 지성은 어떤 대상을 지적으로 판단할 수 있는 능력에 불과하지만 진리는 '옳음'을 그 토대에 놓기 때문입니다. 지식은 중성적인 정보에 불과하지만 진리는 참된 것에 대한 존재론적인 참여를 전제하기 때문입니다. 지식은 부분에 한정되지만 진리는 전체와 연결되기 때문입니다.

본문의 바리새인 서기관은 지식인이었습니다. 그는 오늘 예수님의 제자들을 향해서 왜 세리와 죄인들과 함께 먹는가 물었습니다. 그들의 율법적인 정보에 따르면 죄인들과의 식사는 불의한 것이었습니다. 그들은 인간과 공동체를 궁극적으로 살리는 생명에 대해서는 눈을 감고 단순히 자신들이 알고 있는 지적인 정보에 따라서 예수님을 판단했습니다. 그는 예수님이 죄인들과 밥을 먹는 그 행위 안에 담긴 생명보다는 자기가 소중하게 생각하는 율법을 기준으로 판단할 수밖에 없었습니다. 우리는 오늘 지식인의 한계를 다른 각도에서 다시 확인하려고 합니다. 자신의 지식에 사로잡힌 사람은 신비에 눈을 감습니다. 사실 지식인만이 아니라 모든 인간은 대개 자기가 경험한 범주 안에서 벗어나지 못합니다. 가부장적 질서에 굳어진 사람은 페미니즘을 결코 이해하지도 않을 뿐만 아니라 이해한다고 하더라도 용납하지 않습니다. 이런 것이 인간의 본성적 한계이기도 하지만, 지식인들에게 이런 현상이 더 두드러지는 이유는 그들이 나름 업적을 확보했기 때문입니다. 지적인 업적과 자만심은 신비에 눈을 감게 만듭니다. 지적 능력이 부족한 사람들이 누리는 자유에 대해서 그들은 알지도 못하고, 알려고도 하지 않습니다. 여기서 말하는 지식은 단지 세속적인 것만이 아니라 종교적인 것까지 포함합니다. 종교적인 지식이야말로 하나님의 통치가 열어갈 신비의 세계를 가로막는 장애물로 작동될 때가 많습니다. 바리새인 서기관은 목수의 아들인 예수에게서 하나님의 구원 사건이 일어났다는 그 신비에 눈을 감았습니다. 대신 세리와 죄인들이 그것을 경험했습니다.

모든 지식인들이 하나님의 존재 신비를 못 본다는 말씀은 아닙니다. 모든 지식인들이 아니라 지식이라는 외피에 눈을 가린 사람들에게 해당되는 말입니다. 자기의 업적이 클수록 하나님의 통치는 눈에 들어오지 않는다는 건 일반적입니다. 이는 흡사 티브이를 크게 틀어놓으면 가을 바람 소리, 귀뚜라미 소리를 들을 수 없는 것과 비슷합니다. 지식인들의 눈에 잘 들어오지 않는 신비는 무엇일까요? 거미가 거미줄을 치는 걸 보신 적이 있나요? 신비롭습니다. 인간의 일상에서는 그런 일들이 불가능하기 때문에 신비하게 보입니다. 궁극적인 차원에서 본다면 이 세상 자체가 신비롭습니다. 만약 이 세상을 창조부터 종말까지 초고속으로 촬영해서 훗날 재생할 수 있다면 그 엄청난 변화로 입을 다물 수 없을 겁니다. 애벌레가 나비가 되듯이 양적으로만이 아니라 질적으로 전혀 다른 세계로 변할 테니까요.

우리는 하나님을, 하나님이 창조하고 완성할 이 세상을 잘 알고 있는 것처럼 생각합니다. 신앙 문제에서도 이런 상투성이 지배하는 경우가 비일비재합니다. 십일조를 드리면 축복하고 드리지 않으면 저주하는 신처럼 하나님이 오도되고 있습니다. 심지어 하나님의 이름으로 전쟁을 일으키고 있으니 말할 나위도 없습니다. 여호수아가 여리고 성과 아이 성을 공격하면서 성안의 민간인까지 모두 죽이는 걸 하나님의 뜻으로 생각했던 것처럼 오늘도 하나님이 전쟁의 신으로 선전되고 있습니다. 하나님의 존재 신비는 사라지고 정치, 경제 이념을 종교적으로 합리화하는 도구가 되어 버린 시대를 살고 있습니다.

바리새인 서기관에게서 볼 수 있는 또 하나의 특징은 바로 그의 진보성입니다. 바리새인이 과연 진보적인 사람들인지 논의가 더 필요하겠지만 사두개인들처럼 로마 체제 안에 안주하지 않았던 사람들이라는 점은 분명합니다. 오늘 우리의 질문은 이것입니다. 진보적이었던 바리새인들이 왜 예수님과 대립했을까요? 예수님도 그런 관점으로 분류한다면 진보 인사인데 말입니다. 바리새인의 진보성은 이중적입니다. 한편으로 그들은 기득권에 안주하지 않는다는 점에서 진보성을 확보하고 있습니다. 그들은 로마 체제를 거부했습니다. 물론 에세네파처럼 현실로부터 도피하지는 않았지만 사두개인들에게서 볼 수 있는 현실 안주를 거부했습니다. 다른 한편으로 그들은 이념을 절대화했다는 점에서 여전히 한계를 안고 있었습니다. 자신들의 전체 존재를 율법 수호에 걸어 둠으로써 복음의 세계를 수용할 수 없었습니다.

사회학자들의 분석에 따르면 공산주의가 옛 소련 연방과 동구권에서 실패한 이유는 그들의 진보역사관이 교조적으로 집행되고, 관료화되었다는 데에 있다고 합니다. 오늘 한국 사회의 진보인사들 중에서도 그런 이들이 적지 않습니다. 사회운동에서는 진보적이지만 가정과 교회에서는 여전히 가부장적인 목사들도 많습니다. 진보주의의 한계입니다. 정확하게 말하면 진보주의 한계라기보다는 인간의 한계이겠지요. 진보적이든지, 보수적이든지 중요한 것은 이 세상과 역사를 얼마나 열린 눈으로 보는가 하는 것입니다. 자칫하면 자기의 지적 체계에 포로가 될 수 있습니다. 지성적이고 진보적인 기독교인들은 이런 위험을 넘어서기 위해서 자기 성찰에 예민해야 합니다.

왜 죄인들과 어울려 다니느냐는 서기관의 불만을 듣고 예수님이 주신 17절 말씀은 그야말로 촌철살인입니다. 건강한 사람에게는 의사가 필요 없듯이 의인에게는 예수가 필요 없다는 말보다 인간의 본질과 기독교 구원의 근본을 잘 설명하는 말은 없습니다. 동시에 이것은 예수의 정체성에 대한 정확한 인식이기도 합니다. 의인은 구약성서의 중심 사상입니다. 개인과 사회를 전체적으로 의로움이라는 관점에서 접근합니다. 그들의 종교 의식부터 먹을거리 문제까지 모든 게 그렇습니다.

노아는 그 당시 유일하게 의로운 사람이었으며, 욥도 역시 의로운 사람이었습니다. 아브라함도 믿음으로 의로운 사람으로 인정받지요. 예언자들의 관심은 의(義)였습니다.

큰 틀에서 보면 신약성서도 역시 의를 중요하게 생각합니다. 산상수훈은 이런 의로움의 결정체입니다. "내가 너희에게 이르노니 너희 의가 서기관과 바리새인보다 더 낫지 못하면 결코 천국에 들어가지 못하리라"(마 6:20). 바울은 성령의 열매를 아홉 가지로 설명한 적도 있습니다(갈 5:22, 23). 성서에 등장하는 의에 대한, 또는 의인에게 대한 가르침만 모아도 한 권의 책을 묶어 낼 수 있을 겁니다. 지난 2천 년 그리스도교 역사에서도 참된 신앙인들은 그 시대의 의인이었습니다. 다른 사람들에게 모범이 될 수 있는 그런 삶의 경지를 얻기 위해서 그들은 용맹정진했고, 실제로 그런 열매를 얻었습니다. 오늘도 우리는 그렇게 살아가려고 노력합니다. 그런데 오늘 예수님은 의인을 부르러 온 게 아니라고 말씀하십니다. 무슨 뜻인가요? 왜 그는 우리가 추구하는 그런 모범적인 삶을 부정하는 듯한 말씀을 하시나요?

의인을 부르러 온 게 아니라는 예수님의 말씀에 앞서 건강한 사람에게는 의사가 쓸데없다는 말씀에 주의를 기울일 필요가 있습니다. 이 말씀은 특별한 해석이 없어도 그 뜻이 우리에게 그대로 들어옵니다. 병이 들어야만 우리는 병원이나 의사를 찾아갑니다. 의인은 의사를 필요로 하지 않는 건강한 사람처럼 하나님을 필요로 하지 않는 사람을 가리킵니다. 이 말의 의미를 조심스럽게 생각해보십시오. 그들은 하나님을 믿을 필요가 없을 정도로 의로운 사람이라는 뜻이기도 하지만, 반드시 그런 것만은 아닙니다. 그들은 하나님을 믿는 사람일 수 있습니다. 다만 현재 건강하기 때문에 의사를 필요로 하지 않는 것처럼 하나님의 임재를 별로 진지하게 생각하지 않는다는 의미입니다.

오늘 그리스도인들 중에는 겉보기에 하나님을 믿는 것 같지만 실제로는 하나님이 없어도 아무 상관이 없는 사람들도 제법 많습니다. 이런 상태가 어떤 건지 생각해 보십시오. 그들 스스로 영적으로 건강하기 때문에 하나님 이외의 것에 관심이 많습니다. 교회를 성장시켜야 하는 일에 관심이 많고, 교권과 복지 활동에도 관심이 많습니다. 심지어 교회의 이해타산이 걸렸거나, 이념적 문제가 걸렸을 때 사생결단의 자세로 정치적인 행위를 벌입니다. 그러면서도 본인들은 정치적이지 않다고 주장합니다. 서울 시청 앞 광장에서 이런 집회가 흔히 일어납니다. 예수님은 의인을 부르러 오지 않았다고 분명하게 말씀하셨습니다. 예수님이 불러도 그들은 대답하지 않을 겁니다. 건강하다고 생각하는 사람은 의사가 필요 없는 법이니까요. 이런 점에서 의인은 불행한 사람입니다.

오해는 마십시오. 의로움 자체가 무의미하다는 게 아닙니다. 다른 사람을 돕기 위해서 자기 자신을 희생하는 사람들의 의를 부정하는 말이 결코 아닙니다. 여기서의 불행이라는 것은 의가 자기 능력, 소유, 업적으로 나타나는 사태를 가리킵니다. 의는 옳으나 의에 묶이는 건 옳지 않다는 말씀이지요. 복잡하게 생각하지 말고 우리가 최선으로 의를 행하는 삶, 하나님이 그걸 인정해 주는 삶이 곧 그리스도교 신앙이라고 생각할 분들이 있겠군요. 옳습니다. 팔복에서도 "의에 주리고 목마른 사람은 행복하다"(마 5:6)는 말씀이 들어 있는 걸 보면 이런 삶이 중요한 것만은 분명합니다. 그러나 의가 아무리 중요하더라도 자신을 나타내기 위한 의는 그리스도교 신앙에서 아무런 의미가 없습니다. 여기서 자신을 나타내지 않는 의와 자신을 나타내는 의를 명확하게 구분한다는 것이 간단한 건 아닙니다. 우리는 다른 사람의 행위와 생각을 판단할 수 없을 뿐만 아니라, 자기 자신의 행위마저도 판단할 수 없을 때가 많습니다. 왜냐하면 인간의 삶과 생각과 무의식은 이중적이고 모순적이기 때문입니다. 의에 대한 궁극적인 판단은 성령에게만 허락된 것이지 우리에게는 아예 불가능해 보이기도 합니다.

그리스도인은 예수 그리스도를 믿음으로써 의인으로 인정받을 뿐이지 스스로는 의롭다고 결코 생각하지 않습니다. 실제로 의로워지는 게 아니라 은혜와 믿음으로 그렇게 인정받는 것입니다. 자신이 다른 사람보다 조금이라도 더 의롭다고 생각한다면 그는 그리스도교 신앙과 거리가 먼 사람이겠지요. 그런 사람의 내면은 예수 그리스도를 별로 필요로 하지 않을 겁니다.

"죄인을 부르러 왔다"는 예수님의 이 말씀에서 죄인은 어떤 사람을 의미할까요? 본문의 배경을 전제한다면 세리, 창녀, 이방인처럼 유대교 율법에서 부정하다고 보는 사람들이 바로 그들이겠지요. 이 죄인의 목록에 실제로 살인자, 강도, 성폭력범, 유아 납치범들이 포함되는지 단정하기는 어렵네요. 근본적으로는 그런 반사회적 폭력범들에게도 하나님의 은총이 필요하고 또 가능하지만, 오늘 본문의 배경이 그들이라고 말하기는 어렵습니다. 예수님이 말씀하시는 죄인은 모범적이고 종교적인 바리새인들과 대립된 사람들, 즉 교양이 없고 비종교적인 사람들입니다. 이 죄인의 목록을 넓혀 보면 어린아이와 여자, 장애인과 난치병 환자, 외국인 노동자, 불학무식한 사람들이 포함됩니다. 이들은 사회의 비주류이면서 마이너리티입니다. 떳떳하게 내놓을 것도 없고, 자기 발언권을 가질 수 없는 사람들이겠지요.

이런 사람들과 함께 지낸다는 건 좀 피곤한 일입니다. 예를 들어서 밥을 먹을 때 수다를 떠느라 상대방 얼굴에 침을 튀기는 사람, 대화를 나누면서도 남을 비판하는 데만 열을 올리거나 말꼬투리를 잡고, 자기만 내세우는 사람들도 있습니다. 조용하게 예배를 드리고 싶은데 혼자 은혜 받은 것처럼 반복적으로 '주여'와 '할렐루야'를 외칩니다. 이들은 교양이 없는 사람들입니다. 철부지 아이들과 비슷하다고 보면 좋겠군요. 그들과 잠깐 같이 놀아줄 수도 있어도 속마음을 나누면서 함께하기는 쉽지 않습니다. 예수님은 바로 그런 사람들을 부르러 오셨다고 합니다. 참으로 두려운 말씀입니다. 우리의 생각을 완전히 바꾸지 않으면 우리는 예수님의 뜻에서 점점 멀어질 수밖에 없습니다. 두렵습니다.

본문이 말하는 죄인은 죄를 지은 사람일까요? 아니면 죄에 대한 인식이 강한 사람일까요? 이런 질문에 답을 찾기가 힘든 이유는 죄의 정의가 간단하지 않다는 데에 놓여 있습니다. 가장 기본적으로는 실정법을 위반한 행위가 죄이며, 또는 한 사회의 전통과 관습을 어긴 행위도 죄라고 할 수 있습니다. 그러나 실정법 자체가 절대적이지 않으면, 사회 관습 또한 상대적이라는 점에서 그것만으로 죄를 규정할 수는 없습니다. 예컨대 국가보안법은 우리나라에서만 통용되는 기준입니다. 이 법 때문에 얼마나 많은 사람들이 고통당하고, 심지어 생명을 잃었는지 모릅니다. 독일의 아우토반(고속도로)은 무제한이지만 우리나라 고속도로는 시속 100~120킬로미터를 넘으면 범칙금을 내야 합니다. 유럽에서는 자식이 성장하면 부모와의 관계가 공적인 차원으로 바뀌지만 우리나라에서는 거의 죽을 때까지 끈끈한 관계를 맺습니다. 우리에게는 효가 여전히 중요한 관습법입니다.

이런 문제만이 아니라 동일한 행위라고 하더라도 상황에 따라서 그 판단은 달라질 수 있습니다. 남편에게 반복적으로 구타당하던 여자가 남편을 살해했다고 합시다. 살인이기는 하지만 정상이 참작됩니다. 살인이지만 정당방위도 있습니다. 예수님은 친구를 욕하는 것만으로도 이미 살인한 것과 같다고 말씀하셨고, 여자를 보고 음욕을 품는 것도 이미 간음한 것과 같다고 말씀하셨습니다. 이런 말씀에 따른다면 표면적인 행동 이전에 내면의 의식이 훨씬 중요한 기준이 됩니다. 이에 반해 세상의 법은 표면적인 것만 기준으로 삼습니다. 기독교인의 삶을 규정하는 윤리적 기준은 내면이 더 중요하겠지만, 표면도 무시할 수 없습니다.

제가 보기에 죄와 연관해서 그리스도인의 의식은 분열증적인 경우가 많습니다. 입으로는 "죄인입니다" 말하지만 속으로는 "의인입니다" 하니까요. 그러나 이런 분열증적인 현상을 실감하는 분들은 그렇게 많지 않을 겁니다. 왜냐하면 그런 심리작용은 아주 은밀해서 자기 자신도 눈치 채기 힘들 정도니까요. 누가복음 18장 9-14절에는 그 유명한 바리새인과 세리의 비유가 나옵니다. 대개의 그리스도인들이 자신을 세리와 동일시할 겁니다. 그러나 그게 무슨 의미인지 잘 모르고 있습니다. 자신의 모든 행위와 업적을 무가치한 것으로 돌리는 삶이라는 것을 실제로 받아들이는 사람들은 별로 없습니다. 교회 안에서는 오히려 바리새인과 같은 업적이 인정받고 있습니다. 그 비유에서 바리새인은 도덕적인 삶과 금식, 십일조를 긍지로 삼았습니다. 이런 긍지가 강한 사람들은 교회 안에서도 매우 전투적인 태도를 취합니다. 자신의 생각과 조금만 다르면 공격하고, 심지어는 교회를 분열시키기도 합니다. 세계에서 가장 신앙적인 열정이 강한 한국 교회가 가장 심하게 분열을 보이고 있다는 사실이 이에 대한 반증입니다.

그리스도인들이 이중적이고 분열적인, 이율배반적인, 자기중심적인 신앙 상태에서 벗어나는 길은 죄인을 부르러 왔다는 예수님의 말씀을 훨씬 진지하고 실질적으로 받아들이는 데서 시작됩니다. 죄인이라는 실존에서만 그야말로 하나님의 은총을 절감할 수 있기 때문입니다. 이것은 패배주의가 아닙니다. 죄의식에 사로잡혀야 한다는 말씀도 아닙니다. 인간의 도덕적인 규범과 종교적인 규범으로 남을 재단하는 관점으로부터 절대적인 자유와 해방과 생명을 허락하는 하나님의 관점으로 삶의 자리를 옮기는 것입니다. 그런 자리 옮김이 바로 회심입니다.

새 포도주는 새 부대에

2:18-22

¹⁸ 요한의 제자들과 바리새인들이 금식하고 있는지라 사람들이 예수께 와서 말하되 요한의 제자들과 바리새인의 제자들은 금식하는데 어찌하여 당신의 제자들은 금식하지 아니하나이까 ¹⁹ 예수께서 그들에게 이르시되 혼인 집 손님들이 신랑과 함께 있을 때에 금식할 수 있느냐 신랑과 함께 있을 동안에는 금식할 수 없느니라 ²⁰ 그러나 신랑을 빼앗길 날이 이르리니 그 날에는 금식할 것이니라 ²¹ 생베 조각을 낡은 옷에 붙이는 자가 없나니 만일 그렇게 하면 기운 새 것이 낡은 그것을 당기어 해어짐이 더하게 되느니라 ²² 새 포도주를 낡은 가죽 부대에 넣는 자가 없나니 만일 그렇게 하면 새 포도주가 부대를 터뜨려 포도주와 부대를 버리게 되리라 오직 새 포도주는 새 부대에 넣느니라 하시니라

18절의 진술은 약간 부정확합니다. 앞부분에서는 요한의 제자들과 바리새인들이 금식하고 있다고 했는데, 뒷부분에서는 요한의 제자들과 바리새인의 제자들이 금식하고 있다고 했습니다. 바리새인이 금식한다는 말인가요, 아니면 바리새인의 제자들이 금식한다는 말인가요? 한 걸음 더 나아가서 요한은 금식하지 않고 제자들만 금식한다는 말인가요? 요한복음 기자가 언급하고 있는 제자들이라는 단어는 여기서 결정적으로 중요하지 않은 것 같습니다. 그것보다는 요한과 바리새인들이, 그리고 그들이 실천하고 있는 금식이 관건입니다.

요한복음 기자가 여기서 세례 요한과 바리새인들의 신앙행태를 비슷한 것으로 제시하는 게 재미있습니다. 세례 요한과 바리새인들 사이에는 비슷한 점이 많습니다. 그들은 오늘 본문의 주제인 금식을 주기적으로 행했습니다. 금욕적이고 도덕적이라는 점에서 양자는 비슷했습니다. 전반적으로 볼 때 요한과 바리새인은 매우 강한 종교적인 성향을 보였다는 점에서 일치합니다.

그런데 복음서 기자들이 요한을 대하는 입장과 바리새인을 대하는 입장은 완전히 다릅니다. 요한에 대해서는 한 번도 부정적인 입장을 보인 적이 없습니다. 요한은 예수님의 길을 준비한 사람으로 언급됩니다. 출생 설화와 출가, 세례 등등 예수의 초기 사역에서 세례 요한은 결정적인 역할을 합니다. 이에 반해서 바리새인들은 늘 예수님과 적대적인 인물로 묘사됩니다. 그들은 복음서에서 위선적인 종교인의 대표자처럼 그려집니다. 복음서 기자들에게 바리새인에 대한 선입견이 있었다는 말인가요? 세례 요한과 바리새인에 대한 복음서 기자들의 평가가 왜 이렇게 다를까요?

　　금식으로 상징되는 금욕적인 삶도 두 가지로 구분되는 것 같습니다. 하나는 그것 자체가 종교적인 업적으로 드러나는 바리새인들의 삶이며, 다른 하나는 하나님을 향한 신앙의 열매로 맺어지는 요한의 삶입니다. 기도 역시 마찬가지입니다. 자기의 신앙을 드러내는 기도가 있고, 하나님을 향한 신앙에서 자연스럽게 흘러나오는 기도가 있습니다. 봉사 활동도 마찬가지이겠지요. 그런데 이 두 가지 삶은 일단 표면적으로 비슷하기 때문에 분간하기가 쉽지 않습니다. 위선과 선의 겉모양이 비슷하듯이 경건의 모양은 누구에게나 비슷하게 나타나기 마련입니다. 틀린 게 있다면 경건의 능력이겠지요. 오늘 우리의 삶에서 이런 부분을 누가 구분할 수 있겠습니까? 자기 자신은 알 것이며, 역사가 흐른 다음에 판단을 받겠지요. 자신을 철저하게 무익한 종으로 여기는 죄인의 영적인 상태가 하나님과 일치하는 첩경인 것만은 분명합니다.

　　본문은 세례 요한과 바리새인을 한 묶음으로 놓고 예수님을 거기에 대립시키고 있습니다. 앞의 사람들은 금식을 중요한 종교 행위로 삼고 있는 데 반해서 예수님과 제자들은 금식을 하지 않았습니다. 본문은 예수님의 '제자들'이라고 말하지만 예수님까지 포함해야겠지요. 출가 직후 40일 동안의 광야생활을 제외하고 예수님의 삶에서 금식을 찾아볼 수 없었다는 사실을 감안한다면 그 당시에 이런 문제가 불거진 건 분명한 것 같습니다. 나사렛 예수 공동체는 왜 경건한 생활에 집중하지 않느냐는 문제 제기이겠지요.

지금도 그렇지만 그 당시에도 웬만한 종교적인 집단이라고 한다면 서로 경쟁적으로 금욕적이고 경건한 생활을 추구하고 있었습니다. 종교는 주로 인간의 본능적인 삶을 적절하게, 아니면 철저하게 억압하는 방식으로 그 정체성을 찾으려는 경향이 강하기 때문입니다. 그런데 나사렛에서 온 예수와 그 집단은 그런 모습이 전혀 보이지 않았습니다. 죄인들과 함께 어울리면서 먹고, 포도주를 마시기도 했습니다. 예수님이 개인적으로 경건훈련을 전혀 하지 않았다고 볼 수는 없겠지요. 미명에 홀로 기도하셨다는 보도는 복음서에 자주 등장합니다. 그렇지만 전반적인 모습에서 예수님은 금욕적인 삶과 거리가 있었습니다. 사람들은 예수 공동체를 이상하게 생각했습니다. "어찌 하여 당신의 제자들은 금식하지 않습니까?" 왜 우리의 전통과 다르게 행동하는가, 왜 우리의 기대와 다른 말을 하는가, 왜 튀는가, 그런 걸 보니 기분 나쁘다는 뜻입니다. 사람들에게는 낯선 것에 대한 반감과 두려움이 있기 때문에 이런 질문을 하게 되는 것 같습니다. 진리 자체에 대한 열린 마음보다는 타성에 충실하다는 것이겠지요.

마가복음 기자는 사람들의 질문에 대한 예수님의 답변을 예상 외로 길게 인용하고 있습니다. 질문과 관련된 상황은 18절 한 절에 불과한데 답변은 19-22절에 이르고 있습니다. 우선 19절에서 예수님은 혼인집 이야기를 하십니다. 유대인들은 이 혼인 축제를 여러 날에 걸쳐 즐겼습니다. 포도주, 빵, 양고기, 과일이 준비되었겠지요. 가무도 빠질 수 없습니다. 많은 손님들이 초대되었습니다. '신랑과 함께 있을 동안에는 금식할 수 없느니라'라는 말씀에서 우리는 혼인 축제 장면을 그림처럼 그려볼 수 있습니다. 그런 곳에서 금식하는 사람은 맛이 간 사람입니다. 신랑은 예수님을 가리키는 걸까요? 예수님이 이 말씀을 직접 하신 거라면 신랑과 예수님을 동일시할 수는 없겠지요. 예수님이 자칭 신랑이라고 말할 까닭이 없기 때문입니다. 그것은 메시아의 구원이 임하는 순간에 대한 일반적인 표현일지 모르겠군요. 반면에 초기 공동체는 이 신랑을 예수님으로 이해했을 겁니다. 구원의 주체이신 예수님이 살아 있을 동안에는 금식할 필요가 없다고 말입니다.

신약성서 학자들의 설명에 따르면 혼인집 이야기는 '그림말'이라고 합니다. 이 단어를 들은 독자들은 혼인집에 관한 그림을 연상할 수 있습니다. 성서는 하나님 나라를 혼인 잔치와 연결하는 경우가 흔합니다. 요한계시록은 종말을 어린양의 혼인 잔치로 설명하고, 지혜로운 처녀와 미련한 처녀에 관한 예수님의 비유도 역시 혼인 잔치를 배경으로 합니다. 그리스도교의 예배 자체가 그런 축제이기도 합니다. 성만찬은 함께 먹고 마시는 밥상공동체로서의 하나님 나라를 이 땅에서 경험하는 종교적 상징입니다. 모든 것들이 혼인 축제와 연결됩니다.

고대인들은 혼인을 왜 그렇게 중요하게 생각했을까요? 왜 종교적인 차원으로까지 승화시켰을까요? 한 남자와 여자가 결혼한다는 것은 그들을 통해서 새로운 생명이 이 세상에 나온다는 사실을 전제합니다. 고대인들에게 이것보다 더 중요한 사건은 없었습니다. 혼인은 그들에게 여흥에 머무는 게 아니라 생존의 문제였습니다. 그들이 이 땅에서 계속 대를 이어서 생존할 것인지 아니면 멸종할 것인지가 바로 이런 혼인에 달려 있었다는 말씀입니다. 이런 점에서 혼인의 축제는 단순한 즐거움이 아니라 생존의 확인을 통한 환희이며, 생존을 향한 희망입니다.

그리스도인은 신랑이신 예수님과 영적으로, 즉 생명의 차원에서 혼인할 사람들입니다. 이미 혼인했다고도 말할 수 있습니다. 이 말은 곧 예수님을 통해서 우리가 생명을 얻었다는 의미이면서 동시에 그런 생명을 세상에 선포하고 나누면서 살아간다는 뜻이기도 합니다. 이런 점에서 우리의 삶은 축제의 연속이어야 합니다. 현실이 어둡다고 하더라도 근본적으로는 축제입니다. 그게 우리의 영적 시각에 들어오나요? 생명을 약속받았고, 생명에 참여했다는 기쁨이 우리 영혼 안에 가득한가요?

　　그리스도인의 삶이 기본적으로 혼인집 잔치와 같아야 한다는 말씀이 어떤 사람들에게는 전혀 현실적이지 않은 것처럼 들릴지 모르겠네요. 살벌한 전쟁터와 같은 이 세상에서 어떻게 축제로 살아가느냐고 말입니다. 빈부의 격차는 더 심해지고, 오염으로 인해 숨쉬기도 힘들어지고, 집값은 천정부지로 올라가고, 경제는 불안해지고, 삶의 질이 날이 갈수록 황폐화하는 등등 우리의 삶은 깊은 수렁으로 빠지는 것처럼 보입니다. 아프가니스탄과 이라크는 미국에 의해서 초토화되었고, 그 와중에 부녀자들과 어린아이들이 죽고 장애인이 되었습니다. 패권국가인 미국은 자신들이 무엇을 잘못했는지 잘 알지 못합니다. 아프리카의 절대적인 궁핍은 우리로 하여금 하나님의 사랑을 의심하게 만들 지경입니다. 북극과 남극의 빙하가 점점 빠르게 줄어든다고 합니다. 적도 부근만 제외하고 모든 육지가 물에 잠길 날이 올지도 모릅니다.

　　더 이상 살고 싶은 생각이 없을 정도로 우리의 상황이 참담하다고 하더라도 우리는 여전히 축제 안에서 살고 있습니다. 오늘도 따사로운 햇살과 바람이 감미롭습니다. 제가 살고 있는 하양의 들판과 멀리 보이는 산은 생명의 풍경이 화려합니다. 눈을 두는 곳곳마다 생명의 찬송이 울려 퍼집니다. 하나님이 창조한 이 세상은 여전히 흐드러진 생명의 축제가 열리고 있습니다. 평화 운동에 헌신한 우리의 친구들과 삶의 의미를 찾아보려는 이웃들도 여전히 용감하게 삶을 버텨내고 있습니다. 더구나 우리 그리스도인들은 부활의 생명을 약속받았습니다. 우리에게는 노래하고 춤출 이유가 훨씬 많습니다. 그 이유에 대한 몇 가지 설명을 들은 것만으로는 이런 문제가 해결되지 않습니다. 우리가 발견한 그 이유들이 우리 삶의 실체가 되려면 약간의 지혜가 필요합니다. 그게 지혜인지 수행인지 잘 모르겠지만, 인식의 큰 전환이라는 것만은 분명합니다. 우리 삶이 혼인 잔치에 참여한 것 같은 기쁨과 평화로 가득하려면 '여기 지금'의 신비를 맛보아야 합니다. 우리의 과거는 모두 지나갔으며, 미래는 아직 오지 않았습니다. 현재만 우리와 일치할 뿐입니다. 따라서 과거와 미래는 우리에게 무능력하고, 현재만이 우리를 지배합니다.

지금 여기서 나는 무엇과 만납니까? 무슨 소리가 들리나요? 무슨 냄새가 나나요? 여기서 지금 나에게 다가오는 것들을 온 영혼으로 느낄 줄 아는 사람만이 인생을 축제로 살아갈 수 있습니다. 지금 여기서 나에게 다가오는 것을 영혼으로 담아내는 일에는 돈이 별로 들지 않습니다. 영혼의 눈을 열기만 하면 됩니다. 난치병과 투병하는 사람들은 어떻게 하냐고요? 장애인들은 어떻게 하냐고요? 매일 남편에게 구타당하는 여자들, 기업을 하다가 부도 만난 사람들, 사랑하던 사람에게 배신당한 사람들도 역시 '여기서 지금' 기쁨에 참여할 수 있냐고요? 졸지에 부모를 잃어 고아가 된 어린아이들 앞에서도 축제라는 말이 가능하냐고요? 직접 경험하지 못한 사람들의 입장을 제가 대신 나서서 단정적으로 말할 수는 없습니다. 이런 대목에서는 언어의 한계를 느낍니다. 그래도 한마디는 해야겠지요. 가장 처절한 상황에서도 하나님의 은총은 다함이 없습니다. 하나님의 은총은 우리의 숨을 놓는 마지막 순간까지 여기서 지금 우리를 엄습합니다.

예수님은 왜 금식 문제를 혼인집과 연결시키고 있을까요? 우리는 여기서 종교와 삶의 관계에 대한 예수님의 가르침을 배울 수 있습니다. 금식은 종교 형식이고 혼인은 삶의 내용입니다. 물론 형식은 그 안에 내용을 담고 있긴 하지만, 실제의 삶 앞에서는 늘 자리를 양보해야 합니다. 금식은 그것 자체 안에 존재론적 근거가 없지만 혼인은 자체 안에 존재론적 근거가 있다는 말씀입니다. 안식일을 위해서 사람이 있는 게 아니라 사람을 위해서 안식이 있다는 예수님의 말씀도 여기에 해당됩니다. 이런 점에서 종교형식은 끊임없이 생명의 리얼리티로부터 비판받고 조명되어야 합니다. 금식, 헌금, 예배는 독자적으로가 아니라 삶과의 연관성 속에서만 그 의미를 확보할 수 있겠지요. 종교 형식과 그 안에 자리하고 있는 삶(생명)은 서로 구분되면서도 유기적으로 연결되어 있습니다. 예컨대 성찬예식은 분명히 하나의 형식이기는 하지만 여기에는 초기 그리스도교 공동체가 이해한 생명의 본질이 담겨 있습니다. 눈에 보이는 빵과 포도주가 바로 신(神)의 몸이라는 인식이 그것입니다. 이런 문제를 이해하려면 물질, 영, 그리스도의 정체, 하나님에 대한 전이해가 필요합니다. 다른 모든 기독교의 형식들도 마찬가지입니다.

금식으로 대표되는 종교형식이 혼인집의 축제로 대표되는 생명의 리얼리티에 의존해야 한다는 사실이 중요합니다. 예수님은 그렇게 말씀하셨습니다. 신랑과 함께 있을 동안에는 금식할 수 없다고 말입니다. 혼인집의 잔치에 참여한 사람들은 지금 먹고 마시고 노래해야 합니다. 언젠가 금식해야 할 때가 온다는 것도 분명합니다. 신랑을 빼앗긴다는 말은 예수님의 십자가 처형을 의미하겠지요. 처형당하신 예수님은 부활, 승천을 통해서 이제 제자들 곁을 떠나고 말았습니다. 초기 그리스도교는 예수님이 역사에서 사라지는 경험을 했습니다. 특히 예수님이 당하신 고난과 십자가는 그들이 감당할 수 없는 사건이었습니다. 예수님의 제자들과 초기 추종자들이 어떤 메시아상을 갖고 있었는지는 더 논의가 필요하기는 하지만, 그들은 예수님이 무기력하게 십자가에 처형당하리라는 건 전혀 예상하지 못했습니다. 그들은 이제 구약으로부터 면면이 이어져 오는 무죄한 자의 고난을 정면으로 맞설 수밖에 없었습니다. 바로 이 순간이, 사람이 감당할 수 없는 사태가 벌어진 이 순간이 금식할 때입니다.

이 순간은 단지 일상에서 우리에게 크고 작은 불행이 닥친 때만을 가리키는 게 아니라 하나님이 침묵하고 있는 것 같은 때를 의미합니다. 그런 경험이 우리에게 있을까요? 언제 우리는 하나님의 부재를 경험하나요? 언제 우리는 하나님의 능력이 아니라 오직 인간의 난폭한 힘이 우리를 완벽하게 지배하는 경험을 하나요? 개인에 따라서 다르겠지요. 어쩌면 허무야말로 가장 결정적인 하나님의 부재 경험인지 모르겠습니다. 이때 우리는 금식할 수밖에 없습니다. 일상과의 단절을 의미하는 금식 말입니다.

21절의 생베 조각과 22절의 새 포도주 이야기는 유대인들의 격언입니다. 성서 기자는 이런 격언을 통해서 예수님과 그리스도교가 유대교와 어떻게 구별되는지를 설명하고 있습니다. 함께 묶어 놓으면 한쪽이 손상될 수밖에 없다는 말입니다. 물론 손상되는 쪽은 유대교와 그 가르침입니다. 생베 조각을 낡은 옷에 붙이면 얼마 안 가 낡은 옷이 해어지고 말듯이 말입니다. 아주 실제적인 표현입니다.

제가 어렸을 때는 옷을 기워 입는 일이 많았습니다. 약간 찢어지거나 해지면 실로 간단히 꿰매면 됐지만, 해진 부분이 넓으면 다른 헝겊을 대고 기워야 했습니다. 옷만이 아닙니다. 양말도 기워 신었습니다. 저녁밥을 먹은 다음에 어머니가 흐린 불빛 아래서 아이들 양말을 꿰매는 일이 흔했습니다. 양말은 대개 이음새가 뜯어지는 게 아니라 일정한 부분이 닳아버리기 때문에 그냥 꿰맬 수는 없었습니다. 양말 속에 못 쓰는 전구를 넣고 해어진 부분을 드러나게 한 다음, 실로 짜깁기를 하듯이 꿰매야 했습니다. 그게 무척 재미있게 보였는지 저도 어머니를 따라 바느질을 여러 번 해보았습니다. 촉수 낮은 전깃불, 끊어진 전구, 해어진 양말, 바늘, 여러 색깔의 실패, 그리고 바느질하시는 어머니, 이런 모습이 오래된 사진첩처럼 제 기억 어느 곳에 자리 잡고 있습니다.

생베 조각과 낡은 옷이 어울리지 않는다는 말은 사고의 전이가 불가능하다는 뜻이기도 합니다. 천동설에 묶인 사람은 지동설을 받아들일 수도 없고, 이해할 수도 없듯이 유대교는 예수님의 복음을 용납할 수 없었습니다. 오늘의 우리 신앙도 이렇게 자기 도그마에 묶여서 새로운 신앙의 세계를 가로막고 있는 건 아닐는지요.

"새 포도주는 새 부대에 넣는다"는 이 말씀은 앞서 본 생베 조각 이야기와 동일합니다. 낡은 가죽 부대는 탄력성이 떨어지기 때문에 새 포도주의 발효를 견뎌 낼 수 없습니다. 예수님의 복음은 새 포도주이고, 유대교는 낡은 가죽 부대입니다. 예수님의 복음을 이해하려면 유대교의 틀이 아니라 전혀 새로운 틀이 필요하다는 뜻입니다. 예수님의 복음이 새 포도주라는 말은 무슨 뜻일까요? 원래 포도주는 오래된 것일수록 높이 칩니다. 이런 점에서 보면 새 포도주라는 것은 포도주 자체의 품질을 말한다기보다는 그것의 성격을 말합니다. 조금 더 정확하게 말한다면 이 본문은 새 포도주보다는 낡은 가죽 부대에 초점이 맞추어져 있습니다. 생베와 새 포도주 이야기가 나오게 된 배경이 금식 문제라는 사실을 감안한다면 그 뜻은 분명합니다.

유대교는 예수님 당시에 많은 시련을 겪었습니다. 왜냐하면 이스라엘이라는 나라 자체가 바벨론 포로와 귀환 이후로 계속해서 나락으로 떨어졌기 때문입니다. 히브리어는 일상어에서 폐기되었고, 대신 아람어가 사용되었습니다. 주변 제국들의 동화정책에 따른 결과였습니다. 이런 시련들로 인해서 그들은 훨씬 경직될 수밖에 없었겠지요. 그들은 모세의 율법을 신주단지 모시듯이 절대화하는 길로 치달았습니다. 겉으로만 보면 매우 강력한 종교 체제를 갖고 있는 것 같았지만, 그것은 흡사 낡은 가죽 부대처럼 해체될 수 있었습니다. 유대교 지도자들은 전혀 다르게 생각하고 있었겠지요. 오랜 역사와 전통을 무기로 그들은 나사렛 예수의 복음 운동을 가소롭게 보았습니다. 갑충(甲蟲)처럼 자기 껍질 속에 안주하고 말았다는 뜻입니다.

낡은 가죽 부대의 특징은 앞에서 말씀드린 대로 신축성과 탄력성이 없다는 것입니다. 외부의 충격에도 끄떡하지 않을 정도로 강하든지, 아니면 웬만한 충격을 자체적으로 흡수할 수 있을 정도로 유연해야만 가죽 부대는 견딜 수 있습니다. 그게 없으면 결국 찢어지고 맙니다. 기독교 신앙도 여기에 비교될 수 있습니다. 오늘 우리는 탄력성이 완전히 사라진 가죽 부대인가요? 아니면 어느 정도 늘어날 수 있는 여력이 있는 부대인가요? 딱 부러지게 말할 수는 없지만, 대체적으로 볼 때 전자에 가깝습니다. 자신과 다른 생각을 받아들이지 못하는 속성이 우리에게 있습니다. 그래서 세상과 타종교를 향해 상당히 적대적인 태도를 취할 때가 많습니다. 그리스도교가 낡은 가죽 부대로 전락하지 않으려면 가죽에 기름칠을 계속하고, 유연해질 수 있도록 만져 주어야겠지요. 그건 곧 신학적인 사유와 세상과의 대화를 넓혀가야 한다는 뜻입니다. 교회의 존재 목적이 자기 자신의 내부에 놓여 있는 게 아니라 하나님 나라에 있다고 한다면, 우리는 당연히 하나님 나라의 지평에 따라서 자기를 개혁해 나가야 하겠지요.

예수님 당시의 이스라엘에서 포도주는 일상에서 가장 중요한 먹을 거리의 하나였습니다. 헬라 신화에도 포도주가 자주 언급되는 걸 보면 거의 모든 유럽 사회가 비슷한 형편이 아니었을까 생각는군요. 보졸레 누보는 9월에 수확한 포도를 저장해서 숙성시켰다가 11월 셋째 목요일부터 출시하는 프랑스산 포도주입니다. 좋은 햇살을 자랑하는 이태리와 스페인의 포도주도 잘 알려져 있습니다. 최근에는 칠레에서도 포도주가 많이 들어오는 것 같습니다. 몇 년 전에 대형 슈퍼에 갔더니 칠레산 포도까지 들어왔던데, 참 먼 길을 돌아왔습니다. 그게 어떻게 가격 경쟁력이 있다는 말인지 궁금하더군요. 제가 잠시 공부하던 독일은 맥주가 유명합니다. 물론 포도주도 많이 생산되기는 합니다. 라인 강변의 뤼데스하임은 포도주 생산지로 유명합니다. 주변의 다른 나라에 비해서 독일의 포도주는 별로 알아주지 않습니다. 그 이유는 당연히 날씨 탓입니다. 지중해 바람이 알프스 산맥을 넘으면서 비구름으로 변하기 때문에 독일 날씨는 포도 농사에 맞지 않다고 합니다.

예수님의 첫 이적이 물로 포도주를 만든 것이라고 합니다. 그리고 예수님은 민중들과 포도주를 마셨습니다. 경건한 바리새인들의 눈에 예수님의 이런 모습이 좋게 보일 리가 없었습니다. 그래도 예수님은 그런 것에 상관하지 않았습니다. 예수님이 포도주에 취할 정도로 마셨을까요? 포도주는 알코올 12.5도이기 때문에, 사람에 따라서 다르기는 하지만, 한 잔만 마셔도 약간의 취기가 돕니다. 사람이 취하면 기분이 좋아집니다. 정확하게 말하면 기분이 좋아진다기보다는 뇌의 이성적인

활동이 둔화된다고 보아야 합니다. 그 덕분에 평소에 걱정하던 문제들
도 걱정거리로 느껴지지 않는 거죠. 그러니 기분이 좋다고 느낄밖에요.

    본문은 예수님을 새 포도주라고 합니다. 유대교는 낡은 가죽 부대
였기 때문에 예수님을 담아낼 수 없었던 겁니다. 다른 한편으로 예수님
을 믿는 우리는 새 포도주를 마신 사람들이라고 할 수 있습니다. 우리
는 예수님에게 취한 사람들입니다. 취하지 않았다면 우리는 예수님을
믿지 않는 거죠. 성령 충만도 역시 영에 취하는 것입니다. 예수님에게
취하는 것은 술에 취하는 것과 비슷한 현상을 보입니다. 일단 평소에 걱
정하던 것들이 작게 느껴집니다. 기분이 좋아진다는 것도 비슷합니다.
예수님을 믿는 사람들은 평화, 기쁨, 자유를 만끽하게 됩니다. 술에 취
한 사람들은 돈을 잘 쓰는 것처럼 예수님을 믿는 사람들도 인색하지 않
게 됩니다. 반대로 어떤 사람은 술 취하면 난폭해지는 것처럼 예수님을
잘못 믿으면 난폭해지는 경우도 있습니다. 술이 그 사람의 판단력을 파
괴하듯이 신앙이 우리의 판단력을 파괴하기도 합니다. 예수님을 잘못
믿으면 자기 연민이 발동하기도 하고, 심지어는 자학과 자책감에 사로
잡히기도 합니다. 잘 취해야 합니다.

    포도주 이야기가 나왔으니까 한국 교회의 술 문제를 짚어야겠군
요. 보수적인 신앙으로 살아오셨던 분들은 일반적으로 술을 그리스도
인이 금해야 할 중요한 목록의 하나로 생각합니다. 반면에 이런 정통신
앙을 무시하는 사람들은 거리낌 없이 술을 마십니다. 온건한 신앙을 유
지하는 사람들은 바울처럼 교회의 덕과 믿음이 약한 사람을 위해서 술
을 사양합니다. 이 세 번째 부류의 사람들이 가장 많은 것 같습니다. 제
생각에 술은 커피와 마찬가지로 기호식품에 불과합니다. 사람에 따라
서 커피를 좋아하기도 하고 싫어하기도 하는 것처럼 술도 역시 마찬가
지입니다. 물론 한국 교회의 전통이 그걸 금하기도 하고, 일반적으로
술로 인해서 벌어지는 개인적인, 가정적인 문제들이 많기는 하지만 그
렇다고 해서 그것을 신앙적으로 판단해야 할 대상으로 삼는 것은 어리

석은 일입니다. 자신이 술을 싫어하면 커피가 싫어서 커피를 마시지 않는 사람처럼 마시지 않으면 됩니다.

그런데 여기서 한 발 더 나아가서 그리스도교 신앙을 이런 삶의 기호와 습관을 규정하는 차원으로 끌어내리면 결국 복음이 비추는 은총의 빛은 사라지고 대신 온갖 율법의 가치들만 무성하게 될 것입니다. 놀랍게도 복음서 기자들은 예수님도 세상 사람들과 함께 포도주 마시길 즐기셨다는 사실을 숨기지 않고 있습니다. 이제 마음 놓고 술을 마셔도 좋다는 말이냐고요? 이 질문은 '커피를 마음 놓고 마셔도 좋습니까'와 다를 게 없습니다. 아무런 의미가 없는 질문입니다.

사족으로 몇 마디 더 붙여야겠군요. 술과 커피가 모두 기호식품이라고 말씀드렸습니다. 이것은 술이 개인의 취향에 따른 선택사양이지 신앙 자체와는 연관이 없다는 뜻이었습니다. 술 먹고 술주정하고 추태를 부려도 좋다는 말이냐고 반문하지는 마세요. 사람은 말짱한 정신으로도 추태를 부릴 수 있습니다. 저는 그런 분들을 기도회에서, 교회 집회에서도 보았습니다. 술과 커피를 냉정하게 따져 보십시오. 무엇이 더 비윤리적인 식품일까요? 커피의 원료는 대개 가난한 나라에서 생산됩니다. 커피 농장에서 일하는 노동자들은 일당 몇천 원을 받고 일합니다. 악한 노동에 시달리는 단순 노동자들의 땀이 거기에 배어 있습니다. 유명 브랜드 커피 판에서 얻어지는 거의 모든 이익은 초국가기업체에게 돌아가겠지요. 이런 커피를 우리는 양심의 거리낌 없이, 우아한 모습으로 마셔댑니다. 그러면서 술 마시는 사람들을 죄인 취급합니다.

기독교 윤리에서 중요한 점은 다음과 같습니다. 기독교 윤리는 아직 확정된 게 아니기 때문에, 가능한 선입견을 제거하고, 감정을 절제하고, 통시적으로, 신학적으로, 생명 지향적으로 인간의 삶을 해명하고 판단해 나가야 합니다. 특히 신앙은 윤리 너머의 차원이라는 점을 놓치지 말아야 합니다. 즉 기독교 신앙은 윤리적으로 드러날 수 있고, 또한 그래야 하지만, 윤리적 삶이 곧 기독교는 아니라는 말씀입니다.

인자는 안식일의 주인이다

2:23-28

²³ 안식일에 예수께서 밀밭 사이로 지나가실새 그의 제자들이
길을 열며 이삭을 자르니 ²⁴ 바리새인들이 예수께 말하되 보시
오 저들이 어찌하여 안식일에 하지 못할 일을 하나이까 ²⁵ 예수
께서 이르시되 다윗이 자기와 및 함께한 자들이 먹을 것이 없
어 시장할 때에 한 일을 읽지 못하였느냐 ²⁶ 그가 아비아달 대
제사장 때에 하나님의 전에 들어가서 제사장 외에는 먹어서는
안 되는 진설병을 먹고 함께한 자들에게도 주지 아니하였느냐
²⁷ 또 이르시되 안식일이 사람을 위하여 있는 것이요 사람이 안
식일을 위하여 있는 것이 아니니 ²⁸ 이러므로 인자는 안식일에
도 주인이니라

예수님이 제자들과 함께 밀밭 사이로 지나가고 있다는 본문의 묘사는
전원적인 모습을 담은 한 폭의 그림 같습니다. 예수님을 중간에 두고 종
렬을 지었을까요, 아니면 횡렬을 지었을까요? 뒤에 등장하는 바리새인
을 포함하면 사람 숫자가 제법 되었을 텐데, 그렇다면 그 무리의 모습
이 넓게 펴진 형태를 취했을 것 같습니다. 밀밭 사이의 한 무리들이라,
멋지군요. 밀밭 사이로 지나갔다는 게 겉으로는 낭만적으로 보일지 몰
라도 실제로는 상당히 고달픈 일입니다. 한곳에 정착해서 찾아오는 사
람들을 가르치는 게 아니라 여러 곳을 돌아다니면 가르치는 유랑 전도
자로 활동한다는 건 일단 먹고사는 어려움을 만나게 됩니다. 그래서 예
수님이 내일 일을 염려하지 말라고 말씀하신 걸까요? 염려해 봐야 아
무 소용이 없으니까요.

　　나사렛 예수 일행이 어떤 방식으로 일용할 양식을 해결했는지 우
리는 잘 알지 못합니다. 복음서 기자들도 그걸 정확하게 기록하고 있
지 않습니다. 탁발 수도자들처럼 순전히 얻어먹는 방식으로 해결했는
지, 아니면 재정적으로 돕는 독지가가 있었는지 판단할 수 있는 단서들
이 성서에는 없습니다. 상식적으로 생각한다면, 예수님보다는 제자들

이 알아서 해결했을 가능성이 가장 높습니다.

어쨌든지 밀밭 사이를 지나가던 제자들은 밀 이삭을 잘라 먹었다고 합니다. 실제로 배가 고팠을 수도 있고, 아니면 심심풀이 정도로 생각했겠지요. 제자들의 이런 행동이 바리새인들에게 트집이 잡힙니다. 특별한 의도 없이 행한 것인데도 불순한 것으로 취급당합니다. 이런 일들은 우리의 일상에서 자주 일어납니다. 다른 이의 행동을 선입견 없이 바라볼 만한 능력이 없기 때문일까요? 남의 밭에서 밀 이삭을 잘라 먹는 행위는 구약성서도 인정하는 것이기 때문에 그 행동 자체는 문제가 아니었습니다. 공교롭게도 그날이 안식일이었기 때문에 문제가 된 것입니다. 말하자면 밀 이삭을 자른 제자들의 행위가 안식일 법이 금지한 노동 행위라는 것입니다. 이것이 과연 노동행위인가 아닌가는 해석이 필요하긴 합니다만, 그것이 노동행위라고 한다면 안식일 법을 범한 것입니다. 형식논리로 본다면 안식일 법에 근거한 바리새인들의 문제제기는 옳지만 안식일 법 제정의 근본 취지를 생각한다면 상황은 달라집니다. 안식일 법은 왜 노동을 금지했을까요? 이에 대한 대답은 안식일 법의 역사적 뿌리에서 찾아야 합니다. 안식일 법의 기원은 두 가지입니다.

하나는 창조 사건입니다. 하나님이 6일 동안 세상을 창조하고 7일째 쉬셨다는 사실에 근거해서 사람들도 안식일에 노동을 하지 말라는 것입니다. 여기서의 핵심은 하나님의 창조 행위입니다. 일주일에서 최소한 하루만은 일체의 노동으로부터 벗어나 하나님의 창조 행위를 기억해야 한다는 것입니다. 창조는 바로 생명사건입니다. 이 생명사건을 넘어서는 것은 이 세상에 하나도 없습니다. 그걸 반복해서 회상하라는 요청이 바로 안식일 법의 요체입니다. 두 번째는 출애굽 사건입니다. 안식일은 바로 하나님이 유대인들을 바로의 억압으로부터 해방시킨 사건을 기억하는 날입니다. 여기서의 핵심은 바로 해방과 자유입니다. 인간 삶에서 해방과 자유를 넘어서는 가치는 없습니다.

안식일의 역사적 뿌리인 창조사건과 출애굽사건에서 핵심 개념은 창조, 생명, 해방, 자유 등입니다. 이러한 안식일 개념에 노동 금지 조항이 자리 잡은 이유는 인간 역사에서 노동이 몰고 온 삶의 파괴에 기인합니다. 안식일에 일하지 말라는 성서의 계명이 누구를 위한 것인지 생각해 보십시오. 지주나 기업주들은 일하지 말라는 이 명령에 해당되지 않습니다. 왜냐하면 그들은 원래 노동하지 않는 사람들이기 때문입니다. 그들의 노동은 사람을 부리는 것이며 재산을 증식하기 위한 수단입니다. 반면에 소작농이나 노예들의 노동은 생존의 문제입니다. 그들의 노동은 고통입니다. 이런 고통은 바로 하나님이 창조한 인간의 품위를 근본적으로 훼손하는 것이며, 하나님의 해방과 자유 선언을 무효화하는 것입니다. 성서는 이런 일체의 행위를 안식일 법으로 금했습니다. 인간에게는 최소한 일주일에 하루, 모든 노동으로부터 자유로워질 수 있는 천부적인 권한이 있다는 뜻이겠지요.

오늘날은 고대사회와 같은 노예제도가 없기는 하지만 인간이 노동으로부터 자유로워졌다고 볼 수는 없습니다. 삶의 조건들이 옛날에 비해서 혁명적으로 진보했지만 노동에서 소외되는 현상은 변한 게 하나도 없습니다. 여기에는 여러 이유가 있겠지만, 가장 큰 이유는 돈이 인간의 삶을 완전히 지배하고 있다는 것이겠지요. 이런 삶의 구조가 계속되는 한 인간은 결코 쉼을 얻을 수가 없습니다. 남이 강요하지 않아도 스스로 노동의 억압 속으로 빠져들어 갑니다. 결국 삶의 파괴는 옛날이나 지금이나 다를 게 하나도 없다는 말이 되겠군요.

안식일의 기본 개념은 악한 노동에서 해방되어 쉼을 누리는 것입니다. 이 말은 곧 인간이 쉴 줄을 모른다는 뜻이겠지요. 쉬지 못하는 이유는 실낙원 이후의 현실에서 살아가는 인간의 삶이 노동을 통해서만 유지된다는 사실에 놓여 있습니다. 에덴동산에서는 기초적인 생존 조건들이 보장되었지만 실낙원에서는 아무것도 보장된 것이 없었습니다. 이런 궁극적인 생존의 문제는 인간이 어찌할 도리가 없는 차원이니까 접어 두어야 합니다. 대신 생존이 아니라 부의 축적을 위해서 인간을 악한 노동으로 몰아넣는 사회구조는 풀어 나가야겠지요. 유대인들에게는 그것이 안식일 법이었습니다.

오늘날 이데올로기는 이런 안식일 개념과 정반대의 길을 가고 있습니다. 무한의 경쟁 구도를 통한 생산성 제고를 절대 가치로 삼고, 인간이 더불어서 생존해 나가는 삶의 구도가 아니라 부의 축적을 목표로 삼고 있습니다. 이런 체제 아래서는 모든 게 경쟁과 대립입니다. 대학도 그렇고, 교회도 그렇습니다. 실낙원의 현실에서 경쟁을 완전히 일소할 수는 없겠지만 그것을 이 사회의 가장 중요한 작동원리로 삼는 것은, 결과적으로 참된 쉼의 토대를 허물어 버리는 것은 기본적으로 반(反)구원론적 행태입니다. 노동으로부터 자유로워지겠다는 휴가와 여가활동도 쉼이라기보다는 악한 노동의 변형에 불과합니다. 무언가를 생산하지 않거나 지배하지 않으면 불안하기 때문에 우리는 어떤 상황에서도 쉼을 누리지 못하는 것 같습니다. 교회마저 쉼을 게으름으로 다그치고 있으니, 이 세상이야 오죽하겠습니까? 이제 교회는 생명과 쉼의 관계를 새롭게 모색해야 할 때입니다.

구약성서의 안식일은 안식년과 희년 사상의 토대입니다. 이들 개념은 모두 인간의 해방, 자유, 평화를 지향하고 있으며, 더 나아가 생태적인 평화까지 아우르고 있습니다. 구약성서가 이런 개념을 발전시킨 가장 큰 이유는 인간의 사회화 과정을 통해서 인간 삶의 구조가 근본적으로 왜곡되었기 때문입니다. 이렇게 왜곡된 삶을 하나님이 창조한 원래의 뜻에 따라 새롭게 구성해 내자는 게 바로 이런 개념들의 방향입니다. 오늘의 교회는 바로 이런 전통에 뿌리를 내리고 있습니다. 안식일, 안식년, 희년 정신이 교회에 면면히 흐르고 있다는 말씀입니다. 그런데 실제로 교회는 이런 개념들을 순전히 개인의 종교적인 차원에서만 받아들일 뿐이지 그것이 지향하고 있는 사회적인 차원을 완전히 무시하고 있습니다. 주일을 성수하라고 외치고 있지만 그게 근본적으로 무슨 뜻인지는 입을 다물고 있습니다. 주일에 노동하지 않고 교회에 나와 예배드리는 일은 크게 칭찬하면서도, 심지어는 타지에 출타했다 하더라도 주일은 본 교회에 나와서 예배를 드리라고 강권하면서도 인간을 노동으로부터 소외시키는 자본주의의 행패에 대해서는 입을 다물고 있습니다. 안식일만이 아니라 그리스도교의 공동체적 전통이 사적인 영역으로 전락해 버렸습니다. 구원이 공동체적이고 우주론적인 지평을 잃어버린 채 개인의 영혼구원이라는 차원에 떨어졌습니다. 하나님 나라와 대림절을 주제로 삼는 설교를 찾기도 어려운 형편입니다.

예수님께서 25절을 거론하면서 '읽지 못하였느냐?' 물으신 걸 보면 당신 자신은 글을 읽을 줄 아셨던 것 같습니다. 현장에서 간음하다 붙잡힌 여자를 바리새인들이 예수님 앞으로 끌고 와서 '어떻게 처리할까요?' 하고 물었을 때 땅바닥에 무언가를 쓰고 계셨다는 요한복음의 진술도 이에 대한 근거 자료가 됩니다. 어떤 학자들의 설명에 따르면 고대 유대 사회에서 글을 깨우친 사람은 1~2퍼센트밖에 되지 않는다고 합니다. 그렇다면 최상류층에 속하는 사람들만 글자를 읽고 쓸 줄 알았다는 말인데, 예수님이 목수 출신이라는 점을 감안한다면 문맹일 가능성도 없지 않습니다. 그리고 예수님이 단 한 권의 책도 쓰지 않으셨다는 명백한 사실 역시 이에 대한 간접적인 증거가 될 수 있습니다.

여기에 또 하나의 어려움이 있습니다. 예수님 당시에 유대인들이 사용하던 언어는 아람어입니다. 구약성서의 언어인 고대 히브리어는 구약성서를 전문적으로 필사하고 연구하던 서기관이나 제사장들 외에는 알고 있는 사람들이 거의 없었습니다. 예수님이 문자를 깨우쳤다고 하더라도 그것은 아람어일 가능성이 높습니다. 그런데 오늘 본문은 예수님이 히브리어를 알고 있는 것처럼 묘사되어 있군요. 예수님은 디아스포라 유대인들을 위해서 헬라어로 번역된 70인 역으로 구약을 읽으셨을까요? 비록 평범한 가정에서 자랐지만 예수님은 독학으로 히브리어, 아람어, 헬라어를 깨우칠 수 있었을지 모릅니다. 무슨 방식으로든지 그는 구약성서를 읽었을 가능성이 높습니다. 만약 예수님이 구약을 몰랐다면 자신에게 주어진 길을 갈 수 없었을 테니까 말입니다. 성서 읽기는 우리 모두에게도 중요합니다.

예수님은 사무엘상 21장 1-6절의 다윗 이야기를 인용했습니다. 망명 생활을 시작하게 된 다윗은 놉의 제사장 아히멜렉에게 먹을 것을 요청했습니다. 아히멜렉은 마침 제단에 올린 떡, 즉 진설병만 있다고 대답했습니다. 그것이라도 달라는 다윗에게 아히멜렉은 진설병을 주었습니다. 제사장만 먹을 수 있던 진설병을 다윗에게 내준 이유는 그 당시 다윗의 처지가 아주 딱했기 때문입니다. 사울의 사위이자 군사령관이었던 다윗은 사울에게 쫓기는 신세가 되어 하루 끼니조차 잇기 어려운 실정이었습니다. 제사장의 이름이 사무엘상에는 아히멜렉인데, 여기 마가복음에는 아비아달로 되어 있군요. 이렇게 된 데에는 어떤 속사정이 있겠지요.

어쨌든지 진설병 사건에서는 사실 다윗보다는 아히멜렉이 중요한 역할을 했습니다. 만약 아히멜렉이 진설병을 거절했다면 다윗은 아무 소리 못하고 물러나와야만 했습니다. 그런 정도로 다윗의 입지가 아주 어려운 때였기 때문입니다. 그렇지만 아히멜렉은 다윗의 생존을 위해서 진설병을 기꺼이 내놓았습니다. 오늘 본문이 말하려는 것은 아주 분명합니다. 진설병과 같은 종교형식은 사람의 생명보다 하위개념입니다. 아무리 중요한 전통과 관습이라고 하더라도 사람의 생명을 넘어설 수는 없습니다. 종교 전통이 무의미하다는 말은 결코 아닙니다. 사람의 편의에 따라서 그런 것들을 간단히 해체해도 좋다고 생각하면 곤란합니다. 종교형식은 종교의 본질인 생명을 담아내는 그릇입니다. 그릇이 없으면 음식을 담을 수 없듯이 종교형식은 영적 음식을 담아내는 데 매우 중요합니다. 그러나 그릇은 음식을 담는 역할이지 음식 자체는 아닙니다. 그릇이 그런 역할을 넘어서서 음식이 되려고 한다면 종교는 생명력을 잃게 되겠지요.

27절은 혁명적인 선언입니다. 안식일이 사람을 위해서 존재하는 것이라니요. 그리고 사람이 안식일을 위해서 존재하는 것이 아니라니요. 이 말씀은 그 당시에 사람들이 관습적으로 알고 있는 종교와 인간 관계를 완전히 재구성하고 있습니다. 절대규범인 안식일을 상대화하는 이런 진술은 신앙의 본질을 꿰뚫고 있지만 다른 한편으로는 위험한 것이기도 했습니다. 진리의 성격은 이렇게 이중적입니다. 본질을 드러내면서 위기를 불러온다는 것 말입니다. 여기서 우리는 예수님이 안식일을 해체한 것이 아니라는 사실을 먼저 분명히 해야 합니다. 이 말씀을 정확하게 들여다보십시오. 안식일은 무의미한 종교 형식에 불과하니까 파괴해도 좋다고 말씀하신 게 아닙니다. 안식일의 폐기가 아니라 안식일의 본질을 살린 것입니다. 이런 대목을 놓치면 우리는 예수님을 크게 오해하게 됩니다.

교회개혁을 부르짖는 목소리가 높습니다. 당연히 '에클레시아 샘퍼 래포만다'(늘 개혁하는 교회)라는 루터의 신학명제를 소중하게 생각하는 개신교도들은 개혁을 화두로 삼아야 합니다. 그러나 그것이 기독교 신앙의 전통과 역사와 교회의 모든 제도를 해체하자는 뜻은 아닙니다. 해체가 아니라 지양이 옳습니다. 변증법적으로 들어 올린다는 뜻의 지양(止揚) 말입니다. 안식일이 사람을 위해서 존재한다는 예수님의 말씀은 바로 그것을 가리킵니다. 안식일이 생명 중심으로 지양되어야 한다는 말씀입니다. 어디 안식일만이겠습니까? 기독교의 모든 신앙 형식과 제도는 그래야만 합니다. 그런데 개혁, 즉 생명 중심으로의 지양은 어렵습니다. 그런 작업 자체가 인내심을 필요로 하고, 또 다른 쪽의 반발을 불러오기 때문입니다.

안식일과 사람, 무엇이 더 중요합니까? 무엇이 신앙의 중심축입니까? 물론 예수님의 이 말씀에 따르면 당연히 사람이겠지요. 그러나 그게 그렇게 간단한 이야기는 아닙니다. 이런 게 바로 성서 읽기에서 우리가 만나는 어려움이며, 동시에 우리가 반드시 유지해야 할 긴장입니다. 무슨 말입니까? 안식일이 사람을 위해서 존재한다는 이 말씀은 어떤 구체적인 상황을 전제하고 있습니다. 그 상황은 밀 이삭을 잘라 먹은 제자들에 대한 바리새인들의 불평이었습니다. 안식일 법을 빌미로 제자들의 행동을 문제 삼은 바리새인들 때문에 이런 말씀이 나온 것입니다. 만약에 이런 상황을 전제하지 않고 안식일과 사람만을 대립적으로 판단한다면 본문을 오독하게 됩니다. 즉 경우에 따라서는 사람보다는 안식일이 중요하다고 말해야 합니다. 청중들이 여흥을 위해서 종교적인 영역을 허물어 버린다면, 그때 우리는 사람이 안식일을 위해서 존재한다고 말할 수 있어야 합니다. 안식일이 담고 있는 영적 현실들을 우리의 삶에서 유지한다는 건 인간을 위해서도 아주 중요한 일입니다.

제 말은 성서의 가르침을 일반화하지 말고 구체적인 상황에서 접근해야 한다는 것입니다. 예컨대 동성애자들을 죄인 취급하는 것도 역시 로마서의 보도에 대한 일반화의 어리석음입니다. 바울은 자기가 살고 있는 구체적인 상황에서 그것을 죄의 결과라고 판단했습니다. 오늘 우리의 상황은 바울과 분명히 다릅니다. 그렇다면 오늘 우리의 문제는 우리가 판단해야 합니다. 무엇을 기준으로 판단해야 할까요? 어떤 하나의 기준이 여기서 무조건적인 위치를 차지할 수 없습니다. 성서 전체의 가르침, 신학의 가르침, 그리고 오늘의 세계관이 종합적으로 다루어져야 하겠지요. 그것이 곧 (신학적) 해석학입니다.

예수님이 본문에서 안식일을 해체하지 않았지만, 그리고 이 말씀에서 안식일과 사람을 대립적으로 다루지 말아야 하지만, 안식일이 사람을 위해서 존재한다는 그 명제가 우리의 신앙생활을 규정하는 시금석이라는 사실만은 놓치지 말아야 합니다. 교회의 모든 행위들은 기본적으로 사람을 살리는 쪽으로 운영되어야 한다는 뜻입니다. 여기서 어려운 점은 무엇이 사람을 살리는 것인가에 관한 대답을 실증적으로 제시하기가 쉽지 않다는 사실입니다. 십계명에 근거해서 주일을 지키지 않는 것은 곧 하나님의 명령을 지키지 않는 것이라고 가르쳐야 할까요?

이런 강제 규정을 통해서 신자들에게 주일성수를 강요하는 것이 그를 살리는 길일까요? 아니면 주일의 영적인 의미를 알지도 못하고, 그래서 그것을 무시하도록 가르치는 게 그를 살리는 길일까요? 물론 이렇게 극단적으로 가르치는 사람이야 없겠지만 방향성만 놓고 볼 때 서로 반대되는 결과가 나올 수 있습니다.

　이런 문제도 역시 구체적인 상황을 늘 염두에 두고 판단해야 합니다. 주일을 지키기 힘든 사람에게 주일성수를 강요하면 안 됩니다. 거꾸로 주일을 지킬 수 있는 사람에게 주일의 무의미성이나 상대성을 가르치면 안 됩니다. 모든 사람들이 각각의 형편에 따라서 하나님께 예배드릴 수 있는 최소한의 형식을 유지할 수 있도록 가르쳐야겠지요. 한국 교회의 신앙정서로만 본다면 안식일이 사람을 위해 존재한다는 사실을 훨씬 심각하고 진지하게 가르쳐야 할 것 같습니다. 왜냐하면 성수주일이 거의 율법 수준에서 받아들여지고 있기 때문입니다. 이런 방식으로는 안식일 전승이 담고 있는 해방, 자유, 평화의 영성을 얻을 수 없습니다.

　23절부터 시작된 안식일 담론이 이제 28절에서 그리스도론으로 일단락되었습니다. 여기서 인자는 유대인들의 묵시사상이 가리키는 메시아상의 하나입니다. 복음서는 그 인자가 바로 예수님이라고 가르칩니다. 간혹 예수님은 인자를 자신과 일치시키지 않기도 합니다. 여기서 인자가 예수님을 가리킨다는 사실을 전제한다면 결국 본문 28절은 예수님이 안식일의 주인이라는 뜻입니다. 예수님이 이 28절을 직접 말씀했을 개연성은 별로 높지 않습니다. 예수님의 말씀을 마가복음 기자가 자의적으로 창작했다는 말일까요? 이런 대목에서 우리의 성서 읽기가 참으로 어려운 것 같습니다. 예수님이 직접 말씀하지 않은 것이지만 그렇다고 해서 성서기자의 창작이라고 말할 수도 없는 사태의 핵심 안으로 들어가는 게 조금 까다롭습니다. 힘들어도 그런 방식으로 성서를 읽어야겠지요. 그렇지 않으면 우리는 성서의 역사적 무게를 놓치고 마니까요.

복음서는 기본적으로 예수님의 사건에 대한 전승을 기초로 기록되었습니다. 이 전승이 복음서에 따라서 40년에서 60년이라는 세월을 거쳤습니다. 최종적으로 복음서에 기록된 내용은 원래의 사건을 실증적으로 받아낸 게 아니라 오랜 세월에 걸쳐 해석된 결과라고 보아야 합니다. 이 말은 해석으로 인해서 성서의 진정성이 훼손된다는 게 아니라 해석의 역사적 의미가 보태진다는 의미입니다. 예수 사건이 벌어졌을 때는 명확하지 않던 것들이 전승 과정을 거치면서 명료해진 것입니다. 단적인 예로 예수의 십자가 처형은 그 당시에 아무도 이해하지 못했습니다. 예수의 부활도 그 당시에는 아무도 예상하지 못했고 이해하지도 못했습니다. 십자가와 부활의 실체는 역사 과정을 통해서 명료해졌습니다. 그 실체가 노출된 것입니다. 그런데 이런 과정은 아직 끝나지 않았으며, 지금도 계속됩니다. 지금도 우리는 십자가와 부활의 실체가 더 드러나야 할 역사 안에서 살고 있습니다.

다시 생각해 봅시다. 예수님의 제자들은 예수님의 십자가가 인간 구원의 유일한 길이라는 사실을 처음에는 믿지 못하다가 훗날 믿게 되었습니다. 그것은 그 당시에 별로 믿을 만한 사건이 못 되었다가 역사의 과정을 통해서 이제 믿을 만한 사건으로 지양되었습니다. 그렇지만 왜 십자가가 바로 인간 구원의 유일한 길인지에 대해서는 아직 완전한 해답이 나오지 않았습니다. 유럽 신학이 내린 결론은 인간의 죄를 용서하기 위한 길이 바로 십자가라는 것입니다. 죄의 용서가 바로 구원이라는 전제를 깔고 있는 결론입니다. 당연한 이야기를 왜 하는가 불안하게 생각하는 분들에게 이 짧은 묵상은 별로 도움이 되지 않습니다. 다시 생각해 보십시오. 죄 문제는 원래 성서의 중심교리가 아닙니다. 특히 복음서는 죄의 현실을 그대로 바라보고 있을 뿐이지 그것의 용서를 구원이라고 말하지는 않습니다. 그런 대목이 등장한다고 하더라도 그것은 구원의 일부이지 모든 것이 아니었습니다. 예수님이 죄인들과 그대로 어울려서 사셨다는 사실이 이에 대한 가장 강력한 반증입니다. 예수님이 죄를 간과하신 건 아니지만, 그런 인간을 현실적인 존재로 받아들이셨다는 게 중요합니다.

인간의 죄에 대해서 언급하는 성경구절도 물론 많이 있습니다. 로마서와 갈라디아서가 이를 대표합니다. 그 이외의 서신에도 그 당시의 부도덕성을 경고하거나, 또는 예수의 십자가가 우리를 죄에서 용서받을 수 있는 길이라는 구절이 등장합니다. 그러나 신약성서는 그런 문제를 죄 숙명주의, 또는 십자가 결정론으로 몰아가지 않습니다. 십자가 사건의 실체가 아직 우리에게 완전히 밝혀진 건 아닙니다. 오해는 마십시오. 십자가 사건이 우리의 구원과 아무런 상관이 없다는 게 아닙니다. 아직 인간이 무엇인지 완전하게 밝혀지지 않았기 때문에 인간 구원과 십자가의 관계도 여전히 질문의 대상이 된다는 말씀입니다. 인간이 무엇인지 밝혀지지 않았다는 말도 이상한가요? 이상할 게 하나도 없습니다. 인간의 몸과 영혼이 어떻게 결합되어 있는지는 아무도 모릅니다.

예수님의 부활은 우리의 영적인 시야를 종말론적 진리의 세계에 가깝게 두어야 한다는 사실을 가르쳐 줍니다. 예수님의 부활로 인해서 우리가 부활할 것이라고 믿는 건 분명하지만 그건 단지 믿음의 차원으로 끝나지 않습니다. 그 부활의 실체 안으로 조금씩 가깝게 나가야 합니다. 그게 가능할지는 잘 모르겠지만 일단은 그래야만 합니다. 우리가 예수님의 재림 이후에 얻게 될 그 영원한 생명이 바로 예수님의 부활과 동일한 것이라고 한다면 그 부활에 대한 해명을 등한히 할 수는 없습니다.

우리는 인자가 안식일의 주인이라는 문장이 예수님의 친언이냐는 논의에서 여기까지 왔습니다. 비록 그 발언이 예수님의 친언이 아니라고 하더라도 진리의 역사성을 전제한다면 예수님의 말씀으로 받아들여야 합니다. 역사 과정을 통해서 그 발언은 그분에게만 해당되는 사건이 되고 말았기 때문입니다. 이게 곧 역사의 신비이기도 합니다. 인자가 안식일의 주인이라는 말씀을 오늘 우리의 경우로 바꾸면 예수 그리스도가 주일의 주인이라는 뜻입니다. 당연한 말처럼 들리지만 실제로 이런 일들은 우리 주변에서 그렇게 흔하지 않습니다. 주님이 주인이 아니라 주님을 단순히 손님으로 모셔 놓고 사람끼리 즐겁게 지내고 있는 게 아닐까요? 주일에 교회에 모여서 경건한 모습으로 예배를 드린다고 하더라도 거기에 주님이 계시지 않을 수 있습니다. 브레넌 매닝의 아래와 같은 진술은 바로 우리에게 그대로 적용됩니다(《신뢰》, 83쪽)

> 그럼에도 나는 예수님 얼굴에 빛나는 하나님의 영광(고후 3:18)에 관한 강론이나 설교를 평생 한 번도 들어보지 못했다. 현대 설교자들이 이 주제의 설교에 인색한 것은 어쩌면 우리가 하나님의 가봇과 한 번도 스친 적이 없다는 사실 때문일 것이다. 아니면 단순히 우리가 개념을 설명할 엄두가 안 날 수도 있다. 그것을 언급하면 우리 자신과 회중들을 절대적 신비 속으로 몰아넣는 기분이 든다. 신비는 현대인들의 지성을 당혹케 한다. 모든 난해하고 알쏭달쏭하고 이해하기 어려운 것들은 결국 우리의 지식적 연구에 붙여지고 그리하여 결론적 분류작업으로 끝난다. 아무튼 그것이 우리들의 생각이다. 그러나 신비를 피하는 것은 곧 경배와 영광을 찬송 받기에 합당하신 유일하신 하나님을 피하는 것이다. 아울러 그것은 구도자들과 신자들 양쪽 모두의 갈증을 채워주지 못한다. 그들은 일요일 아침 우리의 잡담거리나 되는 점잖고 사무적인 로터리클럽 풍의 하나님을 거부하고, 경외와 말없는 공경과 전폭적 헌신과 전심의 신뢰를 받기에 합당하신 하나님을 찾는 자들이다.

제 말을 꼼꼼히 읽으신 분은 안식일이 사람을 위하여 있는 것이라는 27절 말씀과 인자가 안식일의 주인이라는 28절 말씀이 서로 모순되는 것처럼 설명되었다는 사실을 발견했을 겁니다. 제가 인자에 관한 말씀인 28절을 설명하면서 사람이 중요하지 않은 것처럼 말했으니까요. 아닙니다. 27절과 28절은 모순되지 않습니다. 27절은 종교적 제도보다는 사람이 중요하다는 사실을 가리키고 있으며, 28절은 그 사실을 부정하는 게 아니라 기독론적으로 해석하고 있을 뿐입니다. 교회의 제도보다 인간이 더 존엄한 것은 분명합니다. 그러나 인간을 인간답게 하는 길이 무엇인지는 더 근본적인 성찰이 있어야 합니다. 인간을 위한다는 명분으로 그들의 욕망에 부응하기만 한다면 그것은 그야말로 대충추수주의(포퓰리즘)에 불과합니다. 이런 포퓰리즘은 사람을 위하는 것 같지만 인간을 파괴할 개연성이 높습니다. 예컨대 자기 아이가 군것질을 원할 때마다 들어주는 부모라면 아무리 선의라고 하더라도 아이들의 건강을 해치게 됩니다.

이 대목에서 하나님의 말씀을 전하는 목사들은 청중과의 관계에서 영적으로 예민해야 합니다. 목사는 이중적인 극단에 빠질 염려가 있기 때문입니다. 한편으로는 종교적 권위에 안주해서 청중이 원하는 것에 귀를 막을 수도 있고, 다른 한편으로는 청중들의 요구에만 치우쳐서 결국 그들의 영성을 파괴할 수도 있습니다. 구약의 예언자들은 민중의 요구에 별로 귀를 기울이지 않았습니다. 예수님도 종교 엘리트인 바리새인들과 대립했지만 그렇다고 해서 청중의 요구를 무조건 수용한 것도 아닙니다. 결과적으로 그는 십자가 처형을 당했습니다. 안식일이 사람을 위해서 있긴 하지만, 안식일의 주인은 분명히 주님이라는 사실을 잊지 말아야 합니다.

안식일의 주인이 인자라고 한다면 교회는 실질적으로 주님에게 모든 관심을 기울여야 합니다. 그런 일들이 잘 일어나지 않는 것 같습니다. 인자는 너무 먼 이야기에 불과하고, 그저 우리끼리 재미있게 지내는 것이 훨씬 흥미롭기 때문입니다. 많은 교회에서 시행되고 있는 소위 '열린예배'도 역시 안식일의 주인이 인자라는 사실을 근본적으로 거역하는 예배 행위가 아닐는지요. 물론 모든 경우를 일괄적으로 평가할 수는 없지만 그 흐름이라는 관점에서 볼 때 이런 경향을 숨길 수 없습니다. 이 예배는 기본적으로 정통 예배가 안고 있는 정숙주의를 극복하겠다는 취지로 시작되었지만 정통 예배보다 훨씬 심각한 문제를 드러내고 있습니다. 가장 큰 문제는 삼위일체 하나님에게 영광을 돌리기보다는 사람이, 특히 사람의 감정과 열정이 예배를 압도한다는 사실입니다.

아마 사람들은 그런 열정을 은혜의 결과라고 생각할 겁니다. 그럴 수도 있습니다. 은혜는 인간의 지성과 감정을 모두 끌어가기 때문에 신앙이 열정적으로 표현될 수 있습니다. 모든 열정이 은혜의 결과는 아닙니다. 노름꾼들에게도 열정은 있습니다. 그들은 자신의 모든 삶을 포기하면서까지 노름에 사로잡히는 열정이 있습니다. 사이비 이단들의 열정도 이에 못지않습니다. '열린예배'는 신파조 드라마처럼 거의 일방적으로 감수성에 호소합니다. 성서 텍스트는 살아 있는 말씀이 아니라 이미 굳어진 규범으로만 작용합니다. 인간의 감정에는 열려 있지만 인간 자체를 향해서는 닫혀 있습니다. 이런 예배의 주인은 인자가 아니라 인간의 감수성입니다.

인간의 감수성이 지배하는 예배와 삼위일체 하나님이 임재하는 예배를 어떻게 구분할 수 있을까요? 사실 이런 구분은 쉽지 않습니다. 예전(liturgy)과 교회력의 약화는 예배가 삼위일체 하나님 중심에서 벗어나고 있다는 결정적인 근거입니다. 예전과 교회력은 그리스도교 신앙이 지난 2천 년 역사를 통해서 하나님의 존재와 영광을 표현해 온 상징입니다. 오늘의 열린예배는 이런 요소들이 무시되고 종교적 감수성을 확대하는 방향으로만 나가고 있습니다. 찬송만 해도 그렇습니다. 열린예배에서 자주 사용되는 복음찬송은, 하나님의 창조행위, 구원, 통치, 존재신비가 아니라 사람들의 종교적 반응에 대개 초점이 맞춰져 있습니다. 이런 찬송들은 감상적인 멜로디를 통해서 사람들의 기분만 충족시키면 충분합니다. 찬송 자체의 종교적 깊이보다는 사람의 반응이 과잉 생산된다는 것은 근본적으로 삼위일체 하나님이 간과된다는 뜻입니다. 설교도 비슷합니다. 생명과 하나님의 신비가 우리의 삶에 어떻게 자리하고 있는지를 말하는 게 아니라 사람들의 종교적인 반응에만 치우치는 설교가 오늘 대세를 이루고 있습니다. 성악공부는 게을리 한 채 사람들과 어울려 노래방에서 흥겹게 놀고 있는 성악 후보생과 비슷합니다. 성서 텍스트가 해석되지 않고 종교적 욕구를 충족시키기 위한 도구로 이용되고 있다면 선한 의도였다고 하더라도 하나님 중심의 설교라고 말할 수는 없습니다.

　　마가복음 2장 28절 묵상의 결론은 이렇습니다. 주일의 주인은 사람을 구원하시는 주님이십니다. 따라서 주일을 잘 지킨다는 것은 구원의 현실들이 활짝 드러나는 일에 모든 힘을 쏟는다는 뜻입니다. 우리가 드리는 예배도 역시 이런 구원의 현실들과 연결되어야 합니다. 예배의 내용도 물론 구원의 문제와 가장 밀접하게 연결되어야 합니다. 한걸음 더 나아가서 주일만이 아니라 우리 삶 전체의 주인도 역시 예수님이십니다. 예수님만이 우리의 구원자이기 때문입니다. 그분만이 우리를 생명으로 이끌어 주실 수 있기 때문입니다. 그분의 십자가로 우리의 죄가 용서를 받았기 때문입니다. 그분의 부활에서 종말에 완성될 생명이 선취되었기 때문입니다.

3장

안식일 논쟁

<u>3:1-6</u>

¹ 예수께서 다시 회당에 들어가시니 한쪽 손 마른 사람이 거기 있는지라 ² 사람들이 예수를 고발하려 하여 안식일에 그 사람을 고치시는가 주시하고 있거늘 ³ 예수께서 손 마른 사람에게 이르시되 한 가운데에 일어서라 하시고 ⁴ 그들에게 이르시되 안식일에 선을 행하는 것과 악을 행하는 것, 생명을 구하는 것과 죽이는 것, 어느 것이 옳으냐 하시니 그들이 잠잠하거늘 ⁵ 그들의 마음이 완악함을 탄식하사 노하심으로 그들을 둘러보시고 그 사람에게 이르시되 네 손을 내밀라 하시니 내밀매 그 손이 회복되었더라 ⁶ 바리새인들이 나가서 곧 헤롯당과 함께 어떻게 하여 예수를 죽일까 의논하니라

3장 1–6절에 기록되어 있는 이 이야기는 예수님이 회당에서 축출당하기 전에 일어난 사건입니다. 유대교 고위 당국자들과의 충돌이 심각하지 않았을 때였던 것 같습니다. 본문 사건이 일어난 다음부터 노골적으로 예수를 해치울 생각으로 바리새인들과 사두개인들이 작당하기 시작했다는 사실을 본다면, 이 사건이 예수님의 운명에 결정적이었던 것은 분명합니다. 이 이야기는 예수님이 들어간 회당에 한쪽 손 마른 사람이 있었다는 사실로부터 시작합니다. 어떤 외경에는 이 사람이 왕년에 석수였고, 마비된 손이 오른쪽이었다고 기록되어 있습니다. 요즘도 산업재해로 인해서 장애를 입고 실직할 수밖에 없는 사람들의 삶을 주변에서 볼 수 있습니다. 어느 정도 보험과 수당을 제공받는 경우가 있지만 그들이 당하는 시련이 어느 정도인지는 불문가지입니다. 손 마른 사람의 운명도 끔찍했을 겁니다.

오늘날은 현실을 정확하게 인식하지 못하거나 혹은 인식하지 않으려 합니다. 삶에서 일어나는 수많은 문제들을 순진하게 다루고 있습니다. 북한의 핵 문제를 둘러싼 국제상황이 어떻게 돌아가는지, 그것의 근본 원인이 무엇인지, 어떻게 대처해야 하는지 진지하게 생각하는

그리스도인들이 얼마나 될까요? 성적 소수자들의 삶이 한국 사회에서 어떻게 소외되고 파괴되고 있는지 진정한 마음으로 접근하는 그리스도인들이 얼마나 되는지요? 손 마른 사람이 회당에 있었지만 그가 감당해야 할 삶의 무게에 연대감을 느낀 사람은 별로 없었을 겁니다. 그러나 그런 이들과 함께 살아야 하는 게 우리의 현실이라는 사실을 잊지 말아야 합니다.

1절 문장은 손 마른 사람이 대상으로 다뤄지고 있습니다. 손 마른 사람이 주체로 된 문장으로 바꿔 보겠습니다. "한쪽 손 마른 장애인인 내가 회당에 앉아 있는데 예수라는 사람이 들어왔습니다." 이 사람은 단순히 대상으로 다루어질 수 없는 사람입니다. 그 사람만이 아니라 이 세상에 태어난 모든 사람들은 누구도 수단이 아니라 목적으로 대우받아야 합니다. 예수님은 모든 사람이 천하보다 귀한 존재라고 말씀하셨습니다.

우리에게 필요한 공부는 다른 사람들과 존재론적인 차원에서 관계를 맺는 일입니다. 이런 차원에서는 장애인과 비장애인의 차이가 있을 수 없습니다. 그들은 모두 존재하고 있을 뿐입니다. 이런 차원에서는 교양인과 비교양인의 차이가 있을 수 없습니다. 명문대 출신과 지방대 출신 사이에 아무런 차이가 없습니다. 모두가 이 땅에 존재하고 있을 뿐입니다. 더 확장시켜 보면 인간과 동물 사이에도 차이가 있을 수 없습니다. 인간이나 동물이나 똑같이 생명을 향한 욕망(에로스)이 작용하고 있다는 사실을 누가 부인할 수 있습니까? 나아가서 동물과 식물, 생물과 무생물 사이에도 궁극적으로는 차이가 없습니다. 단지 존재 방식이 다를 뿐이지 모두가 존재하고 있다는 사실은 동일합니다.

그리스도인들에게는 분별심을 줄여 나가는 훈련이 필요합니다. 하기오스(성도)라는 단어는 세상과 구별된 사람이라는 뜻입니다. 그리스도인은 당연히 삶을 파괴하는 세속의 질서로부터 구별된 삶을 추구해야 합니다. 그러나 그것이 곧 종교적 우월감이나 배타심을 가져도 좋다는 뜻은 아닙니다. 손 마른 사람이나 그렇지 않은 사람이나 우리는 모두 하나님의 자녀일 뿐이라는 사실을 인정하는 게 중요합니다.

제가 있는 테니스 동호회에는 다양한 실력의 사람들이 모입니다. 대개 비슷한 실력을 가진 사람들끼리 어울려서 게임을 하는데, 간혹 전혀 실력이 안 되는 사람이 중간에 끼어드는 경우가 있습니다. 그 한 사람 때문에 테니스 게임 분위기가 저해될 수도 있지요. 한두 번은 체면 때문에라도 대충 어울려 주지만 그런 일이 반복되면 '뭐, 저런 친구가 있을까?' 하고 눈치가 달라집니다. 이런 게 바로 인간입니다. 자기 생각과 수준에 맞는 사람들끼리 모여야만 기분이 좋고, 약간 다른 사람이 끼어들면 이내 기분이 나빠진다는 말씀입니다. 이런 일들은 우리에게 거의 숙명인 것 같습니다. 장애인 시설이 자기네 동네에 들어오는 걸 결사반대하는 사람들은 형편없는 테니스 실력을 가졌으면서도 게임을 하려고 달려드는 이에게 마음속으로 언짢아하는 사람과 비슷한 게 아닐까요?

2절은 '사람들이 예수를 고발하려' 했다고 쓰고 있습니다. 여기서 이 사람들은 누굴까요? 이 사건 뒤에 바리새인들이 헤롯당과 공모했다는 6절 말씀을 참고한다면 이 사람들은 바리새인인 것 같습니다. 그러나 다른 한편으로 생각하면 바리새인만이 아니라 보통 사람들이 이 사건에 연루되었을지도 모릅니다. 바리새인들은 단지 노골적으로 예수님과 대립했지만, 이들은 위선적으로 대립했다고 말입니다. 어쨌든지 예수님을 고발하겠다는 이 사람들의 생각은 그렇게 이상한 게 아닙니다. 그들에게 예수님은 불편한 사람입니다. 자신들의 전통을 인정하지 않는 예수님이 마음에 들 리가 없습니다. 이들에게는 손 마른 사람도 불편하고, 예수님도 불편했습니다. 기회가 주어진다면 예수님을 자신들의 공동체에서 제거하고 싶어 했겠지요. 아주 자연스러운 일입니다.

저도 개인적으로 불편한 사람들이 없지 않습니다. 투정하듯 살아가는 사람들, 자기 과시가 심한 사람들과는 가능한 한 피하고 싶습니다. 저절로 그렇게 됩니다. 그럴 때마다 부끄러움을 느끼지만 그런 마음 자체를 부정할 수가 없습니다. 이런 마음들은 예수님을 고발하려던 사람들과 다를 게 하나도 없습니다. 아주 비뚤린 마음이지요. 이런 마음으로 세상을 살다보면 다른 사람의 잘못만 눈에 들어오게 됩니다. 그런 쪽의 눈이 아주 밝아지기 때문에 그런 것만 눈에 들어올 수밖에 없습니다. 사람은 어쩔 수 없이 자기가 보고 싶은 것을 보게 마련이니까 말입니다. 고발하는 눈이 아니라 진리를 드러내는 눈으로 세상을 볼 수 있는 길은 어디에 있을까요? 오늘 그리스도인들에게 주어진 신앙적인 숙제입니다.

지금 예수님이 처한 상황은 곤란해 보입니다. 한쪽에는 예수님을 고발하려는 사람들이 눈을 부릅뜨고 있고, 다른 한편에는 손 마른 사람이 무기력하게 앉아 있습니다. 저 같았으면 그냥 모른 척하고 회당을 빠져나왔을지 모릅니다. 도와 달라는 구체적인 요구가 없는 마당에 공연히 긁어 부스럼을 만들 필요는 없는 일이니까요. 손 마른 사람을 못 본 척하고 그 상황을 피했다고 하더라도 예수님을 원망할 사람은 별로 없었을 테니까요. 요즘도 우리는 정말 도움이 필요한 사람들을 외면하면서 살아갈 때가 얼마나 많습니까? 또는 도움이 필요한 사람들이 주변에 있다는 사실조차 인식하지 못하고 있는지도 모릅니다.

예수님은 이 상황을 정면으로 돌파하십니다. 3절에서 손 마른 사람에게 말을 걸었습니다. 사람들 한가운데에 자신 있게 서라고 했습니다. 조용하게 지나갈 수 있었지만 예수님은 곤란한 상황 안으로 굳이 들어가셨습니다. 예수님이 늘 투쟁적이신 것은 아닙니다. 경우에 따라서 적대적인 사람들을 피하기도 했습니다. 그러나 이번의 경우는 피해서 될 일이 아니라는 판단을 하신 것 같습니다. 그 이유는 자기에게 다가올 고난과 상관없이 손 마른 사람의 운명이 걸려 있기 때문이 아니었을까요?

예수님이 손 마른 사람에게 사람들 한가운데 서라고 말씀하신 이

유는 사람들의 마음속에 잠복해 있는 문제들을 공론화하려는 것이었는
지 모릅니다. 설령 사람들과의 마찰이 확대되는 한이 있더라도, 그들 가
운데 도사리고 있는 문제의 실체를 드러내려는 것입니다. 예수님이 고
발하려는 사람들과의 마찰을 줄이면서 손 마른 사람을 도우려고 했다면
그를 다른 곳으로 데리고 가서 고칠 수도 있었겠지요. 그러나 예수님은
문제를 우회하지 않고 정면으로 치고 들어가십니다.

그리스도교 신앙은 자신들끼리만 모여서 작당하지 않습니다. 본
회퍼의 표현을 빌린다면 그리스도교 신앙은 삶의 주변이 아니라 그 중
심에 자리하고 있습니다. 죽음과 소외와 한계상황이라는 실존적 영성
에 머물지 않고, 오히려 교육, 정치, 생태, 노동 등 삶의 중심에서 하나
님 나라와 연결되어 있습니다. 이것은 곧 사람들 한가운데, 즉 본회퍼
의 표현을 빌리면 삶의 중심에 서는 일입니다.

세상의 중심에 서야 한다는 말을 오해하지 마십시오. 기득권층 행
세를 하거나 세상의 모든 문제에 감 놔라 배 놔라 시시비비한다는 뜻이
아닙니다. 사립학교법이 마음에 들지 않는다고 교회가 연합적으로 반
대 기도회를 여는 방식의 투쟁은 그리스도교 신앙이 말하는 삶의 중심
과는 거리가 멉니다. 자신의 신앙 내용을 보편적 진리 안으로 끌어낸다
는 뜻입니다. 자폐증 환자들처럼 작은 세계 안으로 숨어드는 게 아니라
진리 논쟁으로 나서는 것 말입니다. 사람들 한가운데서 서라는 말씀처
럼 우리는 우리 자신, 우리의 행위, 우리의 신앙을 드러내야 합니다. 교
회를 통한 하나님의 통치가 어떻게 일어나고 있는지 사람들이 이해할
수 있는 방식으로 말을 걸어야 한다는 뜻입니다.

누가 손 마른 사람을 회당으로 데리고 왔을까요? 예수님을 함정
에 빠뜨리고 싶어 하던 사람들인지, 아니면 그의 장애 치유를 진정으로
바라던 친구들인지, 또는 소문을 듣고 예수님께 무언가 기대를 한 당사
자인지 성서는 말이 없습니다. 우리는 그 사람이 처한 형편만은 충분히
헤아릴 수 있습니다. 지금 회당의 한쪽 구석에 앉아 있는 이 손 마른 사

람은 회당 분위기가 무언가 편치 않다는 사실을 눈치 챘을 겁니다. 그리고 이런 분위기의 중심에 자기가 놓여 있다는 사실도 어느 정도 알고 있었겠지요. 그는 그런 자리를 피하고 싶었을지도 모릅니다. 어쩔 수 없이 이런 자리에 오기는 했지만 자칫하면 아무런 소득도 없이 창피만 당할 수가 있을 테니까요.

그런 어정쩡한 순간에 이 손 마른 사람은 예수님의 말씀을 들었습니다. 한가운데에 서라는 말을 들었을 때 그는 무슨 마음이 들었을까요? 사실 예수님이 시키신 일은 별로 내키는 게 아닙니다. 그의 수치인 장애를 사람들 앞에서 한 번 더 확인하는 일이니까요. 더구나 그는 예수님의 말씀이 자신의 운명을 어떻게 바꿔 놓을지 전혀 예상하지 못했으니까요.

예수님의 말씀은 손 마른 사람만이 아니라 오늘 우리에게도 해당됩니다. 생명의 근원과 연결된 예수님의 말씀은 때로 불편할 수도 있고, 그 심층적 의미가 이해되지 않을 수도 있을 겁니다. 그러나 진리가 우리를 향해서 말을 걸었다는 사실이 중요합니다. '한가운데 서라'는 그 말씀은 어떤 세계를 보거나 만나게 하고, 나아가서 어떤 행동으로 이끌어 냅니다. 그래서 은총입니다. 이런 말씀을 듣기 원한다면 우리의 영적인 촉수를 예민하게 작동시켜야 합니다.

당신을 고발하고 싶어 하는 사람들을 향한 예수님의 질문이 4절에 나옵니다. 선과 악, 생명과 죽임을 대비시키고 있습니다. 이런 질문은 상황을 너무 단순하게 만들 소지가 있습니다. 바리새인들도 안식일에 악을 행하는 것이 좋다거나 생명을 죽이는 것이 좋다고 주장하는 게 아닙니다. 원래 율법의 근본은 선을 사회적으로 구체화하고 생명을 살려 나가는 것을 목표로 합니다. 율법주의자들 중에서 그 어떤 사람도 법을 위해서 악을 행해도 좋다고 생각하는 사람은 없습니다. 만약 이런 상황을 객관적으로 파악할 수 있는 어떤 한 사람이 옆에 있었다면 예수님이 조금 오버한 것처럼 생각했을지 모릅니다.

　오늘 본문이 전달하는 뉘앙스를 정확하게 이해하려면 복음서의 특징을 전제해야 합니다. 복음서는 어떤 핵심을 전달하기 위해서 디테일한 것들은 과감하게 생략합니다. 복음서 기자들은 지금 논설이나 논문을 쓰는 게 아니라 예수님에게서 발생한 구원 사건을 변증하고 있는 중입니다. 지금 예수님은 상대방을 인식의 오류에 빠뜨리려고 말장난을 하는 게 아니라 안식일로 대표되는 율법의 근본정신을 강조하는 중입니다. 안식일은 그 자체로서는 결정적인 의미가 있는 종교규범이 아닙니다. 그것은 오직 선과 생명 안에서만 의미가 있다는 말씀입니다. 바로 이런 맥락에서 오늘 우리 그리스도인들은 영적인 긴장감을 놓치지 말아야 합니다. 우리의 교회 제도와 모든 종교행위들은 기본적으로 선과 생명을 그 내용과 목적으로 두고 있습니다. 선과 생명은 곧 영성의 핵심이기도 합니다. 우리의 신앙생활에서 이런 내용이 주변부로 밀려나고 신앙형식들이 절대화하면 그리스도교 영성은 형해화를 면치 못합니다.

　예수님의 질문은 군중들에게 선택을 강요합니다. 물론 이 세상의 문제가 늘 선과 악으로, 생명과 죽음으로 양분되는 건 아닙니다. 이 양자가 겹치기도 하고 그 경계가 모호할 때도 있습니다. 그러나 어느 지점에서 우리는 늘 선택해야 합니다. 선거를 할 때 후보자들을 완전히 선악으로 구분할 수 없지만 결국은 한 사람을 선택해야 하듯이 말입니다. 안식일 같은 종교 문제 앞에서 우리가 취해야 할 태도도 역시 이런 선택일 때가 많습니다.

　1517년 10월 31일은 루터의 비텐베르크 성당 대자보 사건이 있었던 날입니다. 그는 기독교 신앙에서 무엇이 옳은가 치열하게 투쟁했습니다. 그는 교황청이 실행하고 있던 면죄부를 인정할 수 없었습니다. 로마 교황청의 주장은 보기에 따라서 일리가 없지 않았습니다. 지금 개신 교회가 강조하고 있는 십일조와 일천번제 헌금도 이해하는 쪽으로만 본다면 일리가 없지 않듯이 말입니다. 그러나 루터는 목회적 마인드보다는 신학적인 투명성에 무게를 두었습니다. 진리와 거짓의 중간 자리를 그는 용납하지 않았다는 말씀입니다. 교황 무오설도 마찬가지입니다. 그런 도그마를 정당화하기 시작하면 얼마든지 가능하지만, 루터는 무엇이 옳으냐, 선택하라고 교황청을 향해 다그쳤습니다. 루터의 이런 투쟁은 어려운 길이었습니다. 로마 교황청이 갖고 있던 무소불위의 권력은 일개 시골 사제에 불과했던 루터를 공포에 떨게 할만 했습니다. 옳은 것에 대한 열정은 공포를 극복하게 했습니다. "내 주는 강한 성이요!"라는 루터의 고백은 바로 진리가 제공하는 해방과 자유에 근거하고 있는 게 아닐까요?

오늘 본문에서도 예수님은 안식일과 옳음을 일치한 것으로 보지 않으셨습니다. 그 당시 안식일에 대한 바리새인들의 생각을 인정하지 않았다는 말씀입니다. 체제나 제도, 형식은 쉽게 진리를 거스를 수 있기 때문에 우리는 부단히 그것을 구별해서 판단할 수 있어야 합니다. 자본주의는 선이고 공산주의는 악이라는 구도에서 조금도 움직이지 않으려는 분들이 있습니다. 역사 경험이 그렇게 만들었겠지만 안타까운 일입니다. 자본주의가 사람을 살리기도 하고 공산주의가 살리기도 하며, 자본주의가 생명을 죽이기도 하고 공산주의가 생명을 죽이기도 합니다. 따라서 우리는 생명을 정치 및 경제 이데올로기 자체와 구분해서 보아야 합니다. 만약 우리의 정치체제가 우월하다면 선과 생명이 일어나도록 힘쓰면 됩니다. 우리 기독교가 진리라고 한다면 우리에게서 선과 생명이 일어나도록 힘쓰면 됩니다. 안식일이라는 종교 형식이 진리가 아니라 그것이 선과 생명을 살려내기 때문에 진리라는 사실을 잊지 말아야겠습니다.

예수님의 질문 앞에서 바리새인들(로 추정되는 이들)은 잠잠했다고 합니다. 왜 그랬을까요? 여러 가지 이유가 있겠지만 예수님을 고발하려던 계획에 차질을 빚을지 모른다는 염려 때문이 아니었을까요? 전형적인 좌고우면입니다. 그들이 잠잠할 수밖에 없었던 다른 가능성도 있긴 합니다. 예수님의 질문이 양심을 찔렀을지도 모릅니다. 원래 노골적으로 부도덕한 일은 행할 수 없는 양심적인 사람들이거든요. 지금 손 마른 사람이 눈앞에 자리하고 있는 상황에서 그를 도와주어야 한다는 생각은 상식적으로 할 수 있는 겁니다. 예수님은 지금 그런 상식의 눈을 열어 주고 있습니다. 그런 상식을 외면하기는 힘든 일입니다. 예수를 고발할 핑계를 찾고 있던 그들에게는 양심과 의지와의 충돌이 일어날 수밖에 없었습니다. 그런 상황에서 그들이 무슨 말을 할 수 있겠습니까! 또 다른 가능성은 없을까요? 어쩌면 배짱을 부리는 중인지 모릅니다. 예수를 완전히 무시하고 있는지도 모르겠군요. 그들은 이미 예수를 처치하겠다고 작심했기 때문에 안식일 논쟁을 길게 끌고 갈 필요가 없다고 생각했겠지요. 이럴 때는 모른 체하는 게 상수일지 모릅니다.

오늘 본문의 상황은 이 한 사건만이 아니라 예수님의 전체 운명에 해당됩니다. 예수님은 3년의 공생애 동안 종교 지도자들은 물론이고, 민중들에게서 이렇다 할 반향을 얻지 못하셨습니다. 민중들은 일시적으로만 그를 추종했을 뿐입니다. 오늘 본문에서 우리가 확인할 수 있듯이 그가 선포한 하나님 나라에 귀를 기울이는 사람들도 별로 없었습니다. 예수님이 처한 실존은 벽이었습니다. 벽은 아무런 반응을 보이지 않습니다. 질식할 것 같은 침묵 앞에서 예수님의 심정은 어땠을까요?

5절 문장을 잘 보십시오. 우리말 성경에는 예수님께서 저들의 완악한 마음을 탄식하셨다는 문장이 먼저 나온 뒤로 노하심으로 그들을 둘러보셨다는 문장이 뒤를 따르고 있지만, 헬라어 성경에서는 그 순서가 거꾸로 되어 있습니다. 우리는 헬라어 성서의 순서에 따라서 예수님이 화를 내셨다는 사실을 먼저 짚도록 하겠습니다. 예수님이 화를 낸 이유는 무엇일까요? 그들이 예수님을 고발하려 했다는 사실 자체는 그렇게 결정이지 않습니다. 예수님이 일신상의 문제로 신경을 쓰시는 분인가요? 예수님의 질문에 아무 말도 하지 않은 그들의 태도에 화가 나셨겠지요. 더 정확하게 말하면 그들이 말을 하지 않았다는 사실보다는 그렇게 나올 수밖에 없는 율법적인 태도에 화가 나셨겠지요. 그들에게는 안식일 율법이 너무 무거웠기 때문에 손 마른 사람의 실존이 별로 와 닿지 않았으며, 선과 생명에 대한 예수님의 호소에도 귀를 막았습니다.

진리에 사로잡힌 사람은 화를 낼 때 화를 낼 수 있습니다. 아니 화를 내야만 합니다. 하나님 나라가 훼손당하는데도 화를 낼 줄 모른다면 그는 결코 진리에 귀를 기울이는 사람이 아닙니다. 사람의 존엄성이 상실되는 정치, 경제 체제에 도전하지 않을 수 있을까요? 사람을 마취시키는 종교를 향해서 몸을 던지지 않을 수 있을까요? 오늘 우리에게는 거룩한 화가 필요합니다.

예수님이 바리새인들의 마음을 완악하다고 하신 이유는 손 마른 사람을 앞에 두고 예수님을 고발할 빌미를 찾았기 때문이겠지요. 그들에게는 한 사람의 운명보다는 (안식일) 법의 수호가 더 중요했다는 겁니다. 그것이 곧 완악한 마음의 표본입니다. 안식일 법을 수호하려는 바리새인들의 태도를 무조건 매도하지는 말아야 합니다. 그들이 거의 법 실증주의적 태도를 보이는 건 나름 이유가 있습니다. 율법은 원래 유대인들의 영적인 삶과 실제적인 삶을 지켜내기 위한 최소한의 규범이었습니다. 앞에서도 언급했지만 안식일 법이 있어야 노예를 비롯한 노동에 혹사당하던 사람들이 하루만이라도 노동으로부터 해방될 수 있었습니다. 구약의 레위기에 나오는 법령들을 보십시오. 모두가 개인과 공동체를 건강하게 유지하기 위한 안전장치들이었습니다. 그중의 대표적인 법이 바로 안식일입니다.

성서가 말하는 악이나 죄는 반드시 파렴치한 행위나 부도덕한 행위에만 해당되지 않습니다. 이런 차원에서만 본다면 바리새인은 완악한 사람들이 아니라 일반 사람들보다 세련된 사람들이었습니다. 성서가 말하는 완악성은 훨씬 깊은 것입니다. 그게 무엇일까요? 자기 절대화가 그것입니다. 바리새인들에게 율법은 자신들의 정체성 자체였습니다. 그들은 율법의 절대적인 수호를 자신들의 정체성으로 삼았습니다. 율법을 절대화한다는 것은 곧 자기를 절대화한다는 말이겠지요. 이

런 자기 절대화에 빠지게 되면 모든 대상들이 상대화됩니다. 그들에게
는 손 마른 사람도 역시 안식일 준수를 시험할 수 있는 대상으로만 보
일 뿐입니다.

　　오늘 우리는 율법을 절대화하면서 살아갑니다. 그 율법이 무엇인
지는 일일이 열거할 필요는 없겠습니다. 어떤 사람에게는 지식일 수
도 있고, 돈일 수도 있으며, 이데올로기일 수도 있겠지요. 국가보안법
을 절대화하거나 친미 사대주의를 절대화하기도 합니다. 이런 상태에
서 생명을 거들떠보기 힘듭니다. 쉽게 사람들을 소외시키고, 생태계를
파괴할 수 있습니다.

　　예수님은 바리새인들과의 승강이는 접어두고, 아니면 그들에게 보
란 듯이 손 마른 사람에게 손을 내밀라고 말씀하셨습니다. 예수님의 치
유 사건에는 여러 형식이 있습니다. 말씀이나 기도로, 접촉을 통해서,
극적인 행위를 통해서 치유하셨습니다. 어떤 형식이었든지 핵심은 예
수라는 인격이 결정적으로 중요하다는 사실입니다. 손을 내밀라는 이
말씀은 예수님의 인격을 가리킵니다. 예수님의 인격은 곧 신격(神格)이
기도 합니다. 예수님의 인격과 그 존재는 창조 사건에 직접적으로 참여
한 로고스입니다. 초기 그리스도인들은 바로 예수님에게서 그런 신격
을 발견하고, 그를 하나님의 아들이며, 하나님 자체라고 믿었습니다.
그 창조의 로고스인 예수님은 손 마른 사람에게 "손을 내밀라"고 말씀
하실 수 있는 바로 그분이십니다.

　　그리스도인들은 이 세상을 예수님의 인격, 혹은 신격으로 대하는
사람들입니다. 예수님이 아니라 다른 위대한 스승들도 손을 내밀라고 명
령할 수 있지만, 일반적으로 가치 있는 말과 예수님의 말씀을 동일하다
고 생각하지 않습니다. 예수님의 입으로부터 나온 말씀만이 참된 구원의
능력을 담보한다고 믿습니다. 이런 점에서 손을 내밀라는 말을 누가 했
는가가 중요합니다. 위대한 사상가나 정치가, 종교 지도자도 그런 말을
할 수 있습니다. 그들도 나름 인간 구원의 길을 제시하고 있습니다. 그

러나 우리에게는 그런 말보다 그 말을 하신 분이 더 중요합니다. 그리스도인들은 예수님만을 궁극적인 진리의 토대로 생각한다는 말씀입니다.

손 마른 사람은 손을 내밀었습니다. 과연 그에게 우리가 지금 생각하는, 믿음이 있었는지는 여기서 중요하지 않은 것 같습니다. 이 사람은 예수님이 누구인지 알았을 수도 있고, 아닐 수도 있습니다. 우리가 상식적으로 생각한다면 그는 예수님의 정체에 대해 알았다기보다는 그저 자신의 마른 손이 치유되기를 간절히 바랐으며, 조금 더 나아가서 예수님에게 그럴 능력이 있다는 사실을 믿었을지 모릅니다. 아니 믿고 싶었겠지요. 그런 마음으로 그는 손을 내밀었습니다.

하나님의 구원 행위에서 예수님의 정체가 중요하다는 사실과 그런 믿음 없이 손을 내밀었다는 사실 사이에 모순이 있는 것 같지만, 곰곰이 생각하면 그렇지 않습니다. 이 말은 오히려 그리스도교 신앙의 본질이 무엇인지를 정확하게 설명합니다. 구원이 오직 예수 그리스도에 의해서 가능한 사건이라는 말은 우리의 믿음에 의해서 좌우되지 않는다는 뜻입니다. 구원 사건에서 우리의 믿음이 중요한 게 아니라 하나님의 행위가 중요합니다. 하나님은 예수 그리스도를 통해서 우리의 믿음 유무를 뛰어넘어서 구원을 행사하시기 때문입니다. 우리의 믿음이 아무런 의미가 없다는 뜻은 아닙니다. 우리는 예수 그리스도를 이미 알고 믿었기 때문에 그 믿음이 우리의 삶 전체를 지배합니다. 그럼에도 이 구원은 우리의 믿음에 의존하거나 한정되는 게 아니라 훨씬 보편적인 하나님의 사건입니다. 이런 점에서는 구원의 보편성, 더 나아가서 만인구원의 가능성까지 열어 놓아야 합니다. 믿음이 없어도 손을 내밀기만 한다면 하나님은 우리가 모르는 방식으로 사람을 구원하실 수 있기 때문입니다.

예수님을 믿지 않아도 구원받을 수 있다는 말인가 걱정하실 분들이 있겠군요. 만인구원론과 선택구원론이 무조건 대립적이지만은 않습니다. 성서는 이 양자를 모두 배제하지 않습니다. 왜냐하면 만인구원론은 하나님의 사랑에 근거한 것이며, 선택구원론은 하나님의 의에 근거한 것이기 때문입니다. 하나님의 사랑은 인간의 죄까지 덮으실 수 있으며, 하나님의 의는 인간의 죄를 용납할 수는 없습니다. 사랑을 강조하면 만인구원이, 의를 강조하면 선택구원이 나타날 수밖에 없습니다. 만약 우리가 하나님에게서 이 두 모습을 제거하지 않는다면 두 구원론도 역시 제거할 수 없습니다.

어떤 분은 이런 주장이 정통 기독교의 가르침이 아니라고, 또는 모호하다고 생각할지 모르겠군요. 천국에 들어가는 사람과 그렇지 않은 사람으로 구별될 뿐이지 어떻게 모두 들어가기도 하고, 동시에 선택적으로 들어가기도 한단 말인가 하고 말입니다. 기독교 전통이 일반적으로는 선택구원론에 무게를 두고 있긴 하지만, 그렇다고 해서 만인구원론을 포기하지 않았습니다. 이 두 구원론이 날줄과 씨줄처럼 얽혀 있습니다. 이런 문제는 구원의 실체가 아직 명백하게 드러나지 않았다는 엄정한 사실과 얽혀 있습니다. 구원이 무엇인지 생각해 보십시오. 궁극적인 생명이 무엇일까요? 영생이 무엇일까요? 하나님 나라가 무엇일까요? 부활의 실체가 무엇일까요? 새 하늘과 새 땅이 무엇일까요? 이런 모든 것들은 종말이 돼야 그 정체가 드러납니다. 오늘 우리는 거울로 반사된 것만 볼 뿐이지 실체를 보지는 못합니다.

손 마른 사람이 예수님의 말씀에 따라서 손을 내밀자 그 손이 회복되었다고 합니다. 도대체 이런 일이 어떻게 일어날 수 있을까요? 마술인가요, 기적인가요. 이 문장에 대한 역사비평은 그만두고, 묵상 방식으로 그것의 영적인 의미를 찾아봅시다. 오늘 우리에게는 두 가지 관점이 필요합니다.

첫째, 마른 손을 내밀었다는 것은 그가 주님의 말씀에 순종했다는 의미로 볼 수 있습니다. 일정 기간 불구의 손을 갖고 살았던 사람이 손을 내민다는 건 그렇게 간단한 게 아닙니다. 요모조모 생각이 많은 사람들은 쉽게 손을 내밀 수 없었겠지요. 우리에게 필요한 건 말씀과의 일치입니다. 비록 그 말씀의 깊이를 모두 따라가지는 못해도 그 말씀에 의존하려는 태도가 중요하다는 말씀입니다. 어린아이들은 졸릴 때 아무 데서나 잘 수 있지만 어른들은 온갖 것에 신경을 쓰느라고 단잠을 자지 못합니다. 이것이 광적인 믿음이나 독단적인 믿음이 괜찮다는 뜻은 아닙니다.

둘째, 마른 손의 회복은 구원의 한 징표입니다. 하나님을 통해서 이 사람의 망가진 손이 회복되듯이 우리의 망가진 영혼도 역시 회복될 수 있으며 되어야만 합니다. 그런데 사람들은 자신의 영혼이 손 마른 사람처럼 말라 있다는 사실을 인정하지 않습니다. 왜냐하면 세상살이에 불편이 없기 때문입니다. 이런 상태에서는 망가진 영혼의 회복이 일어날 수 없습니다. 구원(회복)의 가능성을 스스로 차단하는 것보다 더 큰 어리석음은 없습니다.

회당 안에서의 일은 일단락되었습니다. 예수님은 바리새인들이 보내는 무언의 압력을 무시하고 손 마른 사람을 고쳤습니다. 바리새인들은 어떤 기분이 들었을까요? 이제 예수가 걸려들었구나 쾌재를 불렀을까요, 아니면 우리를 물로 보는 거야 뭐야 속상해했을까요. 그들의 속이야 알 수 없습니다. 그들이 회당에서 나가 헤롯당과 공모하기 시작했다는 사실이 중요합니다.

원래 바리새인과 헤롯당은 친하게 지낼 만한 이들이 아닙니다. 헤롯당은 친(親)로마적이고 보수적인 기득권자들입니다. 이에 반해서 바리새인들은 노골적이지는 않지만 내심 반(反)로마적이고 사회적인 차원에서 진보적인 사람들입니다. 결정적으로 헤롯당은 매우 정치적인 집단이었지만 바리새인은 매우 종교적인 집단이라는 점에서 다릅니다. 모르긴 해도 평소에 바리새인들은 헤롯당 사람들은 세속적이라고 무시했을 것이며, 거꾸로 헤롯당 사람들은 바리새인들을 꽉 막힌 사람들이라고 무시했을 겁니다. 그런 사람들이 예수를 죽이는 일에는 공모를 합니다.

이런 걸 보면 바리새인들이 종교적이라고 하지만 실제로는 정치적인 속성을 가진 것 같습니다. 그렇지 않다면 그들이 헤롯당과 이렇게 위험한 일을 의논할 까닭이 없으니까요. 종교와 정치, 전혀 어울릴 것 같지 않지만 현실에서는 놀랍게도 잘 어울립니다. 콘스탄틴 황제 이후로 로마에서 교황과 황제가 사이좋게 세상을 지배했던 것처럼, 요즘도 자칭 보수적이고 복음적이라고 하는 분들이 정치적인 행동을 할 때가 많습니다. 물론 진보적인 사람들도 여기서 예외는 아니겠지요. 종교와 정치가 의논할 때는 거의 나쁜 일을 한다고 보면 맞습니다. 그렇지 않은 경우에 종교와 정치가 의논할 일은 거의 없습니다.

바리새인들이 헤롯당 사람들과 함께 예수를 죽일 의논을 했다는 사실에서 두 가지는 분명합니다. 첫째, 그들은 아무나 죽이고 싶어 하는 불한당이 아닙니다. 둘째, 예수님은 죽임을 당할 정도로 파괴적이거나 폭력적이지 않으셨습니다. 이런 사실을 전제한다면 그들이 예수를 죽이려고 했다는 성서의 진술은 이해하기 힘듭니다. 더구나 지금은 예수님의 공생애 초기에 해당됩니다. 그는 갈릴리 호수 근방의 가버나움 저잣거리와 회당이라는 아주 한정된 지역에서만 활동하셨을 뿐이지 그 당시 최고 종교권력인 산헤드린과 성전이 있는 예루살렘에 가지도 않았습니다. 기껏해야 몇몇 장애인과 환자를 고치고, 안식일에 관한 몇 마디 가르침을 주신 것에 불과합니다. 예수님은 제거되어야 할 정도로 사회적인 문제를 일으키지 않았다는 건 분명합니다.

이 본문을 해석하는 두 가지 가능성이 있습니다. 하나는 성서기자의 과장이나 추론입니다. 예수님이 결국 종교권력에 의해서 희생당한 결과를 놓고 볼 때 아무리 초기이지만 바리새인들이 예수를 극단적으로 적대시하고 죽일 마음을 품고, 그것을 실천한 것으로 미리 예단할 수 있습니다. 다른 하나는 안식일 논쟁은 하나의 작은 율법이 아니라 전체 율법을 대표한다는 사실입니다. 바리새인들은 안식일을 노골적으로 훼손한 예수님을 더 이상 두고 볼 수 없다고 생각했겠지요. 다른 한편으로 그들이 안식일 논쟁을 심각하게 생각하지 않고 그저 다른 해석 정도로 받아들였다면 예수님은 십자가 처형을 당하지 않을 수 있었을지 모릅니다. 안식일 논쟁이 결국 인류 역사를 바꾼 것이라고 할 수 있겠지요. 사소한 것이 뜻하지 않은 사건으로 변하는 것, 그것이 역사의 신비입니다.

　바리새인들은 예수님의 가르침과 행동이 마음에 들지 않은 것 같습니다. 그것도 아주 심각하게 말입니다. 본인들이 그렇다고 하는데, 우리가 어쩌겠습니까? 우리도 어떤 사람들이 마음에 들지 않을 수 있고, 우리도 다른 사람 마음에 들지 않을 수도 있습니다. 그래서 서로 상관하지 않을 수도 있지만, 때로는 다툴 수도 있습니다. 본문에 등장하는 바리새인들의 문제는 그들이 예수님 앞에서 당당하게 처신하지 못하고 뒤에서 음모를 꾸몄다는 것입니다. 간혹 예수님과 진지한 논쟁을 벌였다는 사실이 복음서에 기록되어 있긴 하지만, 복음서 전체의 맥락을 놓고 볼 때 바리새인들이 정면승부하지 않았다는 사실은 분명합니다. 바로 그것이 진리에 속하지 않은 사람들의 전형적인 태도입니다.

　오늘도 본문의 바리새인처럼, 또한 루터 당시의 로마 가톨릭처럼 진리의 문제를 암중모색 방식으로 해결하려는 시도들이 적지 않습니다. 이런 일들은 심지어 일개 교회의 차원에서도 일어날 수 있습니다. 장로 투표에서 끼리끼리 작당을 하는 일들, 그래서 특정한 사람을 떨어뜨리려는 음모들이 그런 것들입니다. 당회로 대표되는 한국 교회의 교권은 이런 차원에서 크게 개혁되어야 합니다. 몇몇이 주동이 되어 교회 문제를 정치 공학적으로 풀어가는 관행이 고쳐져야 합니다.

예수, 군중을 피하시다

<u>3:7-12</u>

7 예수께서 제자들과 함께 바다로 물러가시니 갈릴리에서 큰 무리가 따르며 8 유대와 예루살렘과 이두매와 요단 강 건너편과 또 두로와 시돈 근처에서 많은 무리가 그가 하신 큰일을 듣고 나아오는지라 9 예수께서 무리가 에워싸 미는 것을 피하기 위하여 작은 배를 대기하도록 제자들에게 명하셨으니 10 이는 많은 사람을 고치셨으므로 병으로 고생하는 자들이 예수를 만지고자 하여 몰려왔음이더라 11 더러운 귀신들도 어느 때든지 예수를 보면 그 앞에 엎드려 부르짖어 이르되 당신은 하나님의 아들이니이다 하니 12 예수께서 자기를 나타내지 말라고 많이 경고하시니라

바리새인들과의 한차례 논쟁이 끝난 후 예수님은 제자들과 함께 바다(갈릴리 호수)로 물러가셨다고 합니다. 이렇게 호숫가로 물러가신 이유는 한편으로는 신변의 위협을 잠시 피하실 요량이었을 수도 있고, 다른 한편으로는 평소 습관대로 움직이신 것일 수도 있겠지요. 어쨌든지 그 순간만은 예수님이 군중들을 피해 보려고 한 것은 분명합니다. 주로 사람들이 없는 광야보다는 사람들이 모여 사는 저잣거리에서 하나님 나라를 선포하시던 예수님이 이렇게 군중들을 피하신 적도 있다는 사실은 그리스도교 영성을 이해하는 데 매우 중요합니다. 그리스도교 신앙은 주변의 모든 것과 멀어지는 것도 받아들일 수 있어야 합니다. 더 나아가서 우리는 일부러라도 물러서는 순간을 찾아야 합니다. 이를 물러섬의 영성, 또는 부정의 영성이라고 할 수 있겠지요.

　　호숫가로 물러가신 예수님을 기억합시다. 예수님은 사람을 사랑하시는 분이었지만 사람을 멀리하기도 했습니다. 우리는 어떻게 삶에서 물러날 수 있을까요? 사람마다 상황이 다르기 때문에 어느 한 가지 방법만을 좋다고 말할 수는 없겠지요. 형편이 닿는다면 당분간 사람들을 만나지 않는다거나, 말을 하지 않는다거나, 칩거에 들어갈 수 있겠

지요. 그것도 아니라면 신앙생활과 일상을 최소화하는 방법도 가능하지 않을는지요.

매튜 폭스는 《원복》에서 그리스도교 신비주의 영성을 네 가지로 설명하고 있습니다. 긍정의 길(Via Positiva), 부정의 길(Via Negativa), 창조의 길(Via Creativa), 변모의 길(Via Tranaformativa)이 그것입니다. 두 번째 구조인 부정의 길은 무(無)를 받아들이는 영성입니다. 《원복》에 나오는 몇몇 영성주의자들의 진술을 여기에 다시 간추려 보겠습니다.

> 만물이 무다. 매우 사소한 것이라거나 제법 어떤 것이라는 말이 아니라 그저 무라는 말이다. 만물이 무에서 끌어내어졌고 따라서 그 기원은 무다. _마이스터 에크하르트
> 기꺼이 빨려 버리고 지워지고 말소되고 무가 되겠는가? 기꺼이 무가 되겠는가? 망각 속에 잠겨들겠는가? 아니라면 결코 참으로 달라지지 않을 것이다. _로렌스
> 무를 사랑하라, 자기를 달아나라. 혼자 서라, 아무에게서도 도움을 찾지 말라. 네 존재를 잠잠하게 하라, 모든 것의 속박에서 자유롭게 하라. …… 이것이 광야에 머무는 길이다. _막데부륵의 메히틸드
> 서양 그리스도교 영성이 거의 전적으로 타락/속량의 외투로 둘러싸이기에 만족하고 그리하여 신자들에게 진정한 비아 네가티바를 가르치지 못했는가? 이 절박한 물음을 면밀히 검토할 때 확실히 나올 수 있는 답인즉, 정치적으로 기성세력이 다양하게 누리는 이익에 진정한 비아 네가티바가 기여하지 못했다는 데 있다. 오히려 기성세력은 비아 네가티바의 심오한 개인적·사회적 의미를, 우리네 가장 깊은 자아의 사회적 가치를 재창조하는 것을 외면했다. _매튜 폭스

예수님이 사람들을 떠나서 물러가실 때 제자들만은 함께했다고 합니다. 그들은 바로 얼마 후에 열두 사도로 임명받을 사람들이었습니다. 바로 이들에 의해서 예수님의 하나님 나라 복음은 지속될 수 있었습니다. 즉 예수님의 제자가 된다는 것은 단지 말로만, 또는 신앙고백으로만이 아니라 실제로 예수 그리스도를 뒤따르는 삶의 문제라는 것입니다. 여기서 중요한 것은 구체적인 삶입니다. 삶이 빠진 신앙은 값싼 은혜에 떨어지고 말겠지요. 그런데 실제의 삶에서 그리스도를 뒤따른다는 게 무슨 의미인지 간단하지 않습니다. 우선 예수님의 말씀을 듣고 그대로 실천하는 것이 바로 그런 삶이라고 생각할 수 있겠지요. 그러나 여기서 예수님의 말씀이 구체적으로 무엇인지 우리가 어떻게 알 수 있을까요? 하나님을 사랑하고 이웃을 사랑하는 것이라고, 특히 이웃을 내 몸처럼 사랑하는 것이라고 생각하시나요? 옳습니다. 그러나 그것은 일반론적으로 옳지만 구체적으로는 옳은 대답이 아닙니다. 도대체 오늘처럼 경쟁이 일반화된 현대 사회에서 우리가 어떻게 이웃을 내 몸처럼 사랑한다는 말인가요? 말은 그럴듯하게 할 수 있지만 실제로는 쉬운 게 아닙니다. 우리는 이웃이 아니라 그리스도인들끼리도 사랑하지 못하고 있는 게 아닐는지요. 사랑은 둘째 치고, 우리는 그리스도교 안에서 정의도 실천하지 못하고 있습니다. 수천 명 모이는 대형교회가 여전히 더 커져야겠다고 몸부림치는 현실에서 교회의 정의와 사랑이 살아 있다고 말할 수 있을까요?

7절에 보면 갈릴리에서 큰 무리가 예수님을 따랐으며, 8절에 보면 남쪽과 중부의 여러 지역에서도 많은 무리들이 예수님에게 몰려나왔다고 합니다. 사마리아 지역은 거론되지 않았는데, 무슨 특별한 의미가 있는지는 잘 모르겠습니다. 결국 예수님을 따르는 사람들이 예수님의 고향인 나사렛과 공생애 출발지인 갈릴리 호수 근방만이 아니라 그 당시 이스라엘 전체를 망라한 셈입니다. 이제 예수님은 거국적인 인물로 부상하게 되었습니다. 많은 사람들이 예수님을 추종했는데도 예수님이 십자가 처형을 당하신 이유는 무엇일까요? 우리를 구원하시기 위해서 십자가를 지신 것이라고 생각하는 분들이 있을지 모르겠군요. 십자가 처형은 하나님 나라에 전적으로 의존했던 예수님의 삶의 결과였지 인류 구원을 위한 목적은 아니었습니다.

마가복음 기자가 보도하고 있는 이 무리는 어느 순간이 되면 결국 예수님 곁을 썰물처럼 빠져나가고 맙니다. 역설적으로 이들 때문에 예수님이 십자가 처형을 당하셨는지 모릅니다. 처음부터 민중들이 예수님을 따르지 않았다면 그 당시 교권을 쥔 사람들이 예수님을 크게 위험스럽게 생각하지 않았을 것이며, 또한 민중들이 끝까지 예수님을 지지했다면 당국자들은 감히 예수님을 십자가에 처형하지 못했을지 모릅니다. 예수님의 언행과 더불어 민중들의 열광적인 지지가 권력자들에게 무언가 위기감으로 작용하지 않았을까요? 제가 지금 예수님의 십자가 처형을 오직 민중의 책임으로 돌리는 게 아닙니다. 그것은 인류 전체의 책임이겠지요. 민중들의 열광적인 지지가 어느 순간에 싸늘한 냉대로 바뀔 수 있으며, 그것이 바로 인류 역사이기도 하다는 사실을 우리는 예수님과 민중의 관계에서 배울 수 있습니다.

많은 무리가 예수님에게 몰려온 이유는 예수님이 행하신 (큰)일을 들었기 때문입니다. 복음서에 따르면 예수님이 행하신 일은 주로 장애인과 질병 치유, 또는 안식일 문제로 바리새인들과 다툰 것이나, 또는 몇몇 가르침들입니다. 이런 일들 때문에 전국 각지에서 사람들이 몰려들었다는 건 무슨 이유일까요? 가장 타당한 대답은 이런 일련의 일들이 그 당시 사람들에게는 하나님의 구원 사건으로 받아들여졌다는 사실이겠지요. 특히 불치병의 기적적인 치유는 결정적인 요소였습니다. 아마 예수님의 경우만이 아니라 수많은 종교가들이 이런 일들을 행했으며, 대중들을 끌어 모았을 겁니다. 그런 일은 늘 있었습니다. 오늘날 한국 교회도 예외가 아닙니다.

이런 현실은 곧 오늘 우리가 우리의 영혼을 의지할 만한 언덕이 없다는 의미인지 모르겠습니다. 영혼이 공허하다는 말이겠지요. 교회 지도자들은 신자들을 바른 영성으로 인도해야 합니다. 민중들이 원하는 것만을 제공하지 말고 그리스도교 신앙의 본질에 천착해야 한다는 말씀입니다. 당장 가시적인 성과가 나지 않는다고 하더라도 그것밖에는 다른 길은 없습니다.

9절이 전하는 장면은 한 편의 그림처럼 선명합니다. 여러 곳에서 몰려든 많은 사람들이 예수님을 에워쌉니다. 인기가 많은 정치인이나 가수, 또는 탤런트와 운동선수들이 지지자들에게 둘러싸이는 모습과 비슷한 그림입니다. 이럴 때는 누구나 기분이 고조되기 마련입니다. 이런 맛에 정치를 하고, 노래도 부르는 게 아닐까요? 저 같은 목사들도 마찬가지이지만 누구나 자신을 지지하는 사람을 만나면 우쭐한 기분이 들 겁니다. 예수님은 그 자리를 피하려고 했습니다. 그냥 걸어서 피하면 민중들이 계속 따라올 것 같으니까 아예 배를 타고 멀리 떠날 생각을 하신 것 같습니다. 그런데 이 상황이 약간 미묘합니다. 원래 예수님이 갈릴리 호숫가로 나오신 이유는 바리새인들과의 충돌 때문이었습니다. 어떤 신체적 위기로 느낄 만한 상황입니다. 이처럼 정신적으로 어려운 상황에서 자신을 지지하는 민중들을 만났다면 다시 용기를 낼 수 있는 기회인데, 예수님은 그들마저 피하십니다. 왜 그랬을까요?

우리는 예수님이 배를 타면서까지 사람들을 피하려 한 그 이유를 정확하게 알 수 없습니다. 성서 기자도 그걸 명시적으로 언급하지 않습니다. 그냥 단순하게 생각한다면 지금 예수님은 그렇게 피하지 않으면 안 될 정도로 피곤하신지 모르겠군요. 아무리 영적으로 높은 경지에 오른 분이라고 하더라도 육체적, 정신적인 피로를 완전히 벗어날 수는 없는 게 아닐까요. 아니 영적인 사람일수록 사람들을 피하고 자신만의 시간이 더 많이 필요한 법입니다. 교회 지도자들은 대중들의 인기에 영합하지 않도록 가능한 대중들을 피해야 하는 게 현명합니다. 이건 사명으로부터의 도피가 아닙니다. 자신의 영성을 돌보지 않는 지도자는 결국 다른 사람의 영성에도 도움을 줄 수 없다는 뜻입니다.

10절에 따르면 예수님에게 몰려온 사람들 중에 많은 이들이 병자들이었던 것 같습니다. 예수님이 병을 고치신다는 소문을 듣고 몰려들었겠지요. 우리가 마가복음을 묵상하면서 여러 번 확인했지만 예수님이 행하신 일 중에서 병자 치유가 매우 중요했습니다. 2천 년 전 사람들이 병으로 인해서 당한 고통을 생각한다면 예수님의 이런 치유 행위는 당연합니다. 그것은 곧 몸의 구원이기도 합니다.

병이 무엇일까요? 가장 흔한 감기를 생각해 보세요. 감기는 바이러스가 우리 몸 안에서 왕성하게 활동하기 때문에 일어나는 증상입니다. 평소에도 바이러스가 활동하지만 우리 몸이 피곤하거나 약해졌을 때 그 활동이 훨씬 강력해집니다. 그러면 열도 나고 콧물도 나고 두통도 납니다. 감기는 결국 바이러스와 우리 몸의 투쟁이라고 할 수 있습니다. 이렇게 의학이 발달했는데도 감기를 완전히 퇴치하지 못하는 이유는 바이러스가 계속해서 변종으로 진화하기 때문이라고 합니다. 가장 어려운 병이라 할 수 있는 암을 생각해 보세요. 우리 몸의 세포가 악성으로 변종되는 사건이 암입니다. 이걸 완전하게 예방할 방법이 없습니다. 조금 제어할 수는 있을지 모르지만 완전하게 막아 낼 수는 없습니다. 감기 바이러스나 암 세포나 고정되어 있는 게 아니라 계속적으로 변이를 일으키기 때문에 인간이 병을 극복한다는 것은 불가능합니다. 어떤 세균 학자는 지구에서 벌어지는 인간과 세균과의 긴 싸움에서 결국 세균이 이길 거라고 말하더군요. 그렇다면 우리는 세균과의 싸움을 진작 포기하고 그들과 더불어서 살아갈 길을 찾는 게 현명할지 모르겠군요.

병으로 고생하는 사람들이 예수님을 만지려고 몰려왔다고 합니다. 그들은 예수님의 몸에 손을 대기만 해도 혹시 병이 치료되지 않겠나 하는 다급한 심정에 빠져 있었을 겁니다. 물에 빠진 사람은 지푸라기라도 잡는다는 말처럼 병은, 특별히 지병이나 불치병은 사람을 막다른 골목으로 몰아넣습니다. 옛날에 흔하게 벌어지던 굿도 간접적으로 사람의 마음과 몸을 치유하는 효력이 있기는 하겠지만 무모한 경우가 많지요. 약을 먹어도 병이 낫지 않는 사람은 그런 방식에라도 매달리게 마련입니다. 포천의 '할렐루야 기도원'도 불치병 환자들을 고친다고 해서 유명세를 탔습니다. 이런 것들은 절망하고 있는 사람들의 마지막 순간마저 파괴하는 행위가 아닐까요? 교회도 영혼의 병을 고친다고 말은 하지만 어쩌면 고치기는커녕 덧나게 하는 일이 많을지 모릅니다. 사람의 약점을 이용하는 행위는 아무리 거룩한 무늬를 띠었어도 사기입니다.

병 치료는 거룩한 구원행위입니다. 이런 점에서 의사도 역시 목사요 사제입니다. 그들은 인간의 생명에 실존을 건 사람들입니다. 목회와 의료 행위는 생명의 문제와 직결된다는 점에서 경제논리를 뛰어넘어야 합니다. 생명이 거룩하다면 그 생명을 다루는 사람들의 행위도 역시 거룩하니까요. 장기려(1911~1995) 박사는 한국의 슈바이처, 살아 있는 성자, 바보 의사, 작은 예수로 불린 분입니다. 그는 거지, 대통령, 행려병자를 차별하지 않고 똑같이 환자로만 상대했습니다. 그는 자신이 갖고 있던 의술을 돈 버는 수단이 아니라 생명을 살리는 수단으로 삼았던, 아주 보기 드문 의사였습니다.

요즘도 그런 의사들이 많이 있겠지요. '국경없는 의사회'에 속한 분들은 국제분쟁 지역이나 재해 지역 및 오지에 가서 봉사하고 있습니다. 동네 사람들의 건강을 친구처럼, 동네 아저씨처럼 돌보는 이들이 많습니다. 반면에 그렇지 못한 경우도 있겠지요. 의약분업이 실시될 때 의사회와 약사회는 이전투구 식으로 싸웠습니다. 자기 몫의 파이를 챙기려는 것이었지요. 대형 병원은 지금 특진료를 공공연하게 받는 것 같습니다. 대학도 그렇지만 병원도 철저하게 경제논리에 의해서 움직입니다. 인간 생명이 돈벌이의 수단으로 점점 기울어지는 것 같습니다. 그들도 먹고 살아야 하니까, 그리고 공부를 많이 했으니까 그만 한 대우를 보장해 주는 건 필요하지만 그걸 감안하더라도 현재와 같은 경제 만능 의료 시스템은 어딘가 크게 병든 게 아닐는지요.

복지에 관한 한 미국보다는 유럽이 훨씬 발달되어 있습니다. 스웨덴 같은 북유럽 국가들은 세계 모든 나라가 부러워하는 복지 시스템을 갖추고 있습니다. 스웨덴만은 못하지만 독일의 복지 시스템도 썩 괜찮습니다. 일단 의료보험에 가입하면 모든 진료와 치료가 무료입니다. 80년대 초 집사람이 독일 쾰른에서 임신 중일 때의 일입니다. 매월 가는 정기 진료차 갔다가, 피를 뽑고 약간 어지러웠던 것 같습니다. 그러자 의사는 택시를 불러서 집에까지 보내 주었습니다. 택시비까지 보험처리가 된 것이죠. 통독 이후로 의료 보험을 비롯한 복지 제도가 어떻게 변했는지 정확하게는 모르겠으나, 상황이 크게 나빠지지는 않았을 겁니다. 원래 사회주의 국가는 복지만은 자랑하고 있었으니까요.

문제는 돈입니다. 이런 복지 체제를 운용하려면 세금과 보험료를 많이 내야겠지요. 이게 우리나라에는 어렵습니다. 부동산 보유세를 올려도 세금폭탄이다 해서 야단입니다. 사회주의 몰락 이후로 경쟁력 제고가 최고의 가치로 부각되고 있는 오늘의 시점에서 이런 사회주의적 정책들은 별로 인기를 얻기 힘들 것 같군요. 어쨌든 다른 건 몰라도 돈이 없어서 병을 치료받지 못하는 일만은 없어야 하는 거 아닌가요? 이런 사회 구조를 위해서 교회가 감당해야 할 몫은 무엇일는지요.

다시 본문으로 돌아가서, 예수님이 많은 사람을 고치셨기 때문에 사람들이 예수님에게 몰려왔다고 합니다. 복음서 기자는 예수님에게서 몸과 마음의 치유가 일어났다는 사실을 말하는 중입니다. 재미삼아 이런 질문을 하나 드립니다. 하나님 나라에는 병든 사람이 있을까요, 없을까요? 당연히 그곳에는 병이 없겠지요. 그런데 말입니다. 병이 없다면 건강이 실감이 날까요? 아파본 경험이 없는 사람은 건강의 기쁨을 모릅니다. 이건 다른 문제에도 똑같이 적용됩니다. 배고픔이 없는 나라에서는 먹는 즐거움이 있을 수가 없겠지요. 어떻게 보면 모든 게 완전한 하나님 나라는 별로 행복한 세계가 아닐 수 있습니다.

우리가 발상의 전환을 하지 않으면 하나님 나라를 이해할 수 없습니다. 하나님 나라, 그의 통치, 부활의 세계는 우리가 지금 경험하는 이런 생명 형식과는 다릅니다. 달라야 합니다. 무슨 말인가요? 하나님 나라는 장가가고 시집가는 것, 또는 먹고 마시는 것이 아니라는 성서의 진술에서 보듯이, 그 나라는 우리가 여기서 맛보는 행복한 조건과는 전혀 다른 차원의 세계입니다. 그러나 물속의 물고기가 물 밖의 세계를 인식할 수도, 경험할 수도 없듯이, 태아의 세계와 현실의 세계가 다르듯이 우리는 하나님 나라를 표상하거나 계량할 수 없습니다. 궁극적인 세계가 오기 전인 현실에서 우리는 병과 투쟁하며 살아야 합니다. 비록 극복될 수 없다고 하더라도 우리는 싸우는 수밖에 없습니다. 건강한 사람만으로 건강한 사회가 이루어지지 않는다는 점에서 병은 병든 사람만이 아니라 우리 모두가 짊어져야 할 짐입니다.

11절에 따르면 더러운 귀신들이 예수님을 보고 그 앞에 엎드려 부르짖으면서 "당신은 하나님의 아들이다" 외쳤다고 합니다. 앞에서 등장한 병자들과 귀신의 활동은 긴밀히 연관됩니다. 성서 시대 사람들은 인간의 삶을 파괴하는 온갖 질병의 원인을 귀신의 활동으로 생각했습니다. 그들이 귀신을 실체로 이해했다는 건 크게 이상한 게 아닙니다. 이런 문제를 그들의 지식이 부족한 탓으로 돌리는 건 오히려 우리의 무식을 드러낼 뿐입니다. 성서 시대의 사람들에 비해서 많은 걸 알고 있는 우리도 역시 이 세상에서 벌어지는 희한한 조화를 똑바로 설명하지 못합니다. 예컨대 원시림의 생태적 균형에 대한 정확한 정보를 우리는 갖고 있지 않습니다. 우리나라에 자주 일어나는 게릴라성 소나기의 정확한 원인을 모릅니다. 지구에서 일어나고 있는 모든 현상에 대한 궁극적인 원인과 그 메커니즘을 우리는 모릅니다. 조금씩, 부분적으로 설명할 수 있을 뿐이지 최종적인 답변은 불가능하다는 말씀입니다.

이렇게 첨단의 과학이 발전한 시대에서 역시 이 세상을 모호하다고 볼 수밖에 없으니, 성서 시대는 오죽했겠습니까. 자연재해나 전염병, 장애를 귀신의 개입으로 본 것은 크게 잘못된 게 아닙니다. 그렇다고 해서 잘된 것이라는 말도 아닙니다. 그들은 그들의 관점으로, 혹은 그 당시의 패러다임으로 세상을 해석하고 있을 뿐입니다. 오늘 우리가 우리의 기준으로 그들의 삶 자체를, 그들의 신앙적인 경험 자체를 백안시하는 것은 진리가 아니라 폭력에 가깝습니다. 본문이 말하려는 핵심은 인간 삶을 파괴하는 세력들이 예수님에 의해서 제압된다는 사실입니다. 오늘 우리는 예수님의 이름으로 이렇게 외칠 수 있습니다. 더러운 귀신아, 물러가라!

귀신의 실체를 믿느냐는 질문은 의미가 없습니다. 아니 정확하게 말하면 전이해가 필요합니다. 만약 귀신을 악한 기운이라고 말한다면 귀신의 작용은 분명한 현실입니다. 오늘도 우리는 그런 작용을 명백하게 목도하고 있으니까요. 제가 일일이 그걸 여기서 설명하지 않아도 알 만한 분들은 알고 있겠지요. 한 가지만 예를 든다면 충동적 소비심리입니다. 물건을 구매하고 소비하지 않으면 견디지 못하는 현대인들이 어디 한둘이겠습니까. 이런 현상은 분명히 사람들이 악한 기운에 사로잡힌 것과 같습니다. 저는 귀신을 어떤 질량을 확보하고 있는 실체라고는 생각하지 않습니다. 가족 사진을 찍었는데 그 자리에 없었던 어떤 사람이 함께 현상되었다는 식의 귀신론에는 동의하지 않습니다. 특히 죽은 다음에 천국에도, 지옥에도 가지 못한 사람의 영혼을 귀신이라고 하는 식의 주장은 터무니없는 이야기입니다. 이런 이야기는 우리에게 아무런 유익도 없습니다.

귀신이 예수 그리스도에게 완전히 제압당했다는 성서 기자의 보도를 진지하게 받아들인다면 예수 그리스도의 영을 믿고 있는 우리는 사람들의 삶을 파괴하는 악한 영과 싸워야 합니다. 어쩌면 그런 싸움에 나서기 전에 무엇이 더러운 귀신인지 분간하는 능력을 갖추는 게 급한 일일지 모르겠군요. 우리가 성서 시대보다 훨씬 영리해졌듯이 더러운 귀신도 훨씬 영리해졌을 테니까 깨어 있지 않는 한 그걸 분간하기 힘들지 않을까요?

"당신은 하나님의 아들이니이다"라는 귀신들의 진술을 어떻게 이해해야 할까요? 이런 구절을 만나면 당혹스럽습니다. 일단 이 장면을 냉정하게 살펴봅시다. 예수님은 회당에서 나와서 갈릴리 호숫가로 물러나셨는데, 많은 사람들이 그곳까지 찾아왔습니다. 그들은 대개 병자였습니다. 예수님의 몸이라도 만지려고 밀려드는 그들을 예수님은 피하려고 하셨습니다. 성서의 보도에 따르면 바로 그 순간에 귀신들이 예수님을 향해서 하나님의 아들 운운했다고 합니다. 이 장면은 하나의 실체로 등장한 귀신이라기보다는 병자들의 언행에 대한 묘사라고 한 것으로 보아야 합니다. 당신은 하나님의 아들이니까 우리를 고쳐주실 수 있겠지요? 많은 병자들이 아우성치면서 예수님에게 그렇게 말한 것이겠지요. 성서 기자의 눈에는 그런 병자들의 아우성이 바로 귀신들의 장난처럼 보였을 겁니다. 이런 방식이 바로 성서 시대의 세계 이해입니다.

이런 상황을 "하나님이 말씀하셨다"는 성서의 표현에도 적용할 수 있을 것 같군요. 하나님이 직접 나타나서 '아브라함아! 이삭을 번제로 바쳐라'라고 말씀하신 것처럼 성서는 묘사하고 있지만 하나님은 한국말, 일본말, 중국말을 하시는 분이 아니십니다. 그럴 능력이 없다는 게 아니라 하나님은 그렇게 직접적인 방식으로 인간과 소통하지 않습니다. "당신은 하나님의 아들"이라는 귀신들의 고백은 병자들의 말이며, 또한 성서 기자의 해석이기도 합니다. 저의 설명을 의아하게 생각할 분들도 있겠군요. 제가 보기에 시인의 감수성과 역사학자의 통찰력을 가져야만 성서를 바르게 해석하고 이해할 수 있습니다.

예수님은 귀신들의 외침을 듣고 12절에서 자기를 나타내지 말라고 많이 경고하셨습니다. 누구에게 경고한 걸까요? 귀신처럼 행동하고 있는 병자들인가요, 제자들인가요? 아니면 그곳에 모인 모든 사람들인가요? 어쨌거나 예수님은 왜 자신이 하나님의 아들이라는 사실을 밝히지 말라고 경고하신 걸까요? 하나님의 아들이라는 표현 자체가 예수님의 정체성을 드러내는 것이지만 처음부터 확연했던 것은 아닙니다. 막

1장 1절을 묵상할 때 짚었지만, 하나님에게 아들이 있다니 말이 될까요? 이런 개념이 유대인들에게 없는 건 아니지만 헬라인들에게 가까운 것일지 모르군요. 어쨌든지 매우 복잡하고 다양한, 혹은 예상외의 단순한 전승 과정을 통해서 하나님의 아들이 초기 그리스도교 신앙 안에 자리를 잡으면서 예수님의 칭호로 자리한 것 같습니다. 인간 예수가 야훼 하나님의 아들이라는 사실은 신성모독일 수 있기 때문에 그런 사실은 숨겨야만 합니다. 다른 한편으로, 자기를 나타내지 말라는 예수님의 경고는 초기 그리스도교 공동체의 신앙고백일 가능성이 높습니다.

예수님의 직접적인 말씀과 공동체의 신앙에 의해서 재구성된 말씀을 구분하기는 참으로 어렵습니다. 그런 건 신학자들의 몫이니까 그냥 넘어가지요. 어쨌든지 예수님이 하나님의 아들이며, 메시아라는 사실은 그렇게 공공연하게 떠들어댈 사안은 아닙니다. 지금도 그렇습니다. 그 사실은 우리 그리스도교 신앙 공동체 안에 은폐되어 있습니다. 그것은 아마 종말에나 확연하게 드러날 것입니다. 그것이 드러날 때까지 우리는 그를 보편적 진리의 토대에서, 즉 보통 사람들이 알아들을 수 있도록 변증해야 할 책임이 있습니다.

예수, 열두 제자를 세우시다

3:13-19

¹³ 또 산에 오르사 자기가 원하는 자들을 부르시니 나아온지라 ¹⁴ 이에 열둘을 세우셨으니 이는 자기와 함께 있게 하시고 또 보내사 전도도 하며 ¹⁵ 귀신을 내쫓는 권능도 가지게 하려 하심이러라 ¹⁶ 이 열둘을 세우셨으니 시몬에게는 베드로란 이름을 더하셨고 ¹⁷ 또 세베대의 아들 야고보와 야고보의 형제 요한이니 이 둘에게는 보아너게 곧 우레의 아들이란 이름을 더하셨으며 ¹⁸ 또 안드레와 빌립과 바돌로매와 마태와 도마와 알패오의 아들 야고보와 및 다대오와 가나나인 시몬이며 ¹⁹ 또 가룟 유다니 이는 예수를 판 자더라

마가복음 3장 13-19절은 열두 제자를 부르고, 사명을 주신 사건에 대한 설명입니다. 그들이 바로 열두 사도인지 아닌지는 그렇게 정확하지 않습니다. 열두 제자, 또는 열두 사도에 대한 내용도 복음서에 따라서 약간씩 차이가 납니다. 그런 건 조금 복잡하고, 현재 우리에게 별로 중요하지 않으니까 접어 두기로 하지요. 우선 예수님이 왜 제자들을 부르셨는지 잠시 생각해 보시죠. 이 문제와 연관해서 세 가지 가능성을 내다볼 수 있습니다. 첫째, 예수님이 제자들을 부르신 것은 특별한 의미가 있다기보다는 그 당시 랍비들의 일반적인 행태를 따른 것인지 모릅니다. 둘째, 예수님이 교회를 세우기 위해서 제자들을 부르셨다고 볼 수 있을까요? 열두 제자들과 교회는 뗄 수 있는 관계이지만 예수님이 교회를 목표로 그들을 불렀다고 보기는 힘듭니다. 예수님의 관심은 그런 조직을 세우는 것은 아니었거든요. 셋째, 결국 예수님은 하나님 나라 운동의 내적인 동인을 제고하기 위해서 제자들을 부르셨다고 보아야 합니다.

여기서 우리는 예수님의 복음이 담지하고 있는 운동의 성격을 정확하게 잡아야 합니다. 많은 사람들이 복음을 일종의 조직 확대로 생각하는데, 운동의 성격이 훨씬 강합니다. 복음을 조직으로 생각하면 교회

성장을 위한 행정과 지도력이 중심으로 자리 잡지만, 운동으로 생각하면 변화와 개방과 개혁이 중심에 자리하게 됩니다. 물론 운동과 (기구)조직이 늘 대립적인 것은 아닙니다. 아무리 좋은 운동이라고 하더라도 결국은 조직이 필요하니까요. 다만 오늘 교회 현장에 복음의 운동 성격이 크게 약화되었다는 사실을 지적하는 것뿐입니다. 열두 제자는 폐쇄적으로 자기 조직 안에 머물지 않고 근본적으로 하나님 나라의 통치(운동)에 전적으로 의존해야 합니다. 이때 복음(유앙겔리온)은 명실상부하게 살아납니다.

예수님의 제자들이 왜 하필이면 열두 명일까요? 여러분이 잘 아시는 대로 유대인들에게 숫자 '12'는 특별한 의미가 있습니다. 그들은 열두 지파로 구성되어 있습니다. 역사적으로 이 열두 지파는 야곱의 열두 아들에 뿌리가 있습니다. 그런데 전승에 따라서 열두 지파의 분류가 약간씩 다릅니다. 거기에는 레위 지파와 요셉 지파 문제가 걸려 있습니다. 원래대로 한다면 레위와 요셉이 당연히 열두 지파에 속하지만, 가나안 땅을 분배하는 과정에서 레위 지파는 종교 업무를 담당해야 하는 까닭으로 제외되고 대신 요셉의 두 아들인 므낫세와 에브라임이 각각 한 지파의 몫을 분배받았습니다. 사실 이 두 아들은 요셉이 이방인인 이집트 사람, 특히 이집트 제사장의 딸을 통해서 낳은 자식들입니다. 순수한 유대인 혈통이 아닌 거죠. 결과적으로 야곱의 열두 아들 중에서 레위가 빠지고 요셉이 두 몫을 받은 겁니다.

예수님의 공생애 당시에 실제로 열두 제자가 특별한 대우를 받았는지는 그렇게 정확하지 않습니다. 다만 베드로, 야고보, 요한 이 셋은 분명히 구별된 것 같습니다. 두 명씩 짝을 지어 전도를 보낼 때의 숫자는 70명(또는 72명)으로 나옵니다. 예수님의 십자가와 부활 이후 원시 그리스도교 공동체에서 열두 제자들이 그만 한 카리스마를 발휘했는지도 정확하지 않습니다. 로마 가톨릭교회는 베드로를 첫 교황으로, 정확하게는 첫 로마 주교로 주장하지만, 성 베드로 성당의 지하에 베드로의 묘지가 있다고 하는데, 그것도 정확한 근거가 있는 이야기는 아닙니다. 이 본문에서는 열둘이라는 숫자가 아니라 제자의 사명을 부여받은 사람들이 있었다는 사실이 중요하겠지요.

열두 제자에게 부여된 사명은 우선 예수님 곁에 머무는 것이었습니다. "자기와 함께 있게 하시고"라는 마가의 표현은 어떤 뜻이 담겨 있을까요? 저자가 별 생각 없이 한 말일 수도 있겠지요. 본문의 맥락과 직접적인 연관이 없다고 하더라도 짧은 묵상의 차원에서 이 진술의 의미를 한번 짚어보는 것도 괜찮을 듯합니다.

예수님의 제자로 산다는 사실에서 가장 중요한 것은 우선 예수님 곁에 머문다는 것입니다. 누구와 함께한다는 것이 교육의 본질이기도 하고, 사랑과 사명의 본질이기도 합니다. 가르치고 배운다는 것은 구체적인 정보가 오가는 것 이전에 함께하는 사건이라는 뜻입니다. 옛날 사람들은 배우기 위해서 천릿길을 마다 않고 스승을 찾아갔습니다. 스승 곁에서 함께 있는 것이 배움의 첫 걸음이며, 그것이 곧 첩경이기 때문입니다. 사랑도 마찬가지 아닐까요? 사랑하는 사람을 위해서 무슨 이벤트를 만들지 않는다고 하더라도 함께 머물러 있기만 한다면 충분히 만족하고 행복할 수 있는 상태가 바로 사랑이겠지요. 여기서 말하는 사랑은 단지 남녀 사이에 벌어지는 것만이 아니라 모든 궁극적인 관계까지 포함하는 이야기입니다. 그림을 사랑한다면 그림 곁에 머무르고, 음악을 사랑한다면 음악 곁에 머물러야 하구요.

우리의 신앙적 사명을 너무 먼 데서 찾을 필요는 없습니다. 예수님과 함께하는 것, 예수님의 말씀과 존재론적으로 일치하는 것입니다. 바울은 "누구든지 그리스도 안에 있으면 새로운 피조물"(고후 5:17)이라고 했습니다. 그리스도와의 존재론적 일치를 가리킵니다. 이것이 제자로 사는 그리스도인들에게 가장 우선적인 사명입니다. 이게 말처럼 쉽지는 않습니다. 우리가 존재 개념을 외면하면서 살아가는 데 익숙하다는 게 가장 큰 이유입니다. 그 존재는 사람에 의해서 좌우되지 않는 근원적인 생명의 세계입니다. 이렇게 말할 수 있습니다. 예수님을 통한 하나님의 은총이 일상에 가득하다는 사실에 우리는 별로 감동하지 않습니다. 우리가 무엇을 하기도 전에 이미 여기에 그 은총이 존재하고 있다는 사실을 절감하지 못한다는 말씀입니다.

어쨌든지 예수님은 열두 제자를 자기와 함께 있게 하셨을 뿐만 아니라 이제는 밖으로 내보내셨습니다. 제자는 늘 예수님 곁에만 머물러 있는 게 아니라 결국은 떨어져 나와야 한다는 말씀이겠지요. '하나님 없이 하나님 앞에'라는 본회퍼의 주장처럼 이제 제자들은 예수님 없이도 자신의 영성을 유지할 수 있어야 합니다. 예수님이 제자들을 세상으로 보내셨다는 말은 우리에게 교회 공동체의 정체성이 무엇인지를 가르쳐 줍니다. 교회는 그리스도인들의 모임일 뿐만 아니라 흩어짐이기도 합니다. 더 나아가서 교회는 교회의 내적인 조직일 뿐만 아니라 교회 밖으로의 운동이기도 합니다. 하나님 나라는 교회 안만이 아니라 밖까지를 통치하는 하나님의 힘입니다. 개인들도 마찬가지입니다. 예수님과 존재론적으로 함께하는 영성이 있는 사람은 당연히 밖의 세계로 열릴 수밖에 없습니다. 예수님을 향한 구심력과 세상을 향한 원심력이 균형을 이룰 때 건강한 영성이 확보될 수 있습니다. 잊지 맙시다. 예수님은 제자들을 자신에게로 부르셨을 뿐만 아니라 자기를 떠나서 세상으로 보내셨습니다.

예수님이 제자들을 밖으로 내보낼 때 맡긴 구체적인 사명은 두 가지입니다. 하나는 전도입니다. 우리말 성서에 '전도하다'로 번역된 헬라어 '케뤼소'는 선포하다(proclaim), 알게 하다(make known), 설교하다(preach)라는 뜻입니다. 전도는 예수가 그리스도라는 사실, 그리고 하나님 나라가 가까이 임했다고 하는 사실을 전하는 것이라고 할 수 있습니다.

우리가 이 말씀대로 살아야 한다면 결국 기회를 얻는 대로 노방전도나 축호전도를 해야 한다는 말일까요? 저도 신학대학교 다닐 때 친구들과 그렇게 전도를 했고, 그 후로 개척 교회를 하면서도 간혹 그렇게 했습니다. 요즘도 어떤 사람들은 마이크를 들고 혼잡한 길에서 외치거나, 또는 전철 안에서 그렇게 전도하기도 합니다. 여호와의 증인 교도들은 축호전도를 가장 중요한 전도방식으로 생각합니다. 신자들이 의무적으로 채워야 할 시간이 배당됩니다. 제가 보기에 이제는 이런 방식의 전도는 삼가는 게 좋을 것 같습니다. 좋은 뜻이라고 하더라도 상대방이 처한 상황을 전혀 모른 채, 혹은 무시한 채 일방적으로 자신의 종교를 전한다는 건 예의에 어긋날 뿐만 아니라 효과적이지 못합니다.

물론 우리는 전도하라는 예수님의 이 말씀을, 또는 초기 그리스도교의 신앙을 무시하면 안 됩니다. 다만 전도 방식은 오늘의 시대에 걸맞게 바꿔 나가야 합니다. 개교회 중심이 아니라 개신교 전체의 정체성을 살려내는 사회선교 방식이 좋겠지요. 어쨌든지 오늘 우리에게는 예수 그리스도를 통한 하나님 나라를 선포할 사명이 있다는 것만은 틀림없는 사실입니다.

본문에 따르면 예수님이 제자들에게 준 두 번째 사명은 귀신을 내쫓는 권능이었습니다. 첫 번째 사명인 전도와 두 번째인 축귀의 권능은 약간 성격이 다른 것처럼 보입니다. 전도는 예수 그리스도의 하나님 나라를 선포하는 것이라면, 축귀는 악한 영을 내쫓는 능력입니다. 전자는 그야말로 사명이고, 후자는 권한일지 모릅니다. 전자는 언어의 세계이고, 후자는 능력의 세계입니다. 전자를 논리라고 한다면, 후자는 사랑입니다. 예수님의 제자로 사는 사람에게는 이 두 가지 요소가 모두 필수적이고, 필연적입니다. 말씀 선포는 언어의 논리성을 필요로 합니다. 하나님의 구원 행위를 논리적인 언어로 설명하지 않고 전할 수는 없으니까요. 성서 기자들도 하나님을 무조건 믿으라고 강요지 않고 믿어야 할 이유를 제시합니다. 그들은 그 하나님이 창조자이며, 심판자이고, 능력이 많으신 분이라는 사실을 놓치지 않습니다. 예수 그리스도를 통한 하나님의 구원에 대한 논리적 설명을 우리는 변증이라고 말합니다.

오순절 성령강림 이후 베드로가 예루살렘에서 행한 설교나 스데반이 돌에 맞아 죽어가면서 외친 설교도 역시 하나님의 행위와 정체를 논리적으로 변증했습니다.

다른 한편으로 예수님의 제자들은 말의 논리성에 머물지 않아야 합니다. 삶의 능력이 그걸 받쳐 주지 않으면 그 언어는 고담준론에 떨어지고 맙니다. 궁극적으로 말한다면 언어보다는 삶의 능력이 우선입니다. 축귀의 능력으로부터 하나님에 대한 논리적인 변증이 가능하니까요. "하나님 나라는 말에 있지 아니하고 오직 능력에 있음이라"(고전 4:20)는 바울의 진술이 바로 이것을 의미합니다. 말을 부정하는 게 아니라 능력이 존재론적으로 우선한다는 뜻입니다. 말의 전도와 능력의 축귀, 이것은 제자들의 삶에 나타나는 두 가지 대표적인 특징입니다.

앞 단락에서 설명한 전도와 축귀 능력은 일단 구별되기는 하지만 실제로는 똑같습니다. 이 양자 모두 하나님 나라에 속한 사건이기 때문입니다. 하나님 나라는 말로 변증되어야 하고, 동시에 축귀의 능력으로 증명되어야 하는데, 여기서 중요한 것은 하나님 나라입니다. 예수님은 오직 한 가지 사실, 즉 가까이 임박한 하나님 나라를 전하고 그 능력에 사로잡히신 분이었습니다. 복음서의 비유는 모두 하나님 나라를 주제로 한 것입니다. 네 종류의 밭, 알곡과 가라지, 그물, 탕자, 포도원 주인 등등, 모든 비유가 하나님 나라를 가리킵니다. 예수님이 일으키신 축귀, 치유, 자연 현상의 변화도 역시 하나님 나라에 연관됩니다. 그런 현상들은 모두 하나님 나라가 현실화했다는 사실의 징표입니다. 예수님은 자신이 하나님 나라를 말로 가르치셨고, 행위로 그 능력을 드러냈듯이 제자들에게도 똑같은 것을 요구하셨습니다.

이제 예수님의 제자로 나선 우리의 관심도 오직 이 한 가지 사실에 집중되어야 합니다. 하나님 나라! 그 나라는 교회라는 조직이라기보다는 하나님의 통치이며, 힘이고 운동입니다. 도대체 그것이 구체적으로 무엇일까요? 그것은 하나의 실체로 고정되어 있지 않기 때문에 어떤

것이라고 규정할 수 없습니다. 그 나라는 바람처럼, 사랑처럼 우리의
프로그램과 설계도를 뛰어넘어 활동하는 배타적인 생명의 권능입니다.
우리는 하나님 나라를 일으킬 수 없습니다. 하늘 뜻이 하늘에서와 같
이 땅에서도 이루어지이다 기도드릴 수밖에 없습니다. 그렇다고 해서
멍청하게 하늘만 바라보라는 말이 아닙니다. 하나님 나라의 속성인 자
유, 해방, 평화, 사랑, 기쁨이 우리 개인과 공동체 전체에 임할 수 있도
록 준비해야겠지요. 그것을 말로 전하고, 그런 힘에 사로잡혀야겠지요.

열두 제자 중에서 제일 처음으로 거명된 사람은 역시 시몬 베드로
입니다. 원래의 이름은 시몬인데, 예수님이 반석이라는 뜻의 베드로라
는 이름을 보태주었습니다. 마태복음의 전승에 따르면 "주는 그리스도
시요, 살아계신 하나님의 아들입니다"라는 시몬의 신앙고백이 있은 후
에 예수님이 그에게 이런 이름을 주셨다고 합니다. "내가 이 반석 위에
내 교회를 세우리라"(마 16:18)는 예수님의 말씀은 로마 가톨릭교회와
개신 교회 사이에 논란을 불러일으킵니다. 이 말씀에 근거해서 로마가
톨릭은 베드로의 후계자인 로마 주교를 그리스도교 전체를 대표하는 교
황이라고 주장합니다. 따라서 교황을 정점으로 한 사제들이 교회를 구
성하는 핵심적 요소입니다. 이에 반해 개신 교회는 반석 위에 교회를
세우겠다는 예수님의 말씀이 베드로라는 특정인이 아니라 그의 신앙고
백을 향한 것이라고 생각합니다.

시몬 베드로는 동생 안드레와 함께 고기를 잡다가 "내가 너희로 사
람을 낚는 어부가 되게 하리라"(막 1:17)는 예수님의 말씀을 듣고 따라
나선 사람입니다. 그가 실제로 출가까지 했는지 아닌지는 확실하지 않
습니다. 예수님 일행이 베드로의 집을 방문하기도 하고, 그곳에서 베
드로의 장모를 치유한 걸 보면 예수님을 따라나섰으면서도 여전히 집
과의 왕래가 없지 않았던 것 같습니다. 초기 그리스도교 공동체에서 시
몬 베드로의 위상은 대단했습니다. 복음서가 그의 활약상을 크게 보도
하고 있다는 사실이 이에 대한 증거입니다. 로마 가톨릭교회가 교황을

베드로의 후계자라고 주장하고 있다는 사실도 참고할 만합니다. 그러나 바울이 갈라디아서에서 베드로를 책망하고 있다는 사실은 약간 다른 뉘앙스를 풍깁니다. 예루살렘 교회에서 최고 권위자는 예수님의 동생인 야고보입니다.

병행구인 마태복음과 누가복음은 베드로에 이어서 그의 동생인 안드레를 거명하는 데 반해 마가복음은 베드로 뒤로 야고보와 요한을 거명합니다. 예수님은 이들 형제에게 '우레의 아들'이라는 뜻으로 새길 수 있는 보아너게라는 이름을 덧붙이셨습니다. 열두 제자 중에서 이들 세 명, 베드로와 야고보와 요한만 본명 이외의 이름을 받은 셈입니다. 예수님은 왜 이들 세 명에게만 특별한 이름을 주셨을까요? 여기에는 어떤 의미가 있을 수도 있고, 없을 수도 있습니다. 어떤 공동체이든지 나름으로 지도적인 역할을 하는 사람들이 나온다는 걸 감안한다면 이들 세 명이 눈에 뜨일 수는 있었겠지만, 그것 때문에 예수님이 이들에게 특별한 이름을 주었다고 보기는 힘듭니다. 그러나 본명이든 별명이든 이름이 사람의 정체를 성격화한다는 사실은 분명한 것 같습니다.

우리나라에도 호를 가진 사람들이 있고, 로마 가톨릭교회 신도들도 세례명이라는 게 있습니다. 가톨릭 신자들은 세례 받을 때 교회에 의해서 성인으로 추대된 이들의 이름 중에서 하나를 받습니다. 그들의 신앙생활에서는 본명보다는 세례명이 더 중요하게 불립니다. 정 바울로 님, 김 베드로 님, 박 안드레아 님 하고 말입니다. 이런 제도는 나름 의미가 있는 것 같습니다. 세례는 이전의 자신이 죽고 새사람으로 태어난다는 의미이니까 새로운 이름으로 시작하는 것도 좋은 일이겠지요. 그러나 궁극적으로 말하면 그리스도인은 그런 고유명사가 아니라 안디옥 교회에서 시작된 그리스도인이라는 이름으로 불려야겠지요. 예수 그리스도를 뒤따르는 사람이라는 게 바로 우리의 정체성이니까요.

앞에서 세 명의 제자가 거명됐고, 18절에는 여덟 명이 거명됩니다. 안드레, 빌립, 바돌로매, 마태, 도마, 야고보, 다대오, 시몬이 그들입니다. 여기서 안드레는 시몬 베드로의 동생이고, 빌립은 그들과 같은 동네 출신이며(요 1:44), 야고보는 알패오의 아들이며, 시몬은 시몬 베드로와 동명이인입니다. 그런데 알패오의 아들이 야고보라는 보도는 예수님의 제자로 부름을 받은 레위가 알패오의 아들이었다는 보도(막 2:14)와 엇갈리는 대목입니다. 알패오의 아들은 야고보인가, 레위인가요? 그 둘은 동일인인가요, 다른 사람인가요? 더구나 예수님이 제자로 부른 세리가 레위라는 보도(막 2:14)와 마태라는 보도(마 9:9) 역시 엇갈립니다. 세리는 레위인가요, 마태인가요?

초기 그리스도교 공동체에서 열두 제자 문제는 그렇게 명백한 것은 아니었습니다. 예수님이 제자들을 부르기는 했지만 굳이 열두 명만을 특별한 사람들로 구별했다기보다는 두루두루 여러 사람들에게 제자의 도를 가르치셨겠지요. 그들 중에서 초기 그리스도교 공동체 안에서 뚜렷한 역할을 한 사람들이 제자의 무리로 들어온 게 아닐는지요. 이런 문제는 아무도 정확하게 언급할 수 없는 거니까 그냥 넘어가도록 합시다.

성서 기자는 시몬을 가나나인이라고 불렀습니다. 난외주에 따르면 가나나인은 아람어로 열심당원이라는 뜻입니다. 다음에 다루게 될 가룟 유다와 더불어 시몬이 무력을 통해서라도 이스라엘의 회복을 추구하던 열심당원이었다는 말은 곧 예수님의 하나님 나라 운동에 그런 성격이 담겨 있다는 의미일까요? 어쨌든지 예수님의 제자들이 다양한 전력을 가진 사람들로 구성되었다는 것만은 분명합니다. 그들을 통해서 예수님의 하나님 나라 운동이 연속성을 띠게 되었다는 건 놀라운 일입니다. 열두 제자 중에서 가장 유명한 인물은 가룟 유다입니다. 개역개정 성서는 유다의 별칭을 가룟이라고 부르고, 공동번역은 가리옷이라고 하고, 루터 번역은 이스카리오트라고 합니다. 그닐카의 설명에 따르면 앞에서 언급된 가나안은 열광주의자라는 뜻이고, 이스카리오트는 시카리(무법자, 칼잽이)라는 뜻, 또는 거짓말쟁이라는 의미로 새길 수 있다고 합니다. 따라서 이스카리오트는 유다가 배신적인 행위를 한 다음에 교회 공동체로부터 얻은 별칭이라고 할 수 있습니다. 마가는 제자 명단을 나열하면서 가장 중요한 인물인 시몬 베드로를 첫 번째에 배치했고, 가장 부정적인 평가를 받은 인물인 가롯 유다를 마지막에 배치했습니다. 당연한 배열로 보입니다.

다른 제자들은 단지 이름으로만 나열되든지, 아니면 별칭이나 사람을 구분하기 위한 부친의 이름을 따르고 있는 데 반해서 유다만은 그의 행위까지 보도되었습니다. 마가복음의 줄거리 진행으로만 본다면 열두 제자의 보도 순간에는 가롯 유다는 아직 예수님을 팔지 않았습니다. 그런데도 저자는 그를 배신자로 규정해 버렸습니다. 그의 행위가 초기 그리스도교에서 얼마나 비열한 것이었는가를 간접적으로 설명하는 것 같습니다.

상상력을 발휘한다는 차원에서 이렇게 질문해 봅시다. 만약 가롯 유다가 없었다면, 또는 그가 예수님을 배신하지 않았다면 예수님은 십자가의 죽음을 면할 수 있었을까요? 예수님이 십자가에 처형당하지 않았다면 인류 구원은 어떻게 되었을까요? 역사를 말할 때는 '만약'이라는 가정이 무의미합니다. 예수님의 운명에서 중요한 건 유다가 그를 배신했다는 사실입니다. 이스카리오트라는 별칭에서 추론한다면 유다는 예수님을 정치적인 해방자로 알고 열렬히 따르다가 실망한 것 같습니다. 광적인 사랑은 배신의 칼을 숨기고 있기 마련입니다.

성령 모독의 죄

3:20-30

²⁰ 집에 들어가시니 무리가 다시 모이므로 식사할 겨를도 없는 지라 ²¹ 예수의 친족들이 듣고 그를 붙들러 나오니 이는 그가 미쳤다 함일러라 ²² 예루살렘에서 내려온 서기관들은 그가 바알 세불이 지폈다 하며 또 귀신의 왕을 힘입어 귀신을 쫓아낸다 하니 ²³ 예수께서 그들을 불러다가 비유로 말씀하시되 사탄이 어찌 사탄을 쫓아낼 수 있느냐 ²⁴ 또 만일 나라가 스스로 분쟁하면 그 나라가 설 수 없고 ²⁵ 만일 집이 스스로 분쟁하면 그 집이 설 수 없고 ²⁶ 만일 사탄이 자기를 거슬러 일어나 분쟁하면 설 수 없고 망하느니라 ²⁷ 사람이 먼저 강한 자를 결박하지 않고는 그 강한 자의 집에 들어가 세간을 강탈하지 못하리니 결박한 후에야 그 집을 강탈하리라 ²⁸ 내가 진실로 너희에게 이르노니 사람의 모든 죄와 모든 모독하는 일은 사하심을 얻되 ²⁹ 누구든지 성령을 모독하는 자는 영원히 사하심을 얻지 못하고 영원한 죄가 되느니라 하시니 ³⁰ 이는 그들이 말하기를 더러운 귀신이 들렸다 함이러라

3장 20절은 세 문장이 연결되어 있습니다. (예수님과 제자들이) 집에 들어갔다. 무리들이 다시 모여들었다. 식사할 겨를도 없었다. 이 집은 물론 가버나움에 있는 어떤 사람의 집입니다. 베드로의 집일 수도 있고, 우리가 알지 못하는 어떤 제자의 집일 수도 있습니다. 예수님이 집에 들어가신 이유는 식사와 휴식이었겠지요. 그게 아니라고 하더라도 밖에서의 일이 끝나면 당연히 집에 들어가실 수밖에 없습니다. 문제는 무리들이 늘 예수님을 따라다닌다는 것이었습니다. 민중들은 병자를 고치거나 귀신을 축출하는 예수님의 행위를 보고 계속 따라다녔습니다. 민중들의 삶이라는 게 그렇게 하지 않으면 견딜 수 없을 정도로 팍팍했다는 뜻이 아닐까요? 오늘의 민중들도 역시 마찬가지입니다. 그들은 늘 도움의 손길을 기다립니다. 자신들이 처한 상황을 완전히 바꿔줄 수 있

는 그런 손길을 기다립니다. 식사할 겨를도 없이 애쓰셨던 예수님도 그 문제를 완전하게 해결할 수는 없었습니다. 어쨌든지 우리는 그런 변화의 요청에 귀를 기울이는 노력을 포기하지 말아야 합니다.

　복음서는 예수님의 공적인 이야기를 주로 다루기 때문에 가족이나 친척 이야기는 별로 없습니다. 예수님의 친족들이 예수님을 붙들러 나왔다는 오늘 본문은 아주 특이한 경우에 해당됩니다. 지금 예수님이 머물고 있는 곳은 가버나움입니다. 예수님의 고향인 나사렛에서 상당히 먼 곳입니다. 혹시 예수님을 찾아온 친족들은 재(在)가버나움 나사렛 향우회원인가요? 그렇지는 않겠지요. 31절에 예수님의 어머니와 동생들이 등장하는 걸 보면 이들이 한 무더기로 몰려온 것 같습니다. 그들은 예수님이 미쳤다는 소문을 들었나 봅니다. 그들이 이렇게 먼 곳까지 예수님을 찾아온 것을 보면 상황이 아주 다급했던 것 같습니다. 그들은 인편을 통해 세상을 그만 시끄럽게 하고 고향으로 돌아오라고 몇 번 타일렀을지도 모릅니다. 동네에서 주민 회의도 열었겠지요. 예수가 동네망신 다 시키니 망신이라고 말입니다. 혹은 반대로 그들은 예수님보다는 예수님의 어머니를 동정한다는 생각으로 이렇게 행동으로 나왔는지 모릅니다. 남편을 일찍 잃고 여자 혼자서 여러 아이들을 키우고 있던 마리아가 예수 때문에 마음 고생하는 걸 그냥 두고 볼 수 없었겠지요. 그들은 나쁜 소문이 돌고 있는 예수를 어쨌든지 고향으로 데리고 와서 더 이상 마리아가 힘들지 않게 하겠다는 생각을 했을지도 모릅니다.

　위의 이야기는 어떤 근거가 있는 게 아니라 순전히 저의 상상력에 불과합니다. 그렇다고 해서 개연성이 완전히 없는 건 아닙니다. 예수님이 결국 십자가에 처형되었다는 사실을 감안한다면 예수 문제가 사회적으로 심각했으리라는 사실은 불문가지입니다. 예수님의 경우를 본다면, 진리를 따르는 사람이 늘 사람들과 가족들에게 인정받는 것은 아닌 것 같습니다.

　마가복음 기자는 친족에 대한 이야기를 한마디로 끝내고 다시 서기관들을 등장시킵니다. 서기관들은 신학자들입니다. 그들이 예루살렘에서 내려왔다는 건 제사장들이 그들을 파송했다는 뜻이겠지요. 예수님을 중심으로 일어나고 있는 하나님 나라 운동이 제사장들을 비롯한 예루살렘 종교 지도자들에게 위험스러운 것으로 비쳐진 것 같습니다. 예루살렘 지도자들에게 특명을 받고 갈릴리 호수 마을인 가버나움까지 올라온 서기관들은 예수님을 두 가지로 비난했습니다. 첫째, 예수는 귀신 들렸다. 바알세불은 오물의 신을 의미하는데, 이런 용어가 어떻게 전승되었는지는 정확한 정보가 없습니다. 둘째, 예수는 악마와 결탁했으며, 주술을 행한다. 귀신의 왕을 힘입어 귀신을 쫓아낸다는 말은 곧 주술을 부린다는 뜻입니다. 만약 서기관들의 이런 비난이 민중들에게 받아들여지기만 한다면 예수님의 하나님 나라 운동은 순식간에 힘을 잃을 수 있습니다. 그뿐만 아니라 마술을 행하는 자는 죽어야 한다는 율법에 의해서 예수님은 사람들의 돌팔매를 맞을지 모릅니다. 사실 예수님에게 민중들의 이런 위협이 없었던 것은 아닙니다. 아무리 터무니없는 비난이라고 하더라도 그것이 반복되면 민중들에게 일정한 효력을 내는 것 같습니다. 요즘도 그렇지요.

　　서기관들의 이런 비난과 음모는 안타깝지만 그리스도교 역사에서도 그치지 않았습니다. 이단자들을 종교재판에 붙이거나 마녀사냥 같은 것들이 바로 이런 경우입니다. 이슬람과 싸운 십자군 전쟁이나 신교와 구교의 다툼이었던 30년 전쟁도 모두 이런 비난과 음모가 상당히 깊숙이 영향을 끼쳤습니다. 아무런 근거로 없이 예수님을 비난하고 음모를 꾸민 제사장들과 서기관들이 오히려 악마와 결탁한 사람들이 아닐는지요.

　　예수님은 자신을 비난하고 돌아다니는 서기관들을 불렀습니다. 예수님이 부른다고 해서 그들이 순순히 따라온 것인지 아니면 어떤 사람이 중간에서 대화의 자리를 마련한 것인지는 잘 모르겠지만 어쨌든지 이제 예수님은 매우 불쾌한 상황에 정면으로 맞섰습니다. 예수님이 평소에 자기를 비난하는 모든 말에 시시비비를 걸지는 않았지만 필요한 경우에는 아무리 입장이 곤란하더라도 피하지도 않았습니다.

예수님이 서기관들에게 비유로 말씀하신 23절부터 27절까지의 내용은 예수님의 말씀으로 보기 힘들 정도로 문장 구조가 특이합니다. 자신이 귀신 들린 게 아니라는 사실을 변증하기 위해서 매우 장황하게 설명하는 것은 원래 예수님의 스타일이 아니거든요. 마지막 순간인 빌라도 법정 앞에서도 한두 마디로 끝냈습니다. 그리고 예수님이 말씀하신 비유는 하나님 나라를 주제로 하는데, 오늘 이 비유는 단지 자기 방어에 불과하다는 것도 조금 특이합니다. 혹시 이런 비유는 유대인들이 흔히 사용하던 것은 아닐까요? 어쨌든 예수님은 여기서 세 가지 비유를 사용하고 있습니다. 나라(24절), 집(25절), 사탄(26절)이 그것입니다. 예수님이 아주 논리적으로 대응한 것이라고 보아야겠지요.

악한 세력과의 투쟁을 위해서 우리는 논리적인 사유를 준비할 필요가 있습니다. 우리가 살아가는 현실에서는 모든 문제를 양보하는 것만으로 해결되는 않습니다. 더구나 자기 혼자만의 문제로 끝난다면 양보하고 지나갈 수 있겠지만 그게 많은 사람들에게 영향을 끼치는 경우라고 한다면 당연히 선한 방식으로 싸워야겠지요. 싸움을 위해서는 논리적인 사유와 해명이 필요합니다. 특히 예수님이 왜 그리스도이신지를 설명하기 위해서도 우리는 논리적으로 생각할 수 있어야 합니다.

나라가 분쟁하면 설 수 없다는 말은 더 이상의 설명이 필요 없을 정도로 단순하고 명백한 사실입니다. 한민족의 차원에서 볼 때 남한과 북한은 서로 분쟁하고 있습니다. 중국과 일본 사이에 낀 한반도가 남북으로 나뉘었다는 사실만도 한심한 일인데, 서로 불신하고 적대적으로 대하고 있으니 문제가 보통 문제가 아닙니다. 서로가 마음에 들지 않는 부분이 있다고 하더라도 조금 멀리 내다보아야 하지 않을는지요. 상대적으로 넉넉하게 사는 남한이 어려운 북한을 진심으로 도와주는 게 결국은 한민족의 미래를 살리는 길이 아닐는지요. 남북이 서로 분쟁하면 한민족은 설 수 없습니다.

예수님이 자신을 방어하기 위해서 제시한 두 번째 비유는 집입니다. 나라의 분쟁과 마찬가지로 집의 분쟁도 역시 그 집을 파괴합니다. 이 비유도 너무 간단하고 분명하니까 본문 자체에 대한 설명은 필요가 없겠군요. 집의 분쟁이라는 관점만 빌려서 약간 다른 이야기를 해야겠습니다. 옛날에는 할아버지로부터 손자에 이르기까지 여러 세대가 대가족을 이루고 살았지만 요즘은 대개 부모와 출가하지 않은 자식들로만 이루어진 핵가족으로 삽니다. 나이가 드신 분들은 요즘의 핵가족 체제를 못마땅해 하시겠지만 이런 대세를 꺾기는 힘든 것 같습니다. 가족이 해체된 것은 모두 인류가 생존해야 한다는 실존적 요구와 연관되어 있습니다. 옛날에는 노동력이 절대적으로 필요했기 때문에 가능한 대가족으로 함께 모여 살아야 했지만 지금은 그런 육체 노동력을 별로 필요로 하지 않습니다. 그러니 굳이 모여 살 필요를 느끼지 않습니다.

노동력이 필요 없다 하더라도 가족들이 모여 사는 게 좋다고 생각할 수 있습니다. 그런 가족관계가 우리에게 삶의 의미를 부여하기 때문입니다. 그러나 이 문제는 그렇게 간단한 게 아닙니다. 일부를 제외하면 대부분 동물들도 성장하면 모두 어미 곁을 떠납니다. 동물 중에서 인간이 가장 오랫동안 부모 곁에 머물러 있을 겁니다. 인간이 생존할 수 있는 능력을 갖추려면 많은 시간이 필요하기 때문이겠지요. 어쨌든 오늘은 옛날처럼 혈족의 의미가 그렇게 심각하지 않다는 것만은 분명합니다. 앞으로 미래는 오늘과 같은 최소한의 가족 형태로 사라질지 모르겠습니다. 모두가 혼자 살면서 각자가 필요한 대로 자식을 키우면서 살겠지요. 결혼 연령이 늦어지고 있으며, 자식을 적게 낳는 걸 보면 그런 조짐이 지금 이미 나타나는 것 같습니다. 그렇다면 앞으로는 집에서 싸울 일은 자연스럽게 없어지겠군요.

26절을 보면 예수님이 사탄의 존재를 인정한 것처럼 보입니다. 예수님도 역시 시대의 아들이니까 그 당시의 세계관으로부터 완전히 자유롭지는 않았을 겁니다. 그렇다고 해서 예수님의 생각과 판단에 오류가 있다는 말이 아닙니다. 예수님에 대한 두 가지 극단적인 오해가 있는 것 같습니다. 하나는 예수님이 현실에서 모든 것을 완전하게 알고 계신 하나님의 아들이었다는 오해입니다. 다른 하나는 예수님이 보통 인간들과 다를 게 하나도 없었다는 오해입니다. 전자는 신성만 강조하는 것이며, 후자는 인성만 강조하는 것입니다.

우리가 이런 문제에서 길을 잃지 않으려면 일단 앎, 지식에 대한 선입견을 접어두어야 합니다. 우리는 보통 삼각형의 내각의 합은 180도라는 사실을 아는 게 곧 지식이라고 생각합니다. 그러나 참된 앎은 거기에 머물지 않습니다. 삼각형이라는 도형 자체에 묶이지 않는 앎이 있습니다. 이렇게 말해야겠군요. 삼각형, 사각형, 오각형이라는 이런 규정 자체가 별 의미 없는 세계가 있습니다. 수학과 물리학이 아니라 존재 자체, 물 자체, 사랑 자체에 대한 앎이 있다는 말입니다.

사탄에 대한 예수님의 말씀을 단지 수학이나 물리학의 관점에서만 본다면 별로 의미가 없거나 오류이겠지만, 하나님 나라의 관점에서 보면 매우 실질적인 의미가 있습니다. 악을 일으키는 근원적인 힘이 작용한다는 시각은, 그리고 그것을 뚫어보는 시각은 매우 확실한 인식이니까요. 이런 점에서 예수님은 모든 것을 알고 있는 하나님의 아들이며, 하나님 자체이셨습니다. 그는 곧 진리라는 말씀입니다. 그래서 우리는 "나는 길이요, 진리요, 생명이니 나로 말미암지 않고는 아버지께 올 자가 없느니라"(요14:6)를 옳다고 믿습니다.

27절 말씀은 속담처럼 들립니다. 이 말씀이 서기관들의 행태를 나무란 것인지, 아니면 당신 자신의 행위에 대한 논리적 해명인지 제가 단정하기는 힘들지만, 아무래도 뒷이야기인 것 같습니다. 예수님의 가르침과 행위는 사탄의 도움이 아니라 그 사탄을 제어했기 때문에 발생한 것이라는 뜻입니다. 여기에는 두 가지 논리가 담겨 있습니다. 첫째, 축귀는 사탄의 행위가 아니다. 둘째, 축귀는 사탄을 제어하는 예수님의 능력이다. 이 두 가지 논리가 말하려는 핵심은 예수님에게서 귀신의 우두머리인 사탄이 제압당하는 하나님의 통치가 발생했다는 것입니다.

오늘 우리의 삶에는 악한 영에 의한 불의, 고난, 불행이 끊임없이 발생합니다. 인류의 죄를 대신 지신 십자가 사건과 하나님의 궁극적인 승리의 선취인 부활 이후에도 이 세상은 여전히 구원과는 거리가 먼 일들이 일어납니다. 예수님이 이미 사탄을 제압했는데도 이런 일들이 지속되는 이유는 무엇일까요? 그것을 우리가 모두 이해할 수는 없지만, 최소한 다음의 신앙적 태도는 분명하게 유지해야 합니다. 예수 그리스도 이후로 우리 앞에 나타나는 악과 불행은 우리의 운명을 지배하지 못합니다. 바울의 고백처럼 폭력과 고난도 역시 우리를 예수 그리스도와의 사랑에서 끊지 못합니다. 이미 죽음이 극복되었기 때문입니다. 현실적인 고난이 두렵기는 하겠지만, 그리스도인들은 이미 사탄이 쫓겨났다는 사실을 기억해야 합니다. 비록 악한 일들이 기승을 부린다고 해도 그것이 최종적으로 끝장날 날은 많이 남아 있지 않습니다. 이런 희망을 아는 사람은 악과의 투쟁에서 물러서지 않습니다. 그렇습니다. 현재 우리는 고난 받고 투쟁하는 하나님 나라에 속해 있을 뿐만 아니라 이미 승리한 하나님 나라에 속해 있기도 합니다.

그리스도교의 인간론에서 가장 중요한 특징이 무엇인가 하고 물으면 열이면 열 모두 죄라는 대답을 할 겁니다. 물론 성서에는 인간의 죄에 대한 지적이 많기는 합니다. 이미 창세기에서 아담과 하와가 선악과를 따먹은 이야기로부터 시작해서 카인이 동생 아벨을 살해한 사건, 노아 시대에 하나님이 모든 인간을 싹쓸이 하려고 마음먹을 정도로 부패했던 사람들에게 관한 이야기가 모두 인간이 죄인이라는 사실에 대한 증거로 제시됩니다. 예수님의 십자가는 바로 모든 인간이 죄인이라는 사실에 대한 결정적인 증거입니다. 인간은 하나님의 아들을 십자가에 처형했으며, 그 십자가는 인간의 죄를 용서하는 사건이기도 합니다.

저는 여기서 인간의 죄에 대한 성서의 증언들을 나열하지 않겠습니다. 성서의 증거들을 찾기 이전에 우리의 내면을 조금만 들여다보면 죄인이라는 말이 나오지 않을 수 없습니다. 계몽된 이 사회에서도 매우 노골적으로, 또는 은밀하게 불의가 만연하고 폭력과 반(反)폭력의 악순환이 그치지 않습니다. 저 자신의 삶도 내외적으로 죄와 떼려야 뗄 수 없습니다. 결국 인간은 죄인임에 틀림없습니다. 그러나 성서와 신학은 죄보다는 사죄의 은총에 근거해서 인간을 조명합니다. 그래서 바울은 "죄가 더한 곳에 은혜가 더욱 넘쳤나니…"(롬 5:20)라고 진술했습니다. 여기서 죄와 은총은 서로 대립할 수 있는 힘이 아닙니다. 죄는 결국 하나님의 은총 안에서 능력을 잃습니다. 매튜 폭스는 전통적인 타락/속량 영성을 창조 중심의 영성으로 대체해야 한다고 주장했는데, 일단 옳습니다. 그러나 더 정확하게 말하자면 대체가 아니라 바른 해석이 필요합니다. 그리스도교 신앙에서 죄보다 창조와 은총과 해방이 상위개념이라는 점을 바르게 해석해 내야겠지요.

모든 죄가 용서받는다는 28절 말씀에 이어서 성령을 모독하는 자는 영원히 용서받지 못한다는 29절 말씀이 나옵니다. 그리스도교 공동체가 이 말씀을 간직하게 된 이유가 분명히 있을 겁니다. 이미 유대교에서도 용서받을 수 없는 죄에 관한 논의가 있었습니다. 조상 아브라함의 계약을 파괴한 자, 죽은 사람의 부활을 부인하는 자, 토라가 하느님에 의한 것임을 부인하는 자는 용서받을 수 없는 죄인이라고 했습니다. 성서학자들에 따르면 그리스도교 공동체는 이런 유대교적 유산을 보존하였다고 합니다. 즉 그리스도교 공동체의 중심을 의도적으로 허무는 행위를 용서받지 못하는 죄로 배격한 것입니다.

우리가 살아가면서도 도저히 용서하기 어려운 악랄한 범죄 행위를 만날 때가 있습니다. 어린이 유괴범, 연쇄살인범 같은 이들이 그들이겠지요. 어디 그들뿐이겠습니까? 600만 명의 유대인을 독가스실로 보낸 히틀러와 그 추종자들의 범죄 행위도 용서하기가 쉽지 않겠지요. 충분한 근거도 없이 이라크 전쟁을 일으켜 수많은 무고한 사람들을 죽게 한 미국 대통령과 그 측근들의 행위는 어떨는지요. 아벨의 피가 하나님에게 상달되었다는 창세기 기자의 진술을 우리가 그대로 이 사건에 적용한다면 앞으로 하나님의 심판대 앞에서 수만 명의 피에 대한 책임을 져야 할지 모릅니다. 끔찍한 일입니다. 그런데 어떻게 보면 용서받을 수 있는 죄와 받을 수 없는 죄를 구분한다는 것은 하나님의 사랑에 위배됩니다. 왜냐하면 하나님의 사랑은 죽음까지도 극복하기 때문입니다.

30절은 20절로부터 이어지는 단락의 마지막 절입니다. 더러운 귀신을 내어 쫓으신 예수님을 향해서 오히려 더러운 귀신을 들렸다고 비난하는 서기관들과 그 일행은 영원히 용서받지 못할 사람들입니다. 왜냐하면 29절에 기록되어 있듯이 온전히 성령에 사로잡힌 분이셨던 예수님을 더러운 귀신이 들렸다고 말한다는 것은 곧 성령을 모독하는 것이기 때문입니다. 서기관들과 그 일행들이 실제로 예수님을 그렇게 생각했는지, 아니면 무조건 트집을 잡으려고 했는지 본문만으로는 우리가 정확하게 파악할 수 없습니다. 한편으로는 명색이 신학자들인데 신학적인 판단 없이 그런 비난을 퍼부었을까 하는 생각이 들기는 하지만, 다른 한편으로 많은 경우에 지식이 사람을 독단적으로 만들기 때문에 지식인을 통해서도 얼마든지 혹세무민이 가능하다고 보아야 합니다. 어쩌면 지식인들이야말로 그런 일에 안성맞춤인지 모릅니다. 왜냐하면 무식한 사람들은 아는 게 없어서 그런 일을 하고 싶어도 할 수 없으니까요.

오늘 우리 그리스도인들, 특히 교회 지도자들은 신앙적으로 지식인들입니다. 아마 오늘의 성령모독죄는 우리 같은 교회 지도자들에게서 나오는 게 아닐는지요. 우리에게서 성령의 일을 악령의 일로 딴죽을 걸고, 악령의 일을 성령의 일로 호도하는 일들이 얼마나 많이 벌어집니까? 성령과 악령의 일을 구분하기는 쉽지 않습니다. 사탄이 타락한 천사라는 말이 옳다면 결국 성령과 악령의 뿌리는 하나이니까요. 이런 것을 구분하려면 예수 그리스도의 사랑과 일치하는 게 우선적인 일이며, 그다음으로 세상을 뚫어볼 수 있는 인문학적 소양이 필요하겠지요. 영 분별을 못하면 우리는 아주 손쉽게 성령을 모독할 수도 있습니다.

예수의 가족

3:31-35

³¹ 그 때에 예수의 어머니와 동생들이 와서 밖에 서서 사람을 보내어 예수를 부르니 ³² 무리가 예수를 둘러앉았다가 여짜오되 보소서 당신의 어머니와 동생들과 누이들이 밖에서 찾나이다 ³³ 대답하시되 누가 내 어머니이며 동생들이냐 하시고 ³⁴ 둘러앉은 자들을 보시며 이르시되 내 어머니와 내 동생들을 보라 ³⁵ 누구든지 하나님의 뜻대로 행하는 자가 내 형제요 자매요 어머니이니라

지금 우리는 설명하기 매우 껄끄러운 상황 안으로 끌려 들어가는 중입니다. 지금 예수님 주변에서 일어나고 있는 일들이 우리의 생각을 흔들어 대고 있습니다. 앞서 3장 21절 말씀에 따르면 미쳤다는 소문이 돌고 있는 예수님을 붙들러 친족들이 왔다고 합니다. 31절에 따르면 예수님의 어머니와 동생들(또는 형제들)이 예수님을 만나려고 왔습니다. 가족들도 역시 친족들과 마찬가지로 예수님이 미쳤다는 소문을 들었다는 걸까요? 그들도 역시 그 소문의 진위에 대해서 궁금하게 생각한 걸까요? 그들도 그 소문을 그대로 믿는 걸까요? 이런 걸 우리가 판단하기는 참으로 어렵습니다. 다만 예수님의 가족들이 예수님 때문에 마음고생이 많았으리라는 건 상식적으로 생각해보더라도 이해가 갑니다.

이 일행에 아버지인 요셉이 등장하지 않을 걸 보면 그가 일찍 세상을 뜬 것 같습니다. 아버지가 없는 집안은 장남이 책임을 져야 합니다. 예수님이 서른 살에 출가하신 것은 동생들이 어느 정도 클 때까지 기다리셨다는 사실의 반증이기도 합니다. 기둥처럼 믿고 있던 큰아들이자 큰형이며, 큰오빠인 예수님이 갑자기 출가했다고 상상해 보십시오. 더구나 그에 관한 이상한 소문이 꼬리에 꼬리를 물었다고 생각해 보십시오. 가족들이 얼마나 당황스러워했을는지는 충분히 짐작할 수 있습니다. 예수님의 어머니와 동생들이 예수님을 만나러 왔지만 직접 들어오지 않고 중간에 사람을 보냈다고 합니다. 예수님 주변에 제자들이 득실

거려서 들어갈 엄두가 나지 않아서 그런 걸까요? 어쨌든지 복음서 기자들은 예수님과 가족의 관계를 불가근불가원(不可近不可遠)쯤으로 묘사하는 것 같습니다. 이것은 곧 예수님의 인성과 신성을 훼손하지 않으려는 복음서 기자들의 조심스런 행보이기도 합니다.

제자들이 예수님에게 '당신의 어머니'가 밖에서 찾는다고 알렸습니다. 그 말을 들었을 때 예수님의 심정이 어땠을까요? 복음서 기자들이 예수님의 사생활에 대해서는 침묵하기 때문에 우리가 복음서에서 예수님과 마리아와의 관계에 대해서 알아낼 수 있는 정보는 아주 미미합니다. 그리고 그것마저 예수님이 그리스도로 고백된 이후에 새롭게 정립된 진술들이기 때문에 거기서 우리가 예수님의 사적인 가족 이야기를 끌어낼 수는 없습니다. '예수 세미나' 그룹에서는 여러 방식을 통해서 그런 정보를 찾아내고 있는데, 그런 작업들은 그리스도교 신앙의 구체성을 드러내는 데 약간의 참조 사항은 될 수 있을지 모르지만 중심적인 역할을 하기는 힘듭니다.

상식적인 차원에서라도 예수님과 어머니 마리아의 인간적인 관계를 늘 염두에 두는 것은 성서를 읽는 독자들에게 매우 중요한 요소입니다. 예수님은 그 당시 모든 장남이 감당해야 할 권리와 의무를 동시에 지고 있었겠지요. 말썽을 부리던 어린 시절의 예수님은 어머니에게 꾸지람을 듣고, 때로는 엉덩이를 맞았을 겁니다. 사춘기에는 이유 없는 반항을 했을 것이고, 철이 들면서 어머니를 한 인격체로 생각했겠지요. 어머니 마리아에 대한 정신적 짐이 예수님에게 컸을 겁니다. 일찍 남편을 여의고 장남인 예수를 의지 삼아 살아오던 40대 중반의 한 여인에 대한 예수님의 연민이 왜 없었겠습니까? 아무리 위대한 정신적인 스승이라고 하더라도 어머니가 없는 이는 없습니다. 마리아는 메시아인 예수님의 어머니입니다. 예수님에게 어머니가 계시다는 사실이 보기에 좋습니다. 아, 어머니!

마리아가 예수님을 임신했을 때의 나이가 대충 15, 16세가량이라고 합니다. 지금의 기준으로 보면 말이 안 되는 것 같지만, 사실 우리의 옛 결혼풍습도 그들과 마찬가지로 조혼이었습니다. 아기를 가질 수 있는 생리학적 준비가 갖추어지기만 하면 가능한 일찍 아기를 낳는 게 그 당시에는 최선이었습니다. 영아 생존율이 워낙 낮았으니까 일단 많은 아이들을 낳을 수밖에 없었던 겁니다. 그 당시에도 사람에 따라서 다르기는 하겠지만 대략 20~30년 정도를 가임 기간으로 보면 될 것 같군요. 요한 웨슬레의 어머니인 수산나는 17명의 아이를 낳았다고 하니까 대단한 출산 능력을 보유한 여자였습니다.

성서는 예수님이 마리아라는 여자의 몸에서 태어났다는 사실을 매우 중요하게 언급합니다. 예수님에게 오늘 많은 여성들과 비슷한 그런 어머니가 있었다는 뜻입니다. 마리아의 몸이 없었다면 예수님도 있을 수 없으니까 여자의 몸은 인류 구원의 통로가 되는 셈입니다. 지난 기독교 역사에는 여자의 몸을 부정한 흔적이 많습니다. 아우구스티누스를 비롯해서 많은 교부들이 여자의 몸을 깨끗하지 못한 것으로, 더 나아가서 죄의 뿌리로 간주했습니다. 그 이유는 금욕을 기독교 영성의 중요한 덕목으로 간주했다는 데에 있습니다. 그런데 금욕 영성은 원래 기독교적이라기보다는 오히려 인간을 몸과 영이라는 이원론적 구조에서 바라본 헬라 철학의 영향이라고 보아야 합니다. 이원론은 성서의 사상이 아닙니다. 어쨌든지 마리아가 바로 예수님의 어머니라는 사실을 부정하지 않는다면 우리는 모든 여성 차별적인 생각을 포기해야 합니다. 여성을 차별한다는 것은 곧 예수님의 어머니가 마리아라는 성서의 구체적인 진술을 부정하는 것이기 때문입니다.

누가복음에 따르면 임신한 마리아가 요셉과 함께 고향인 나사렛에서 베들레헴으로 호적 신고를 위하여 왔다가 예수를 낳았습니다. 로마 황제의 명령에 따른 호적신고였습니다. 그런데 마태복음은 약간 다르게 보도합니다. 마태복음 2장 1절에는 "헤롯 왕 때에 예수께서 유대 베들레헴에서 나시며…"라고 되어 있습니다. 마태복음에서 긴 여행을 한 사람들은 동방박사들입니다. 마리아와 요셉은 동방박사들이 돌아간 후 헤롯이 아기를 죽이려 한다는 꿈을 꾼 다음에 이집트로 피난을 떠납니다.

사실 예수님의 출생 사실을 정확하게 파악한다는 것은 근본적으로 불가능합니다. 그게 불확실하기도 하고, 어떤 점에서 별로 중요하기 않기도 하기 때문에 복음서 중에서 가장 일찍 기록된 마가복음과 가장 늦게 기록된 요한복음은 이에 대해서 침묵합니다. 그러나 두 복음서가 예수출생 설화를 전승하고 있다는 것은 다행스런 일입니다. 그것이 복음의 본질은 아니지만 그것을 통해서 예수의 공생애가 훨씬 풍요로워지기 때문입니다.

예수님의 출생 이야기는 어떻게 마태복음과 누가복음에 들어오게 된 것일까요? 마리아가 가장 큰 역할을 했겠지요. 예수 출생을 아는 사람은 오직 마리아밖에 없었으니까요. 남편 요셉은 일찍 죽었을 것이고, 주변의 다른 사람들 중에서도 이런 이야기를 굳이 기억할 만한 사람은 없었을 겁니다. 마리아는 예수를 잉태할 때 태몽을 꾸지 않았을까요? 그게 바로 천사의 고지였을까요? 그는 임신 열 달 동안 무슨 기도를 드렸을까요? 자기 배 속의 아기가 비상한 사람이 될 거라는 어떤 느낌이나 암시를 받았을까요? 그녀의 기억에 따라서, 또는 두세 번 다리를 거쳐 전해진 예수의 출생에 관한 이야기가 동화처럼 아름답게 마태와 누가복음에 등장합니다. 그리스도가 마리아의 몸을 통해서 세상에 오셨다고 말입니다.

개신 교회는 마리아를 숭배하는 로마 가톨릭교회를 약간 의심스러운 눈으로 바라봅니다. 마리아가 이미 신의 영역에 들어간 것 아니냐는 문제 제기입니다. 예컨대 그들은 마리아에게 기도를 올립니다. 제가 지금 가톨릭의 마리아 숭배에 대해서 자세하게 언급할 만한 입장은 아닙니다. 실제로 마리아를 대상으로 하는 기도인지, 아니면 주님에게 대신 아뢰어 달라는 요구인지 찬찬히 살펴보아야만 합니다. 그들이 마리아를 삼위일체 하나님과 동등한 차원에서 섬기는 게 아니라는 것은 분명하고, 그렇지만 마리아가 그들의 신앙생활에 깊숙이 들어와 있다는 것도 분명한 사실입니다. 마리아 문제만이 아니라 전체적으로 로마 가톨릭과 개신교의 신학적인 문제를 공부하고 싶은 분은 서강대학교신학연구소와 한국신학연구소가 함께 번역한 《하나인 믿음》을 참조하시기 바랍니다.

제가 보기에 로마 가톨릭교회는 마리아를 지나치게 숭배하는 경향이 있는 반면에 개신 교회는 너무 무시하는 경향이 있는 것 같습니다. 모든 종교에 내재한 여신을 향한 욕구가 마리아 숭배로 나타났는지는 모르겠으나, 가톨릭 신자들의 신앙적 정서에 끼치는 마리아 신앙은 지나친 점이 없지 않습니다. 성당마다, 집집마다 마리아 성상이 모셔져 있습니다. 성상으로만 본다면 예수님보다 마리아가 더 인기를 끄는 것 같습니다. 반면에 마리아에 대한 모든 종교적 요소들을 폐기처분하는 우리의 태도에도 문제가 있습니다. 마리아를 섬기자는 게 아니라 예수님의 역사성을 확보하기 위해서라도 마리아는 필수적인 요인입니다. 마리아라는 여자는 구체적이고 명백하게 예수님의 어머니이셨습니다. 그것만으로도 우리 개신 교회에서 마리아를 재평가할 필요가 있지 않을는지요.

예수님을 찾으러 온 가족 중에는 어머니 마리아만이 아니라 동생들과 누이들도 있었다고 합니다. 동생들이 몇 명인지는 정확하지 않지만, 오늘 본문에 따르면 제법 여러 명인 것으로 추정됩니다. 사도행전에 따르면 예수님이 세상을 떠난 후 예루살렘 그리스도교 공동체에서 매우 중요한 역할을 한 사람이 예수님의 동생인 야고보였습니다. 야고보 이외에도 교회 지도자 역할을 한 동생들이 없지 않았을 겁니다. 다만 성서 기자들이 그들을 드러내 놓고 언급하지 않았을 뿐이지요.

예수님이 어렸을 때 동생들과 어떻게 지냈을는지는 상상이 갑니다. 어느 집안이나 장남은 책임감이 큽니다. 앞에서도 한번 짚었지만 아버지 요셉이 일찍 세상을 떴다는 걸 전제한다면 예수님의 책임감은 훨씬 막중했겠지요. 그는 아버지 요셉을 대신해서 동생들을 잘 돌보았을 겁니다. 물론 요즘도 형제들이 많은 가정에서 볼 수 있듯이 예수님을 중심으로 여러 형제들이 함께 뛰놀기도 하고, 싸움도 하고, 말썽을 부리는 일도 없지 않았겠지요. 남자 형제들끼리는 한 이불을 덮고 자면서 밤새워 두런두런 이야기를 했을 겁니다. 여동생들은 큰오빠인 예수님을 전적으로 의지하기도 하고 때로는 어려워하기도 했겠지요. 모르긴 해도 예수님은 동생들에게 아주 좋은 형이요, 오빠였을 겁니다. 형이면서 오빠인 예수님이 하나님의 말씀을 전하기 위해서 집을 나간다고 했을 때 동생들이 받은 충격은 이만저만이 아니었을 겁니다. 출가 뒤로 예수님에 대한 소문이 늘 좋은 것만이 아니라 나쁜 것도 많았으니, 그 동생들의 심정이 어떠했을는지는 우리가 충분히 상상이 갑니다. 그들은 예수님을 만나기 위해 나사렛으로부터 먼 길을 걸어 이제 예수 공동체 앞에 섰습니다. 예수님은 이렇게 외치고 싶었겠지요. 나의 동생들과 누이들아!

어머니와 동생들이 찾아왔다는 전갈을 받은 예수님은 뜻밖의 말씀을 하십니다. "누가 내 어머니이며 동생들이냐?" 뒤의 두 구절에서 조금 더 냉정한 말씀을 하지만 이미 이 구절에서도 예수님은 상식적이지 않은 발언을 하신 겁니다. 왜 그랬을까요? 몇 가지로 추정해 볼 수 있습니다. 예수님은 출가하면서 가족과의 연(緣)을 완전히 끊었는지 모릅니다. 승가에서도 출가한 사람들은 집안 식구들과의 세속적인 관계를 버리고, 가톨릭의 수도사들도 대개는 그렇습니다. 그러나 예수도 기본적으로는 그런 입장을 취하기는 했겠지만, 예수님의 종교생활이라는 게 세속을 떠나는 게 아니라 오히려 세속의 범주 안에 머물렀다는 점에서 가족과의 관계를 완전히 끊은 것으로 보기는 힘듭니다. 그렇다면 이번 기회에서 제자들에게 새로운 공동체의 한 모범을 교훈하려는 것이었을까요? 그럴지도 모릅니다. 자신에게 다가오는 위기를 절실하게 느낀 예수는 제자들이 자기 몫을 대신해 주기를 기대했겠지요. 이를 위해서 예수는 기회가 주어지는 대로 제자들을 가르치려고 노력했으리라는 건 당연합니다. 그러나 아무리 그렇다고 하더라도 친어머니와 동생들이 왔는데 반갑게 맞이하지는 못할망정 정나미 떨어지는 말을 했다는 건 아무래도 이해하기 곤란합니다.

제가 보기에 이 본문은 훗날 편집된 내용이 아닐까 생각합니다. 예수님의 부활 승천 이후 예수 공동체가 당면한 문제들은 한두 가지가 아니었습니다. 그중에서 신앙 공동체와 가족 공동체의 갈등도 심각했을 겁니다. 이때 마가공동체는 참된 가족의 의미에 대한 예수님의 말씀을 기억해냈겠지요. 어머니와 동생들이 왔을 때 "누가 내 어머니이며 동생들이냐?" 하는 예수님의 말씀에 근거해서 마가공동체의 내부적인 결속을 다질 수 있었을 것입니다.

자기를 찾아온 어머니와 동생들을 일단 접어두고 예수님은 자기와 함께 갈릴리 공동체를 이루고 있는 제자들을 가리키며 이렇게 말했습니다. "내 어머니와 내 동생들을 보라." 가족의 개념에 대한 새로운 차원이 열리는 순간입니다. 혈연의 가족으로부터 하나님 나라의 가족으로 패러다임 쉬프트(생각의 전이)가 일어난 것입니다. 여기에 인류 가족 공동체의 가능성이 놓여 있습니다. 많은 사람들이 지적한 것이지만 우리 한민족처럼 혈연 공동체를 강조하는 민족도 이 세상에 별로 없을 것 같습니다. 물론 피는 물보다 진하다는 데 혈연 공동체에 매달리는 현상을 부정할 수는 없습니다. 그러나 그것이 사회 공동체를 파괴하는 데까지 이르게 된다면 문제가 아니라 할 수 없습니다. 목사직의 세습도 역시 이런 혈연에 대한 과도한 집착이 만들어내는 해프닝입니다. 가톨릭교회에서 시행되고 있는 사제들의 독신제도는 이런 점에서 나름으로 의미가 있습니다.

과도한 혈연주의는 사회정의를 파괴할 뿐만 아니라 근본적으로는 그 내부 구성원들의 삶 자체를 파괴한다는 데에 더 큰 문제가 있습니다.

그런 현상이 쉽게 눈에 들어오지는 않습니다. 왜냐하면 사람들은 내부 구성원끼리의 결속력에서 만족감을 느끼기 때문입니다. 한 가지 문제만 지적한다면, 강고한 혈연주의에 매몰되면 사람들은 자폐적인 심리를 보이게 됩니다. 가족들 사이에 전혀 예의가 없는 행동, 또는 마마보이가 되는 것이 전형적인 예입니다. 제가 보기에 한국 교회에 거의 병적인 심각성으로 나타나는 개교회주의는 그리스도인들을 자폐적으로 만드는 주요 요인입니다. 오랫동안 한 교회에서 거의 혈연에 못지않은 결속력을 지닌 채 신앙생활을 한 사람들은 응석부리는 듯한 신앙에서 벗어나지 못합니다. 다른 교회와 세상을 향해 성숙한 자세로 자기 삶을 열지 못한다는 말씀입니다.

31~35절의 결론이 바로 35절에 담겨 있습니다. 하나님의 뜻대로 행하는 사람들이 바로 예수의 가족입니다. 가족 개념이 혈연공동체로부터 하나님 나라 공동체로 전환되었습니다. 하나님의 뜻대로 행하는 자는 누구일까요? 가장 단순하게 생각하면 지금 예수님과 동행하고 있는 제자들을 가리킵니다. 그걸 오늘에 적용한다면 교회에 다니는 사람들, 또는 그리스도교 신앙 안에서 살아가는 사람들입니다. 교회 공동체는 매우 소중합니다. 사람들은 많은 공동체에 속해서 살아갑니다. 우리 사회는 동창, 회사, 계모임, 취미 동아리 등등 많은 공동체로 이루어졌습니다. 대개의 공동체는 이익 공동체의 성격이 강합니다. 물론 봉사 단체는 이익이 아니라 헌신으로 꾸려진다는 점에서 그 어떤 단체보다 가치가 있습니다. 그러나 그런 것들도 교회 공동체와 비교할 수는 없습니다. 왜냐하면 교회는 영적인 공동체이기 때문입니다.

그렇습니다. 교회에 속한 사람들은 그 어떤 이해관계가 아니라 순전히 영적인 관계로 만났습니다. 그것이 확보되지 않으면 교회는 교회로서의 성격을 모두 잃어버리게 됩니다. 교회 안에서 벌어지는 많은 시행착오와 갈등은 영적인 토대가 부실해져서 일어나는 현상들입니다. 예컨대 장로 투표에서 떨어진 사람들이 시원하게 생각하거나 목사와 장로 사이의 싸움이 감정적으로 격화하는 것들은 그들이 영에 의존하지 않고 자기 자신에게 치우쳐 있다는 증거입니다. 오늘 우리는 교회 공동체를 소중하게 이끌어가야 합니다. 세상 사람들이 교회를 보고 구원의 현실들을 경험할 수 있어야 합니다. 교회의 외형적 크기가 중요한 게 아니라 교회를 교회 되게 하는 영적인 현실들이 중요합니다.

이제 우리의 질문은 이것입니다. 하나님의 뜻대로 행하는 사람이 예수의 가족이라고 할 때, 우리가 하나님의 뜻을 어떻게 인식할 수 있을까요? 저는 교회 공동체가 소중하다고 말씀드렸습니다. 그 말이 곧 교회라는 형식 자체가 절대적인 것이라는 뜻은 아닙니다. 교회는 하나님의 뜻에 복종해야만 합니다. 하나님의 뜻에 복종하지 않으면 교회라고 할 수 없습니다. 사실 우리가 과거 교회의 역사를 뒤돌아보면 하나님의 뜻을 역행하는 일들이 많았다는 걸 발견할 수 있습니다. 그런 상처가 우리에게 많습니다. 이제라도 그런 상처를 인정하고 거기서 새로운 살이 돋아나도록 노력해야겠지요. 그런 노력이 없으면 교회는 결국 예수의 가족으로 살아남을 수 없습니다.

하나님의 뜻이 무엇인지 완벽하게 아는 사람은 없습니다. 물론 성서가 대답이라고 말할 수는 있지만 성서는 해석이라는 과정을 거쳐야 하기 때문에 성서에서 그대로 하나님의 뜻을 찾아내기는 쉽지 않습니다. 어쩌면 우리의 신앙은 하나님의 뜻을 알아가는 과정인지 모릅니다. 그래서 바울 같은 위대한 선배도 자기가 이미 모든 걸 다 이룬 게 아니라고 말했을 뿐만 아니라, 현재 자신이 인식하고 있는 게 거울로 보는 것처럼 희미하다고까지 고백했습니다.

어떤 그리스도인들은 자신이 하나님의 뜻을 모두 알고 있는 것처럼, 더 나아가서 하나님의 뜻을 자신이 독단적으로 소유하고 있는 것처럼 주장합니다. 이런 위험성에 가장 크게 노출되어 있는 사람들은 아마도 목사들이겠지요. 어느 정도의 목회 경륜이 쌓이면 어느 순간에 그것을 절대화함으로써 좋은 뜻이든 아니든 독선에 빠지게 됩니다. 이런 위험성을 자각하고, 자기가 모르는 게 많다는 사실을 인정하는 게 중요합니다.

하나님의 뜻을 안다는 것은 곧 하나님을 안다는 것과 똑같습니다. 결국 우리의 질문은 '하나님이 누구인가?'로 돌아가야 합니다. 여기서 우리는 말문이 막힙니다. 도대체 하나님이 누구일까요? 아무도 이 질문에 정확한 대답을 할 수 없습니다. 물론 세례 받을 때 배운 대답을 알기는 합니다. 하나님은 세상을 창조하신 분이시고, 예수 그리스도를 이 세상에 보내신 분이며, 종말에 이 세상을 완성하실 분이십니다. 그는 세상을 초월해 계시면서도 세상 안으로 들어오신 분이십니다. 자기 아들을 세상에 보내시어 사람들을 구원하셨습니다. 이런 식의 대답을 우리는 계속 끌어나갈 수 있지만, 도대체 그것으로 하나님이 누구인가에 대한 완전한 대답이 주어지는 것은 아닙니다.

이렇게 말할 수밖에 없습니다. 하나님은 하나님 당신 자신이 우리에게 자신을 열어 보이시는 것만큼만 알 수 있습니다. 하나님의 자기 노출을 우리는 계시라고 말합니다. 우리가 아무리 기를 써도 그 이상은 불가능합니다. 우물 안에 사는 개구리를 생각해 보세요. 개구리는 하늘을 한꺼번에 볼 수 없습니다. 우물 위로 지나가는 새, 구름, 또는 우물을 들여다보는 동네 꼬마들을 볼 수 있지만 우물 너머의 세계는 못 봅니다. 우물 밖으로 나가는 날 그의 눈에 세상에 들어오게 됩니다. 우리는 지금 우물 안의 개구리와 다를 게 없습니다. 하나님이 우리에게 자신을 알려주는 것만큼 아는 것으로 만족해야 합니다. 성서가 그 계시를 말하고, 자연도 말하고, 역사도 말합니다. 궁극적으로는 예수 그리스도가 바로 그 계시의 완성이고 선취입니다. 그러나 지금 우리는 예수 사건을 모두 아는 게 아닙니다. 부분적으로만 압니다. 종말이 와야, 개구리가 우물 밖으로 나가는 날이 와야 우리는 하나님을 온전히 알 수 있습니다.

예수님의 가족은 하나님의 뜻을 헤아리는 것에 머물지 않고 그 뜻대로 행하는 사람입니다. 인식과 행위가 일치되어야 한다는 뜻입니다.

우리 예수 믿는 사람들은 말만 그럴듯하게 할 뿐이지 실제로 행동이 없다는 말을 자주 듣습니다. 특히 교회에 오래 다닌 사람들일수록 이런 경향은 더 강합니다. 머리로 생각하는 게 많을수록 손발이 잘 움직이지 않기 때문입니다. 지식인들의 특징이 바로 여기에 있습니다. 각종 이론은 머리로 꿰뚫지만 실제로 몸은 잘 따르지 않습니다. 이건 그 사람의 인간성에 관계되는 게 아니라 지식의 속성에 관계된 것입니다. 지식은 일단 머리를 필요로 합니다. 습관적으로 머리를 돌려서 무언가의 원리를 찾고 해결책을 찾다 보면 어떤 구체적인 상황에서도 행동은 나오지 않기 마련입니다.

예수님은 바리새인들과 서기관들이 바로 그런 사람들이라고 책망한 적이 있습니다. 그들은 손가락 하나 까딱하지 않고 입으로만 사람들을 가르치려고 합니다. 이런 종교 이론에 빠지다 보면 삶의 현실이 훼손되고, 결국 장황하고 공소한 논리의 늪에서 벗어나지 못합니다. 그렇다고 해서 신앙이 무조건적인 행동주의라는 말은 아닙니다. 무엇이 옳은지 그른지 생각하지도 않고 무조건 깃발을 드는 태도가 바람직한 것도 아닙니다. 어떤 때는 나서지 말고 뒤로 물러서야 할 때도 있습니다. 베드로는 행동이 앞선 사람이었는데, 그것 때문에 오히려 문제를 일으킨 적도 많습니다. 하나님의 뜻과 거기에 따른 행위는 상호적입니다. 뜻을 인식한 사람은 당연히 행동해야 하고, 행동은 뜻으로부터 나와야 합니다. 이런 점에서 신앙적으로 산다는 것이 힘든 것 같습니다. 어떻게 하나님의 뜻도 알고, 우리의 행위도 따를 수 있을는지요.

여러분은 하나님의 뜻대로 행하는 사람의 범주를 어디에 놓습니까? 교회에 나오는 사람, 교회에 나와서 신실하게 살아가는 사람, 그것과 상관없이 윤리적으로 사는 사람 등등, 누가 과연 하나님의 뜻대로 행하는 자들일까요? 하나님의 뜻과 실천을 조금 예민한 문제와 연관해서 생각해 볼까요? 두 가지입니다. 하나는 타종교입니다. 불교인들 중에서 매우 성실한 사람, 실제로 남을 위해 희생하는 사람이 있다고 합시다. 그는 하나님의 뜻대로 행하는 자인가요, 아닌가요? 이에 대한 의견은 매우 분분할 겁니다. 구원이 교회 안에만 있는가, 밖에도 있는가 하는 문제도 여기에 연관되겠지요. 이런 논의는 이미 많이 제기되었고, 또한 어떤 결말을 낼 수 있는 것도 아니기 때문에 여기서 길게 끌고 가지는 않겠습니다.

　　다른 하나는 휴머니즘입니다. 선입관 없이 예수님의 말씀에 비추어 이 문제를 생각해 봅시다. 사마리아 사람의 비유에서 볼 수 있듯이 강도 만난 사람을 아낌없이 돌봐준 그 사람은 아무런 종교적 동기도 없었고, 더구나 그리스도교적인 신앙도 없었습니다. 그는 단지 휴머니즘에 의해서 그렇게 행동했습니다. 그런데 그 사람이 바로 강도 만난 사람의 이웃이라고 합니다. 이런 사람이 바로 하나님의 뜻대로 행하는 자가 아닐까요? 그렇다면 이런 사람이야말로 예수의 진정한 가족이 아닐까요? 내가 보기에 타종교와 휴머니즘이 하나님의 뜻과 행위에 속하는지 아닌지 논쟁한다는 것은 무의미합니다. 그런 문제는 창조주이신 하나님만이 판단할 문제입니다. 우리는 지금 여기서 우리가 선택한 그리스도교 신앙 안에서 하나님의 뜻과 그 뜻에 따라서 행동하는 데 최선을 다해야 합니다. 이럴 때 타종교와 휴머니즘 문제는 저절로 해결될 것입니다.

4장

씨와 밭의 비유

4:1-20

¹ 예수께서 다시 바닷가에서 가르치시니 큰 무리가 모여들거늘 예수께서 바다에 떠 있는 배에 올라앉으시고 온 무리는 바닷가 육지에 있더라 ² 이에 예수께서 여러 가지를 비유로 가르치시니 그 가르치시는 중에 그들에게 이르시되 ³ 들으라 씨를 뿌리는 자가 뿌리러 나가서 ⁴ 뿌릴새 더러는 길 가에 떨어지매 새들이 와서 먹어 버렸고 ⁵ 더러는 흙이 얕은 돌밭에 떨어지매 흙이 깊지 아니하므로 곧 싹이 나오나 ⁶ 해가 돋은 후에 타서 뿌리가 없으므로 말랐고 ⁷ 더러는 가시떨기에 떨어지매 가시가 자라 기운을 막으므로 결실하지 못하였고 ⁸ 더러는 좋은 땅에 떨어지매 자라 무성하여 결실하였으니 삼십 배나 육십 배나 백 배가 되었느니라 하시고 ⁹ 또 이르시되 들을 귀 있는 자는 들으라 하시니라 ¹⁰ 예수께서 홀로 계실 때에 함께한 사람들이 열두 제자와 더불어 그 비유들에 대하여 물으니 ¹¹ 이르시되 하나님 나라의 비밀을 너희에게는 주었으나 외인에게는 모든 것을 비유로 하나니 ¹² 이는 그들로 보기는 보아도 알지 못하며 듣기는 들어도 깨닫지 못하게 하여 돌이켜 죄 사함을 얻지 못하게 하려 함이라 하시고 ¹³ 또 이르시되 너희가 이 비유를 알지 못할진대 어떻게 모든 비유를 알겠느냐 ¹⁴ 뿌리는 자는 말씀을 뿌리는 것이라 ¹⁵ 말씀이 길 가에 뿌려졌다는 것은 이들을 가리킴이니 곧 말씀을 들었을 때에 사탄이 즉시 와서 그들에게 뿌려진 말씀을 빼앗는 것이요 ¹⁶ 또 이와 같이 돌밭에 뿌려졌다는 것은 이들을 가리킴이니 곧 말씀을 들을 때에 즉시 기쁨으로 받으나 ¹⁷ 그 속에 뿌리가 없어 잠깐 견디다가 말씀으로 인하여 환난이나 박해가 일어나는 때에는 곧 넘어지는 자요 ¹⁸ 또 어떤 이는 가시떨기에 뿌려진 자니 이들은 말씀을 듣기는 하되 ¹⁹ 세상의 염려와 재물의 유혹과 기타 욕심이 들어와 말씀을 막아 결실하지 못하게 되는 자요 ²⁰ 좋은 땅에 뿌려졌다는 것은 곧 말씀을 듣고 받아 삼십

배나 육십 배나 백 배의 결실을 하는 자니라

마가복음 4장은 한 폭의 그림 같은 장면으로 독자들을 인도합니다. 3장
은 바알세불, 용서받지 못하는 죄, 누가 내 어머니며 동생이냐 등등 상
당히 격한 분위기였습니다. 군중들이 예수님의 말씀에 귀를 기울이는
본문의 장면은 앞의 장면과 대조적입니다. 우리말 성경 본문은 그 장소
를 바닷가였다고 합니다. 이 바다는 물론 갈릴리 호수를 말합니다. 열
두 제자를 부른 장소는 산이었는데(3:13), 이제 군중들을 가르치는 장
소는 갈릴리 호숫가입니다. 사람들이 예상 밖으로 많이 모인 탓인지 모
르지만 예수님은 배에 오르고 군중들은 해변에 앉아 있었다고 합니다.

가르치고 배운다는 건 우리 삶에서 매우 중요한 일입니다. 우선 가
르치는 사람은 가르치는 내용의 중심을 잘 알고 있어야 합니다. 정보를
아는 것에 머물러서는 안 됩니다. 참된 앎은 깨우침이며, 삶에 대한 경
험이고, 진리에 대한 경험입니다. 이런 경험이 있어야만 가르칠 수 있습
니다. 그런 사람이 가르쳐야만 참된 교육이 일어납니다. 잘 알지도 못하
면서 가르치려고 하는 사람은 약장사입니다. 사이비입니다. 그런 사람
은 늘 변죽을 울리거나 또는 엉뚱한 것을 가르칠 뿐입니다. 그런 일은
오늘의 한국 교회 강단에서도 자주 일어납니다. 성서의 중심으로 치고
들어갈 수 있는 능력이 없는 설교자들이 나름의 교언영색으로 무엇인가
를 전합니다. 그런 설교의 특징은 분명하게 드러납니다. 성서의 놀라운
세계는 침묵하고, 청중들의 종교적 욕망이 크게 드러납니다. 그 결과가
어떤지는 불을 보듯 분명합니다. 청중들에게 영적인 심화가 일어나지
않습니다. 청중들의 하나님 경험이 유치한 상태에 머무르게 됩니다. 겉
으로는 그것이 구별되지 않을 때가 많다는 게 문제입니다.

예수님은 좋은 선생이셨습니다. 그는 자기와 자신의 지식을 드러
내는 게 아니라 진리 자체에 집중하셨기 때문입니다. 진리를 깨달은 선
생은 늘 이런 태도를 취합니다. 그는 남을 설득하기 위해서 공연히 애

를 쓰지 않습니다. 그는 당연히 청중을 기만하지도 않고 선동하지도 않습니다. 그는 단지 진리의 물결에 자신을 맡길 뿐입니다. 반면에 자칭 선생이라고 하는 바리새인들은 계몽적인 태도로 가르쳤습니다. 일주일에 세 번 금식해야 하고, 십일조를 드려야 하고, 하루에 일곱 번 기도하라고 다그쳤습니다. 그들은 자신들의 종교적 전통규범 안으로 청중들을 끌어들이는 것이 바로 선생의 일이라고 생각한 것이죠. 이런 방식의 가르침은 오늘 한국의 입시교육이 청소년들의 삶을 파괴하듯이 인간을 죽입니다. 죽이면서도 살린다고 말합니다.

　1절에 따르면 큰 무리가 거기에 모였다고 합니다. 그렇다면 예수님의 말씀에 대중성이 있었다는 뜻일까요? 그런 질문은 별로 중요하지 않습니다. 복음서 기자들은 대중성 여부보다는 예수님에게서 발생한 하나님 나라를 설명하는 데만 집중했습니다. 일반적으로 청중들은 하나님 나라에 대해 일관적인 반응을 보이지 않습니다. 자기에게 직접적으로 유익한 일이다 싶으면 몰려들고 그렇지 않으면 관심을 보이지 않습니다.

　저는 오늘의 교회 지도자들이 신자들에게 지나치게 많은 열정을 쏟는 것 같이 보여서, 조금 염려스럽습니다. 열정이라기보다는 집착이라는 말이 더 옳겠군요. 교회 공동체는 에클레시아, 즉 믿는 사람들의 모임입니다. 그리고 모인 사람들 사이에서 일어나는 코이노니아도 역시 교회의 본질에 속합니다. 교회에 모여서 친교하고 봉사하는 일은 아름답습니다. 세상의 그 어떤 집단보다 더 단단한 결속력을 보일 필요도 있습니다. 그런 공동체를 역동적으로 만들려는 노력은 필요합니다. 문제는 교회가 진리에는 둔감하고 사람들과의 관계에 지나칠 정도로 집착한다는 사실입니다. 목회의 목표가 대개 인간 관리에 떨어져 있습니다. 자신이 나가는 교회 신자들끼리의 결속에 치우칩니다. 이런 방식으로 운용되다 보면 교회에서 아무리 큰 잘못된 일이 벌어져도 인간관계만 훼손시키지 않으면 잘 굴러갑니다. 진리의 영인 성령보다는 자신들의 교회를 지키는 걸 훨씬 더 중요하게 생각하기 때문입니다. 역설적인 말 같지만, 오늘 목사들은 신자들에 대한 관심을 조금씩 줄여나갈 필요가 있습니다. 가족 사이에도 지나친 관심이 성숙한 관계를 훼손하듯이 교회도 역시 똑같은 일이 벌어지기 때문입니다. 따뜻하면서도 배타적이지 않은 공동체를 유지하려면 영적인 일치를 추구하는 게 최선입니다. 그것은 참된 가르침으로 가능합니다.

　본문을 잘 이해하려면 상상력이 필요합니다. 농부가 씨를 뿌리러 나갔습니다. 씨 주머니를 가슴에 안았을까요, 아니면 등에 짊어졌을까요. 그 씨는 작년에 수확한 알곡 중에서 가장 좋은 것들을 추려낸 것이겠지요. 씨를 뿌리는 이 농부는 지금 예배를 드리는 심정일 겁니다. 그렇습니다. 농사는 곧 예배 행위와 같습니다. 생명을 향한 거룩한 마음, 경외의 마음, 의존하는 마음은 곧 예배입니다. 한 해의 농사가 흉년이 들면 이 농부 가족의 생명은 위협을 받습니다. 그러니 어찌 씨 한 톨이라도 가벼이 여길 수 있겠습니까?

　여기 농부의 손바닥 위에 볍씨 한 알이 놓여 있다고 합시다. 그 농부는 지금 우주를 손바닥 위에 올려놓은 셈입니다. 씨는 곧 우주와 동일한 존재의 차원에 속하기 때문입니다. 우주가 '있다'는 사실과 나락 한 알이 '있다'는 말은 존재론적으로 똑같은 무게입니다. '없다'의 반대는 '있다'입니다. 우주도 있고, 나락 한 알도 있습니다. 존재한다는 차원에서 이 둘은 똑같습니다. 이런 게 말장난처럼 느껴지시나요? 없다는 사실과 있다는 사실의 궁극적인 차원에 들어가지 않은 상태에서 우리는 하나님에 대해 진술할 수 없습니다. 왜냐하면 하나님은 없음(無)에서 세상을 있게 한 분이기 때문입니다.

　볍씨 한 알은 존재의 차원만이 아니라 물리, 생물학적인 차원에서 우주와 일치합니다. 농부의 손 위에 놓인 이 씨는 태양 에너지를 그대로 담고 있습니다. 형태는 변했지만 태양의 에너지가 그 안에 있습니다. 태양 에너지만이 아니라 물과 탄소가 그 안에 결합되어 있습니다.

탄소동화작용을 통해서 씨가 이 세상에 출현할 수 있었습니다. 그 방식으로 세상은 생명을 연장합니다. 이 씨는 주변의 다른 세계와도 깊숙이 연결되어 있습니다. 이 씨에는 우리가 그 흔적을 따라갈 수 없을 뿐이지 지난 45억 년이라는 세월의 무게가 담겨 있습니다. 그렇다면 이 씨는 바로 우주와 다를 게 없습니다. 우리는 일상에서 우주를 엿볼 수 있을 뿐만 아니라 그래야만 합니다. 이건 자연주의자로서가 아니라 창조주 하나님을 믿는 기독교인으로서의 명백한 신앙고백입니다. 거미와 지렁이에도, 이름 없는 꽃 한 송이에도 그런 우주의 신비가 숨어 있습니다. 이 세상에 그렇지 않은 것은 하나도 없습니다. 모든 게 바로 하나님의 창조 행위니까요.

씨는 그 안에 생명을 은폐의 방식으로 담고 있습니다. 이런 상상을 해볼까요? 나노 기술이 비약적으로 발전하게 될 미래에 씨 안으로의 여행이 가능하게 되었다고 합시다. 수억만 분의 일 밀리보다 작은 로봇을 만들어서 씨앗의 세계를 여행하면 무엇이 보일까요? 안타깝지만 거기서 잎이나 꽃과 비슷한 그 무엇도 발견할 수 없습니다. 물론 열매도 발견할 수 없습니다. 씨 속에는 탄수화물, 단백질, 아주 적은 양의 물 등등, 그리고 식물을 구성하는 원소들이 들어 있겠지요. 거기서 그 어떤 꽃의 흔적도 찾을 수 없습니다. 그럼에도 불구하고 그 씨에서 잎과 줄기와 꽃이 나오게 된다는 사실은 아주 분명합니다. 신기합니다.

다시, 잘 생각해 보십시오. 씨 안에 아직 꽃은 없습니다. 씨만 보고는 아무도 꽃을 상상할 수 없습니다. 씨와 꽃 사이에는 표면적으로 볼 때 아무런 연관이 없습니다. 그러나 우리는 경험적으로 그 둘의 관계가 밀접하다는 사실을 알고 있습니다. 꽃이 나오게 될 어떤 가능성은 씨 안에 분명히 있습니다. 씨가 없으면 꽃도 없습니다. 씨와 꽃 사이에 무슨 힘이 작용하고 있을까요? 현재의 상황만 보면 도저히 상상할 수 없는 현실이 우리 앞에 나타나게 되는 그 국면에 무슨 힘이 작용하는 걸까요? 혹시 이런 힘이 곧 성령은 아닐까요? 왜냐하면 성령은 곧 생명의 영이니까요.

오늘 우리가 살아가는 삶은, 그리고 지금 우리가 경험하고 있는 이 세계는 씨와 같습니다. 이 세상을 아무리 샅샅이 뒤져봐도 하나님을, 그리고 그의 생명을, 그의 실체를 발견할 수 없습니다. 꽃이 씨와 전혀 다른 세계이듯이 하나님과 그의 영원한 생명은 이 세상과 전혀 다른 세계입니다. 그렇다고 해서 오늘 우리의 삶과 이 세상을 무의미하다고 생각할 필요는 없습니다. 씨에서 꽃이 피듯이 이 삶에서 하나님의 생명인 영생이 시작될 테니까요. 그것을 요한계시록은 새 하늘과 새 땅이라고 말합니다.

씨는 땅에 들어가야만 생명으로 변화됩니다. 이걸 모르는 사람은 없습니다. 그러나 그런 현상에서 생명의 비밀을 깨닫는 사람은 많지 않습니다. 깨닫는다 하여도 그 깨달음이 우리의 삶을 실제로 추동해나가는 경우는 찾아보기 힘듭니다. 실제로 그렇게 살아가는 사람들을 우리는 성자, 도사, 진인 등으로 부릅니다. 어쨌든지 씨가 땅속에 묻히면 무엇으로 변화합니다. 그런 현상을 우리는 일반적으로 썩는다고 표현합니다. 썩는다는 말은 우리에게 별로 좋은 느낌을 주지 않는군요. 저 사람은 썩었어, 사과가 썩었어, 할 때는 거의 부정적인 의미입니다. 그러나 생명 현상에서 썩는다는 것은 결정적으로 중요한 것입니다. 썩지 않으면 생명 자체가 불가능합니다. 한 알의 밀이 썩지 않으면 많은 열매를 거둘 수 없듯이 말입니다.

저는 씨가 썩어서 싹을 틔우는 생명학적인 현상에 대해서 자세하게 설명할 자신이 없습니다. 다만 씨가 썩는다는 것은 사라지는 게 아니라 변화하는 것이라고만 말할 수 있습니다. 사실은 사라진다, 변화한다는 것 자체도 아주 모호하기 때문에 단정적으로 말할 수는 없습니다. 철학적인 사유나 물리학적 사유도 마찬가지인데, 우리는 우리 앞에 드러난 현상들을 가능한 정확하게 해명하고 있을 뿐이지 그 궁극적인 깊이에 무슨 힘이 어떻게 작용하는지 전혀 모르고 있습니다. 이게 바로 세상에 던져진 실존으로서 인간이 감당할 수밖에 없는 한계입니다. 도대체 씨가 왜 썩어야만, 거기서 싹이 나오고 잎이 나오게 되는 걸까요? 잎과 줄기에서 어떻게 그것과 전혀 다른 차원의 생명현상인 꽃이 나올까요? 우리의 몸도 마찬가지입니다. 매일 손톱과 발톱이 자랍니다. 연약한 살과 전혀 다른 형태인 손톱이 자란다는 게 신기합니다. 왜 인간과 동물은 이렇게 살고 있으며, 나무는 왜 저렇게 살고 있는 걸까요?

저는 인생의 연륜이 조금씩 늘어나면서 그런 것들이 점점 더 궁금해집니다. 만약 하나님이 그렇게 창조하셨다는 말로 이 문제가 해결된다고 생각하는 사람이 있다면 지나치게 단순한 겁니다. 오늘 한국 교회에서는 기독교의 가르침에 대해서 진지하게 생각하는 것보다는 무조건 믿어야 한다는 주장이 대세이지만, 제가 보기에 그건 퇴행이며 자폐입니다.

오해는 마십시오. 순수한 믿음이, 절대적이고 단순한 믿음이 무의미하다거나 하나님의 뜻을 훼손한다는 말씀이 아닙니다. 더구나 지성적인 신앙이 능사라는 말도 아닙니다. 기독교 신앙은 결국 절대적인 신뢰를 요구하는 건 분명하지만 거기에 이르는 과정까지 믿음으로 해결할 수는 없으며 그렇게 해서도 안 된다는 말씀입니다. 왜 그럴까요? 답은 그렇게 먼 데 있지 않습니다. 성서가 바로 그걸 가리키고 있습니다. 성서는 우리로 하여금 이 세상을 창조한 하나님과 그의 행위에 집중하라고 가르칩니다. 성서기자들은 세상을 주먹구구식으로 대하거나 열광적으로 믿으라고만 하지 않았습니다. 성서가 말하는 믿음은 깊은 통찰을 거친 것입니다. 이 통찰에는 우주, 역사, 인간실존이 모두 포함됩니다.

이 세상은 바로 하나님의 창조입니다. 이 세상이 무엇인지 알고 싶어 하지 않는다면 그는 바로 하나님을 알고 싶어 하지 않는 사람이며, 이 세상을 신기하게 생각하지 않는 사람은 하나님의 신비를 모르는 사람입니다. 왜 세상에는 씨가 있으며, 그 씨에서 잎이 나오고 꽃이 나오는 걸까요? 나는 하나님을 알고 싶은 만큼 이런 생명현상을 알고 싶습니다. 둘 다 신비롭습니다. 민들레 꽃을 볼 때마다 우주와 비슷하다는 느낌이 듭니다. 지구는 민들레 홀씨의 작은 알맹이이고요. 지구라는 씨 안에서 온갖 생명체가 활발하게 약동치고 있습니다. 우리가 상상할 수 없을 정도로 다양한 생명들이 살아 움직이고 있습니다만 그것이 완전한 생명이라고 말할 수는 없습니다. 이 모든 것들은 잠시 지구에 나타났다가 다시 사라집니다. 그 어떤 것도 여기서 예외가 없습니다. 영원하지 않은 것을 완전한 생명이라고 말할 수는 없는 것 아닐는지요.

우리 기독교인들은 성서기자들과 더불어 유한한 생명 안에 살아가면서 영원한 생명을 희망하고 있습니다. 그런데 영원하다는 게 무엇일까요? 안타깝지만 우리는 하나님을 잘 모르듯이 영원한 생명이 무엇인지 잘 모릅니다. 유한의 반대개념으로만 생각할 뿐입니다. 그것은 말 그대로 개념으로만 남아 있을 뿐이지 실체로 드러나지 않았습니다. 그래서 우리는 영원한 생명이 오직 하나님에게만 가능한 것이라고 생각합니다. 그 영원한 하나님과 하나가 되어야만 영원한 생명을 얻을 수 있다고 믿습니다. 하나님과의 일치가 예수 그리스도를 통해서 가능하다는 것이 곧 기독교 신앙의 핵심입니다.

앞에서 말했듯이 우리가 살고 있는 지구는 씨입니다. 이 씨는 앞으로 꽃을 피우게 될 것입니다. 그 구체적인 내용은 비밀입니다. 오직 하나님의 소관입니다. 그 꽃이 피는 때가 곧 예수의 재림이 일어나는 종말입니다. 그때 지구는 더 이상 씨로 남아 있지 않습니다. 아니 지구만이 아니라 우주 전체가 전혀 다른 생명 형식으로 변형될 것입니다. 이사야, 에스겔, 다니엘, 요엘, 그리고 신약성서 기자들은 약간씩 다른 방식으로 그때를 설명하고 있습니다. 그때에 우리는 영원하고 완전한 생명 안으로 들어갈 것이라고 말입니다. 그것이 곧 우리의 종말론적 희망입니다.

예수님의 설명에 따르면 오늘 본문이 말하는 씨의 영적인 의미는 말씀입니다. 말씀이 사람들에게 전달되었을 때 어떤 결실을 맺는가에 대한 가르침입니다. 여기서 말씀이 무엇일까요? 우리는 우선 성서를 말씀이라고 생각할 수 있습니다. 그러나 하나님의 말씀이 반드시 문자에 한정되는 건 아닙니다. 이미 계시 사건이 있으며, 선포도 있고, 하나님이 창조한 세상도 있습니다. 이런 모든 것이 큰 의미에서 말씀입니다. 근본적으로 말씀은 하나님의 존재방식이기도 합니다. 로고스가 태초의 창조 사건에 개입했다는 요한복음의 보도에 따르면 하나님, 예수, 말씀은 이 세상을 가능하게 하는 동일한 근원입니다.

성서를 우선 말씀으로 보고 이야기합시다. 씨와 마찬가지로 성서 말씀도 역시 진리를 은폐의 형식으로 담지하고 있습니다. 성서 안에는 진리가, 즉 하나님의 계시가 담겨 있다는 건 분명한 사실이지만 성서가 계시 자체는 아닙니다. 비유적으로 말한다면 계시를 담은 그릇입니다. 그러나 그릇이 없으면 계시도 없기 때문에 그릇은 매우 중요합니다. 우리가 성서에서 무엇이 그릇이고 무엇이 계시인지를 구분하기는 어렵습니다. 그래서 사람들은 같은 성서 구절인데도 불구하고 서로 다르게 해석합니다. 사이비 이단들은 말할 것도 없고, 정통 교회 안에서도 성서를 받아들이는 입장들이 서로 다릅니다.

성서에서 계시를, 즉 진리를 포착하는 것이 곧 성서 연구이고 설교입니다. 성서 연구와 설교가 바르다는 사실이 어떻게 보장되는 건가요? 씨와 꽃의 관계를 정확하게 이해하려면 그쪽의 전문가가 되어야 하듯이 성서와 진리의 관계를 정확하게 이해하려면 전문가가 되어야 합니다. 단순히 정보를 수집하는 전문가가 아니라 생명의 중심으로 들어가는 전문가를 말합니다. 이런 전문적인 작업을 해석학이라고 합니다.

성서가 은폐하고 있는 하나님의 계시 사건을 청중들에게 조금이라도 정확하게 알려주기 위해서 전문적인 해석학이 필요하다는 사실을 앞에서 짚었는데, 한마디만 보충하겠습니다. 원래 해석학이라는 낱말은 헬라 신화 헤르메스(hermes)에서 왔습니다. 제우스의 말을 사람에게 전달하는 메신저인 헤르메스는 신의 말을 인간의 말로 번역, 통역,

해석해야만 합니다. 제우스의 말을 인간이 그냥 이해할 수 없기 때문입니다. 헤르메스는 신의 말을 인간의 말로 바꿀 수 있는 능력의 존재였습니다. 이 능력은 두 가지입니다. 하나는 신의 말을 이해할 수 있는 능력이며, 다른 하나는 인간의 말을 할 줄 아는 것입니다. 도대체 신의 말을 누가 어떻게 알아들을 수 있을까요? 신의 말이라는 게 손에 잡히나요? 구약의 예언자들은 신탁을 받은 사람들인데, 그들이 어떻게 여호와 하나님의 말을 알아들었을까요? 이게 심각한 문제입니다. 그걸 잘 알아들으면 예언자가 되고, 잘못 알아들으면 거짓 예언자가 됩니다. 비슷한 시를 써도 살아 있는 시가 있고, 죽은 시가 있는 것과 비슷합니다.

그런데 문제는 이 예언의 진위가 그 당시에는 판가름 나지 않는다는 것입니다. 그 이유는 말씀을 들은 민중들이 그걸 판단할 능력이 부족하기 때문입니다. 이미 구약성서에 그런 일들이 비일비재로 일어났습니다. 민중들은 선동과 호기심에 약합니다. 그런 일들을 잘하는 예언자는 비록 신탁을 받지 못했어도 인기를 얻었습니다. 민중들이 어리석다는 말이 아니라 사람 자체가 그런 인식론적 한계에서 벗어날 수 없다는 뜻입니다. 이 모든 것의 궁극적인 판단은 훗날을 기약해야 합니다. 그때까지 우리의 말과 주장은 모두 잠정성을 벗어나지 못합니다.

예수님의 이 비유에 등장하는 농부는 전문적인 농사꾼이 못 되는가 봅니다. 그가 뿌린 씨 중에서 길가에 떨어진 것들이 있다고 하니 말입니다. 흙을 부드럽게 쟁기질한 다음에 씨가 들어갈 구멍을 만들어서 그곳에 정확하게 씨를 뿌려야 하는 거 아닌가요? 이런 일은 고대 유대인들의 농사 방법이 달라서 일어난 것입니다. 당시에는 앞에서 한 겨리의 소가 고랑을 내고, 씨 뿌리는 사람은 뒤따라 가면서 손으로 대충 획획 뿌립니다. 그러다 보면 길가에 떨어지는 씨도 제법 나오기 마련입니다. 길가에 떨어진 씨가 무엇을 의미하는지는 15절에 설명되어 있습니다. 말씀을 들었을 때에 사탄이 즉시 와서 그들에게 뿌려진 말씀을 빼앗는 것이라고 합니다. 말씀이 떨어진 흔적도 찾아볼 수 없을 정도로 마음이 척박한 사람을 가리키는 것 같습니다. 가장 나쁜 상황입니다. 사람의 얼굴이 다양하듯이 마음도 역시 가지각색입니다. 어떤 사람의 마음은 따뜻하고, 어떤 사람은 냉정합니다. 다른 사람에게 마음을 여는 사람도 있고, 자기만 아는 사람도 있습니다. 그런 마음은 타고나는 걸까요, 아니면 후천적으로 형성되는 걸까요. 어느 것이 결정적이라고 말하기는 힘들겠군요. 선천적인 부분과 후천적인 부분이 서로 맞물려서 마음이 형성되겠지요.

본문이 말하는 길가를 단순히 교회 출석 여부만으로 보면 안 됩니다. 교회 안에 들어와 있는 사람들 중에도 길가와 같은 마음의 소유자들은 많습니다. 교인들끼리도 대화가 안 되는 일이 많습니다. 간혹 교회 안에서 벌어지는 싸움을 보면 참으로 안타깝습니다. 그들은 세상 사람들보다 더 감정적으로 싸웁니다. 상대방의 말에 전혀 귀를 기울이지 않습니다. 이런 마음이 길가입니다.

돌밭에 떨어진 말씀의 씨도 있었습니다. 이 씨는 잠시 뿌리를 내리긴 했지만 온전한 생명으로 자라지 못했습니다. 왜냐하면 식물의 생명을 지탱시켜 주는 흙이 충분하지 않았기 때문입니다. 돌과 흙의 차이가 무엇인지 자세하게 설명할 자신은 없습니다. 상식적의 차원에서 말씀드린다면, 돌과 흙의 가장 결정적인 차이점은 물기와 미생물인 것 같습니다. 돌에는 물기도 없고 미생물도 없지만, 흙에는 이런 것들이 있습니다. 생명은 이 두 요소가 필수적입니다.

모든 생명체가 물에 의해서 유지된다는 사실은 긴 설명이 필요 없습니다. 햇빛도 필수적이기는 하지만 절대적이지는 않습니다. 태양빛이 들지 않는 바다의 심연이나 밀폐된 동굴 안에도 물만 있으면 아주 단순한 생명체가 살아간다는 사실에서 이를 확인할 수 있습니다. 또한 식물의 생명운동에서 미생물은 필수적입니다. 거의 모든 흙에는 미생물이 살아 있습니다. 그것도 우리의 상상을 뛰어넘을 정도로 많은 미생물이 살아 있습니다. 미생물이 많은 땅일수록 좋은 땅입니다. 이 미생물이 식물의 뿌리에 영향을 끼치고 식물이 살아갈 수 있는 조건을 형성하기 때문이겠지요.

지구의 생명체들은 우리가 예상할 수 없을 정도로 긴밀하게 유기적인 관계를 맺고 있습니다. 어떤 것도 독자적으로 생존할 수는 없습니다. 인간도 예외는 아닙니다. 예외가 아닐 정도가 아니라 가장 깊숙이 연관되어 있습니다. 먹이사슬의 최정상에 놓여 있는 존재가 바로 인간이기 때문에 이건 당연한 논리입니다. 우리의 영혼은 말씀의 씨가 생명을 유지할 수 있을 정도로 물과 미생물을 풍부하게 포함하고 있는 옥토인가요, 아니면 죽음의 돌밭에 불과한가요.

돌밭에 떨어진 씨는 싹이 났지만 뿌리가 햇빛에 타버리고 말았다고 합니다. 햇빛은 양날을 가진 칼과 같습니다. 모든 생명의 근원이면서 동시에 생명을 파괴하는 힘이기도 합니다. 식물에 한정해서 본다면, 뿌리를 흙에 내리고 있는 식물에게는 햇빛이 생명의 근원이지만 뿌리가 없는 식물에게는 죽음의 힘입니다. 신앙의 뿌리는 무엇일까요? 가장 일반적인 대답은 하나님 경험입니다. 젊은 연인들의 사랑도 그들이 함께 나눈 경험에 의해서 풍성해지는 것처럼 하나님과의 관계도 그와 같습니다. 우리가 매일 하나님 경험에 대한 고백을 할 수 있다면 좋겠지요. 성서의 진술도 모두 하나님 경험이라고 할 수 있습니다.

문제는 우리의 하나님 경험이 얼마나 정당한가에 있습니다. 사이비 이단들도 모두 나름으로 하나님 경험을 주장하는 걸 보면 하나님 경험이라는 게 말만으로는 그 정당성을 인정받을 수 없을 것 같습니다. 그런데 여기서 어려운 점은 아무도 다른 사람의 하나님 경험을 재단할 수 없다는 것입니다. 왜냐하면 사람들의 사랑도 나이가 들면서 다르게 나타나는 것처럼 하나님도 늘 새롭게 인간과 만나시기 때문입니다.

그렇다고 해서 하나님 경험을 판단하는 데 아무런 기준도 없는 것은 아닙니다. 십자군 전쟁이나 마녀사냥을 일으키면서 그것을 하나님 경험이라고 말할 수는 없으니까요. 하나님 경험의 정당성을 확보할 수 있는 기준은 크게 놓고 볼 때 생명입니다. 하나님은 우리와 생명사건에서 만나시는 분입니다. 복음서에서도 예수님은 신분, 도덕성, 율법 준수 여부에 상관없이 사람들의 생명을 구하는 일에만 전념하셨습니다. 궁극적인 생명사건은 물론 십자가와 부활을 통한 인간 구원입니다. 생명에 대한 인식과 경험이 풍부해지는 것이야말로 신앙의 뿌리가 깊어지는 지름길입니다. 그 생명은 미물에서 우주에까지 닿아야겠지요.

　어떤 씨들은 가시떨기에 떨어졌다고 합니다. 가시가 자라서 생명의 기운을 막았고, 결국 이 씨는 아무런 결실도 맺지 못했습니다. 본문 말씀에 따르면 씨가 결실을 맺으려면 생명의 기운에 사로잡혀야 합니다. 오늘 우리에게서 생명의 기운은 이미 하나님이 주신 선물입니다. 우리의 삶을 지탱해주는 영입니다. 그런데 그런 기운이 가시떨기로 인해서 막힐 수 있다고 하는군요. 성령도 우리의 삶에서 독단적으로 활동할 수는 없는 것 같습니다. 우리의 영혼이 성령에게 어떤 방식으로든지 반응을 해야만 그분이 우리의 내면에서 활동하십니다. 우리가 피리이고 영이 바람이라고 합시다. 그런데 피리에 구멍이 없는 경우 아무리 바람이 들어와서 소리를 낼 수도 없겠지요.

　많은 경우에 우리는 생명의 기운에 사로잡히지 못합니다. 마가복음 4장 19절에 따르면 염려, 유혹, 욕심이 그것을 가로막는다고 합니다. 기본적으로 사람은 염려, 유혹, 욕심에서 완전히 벗어나지는 못합니다. 다만 생명의 기운이 질식할 정도로 이런 염려에 사로잡히는지, 아니면 어느 정도 정신을 차릴 정도인지에 달려 있는 것 같습니다. 이 차이가 별것 아닌 것 같아도 결과적으로는 매우 큽니다. 왜냐하면 이런 차이가 기본적으로 생명의 방향을 결정하기 때문입니다. 방향, 오리엔테이션, 관점, 이런 것들이 얼마나 중요한지는 알 만한 분들은 알고 있을 겁니다. 지금 우리에게 생명의 기운이 약동하고 있는지 잘 살펴보아야 합니다. 비록 우리의 삶에 상처들이 있겠지만 그것이 우리의 생명 자체를 질식시키고 있는지, 아니면 조금씩이라도 숨을 쉴 수 있는 지경인지 말입니다. 생명의 기운을 느끼지 못한다면 모든 걸 새롭게 시작해야겠지요.

씨가 아무리 좋아도 땅이 나쁘면 결실을 맺을 수 없습니다. 본문에 따르면 다행히 좋은 땅에 떨어진 씨는 수십 배의 결실을 맺었다고 합니다. 땅이 중요합니다. 생명을 키울 수 있는 옥토 말입니다. 우리는 이 말을 한국 기독교 전체로 넓혀서 생각해 볼 수 있습니다. 우리에게는 이미 복음의 좋은 씨는 있습니다. 그런데 한국 기독교는 좋은 밭인가요, 아닌가요? 여기에 생명의 씨가 뿌리를 내릴 뿐만 아니라 결실을 맺고 있나요? 보기에 따라서 평가는 다르겠지만, 좋은 땅이라고 자신 있게 말하기는 힘든 것 같습니다. 그 이유는 제가 일일이 설명하지 않겠습니다. 한국 사회가 교회 지도자들인 목사와 장로들에게 대해서 어떤 인상을 갖고 있는가만 보아도 답은 나옵니다. 현재 한국 교회가 옥토가 아니라고 하더라도 그렇게 실망할 필요는 없습니다. 옥토로 바꿀 수 있는 길이 완전히 막혀 있는 게 아니까요. 봄이 되기 전에 부지런한 농사꾼들은 기름진 흙을 뿌리고 거름을 주더군요. 가끔 땅도 안식년을 갖는 게 좋겠지요. 이런 방식으로 한국이라는 밭을 가꿔 나간다면 풍성한 결실을 거둘 날이 오겠지요.

다만 문제는 한국 교회라는 밭이 이미 산성화되고 있다는 사실을 눈치 채고 있는 사람들이 많지 않다는 사실입니다. 대부분의 교회 지도자들은 밭을 기름지게 할 생각보다는 결실만 원합니다. 비정상적인 목회 프로그램들이 한국 교회를 지배하고 있다는 사실에서 이를 확인할 수 있습니다. 문제를 파악하고 있는 사람들은 안타깝게도 밭을 새롭게 일굴 만한 힘이 별로 없습니다. 이런 상황에서는 날이 갈수록 땅은 더 황폐해지겠지요. 그 뒷감당은 후손들의 몫입니다.

본문이 가리키는 좋은 땅은 복음을 잘 받아들이는 사람들을 가리킵니다. 동일한 복음을 들었는데도 사람에 따라서 받아들이는 강도가 다른 걸 보면 마음의 밭이 다르다는 게 분명합니다. 그런데 여기서 마음의 밭이라는 게 구체적으로 무엇일까요? 우선 좋은 인격과 성품이라고 말할 수 있습니다. 원만한 인격을 소유한 사람은 신앙도 원만합니다. 인격이 모가 난 사람은 신앙도 역시 그런 방식으로 자리를 잡습니다. 인격적으로 문제가 많은 분들은 신앙의 연륜이 깊어질수록 교회 안에서도 다른 사람들을 시험 들게 할 가능성이 높습니다. 그런데 인격이 무엇인지 판단하기 어렵습니다. 그것을 교양과 일치시킬 수는 없습니다. 교양은 약간의 훈련을 통해서 도달할 수 있는 삶의 태도이지만 인격은 그런 것으로 가능하지 않은 내면의 어떤 능력이라고 할 수 있습니다. 겉으로 아무리 교양이 풍부해도 이런 건 흉내 낼 수 없으니까요.

인격을 지성과 일치시킬 수도 없습니다. 지성은 인격이 아니라 오히려 교양의 차원에 속합니다. 물론 지성과 교양도 무조건 동일한 차원은 아닙니다. 지성적인 사람도 교양적이지 못할 경우도 있고, 교양적이지만 지성적이지 않을 수도 있습니다. 인격(퍼스낼리티)은 교양도 아니고, 지성도 아닙니다. 제가 보기에 인격은 오히려 인간의 본 모습을 가리키는 하나님의 형상에 가깝습니다. 소위 가방끈이 짧아도, 세상살이의 능력이 부족해도 인격이 훌륭한 사람은 많습니다. 그들은 삶을 소중하게 여기는 사람들입니다. 이런 사람들은 자기만이 아니라 이웃과 공동체에 마음을 열어둡니다. 그들은 실제로 생명의 결실을 많이 거두는 사람들입니다. 이런 이들의 마음이 곧 옥토가 아닐까요?

제가 사는 하양에는 노점상들이 많습니다. 오늘은 좋은 땅이라고 생각되는 한 분을 소개해야겠군요. 나이가 쉰 살 정도로 보이는 여자분인데, 다리 근처에서 과일 노점상을 합니다. 저희가 하양에 이사 온 지 얼마 되지 않았을 때 집사람이 그분에게서 과일을 사면서 막내딸에게 입힐 초등학교 운동복을 어디서 살 수 있는가 하고 물었다고 합니다. 그러나 그분이 자기 딸이 입던 체육복을 주겠다고 했다네요. 다음 번에 가서 깨끗하게 세탁된 체육복을 얻어 왔습니다. 노점상이 얼마나 힘듭니까? 그런데도 그분은 한 번도 찡그린 적이 없고, 늘 편안한 미소를 품고 있습니다. 많은 손님들을 접하다 보면 무감각해질 만도 한데 무심의 상태로 모든 손님들을 따뜻하게 대합니다. 요즘처럼 추운 겨울에는 비닐로 바람을 막아놓고 그 안에 들어가서 손님들을 기다리고 있습니다. 손님이 없을 때는 늘 손에 책을 들고 있더군요. 얼마 전 토요일에 그곳에 들려서 교회 식구들과 먹기 위해 사과 5천 원어치와 귤 5천 원어치를 샀습니다. 굳이 몇 개를 더 넣어주십니다. 그렇게 팔아야 몇 푼 남는다고 아무리 말려도 그러시네요. 무슨 책을 그렇게 열심히 보세요? 하고 물었습니다. 성경을 봅니다, 하더군요. 신앙생활하세요? 예, 성당에 다닙니다. 그분은 과일만 파는 게 아니라 미소와 행복도 팝니다. 그런 분의 마음이야말로 옥토가 아닐는지요. (이 묵상을 쓰고 수년이 지난 뒤에 이분이 비교적 젊은 나이에 세상을 떠났다는 걸 알게 되었습니다. 당시에도 암 투병 중이었다고 합니다.)

예수님이 말씀하신 씨 뿌리는 자의 비유 자체만은 알아듣기가 어렵지 않습니다. 길가, 돌밭, 가시떨기, 좋은 땅에 떨어진 씨의 운명이 제각각 달랐다는 말은 누구라도 알아들을 수 있는 내용입니다. 그런데 왜 예수님은 들을 귀 운운하셨을까요? 그 이유는 그렇게 복잡한 게 아닙니다. 어떤 이야기를 들을 때 그 내용 자체가 어려워서가 아니라 그것을 엉뚱하게 적용하기 때문에 문제가 일어납니다. 이 비유를 들은 사람들은 모두가 자신만은 길가나 돌밭이 아니라고 생각했을 겁니다. 특히 종교전문가인 바리새인들은 자신들이 바로 좋은 밭이라고 생각했겠지요. 이런 이들에게 예수님의 비유는 무의미하며, 따라서 그들에게는 들을 귀가 없는 셈입니다.

이런 착각은 흔하게 일어납니다. 세리와 바리새인의 기도에 관한 비유를 읽을 때 우리는 표면적으로는 자신을 세리와 일치시키지만 실제로는 바리새인의 삶을 목표로 신앙생활을 합니다. 또 다른 예를 든다면, 죄인과 세리들이 의롭다고 자처하는 바리새인들보다 하나님 나라에 앞서 들어간다는 예수님의 말씀도 그렇습니다. 우리는 표면적으로는 우리를 죄인과 일치시키지만 현실에서는 그런 이들을 무시합니다. 신앙적인 모범생으로 사는 것을 최선의 목표로 합니다. 성서 말씀 앞에서의 표면적인 태도와 실제 삶 사이에서 일어나는 이런 모순을 정확하게 포착해서 바르게 영적으로 살아가기는 쉽지 않습니다. 어떻게 해야 할까요? 뾰족한 왕도가 따로 있는 건 아닙니다. 일단 성서 말씀의 영적인 깊이를 정확하게 이해하는 공부가 필요하고, 그것이 우리의 삶에 일치할 수 있도록 자기 성찰을 꾸준하게 해나가야겠지요. 그래도 계속해서 시행착오는 일어날 겁니다. 그것은 어쩔 수 없습니다. 성령의 도움을 바랄 뿐입니다. 들을 귀를 허락해 달라는 기도를 드릴 뿐입니다.

　　들을 귀가 있다는 건 곧 듣지 못하는 귀가 있다는 뜻이기도 합니다. 모든 사람들이 귀를 갖고 있는데 듣기도 하고 듣지 못하기도 하는 이유가 무엇일까요? 사람은 자기가 듣고 싶은 것만을 듣습니다. 또는 관심이 있는 것만을 듣습니다. 오랜만에 친척들이 거실에 모여서 시끄럽게 이야기하면서 놀고 있었다고 합시다. 그런데 젊은 엄마가 갑자기 작은 방으로 달려갑니다. 왜 그랬는지 아시겠지요. 그 방에 잠들어 있던 자기 아이가 깨어 우는 소리가 이 엄마의 귀에만 들렸기 때문입니다. 비슷한 일들은 흔하게 일어납니다. 어느 날 저녁, 저의 가족 네 명이 식탁에 앉아서 밥을 먹고 있었습니다. 그런데 막내딸이 갑자기 자기 방으로 뛰어갑니다. 우리는 잠시 대화를 중단하고 무슨 일인가 하고 딸아이의 뒤를 눈으로 따라갔습니다. 딸의 손전화 소리가 바로 원인이었습니다. 우리는 그 소리를 전혀 듣지 못했는데 딸아이에게는 들렸습니다.

　　우리가 모두 성경을 읽지만 그 내용이 모든 사람들에게 똑같이 전달되지는 않습니다. 이해력이 많거나 부족한 것만이 문제는 아닙니다. 서로의 관심이 다르기 때문입니다. 어떤 사람은 성경에서 복 받는 이야기만 찾아내려고 하고, 어떤 사람은 '예수천당, 불신지옥'만 찾아내려고 하고, 어떤 사람은 귀신 이야기만 크게 보입니다. 그런 게 바로 그들의 관심이기 때문입니다. 우리가 하나님의 말씀을 바로 들으려면 우선 하나님에게 관심을 기울여야 합니다. 예수님이 전하신 비유의 근본인 하나님 나라, 그의 통치, 그의 생명 세계에 온전히 마음을 집중해야 합니다. 겉으로는 그런 것에 관심을 갖고 있는 것처럼 포즈를 취하지만 실제로는 다른 데 관심이 너무 많은 게 아닐까요? 그 다른 데가 무엇인지는 각자 알 것입니다.

저는 위대한 작곡가의 음악을 들을 때마다 감탄을 금할 수 없습니다. 바흐, 모차르트, 베토벤, 쇼팽 같은 사람들은 어떻게 그런 음악을 작곡할 수 있었을까요? 그림을 그리는 사람도 마찬가지이지만 작곡가에게는 먼저 듣는 귀가 있을 겁니다. 그들은 어떤 소리를 듣고 그것을 악보에 적어 넣는 것뿐입니다. 그들의 귀에 들린 건 분명히 소리 자체는 아니었겠지요. 실제의 소리는 아니지만 실제의 소리처럼 그들은 무언가를 들었을 겁니다. 사람들의 영혼에 감동을 줄 수 있는 소리를 들을 수 있는 사람은 위대한 작곡가가 되는 겁니다. 그런 소리를 듣지는 못하고, 억지로 쥐어짜듯이 작곡하는 사람이라고 한다면 평범한 작품을 쓰고 말겠지요. 이런 점에서 작곡가에게는 그들만의 들을 귀가 있습니다.

위대한 작곡가들은 어떻게 그런 소리를 들을 수 있을까요? 아주 특별한 사람은 그런 능력을 타고 날지 모르겠군요. 모차르트가 여섯 살부터 작곡을 했다고 하는데, 이건 천부적이라는 말 이외에는 설명이 안 됩니다. 그러나 모두가 그런 능력을 타고 날 수는 없고, 타고 났다고 하더라도 무조건 위대한 작품을 쓰지는 못합니다. 우리 같은 평범한 사람들에게 가장 중요한 것은 소리의 존재론적인 세계에 들어가는 공부가 아닐까 생각합니다. 그런 공부와 세계에 대한 인식이 깊어지면 그는 마치 무로부터의 창조와 비슷하게 없던 음악을 창조할 수 있겠지요. 어쨌든지 음악가에게 우선적으로 필요한 건 들을 귀입니다. 우리 기독교인들도 어떤 점에서는 음악가와 비슷합니다. 하나님은 소리입니다. 하나님의 소리를 사람들이 알아듣게 설명해야겠지요. 이런 걸 위해서 우리에게도 역시 들을 귀가 중요합니다.

들을 귀 있는 자는 들으라는 예수님의 이 말씀은 조금 냉정하게 들립니다. 알아듣지 못하는 사람들을 위해서 좀더 자세하게, 좀더 구체적으로, 좀더 열정적으로 가르치지는 못할망정 들을 귀 운운할 게 뭐란 말입니까? 생각해 봅시다. 서로 말귀를 못 알아들을 때 무작정 붙들고 매달리는 게 능사는 아닙니다. 그러다가는 다툼만 일어납니다. 여러분도 그런 경험이 있을 겁니다. 서로 말꼬리 잡기 식으로 이야기가 진행되면 더 이상의 대화는 무의미합니다. 그래도 대화하지 않는 것보다는 낫지 않은가, 하고 생각할 수 있긴 하지만 경우에 따라서는 아예 대화하지 않는 게 서로에게 좋을 때도 많습니다. 이런 불행한 일들이 벌어지는 건 어느 한쪽이, 또는 양쪽이 폐쇄적인 확신에 차 있는 경우입니다. 예컨대 북한 정권이 빨갱이라는 확신에 찬 사람과는 남북대화에 대해서 이야기가 불가능합니다. 타종교는 사탄이라는 확신에 차 있는 사람과는 종교 사이의 관용은 도저히 불가능합니다. 이건 역으로도 마찬가지입니다. 기독교가 근본적으로 잘못되었다고 생각하는 소위 안티기독교에 속한 사람들과는 기독교 신앙에 관한 대화가 불가능합니다. 그들의 귀가 한 곳으로 고정되어 있으니까 다른 소리를 들을 수 없는 거죠. 예수님이 오죽했으면 들을 귀 운운하셨겠습니까? 예수님의 말씀도 꼬투리를 잡기 시작하면 잡힙니다. 안식일 논쟁이 대표적입니다. 안식일이라는 절대규범에 귀를 고정시킨 바리새인들에게 예수님의 말씀은 들릴 수 없었겠지요. 오늘의 기독교인들은 이런 점에서 지혜가 필요합니다. 아무 데나 나서서 다른 이들을 설득시키려고 애를 쓰지 않는 게 좋습니다. 그것보다는 하늘의 소리를 듣기 위해서 귀를 열어놓는 게 우선이 아닐까요? 그 일만으로도 인생은 짧습니다.

하나님의 말씀을, 즉 생명의 원초적 음성을 듣기 위해서는 기존에 익숙했던 생각과 습관들을 떨어내는 게 우선적으로 필요합니다. 우리는 너무도 많은 것들에 길들여져 있습니다. 종교적인 부분도 예외가 아닙니다. 그것이 구체적으로 무엇인지는 제가 일일이 설명할 필요도 없을 겁니다. 사람들이 어떤 체제, 규범, 이념에 절대적으로 길들여지는 이유는 자신의 삶을 직관하고 살아낼 만한 토대가 약하기 때문입니다. 하나님 경험이 분명하지 못하니까 십일조 헌금을 절대화하거나, 지옥 천당 개념을 절대화합니다. 폐쇄적인 민족주의에 빠지기도 하고, 타종교를 적대시합니다. 세상과 교회를 이원론적으로 구분하기도 합니다. 자신의 삶이 불안하다는 증거입니다. 오해는 마십시오. 오늘 교회의 모든 제도와 도그마가 무의미하다는 게 아닙니다. 그런 것들은 하나님의 말씀을 들었던 신앙의 선배들이 우리에게 물려준 신앙의 유산들입니다. 진리를 담는 그릇입니다. 우리는 그것들을 소중하게 지켜나갈 필요가 있습니다. 문제는 그것을 지키는 것에서 한 발자국도 앞으로 나가지 못한다는 데에 있습니다.

앞에서도 한번 짚었지만, 본회퍼는 오늘 우리가 하나님 없이도 이 세상을 살아낼 수 있는 삶의 자세가 필요하다고 말했습니다. 그게 신앙의 본질이라는 뜻이겠지요. 자동응답기와 같은 신의 도움에 의존하는 사람들은, 그리고 슈퍼맨 같은 신에 기대서 살아가겠다는 사람들은 정서적으로, 심리적으로 약한 사람들이라는 뜻이겠지요. 우리는 미래가 불안하기 때문에, 죽음이 두렵기 때문에 하나님을 믿는 사람들이 아닙니다. 그게 아니라면 왜 하나님을 믿을까요? 하나님이 하나님이기 때문에 믿습니다. 하나님이 창조자이며, 우리 존재의 근원이기 때문에 믿습니다. 우리의 실존적 불안이 아니라 하나님의 창조능력이 바로 신앙의 출발이라는 뜻입니다.

들을 귀가 있는 사람들이 들어야 할 소리가 무엇인지, 어떻게 듣는지 조금 더 구체적으로 생각해 봅시다. 어떤 사람들은 하나님의 말씀을 음성학적인 차원에서 실제로 듣는 것처럼 주장합니다. 그런 일은 일어나지 않습니다. 하나님은 사람처럼 입이 있는 게 아닙니다. 하나님은 인간에게 직접적으로 말씀하지 않습니다. 그런 일들은 모든 실체가 드러날 종말에 일어납니다. 하나님이 말씀하셨다는 표현은 신학적으로 문학적인 메타포(은유)입니다. "나를 키운 것은 팔 할이 바람이다"라는 어느 시인의 노래처럼 말입니다.

성서가 가리키는 말씀이라는 단어를 조금 더 보실까요? 구약의 '다바르'는 하나님의 말씀으로 번역되지만, 그것은 더 근본적으로 하나님의 창조행위와 능력을 가리킵니다. 신약, 즉 요한복음이 제시하고 있는 로고스는 말씀과 이성으로 번역되지만, 더 근본적으로 태초부터 있었던 창조 능력입니다. 그가 곧 예수 그리스도라고 합니다. 우리가 들어야 할 하나님의 말씀인 다바르와 로고스는 바로 세상의 창조 능력이며, 그런 의미에서 창조 사건입니다.

이런 점에서 우리가 하나님의 말씀의 말씀을 듣는다는 것은 하나님이 창조하신 이 세상으로부터 울려나오는 소리에 귀를 기울인다는 뜻입니다. 왜냐하면 이 세상은 곧 하나님의 말씀으로 창조되었기 때문입니다. 물론 여기서 세상이 무엇인가, 하는 질문이 또 제기되겠지요. 그냥 우리 눈에 보이는 것만을 세상의 모든 것이라고 할 수는 없으니까요. 이 세상을 알려면 성서가 말하는 하나님이 누구인지, 예수가 누구인지 다시 물어야 합니다. 이렇게 우리는 계속 질문해야 합니다. 세상에 대해서, 하나님과 예수 그리스도에 대해서 말입니다. 본질적인 것을 질문할 줄 아는 능력이 곧 '들을 귀'가 아닐까요? 그런 들을 귀가 있는 사람은 이 세상에서 창조주 하나님의 소리를 듣는 게 아닐까요?

10절에 따르면 예수님이 군중들에게 씨와 밭의 비유를 가르치신 뒤에 홀로 계실 때 어떤 사람들이 예수님에게 그 비유에 대해서 질문했습니다. 제자들과 더불어서 질문했다는 걸 보면 그들이 제자들 못지않게 예수 공동체의 중요한 구성원들이 아니었나 생각됩니다. 예수님의 공생애 동안 예수님의 측근으로 활동한 사람들 중에서 대표적인 이들은 열두 제자입니다. 이들은 공생애만이 아니라 예수님의 죽음과 부활, 승천 이후에 새롭게 시작된 초기 기독교 공동체에서도 결정적으로 중요한 역할을 한 사람들입니다. 예수님의 측근으로는 여성도 제법 됩니다. 마리아와 마르다를 비롯해서 예수님의 십자가 처형 현장에 있었던 막달라 마리아, 야고보의 어머니 마리아, 살로메, 그리고 여러 여자들입니다(막 15:40,41). 그 이외에도 마태복음(11:20-24)과 누가복음(10:1-20)에 따르면 70명이나 되는 사람들이 예수님의 말씀에 따라서 전도에 나섰다고 합니다.

예수님의 가족들은 어땠을까요? 가나 혼인집에서 예수님의 어머니가 예수님과 동행했다는 사실만 본다면 최소한 마리아는 예수님의 공생애 동안 함께하지 않았을까요? 동생들은 예수님이 바알세불이 들렸다는 소문을 듣고 찾아왔을 때를 제외하면 복음서에 등장하지 않습니다. 예루살렘 원시 공동체의 지도자로 활동한 야고보는 물론 예수님의 동생이지요. 어쨌든지 예수님과 함께한 사람들이야말로 기독교 역사에 매우 중요한 인물들입니다. 그들이 없었다면 기독교가 역사에 등장하지 못했을지도 모르니까요. 그들 중의 일부가 오늘 예수님에게 비유에 대해서 질문했습니다. 이런 질문이야말로 진리가 드러나는 계기입니다.

비유에 대해서 질문한 사람들에게 이제 예수님은 대답하십니다. 하나님 나라의 비밀을 제자들과 몇몇 측근들에게는 알려주었지만 외인들, 즉 예수 공동체 밖의 사람들에게는 비유로만 말씀하셨다고 합니다. 왜 그래야만 하나요? 모든 사람들에게 하나님 나라의 비밀을 알려주면 속 시원할 텐데 왜 밖의 사람들에게는 알려주지 않으시나요? 여기에는 마가복음의 신학이 담겨 있습니다. 그것은 곧 메시아 비밀입니다. 예수님이 바로 메시아라는 사실은 아무에게나 드러나는 게 아니라 특별한 사람들에게만 드러나는 진리라는 뜻입니다. 그것은 옳습니다. 예수의 사건이 은밀하게 일어난 게 아니라 유대의 제사장들과 로마 총독까지 등장할 정도로 공공연하게 일어났지만 모든 사람들이 아니라 제자들을 중심으로 한 소수의 사람들만 예수님의 메시아성을 인식했다는 점에서 메시아성의 비밀은 옳습니다.

하나님의 선민인 유대인들은 왜 그 사실을 몰랐을까요? 그들은 메시아가 완전히 노출의 방식으로 그들에게 온다고 믿었습니다. 이 세상을 실증적으로 변화시킬 수 있는 왕으로 오신다고 믿었습니다. 그들은 메시아성의 비밀을 몰랐으며, 인정하지도 않았습니다. 지금도 역시 예수의 메시아성은 객관적으로 나타나는 게 아니라 비밀로 나타납니다. 그래서 예수를 믿는 사람도 있고, 그렇지 않은 사람도 있습니다. 이 비밀을 아는 일은 단순히 지성적인 능력만으로는 불가능합니다. 그것보다는 오히려 어린아이 같은 성품이나 인격이 더 중요할지 모릅니다. 그런 성품이나 인격은 진리를 향해서 열린 마음을 가립니다. 궁극적으로는 하나님의 예정과 선택이 여기서 관건이 아닐까요? 선택받은 사람들은 비밀을 안다는 뜻입니다.

하나님이 선택한 사람들에게만 메시아의 비밀을 알게 한다는 말씀은 이해하기 어렵지 않으나 그것 때문에 어떤 일정한 사람들로 하여금 알지도 못하고 깨닫지도 못하게 한다는 12절 말씀은 따라가기가 곤란합니다. 이런 논리를 따른다면 결국 예수 그리스도를 믿지 않는 책임을 그 사람들에게 돌릴 수 없겠지요. 이런 논리의 모순은 구약의 출애굽 사건에도 나옵니다. 야훼 하나님은 파라오의 마음을 강퍅하게 해서 모세의 요구를 들어주지 않게 했다고 합니다. 그렇다면 파라오에게 책임을 물을 수 없는 게 아닐까요? 성서의 이런 표현들을 여러분은 조심해서 읽어야 합니다. 성서기자들은 실제로 하나님의 생각을 완벽하게 경험한 것은 아닙니다. 그들은 자신의 신앙, 주변의 역사, 그리고 모든 자연현상 안에서 하나님의 계시를 바르게 이해하려고 노력한 사람들입니다. 그들은 어떤 사람들이 하나님의 말씀을 알지도 못하고 깨닫지도 못하는 이유가 무엇인지 진지하게 생각했습니다. 파라오가 왜 모세의 요구를 그렇게 오랫동안 들어주지 않았는지 골똘하게 생각했습니다. 그들이 내린 결론은 하나님이 그의 마음을 막았다는 것입니다.

이런 성서기자들의 진술이 어떤 사람들에게는 어불성설처럼 들릴지 모르겠습니다. 하나님은 사람의 마음을 어긋나게 만드는 존재라고 말입니다. 그런 게 아닙니다. 성서기자들의 관심은 하나님의 말씀을 받아들이지 않는 사람이 아니라 받아들인 사람들과 하나님의 구원 행위에 놓여 있습니다. 그들은 그것을 또렷이 드러내기 위해서 하나님의 행위를 그렇게 묘사할 수밖에 없었습니다. 하나님의 구원 행위는 우리의 합리적 인식을 뛰어넘는 신비라는 뜻입니다.

이제 예수님이 본격적으로 씨 뿌리는 자의 비유를 설명하기 시작합니다. 그 전에 한 말씀 따끔하게 하시는군요. 이 비유를 모르면서 어떻게 다른 비유를 알겠는가 하구요. 예수님이 왜 이런 말씀을 하셨는지 조금 이상합니다. 왜냐하면 이 비유 자체는 별로 어려운 게 아니었으니까요. 그리고 이 뒤에 나오는 예수님의 설명도 우리가 전혀 예상할 수 없는 것은 아닙니다. 앞에서 이 비유는 곧 예수님에게 나타난 메시아성의 비밀을 의미한다고 말씀드렸습니다. 다시 말씀드리면, 씨 뿌림과 네 종류의 밭 이야기를 이해하지 못할 사람은 없습니다. 그러나 씨를 가리키는 말씀이 곧 예수님이라는 사실을 아는 사람은 별로 없었습니다. 예수님의 제자들도 그 사실을 몰랐습니다. 그들은 부활 경험 이후에야 예수님의 정체성과 그의 공생애 사건을 이해할 수 있었습니다. 예수님의 제자들이 예수님의 메시아 되심을 훗날에야 알게 되었다는 사실은 길게 설명할 필요도 없이 분명합니다. 십자가의 죽음에 대한 예수님의 예고를 가로막고 나선 베드로에게서, 또한 예수님의 부활을 전혀 예상하지 못했던 제자들에게서 이를 확인할 수 있습니다.

지금 여러분은 제자들을 한심하다고 생각할지 모르겠군요. 그렇게 명백한 사실을 이해하지도 못하고, 믿지도 못했으니 말입니다. 구약의 예언자들을 박해한, 그리고 끊임없이 큰 기적을 일으키신 여호와 하나님을 믿지 못한 이스라엘 사람들도 이상하게 보일 겁니다. 그러나 이상한 게 결코 아닙니다. 종교적인 진리는 아무리 분명해도 알 수 없는 경우가 많습니다. 어떤 순간이 지난 다음에야 눈에 보이게 된다는 말씀입니다. 지금 우리는 무언가를 과연 알고 있을까요?

이 비유에서 뿌리는 자는 별로 중요하지 않습니다. 핵심은 씨와 밭입니다. 즉 말씀과 사람의 마음입니다. 그렇지만 뿌리는 사람의 역할이 전혀 없는 것은 아닙니다. 씨를 이동시키는 일은 바로 농부의 몫입니다. 그가 없으면 씨앗이 뿌려지지 않듯이 말씀을 전하는 사람이 없으면 말씀이 사람들에게 심겨질 수 없습니다. 이런 점에서는 뿌리는 자가 중요합니다. 그런데 이 뿌리는 자는 전반적으로 보면 무능력한 존재입니다. 여러 가지 면에서 그렇지만, 오늘은 두 가지만 살펴보겠습니다. 이 사람은 밭을 고를 줄 아는 눈이 없습니다. 이 이야기는 비유니까 그렇다는 것이지 실제 농부들이야 잘 알겠지요. 어쨌든지 이 비유에 나오는 농부가 밭을 골라 가면서 씨를 뿌릴 능력이 없었다는 것만은 분명합니다.

사람은 사람의 중심을 뚫어 보지 못합니다. 여러분에게도 그런 경험은 많을 겁니다. 저 사람은 괜찮은 사람이라고 기대했는데 '영 아니올시다'인 경우도 있고, 별로 기대하지 않았던 사람인데 새로운 면모를 보여주는 사람도 있습니다. 우리는 사람을 외모로만 볼 수 있습니다. 중심을 보는 분은 오직 하나님뿐이십니다. 이런 점에서 가능한 대로 사람에 대한 선입견을 버리는 연습이 필요하겠지요.

씨 뿌리는 자의 무능력은 씨의 생명 현상과 연관됩니다. 그는 뿌릴 뿐이지 그게 어떻게 잎이 나고 열매를 맺는지 상관할 수 없습니다. 그것은 오직 하나님의 배타적인 사건입니다. 우리는 다른 사람을 구원하겠다는 생각을 아예 하지 않는 게 좋습니다. 기독교가 세상을 구원하겠다는 생각도 하지 말아야 합니다. 구원의 씨를 뿌릴 뿐이지 거기에 생명사건이 일어나게 하는 일은 우리의 능력에서 벗어나기 때문입니다. 뿌리는 일을 감당하는 것으로만 만족해야 합니다.

15절은 길가와 같은 마음 밭을 가진 사람들에 대한 설명입니다. 우리는 이미 4절에서 길가에 대한 묵상을 나누었습니다. 4절에서는 새가 와서 씨를 먹었다고 하는데, 15절에서는 사탄이 말씀을 빼앗았다고 합니다. 이런 말씀은 모두 비유이기 때문에 이걸 근거로 사탄의 실체를 논할 수는 없습니다. 말씀의 씨가 땅에 떨어져서 싹트지 못하게 만드는 어떤 힘을 사탄이라고 말하는 건 크게 잘못된 게 아닙니다. 어떤 사람들에게는 말씀이 씨도 먹히지 않습니다. 인격적으로나 지성적으로 사람은 괜찮은데 종교적인 대화가, 또는 생명의 본질에 대한 대화가 전혀 불가능한 사람들이 있습니다. 그런 사태를 보면 우리가 알지 못하는 어떤 악한 힘들이 여기에 작용하는 게 아닌가 하는 의혹을 지울 수 없습니다.

그렇지만 이런 문제의 책임을 사탄에게만 전가할 수는 없습니다. 길가와 같은 사람에게도 책임이 있습니다. 그는 말씀에 관심이 전혀 없었습니다. 당장 말씀에 반응하고 싶지는 않다고 하더라도 일단 잘 간수하는 게 좋았을 겁니다. 그래야만 언젠가는 그 말씀이 생명을 얻을 수 있을 테니까 말입니다. 이런 건 단지 우리의 생각과 기대일 뿐이고, 실제로 길가와 같은 사람들에게 책임을 묻는다는 건 무의미한 일입니다. 왜냐하면 그들은 말씀의 소중함을 전혀 의식하지 못하기 때문입니다. 이런 점에서 말씀을 먼저 받아들인 우리는 그 무엇보다도 사탄과의 투쟁에 신경을 써야 할지 모르겠군요. 비록 길가와 같은 사람이라고 하더라도 사탄이 그 말씀을 빼앗지만 않는다면 훗날을 기약할 수 있으니까요. 도대체 오늘 사탄과의 투쟁은 무엇을 의미할까요? 사탄은 생명의 실질과 의미를 파손하는 어떤 세력이겠지요. 그것의 구체적인 모습은 여러분이 생각하십시오.

돌밭은 일단 말씀을 기쁨으로 받아들이는 사람을 가리킨다고 합니다. 이런 일도 쉽지는 않습니다. 대개는 처음 말씀을 대할 때 무감각합니다. 우리가 불교의 경전인 금강경을 기쁨으로 받아들이지 못하는 것과 비슷합니다. 우리는 신앙의 연륜이 깊어질수록 말씀의 기쁨을 놓치는 경우가 많습니다. 그 이유는 우리가 일반적으로 교회생활과 성서 읽기에서 매너리즘에 빠지기 때문입니다. 여러분의 주변을 돌아보십시오. 교회학교 교사들이나 성가대원들이 신앙의 본질에 대해서 서로 진지한 대화를 나누는 일들이 있는지 말입니다. 장로님들이 당회로 모여 회의를 마친 다음에 담소하는 시간에 구원, 영생, 칭의, 하나님 나라에 대해서 대화하는지 말입니다. 이런 현상은 단지 평신도만이 아니라 저 같은 목사나 신학자들에게도 일어납니다.

우리가 말씀의 매너리즘에 빠지는 이유는 말씀과 신앙이 고정된 실체가 아니라 역동적 사건이라는 사실을 정확하게 인식하지 못하는 데에 놓여 있습니다. 신앙은 초등학교 3학년 수준의 구구단이나 초등학교 1학년 국어책을 외우는 게 아닙니다. 이런 상황에서는 결국 말씀이 아닌 것에 마음을 쏟을 수밖에 없습니다. 교인 배가 운동, 알파 코스, 뜨레스디아스 운동에 빠져듭니다. 또는 교회당 건축에 목숨을 걸거나, 더 나아가서 알력 다툼에 휘말리기도 합니다. 그런 것들이 우리 신앙의 추동력으로 작용합니다. 말씀의 기쁨이나 심화는 이렇게 말로 설명한다고 해서 해결되는 건 아닙니다. 저도 예외가 아닙니다만, 여기에는 기본적으로 하나님의 은총이 필요하고, 그다음으로 그 은총을 받아들일 수 있는 우리의 열린 마음이 필요하겠지요.

돌밭은 말씀의 뿌리가 없는 사람을 가리킨다고 합니다. 모든 식물의 생명은 뿌리에서 나오는데 그게 없다고 생각해 보십시오. 물론 줄기, 잎, 꽃 등 모든 요소들이 전체적으로 식물의 생명을 구성하고 있지만 가장 중요한 건 뿌리입니다. 그렇다면 말씀의 뿌리, 즉 말씀을 지탱시켜주는 토대는 무엇일까요? 표면적으로만 본다면 열심 있는 기도, 묵상, 예배 등 일반적인 신앙생활을 말씀의 뿌리라고 볼 수 있겠지만, 사실 말씀의 뿌리가 따로 있는 건 아니겠지요. 식물에서도 줄기와 뿌리의 구분은 표면적인 것이고 전체로서는 하나입니다. 이런 점에서 말씀의 존재론적 깊이를 말씀의 뿌리고 할 수는 있겠지요. 그렇습니다. 말씀은 깊이가 있습니다. 말씀은 말씀 안에 뿌리를 담고 있습니다. 말씀은 하나님의 구원 섭리와 통치가 존재론적으로 자리하고 있습니다. 말씀의 이런 성격을 우리가 포착하지 못하면 돌밭이 되는 거겠지요. 잠시 씨가 떨어진 기쁨에 빠지기는 하지만 얼마 가지 못해 그것을 망각하는 돌밭 말입니다.

씨 뿌리는 자의 비유를 전체적으로 다시 기억하십시오. 여기서 말씀은 예수님을 가리킵니다. 말씀의 뿌리가 없다는 말은 곧 예수님을 깊이 있게 이해하지 못한다는 뜻이겠지요. 예수님을 알고 난 뒤 잠시 기쁜 것 같지만 그것만으로는 오래 가지 못합니다. 예수 사건의 깊이로 들어가야만 합니다. 예수 사건에 대한 공부는 곧 신학을 의미합니다. 제가 볼 때 신학 없이는 결코 말씀의 뿌리가 깊어질 수 없습니다. 오늘 한국 교회에 신학무용론이 깊이 자리하고 있다는 건 이런 점에서 큰 불행입니다. 이건 곧 바둑의 정석을 포기하고 동네바둑으로 만족하겠다는 것과 비슷합니다. 영에 대한 논리적 해명인 신학을 어떻게 다시 살려낼 수 있을는지요.

18절 말씀도 이미 7절 묵상에서 다룬 내용입니다. 다시 반복할 필요는 없겠지요. 여기서는 인간의 마음 자체에 대해서 생각을 나누겠습니다. 여기서 말하는 마음은 단순히 심리의 차원을 말하는 게 아니라 영적인 차원입니다. 여러분은 어떻게 생각하시나요? 우리가 마음을 컨트롤할 수 있을까요, 아닐까요? 세상 모든 일이 마음먹기에 달렸다고 하지 않습니까? 그래서 많은 목사님들이 세상 탓 하지 말고 바른 마음, 바른 신앙을 가지라고 설교하십니다. 이런 걸 보면 우리가 마음을 컨트롤할 수 있는 것 같습니다. 그러나 제가 보기에는 마음공부가 쉽지 않습니다. 마음을 먹는다고 나쁜 생각이 없어지고 좋은 생각을 갖기가 쉽지 않습니다. 이런 일이 간단하게 해결될 수 있다면 오늘 우리가 살아가는 이 사회가 이렇게 혼란스럽지는 않겠지요. 마음은 자기가 아무리 다잡아도 다른 데로 흘러가 버리고 맙니다.

어떤 분들은 기독교 신앙을 마음공부처럼 생각하십니다. 제가 보기에 마음공부와 기독교가 전혀 상관이 없지는 않겠지만 그것이 중심은 아닙니다. 그런 마음공부는 오히려 불교에 가까울 겁니다. 불교와 기독교는 인간 이해에서 입장이 다르거든요. 일반적으로 잘 알려져 있듯이 불교는 큰 깨달음으로 마음을 제어할 수 있다고 가르치지만 기독교는 성령에게 온전히 의존해야 한다고 가르칩니다. 여기서 성령은 곧 하나님이십니다. 그래서 기독교는 내적인 마음공부가 아니라 외적인 하나님 공부가 중요하다고 가르치는 거지요. 그렇다고 하더라도 어떤 부분에서는 불교와 기독교가 소통되기도 합니다. 어쨌든지 우리 기독교인은 우리의 마음을 믿지 않습니다. 그 마음이 우리를 구원할 확실한 토대라고 믿지 않기 때문입니다. 우리는 우리 밖에서(extra nos) 구원의 가능성을 기다립니다.

　　말씀의 결실을 방해하는 요소가 19절에서 세 가지로 나열되었습니다. 염려, 유혹, 욕심이 그것입니다. 이런 것들은 모두 우리가 살아가면서 겪어야 할 요소들입니다. 우리는 어느 한 순간에도 세상의 문제로 염려하지 않을 때가 없습니다. 우리의 신앙이 깊어지더라도 이런 염려로부터 완전히 벗어날 수는 없습니다. 개인의 일상적인 염려는 벗어날 수 있을지 모르지만 모든 염려로부터 벗어날 수는 없습니다. 우리가 이런 염려와 유혹으로부터 벗어나지 못하는 이유는 무엇일까요? 우리가 알고 있는 가장 전형적인 대답은 죄입니다. 아담과 하와의 원죄 이후로 인간의 삶은 완전히 바뀌었습니다. 인간의 외부적인 조건은 자기 스스로 땀을 흘려야 먹고 살 수 있게 되었습니다. 생존의 위기 가운데서 염려하지 않을 수 있는 사람은 하나도 없습니다. 내부적인 상황은 하나님과의 관계가 단절되었습니다. 인간은 내면적으로 분열되었다는 뜻입니다. 이런 상태에서는 우리의 상황이 좋아지거나 마음 수련이 깊어진다고 하더라도 염려와 유혹으로부터 벗어날 수는 없습니다.

　　위에서 말한 교리적인 대답으로 염려와 유혹에서 벗어나지 못하는 이유가 모두 해명된 것일까요? 한 가지 더 말한다면, 죽음이 이에 대한 더 중요한 이유일지 모르겠군요. 죽는다는 사실이 무의식을 지배하고 있기 때문에 자기도 모르는 중에 현실의 삶에서 불안을 느낀다는 말씀입니다. 우리는 말씀의 결실을 방해하는 염려, 유혹, 욕심을 안고 살아야 합니다. 그런 것들은 숙명입니다. 아니 숙명이라기보다는 현실입니다. 이 말은 곧 우리의 내부에서 구원의 가능성을 찾을 수 없다는 뜻이기도 합니다. 그렇습니다. 구원은 '우리 밖에서, 그리스도 안에서' 일어나는 사건입니다.

20절 말씀은 8절 말씀의 반복입니다. 마가복음 기자는 무슨 이유로 이 비유를 반복하고 있을까요? 1-8절과 13-20절은 거의 똑같은 내용의 반복입니다. 앞 구절의 내용은 단순한 비유이고 뒤 구절은 그것에 대한 해명이라고 하지만 독자들의 눈에는 그런 차이가 눈에 보이지 않습니다. 기껏 해봐야 씨가 말씀으로 바뀐다는 것뿐입니다. 그리고 몇 단어가 첨가될 뿐입니다. 8절과 20절 말씀도 아무런 차이가 없습니다. 양쪽 모두 좋은 땅에 떨어져서 삼십 배, 육십 배, 백 배의 결실을 맺었다고 합니다. 씨와 말씀을 설명하기 위해서 이렇게 긴 구절을 똑같이 반복한다는 것은 조금 이상합니다.

저는 그 이유를 잘 모르겠습니다. 이런 문제는 신약학자들의 몫이겠지요. 개인적인 상상력으로 한마디한다면, 씨와 말씀이라는 이 비교가 그 당시에 매우 중요하지 않았을까요? 여기서 말씀은 곧 예수님을 가리킵니다. 요한복음에도 말씀인 로고스는 빛이신 예수님을 가리켰습니다. 그런 이유 때문에 독자들에게는 조금 지루한 느낌이 들어도 반복적으로 설명한 것 같습니다. 아니면 이 비유에는 지금 우리가 알지 못하는 마가복음 공동체만의 특별한 비밀이 숨겨져 있는지도 모르겠군요.

어쨌든지 좋은 땅에 뿌려진 씨, 곧 말씀이 놀라운 결실을 맺었다는 사실만은 틀림없습니다. 복음에는 바로 이런 능력이 있습니다. 속된 표현으로 복음은 '로또'입니다. 모험이라는 차원에서 보면 비슷합니다. 물론 복음은 진정한 의미에서 모험이지만 로또는 요행에 불과하겠지요. 복음은 우리의 예상을 뛰어넘어, 씨 하나로 백 알을 얻듯이 우리에게 생명의 풍요로움을 허락합니다. 따지고 보면 이미 오늘 우리의 삶에는 그런 풍요로움의 은총이 담겨 있습니다. 백 배의 은총!

등불 비유

4:21-25

²¹ 또 그들에게 이르시되 사람이 등불을 가져오는 것은 말 아래에나 평상 아래에 두려 함이냐 등경 위에 두려 함이 아니냐 ²² 드러내려 하지 않고는 숨긴 것이 없고 나타내려 하지 않고는 감추인 것이 없느니라 ²³ 들을 귀 있는 자는 들으라 ²⁴ 또 이르시되 너희가 무엇을 듣는가 스스로 삼가라 너희의 헤아리는 그 헤아림으로 너희가 헤아림을 받을 것이며 더 받으리니 ²⁵ 있는 자는 받을 것이요 없는 자는 그 있는 것까지도 빼앗기리라

오늘 본문은 고대 유대인들이 어떻게 방을 밝히며 살았는지를 알아야 머리에 확 들어옵니다. 그들은 긴 다리가 달린 등경 위에 올려놓고 살았습니다. 등불의 원료로 올리브유를 사용했는지, 아니면 송진 같은 것을 사용했는지 잘 모르겠습니다. 모르긴 해도 지금 우리가 볼 때 형편없는 것이었겠지요. 본문에 말이 나옵니다. 말은 곡식의 양을 재는 기구입니다. 한 홉들이, 또는 한 되들이 말들이 있었겠지요. 그들은 곡식의 십일조를 떼기 위해서 이 말을 방 안에 두었다가 등불을 끌 때 이걸 사용했다고 합니다. 그러니 불을 밝히려고 할 때 등불을 말 아래 둘 수는 없습니다. 평상도 마찬가지입니다. 사람이 누워 자는 평상 밑에 등불을 두지 않습니다.

신약학자들은 이 구절을 일종의 그림말이라고 합니다. 그 상황이 우리에게 그림처럼 선명하게 들어오기 때문입니다. 부부와 아이 몇 명이 등불을 밝힌 방에서 오순도순 이야기하거나 아니면 밥을 먹는 장면을 상상해 보십시오. 오늘 우리가 살아가는 집에 비해서 훨씬 어둠침침한 곳이겠지만 그곳에 평화가 있다면 그들은 우리보다 훨씬 행복한 사람들입니다. 작은 등불이라고 하더라도 그것은 존재론적으로 구원과 생명의 단초입니다. 그것을 말 아래에 넣어두는 사람은 어리석습니다. 아니, 그런 사람은 없습니다.

21절의 그림말에 대한 해석이 22절입니다. 공동번역으로 읽어 보

겠습니다. "감추어둔 것은 드러나게 마련이고 비밀은 알려지게 마련이다." 공동번역이 개역개정판보다 훨씬 자연스럽습니다. 루터 번역은 우리의 개역개정과 비슷합니다. 공동번역은 의역을 충실하게 따라서 일단 이해하기에 좋습니다. 직역과 의역 중에서 어떤 게 바람직한 번역인가, 하는 논쟁은 아직 끝나지 않았습니다. 일단 뜻이 통해야 한다는 점에서 의역이 낫다고 말들 하지만 반드시 그런 것만은 아닙니다. 왜냐하면 번역은 어떤 것이든 완벽하지 않으며, 의역으로 치우칠수록 원래의 의미로부터 벗어날 염려가 있습니다. 완전히 창작하지 않고 대충 의역을 하다가는 죽도 밥도 아닐 수가 있습니다.

다시 우리의 주제로 돌아옵시다. 위의 말씀이 무엇을 의미하는지는 분명합니다. 우리는 이 구절을 마가복음 기자가 말하고 있는 맥락(콘텍스트)에서 보아야 합니다. 그는 예수 그리스도를 변증하는 중입니다. 그가 메시아라는 사실을 전합니다. 그런데 그 메시아성은 은폐이면서 동시에 계시이기도 합니다. 예수의 메시아성은 은폐와 노출의 변증법으로 사람들에게 나타난다는 말씀입니다.

위의 설명을 말장난처럼 생각할 분들도 있겠지요. 말장난이 아닙니다. 진리는 은폐와 노출이 상호적이며 변증법적으로 작용되면서 길을 갑니다. 예수님이 메시아라는 사실은 초기 기독교 공동체에 드러났지만 세상에는 여전히 숨겨 있는 사실입니다. 그러나 그것은 언젠가 등불이 등경 위에 올라 있듯이 결국 드러날 것입니다. 그 언젠가는 종말입니다. 그러나 동시에 지금 여기에 은폐의 방식으로 드러납니다.

23절의 들을 귀는 앞의 9절 말씀과 똑같습니다. 9절 묵상에서 이 문제를 어느 정도 다루었는데, 오늘 우리는 주로 '들으라'는 관점으로 묵상의 문을 열겠습니다. 우리의 신앙은 일단 들음에서 시작합니다. 이게 당연한 말 같지만 매우 깊은 의미가 있습니다. 하나님은 말씀하시는 분이라는 사실이 그것입니다. 하나님은 이미 말씀으로 세상을 창조하셨고, 예언자들을 통해서 계속 말씀하셨고, 사도들을 통해서도 역시 말씀하셨습니다. 하나님은 말씀하십니다(Deus dixit). 그의 말씀은 이 세계이기도 합니다. 하나님이 말씀으로 창조한 이 세계는 곧 하나님의 말씀입니다. 하나님의 말씀이 이 세상에 존재론적으로 자리하고 있습니다. 가장 결정적인 하나님의 말씀은 예수 그리스도이십니다. 예수 그리스도의 가르침, 치유, 그의 십자가와 부활에 이르는 전체 운명이 바로 하나님의 말씀입니다. 인간을 향한 그분의 말씀입니다.

신앙은 들음에서 시작한다는 말의 두 번째 의미는 우리는 하나님과 논쟁하는 게 아니라 들어야 한다는 것입니다. 우리는 기본적으로 언어도 모르고 인식도 모르고 사랑도 모르고 세계도 모릅니다. 무엇이 있으며, 무엇이 없는지도 우리는 알지 못합니다. 이것은 오직 무에서 창조하신 하나님의 행위입니다. 따라서 우리에게 가장 우선적으로 필요한 태도는 말씀에 귀를 기울이는 것입니다. 욥과 그의 친구들이 하나님의 책망을 받은 이유는 자신들의 작은 신앙적 정보와 깨달음으로 하나님의 뜻을 재단하려고 한 것이었습니다.

24절 말씀이 무슨 뜻인지 이해하기가 간단하지 않습니다. 공동번역으로 다시 읽어 보겠습니다. "내 말을 마음에 새겨들어라. 너희가 남에게 달아주면 달아주는 만큼 받을 뿐만 아니라 덤까지 얹어 받을 것이다." 공동번역이 주는 뉘앙스는 개역개정판과 상당히 다릅니다. 공동번역은 긍정적인 뉘앙스지만 개역개정판은 약간 부정적인 뉘앙스를 풍깁니다. 어쨌든지 마가복음 기자가 이 가르침을 백 배의 열매라는 비유 뒤에 배치한 걸로만 본다면 열매를 많이 맺어야 한다는 가르침인 것만은 분명합니다. 그런데 왜 '헤아리는 그 헤아림으로'라고 했을까요? 이 말씀을 '등불과 말'에 관한 바로 위 구절과 연결시켜서 생각해 본다면 약간의 실마리가 보입니다. 말은 곡식의 양을 재는 기구라고 했습니다. 우리가 이웃과 곡식 거래를 할 때 말을 기준으로 하게 되는데, 그때 넉넉하게 헤아려 주면 하나님도 우리를 넉넉하게 헤아려 준다는 뜻인지 모르겠군요. 하나님이 우리를 판단하실 때 우리가 사용한 기준으로 하신다는 사실이 확실하다면 당연히 우리는 넉넉하게 계산해 주면서 살아가겠지요. 마가는 이 사실을 한 번 더 강조했군요. '더 받으리니.'

이런 점에서 오늘 우리의 삶과 삶의 태도는 매우 중요합니다. 지금 우리가 이웃과 어떤 기준으로 관계를 맺는지에 따라서 우리가 심판받는다는 점에서 말입니다. 이런 심판에 대한 가르침은 복음서에 흔합니다. 냉수를 대접하는 손길, 나그네를 보살피는 손길, 어린아이들을 인격적으로 대한 태도 등등 모든 것들이 앞으로 우리가 심판받게 될 기준입니다. 이런 복음서의 말씀들은 여러분을 두렵게 하려는 게 아니라 현실과 현실 너머가 긴밀하게 연결되어 있다는 사실을 가르치는 것입니다. 그걸 아는 사람들은 거룩한 두려움으로 하루하루를 살아가겠지요.

마가복음 21-25절을 세부적으로 분석하면 네 개의 가르침으로 구성됩니다. 21절은 등불, 22절은 은폐와 노출, 24절은 헤아림의 기준, 그리고 25절은 '있는 자와 없는 자'입니다. 이 네 가르침의 공통점은 신자들의 태도에 대한 하나님의 심판입니다. 특히 25절은 그 심판을 매우 노골적으로 묘사합니다. 말씀을 받을 준비가 된 사람은 충분히 받을 것이며, 그 준비가 없는 사람은 그 있는 것까지 잃어버린다는 것입니다. 25절이 가리키는 메시지는 소위 달란트의 비유와 비슷합니다. 주인은 한 달란트, 두 달란트, 다섯 달란트를 맡은 사람들을 그들이 거둔 결과에 따라서 심판을 내리고 이렇게 결론을 내립니다. "무릇 있는 자는 받아 풍족하게 되고 없는 자는 그 있는 것까지 빼앗기리라(마 25:29)." 평소에 민중들을 돌보시고 잘난 바리새인들을 책망하신 예수님이 왜 이런 말씀을 하셨는지 이상하게 생각할 분들이 있을 것 같군요. 지금 예수님은 우리에게 종교적인 업적을 쌓아야 한다는 뜻으로 이런 말씀을 하는 게 아닙니다. 그런 업적은 쌓일수록, 그리고 강화될수록 우리와 하나님과의 관계를 경직시킵니다. 왜냐하면 하나님 앞에서 우리가 취해야 할 기본적인 태도는 자기를 부정하는 것이기 때문입니다. 위 구절이 말하려는 핵심은 영성입니다.

　　하나님과의 관계는 어떤 종교적인 업적이 아니라 온전히 영적인 차원에서 이루어집니다. 영적인 것에 마음을 두지 않으면 하나님과의 관계는 약화될 수밖에 없습니다. 이는 마치 시인이 세상과 사물에 대한 영적 감수성을 잃어버리면 시를 쓰지 못하는 것과 비슷합니다. 반면에 우리가 영적인 차원에 깊이 들어가면 들어갈수록 하나님은 훨씬 풍요로운 영적인 선물을 허락하십니다. 있는 자는 더 풍족하게 된다는 게 영적인 원리입니다.

발아와 성장의 비밀

4:26-29

²⁶ 또 이르시되 하나님 나라는 사람이 씨를 땅에 뿌림과 같으니 ²⁷ 그가 밤낮 자고 깨고 하는 중에 씨가 나서 자라되 어떻게 그리 되는지를 알지 못하느니라 ²⁸ 땅이 스스로 열매를 맺되 처음에는 싹이요 다음에는 이삭이요 그다음에는 이삭에 충실한 곡식이라 ²⁹ 열매가 익으면 곧 낫을 대나니 이는 추수 때가 이르렀음이라

마가복음 4장 1-34절에는 씨를 주제로 한 일련의 비유가 나옵니다. 바로 앞에서 본 대목인 21-25절은 이런 맥락에 어울리지 않습니다. 이제 26절부터 다시 씨에 관한 비유가 계속됩니다. 26-29절은 파종, 발아, 땅의 생산력, 종말의 때 등등 매우 중요한 신학 개념들을 담고 있습니다. 앞으로 당분간 우리는 이 대목에 머물러 있어야 할 것 같군요. 하나님 나라는 파종(씨를 땅에 뿌리는 것)과 비슷하다는 예수님의 말씀에서 우리는 하나님 나라가 어떤 이들이 주장하는 천당과는 거리가 멀다는 사실을 알 수 있습니다. 천당은 장소적인 개념이지만 파종은 어떤 행위이기 때문입니다. 하나님 나라는 어떤 변화, 운동, 통치라는 뜻입니다.

　장소 개념과 통치 개념 사이에 무슨 차이가 있을까 이상하게 생각할 분들이 있을 겁니다. 쉽게 말하면 장소는 소유 개념이고 통치는 존재 개념입니다. 우리가 하나님 나라를 장소의 차원에서 생각하면 그곳에 들어가기 위해서 서로 경쟁할 수밖에 없습니다. 그뿐만 아니라 그곳에 들어가기 위한 어떤 조건과 자격 같은 것을 생각하게 됩니다. 존재의 차원에서는 그런 경쟁도, 업적도 아무런 의미가 없습니다. 왜냐하면 존재는 그런 것을 근본적으로 초월하기 때문입니다. 파종은 일종의 통치이며 존재입니다. 땅의 주인이 누구인지는 중요하지 않습니다. 씨 뿌리는 사람의 도덕성도 별로 중요하지 않습니다. 몇 마지기의 땅을 갖고 있는가 하는 점도 아무런 문제가 되지 않습니다. 오직 파종이라는 사건만이 모든 걸 지배합니다. 그렇습니다. 하나님 나라는 우리의 판단과 전혀 상관없이 하나님에게만 속한 그분의 배타적 통치사건입니다.

이 비유에 나오는 농부는 밤낮 자고 깨고 했습니다. 그런데 씨가 자랐습니다. 농부는 어떻게 그런 일이 일어나는지 알지 못합니다. 그가 씨를 뿌렸지만 씨가 자라는 건 그의 능력 밖이라는 뜻입니다. 하나님 나라가 바로 이와 같습니다. 우리는 하나님 나라를 우리가 처리할 수 있는 대상으로 생각합니다. 그건 큰 착각입니다. 요즘 많은 교회들이 단기선교 프로그램을 진행하더군요. 젊은이들이 방학 중에 한두 주간씩 해외 연수 겸 선교활동을 다녀오는 것입니다. 그런 프로그램을 보면서 제가 신학대학교 다닐 때 유행하던 농활이 생각났습니다. 공부하던 손길을 멈추고 시골에 들어가서 직접 농사도 돕고 형편에 따라서 시골 교회의 여름성경학교도 이끌었습니다. 농사짓는 입장에 있는 사람들로서는 젊은이들의 손길이 어느 도움이 되긴 하겠지요. 그러나 그런 행사들이 결정적으로 도움이 되지는 않습니다. 왜냐하면 농사는 이벤트가 아니라 생명과의 동거이기 때문입니다. 선교는 교회가 이런 이벤트로 감당할 수 있는 일이 아닙니다. 선교는 오직 하나님만이 할 수 있는 일입니다. 왜냐하면 하나님만이 생명을 자라게 할 수 있기 때문입니다. 근본적으로 우리는 무엇이 선교인지, 어떤 방식으로 선교해야 옳은지도 잘 모릅니다. 모르면서 그냥 아는 척하고 있을 뿐입니다. 모르는 사람은 본문에 등장하는 농사꾼처럼 그저 밤낮으로 자다 깨다 하는 것에 만족해야 합니다. 그게 가장 정직한 태도이며, 그럴 때 하나님이 그분의 방식으로 선교하십니다. 우리가 잠을 자야 생명의 영이 일하실 수 있습니다.

27절에서 농부는 씨가 어떻게 나서 자라는 것을 알지 못했다고 합니다. 당연한 말입니다. 씨가 썩는 것을 보고 싹이 나고 자라는 현상을 확인할 수는 있지만 왜 그래야 하는지는 알지 못합니다. 2천 년 전의 농부야 그렇다 하고 오늘의 물리학자들은 그걸 알 수 있을까요? 씨와 싹과 열매의 관계에 대한 과학적 정보를 조금 더 많이 알고 있겠지만 오늘의 과학자들도 그것의 비밀을 풀지 못했습니다. 2천 년 전의 농부나 오늘의 석학이나 그것의 근본을 모르기는 매한가지입니다. 씨가 어떻게 나서 자라는지 모르지만 농부는 불안해하지 않습니다. 생명에게 온전히 의존하고 있기 때문입니다. 우리 기독교인들도 그렇습니다. 우리의 인식 너머에서 통치하는 하나님을 우리가 완전히는 모르지만 결코 불안해하지 않습니다. 그분의 사랑인 창조와 생명에 완전히 의존해서 살아가기 때문입니다.

농부가 열매를 맺는 게 아니라 땅이 맺습니다. 땅이 생명의 원천입니다. 누구나 이런 사실을 알고 있지만 그 앎이 추상으로 머물러 있는 경우가 오히려 많습니다. 땅과 생명의 관계가 우리 삶의 중심으로 들어오지 않는다는 말씀입니다. 오늘 많은 사람들에게 땅이 존재론적 생명의 능력을 상실되고 재화의 도구가 되어 버렸으니 더 이상 할 말도 없습니다.

류시화 선생이 편역한 《나는 왜 너가 아니고 나인가》는 청교도들이 북아메리카에서 미국이라는 나라를 세울 당시 그들을 통해서 유럽의 물질문명을 접한 인디언들이 어떤 고통을 당했는가 하는 문제를 담은 책입니다. 주로 인디언 추장의 연설문이나 편지들을 모았습니다. 인디언들은 자기들이 살고 있던 땅을 팔라는 백인들의 요구를 이해하지 못합니다. 그 땅에 살고 있는 노루, 사슴, 토끼, 얼룩말이 모두 자기들의 형제들이었습니다. 시냇물, 강, 산, 호수, 들판이 모두 어머니의 자궁이었습니다. 어떤 추장은 워싱턴에게 이렇게 말합니다. "어떻게 나의 어머니와 형제들을 판단 말인가?" 저는 극단적인 생태주의자들의 주장에 무조건 동의하지는 않지만 땅을 도구화한 오늘의 시대정신에도 동의할 수 없습니다. 두 정신이 함께 갈 수 없다면 차라리 자동차까지 포기하자는 극단주의자들에게 한 표를 던지고 싶습니다. 왜냐하면 이들의 삶이 매우 불편하겠지만 이들은 최소한 지구의 구원을 미래로 열어 놓기 때문입니다. 땅은 열매를 맺습니다. 아니 땅만이 생명을 맺습니다. 농부는 생명사건에서 무기력합니다. 마찬가지로 오늘 우리의 문명은 생명사건에서 무기력합니다. 하나님 나라는 땅을 대상화하는 오늘의 문명을 거슬러 우리의 역사에 개입하지 않을는지요.

땅만이 생명을 맺기 때문에 땅만이 거룩합니다. 어쩌면 우리 인간보다 땅이 더 귀하지 않을는지요. '사람이 꽃보다 아름다워'라는 노랫말을 저는 한편으로는 동의하고 다른 한편으로는 부정합니다. 이 말이 현대문명에 의해서 상대화된 사람을 다시 중심으로 삼아야 한다는 뜻이라면 동의하지만, 모든 생명의 중심에 인간을 두어야 한다는 뜻이라면 조금 더 생각해 봐야겠군요. 땅이 바로 생명의 존재론적 근거라고 생각하기 때문입니다. 사람이 없어도 땅은 가능하지만, 땅이 없으면 사람의 생존은 불가능합니다.

티베트 사람들 중에서 종교심이 강한 사람들은 고향에서 티베트의 수도인 라싸까지 오체투지로 순례하는 걸 평생의 과업으로 생각합니다. 오체투지는 삼보일배와 비슷하긴 하지만 차원이 다릅니다. 일단 삼보 없이 무조건 엎드린다는 점에서 다르고, 단순히 무릎을 꿇는 절이 아니라 머리끝에서 발끝까지 몸 천체를 땅과 밀착시킨다는 점에서 다릅니다. 그런 방식으로 수년에 걸쳐 그들의 성지 라싸까지 갑니다. 로마가톨릭의 일곱 성례전 중의 하나인 서품성사는 사제 서품식을 가리킵니다. 그 의식의 클라이맥스는 오체투지입니다. 사제 후보생들은 코를 땅에 박을 정도로 몸 전체를 던진 상태에서 아주 오랜 역사가 담긴 가톨릭교회의 고유한 예문을 듣습니다. 저는 그런 장면에서 전율이 느껴지더군요.

오늘 개신 교회 신앙은 땅의 영성을 다시 회복해야 합니다. 그것의 영적인 의미도 중요하고, 실체로서의 땅에 대한 생각도 절실합니다. 그런 영성이 기독교 안에 분명히 있습니다. 펠라기우스의 전통을 이어받는 켈트 영성이나 수많은 신비주의 영성, 매튜 폭스의 창조영성, 그리고 전통적 조직신학의 창조론이 그런 것들입니다. 땅만이 생명을 맺습니다. 우리가 아니라.

"네가 선 곳은 거룩하니 신을 벗으라"는 모세의 호렙산 전승에서 알 수 있듯이 성서도 자연에 대한 매우 소중한 영성을 담고 있습니다. 특히 시편에서 풍부한 자료를 얻을 수 있습니다. 그러나 우리는 이 문제에 조심스럽게 접근해야 합니다. 성서는 자연을 하나님의 창조물로 생각할 뿐이지 그것 자체를 하나님으로 섬기지는 않습니다. 자연 안에 신성이 깃들어 있지만(범재신론) 자연 자체가 신(범신론)은 아니지요. 자연과 그 자연을 가능하게 한 인격적인 신을 구별합니다. 이것이 유대교와 다른 자연종교와의 근본적인 차이점입니다. 이 유대교 전통에는 이슬람교와 기독교도 물론 포함됩니다.

우리가 놓칠 수 없는 관점은 이렇습니다. 땅이 생명의 원천인 것만은 분명하지만 절대적인 것은 아닙니다. 우주 물리학자들의 설명에 따르면 지구는 앞으로 45억 년 후에 태양과 함께 사라집니다. 이건 빼도 박도 못하는 실증적인 사실입니다. 그렇다면 지금 지구의 생명현상도 유한하다고 볼 수밖에 없습니다. 반면에 우리가 믿는 하나님은 지구의 생명현상 너머까지에 이르는 생명의 원천입니다. 그 생명을 우리는 부활, 또는 영생이라고 말합니다.

우리 기독교인들은 땅의 생명과 그것을 넘어서는 부활의 생명 사이에서 어떤 길을 찾아가고 있는 사람들입니다. 이 두 생명이 어떻게 연관될까요? 한편으로는 땅의 원리를 해독해나가는 물리학(인문학)이 중요하고, 다른 한편으로는 그것 너머에 대한 영적 통찰력도 필요합니다. 이 두 가지를 변증법적으로 풀어가면서 생명의 현실 안으로 들어가는 학문이 곧 신학이라 할 수 있습니다. 이것이 곧 신학적 영성입니다. 이런 걸 흔들림 없이 감당하기는 쉽지 않습니다만, 기도와 말씀을 안고 앞으로 나가면 우리 앞에서 조금씩 길이 열리겠지요.

28절은 땅이 스스로 열매를 맺는다고 말합니다. 헬라어 '아우토마테'의 번역인 '스스로'는 생명의 나라인 하나님 나라의 속성을 정확하게 묘사합니다. 하나님 나라는 땅이 스스로 열매를 맺듯이 스스로 그의 길을 갑니다. 만약 어떤 사람이 그 하나님 나라를 확장할 수 있다고 생각한다면 착각에 빠진 겁니다. 마치 호랑이 꼬리가 호랑이를 움직일 수 있다는 착각과 비슷하겠지요. 호랑이 꼬리는 호랑이의 몸에 붙어 있을 뿐이고 호랑이가 달릴 때 방향을 트는 데 약간의 도움을 줄 수 있을 뿐이지 그것 자체로는 무능력합니다.

교회와 기독교인들도 호랑이 꼬리처럼 하나님의 통치(나라)에서 무능력합니다. 교회의 선교 프로그램도 역시 꼬리에 불과합니다. 우리 스스로는 아무것도 할 수 없습니다. 꼬리를 아무리 흔들어도 그게 호랑이 자체를 어찌할 수 없듯이 교회의 선교 정책도 근본적으로는 이와 다를 게 하나도 없습니다. 그렇다면 교회와 기독교인들은 하나님 나라를 위해서 두 손 놓아야 하는가 궁금하게 생각하실 분들이 있겠군요. 다시 말하지만 근본적으로는 할 일이 아무것도 없습니다. 땅이 스스로 열매를 맺듯이 하나님 나라는 스스로 이 땅에 이루어집니다. 우리가 해야 할 일은 다만 하나님 나라와 그 뜻이 이 땅에 저절로 이루어지는 걸 방해하지 않는 것뿐입니다. 우리는 방해하는 게 무엇인지 모른 채 과욕을 부릴 때가 많습니다. 자녀들을 사랑한다는 미명으로 부모들이 자신들의 욕망을 아이들에게 투사하듯이 우리도 하나님 나라를 위한다는 명분으로 욕망을 쏟아내는 경우는 비일비재합니다. 우리에게 진정한 의미에서 영 분별의 은사가 필요할 것 같습니다.

땅이 스스로 열매를 맺는다는 본문 말씀은 설교 행위에 관해서도 매우 중요한 관점을 제공합니다. 성령의 감동으로 기록된 성서는 청중들과의 만남에서 스스로 청중들의 영성을 키워냅니다. 설교자는 단지 씨를 뿌릴 뿐이고 성령이 그들을 변화시킵니다. 청중들의 생명사건에서 설교자는 무능력합니다. 이런 걸 모르는 설교자는 자신들이 신자들을 변화시킬 것처럼 생각합니다. 그래서 일일이 모든 걸 가르칩니다. 헌금, 예배출석, 봉사, 선교, 기도, 심지어 방언까지 가르칩니다. 물론 이런 방식으로 신자들의 신앙과 삶이 조금이라도 건전하게, 더 나아가서 모범적으로 변화된다면 좋겠지요. 실제로 그런 변화가 많이 일어나는 경우가 있을 겁니다. 그래서 그런지 많은 설교자들이 계몽적인 설교를 합니다. 그런데 잘 생각해보십시오. 그런 변화는 본질적인 게 아닙니다. 그건 상식이고 교양입니다. 상식적이고 교양적인 사람으로 된다는 게 참된 변화는 아닙니다. 그래도 그런 변화라도 없는 것보다는 있는 게 낫지 않느냐 주장할지 모르지만 전혀 그렇지 않습니다. 교양의 변화는 오히려 존재의 변화를 가로 막습니다. 무늬와 포장에 만족하다 보면 결국 실질의 변화에 관심을 잃게 됩니다. 오해는 마십시오. 교양이 무의미하다거나 사람의 참된 변화가 전혀 불가능하다는 말이 아닙니다. 사람의 변화는 생명과 연관되어야 합니다. 이런 변화는 설교자가 아니라 생명의 영이 일으키는 사건입니다. 설교자는 신자들의 삶을 자신의 수준에 맞추어 억지로 변화시킬 생각을 말고 말씀을 바르게 전하는 것으로 만족하는 게 좋습니다. 하나님의 통치를 존재론적으로 담지하고 있는 성서는 스스로 사람들의 참된 생명을 자라게 합니다.

씨 뿌림의 비유가 가리키는 하나님 나라의 마지막 단계는 추수입니다. 열매를 거두어들이는 이 마지막은 하나님 나라가 완성되는 때입니다. 그때를 우리는 종말이라고 부릅니다. 이 종말이야말로 기독교 신앙을 결정짓는 요소입니다. 쉽게 생각해 봅시다. 이 세상에 종말이 올까요? 그게 언제인지는 모르겠지만 결국 이 세상의 마지막이 온다는 것은 일단 분명해 보입니다. 지구는 앞으로 45억 년 정도 지탱할 수 있지만 그 이상은 안 됩니다. 그것만으로도 지구의 종말은 분명합니다. 그 이외에도 지구가 끝장날 개연성은 도처에 있습니다. 이와 다른 생각도 가능합니다. 45억 년 후의 마지막은 너무 먼 훗날이기 때문에 실제로 의미가 없다거나, 또는 지구가 멸망하더라도 우주 어느 곳인가 지구와 비슷한 환경의 행성으로 이주하는 방식으로 인류가 지속할 수 있다면 종말은 오지 않는 거 아닌가 하는 생각도 가능합니다.

기독교 신앙은 이렇게 지구가 파괴되는지 존속하는지의 차원에서 종말을 말하지 않습니다. 간략하게 정리한다면 종말은 무엇이 끝난다는 의미만 있는 게 아니라 시작한다는 의미가 있습니다. 종말은 끝이 아니라 오히려 새로운 시작입니다. 새 하늘과 새 땅의 시작입니다. 오늘의 생명방식과는 전혀 다른 생명의 시작입니다. 이런 점에서 종말은 오히려 은총입니다. 새로운 생명이 무엇인지에 대해서 실증적으로 대답할 수 있는 사람은 없습니다. 그런 대답을 시도하는 사람은 사이비 이단으로 빠지게 됩니다. 오직 하나님에게만 가능한 세계를 자신이 구상하려는 것이기 때문입니다. 다만 씨가 열매를 맺으면 추수해야 하듯이 이 세상의 마지막, 즉 새로운 시작이 온다는 것은 분명합니다.

추수 때에 열매를 거두어들이기 위해서 농부는 낫을 씁니다. 여기서 낫이 무슨 의미인지를 살피는 건 중요하지 않기도 하지만 종말 개념과 연관해서 하나의 의미를 찾아볼 수는 있습니다. 그것은 곧 심판입니다. 낫은 싹, 이삭, 곡식에 이르는 성장의 과정을 끝내는 도구입니다. 낫이 지나간 후의 밭은 더 이상 생명 현상이 일어날 수 없습니다. 이 비유에 따르면 하나님 나라는 결국 심판을 포함합니다. 그것이 이 세상의 마지막으로, 그것이 있어야만 새로운 세계가 시작됩니다.

마지막 심판처럼 현대인들의 기분을 상하게 하는 기독교 교리도 없을 겁니다. 기독교는 종말 때에 예수님이 심판자로 다시 오신다고 말합니다. 오른편에 갈 사람과 왼편으로 갈 사람을 구분합니다. 구원받을 사람과 저주받을 사람이 갈립니다. 함께 누워 자다가도 한 사람은 구원받고 다른 사람은 멸망받습니다. 매우 과격하게 들립니다. 사랑의 하나님이 그렇게 심판할 수 있는가 따지고 싶은 분들이 있을 겁니다. 심판에 관한 교리는 생명에 대한 가르침이자 진리에 대한 가르침입니다. 이 세상에 아직 숨겨 있지만 마지막 때에 모든 것들은 어김없이 드러날 것입니다. 참된 것과 그렇지 않은 것들이, 생명과 생명 아닌 것들이 드러납니다. 그때는 얼굴을 얼굴로 보듯이 실체를 알게 됩니다. 낫으로 볏단을 잘라 알곡과 쭉정이를 갈라내듯이 말입니다.

겨자씨 비유와 총괄

4:30-34

³⁰ 또 이르시되 우리가 하나님 나라를 어떻게 비교하며 또 무슨 비유로 나타낼까 ³¹ 겨자씨 한 알과 같으니 땅에 심길 때에는 땅 위의 모든 씨보다 작은 것이로되 ³² 심긴 후에는 자라서 모든 풀보다 커지며 큰 가지를 내나니 공중의 새들이 그 그늘에 깃들일 만큼 되느니라 ³³ 예수께서 이러한 많은 비유로 그들이 알아들을 수 있는 대로 말씀을 가르치시되 ³⁴ 비유가 아니면 말씀하지 아니하시고 다만 혼자 계실 때에 그 제자들에게 모든 것을 해석하시더라

마가복음 4장은 비유를 집중적으로 다루고 있습니다. 대부분의 내용은 농사에 연관된 개념인 씨, 뿌림, 자람, 결실, 추수를 담고 있습니다. 이런 개념의 핵심은 변화, 또는 과정에 있습니다. 하나님 나라가 바로 그와 같다는 말입니다. 마가복음 4장 30-32절에는 겨자씨의 비유가 나옵니다. 아주 간단한 이야기입니다. 성서학자들의 설명에 따르면 30절은 그 당시 랍비들이 자주 사용하던 관용어라고 합니다. 청중들에게 주의를 환기시키려는 목적으로 이런 표현을 한다는 겁니다. 일종의 수사적 표현인 셈입니다. 성서는 성서만의 고유한 언어 습관과 내용으로만 구성되는 게 아니라 주변의 것들을 그대로 따오는 경우도 많습니다. 구약성서에는 바빌론과 이집트 문명의 설화들에서 직간접적으로 영향을 받은 것들이 있고, 신약성서에는 헬라와 로마의 자연법적 도덕률에 영향을 받은 것들이 있습니다. 우리가 성서를 읽을 때 이런 것들을 세심하게 구별해서 경중을 좀 따져야 합니다. 그렇지 않을 경우에 우리는 기독교적이지 않는 것들을 기독교적인 것과 똑같은 무게로 받아들이는 잘못을 범하게 됩니다.

　예컨대 갈라디아서 5장 22, 23절에 나오는 아홉까지 성령의 열매 중에서 사랑을 제외한 나머지 것들은 헬라철학이 일반적으로 말하는 것들이며, 로마서 1장 26, 27절이 말하는 동성애에 대한 비판은 그 당시 로마의 일반 윤리를 그대로 받아들인 것입니다. 기독교적인 특성이 아니라고 해서 모든 걸 배척할 필요는 없지만, 그런 것들은 그것 자체로 강조될 수 없고, 기독교적인 특성의 하부구조로 자리해야만 합니다.

겨자씨는 시력이 좋지 않은 사람에게는 눈에 들어오지 않을 정도로 작다고 합니다. 그 씨가 싹이 나서 자라면 경우에 따라서 3미터 높이가 된다고 하네요. 이 비유는 작은 것에 담긴 생명의 신비를 가리킵니다. 우리는 작은 것이 아름답다는 생태주의자들의 말을 자주 듣습니다. 이런 말은 낭만적인 것처럼 들리겠지만, 실제로는 훨씬 본질적입니다. 이 명제는 큰 것에 취해 있는 현대인들의 삶에 대한 강력한 저항입니다. 모든 나라들이 큰 나라가 되려고 용을 쓰고 있으며, 대한민국도 여기서 둘째가라면 서러워합니다. 정치인들이나 경제인들은 경제지표가 약간이라도 불안하면 당장 큰일이 벌어질 것처럼 야단법석입니다.

우리가 어느 정도로 잘살아야 이런 거대 콤플렉스로부터 자유로울 수 있을는지요. 모든 나라가 미국 사람들처럼 잘 먹고 잘 쓰고 살려면 지구가 몇 개는 더 있어야 한다고 합니다. 실제로 그들처럼 잘 살게 된다고 해도 행복하다는 보장은 전혀 없습니다. 그런데도 물불 가리지 않고 그런 방식의 삶만을 추종한다는 것은 곧 우리가 삶의 실질로 들어가지 못하고 피상에 머물러 있다는 뜻입니다. 종말론적 공동체로서 겨자씨의 비유를 삶으로 보여 주어야 할 교회도 이런 점에서는 할 말이 하나도 없습니다. 큰 교회는 더 크려고 하고, 작은 교회는 큰 교회를 따라잡으려고 정신이 없는 형편이니까요. 교회가 예수님의 말씀과 전혀 상관없이 살면서 어떻게 구원 공동체라고 자부할 수 있겠습니까? 우리는 지금 신앙 따로 삶 따로, 완전히 '따로 국밥'입니다.

어떤 설교자들은 예수를 믿어야만 물질적으로도 잘살게 된다는 사실을 때로는 노골적으로, 때로는 암시적으로 강조합니다. 동남아 국가가 가난한 이유는 불교를 믿기 때문이고, 중동 국가들의 사회가 혼란한 것도 알라를 믿기 때문이라고 합니다. 과거 공산권 국가들이 총체적으로 가난을 벗어나지 못한 이유 역시 그들이 하나님을 믿지 않는 유물론적 무신론에 빠진 탓이고, 반면에 미국은 기독교 신앙으로 잘산다는 것입니다. 그들이 말하는 역사적 사실도 많은 논란거리이지만, 그것은 접어둔다 하더라도 예수를 그리스도로 고백하는 목사들이 무슨 생각으로 종교와 부(富)를 직결시키는지 이해할 수 없습니다. 부자가 하늘나라에 들어가는 것은 낙타가 바늘귀를 통과하는 것보다 어렵다는 예수의 말씀이 일종의 과장법이라 하더라도 예수의 전반적인 가르침과 행위를 통해서 볼 때 부와 신앙, 부와 하늘나라를 직접적으로 연결시킬 수는 없습니다.

예수의 십자가는 예수의 모든 노력이 실패했다는 사실을 단적으로 보여줍니다. 기독교 신앙은 바로 예수의 실패로부터 시작합니다. 예수의 치유 행위, 가르침, 그에게서 발생한 구원 사건들을 모두 인간적인 실패인 십자가로 연결되어야 합니다. 이 십자가는 부, 성공, 경쟁력 등등 오늘 이 시대가 요구하는 가치들과 전혀 어울리지 않는 사건입니다. 명명백백한 이 사실을 바탕에 놓고 설교하고 신자들을 끌어가야 할 목사들이 부자로 사는 것과 신앙을 일치시킨다는 것은 그들이 기독교가 무엇인지 전혀 모르거나, 아니면 포퓰리즘이나 교회 성장 이데올로기에 포로가 되었다는 의미입니다. 겨자씨는 작습니다.

작은 것이 아름답다는 말을 순진하게 받아들이는 분이 있을지 모르겠습니다. 대량 생산과 소비의 악순환 가운데서 살아가는 현대인들의 삶에 대한 경종이겠거니 하고 말입니다. 그런 것만이 아닙니다. 작은 세계는 모든 존재하는 것들의 근원입니다. 상식적인 차원에서 물리의 세계를 생각해 보십시오. 이 세상의 모든 사물은 원소로 구성되어 있습니다. 우리의 눈에 보이지 않을 정도로 작은 원소가 이 세상의 근본이라는 게 참으로 신기합니다. 그런데 여기서 더 신기한 것은 원소가 우주와 비슷한 구조라는 사실입니다. 원소는 핵, 중성자, 전자를 담고 있지만 거의 대부분은 공간입니다. 우주도 대부분은 공간입니다. 모래알처럼 많아 보이는 우주의 별들도 따지고 보면 거의 공간이나 마찬가지입니다. 태양에서 가장 가까운 태양이 2광년이나 떨어져 있다고 합니다. 그 거리가 얼마나 되는지 상상이 가시나요? 태양에서 지구까지는 빛의 속도로 9분 정도 걸립니다. 1억 5천만 킬로미터입니다. 그런 속도로 2광년을 달려야 별을 발견할 수 있다고 하니 우주는 허허벌판이나 마찬가지입니다. 그런 우주의 구조와 원소의 구조가 똑같습니다. 원소가 우주라는 말이기도 합니다.

겨자씨는 가장 작은 씨지만 그 안에 이미 우주가 들어 있습니다. 이 우주를 구성하고 있는 모든 원소들이 그곳에 자리하고 있습니다. 겨자씨와 우주의 무게는 표면적으로 보면 극과 극이지만 내면적으로 보면 같은 무게입니다. 하나님이 우주에서 활동하시듯이 겨자씨에서도 활동하십니다. 겨자씨에서 하나님의 창조와 통치를 발견하지 못하는 사람이라고 한다면 그는 결코 하나님을 안다고 할 수 없습니다. 겨자씨와 같은 작고 사소한 일상에서 구원은 시작됩니다.

우리는 젊은이들에게 큰 사람이 되라거나 큰 야망을 품으라는 덕담을 자주 합니다. 여기에는 특별한 뜻이 담겨 있긴 하겠지만 일반적으로는 다른 사람보다 뛰어나야 한다는 뜻으로 사용됩니다. 학교 교육은 물론이고 교회 교육도 역시 성공해서 큰 사람이 되는 것이 우리 삶의 목표인 것처럼 가르칩니다. 심지어 어떤 분은 기독교인이 사회의 고지를 먼저 점령하는 것이 선교적인 차원에서 바람직하다고 설교하기도 합니다. 제가 보기에 그것은 실용적인 생각일 뿐이지 복음적인 생각은 아닙니다. 큰 사람이 되거나 작은 사람으로 머물거나 하나님 앞에서는 아무런 차이가 없습니다. 부지런하거나 게으르거나 아무런 차이가 없습니다. 돈을 많이 벌어서 천문학적 헌금을 드리거나 수천 명을 교회로 인도했다 하더라도 별 것 아닙니다. 그런 것 없이 자신의 삶을 잘 지탱하다가 죽는 것만 해도 아주 잘한 일입니다. 모든 사람은 그저 하나님으로부터 생명을 부여받는 사람일 뿐이지 큰 사람도 없고, 작은 사람도 없다는 뜻입니다.

그래도 이 세상에 공헌하는 사람이 있고, 해를 끼치는 사람도 있지 않느냐 생각하시겠지요. 그 사실 자체를 완전히 부정할 수는 없겠지만, 그것마저 우리의 판단일 뿐일지 모릅니다. 누가 세상에 덕이 되고 누가 해가 되는지 과연 완벽하게 판단할 수 있을까요? 판사는 덕을 세우고 재판받는 피고인은 부덕을 끼치고 있을까요? 우리 눈에 그렇게 보일 뿐이지요. 모든 생명은 크거나 작거나 존재론적으로 아무런 차이가 없습니다. 개미도 생명이고 코끼리도 생명입니다. 근본적으로는 인간이나 하루살이 사이에도 아무런 차이가 없습니다. 둘 다 하나님의 피조물입니다. 오늘 우리는 남과 비교해서 커야 한다는 욕망으로 인해 존재론적 창조력을 상실하고 살아가는 것 같습니다.

신앙인들도 자주 큰 교회, 큰 목회, 큰 비전이라는 말을 합니다. 우리의 무의식에는 큰 교회에 성령이 크게 활동하고 작은 교회에는 시원치 않게 활동한다는 생각이 작동할는지도 모르겠습니다. 그렇지 않습니다. 작은 교회나 큰 교회는 존재론적으로 아무런 차이가 없습니다. 작은 교회도 교회일 뿐이고 큰 교회도 교회일 뿐입니다. 작은 교회도 그리스도의 몸이고, 큰 교회도 역시 그렇습니다. 그런 주장은 너무 이상적인 말이 아니냐, 아무래도 큰 교회가 보기에도 좋고, 또 선교적인 차원에서도 바람직한 거 아니냐 생각할 수 있습니다. 보기에 좋다는 것은 두말할 것 없이 사람의 관점입니다. 우리는 성령의 관점으로 보아야 합니다. 단 둘이 마주 앉았어도 마음이 통하면 즐겁지만, 아무리 많은 사람이 모였어도 소통이 안 되면 불편합니다. 마찬가지로 성령은 교회의 크기와 전혀 상관없이 활동하십니다. 선교적인 차원이라는 것도 역시 우리의 생각에 불과합니다. 중세기 유럽은 선교의 차원에서만 본다면 가장 효과적인 체제였지만 그걸 바람직하다고 생각할 수 없습니다. 선교는 근본적으로 하나님의 일(Missio Dei)이라는 사실을 잊지 말아야 합니다.

작은 교회와 큰 교회가 똑같이 주님의 몸이라면 우리는 교회의 크고 작음을 떠나서 하나의 교회가 되도록 최선을 다해야겠지요. 작은 교회에도 성령이 동일하게 활동하신다는 사실을 인식하는 대형 교회 목사라고 한다면 그는 당연히 작은 교회가 원활하게 운영될 수 있도록 힘을 보태야 할 것입니다. 구체적으로 미자립 교회 목사의 생활을 책임져야겠지요. 생존 자체가 힘든 국내 교회를 내버려두고 해외 선교에 막대한 재정을 투자한다는 것은 교회의 본질이 무엇인지 모르는 행태가 아닐는지요. 겨자씨처럼 작은 교회도 생명의 영인 성령이 거하는 집입니다.

신약학자들의 일부 견해에 따르면 오늘 본문은 초기 기독교 공동체의 모습을 간접적으로 묘사한 것이라고 합니다. 교회가 비록 작은 공동체로 시작했지만 얼마 지나지 않아 온 세상 사람들이 그 앞에 모여들었으며, 또한 모여들 것이라고 말입니다. 기독교는 지금 큰 나무와 같습니다. 유럽의 기독교가 아무리 쇠락했다 하더라도 여전히 가장 중요한 종교이며, 남북 아메리카도 개신교와 가톨릭이 중심 종교로 자리하고 있습니다. 아시아와 아프리카는 상황이 좀 다르기는 하지만 세계적으로 볼 때 기독교가 큰 나무라는 것만은 분명한 사실입니다.

한국 교회도 이미 큰 나무로 자랐습니다. 개별 교회의 편차가 심해서 문제지만 전체적으로 8백만 명 정도가 개신교 교인들이고 5백만 명 정도가 로마 가톨릭 교인들이라는 건 기독교의 힘이 한국 사회 안에서 막강하다는 의미입니다. 이제 우리에게 주어진 사명은 기독교라는 나무에 새들이 깃들어 쉴 수 있게 하는 것이겠지요. 나무를 더 크게 만들기 위한 작업보다는 나무의 그늘을 만드는 일이 더 시급하고도 본질적입니다. 조금 더 구체적으로 언급한다면 우선 영성의 심화가 중요합니다. 신학적인 깊이와 생명 운동의 실천이 어우러지는 영성이 심화하지 않으면 사람들이 와서 쉴 수가 없습니다. 이런 일을 위해서 신자들이 거룩성을 경험할 수 있는 예전과 교회력을 회복해야 합니다. 이에 근거해서 소수자들에게 구체적이고 적극적으로 접근해야겠지요. 소수자에 대한 관심은 단순한 동정심이나 시혜가 아니라 기독교 영성의 존재론적 근거로부터 시작되는 것입니다. 한국 교회가 진정한 의미에서 사람이 쉴 수 있는 영적인 그늘이 되기를 바랍니다.

예수님이 비유로 가르치신 이유는 하나님 나라를 직접적으로 설명할 수 없었기 때문입니다. 여러분은 그게 이상하지요? 예수님은 하나님의 아들이신데 왜 하나님 나라를 직접적으로 설명하지 않으셨을까요? 못하신 건가요, 안 하신 건가요? 예수님은 요한복음에서 자신은 바리새인들이나 서기관들처럼 남에게 들은풍월이 아니라 직접 본 것을 말한다고 했습니다. 궁극적인 실체를 직접 보았다면 그것을 그대로 말하면 되지 않았을까요? 요즘 천국을 직접 보았다고 선전하고 다니는 사람들처럼 말입니다.

조금 더 노골적으로 질문을 해봅시다. 예수님은 하나님을 직접 보았을까요? 이 말이 신성모독처럼 들릴지 모르겠군요. 예수님은 하나님을 '아빠, 아버지'라고 불렀습니다. 이 말은 곧 그가 하나님을 대상으로 생각했다는 뜻입니다. 그런데 우리는 예수님을 바로 하나님의 아들, 곧 성자로서의 하나님이라고 믿습니다. 이게 서로 모순입니다. 주체와 객체가 어떻게 하나가 될 수 있다는 말인가요? 이 모순을 뚫고 들어가지 않으면 우리는 초기 기독교의 신앙에 도달할 수 없습니다. 저는 이 모순을 받아들입니다. 이에 대해서 한 마디만 설명한다면, 초기 기독교인들의 신앙에 따르면 예수님은 하나님과 구별되면서 동시에 하나님의 '본체'였습니다. 예수님이 하나님 나라를 비유로 가르치셨다는 것은 그가 하나님 나라와 구별되면서도 동시에 일치한다는 뜻입니다. 구별되기 때문에 직접적으로 설명할 수 없으며, 일치하기 때문에 비유적으로 설명했습니다. 비유의 가르침은 예수의 신성이 어떤 성격인지를 보여주는 게 아닐는지요.

34절 말씀으로 마가복음의 비유 시리즈는 끝납니다. 다른 복음서에 비해서 양이 적습니다. 마가복음 자체의 길이가 다른 복음서에 비해서 짧은 이유도 있지만 기본적으로는 마가복음이 예수님의 행위를 중심으로 기록되었기 때문이겠지요. 마가는 비유 시리즈를 끝내면서 예수님이 혼자 계실 때에 그것을 제자들에게 '해석'했다고 전합니다. 어떤 가르침에서 해석이 필요한 이유는 그것이 비밀이기 때문입니다. 예수님이 비유로 가르치신 하나님 나라는 비밀이며, 근본적으로 예수가 메시아라는 사실 자체가 비밀입니다. 예수 사건은 예수와 함께 생활하고, 그에게서 직접 말씀을 듣고, 더 나아가 해석을 들은 제자들에게만 경험된 비밀입니다. 이런 비밀을 경험한 제자들은 예수 사건의 빛에서 구약성서를 새롭게 해석하기 시작했습니다. 기독교인들의 구약 해석이 옳은지 유대인들의 구약 해석이 옳은지는 여전히 논쟁 중에 있습니다. 예수가 메시아라는 사실은 지금도 역시 비밀입니다. 다른 사람들이 그걸 모른다고 해서 이상하게 생각할 게 하나도 없습니다. 어쩌면 우리도 모르면서 아는 체하는지 모르지요. 단지 교리적으로만 따라갈 뿐이지 예수의 메시아성에 담긴 비밀을 전혀 모르고 있을 가능성이 높습니다.

그런 것 모르면 구원 못 받는 거냐 묻지는 마세요. 구원과는 별 상관이 없습니다. 메시아성이 비밀이듯이 구원도 역시 비밀입니다. 비밀을 모르는 건 당연합니다. 그걸 모른다고 해서 하나님이 우리를 구원에서 제외시키지는 않습니다. 다만 우리는 그것을 해석할 필요는 있습니다. 그런 과정에서 우리에게 구원의 실체가 더 또렷해지겠지요. 이 세상이 끝나고 모든 실체가 드러날 때까지 이런 해석의 과정은 계속될 겁니다.

해석은 기본적으로 구약의 예언자들에게서 일어났던 것과 같은 신탁(神託)을 통해서 가능합니다. 이 말은 완전한 해석은 불가능하다는 뜻입니다. 아무리 프랑스어를 잘해도 《팡세》를 완벽하게 번역할 수는 없습니다. 왜냐하면 《팡세》를 쓴 파스칼의 생각을 완벽하게 따라잡을 수 없기 때문입니다. 물론 대충은 가능합니다. 문법적인 차원에서, 그리고 문화사적인 차원에서 어느 정도는 번역할 수 있습니다. 그러나 아무리 완벽을 기한다고 하더라도 완전할 수 없는 이유는 산더미처럼 많습니다.

　이런 점에서 해석은 인간의 과업이 아니라 진리의 영인 성령의 배타적인 업무라고 보아야 합니다. 즉 세상을 창조하신 하나님만이 이 세상을 해석할 수 있다는 뜻입니다. 그런 해석을 다른 신학적인 말로 하나님의 자기 '계시'라고 불러도 괜찮습니다. 계시가 없으면 해석도 없습니다. 하나님이 자기를 나타내지 않으면 아무도 하나님을 알 수 없듯이 말입니다. 그러나 제자들이 비록 부분적이라 하더라도 예수님의 메시아성을 경험했듯이 우리도 하나님의 계시를 경험할 수 있어야겠지요. 경험한다는 것은 알아듣는다는 뜻입니다. 하나님의 통치, 그의 평화, 그의 사랑을 이해하고 따라가야겠지요. 이런 것이 곧 우리가 감당해야 할 해석의 최선이기도 합니다. 그분이 주신 것만큼 따라가는 것 말입니다. 이것도 힘든 일이지만요.

　우리는 지금 예수님이 제자들에게 비유를 해석했다는 본문 말씀을 계속해서 묵상 중에 있습니다. 우리가 마태복음 5장에서 확인할 수 있듯이 예수님은 비유만이 아니라 모세의 율법도 해석하셨습니다. 예를 들어 구약의 율법에 따르면 이웃을 사랑하고 원수를 미워하는 게 옳지만(레 19:18) 예수님은 "원수를 사랑하라"고 말씀하셨습니다. 그렇다면 구약은 틀린 걸까요? 아닙니다. 구약은 그 당시의 상황에서 최선의 가르침입니다. 문제는 바리새인들이 그것을 절대화함으로써 다른 상황에서도 그것을 문자적으로 적용했다는 사실입니다. 즉 그들은 율법을 변할 수 없는 규범으로만 다루었을 뿐이지 해석하지 않은 것입니다.

　오늘의 설교자들과 교회 교사들도 이런 점을 명심해야 합니다. 성서는 분명히 하나님의 기록된 계시이지만 그 당시의 용어와 개념이라는 사실을, 그 당시의 구체적인 삶의 자리에서 기록되었다는 사실을 잊지 말아야 합니다. 따라서 성서는 반드시 해석되어야 합니다. 해석되지 않으면 그 말씀은 죽습니다. 해석은 하나님의 말씀을 깎아내리는 게 아니라 참된 의미에서 참된 하나님의 말씀이 되게 하는 길입니다. 그렇다고 해서 성서의 모든 말씀을 이 시대의 사조에 맞도록 바꿔야 한다는 뜻은 아닙니다. 예컨대 하나님 아버지라는 표현이 가부장적인 조건에서 나온 것이니까 하나님 어머니라고 바꿔야 한다는 게 아닙니다. 사도신경의 몇몇 대목이 오늘의 과학관에 맞지 않으니까, 예컨대 동정녀 마리아라는 표현이 맞지 않으니까 현대적으로 바꿔야 한다는 게 아닙니다. 기독교의 전통을 그런 식으로 쉽게 바꾸기 시작하면 아마 멀지 않아 가시만 남은 생선이 될지 모릅니다. 아무리 합리적이라고 하더라도 이런 방식으로는 결코 진리가 세워지지 않습니다.

그렇다면 해석은 도대체 무엇을 의미하나요? 다른 게 아닙니다. 성서 텍스트의 중심을 바르게 이해하는 것입니다. 성서가 가리키고 있는 그 핵심 안으로 치고 들어가는 작업입니다. 그 안에 들어가면서 조심해야 할 것은 성서 텍스트 자체를 파괴하지 않아야 한다는 사실입니다. 간혹 탈신화화라는 명분으로 성서를 유치한 문서로 취급하는 사람들이 있습니다. 《예수는 없다》 유의 책들이 그런 쪽에 가깝습니다. 성서가 신화적인 세계관에 의해서 형성되었다는 사실을 모르는 사람은 없습니다. 성서는 그 신화라는 옷을 입은 채 아주 근원적인 생명을 경험한 사람들, 또는 공동체에 의해서 기록된 말씀입니다. 오늘 성서를 해석해야 할 사람들은 바로 그런 원초적 경험이 무엇인지를 추적할 수 있어야 합니다. 그 작업이 성서를 문학적으로만 분석해서 가능한 게 아닙니다. 그런 문학, 역사비평과 더불어 문자 너머에서 사람을 만나는 영에 대한 체험이 병행되어야 합니다. 그걸 우리는 영성이라고 합니다.

여기 예수님이 물 위를 걸으신 보도가 있다고 합시다. 베드로는 예수님을 따라 걷다가 두려움 가운데서 물에 빠졌고, 예수님이 배에 들어오자 풍랑이 멈췄습니다. 도대체 이 보도가 무엇을 가리킬까요? 예수를 모셔 들인다고 해서 풍랑과 같은 문제들이 해결되는 건 아닙니다. 예수를 믿는다고 해서 우리 삶에 문제가 없을 수는 없습니다. 여기서 중요한 건 그들의 예수 경험입니다. 그들은 하나님이 예수 사건에 함께한다는 사실을 경험했으며, 그래서 그들은 예수를 메시아로 믿게 되었습니다. 그 보도를 읽는 오늘의 독자들은 어떤 방식으로 예수가 메시아라는 사실을 해석할 수 있을까요? 이게 오늘 설교자들에게 맡겨진 사명입니다. 풍랑이 멈추었다는 주장과 구호만으로는 좀 곤란하겠지요.

'책상 위에서 연필이 구른다. 거기 소리가 있다. 거기에 우주가 있었고, 있을 것이다.' 이런 문장이 우리 앞에 있다고 합시다. 그걸 어떻게 해석해야 할까요? 며칠 전에 실제로 저는 연필을 손에서 떨어뜨린 적이 있습니다. 연필이 구르는 소리를 들었습니다. 그날따라 그 소리가 왜 그렇게 신기하게 들렸는지 모릅니다. 연필은 볼펜이나 만년필과는 다른 소리가 납니다. 그 소리를 듣고 저는 "빛이여, 있으라!" 하던 창조자 하나님의 말씀이 기억났습니다. 태초에 소리가 있었다는 말입니다. 소리가 있다는 사실과 없다는 사실 사이에는 도저히 넘을 수 없는 심연이 자리하고 있습니다. 연필 구르는 소리는 그것만이 아니라 제가 어렸을 때 학교에서 연필 따먹기 하던 기억도 되살렸습니다. 까마득한 옛날 초등학생이었던 제가 바로 오늘 연필 굴러가는 그 소리와 함께 있었습니다.

저의 이런 느낌, 상상력이 종합적으로 표출된 위의 시구를 다른 사람이 읽었을 때 저와 비슷한 경험을 할 수 있을까요? 그런 것이 없으면 해석은 불가능합니다. 기본적으로 성서를 비롯한 모든 텍스트는 그것이 나오게 된 시원적 경험을 갖고 있습니다. 우리는 텍스트를 통해서 그곳에 닿으려는 겁니다. 그것이 해석입니다. 이런 점에서 본다면 성서 해석에서 성령의 조명이 가장 본질적이라는 칼뱅의 주장은 옳습니다. 왜냐하면 우리의 시원적 경험은 바로 진리의 영이며, 창조의 영이신 성령과의 소통으로만 가능하기 때문입니다. 해석은 곧 성령의 일입니다.

설교는 곧 성서 텍스트의 해석입니다. 성서는 고정된 실체가 아니라 그것을 해석하는 사람의 영적 경지에 따라서 전혀 새로운 세계를 엽니다. 이런 점에서 설교는 성서 텍스트와 설교자의 영적인 대화입니다. 양자 사이에 어떤 깊이에서 대화가 일어나는가에 따라서 설교의 깊이도 달라질 겁니다. 이 사실을 느끼지 못하는 사람은 설교자가 될 수 없습니다. 만약 교회 부흥만 생각하는 설교자라고 한다면 성서 텍스트와 그런 이야기만 하겠지요. 오늘 저는 카르 바르트의 설교 중에서 한 문단을 인용할까 합니다. 비록 짧은 문장이지만 20세기 전반의 개신교 신학만이 아니라 로마가톨릭 신학에도 지대한 영향을 끼쳤으며, 지금도 여전히 그 명성을 잃지 않고 있는 바르트의 글에서 성서의 세계가 고유하게 해석되는 걸 확인할 수 있을 겁니다.(《설교학 원론》, 162쪽)

지금 벌써 어딘가에, 머지않아서 당신의 관의 재료가 될 나무가 자라고 있는 것입니다. 어딘가에 숲으로 덮인 한 모퉁이의 땅이 있고, 머지않아서 당신의 무덤이 되기 위해 파헤쳐질 것입니다. 그리고 당신의 친구들과 찬척들이 행렬을 지어서 그곳으로 갈 때가 어느 날엔가는 올 것입니다. 당신도 그곳으로 갈 때가 어느 날엔가는 올 것입니다. 당신도 그곳에 함께 있게 될 것입니다. 그러나 사람들은 당신을 짊어지든가 차로 운반할 것입니다. 당신은 생명을 잃은 시체가 되어 있을 것입니다. 그리고 어느 날엔가 당신을 알고 있었고 당신에게 알려져 있었던 최후의 사람이 죽어서 없어지고 말 것입니다. 이 죽음이 우리의 마지막이라고 하는 사실, 그리고 이 마지막이 언젠가는 온다는 사실, 이것이 엄밀하게 말해서 우리의 죽음에 관하여 알고 있는 유일한 것입니다.

바르트에 이어 판넨베르크의 설교 "와서 보시오!"(요 1:45-51) 중에서 한 구절을 소개하겠습니다. 여기서 우리는 신학자의 영성이 성서의 세계를 얼마나 깊이 있게 풀어내는지를 맛볼 수 있을 겁니다.

그래서 바울은 이렇게 말했습니다. 우리는 예수님에게서 거울로 보듯이 하나님의 영광을 봅니다(고후 3:18). 여기서 우리는 대상을 대충 반사 시켜내는 고대의 동(銅)거울을 생각해야 합니다. 그래서 바울은 다른 대목에서 이렇게 말했습니다. 지금 우리 믿는 사람들은 낱말 퍼즐처럼 예수 그리스도의 얼굴에서 하나님의 영광을 봅니다. 즉 모든 것이 성취된 그 미래가 되면 우리는 지금 우리가 어떻게 하나님을 인식하고 있는지에 대해서 확실하게 인식하게 될 것입니다(고전 13:12). 완전히 명백하게 말입니다.

나다나엘이 무화과나무 아래 앉아 있었을 때 예수님이 그를 알아보신 것처럼 우리도 역시 예수님을 하나님의 아들로 바라보며, 또한 그분 안에서 아버지를 바라보게 됩니다. 이를 위해서 우선 우리가 나다나엘처럼 예수님에게 와서 그를 보고 그분 안에서 아버지를 발견해야만 합니다. 이를 위해서 우리는 빌립의 예에서 볼 수 있듯이 예수님의 길을 함께 가야 합니다. 이 경우에 우리는 시나브로 예수님에게서 아버지를 보는 것을 훨씬 잘 배우게 됩니다. 우리는 이제 들판에서 양을 치다가 천사들의 복음을 들었던 목자들처럼 성탄절을 향해서 나아갑니다. 그들과 더불어서 베들레헴으로 갑시다. 누가복음은 목자들이 한 말을 이렇게 전하고 있습니다. "어서 베들레헴으로 가서 주님께서 우리에게 알려 주신 그 사실을 보자"(눅 2:15).

해석 문제는 성서 읽기와 신학만이 아니라 기본적으로 영성에서도 가장 본질적인 작업입니다. 왜냐하면 기독교 영성의 기초는 해석되어야 할 하나님의 말씀인 성서와 밀접하게 연관되어 있기 때문입니다. 어떤 분들은 영성을 단지 고행이나 극기, 또는 도덕적인 성취를 통해서 얻어지는 어떤 초월적 경험이라고 생각합니다. 물론 사람은 그런 방식으로도 어떤 종교적인 경험을 할 수 있습니다. 사막의 교부들이나 마더 테레사 같은 이들에게서 볼 수 있듯이 기독교 역사에도 그런 방식으로 고도의 영성을 확보한 이들이 적지 않습니다. 그러나 우리가 오해하지 말아야 할 사실은 그들에게 표면적으로 나타나는 금욕과 고행과 선행은 그 내면에 훨씬 근원적인 영성을 담고 있다는 것입니다. 만약 우리가 고행이나 선행을 목적으로 한다면 그것은 곧 우리의 영혼을 피곤하게 만들고, 급기야 영성을 말라 죽이고 맙니다. 기독교 영성은 그 무엇보다도 말씀에 중심이 있습니다. 수도사들이 말씀을 정기적으로 읽은 것도 바로 말씀의 영성을 유지하기 위한 것입니다.

말씀은 오늘 본문에서 예수님이 제자들에게 '해석'해 주셨듯이 구구단 암기가 아니라 해석이라는 과정을 통해서만 기독교 영성을 우리에게 제공할 수 있습니다. 시도 해석되어야 하고, 음악과 그림도 해석되어야 하듯이 성서 말씀도 역시 해석되어야만 그 실질이 우리에게 열린다는 의미입니다. 오늘 한국 교회의 성서 읽기에 해석은 없고 규범과 구호만 있을 뿐입니다. 해석이 있다 하더라도 개인에게 적용될 뿐이지 사회, 역사, 우주로 확장되지 않습니다. 해석 없이 말씀 없다!

예수, 풍랑을 제어하시다

4:35-41

³⁵ 그 날 저물 때에 제자들에게 이르시되 우리가 저편으로 건너
가자 하시니 ³⁶ 그들이 무리를 떠나 예수를 배에 계신 그대로 모
시고 가매 다른 배들도 함께하더니 ³⁷ 큰 광풍이 일어나며 물결
이 배에 부딪쳐 들어와 배에 가득하게 되었더라 ³⁸ 예수께서는
고물에서 베개를 베고 주무시더니 제자들이 깨우며 이르되 선
생님이여 우리가 죽게 된 것을 돌보지 아니하시나이까 하니 ³⁹
예수께서 깨어 바람을 꾸짖으시며 바다더러 이르시되 잠잠하
라 고요하라 하시니 바람이 그치고 아주 잔잔하여지더라 ⁴⁰ 이
에 제자들에게 이르시되 어찌하여 이렇게 무서워하느냐 너희
가 어찌 믿음이 없느냐 하시니 ⁴¹ 그들이 심히 두려워하여 서로
말하되 그가 누구이기에 바람과 바다도 순종하는가 하였더라

35절 말씀부터 그 유명한 예수님의 풍랑 제어 사건이 시작됩니다. 제
자들과 함께 배를 타신 예수님은 풍랑이 일어 제자들이 야단법석을 치
는 동안에 잠들어 있었다고 합니다. 제자들의 성화에 잠을 깨신 예수님
이 바람을 꾸짖으시자 바람이 멎었습니다. 예수님은 제자들에게 믿음
이 없다고 말씀하셨고, 그들은 두려워했습니다. 도대체 이 사건이 무엇
일까요? 천천히 그 사태 안으로 발을 들여놓도록 합시다.

예수님이 제자들과 배를 탄 때가 저물녘이라고 합니다. 저물녘이
라는 단어가 이 사건의 핵심은 아니지만 그래도 저의 눈에 매우 크게 들
어오기 때문에 그냥 넘어갈 수가 없군요. 상상해 보십시오. 갈릴리 호
수의 해 저물 녘입니다. 정말 멋진 풍광입니다. 예수님도 그런 멋진 장
면에 감동 먹지 않았을까요? 어쨌든 예수님은 해 저물 녘 갈릴리 호수
를 배를 타고 건너고 계십니다. 그러다가 달콤한 꿈나라로 들어가셨습
니다. 우리 주님이.

해 저물 녘은 낮과 밤의 경계선입니다. 빛과 어둠의 경계이기도 합
니다. 저는 젊었을 때 황혼 시간을 가장 좋아했습니다. 중고등학생 때

도 간혹 혼자서 논밭길이나 숲속 길을 황혼 시간에 걸었습니다. 그 느낌은 정말 이상했습니다. 환하게 제 빛을 내던 나무, 시냇물, 돌, 언덕, 초가집이 황혼을 받아 붉은빛으로 변하다가 차츰 흔적을 감추는 장면에서 제가 마치 동화의 세계 안으로 들어간 듯한 느낌을 받았습니다. 언제 기회가 되면 사막을 여행하고 싶군요. 그곳에서 경험하는 낙조는 어떨까요? 사막 전체가 온통 붉은 빛을 띠는 그 장면은 정말 장관일 겁니다. 그렇지 않아도 은빛이나 붉은 빛을 띠는 사막에 황혼이 찾아온다고 해보십시오. 중세기에 수도승들이 사막을 찾아간 이유가 바로 이런 데 있지 않았을까요? 지구가 한 바퀴 돌 때마다 찾아오는 황혼은 그들에게 무한한 영적 상상력을 제공했을 겁니다.

매일 한 차례씩 저물녘이 우리에게 찾아온다는 것은 곧 지구가 매일 한 차례씩 자전한다는 뜻입니다. 둘레가 4만 킬로미터나 되는 지구가 꿈틀대면서 돌고 있다는 사실이 참으로 놀랍군요. 황혼은 지구가 여전히 살아 있다는 의미입니다. 지구는 생명의 보고입니다. 바닷속, 땅속, 심지어는 얼음 속까지 생명체가 살아 움직입니다. 그 종류는 우리의 상상을 초월합니다. 아직 발견되지 않은 것들도 많습니다. 이미 지구에 한 번 나왔다가 사라진 것들도 있고, 앞으로 새롭게 출현하게 될 것들도 있겠지요. 우리도 그 안에서 살아갑니다. 예수님도 그랬고, 우리도 지금 황혼을 맛보며 삽니다.

36절이 묘사하는 장면은 한 폭의 그림과 같습니다. 갈릴리 호수 건너편으로 건너가자는 예수님의 말씀을 들은 제자들은 군중들로부터 벗어나서 예수님을 배에 있는 그대로 모시고 갔다고 합니다. 4장 1절에 따르면 예수님이 호숫가에서 가르치실 때 사람들이 몰려들어 배에 올라가셔서 말씀을 전했습니다. 그 상태로 계속 계셨다는 말이 됩니다. 예수님이 배에 올라가서 가르치셔야 했다면 사람들이 많이 몰렸다는 말인데, 그런 상황에서는 말씀을 선포하기가 상당히 어려웠을 것 같다는 생각이 드는군요. 흔들리는 배에서, 그 많은 사람들에게 지금처럼 마이크도 없이 우리가 4장에서 보았듯이 깊이 생각해야만 알아들을 수 있는 비유의 말씀을 전한다는 것은 간단한 게 아니지요. 예수님이 배를 타고 가시면서 깊은 잠에 빠진 것도 다 이유가 있었군요. 악조건 가운데서 그 많은 청중들에게 말씀을 전하느라 피곤하셨을 테니까요.

제자들이 배에 타고 계신 예수님을 그대로 모시고 갑니다. 그런데 재미있는 것은 다른 배들도 함께 갔다고 합니다. 예수님이 비유 말씀을 가르치실 때 사람들이 호숫가에만 있었던 게 아니라 배에도 타고 있었나 봅니다. 이 배에 타고 있던 사람들은 누구일까요? 딱히 누구라고 할 건 없겠지요. 갈릴리 호수에 배가 어디 한두 척이겠습니까? 해질녘에 예수님을 모신 배를 선두로 해서 여러 척의 배들이 호수를 가로지르고 있습니다. 앞서거니 뒤서거니 그들은 함께 배를 몰고 갑니다. 자신들이 모시고 가는 예수님이 누구인지 정확하게 몰랐지만 그들은 인류 구원의 사역에 나름으로 동참한 사람들이겠지요. 오늘 우리도 영적인 차원에서 예수님을 모시고 항해하는 사람들입니다.

갈릴리 호수에 광풍이 일었습니다. 파도에 배가 흔들리고, 물이 배를 채우고 있습니다. 위급상황입니다. 오늘 우리는 여기서 두 가지 영적 의미를 찾아볼 수 있습니다. 첫째, 일종의 항해라 할 우리의 인생은 광풍과 파도의 위기에 노출되는 경우가 종종 있습니다. 물론 우리는 큰 어려움 없이 인생을 살기를 바라겠지만 우리가 이 세상에 두 발을 딛고 살아가는 한 위기는 어쩔 수 없습니다. 우리 모두는 이런 광풍을 감수해야만 합니다. 이런 광풍 앞에서 공포와 좌절에 빠지는 사람이 있기도 하고, 그것을 그대로 받아들이면서 극복해 나가는 사람이 있습니다. 물론 어떤 경우라고 하더라도 나름으로 극복하려고 노력하겠지만 이미 공포와 좌절에 빠져버리면 실제적인 싸움은 불가능합니다. 수영을 못하는 사람이 물에 빠지는 경우와 수영을 제법 하는 사람이 물에 빠지는 경우에 그 위기를 벗어나는 방식이 전혀 다른 것처럼 말입니다.

둘째, 광풍이 어떤 사람의 죄 때문에 일어나는 게 아닌 것처럼 불행과 재앙도 그렇습니다. 어떤 이들은 재앙과 불행을 죄와 연결시키는데, 이는 부분적으로만 옳습니다. 인간의 자기중심성이 생산과 소비를 증가시키고, 이에 따라서 자연재해가 일어나는 특별한 경우라고 한다면 재앙이 곧 죄의 결과라고 할 수 있겠지만 모든 경우가 그런 건 아닙니다. 혜성이 지구와 충돌하는 사건이 인간의 죄와 아무런 상관이 없는 것처럼 천부적인 장애도 역시 그들의 죄는 아닙니다. 오늘 이 순간에 우리의 인생이 광풍에 휩싸였나요? 또는 그런 광풍이 지나갔나요? 아니면 곧 닥치게 될 광풍을 전혀 예측하지 못하고 있는 건 아닌가요? 그것을 버텨낼 수밖에 없습니다.

38절에 따르면 갈릴리 호수를 항해하고 있는 배 안에서 예수님이 졸았다고 합니다. 왜 졸았을까요? 피곤했기 때문에 어쩔 수 없다는 게 가장 적절한 대답일까요? 그럴 수도 있습니다. 사람은 피곤하면 아무리 정신적으로 긴장해 있으려고 해도 그게 안 됩니다. 예수님의 죽음을 앞두고 겟세마네 동산에서 기도하는 중에 제자들도 졸았습니다. 그 순간에 그 유명한 예수님의 경구가 나옵니다. 마음은 원이지만 육신이 약하다고 말입니다. 예수님도 졸았고, 제자들도 졸았습니다. 양쪽 모두 피곤했습니다. 이런 상황을 약간 거꾸로 본다면 제자들의 졸음보다는 예수님의 졸음이 조금 더 무책임합니다. 제자들은 예수님이 처한 위기의 상황을 몰랐기 때문에 어쩔 수 없이 졸았지만 지금 예수님은 정말 위급한 상황인데도 졸았습니다. 창졸간에 배가 전복될 수 있는 순간이었습니다.

성서 기자들은 예수님이 광풍 가운데서도 초연할 정도로 영성이 깊었다는 사실을, 이런 데서도 바로 예수의 메시아성이 드러난다는 사실을 말하고 싶었는지 모르겠군요. 그들이 허둥대는 제자들과 곤히 잠든 예수님을 대비하고 있다는 관점에서 본다면 그렇게 생각할 수도 있습니다. 어쨌든지 저는 이런 구절에서 위로를 받는군요. 잠든 예수님을 깨우지 맙시다. 저는 잠든 예수님의 모습이 보기 좋습니다. 하나님과 동일하신 분이었던 예수님도 경우에 따라서 조는데, 하물며 저 같은 사람이야 오죽하겠습니까?

제자들은 졸고 계시는 예수님을 흔들어 깨웠습니다. 선생님, 위험하니 먼저 피하십시오, 하는 게 아니라 우리가 죽게 된 것을 왜 모른 척하십니까 거였습니다. 그들은 늘 자신들에게만 관심을 두고 있군요. 사실 그것이 그들만의 문제는 아닙니다. 제자들 중에는 전업 어부들이 많았습니다. 베드로를 중심으로 왕년에 갈릴리 호수를 주름잡던 제자들은 그런 풍랑을 자주 경험했을 겁니다. 그런데도 그들이 그런 상황에서 당황하는 모습을 보인다는 게 이상합니다. 어쩌면 이런 경험이 없던 제자들이 나서서 예수님을 깨운 것인지 모르겠네요. 그들의 행동은 호들갑입니다. 그들이 침착했다면 이런 일에 경험이 많은 베드로에게 먼저 부탁을 했었겠지요. 베드로는 다른 제자들을 진정시키고 사태를 해결했을지도 모릅니다. 그렇게 처리되었으면 피곤한 예수님은 잠을 깰 필요도 없는 겁니다.

다른 한편으로 이들이 죽게 되었다고 예수님을 흔들어 깨웠다는 것은 그들이 예수님의 정체를 전혀 인식하지 못했다는 의미인지 모르겠군요. 하나님의 아들인 예수님이 자기들과 함께 배를 타고 있다는 사실을 알고 있었다면 그렇게 '죽게 되었다' 하고 소란을 피우지는 않았을 테니까 말입니다. 그런 상황은 오늘 우리와 비슷합니다. 우리는 툭 하면 죽게 되었다고 고함을 칩니다. 먹고살기 힘들어졌다고 아우성을 칩니다. 물론 힘들기는 하지만 옛날에 비해서 우리는 지금 엄청나게 잘살고 있습니다. 웬만한 집은 승용차를 굴리고, 냉난방을 갖춰놓고 삽니다. 그런데도 오늘 우리는 죽게 되었다고 호들갑을 피우는 건 아닌지요. 더구나 예수님이 배 안에 계시는데도 말입니다.

39절을 신앙의 눈으로 읽지 않으면 황당하다는 느낌을 받게 될 것입니다. 자연 현상까지 굴복시키는 일이 예수님에게 과연 가능했을까요? 그런 일들은 주로 마술사들이 하는 겁니다. 삼국지에 보면 제갈공

명이 적벽대전에서 바람을 몰고 왔습니다. 그건 그가 직접 바람을 일으킨 게 아니라 과학적 통계를 통해서 그 시각에 계절풍이 불어올 것이라는 사실을 정확하게 예측한 것뿐이었지만 다른 사람의 눈에는 아주 신통한 능력이 주어진 것처럼 보였습니다. 예수님을 통해서 일어난 이 사건의 실체는 무엇일까요? 광풍이 멎을 거라는 사실을 직감적으로 알아채신 걸까요, 아니면 실제로 자연을 제어할 수 있는 초능력이 그에게 있었을까요?

만약 예수님에게 이런 초능력이 있었다면 그런 방식으로 이 세상의 악을 싹쓸이하는 것도 하나님 나라가 이루어지는 데 썩 괜찮은 방법이었을지 모릅니다. 그러나 예수님은 자신을 위해서, 또한 하나님 나라의 실현을 위해서 사람들이 일반적으로 기대할 만한 그런 능력을 행사하지 않았습니다. 오히려 가장 무능력하게 죽으셨습니다. 그는 왜 이런 사소한 사건에서는 초능력을 발휘하고, 정작 중요한 순간에는 아무런 능력이 없는 사람처럼 십자가에 처형당하고 말았을까요?

예수님은 초능력자도, 마술사도 아니며, 도덕군자도 아닙니다. 그는 하나님 나라와 일치한 분이셨습니다. 그가 하나님과 하나라는 뜻입니다. 초기 기독교인들은 예수님을 하나님의 아들로 인식했습니다. 하나님의 아들에게는 당연히 그에 걸맞은 특별한 능력이 따르게 마련입니다. 메시아적인 능력이 그것입니다. 자연을 창조한 하나님의 능력이 바로 예수 그리스도에게 주어졌다는 것은 이런 신앙에 의한 귀납적인 결과입니다. 예수님은 광풍을 제어할 능력을 가지신 분이라고 말입니다.

예수님이 실제로 광풍을 제어한 게 아니라 제자들이 그렇게 인식했을 뿐이라는 말인가, 하는 질문이 나올 수 있습니다. 이런 게 성서 읽기에서 매우 어려운 대목입니다. 성서 시대에는 아주 명백한 사실로 받아들여진 것이라고 하더라도 오늘의 독자들에게는 그렇지 못한 것들이 성서에 많습니다. 홍해가 갈라졌다거나 해와 달이 멈추었다는 보도들이 여기에 포함됩니다. 성서 기자들은 그들 방식으로 하나님의 통치를 경험했습니다. 그들에게 중요한 것은 하나님입니다. 그 하나님의 통치이며, 계시입니다. 그들은 그것을 자기들이 살던 시대의 개념과 용어로 설명할 수밖에 없었습니다. 오늘의 독자들은 그러한 진술의 표층을 뚫고 들어가서 그것이 원래 담아내려고 한 영적 현실에 도달해야 합니다.

오늘 본문도 역시 그렇습니다. 이런 사건에서 광풍이 초자연적으로 멈추었다거나, 또는 아니라는 논쟁은 부질없습니다. 본문 전승에 참여한 사람들은 예수님이 하나님의 아들이라는 사실을 아주 명백하게 경험했습니다. 그것을 사람들에게 전하기 위해서 그들이 예수님과 함께 생활하면서 경험했던 것을 회상의 방식으로 서술하고 있는 중입니다. 장애인들도 치유되고, 자연도 제어되는 일이 예수에게서 발생했다고 말입니다. 그렇게 성서의 의미만을 찾다가 결국 성서의 역사성은 모두 사라지는 게 아닌가 하고 염려할 분들이 계시겠지요. 그렇지 않습니다. 모든 사건에서 의미만 취하려는 게 아닙니다. 역사와 의미를 꿰뚫은 영적인 힘을 포착하자는 것입니다. 예수님에 의해서 광풍이 잦아들었다는 진술은 예수님에게 창조의 원초적인 능력이 있다는 신앙고백입니다. 그는 메시아라는 믿음입니다.

예수님은 바람을 꾸짖으시고 잠잠하라고 말씀하셨습니다. 그러자 바람은 그치고 잔잔해졌습니다. 그렇습니다. 예수님은 악한 힘을 완전히 제압하시는 분이십니다. 이미 이 세상의 악은 예수님의 십자가와 부활을 통해서 힘을 잃었습니다. 그 어떤 악한 세력도 여기서 예외가 아닙니다. 다르게 생각하는 분들도 있겠지요. 이 세상에는 여전히 악이 준동하고 있으니까요. 세월이 흐를수록 악의 힘이 더 기승을 부리는 것 같습니다. 그러나 기독교인들은 '잠잠하라'는 예수님의 말씀이 이미 떨어졌으며, 그것이 실현되었고, 완성되는 중이라는 사실을 믿습니다. 기독교의 종말론은 바로 이 사실의 토대입니다. 무슨 뜻인가요? 종말은 모든 숨겨졌던 실체가 드러나는 순간이며, 그래서 생명이 완전하게 발현하는 순간입니다. 그때는 명실상부하게 모든 악한 힘들이 잔잔해지는 순간입니다. 그때가 우리에게 실증적으로는 아직 오지 않았지만 예수님 안에서 이미 영적으로 선취되었습니다.

이런 신학적 표현은 추상적인 게 아니라 아주 구체적인 것입니다. 악한 힘이 완전히 제거될 종말과 아직 악이 기승을 부리는 현재가 어떤 관계인지를 생각해 보십시오. 만약 종말과 현재가 긴밀하게 연결되어 있다는 사실이 분명하다면 종말은 이미 오늘 안에 개입된 것과 같습니다. 사람들은 시간의 흐름을 단지 과거에서 현재로, 현재에서 미래로만 간다고 믿겠지만 기독교 신앙은 그것을 통시적으로 봅니다. 더 정확하게는 미래가 현재를 규정하는 종말의 지평에서 봅니다. 미래를 현재 안에서 경험하는 사람에게는 예수님의 종말론적 능력이 현실입니다. 이걸 꿰뚫어보는 힘이 신학적 영성입니다. 잠잠하라는 말씀은 현실적인 능력입니다.

풍랑과 파도가 수그러든 다음에 예수님은 제자들에게 왜 이렇게 무서워하는가 나무라셨습니다. 실제로 제자들을 책망하신 건지 아니면 연민의 정을 그렇게 표현하신 건지 정확하게는 모르겠습니다. 어쨌든지 제자들이 풍랑 앞에서 두려워한 행동에 무언가 문제가 있었던 것만은 분명합니다. 제자들의 이런 두려움은 자연스러운 것입니다. 38절에 언급되어 있는 것처럼 그들은 실제로 물에 빠져 죽을지 모른다고 생각했습니다. 파선을 막기 위해서 온갖 수단을 강구해 보았지만 속수무책이었겠지요. 죽음이 바로 코앞에 이른 상황에서 누가 두려워하지 않을 수 있나요? 죽음은 가장 강력한 두려움의 대상입니다. 죽음은 모든 것과의 완전한 단절을 의미합니다. 가장 가깝게는 평생 동안 함께 지냈던 가족과 완전히 헤어져야 하며, 자신이 쌓은 모든 업적과도 인연을 끊어야 합니다. 이런 것들과의 관계가 우리 자신을 확인할 수 있는 결정적인 요인인데, 그런 것들과 완전히 단절된다면 결국 자기 자신을 잃는 것과 마찬가지입니다. 그것보다 더 큰 두려움은 없을 겁니다.

평소에 우리는 이런 두려움을 실감하지 못합니다. 단순한 지식으로서는 죽음을 생각하지만 실질적으로는 별로 생각하지 않습니다. 그러나 죽음이 아주 절실하게 다가오는 순간이 우리 평생에 최소한 몇 차례는 발생합니다. 친지의 장례식에 갔을 때나 결정적인 사고 소식을 접할 때도 그렇고, 또는 자신이 늙어간다는 사실을 뼈저리게 실감할 때도 그렇습니다. 멀지 않은 기간 안에 자신이 완전히 사라진다는 사실을 존재 전체로 받아들이는 순간에 세상이 완전히 뒤집혀질 정도로 큰 충격을 받습니다. 그것은 두려움이고 공포이기도 합니다.

오래전 저와 같은 지역에서 목회하던 후배 목사가 있었습니다. 성격도 좋고, 체격도 건장하고 잘 생기기까지 했습니다. 그가 간암에 걸렸습니다. 의사는 6개월 시한부를 선고했습니다. 병문안을 갔더니 본인은 믿음으로 치유될 수 있다고 확신하고 있더군요. 신유집회에 참석하기도 하고, 가족과 교회 식구들이 집중적으로 기도를 했지만 결국 죽었습니다. 만약 내가 그런 상황이라고 하면 어떨까 생각했습니다. 살기 위해서 수단 방법 가리지 않고 발버둥을 칠까요? 아니면 순순히 받아들일까요? 이런 건 실제로 당해보지 않은 상태에서는 무의미한 상상입니다. 한국의 어떤 유명한 신학자는 암으로 죽어가면서 하나님을 부인했다고 합니다. 죽음이 그만큼 강력한 두려움이라는 뜻이겠지요. 어떤 설교자들은 죽음에 대한 두려움을 설교에 이용하기도 합니다. 믿음 생활을 게을리하다가 불치병에 걸렸다거나 자동차 사고를 당했다는 식으로도 말합니다. 사람은 누구나 그런 두려움이 있기 때문에 이런 접근이 어느 정도 효과를 볼 수 있겠지만, 그리고 그것이 아무리 선의였다고 하더라도 정상적인 말씀 선포라고 할 수는 없습니다. 생명보험회사 설계사들의 수법에 불과합니다.

우리는 현실로서의 죽음을 그대로 직시할 필요가 있습니다. 거기서 느끼는 두려움은 어쩔 수 없이 안고 가야겠지요. 그걸 피하기 위해서 불치병에 걸린 사람을 향해 공연한 희망을 줄 필요도 없습니다. 아무도 대신 감당해 줄 수 없는 죽음을 본인이 잘 감당할 수 있게 해달라고 기도하는 수밖에 다른 길이 없습니다. 그런 기도는 하나님이 함께하시는 진실한 사랑에서만 가능하지 않을까요? 생명의 영이여, 죽음을 눈앞에 둔 이들을 도우소서!

　죽음에 대한 두려움을 극복하기 위한 뾰족한 방법은 없지만, 평소에 나름으로 준비를 한다면 극한 상황만은 막을 수 있을 겁니다. 들리는 말로는 '죽음을 준비하는 모임'도 있다고 합니다. 잘난 사람이나 못난 사람이나 똑같이 통과해야만 할 죽음을 준비하는 것보다 더 중요한 일은 없겠지요. 저의 경우에는 두 가지 방식으로 죽음을 준비합니다. 하나는 소극적인 것이고, 다른 하나는 적극적인 것입니다. 우선 소극적인 것은 무(無)의 세계로 들어가는 연습입니다. 창조 이전의 세계에 대한 인식이라고나 할까요? 또는 유(有)의 반대 개념이라고나 할까요? 아니면 무와 유의 경계선으로 들어가는 훈련이라고나 할까요? 여기서 무는 단순히 없는 것이 아니라 없음을 통해서 있음을 가능하게 하는 원초적인 존재의 상태입니다. 불교에서 말하는 공(空)이 여기에 해당될지도 모르겠군요. 이런 점에서 무는 불안이 아니라 궁극적인 평화의 세계이겠지요.

　적극적인 차원에서 저는 종말론적 하나님 나라 안으로 들어가는 훈련을 합니다. 오늘 내가 이 땅에서 경험하는 이런 생명 형식과 질적으로 차원을 달리하는 생명의 세계를 꿈꾸고 기다리는 것입니다. 그것은 그렇게 막연한 게 아닙니다. 그것에 대한 상징은 성서에 많습니다. 궁극적으로는 예수 사건에서 발견할 수 있습니다. 생명의 세계로 들어갈 수 있는 유일한 통로인 예수 사건에 제 운명을 거는 겁니다. 궁극적인 신뢰가 필요하겠지요. 저는 아직 죽음을 초월한 도사가 되지 못했습니다. 아마 죽음의 문을 통과할 때까지도 무의식적인 두려움은 저를 끝까지 붙들고 늘어지겠지요. 그걸 제가 극복한 것도 아니고, 이 땅에 살아 있는 한 극복할 것으로 생각하지도 않습니다. 바울의 고백처럼 푯대를 향해서 달음질할 뿐입니다.

　예수님은 침몰하는 배로 인해서 죽을지 모른다고 두려워하는 제자들에게 어찌 믿음이 없느냐 물으셨습니다. 믿음이 있다면 죽음의 위기 속에서도 두려워하지 않을 수 있다는 말이 되는군요. 우리의 일반적인 경험으로 미루어보면 이렇게 구체적인 죽음과의 직면으로 당하게 될 두려움을 믿음으로 극복하기는 쉽지 않습니다. 이런 것을 잘 알고 계실 예수님이 제자들의 믿음 운운한 것은 무슨 뜻일까요?

우리는 일반적으로 믿음을 단순히 우리의 심리작용이나 의지의 문제로 생각합니다. 이런 믿음은 모두 주관적인 차원입니다. 돌멩이를 대상으로 '믿습니다' 하고 외치다 보면 자기도 모르게 믿음이 생기는 현상과 비슷합니다. 성서가 말하는 믿음은 개인의 주관적 심리작용이 아니라 하나님과의 관계에 그 토대가 있습니다. 믿음은 자기 확신이 아니라 하나님의 행위 앞에서 자연스럽게 우러나오는 신뢰입니다. 그게 그거 아니냐 하고 생각할 분들이 있을 겁니다. 교회에서 일반적으로 말하는 믿음도 역시 하나님을 믿는 거라고 말입니다. 그렇지 않습니다. 사람의 믿는 행위에 초점을 두는 것과 그런 믿음이 가능하게 되는 하나님의 행위에 초점을 두는 것은 근본적으로 다릅니다. 다시 강조하거니와 전자는 인간의 심리학이라면 후자는 하나님의 존재론입니다.

제 생각에 예수님이 제자들을 향해서 왜 믿음이 없는가 물으신 이유는 죽음에 대한 두려움 자체를 문제 삼으신 것이라기보다는 이 세상을 창조하신 하나님을 신뢰하지 못하는 것에 대한 지적입니다. 두려움은 하나님을 알지 못하는 데서 나옵니다. 하나님을 알지 못하고 신뢰하지 못하면 이 세상에서 살아가는 모든 것을 두려워할 수밖에 없습니다.

폭풍 제어 사건의 핵심은 41절입니다. 제자들은 심히 두려워했다고 합니다. 앞에서는 풍랑 때문에 두려워했다면 이제는 풍랑이 잦아든 것 때문에 두려워했습니다. 정반대의 현상 앞에서 그들은 비슷한 태도를 보였습니다. 앞의 두려움은 죽음의 위기에서 나온 것이라면, 뒤의 두려움은 영적인 두려움입니다. 루돌프 오토의 개념으로 말하면 그것은 곧 거룩한 두려움, 즉 누미노제입니다. 이게 종교 경험입니다. 우리는 성서에서 이런 경험을 발견할 수 있습니다. 족장 설화는 기본적으로 그런 경험을 전제합니다. 아브라함은 자녀가 없는 가운데서도 후손이 번성하게 될 것이라는 약속을 받았습니다. 그것은 전적인 새로움입니다. 모세의 호렙산 경험이나 이사야의 스랍 경험도 역시 그렇습니다. 모든 예언자들은 자신들의 영혼을 휩싸는 어떤 영을 경험했습니다. 바울의 다마스쿠스 회심도 역시 그런 경험이었습니다. 요한계시록의 새 하늘과 새 땅도 역시 이 세상과 전혀 다른, 전혀 새로운 세계에 대한 경험이었습니다.

이들이 경험한 것은 거룩한 두려움입니다. 거룩하지 못한 인간이 거룩한 영을 경험하면 신을 벗어야 하며, 숯불로 입술을 지져야 하며, 눈이 멀고, 무언가 새로운 것을 선포해야만 합니다. 거룩한 힘 앞에서 인간은 두려워할 수밖에 없습니다. 거룩하다는 것은 질적으로 전혀 다르다는 의미입니다. 하나님은 우리와 질적으로 다릅니다. 그의 통치는 우리의 예상 너머에서 일어납니다. 오늘 우리에게 질적으로 다른 생명의 힘이 경험되고 있을까요? 우리의 모든 행위들을 배설물처럼 여길 정도의 거룩한 것이 우리 삶을 사로잡고 있을까요? 제자들은 그날 배 위에서 예수를 통한 거룩한 두려움을 경험했습니다.

제자들의 두려움은 제자들로 하여금 '그가 누구이기에 바람과 바다도 순종하는가?' 하는 질문을 하게 만들었습니다. 그가 누군가? 표면적으로만 보면 그는 아주 평범한 유대인에 불과했습니다. 목수 요셉의 아들이었습니다. 그런데 왜 그에게서 이런 놀라운 일들이 일어나는가? 여기서 말하는 놀라운 일은 곧 메시아적 징표를 가리킵니다. 그들은 전혀 뜻밖의 사건으로 인해서 충격을 받았습니다. 그렇습니다. 궁극적인 두려움은 메시아 문제입니다. 그것은 곧 구원의 문제입니다. 구원 문제보다 우리에게 더 절실한 건 하나도 없습니다. 메시아, 즉 구원자를 만나는 것보다 더 중요한 것은 우리에게 없습니다. 그를 만난다면, 그를 통해서 구원을 경험한다면 우리는 그 어떤 대가도 치를 것입니다. 밭에 보물이 묻힌 걸 발견한 사람은 자기의 전 재산을 팔아서 그걸 삽니다.

제자들의 거룩한 두려움이 예수의 정체성에 집중되었듯이 오늘 우리의 모든 관심도 여기에 집중되어야 합니다. 기독교인들이 크게 착각하는 게 있습니다. 예수를 이미 잘 안다는 생각이 바로 그것입니다. 이미 알고 있으면 더 이상 알고 싶은 생각도 없겠지요. 그런 태도에서는 새로운 깨달음도 없겠지요. 이미 알고 있는 작은 지식을 반복하고 확대 재생산하는 것에만 마음을 쏟을 뿐입니다. 요즘 설교자들은 예수님에 대해서 관심이 없습니다. 대신 청중들에게만 관심이 있습니다. 예수가 그리스도라고 말만 할 뿐이지 왜 그런지에 대해서 말하지 않고, 알려고도 하지 않습니다. 이게 오늘 우리 설교자들의 비극입니다. 다시 말하지만, 본문의 중심이 바로 "그가 누군가?"라는 질문에 있듯이 오늘의 설교는 바로 이 사실을 화두로 붙들어야 합니다. 예수는 누군가?

5장

예수, 귀신을 쫓아내시다

5:1-20

¹ 예수께서 바다 건너편 거라사인의 지방에 이르러 ² 배에서 나오시매 곧 더러운 귀신 들린 사람이 무덤 사이에서 나와 예수를 만나니라 ³ 그 사람은 무덤 사이에 거처하는데 이제는 아무도 그를 쇠사슬로도 맬 수 없게 되었으니 ⁴ 이는 여러 번 고랑과 쇠사슬에 매였어도 쇠사슬을 끊고 고랑을 깨뜨렸음이러라 그리하여 아무도 그를 제어할 힘이 없는지라 ⁵ 밤낮 무덤 사이에서나 산에서나 늘 소리 지르며 돌로 자기의 몸을 해치고 있었더라 ⁶ 그가 멀리서 예수를 보고 달려와 절하며 ⁷ 큰 소리로 부르짖어 이르되 지극히 높으신 하나님의 아들 예수여 나와 당신이 무슨 상관이 있나이까 원하건대 하나님 앞에 맹세하고 나를 괴롭히지 마옵소서 하니 ⁸ 이는 예수께서 이미 그에게 이르시기를 더러운 귀신아 그 사람에게서 나오라 하셨음이라 ⁹ 이에 물으시되 네 이름이 무엇이냐 이르되 내 이름은 군대니 우리가 많음이니이다 하고 ¹⁰ 자기를 그 지방에서 내보내지 마시기를 간구하더니 ¹¹ 마침 거기 돼지의 큰 떼가 산 곁에서 먹고 있는지라 ¹² 이에 간구하여 이르되 우리를 돼지에게로 보내어 들어가게 하소서 하니 ¹³ 허락하신대 더러운 귀신들이 나와서 돼지에게로 들어가매 거의 이천 마리 되는 떼가 바다를 향하여 비탈로 내리달아 바다에서 몰사하거늘 ¹⁴ 치던 자들이 도망하여 읍내와 여러 마을에 말하니 사람들이 어떻게 되었는지를 보러 와서 ¹⁵ 예수께 이르러 그 귀신 들렸던 자 곧 군대 귀신 지폈던 자가 옷을 입고 정신이 온전하여 앉은 것을 보고 두려워하더라 ¹⁶ 이에 귀신 들렸던 자가 당한 것과 돼지의 일을 본 자들이 그들에게 알리매 ¹⁷ 그들이 예수께 그 지방에서 떠나시기를 간구하더라 ¹⁸ 예수께서 배에 오르실 때에 귀신 들렸던 사람이 함께 있기를 간구하였으나 ¹⁹ 허락하지 아니하시고 그에게 이르시되 집으로 돌아가 주께서 네게 어떻게 큰 일을 행하사 너를 불쌍히

여기신 것을 네 가족에게 알리라 하시니 [20] 그가 가서 예수께서 자기에게 어떻게 큰 일 행하셨는지를 데가볼리에 전파하니 모든 사람이 놀랍게 여기더라

마가복음 5장 1-20절에 서술된 군대귀신 축출 사건은 여러 가지 면에서 특이합니다. 우선 병행구인 마태복음(8:28-34)이나 누가복음(8:26-39)에 비해서 마가복음이 이 사건을 훨씬 자세하게 보도하고 있습니다. 마가복음은 다른 공관복음서에 비해서 분량이 짧기도 하고, 기록 연대가 신학적 해석을 별로 필요로 하지 않을 정도로 이르기 때문에 각각의 사건 보도 역시 간략합니다. 그런데 이 사건만은 그런 틀에서 벗어났습니다.

이 사건은 예수께서 거라사 지방에 이르렀다는 말로 시작됩니다. 누가복음에도 거라사로 나옵니다. 그런데 마태복음은 '가다라'라고 말합니다. 2절은 귀신들린 사람과 예수님이 맞대면하는 장면입니다. 예수님은 배에서 내리셔서 언덕으로 올라가셨고, 귀신 들린 사람은 무덤 사이에서 나왔습니다. 예수님이 방금 내린 배는 놀라운 메시아 사건이 일어난 장소인 데 반해서 귀신 들린 사람이 나온 무덤은 죽음이 발생하는 장소입니다. 예수님은 거룩한 영에 사로잡힌 분인 반면에 귀신들린 사람은 그야말로 '더러운' 영에 사로잡힌 사람이었습니다.

귀신 들렸다는 말은 무슨 뜻일까요? 귀신은 왜, 어디에서 나왔을까요? 흔히 말하듯이 귀신은 타락한 천사일까요? 하나님은 왜 천사가 타락하도록 내버려두었을까요? 오늘도 귀신이 있나요? 정신병과 귀신 들림은 같은 걸까요? 이런 질문은 끝이 없습니다. 그 어떤 사람도 이에 대한 실증적인 대답을 제시할 수는 없을 겁니다. 정신과의사나 심령치료사나 생물학자, 신학자 모두 나름으로 대답을 할 수는 있겠지만 최종적인 대답을 내놓지는 못합니다. 그 이유는 귀신 문제도 성령이나 생명 문제와 마찬가지로 우리의 인식을 뛰어넘기 때문입니다. 신학적

으로 표현한다면 이런 문제도 역시 종말론적인 지평을 갖고 있기 때문입니다.

본문은 무덤 사이에서 나온 그를 가리켜 더러운 영에 사로잡힌 사람이라고 했습니다. 그렇습니다. 귀신은 더러운 영입니다. 오늘도 우리는 그런 더러운 영을 경험합니다. 우리 자신에게도 그런 힘들이 작용합니다. 심지어 교회 안에도 이런 더러운 영은 활동합니다. 이런 힘들은 계몽이나 교양으로 해결되지 않습니다. 그렇다면 어떻게 해결될 수 있을까요? 다른 길은 없습니다. 빛이 있어야 어둠이 물러가듯이 성령만이 더러운 영을 추방할 수 있습니다. 이 말을 상투적인 것으로 받아들이지 마십시오. 성령은 창조주 아버지의 영이고, 그리스도 예수의 영이십니다. 우리는 그를 믿습니다.

본문에 따르면 더러운 귀신들린 사람은 무덤 사이에서 살았습니다. 동네에서 추방당해서 어쩔 수 없이 그곳으로 나왔겠지요. 지금의 노숙자들처럼 말입니다. 스스로 정상적이라고 생각한 동네 사람들은 귀신 들린 사람이 자신들과 함께 사는 걸 용납할 수 없었습니다. 귀신 들린 사람 때문에 자신들의 삶이 지장을 받는다고 생각했겠지요. 그러나 사실 귀신들린 사람들은, 즉 요즘의 시각으로 정신이상자들은 그렇게 사납지 않습니다. 그들이 그런 병에 걸린 이유는 공격적이라기보다는 오히려 주변의 공격을 막아낼 힘이 없었다는 데에 있습니다. 엄밀하게 보면 공동묘지로 추방당한 이 사람보다는 동네 사람들이 더 공격적이었을지 모르지요.

간혹 매스컴에서 다음과 같은 이야기를 듣습니다. 장애인 시설이 자기 동네에 들어오는 것을 막기 위해서 주민들이 집단적으로 실력 행사를 하는 일들이 있습니다. 장애인 시설 때문에 집값이 떨어진다거나 자녀 교육과 안전에 위험이 있다는 논리입니다. 이것은 바로 귀신 들린 사람을 동네 밖으로 추방한 동네 사람의 논리와 다를 게 하나도 없습니다. 어디 그뿐이겠습니까? 한국에서 제일 똑똑한 아이들만 받아들이겠다는 대학교 선생님들의 생각도 이와 똑같습니다. 서울대학교가 앞장서서 삼불정책을 폐지하라고 주장했습니다. 본고사, 고교등급제, 기여 입학제 불가정책 때문에 대학교 경쟁력이 떨어진다는 주장입니다. 실력이 조금 떨어진 학생들을 받아서 높은 경쟁력을 가진 학생으로 키우는 것이야말로 한국을 대표하는 국립대학교가 나서서 해야 할 일이 아닐까요? 우리는 여러 차원에서 능력이 없는 이들을 공동묘지로 내모는 일에 너무 익숙해지는 것 같습니다. 당장은 문제가 해결되는 것 같지만 그것은 미봉책입니다. 그런 방식으로 이 공동체의 안전이 보장될 수 없습니다.

동네 사람들이 귀신 들린 사람을 쇠사슬로 묶었다고 하네요. 그가 동네를 배회하면서 무언가 문제를 일으켰을지 모릅니다. 배고플 때는 남의 부엌에 들어가서 소소한 먹을거리를 훔쳐 먹었겠지요. 추울 때는 세탁해 널어놓은 옷을 슬쩍 해서 입었겠지요. 동네 사람들이 그를 무덤 사이로 추방할 때마다 그는 다시 동네로 들어와야만 했습니다. 그렇지 않고는 살아갈 수 없으니까요. 참다 못한 동네 사람들은 그를 무거운 쇠사슬로 묶어 두었습니다. 자신들의 안락한 삶을 확보하기 위한 고육책이었는지 모릅니다.

언젠가 한 장애인이 자신의 몸을 쇠사슬로 묶고 시위하는 장면을 신문 지상으로 본 적이 있습니다. 그는 시위를 하면서 강제 연행을 당하지 않으려고 쇠사슬로 자기 몸을 묶었습니다. 그것은 장애인을 따돌림 하는 한국 사회의 상징적인 모습입니다. 이 나라에서 장애인으로 살아간다는 것은 쇠사슬을 묶고 살아가는 것과 똑같습니다. 국가보안법도 일종의 쇠사슬입니다. 사상이 다른 사람들을 쇠사슬로 묶어서 마음대로 움직이지 못하게 하는 악법입니다. 양심적 군복무 거부자들을 감옥에 보내는 것도 역시 쇠사슬이겠지요. 한국 사회에는 동성애자들도 쇠사슬에 묶여서 살아야 합니다. 보이는, 보이지 않는 쇠사슬이 많습니다. 쇠사슬을 질질 끌며 살아가는 사람들로 이 사회가 넘쳐납니다. 그게 보이시나요? 교회 신자들도 여러 종류의 쇠사슬에 묶여 있는지 모릅니다. 신자들이 교회생활을 무거운 짐으로 느끼고 있다면 그것은 분명히 쇠사슬입니다. "수고하고 무거운 짐을 진 자들아!" 하고 부르신 예수님의 이 말씀은 곧 종교적인 짐을 가리킵니다. 문자의 차원에서 강요되는 십일조와 성수주일은 신자들에게 쇠사슬처럼 작용합니다. 그런 쇠사슬을 기쁨으로 받아들인다면 그것은 곧 마조히즘이 아닐까 생각합니다.

귀신 들린 사람은 동네 사람들이 묶어놓은 쇠사슬을 툭툭 끊어낸 것 같습니다. 미친 사람들은 경우에 따라서 초능력인 괴력을 발휘한다고 합니다. 그들만이 아니라 일반적인 사람들도 위급한 상황에서는 평소에 가능하지 않은 놀라운 힘을 냅니다. 이제 동네 사람들은 자포자기 했을 것 같군요. 한편으로는 귀신 들린 사람을 불쌍하게 여기기도 하고, 다른 한편으로는 죄인 취급을 하면서 억압적인 방식으로 문제를 해결해 보려고 했지만 아무 소용이 없었습니다. 그렇습니다. 폭력은 폭력으로 해결할 수 없습니다. 일시적으로는 잠잠하게 만들지 모르지만 근원적으로 해결할 수는 없습니다. 왜냐하면 오늘 본문에서 보는 것처럼 악한 힘은 어느 순간에 폭발적인 힘으로 그런 억압적인 장치들을 깨뜨려버리기 때문입니다. 본문의 귀신들린 사람이 악한 사람이라는 말은 아닙니다. 더러운 귀신이 문제이지요.

인류는 오랫동안 범죄 행위를 형법으로 다스려 왔습니다. 범죄자들에게 일정한 방식으로 신체적인 억압을 가했지만 범죄 행위는 여전히 줄어들지 않습니다. 거꾸로 형법이 강화되면 강화될수록 범죄 행위는 훨씬 더 폭력적인 현상을 보이는 게 아닐까 생각됩니다. 미국이 9·11과 같은 테러를 방지한다는 명분으로 이라크 전쟁을 일으켰지만 그곳에 또 다른 방식의 폭력과 테러가 기승을 부린다는 사실에서 이를 확인할 수 있습니다. 그렇습니다. 사회 안전망은 쇠사슬로 유지될 수 없습니다. 그렇다면 대안은 무엇일까요? 사회에 적응하지 못하는 사람들을 무조건 격리시키는 방식이 아니라 함께 어울려 사는 방식을 찾아야겠지요.

최소한의 억압을 통해서 거기에 해당되는 사람들이 공동체 안에서 살아가도록 돕는 길을 찾는 것밖에는 다른 길이 없는 게 아닐는지요.

귀신 들린 사람이 쇠사슬을 끊어버렸다는 대목에서 〈뻐꾸기 둥지 위로 날아간 새〉라는 영화가 생각나는군요. 정신병원에서 일어난 에피소드입니다. 주인공이 왜 정신병원에 들어갔는지는 모르겠고, 그곳에서 고분고분하지 않는다는 이유로 몇 번 경고를 받다가 결국 뇌수술을 받습니다. 그 과정에서 그는 친구를 사귑니다. 그 친구도 정신병원에 있는 환자입니다. 덩치가 아주 큰 그 친구는 벙어리로 소문이 났습니다. 아무도 그가 말하는 걸 들은 사람이 없습니다. 그는 이 주인공 앞에서만 입을 엽니다. 주인공이 강제로 뇌수술을 받고 나온 걸 본 이 친구는 커다란 의자를 들어 던져서 쇠창살을 부숩니다. 그리고 탈출하지요.

저는 한국 교회 신자들이 이렇게 쇠사슬을 끊고 자유를 향해 나가야 한다고 생각합니다. 그들은 끊임없이 길들여지고 있습니다. 무엇이 신앙인지 모른 채 습관적으로 신앙생활을 합니다. 말 한 마디 잘못하면 믿음이 없다는 핀잔을 듣고, 심지어는 '교회에 그만 나와!' 하는 말도 듣습니다. 공연히 문제를 일으키는 신자들이 없는 건 아니지만 대개는 마지못해, 또는 솔선해서 정신병원의 규칙을 따르고 있는 이들이 훨씬 많은 게 아닐는지요. 문제는 그들이 쇠사슬에 묶여 있다는 사실조차 인식하지 못한다는 것입니다. 모일 때마다 죄를 회개하고, 헌금을 드려야 하고, 무언가 교회를 위해서 일을 해야 한다는 압박감을 받으면서도 그것을 당연한 것으로 여깁니다. 문제의식이 있어도 그런 쇠사슬의 구조에서 벗어나는 것 자체를 두려워합니다. 다른 한편으로 많은 그리스도인들이 억압적인 구조에서 안정감을 느끼기도 합니다. 마치 교주를 따르는 신도들처럼 최소한의 합리적인 판단과 의지를 포기한 채 신앙생활을 합니다. 그게 믿음일까요?

이 사람은 공동묘지에서 괴성을 지르고 돌로 자기 몸을 괴롭히고 있었다고 합니다. 도대체 이 사람의 삶에는 무슨 사연이 숨어 있을까요? 괴성은 논리적 언술로 나타낼 수 없는 괴로움의 한 표현입니다. 넘쳐나는 기쁨 앞에서도 사람은 언어를 잃지만 괴로움 앞에서도 그렇습니다. 언어를 잃어버릴 수밖에 없는 슬픔이 이 사람의 정신세계를 사로잡고 있었겠지요. 언젠가 팔레스타인 사람이 이스라엘의 무장공격으로 죽은 아이의 시신 앞에서 통곡하는 장면을 화면으로 본적이 있습니다. 참척의 고통 가운데서 무슨 말을 할 수 있겠습니까? 그냥 꺼이꺼이 우는 것밖에 다른 수가 없습니다.

괴성을 지르고 돌로 자기 몸을 해치는 이 사람에게서 우리는 현대인의 자학적인 모습을 발견할 수 있습니다. 많은 부분에서 그렇지만 특별히 자녀 교육에서 이런 현상은 극에 달합니다. 이것은 어제오늘의 문제가 아닐 뿐만 아니라 의식이 있는 사람이라고 하더라도 혼자서는 어떻게 대처할 수 없을 정도로 구조화된 문제입니다. 이른 아침부터 밤늦게까지 학교와 학원과 개인과외 학습에 매달리고 있는 자녀들은 분명히 자기 몸을 돌로 해치는 귀신 들린 사람과 똑같습니다. 지난날보다 물량적인 차원에서 우리의 삶이 풍요로워졌는데도 여전히 자학적인 행태를 버리지 못하는 이유는 무엇일까요? 삶의 본질이 어디부터인가 왜곡되었기 때문이겠지요. 과도한 경쟁을 통해서만 삶을 확인하는데 찌들어 버렸기 때문이겠지요. 다른 데서는 삶을 확인할 수 없기 때문이겠지요. 경쟁은 삶(생명)의 눈높이를 사람에게 둘 때 일어나는 삶의 확인 방식입니다. 만약 우리가 하나님 나라에 삶의 눈높이를 맞출 수 있다면 전혀 다른 삶의 차원이 열리게 될 겁니다. 이것이 곧 하나님 나라와 그의 의를 구하면 일상의 조건들까지 해결될 수 있다는 예수님의 가르침이 가리키는 삶의 태도입니다. 결국 하나님이 아니면 우리는 구원받을 수 없습니다.

본문의 귀신 들린 사람처럼 현대인의 삶만이 아니라 기독교 신앙도 역시 자학인 경우가 많습니다. 제가 자주 말하지만, 죄책감이 그것입니다. 많은 교회 지도자들이 심리학과 신앙(신학)을 혼동하기 때문에 신자들을 죄책감에 사로잡히게 합니다. 죄책감은 자학을 통한 심리적 만족에 불과합니다. 기독교 신앙은 전혀 새로운 차원에서 임박한 하나님 나라에 온전히 사로잡히는 사건입니다. 예수님이 선포한 이 나라(바실레이아)에 자학을 위한 자리는 눈곱만큼도 없습니다.

귀신들린 사람이 멀리서 예수를 보고 달려왔다는 말은 그가 예수의 정체를 일찌감치 알아보았다는 뜻일까요? 하나님의 아들 운운하는 7절 말씀을 전제한다면 그런 것처럼 보입니다. 더러운 귀신이나 성령이나 기본적으로 영적인 힘이라는 점에서 서로 소통되는 대목이 있었겠지요. 그런데 어떻게 보면 그런 해석은 상당히 작위적으로 보입니다. 일단 상식적으로 생각해보는 게 어떨는지요. 상식이 실체적 진실에 가까울 때도 많답니다. 귀신들린 사람의 입장에서 이 장면을 조명해봅시다. 이 사람은 앞서 설명한 대로 동네에서 추방당했을 뿐만 아니라 쇠사슬로 결박당하기도 했습니다. 완전히 따돌림 당한 사람입니다. 그는 무덤 사이에서 배회하며 절대고독 가운데 빠져 있었습니다. 그의 친구는 단지 따사로운 햇살과 바람과 별, 그리고 나비와 민들레, 또는 메뚜기와 도마뱀뿐이었습니다. 그런 자연의 식물과 동물, 곤충들이야말로 자기를 왕따시키지 않는, 아니 왕따시킬 줄도 모르는 진정한 친구들입니다. 그들과 친구가 되었다고 해도 사람은 사람이 그리운 법입니다. 바로 그 순간에 예수 일행이 저 언덕 아래에서 올라오고 있었을지 모릅니다. 이 사람은 예수 일행을 향해 무의식적으로 달려갔습니다. 외로움에 사무친 까닭일 수도 있고, 사람을 향한 분노 때문일 수도 있습니다. 이것도 아니고 저것도 아니라면 단순한 호기심일 수도 있겠지요. 어쨌든지 귀신 들린 이 사람에게 오늘 특별한 기회가 찾아온 셈입니다.

우리의 삶에도, 어떤 결정적인 사건이 일어날 기회가 간혹 주어집니다. 우리가 하나님의 형상으로 지음 받은 게 분명하다면 하나님이 그냥 내버려두실 리가 없습니다. 문제는 우리가 그런 기회(카이로스)에 반응하지 않는다는 데 있습니다. 예수 일행을 보고도 달려가지 않습니다.

생명의 힘을 못 본 체합니다. 왜 그럴까요?

　　본문의 이야기는 마치 만화의 한 장면 같습니다. 귀신 들린 사람이 예수님에게 자기를 괴롭히지 말라고 요청합니다. 이런 말은 누가 하는 걸까요? 이 사람 안에 들어 있는 귀신이 하는 건가요? 아니면 이 사람 자신인가요. 저는 귀신을 질량으로 존재하는 실체나 인격체로 이해하지 않습니다. 나중에 변할지는 몰라도 지금까지는 그렇게 이해합니다. 이 말을 귀신이 했다고 생각하지도 않습니다. 그렇다면 바로 이 사람이 직접 이 말을 했다는 것인가요? 이 사람에게는 그럴 만한 능력은 없습니다. 제정신이 없는 사람이 예수를 향해서 어떻게 하나님의 아들 운운할 수 있겠습니까?

　　저는 이 사건의 내막을 정확하게 설명할 자신이 없습니다. 마가복음 기자가 무슨 생각으로 이런 이야기를 이렇게 보도하고 있는지를 밝혀내려면 훨씬 복잡한 본문 비평이 필요하겠지요. 설령 어느 정도 이런 작업이 이루어진다고 하더라도 완전한 해답을 찾아낼 수는 없습니다. 우리와 전혀 다른 세계관에서 살았던 성서기자의 보도에서 어떤 객관적인 사실을 확실하게 얻을 수는 없습니다. 그렇다고 해서 제가 이 보도의 진정성을 의심한다는 말은 아닙니다. 제 생각에 이 보도는 마가공동체의 신앙고백입니다. 그들은 귀신 들린 사람의 입을 통해서 그걸 말하려는 것이었겠지요. 신앙고백의 핵심은 예수가 하나님의 아들이라는 사실을 악한 영들도 인정할 수밖에 없었다는 것이지요. 그래서 귀신 들린 사람이 직접 예수에게 그런 말을 하였고, 그 뒤로 귀신이 쫓겨나게 됩니다. 이렇게 그들은 악한 세력을 굴복시킬 수 있는 능력이 하나님의 아들인 예수에게만 있다는 사실을 증명하려고 했습니다. 오늘 우리도 그 사실을 믿는 사람들입니다.

　　7절에서 귀신 들린 사람이 예수님을 향해서 "나를 괴롭히지 마옵소서"라고 간청한 이유는 예수님이 이미 귀신에게 명령을 내렸기 때문이라고 하는군요. 이 뒤로 예수님과 귀신의 대화가 계속됩니다. 이런 묘사를 그대로 따른다면 귀신은 인격체처럼 보입니다. 귀신이 실제로 인격체인가 아닌가 하는 것에 대한 실증적인 대답을 우리는 찾기 힘듭니다. 이것을 영화 〈엑소시스트〉 같은 범주에서 생각하지 말아야 합니다. 이것이 해명되려면 앞으로 많은 세월이 필요한 문제니까 그냥 넘어가는 게 좋겠지요. 정확하게 모르는 것은 일단 덮어두고 진도를 나가는 게 최선의 성경 읽기입니다.

오늘 우리는 영적인 의미를 찾는 게 좋습니다. 여러분도 그걸 찾을 수 있을 겁니다. 예수님은 더러운 귀신을 추방하는 분이십니다. 더러운 귀신이 곧 우리의 생명을 파괴하는 악한 힘이라고 한다면 예수님이야말로 우리의 생명을 지키시는 분이라는 말이 되겠지요. 한걸음 더 나아가서 종말론적 메시아 공동체인 교회는 더러운 귀신을 쫓아내는 예수님의 일에 동참해야 합니다. 여기서 '종말론적 메시아 공동체'라는 말은 교회가 종말에 일어날 구원 사건과 연관된다는 뜻입니다. 그것이 예수님에게서 당겨져서 일어났습니다. 축귀도 역시 이런 종말론적 구원 사건입니다. 더 정확하게 말한다면 종말론적 구원 사건의 징표입니다.

우리가 이런 일에 동참하려면 더러운 귀신의 행태가 무엇인지를 분별할 수 있어야겠지요. 그런데 이게 쉽지 않습니다. 폭력, 전쟁, 분열, 패거리주의 등등 인간 삶과 공동체를 파괴하는 모든 것들이라고 할 수 있지만, 더 세부적으로 들어가면 그렇게 간단하지 않습니다. 우리 스스로는 이런 것들을 분별할 수 있는 능력이 없습니다. 생명의 깊이를 보시는 성령에게만 그런 능력이 있겠지요. 우리는 그 성령에 의지해서 조금 따라갈 수 있을 겁니다. 결국 우리의 모든 문제는 성령과 연관되는군요.

9절부터 이야기가 점점 이상하게 흘러갑니다. 우리에게는 너무나 낯선 내용으로 전개되는군요. 네 이름이 무엇이냐? 내 이름은 군대다. 무리가 많기 때문이다. 대충 이런 대화로 진행됩니다. 군대는 헬라어 '레기온'인데, 이는 성서 난외주에 나와 있듯이 로마 군대의 여단을 가리킨다고 합니다. 이 대목은 마가복음 기자의 언어유희가 아닐는지요. 더러운 귀신이 곧 로마 군대라고 말입니다. 이건 그렇게 확실한 말이 아니지만 그럴 개연성을 완전히 부정할 수는 없습니다. 로마 제국의 악한 힘을 마가공동체도 역시 절감하고 있었을 테니까 말입니다.

로마 제국은 예수의 공생애만이 아니라 초기 기독교 공동체의 역사와 매우 긴밀히 연결되어 있습니다. 사람들은 로마와 기독교의 관계를 매우 적대적인 것으로 생각합니다. 툭하면 카타콤베 지하묘지와 콜로세움 원형경기장을 거론합니다. 일정한 기간 기독교가 로마의 박해를 받기는 했지만 그렇다고 해서 늘 그런 것은 아니었습니다. 누가와 바울의 설명에 따르면 오히려 친근한 관계를 맺었습니다. 로마 시민권을 갖고 있던 바울이 로마 제국을 무조건 배척할 리가 없습니다. 그렇다고 해서 황제숭배를 강요하는 로마 제국을 옹호했다고 볼 수는 없겠지요. 바울이 정치적인 세력과 공연히 마찰을 일으키고 싶어 하지 않았다는 것만은 분명합니다. 왜냐하면 하늘의 시민권은 로마 제국과 차원을 달리하니까요. 예수님도 빌라도 법정에서 자신의 나라는 땅이 아니라고 말씀하셨습니다. 어쨌든지 오늘 본문에서 마가복음 기자는 더러운 귀신을 레기온이라고 부르고 있네요. 레기온은 숫자를 자랑하는 세력입니다. 오늘도 사람들은 숫자 자랑을 좋아합니다. 모든 것을 숫자로 나타내려고 합니다. 우리가 악한 귀신에 사로잡혀 있다는 뜻인지도 모릅니다. 또한 레기온은 표면적인 힘을 자랑하는 세력입니다. 우리 삶의 실제 모습이 바로 그것이 아닐는지요.

귀신(들린 사람)이 자기를 그 지방에서 내보내지 마시기를 간구했다고 합니다. 이것도 엉뚱한 이야기처럼 들립니다. 귀신이 다른 지방으로 쫓겨 가기를 두려워했다는 게 도대체 무슨 말인지 종잡기 힘들군요. 본문에서 약간 벗어나는 걸 감수하고서라도 그 의미의 한 가닥만 짚어 보겠습니다. 더러운 귀신의 속성은 어느 한 장소에 고착된다는 것입니다. 본문의 귀신이 다른 지방으로 쫓겨나는 걸 두려워했듯이 말입니다.

이런 걸 심리학적으로 어떻게 부르는지 모르겠지만 분명히 정신적인 질병 현상인 것만은 분명합니다. 사람은 누구나 익숙한 세계를 편하게 생각하고 낯선 세계를 불편하게 생각합니다. 사람 관계에서도 그렇고 삶의 방식에서도 그렇고, 종교 행태에서도 그렇습니다. 기독교인들에게 불교의 예불이 이상하게 보이고, 심지어 가톨릭의 미사도 불편하게 보입니다. 낯선 것에 대한 어느 정도의 불편한 마음이야 어쩔 수 없지만, 그게 심해지면 문제가 되겠지요.

기독교인들 중에서 하나님 나라의 정확한 의미를 알게 되면 불편하게 생각할 분들이 많을 겁니다. 그들은 대개 이 세상에서 경험하는 삶의 연장선상에서 하나님 나라를 생각합니다. 하나님 나라는 잘 먹고 잘 사는 어떤 우주론적 공간이 아니라 하나님의 생명 통치라는 사실이 그들에게는 못마땅하거나 불안할지 모르겠군요. 신앙은 낯선 생명을 기다리는 삶의 태도라고 생각합니다. 우리에게 익숙한 어떤 범주나 개념으로도 담아낼 수 없는 낯선 생명세계를 향한 열린 자세 말입니다.

11절에서 돼지가 떼를 이루어 산비탈에서 먹고 있었다는 걸 보면 그곳이 이방인 지역이었던 것 같습니다. 돼지는 이방인들의 먹을거리이거든요. 지금도 유대인들과 팔레스타인 원주민들이 팔레스타인에서 조금씩 지역을 나누어 뒤섞여 살듯이 예수님 당시에도 그랬습니다. 유대인들은 돼지고기를 먹지 않습니다. 그들이 왜 돼지를 혐오했는지를 종교학적으로 살피려면 많은 연구가 필요하겠군요. 상식적으로만 본다면 그 문제는 위생학과 연관됩니다. 의학적인 정보가 형편없던 그 당시에 고지방질 음식인 돼지고기는 치명적일 수 있습니다. 그들은 오랜 경험으로 그것을 알았겠지요. 돼지고기만이 아니라 구약성서가 금하고 있는 모든 먹을거리들은 유대인들이 처한 삶의 조건과 깊이 연결됩니다. 그들은 생존에 위협적인 것들은 배척했고, 도움이 되는 것들은 받아들였습니다.

먹을거리만이 아니라 모든 종교적 형식과 습관은 생존과 직결됩니

406

다. 이 생존은 바로 생명의 문제입니다. 개인이나 민족의 생존을 보장하는 신이 가장 뛰어난 신입니다. 그 신은 자신의 민족들에게 생명을, 즉 후손 번창을 보장합니다. 유대인들의 하나님도 그들에게 그렇게 자신을 나타내셨습니다. 오늘은 생존의 조건이 달라졌기 때문에 먹을거리에 대한 구약의 규범들은 큰 의미가 없습니다. 그런데도 여전히 이런 요소들에 집착하는 분들이 적지 않습니다. 수혈 거부를 고집하는 여호와의 증인들도 그런 분들 중의 하나이며, 십일조 헌금을 율법적으로 수호하는 분들도 역시 마찬가지입니다. 술과 담배는 어떨까요? 그것이 우리의 삶을 파괴하는지 아닌지의 차원에서 각자가 판단해야 합니다. 그리고 교회 공동체의 질서를 세우기 위한 최소한의 기준도 필요하겠지요.

본문 이야기가 점입가경입니다. 이왕 쫓겨날 바에야 멀리 가지 말고 가까운 돼지 떼에게로 들어가고 싶다는 말이네요. 이런 묘사를 그대로 받아들인다면 귀신은 나름의 인격체로서 공간 이동을 하는 것 같습니다. 이런 성경 구절에 근거해서 어떤 사람들은 귀신을 그런 존재로 이해합니다. 심지어 남의 턱에 새까만 귀신이 대여섯 마리 붙어 있다고 주장하기도 합니다. 그런 방식으로 성경을 읽고 세상을 이해하는 것은 거기에 아무리 종교적 진정성이 있다고 해도 옳은 게 못됩니다. 다음이 중요합니다. 이 세상에서 벌어지는 온갖 폭력적이고 악한 사건들을 보면 분명히 악의 영적인 실체가 조화를 부리는 것처럼 보입니다. 사람이 자신의 의지로 극복할 수 없는 상황 앞에서 그런 악한 영을 생각할 수밖에 없습니다. 이런 생각은 비단 성서만이 아니라 모든 종교에 일반적으로 나타나는 것들입니다. 무당들의 축귀 행위도 이런 걸 전제합니다. 안타깝지만 우리는 이런 문제들을 실증적으로 명쾌하게 설명할 수가 없습니다. 이 세상은 우리가 도저히 따라잡을 수 없을 정도로 중층적이기 때문입니다. 만유인력은 뉴턴 이전에도 있었지만 뉴턴에 의해서 드러났듯이 이 세상은 어느 때가 되어야 그 깊이를 드러냅니다. 그 이전까지 우리는 일단 드러난 현상에 머물러 있을 수밖에 없습니다.

분명한 것은 하나님 이외에 다른 신이 없다는 성서의 증언에 따르면 하나님을 대적할 만한 더러운 귀신이 없다는 사실입니다. 이 세상은 오직 하나님만이 통치하십니다. 그런데 왜 파괴적인 일들이 일어나는 걸까요? 위에서 언급한 것처럼 우리는 지금 영적인 의미에서 만유인력 이전에 살고 있기 때문에 그런 문제를 설명할 수 없습니다. 오늘 본문은 귀신의 실체를 말하려는 게 아니라 악한 세력까지 모두 예수에게 복종해야 한다는 사실을 말하려는 것입니다. 그것이 곧 메시아적 징표이니까요.

　　13절의 장면은 드라마틱하군요. 2천 마리의 돼지 떼가 호수로 뛰어들어 몰사했다고 하네요. 저는 어렸을 때 홍수에 떠내려가는 돼지들을 심심치 않게 보았는데, 다들 수영을 잘했습니다. 오늘 본문에 등장하는 돼지들은 귀신에 사로잡혔기 때문인가요? 신약학자 바클레이는 이 장면을 이렇게 설명했습니다. 귀신이 실제로 돼지 떼에게 들어갔기 때문에 이런 일이 벌어진 게 아니라 미친 사람의 고함소리에 돼지 떼들이 놀랐기 때문이라고 말입니다. 지금 우리는 그 속사정을 잘 모릅니다. 성서기자가 귀신의 농간으로 설명한다고 해서 그걸 무조건 따라갈 수도 없습니다. 이런 대목에서 우리는 성서 읽기의 한계를 느낍니다. 귀신을 축출하기 위해서 2천 마리의 돼지 떼를 몰사시킨다는 건 어딘가 어색합니다.

　　성서기자는 지금 예수가 메시아라는 사실을 증언하기 위해서 복음서를 쓰고 있습니다. 동네 사람들이 손발 다 들었던 더러운 귀신도 예수 앞에서 굴복한다는 사실을 강조합니다. 그리고 이방인들의 먹을거리인 돼지 떼도 제거됩니다. 이 대목을 읽는 유대인들은 통쾌하게 생각했을 겁니다. 로마 제국의 군대를 의미하는 많은 돼지 떼(레기온)가 호수에서 익사하는 이 순간에 그들은 할렐루야를 외쳤을 겁니다. 예수는 이 세상의 그 어떤 악하고 강력한 세력도 맥을 못 추는, 궁극적인 승리자 메시아입니다.

돼지가 호수 안으로 뛰어들어 몰사하는 것으로 이 이야기의 전반부는 정리되고, 이제 14절부터 후반부가 시작됩니다. 돼지를 치던 사람들이 도망하여 마을로 들어가서 사람들에게 자초지종을 전했다고 합니다. 상식적으로만 본다면 돼지 치던 사람들이 물에 빠진 돼지들을 건져내는 게 순서입니다. 그들이 돼지들을 구해내려고 해보았지만 별로 성과가 없었거나, 또는 성서기자의 관심이 그런 것에 없었기 때문에 기록하지 않았을지도 모릅니다.

돼지 치는 사람들은 여태껏 한 번도 보지 못한 일들을 목격했습니다. 그들이 얼마나 놀랐을는지는 불을 보듯 분명합니다. 이것이 바로 신앙적인 사건의 핵심이기도 합니다. 전혀 새로운 경험 앞에서 놀라는 것 말입니다. 도대체 새로운 것이 무엇일까요? 우리는 일상에 완전히 묶여서 세상을 보기 때문에 새로운 것이 무엇인지 이해하지도 못하고 경험하지는 더더욱 못합니다. 우리 앞에 놓여 있는 세상이 새롭다는 말은 곧 세상은 반복되지 않고 앞으로 나간다는 뜻입니다. 만약 이 세상을 1년에 한 번씩 셔터가 눌러지는 동영상 카메라로 촬영해서 1백만 년을 한 묶음으로 돌려본다면 모든 게 새롭게 보일 겁니다. 새 하늘과 새 땅, 새 예루살렘이라는 성서 용어들은 이런 세상에 대한 메타포입니다. 종말에 새롭게 시작될 세상은 전혀 새롭습니다. 현재 우리가 경험하는 이런 세상의 반복이 아니라 전혀 다른 세상이 우리에게 온다는 것입니다. 이런 세상을 우리가 조금이라도 가깝게 느끼려면 기존의 모든 고정관념들을 일단 내려놓아야 하겠지요. 그렇습니다. 우리의 영성이 살아 있는지를 확인하고 싶으면 이 세상이 새롭게 보이는지를 자문해보십시오. 돼지 치던 사람들처럼 달아나고 싶을 정도의 놀라움이 있는지 말입니다.

마을 사람들이 현장으로 몰려왔습니다. 마을의 안전을 위해서 귀신 들린 사람을 쫓아버렸던 바로 그 장소로 그들이 온 것입니다. 마을은 제정신으로 살아가는 사람들이 거처하는 곳이고, 공동묘지는 제정신을 놓친 사람이 거처하는 곳입니다. 마을 사람들은 생각하기도 싫고 오기 싫은 곳을 어쩔 수 없이 왔습니다. 그들이 전혀 경험해보지 못했던 일을, 일찍이 없었던 일을 전해 들었기 때문입니다. 현장에 닿자 그들 눈앞에서 전혀 예상하지 못했던 일이 벌어졌습니다. 돼지 떼가 호수 속에서 빠져 몰살했다는 소식은 이미 일꾼들을 통해 전해 들었지만 귀신 들렸던 사람이 자기 옷을 입고 정신을 추스른 채 정상적으로 앉아 있는 모습은 정말 뜻밖입니다. 왜 이런 일이 벌어졌는지 그들은 이해할 수 없었습니다. 그래서 성서기자는 "그들이 두려워하더라"라고 표현합니다. 가능하지 않은 일들을 경험한 사람은 두려워할 수밖에 없습니다. 그들이 완전히 인간 이하로 취급했던 귀신 들린 사람이 자기들과 똑같은 모습으로 앉아 있으니 어떻게 두려워하지 않을 수 있었겠습니까. 하나님의 구원 통치 사건은 이렇게 사람을 두렵게 만듭니다.

오늘 우리가 그런 두려움을 느끼지 않는 이유는 하나님이 놀라운 일을 행하지 않기 때문이 아니라 우리가 그것을 깨닫지 못하기 때문입니다. 하나님은 늘 행하십니다. 하나님의 안식까지도 사실은 하나님의 행위입니다. 여기서 하나님의 구원행위를 축귀나 오병이어, 또는 홍해 같은 것으로만 생각하지 말아야 합니다. 하나님의 모든 행위는 근본적으로 우리의 생각을 뛰어넘은 사건입니다. 민들레 한 송이에서부터 별들의 운행과 개인이나 민족의 역사가 모두 그렇습니다. 그 모든 하나님의 창조와 구원 사건들은 늘 새롭습니다. 우리가 그 새로움을 못 볼 뿐입니다.

성서기자는 귀신 들렸던 사람의 새로워진 모습을 세 가지로 묘사했습니다. 첫째, 그는 자기 옷을 입었습니다. 이 사람이 자기 몸을 돌로 해칠 정도로 극심한 자학 증세를 보였다고 하니, 옷을 제대로 입지 않았으리라는 건 분명합니다. 동물들에게는 옷이 필요 없지만 인간에게는 필요합니다. 옷은 최소한 그가 인간적인 품위를 갖추는 장치이기 때문입니다.

둘째, 그의 정신이 온전해졌습니다. 앞에서 언급했는지 모르지만 그는 피해의식에 사로잡힌 사람이었을 겁니다. 그것이 누적되면 결국 자기 정신줄을 놓치게 됩니다. 정신줄을 놓아야만 생존할 수 있기 때문입니다. 오늘의 시대는 피해의식이 강하게 지배하고 있습니다. 그것이 곧 경쟁지상주의입니다. 경쟁구조로만 굴러가는 세상은 방어기제에 의해서 작동됩니다. 이런 상황에서 어떻게 정신을 차릴 수 있을까요? 그리고 정신을 차렸다는 증거는 무엇일까요? 오늘 기독교인들은 정신을 차린 사람들일까요? 아니면 여전히 정신줄을 놓친 상태인가요, 그것도 아니라면 그 중간 어딘가에 머물러 있을까요?

셋째, 공동묘지에서 고함을 지르며 뛰어다니던 이 사람이 조용하게 앉아 있게 되었습니다. 귀신에게서 벗어난 증거 중의 하나가 바로 앉아 있는 것이군요. 몸의 중심이 아래로 잡혔다는 뜻입니다. 그 이전에 물론 마음의 중심이 아래로 가라앉았다는 뜻이겠지요.

귀신 들렸던 사람이 정신을 차리고 반듯하게 앉아 있는 것을 본 마을 사람들은 두려워할 수밖에 없었습니다. 당연한 이야기입니다. 그들은 귀신 들린 사람을 아예 사람 취급을 하지 않았습니다. 그런데 그가 멀쩡하게 앉아 있으니 얼마나 놀랐겠습니까? 놀라운 정도가 아니라 두렵기까지 했겠지요. 도대체 이런 일이 어떻게 일어난단 말인가요. 그렇습니다. 하나님 나라의 능력은 이 세상이 쓸모없다고 포기한 사람을 새롭게 만듭니다. 오늘도 이 사회가 완전히 제쳐둔 사람들이 많습니다. 학습부진아, 장애인, 가출 소년소녀, 노숙자, 조폭, 파렴치범과 폭력범들 등등, 사회에 적응하지 못하는 이들을 비롯해서, 사상범과 동성애자들처럼 사회적 소수자들까지 이런 이들은 많습니다. 이들은 한국이라는 사회에서 발붙이고 살기는 쉽지 않습니다.

하나님의 능력이 이들을 새롭게 한다는 말은 이들을 무조건 반듯하게 고쳐서 새 사람을 만든다는 건가요? 그럴 수도 있긴 하겠지만 그런 일이 늘 기계적으로 일어나는 건 아닙니다. 그것보다 더 중요한 것은 그들을 향한 시선 자체를 바꾸는 것이겠지요. 어떤 조건에서 살아가든지 모두가 동일하게 귀한 삶이라는 사실을 인정해야겠지요. 그리고 귀신 들린 사람을 쇠사슬로 묶어서 공동묘지로 보내지 말고, 어떻게든지 마을 안에서 함께 살아갈 수 있는 장치를 마련해야겠지요. 이 사회는 격리의 방식으로 모든 문제를 해결하는 데 익숙하기 때문에 '더불어 숲'을 이루는 길을 찾기는 쉽지 않습니다. 교회는 이런 점에서 이 사회를 향해 태클을 걸 필요가 있습니다. 귀신 들렸던 사람이 바른 정신으로 앉아 있는 것과 같은 일들이 오늘 우리에게서 일어나지 말라는 법은 없으니까요.

마을에서 몰려온 사람들이 그간에 벌어진 자초지종을 다 들은 후에 보인 반응은 어처구니가 없습니다. "이곳에서 떠나시오." 그들이 예수님에게 사정을 했는지 강요했는지 위협했는지는 잘 모르겠습니다. 예수님을 그 마을에 발을 붙이지 못하게 하고 싶어 했다는 것만은 분명합니다. 우리가 상식적으로 생각할 때, 자신들이 해결하지 못한 문제를 예수님이 해결해 주었다면 동네에 모시고 들어가서 큰 잔치를 베풀고 "한 수 가르쳐 주십시오" 해야 할 텐데 오히려 쫓아낼 생각을 하다니 참으로 딱합니다. 그들은 왜 그랬을까요? 다른 이유는 별로 없습니다. 그들은 예수님과 함께 있는 게 불편했을 겁니다. 그들이 귀신들린 사람과 같은 마을에 사는 걸 귀찮게 여겼듯이 예수님이 자기 마을로 들어오는 게 싫었겠지요. 그렇다면 그들은 결국 귀신들린 사람이나 예수님을 똑같이 대했다는 말이 되는군요.

그렇습니다. 사람들은 두 가지 종류의 대상과 함께 있는 걸 못 견디는 것 같습니다. 한쪽은 귀신 들린 사람으로 대표되는 사회 부적응자들이며, 다른 한쪽은 진리를 행하는 사람들입니다. 사회 부적응자들은 그들의 삶을 끌어내리기 때문에 불편하게 만들고, 진리를 행하는 사람들은 그들의 삶을 끌어올리기 때문에 불편하게 만듭니다. 사람들은 그저 자신들이 살아오던 그런 삶의 틀이 유지되기를 바랄 뿐입니다. 우리 기독교인들도 표면적으로는 예수님을 따르는 것 같지만 실제로는 예수님을 귀찮게 여기는 건 아닐는지요. 신앙적으로 무식하게 사는 것도 싫지만 신앙의 깊이에 들어가는 것도 싫어하는 것은 아닐는지요. 이런 것은 일반적으로 자신에게 익숙한 것에만 머물기 때문에 벌어지는 현상입니다.

본문에 따르면 마을 사람들은 두 가지 사건을 경험했습니다. 한 가지는 그 마을의 중요한 재산증식 수단이었던 돼지 떼들이 호수 안으로 들어가 몰사했다는 소식을 돼지 치던 사람들에게서 전해들은 것이며, 다른 한 가지는 귀신 들렸던 사람이 멀쩡하게 정신을 차린 것을 본 것입니다. 이 두 가지 사건 모두 그들을 두렵게 했습니다. 그들이 왜 그런 사건 앞에서 두려워했는지는 더 설명할 필요가 없겠지요. 신적인 능력 앞에서 사람들은 두려워할 수밖에 없습니다. 왜 그것이 두려움일까요? 그런 능력은 모든 사람들이 원하는 것입니다. 그런 초능력자를 지도자로 세우고 싶어 합니다. 그런 좋은 기회를 마을 사람들이 포기했다는 게 이상합니다. 아마 그들은 예수님을 단순히 초능력자로 경험한 게 아닌 것 같습니다. 그것보다는 예수님에게서 영적으로 훨씬 심층적인 어떤 힘을 경험한 것이겠지요. 그게 무엇인지 성서기자도 모르고, 오늘 우리도 잘 모릅니다. 우리는 그들이 예수님을 감당할 수 없었다는 사실만 이 본문에서 읽을 수 있을 뿐입니다. 두려웠다고 하더라도 그들이 예수님을 마을로 모셨으며 좋았을 텐데, 그들은 천재일우의 기회를 스스로 던져 버렸습니다.

이곳을 떠나라는 마을 사람들의 요구를 듣고 예수님이 무슨 반응을 보였는지에 대해서 성서는 일절 말이 없습니다. 내가 무슨 잘못을 했기에 이곳을 떠나라는 말이오, 내가 어디를 가든지 그건 내 자유이니 상관 마시오, 하면서 옥신각신했을까요? 아니면 발에 묻은 먼지를 탁탁 털어내면서 똥이 무서워 피하냐 더러워서 피하지, 하고 말씀하셨을까요? 아니면 오늘 본문에 나와 있는 대로 한 마디 말씀도 없이 그냥 타고 오셨던 배에 다시 오르셨을까요? 예수님은 경우에 따라서 아무런 반응을 보이지 않을 때가 자주 있었습니다. 심문을 당하실 때 지나칠 정도로 말이 없으셨습니다. 생살여탈권을 갖고 있던 빌라도는 변명하지 않는 예수님을 이상하게 여길 정도였습니다. 예수님에게는 각론보다는 총론이 중요했기 때문이겠지요. 임박한 하나님 나라에 적대적인 일이 아니라면 일일이 대꾸하지 않았습니다. 소통의 단절이나 부재 앞에서 어떤 태도를 보이는 게 지혜로울까요? 결정적인 문제가 아니라면 굳이 맞서 싸우거나 대적할 필요는 없을 것 같습니다. 옳은 주장을 알아주지 않는다고 해서 자꾸 맞서 싸우다가는 문제의 핵심은 실종되고 본질적이지 않은 사태로 빠져들기 때문입니다.

교회와 국가의 관계도 이와 같습니다. 교회는 국가(정부)가 하나님 나라에 순종하도록 경고하고 권면할 수는 있겠지만 그들과 헤게모니 싸움에 빠져들 수는 없습니다. 바울이 로마 정권과 극한적으로 대립하지 않은 이유도 여기에 있고, 루터가 급격하게 과격해지는 농민전쟁을 반대한 이유도 여기에 있습니다. 늘 타협하는 게 능사는 아니겠지요. 싸울 때와 물러설 때를 분별하기 위해서라도 우리는 성령의 인도하심을 의지해야 합니다.

그 지역을 떠나기 위해서 배에 오르시는 예수님에게 귀신 들렸던 사람이 함께 있기를 간구했다고 합니다. 이게 어떻게 된 건가요? 제정신으로 살던 마을 사람들은 예수님을 가까이하고 싶어 하지 않은 반면에 정신을 놓치고 살던 사람은 오히려 예수님 곁에 머물고 싶어 했으니 말입니다. 간혹 이 세상은 예상과 전혀 다른 일들이 벌어지는 것 같습니다. 교양이 있는 사람이 비이성적으로 행동하고, 무식한 사람이 이성적으로 행동하는 일이 있습니다. 결국 이성은 우리 개인의 능력을 훨씬 능가하는 어떤 영적인 현상이 아닐는지요.

이전에 귀신 들렸지만 이제는 정신을 차린 이 사람이 예수님과 함께 있기를 원했다는 것은 아주 자연스러운 일입니다. 그가 예수님의 정체를 얼마나 인식했는가 하는 것은 접어둔다고 하더라도 예수님을 통해서 이 세상을 새롭게 대할 수 있게 된 것만은 분명합니다. 이제 더 이상 돌로 자기 몸을 해치지 않게 되었습니다. 옷도 단정하게 차려입게 되었습니다. 사람들을 더 이상 두려워하지 않게 되었습니다. 그는 이제 예수님을 통해서 전혀 새로운 존재가 되었습니다. 이 사람이 예수님과 함께 있기를 간구했다는 사실은 깨우침의 삶에서 매우 중요합니다. 영적인 깨우침은 몇몇 정보를 습득하는 것이 아니라 영적인 내면의 차원에서 어떤 세계로 돌입하는 것이기 때문에 그런 세계로 먼저 들어간 선생님과 '함께 있는' 게 결정적으로 중요합니다. 기독교인은 세상에 영향을 끼치려고 애를 쓸 필요가 없습니다. 세상과 함께 있는 것으로 충분합니다. 그냥 빛으로 존재하면 됩니다. 조금 더 정확히 말해서 우리는 빛이 아니니까 예수에게서 나오는 빛을 반사할 줄 알기만 하면 되겠지요.

예수님은 자신을 따라오겠다는 이 사람의 요구를 듣지 않으시고 집으로 돌려보냈습니다. 예수님의 곁에 머무는 것도 괜찮은 일이지만 각자의 자리에서 제자처럼 살아가는 것도 괜찮은 일입니다. 예수님은 그에게 사명을 맡기셨습니다. 주(하나님)께서 그에게 행하신 일을 가족에게 알리는 사명이었습니다. 우리도 삶의 자리에서 예수님의 제자로 살아가야 합니다. 이런 사실은 누구나 압니다. 다만 문제는 주님이 우리에게 행하신 큰일이 무엇인지 잘 모른다는 것입니다. 더 근본적으로는 우리에게 그런 경험이 없는지도 모릅니다. 무엇이 실체적 진실인가요? 하나님은 우리에게 큰일을 행하지 않으셨다는 말인가요, 아니면 우리가 그것을 인식하지 못하고 있다는 말인가요. 하나님의 큰일은 어떤 특정한 사람만 피해 가지는 않습니다. 일부러 하나님에게 적대적으로 대하는 사람들도 역시 여기에서 제외되지 않습니다. 태양 아래서 살아가는 인간이라고 한다면 아무리 발버둥 친다고 하더라도 하나님의 큰일 아래 놓여 있습니다. 다만 그런 큰일을 인식하지 못하고, 그것을 무시할 뿐입니다. 진주를 발로 밟는 돼지처럼 말입니다.

영적으로 눈이 뜨인 사람은 누구나 하나님이 자기에게 큰일을 행하셨다는 사실을 여실히 알 수 있습니다. 하나님은 더러운 귀신에게 사로잡힌 것처럼 살아가는 사람들을 불쌍하게 여기시고 바른 정신을 주십니다. 우리 주변에 숨쉴 수 있는 공기가 가득하듯이 하나님은 영으로 우리에게 그런 생명의 빛을 주십니다. 위의 이야기가 별로 실질적으로 다가오지 않는 분들은 자신이 이 세상의 어떤 고정관념에 빠져 있는 게 아닌지 돌아보시기 바랍니다. 쉽지 않겠지만 거기서 벗어나는 게 영적 시각을 찾는 첫걸음입니다.

20절은 귀신 들린 사람 치유 보도의 결론입니다. 이 사람은 자기에게 일어난 일을 데가볼리 지역에 가서 널리 전파했습니다. 그에게는 어떤 이론이 필요 없습니다. 자신에게 일어난 구원 사건을 그대로 전하기만 하면 됩니다. 그렇습니다. 하나님의 통치는 어떤 논리가 아니라 생명을 일으키는 사건입니다. 이런 생생한 경험이 없다면 우리 신앙은 죽은 거겠지요. 여기서 우리의 질문은 무엇이 신앙체험이냐 하는 것입니다. 본문이 보도하고 있듯이 귀신 추방, 불치병 치유가 그런 체험일까요? 그럴 수도 있겠지요. 부도 일보 직전의 기업이 기적적으로 되살아나는 것일까요? 그런 걸 하나님 체험으로 생각하는 분들도 있습니다. 과연 무엇이 진정한 의미에서 하나님 체험인지를 분간하기는 간단하지 않습니다. 큰 틀로만 본다면 하나님이 창조자이시고, 성령이 생명의 영이시며, 성자가 죽음으로부터의 새로운 생명을 주신 분이라고 한다면 생명체험이 곧 하나님 체험이라고 할 수 있습니다.

이 사람은 자신에게 아주 엄청난 일이 일어났다는 사실을 분명하게 경험했습니다. 그 이야기를 전해들은 데가볼리의 모든 사람들이 놀랐습니다. 하나님의 큰일은 사람들을 놀라게 합니다. 오늘의 교회는 어떻게 하나님의 큰일을 전파해야만 할까요? 세상 사람들이 듣고 놀랄 일들이 무엇일까요? 예수님 당시에는 귀신 들린 사람의 치유가 놀랄 일이었지만 지금은 전혀 그렇지 않습니다. 교회는 예수님에게서 발생한 구원사건을 오늘의 사람들이 알아듣도록 전파할 사명이 있습니다.

예수, 소녀를 살리시다

5:21-24, 35-43

²¹ 예수께서 배를 타시고 다시 맞은편으로 건너가시니 큰 무리가 그에게로 모이거늘 이에 바닷가에 계시더니 ²² 회당장 중의 하나인 야이로라 하는 이가 와서 예수를 보고 발아래 엎드리어 ²³ 간곡히 구하여 이르되 내 어린 딸이 죽게 되었사오니 오셔서 그 위에 손을 얹으사 그로 구원을 받아 살게 하소서 하거늘 ²⁴ 이에 그와 함께 가실새 큰 무리가 따라가며 에워싸 밀더라 ³⁵ 아직 예수께서 말씀하실 때에 회당장의 집에서 사람들이 와서 회당장에게 이르되 당신의 딸이 죽었나이다 어찌하여 선생을 더 괴롭게 하나이까 ³⁶ 예수께서 그 하는 말을 곁에서 들으시고 회당장에게 이르시되 두려워하지 말고 믿기만 하라 하시고 ³⁷ 베드로와 야고보와 야고보의 형제 요한 외에 아무도 따라옴을 허락하지 아니하시고 ³⁸ 회당장의 집에 함께 가사 떠드는 것과 사람들이 울며 심히 통곡함을 보시고 ³⁹ 들어가서 그들에게 이르시되 너희가 어찌하여 떠들며 우느냐 이 아이가 죽은 것이 아니라 잔다 하시니 ⁴⁰ 그들이 비웃더라 예수께서 그들을 다 내보내신 후에 아이의 부모와 또 자기와 함께한 자들을 데리시고 아이 있는 곳에 들어가사 ⁴¹ 그 아이의 손을 잡고 이르시되 달리다굼 하시니 번역하면 곧 내가 네게 말하노니 소녀야 일어나라 하심이라 ⁴² 소녀가 곧 일어나서 걸으니 나이가 열두 살이라 사람들이 곧 크게 놀라고 놀라거늘 ⁴³ 예수께서 이 일을 아무도 알지 못하게 하라고 그들을 많이 경계하시고 이에 소녀에게 먹을 것을 주라 하시니라

마가복음 5장 21-43절은 아주 특이하게 구성되어 있습니다. 회당장 야이로의 딸 이야기 안에 혈루증 여자 이야기가(25-34) 비집고 들어와 있습니다. 한 가지 이야기가 일단락된 후에 다음 이야기가 나오는 복음서 이야기 방식에서 볼 때 유별나 보입니다. 저는 성경 본문을 그대로 따

라가지 않고 일단 야이로의 딸 이야기를 설명한 다음에 혈루증 여자에 대한 이야기로 가겠습니다.

회당장이 책임자로 있는 회당이 제사장들이 활동하는 성전과 어떻게 다른지는 여기서 자세하게 설명할 필요는 없겠지요. 몇 마디 하면 다음과 같습니다. 우선 숫자적으로 볼 때 회당은 수없이 많지만 성전은 하나입니다. 그 기능도 다릅니다. 회당은 단순히 성서를 읽고 공부하는 곳이지만 성전은 제사를 드리는 곳입니다. 당연히 회당은 랍비들이 주도적으로 모임을 끌어가지만 성전은 제사장들이 끌어갑니다. 예루살렘 성전은 이스라엘 역사에서 가장 풍요로웠던 다윗과 솔로몬 시대에 건축되었지만, 회당은 예루살렘 성전이 파괴되고 지도층 인사들이 포로로 잡혀간 고단한 시대에 시작된 공동체 운동입니다. 예수님 당시의 성전은 헤롯 왕에 의해 재건된 것입니다.

예수님은 공생애 초기에 회당 출입이 자유로웠지만 유대교 지도층들과의 갈등이 격화하면서 그것마저 제한당하셨습니다. 회당은 예루살렘 성전을 중심으로 한 기득권 세력보다는 훨씬 민중적이고 개방적인 입장을 취하긴 했지만, 그런 입장도 교권 앞에서는 결국 허물어지기 마련입니다. 오늘 본문의 시대적 배경은 예수님이 이미 회당으로부터 축출당하기 시작한 이후로 보입니다. 예수님이 산으로, 들로, 호수가로 돌아다닐 수밖에 없는 형편이었다는 사실이 이를 암시합니다. 그런데도 회당장 야이로가 예수님을 찾아왔다는 것은 아주 시급했거나, 예수님을 향한 신뢰가 남달랐든지 둘 중의 하나이겠지요.

23절에서 예수님의 발아래 엎드린 야이로는 이렇게 호소합니다. "내 어린 딸이 죽게 되었사오니…." 지금도 간혹 그런 일이 일어나지만 고대에는 어린아이들의 돌연사는 흔한 일이었습니다. 야이로의 딸이 선천적으로 병약했는지 갑자기 전염병에 노출됐는지, 또는 사고를 당한 것인지 모르겠지만 생사의 기로에 놓인 건 분명한 것 같습니다. 인간이 감당해야 할 고통 중에서 자식이 죽어가는 모습을 보는 것보다 더 심한 것은 없지요. 여기서 우리는 창조자 하나님에 대한 모순을 발견합니다. 본래적으로 선하신 하나님이 왜 어린아이들이 죽어가는 것을 그냥 두고만 보시나요? 인간이 죄인이기 때문이라는 말로 대답한다면 그는 참으로 어리석은 사람입니다. 또는 모든 게 주님의 뜻이라는 말로 넘어갈 수도 없습니다. 우리가 아무리 하나님을 믿는 사람이라고 하더라도 여기서 어떤 실증적인 대답을 구하기는 참으로 곤란합니다. 설명할 길이 막막합니다.

선천적으로 시각장애인이었던 사람 앞에서 "누구의 죄 때문인가?" 하고 질문한 제자들을 향해서 예수님은 그 사람의 죄도 아니고 그 부모의 죄도 아니라, 하나님의 영광을 위한 것이라고 대답하신 적이 있습니다. 그리고 곧 이어서 그의 장애를 치료했습니다. 예수님의 말씀은 이런 뜻이겠지요. 누구의 죄인가 하는 질문은 번지수를 잘못 짚을 것일 뿐만 아니라 아무런 의미도 없습니다. 장애와 질병은 우리 앞에 벌어진 현실입니다. 우리가 함께 감당해야 할 짐입니다. 오늘 우리가 직면하고 있는 이 세계와 문화 안에도 야이로의 딸이 당한 죽음이 적지 않습니다. 우리가 어찌 손을 쓸 수도 없는 상황 말입니다. 이런 절망과 무능력 앞에서 우리는 기도밖에는 할 게 하나도 없습니다. "그로 구원을 받아 살게 하소서."

죽어가는 딸을 위해 예수님 발 앞에 엎드린 야이로는 이렇게 간구합니다. "오셔서 그 위에 손을 얹으사 그로 구원을 받아 살게 하소서." 야이로는 죽어가는 사람을 살릴 수 있는 능력이 예수님에게 있다는 사실을 알고 있었을까요? 아니면 물에 빠진 사람이 지푸라기라도 잡는다는 심정으로 무조건 예수님에게 매달리고 있는 걸까요? 오늘 우리가 그 내막까지 소상하게 알 수는 없습니다. 다만 그가 현재 절박한 상황에 빠져 있다는 사실만은 분명하겠지요. 그 어디에도 도움의 손길을 기대할 수 없는 상황 말입니다. 이런 상황에서 사람은 가장 순수해질 것이며, 이럴 때 가장 절실한 기도가 가능하겠지요. 이런 상황이 사람마다 다른 것 같습니다. 사랑하는 사람이 자기를 떠날 때 절망하는 사람도 있지만 그렇지 않은 사람도 있습니다. 사업이 망했을 때 절망하는 사람도 있지만 그걸 순순히 받아들이는 사람도 있습니다. 그 이외에도 많은 사람들이 서로 다른 방식으로 절망을 느끼며 살아갑니다. 그 어디에도 도움의 손길을 기대할 수 없었던 야이로가 주님에게 간구했던 것과 같은 그런 기도의 순간들이 우리에게 있는지 물어보아야 합니다. 혹 철없는 어린아이가 부모에게 투정을 부리듯이 기도하는 건 아닌지요.

24절에 따르면 큰 무리가 따라가면서 에워싸 밀었다고 합니다. 오늘 우리는 대개 역사적으로 기억되지 않는 그런 무리 중의 한 사람들로 살아갑니다. 그런 것에 대해서 못마땅하게 생각할 필요는 전혀 없습니다. 중요한 역할을 드러나게 한 사람이나 그렇지 못한 사람이나 하나님의 거대한 역사에서 보면 별 차이가 없습니다. 언젠가는 모두가 연극의 주인공처럼 중요한 인물로 자리를 잡게 될 것입니다. 그것이 곧 우리가 예수 그리스도의 영광에 참여하는 사건입니다. 이런 점에서 하나님의 구원 역사는 신비입니다. 현재로서는 무엇이 중요한지, 무엇이 본질인지 잘 모릅니다. 시간이 지난 후에 그것이 구별됩니다. 예수님은 종말에 알곡과 쭉정이가 구별된다고 말씀하셨겠지요. 과거와 현재와 미래에 이르는 전체 시간의 주인은 바로 하나님입니다.

중간 대목을 건너뛰어 35절로 가겠습니다. 혈루증 여자의 치유 사건이 끝나가는 순간에 회당장의 딸이 죽었다는 소식이 전달되었습니다. 회당장 야이로가 예수에게 도움을 청하러 득달같이 달려 나올 수밖에 없을 정도로 위독했던 그 소녀가 급기야 생명줄을 놓친 것 같습니다. 어떤 죽음인들 애처롭지 않겠습니까만 어린 소녀의 죽음은 허탈하다 못해 화가 납니다. 이 소녀가 앞으로 살아갈 날이 얼마나 많이 남았습니까. 이게 우리의 삶이기도 합니다. 우리는 늘 부음(訃音)을 듣고 삽니다. 삶과 죽음이 한데 엉켜 있습니다. 아직 나에게 죽음이 오지 않았다는 사실에서 위안을 얻을지 모르지만, 그래서 남의 부음을 듣고도 그러려니 하고 지나가지만 어느 순간에 나의 부음이 나를 아는 사람들에게 전해지겠지요. 마을 중심으로 관혼상제를 치르던 옛날에는 어릴 때부터 상여행렬을 일상으로 경험할 수 있었는데, 요즘 아이들은 그런 게 전혀 없는 것 같군요. 지금은 친지가 죽었다 해도 모두 전문적인 장례업체에서 처리하기 때문에 죽음마저 추상화되고 말았습니다.

딸의 부음을 들은 회당장 야이로의 심정이 어땠을지는 긴말이 필요 없습니다. 혹시나 하고 예수님에게 달려왔지만 그는 딸의 죽는 순간을 놓치고 만 셈입니다. 이제 딸의 장례를 치르기 위해서 빨리 집으로 돌아가는 것밖에 할 일이 없습니다. 본문은 딸의 부음을 들은 회당장이 어떤 반응을 보였는지에 대해서 아무 말이 없습니다. 반응은 둘째 치고 입 벙긋하지 않습니다. 본문은 지금 회당장에게 관심이 없습니다. 복음서의 보도 방식은 늘 이렇습니다. 오직 예수뿐입니다. 다른 사람들에 대한 언급은 예수님의 행위를 드러나게 할 경우로 한정됩니다. 우리는 "두려워하지 말고 믿기만 하라"는 예수님의 말씀을 통해서 회당장의 심정을 간접적으로나마 이해할 수 있습니다.

두려워하지 말라는 말씀은 곧 회당장이 깊은 두려움에 빠졌다는 의미이겠지요. 딸의 죽음 앞에서 누가 두려워하지 않겠습니까? 그런데 예수님은 그를 향해서 두려워하지 말고 믿기만 하라고 말씀하십니다. 도대체 이게 무슨 말인가요? 지금 우리는 이 이야기의 전개 과정을 잘 알기 때문에 이런 주님의 말씀을 자연스럽게 받아들이지만 그 순간 그 자리에 있던 사람들의 시각으로 본다면 이건 말이 되지 않습니다. 두려운 사건 앞에서 어떻게 두려워하지 말라는 건가요? 두려워하지 않으려면 그 사태를 전혀 의식하지 못하거나 전혀 다르게 인식해야만 하겠지요.

이 이야기를 통해서 성서기자가 전하려는 메시지는 두려움이 믿음을 통해서만 극복된다는 사실입니다. 그 믿음은 곧 예수님을 향한 전적인 신뢰를 가리킵니다. 우리가 전적으로 신뢰한다는 것이 그렇게 간단한 게 아닙니다. 우리가 광신자가 아니라면 어떻게 딸이 죽은 상황 앞에서 두려워하지 않을 수 있겠습니까? 이런 점에서 본다면 믿음마저도 그분의 은사입니다. 은사가 아니고는 우리는 믿을 수 없습니다. 우리는 기도를 드려야겠습니다. 주님, 우리에게 믿음의 은사를 허락해 주십시오. 우리를 감싸고 있는 온갖 두려움을 극복할 수 있도록 우리에게 진정한 용기를, 존재의 용기(courage to be)를 허락해 주십시오.

예수님이 베드로와 야고보와 요한 외에는 아무도 따라오지 못하게 하고 회당장 야이로의 집으로 가셨다는 말씀에 따르면 이들이 예수님의 제자들 중에서 특별한 위치를 차지하고 있었던 것 같습니다. 예수님의 모습이 변모했던 자리에도 이 세 사람만 예수님과 함께했었고, 마지막 날 밤 겟세마네 동산에도 이들 세 사람만 있었습니다. 예수님이 실제로 이들만을 특별하게 대우했을까요? 우리는 그 당시 나사렛 예수 공동체의 성격을 정확하게 알지 못하기 때문에 이 문제도 역시 단정적으로 말할 게 없습니다. 다만 몇 가지 가능성은 살펴볼 수 있겠지요. 지금이나 그때나 어떤 모임이든지 솔선수범하는 사람들이 있기 마련입니다. 선생은 당연히 그런 제자들과 가까운 관계를 맺을 수밖에 없습니다. 베드로는 원래 수제자니까 그렇다 치고, 평범한 제자에 속하는 야고보와 요한이 왜 삼총사 안에 끼이는지는 궁금하군요. 그들의 어머니가 치맛바람을 일으켰기 때문일까요?

예수님이 그들을 특별하게 대우했을 리는 없습니다. 그렇게 볼 만한 단서도 없습니다. 복음서에서 이들이 다른 제자들보다 조금 더 중요하게 취급된 것은 아마 후대의 평가에 따른 것이겠지요. 어떤 인물이든지 역사가의 입장에 따라서 색깔이 달라지듯이 사도 이후의 초기 기독교 공동체가 어떤 입장을 취했는지에 따라서 제자들의 모습도 상당히 달라졌을 겁니다. 그런 문제를 우리가 자세하게 추적하기는 힘듭니다. 그럴 만한 자료도 많지 않기도 하고, 자료도 그렇게 정확하지 않기 때문입니다. 어쨌든지 복음서 기자들은 베드로, 야고보, 요한을 중요한 인물로 평가했습니다. 우리가 그런 평가를 그대로 받아들인다고 해서 크게 잘못은 아니겠지요.

복음서 기자는 열두 살 소녀가 죽었다는 소식을 들은 여러 사람들의 반응에 대해서는 일절 언급하지 않고 오직 예수님의 말씀과 행동만 전합니다. 앞에서 말한 대로 장본인인 회당장에게도 관심이 없고, 거기 모였던 큰 무리들에게도 관심이 없습니다. 어린 소녀의 죽음이라는 이 처절한 상황에서 누가 무슨 말을 할 수 있으리오. 오직 예수님만 아무런 머뭇거림도 없이 이 상황을 헤쳐 나갑니다. 회당장의 집에 도착했습니다. 회당장이 집을 떠나서 예수님을 찾아올 때는 그래도 일말의 희망을 안고 있었지만 이제 다시 집으로 돌아갈 때는 절망에 빠졌습니다. 두려워하지 말고 믿기만 하라는 예수님의 말씀이 회당장의 귀에 들렸을까요? 그랬을 수도 있고, 아닐 수도 있습니다. 상식적으로만 본다면 들리지 않았을 가능성이 높습니다.

회당장의 절망처럼 그 집도 역시 그런 상황을 그대로 보여 줍니다. 많은 사람들이 모여서 떠들고 있습니다. 장례 집은 조금 시끄러워야 합니다. 그렇지 않으면 슬픔을 견디기 힘듭니다. 사람들이 울며 심히 통곡했다고 하네요. 슬픔을 속으로 삭이는 사람도 있고 밖으로 드러내는 사람도 있었나 봅니다. 어머니는 두말할 것도 없겠지만, 이모와 고모, 옆집 아줌마들도 모두 슬픔에 사로잡혀 있었겠지요. 예수님 일행이 도착한 회당장의 집은 슬픔을 극복하기 위한 준비가 진행되고 있었습니다. 어떻게 보면 우리의 인생 전체는 이런 죽음을 준비하는 과정인지 모릅니다. 실제로 아주 가까운 곳에서 죽음을 경험하는 것만이 아니라 우리의 무의식에서 그런 죽음이 준비되고 있습니다. 그것 때문에 많은 사람들이 떠들고 울고불고, 웃고 지내는 것 같습니다.

열두 살 소녀의 죽음으로 걷잡을 수 없는 슬픔에 휩싸인 야이로의 집에 들어가신 예수님은 그곳에 모인 사람들이 전혀 예상하지 못한 말씀을 하십니다. 왜 떠들며 우는가, 이 아이는 죽은 것이 아니라 잔다.

이 말씀을 어떻게 받아들여야 할까요? 복잡하게 생각하지 말고 기록된 말씀을 그대로 받아들이면 된다 하고 생각하는 분들이 있겠지요. 그런 신앙은 귀하고 아름답습니다. 문제는 기록된 그 말씀이 무엇인지 정확하게 파악하기 힘들다는 데에 있습니다. 실제로 이 아이가 죽은 게 아니라 잠든 것인지, 아니면 실제로 죽었지만 그를 살리실 예수님이 그냥 잠든 것이라고 말씀한 것인지, 또는 예수님에게는 죽음과 잠든 것 사이에 아무런 차이가 없다는 것인지 이 말씀만 갖고는 분간하기가 어렵습니다. 어떻게 받아들여야 할까요?

이 말씀은 일단 다른 기적 사건에서도 볼 수 있듯이 예수님의 메시아적 능력을 상징적으로 드러냅니다. 메시아는 구원자입니다. 구원은 궁극적으로 죽음으로부터 생명을 얻는 사건입니다. 사람들이 죽었다고 생각한 열두 살짜리 소녀가 다시 살아나는 것이야말로 그 당시에 가장 결정적인 메시아적 사건입니다. 메시아이신 예수님에게는 죽음도 죽음이 아니라 단지 잠에 불과하다는 말씀입니다.

오늘 교회를 종말론적 메시아 공동체라고 부르는 이유도 바로 여기에 있습니다. 교회가 종말론적 구원을 담지하고 그것을 선포해야 한다는 의미입니다. 그것이 없으면 예수 그리스도의 교회라고 할 수 없겠지요. 물론 여기서 무엇을 종말론적 구원이라고 하는지 논의가 더 진행되어야 할 겁니다. 그것은 또 하나의 다른 주제이니까 접어두고, 일단 교회가 메시아니즘과 숙명적으로 결합되어 있다는 사실만은 분명히 해야겠지요. 야이로의 딸 이야기는 간접적으로 예수님의 부활을 암시하고 있습니다. "너희가 어찌하여 떠들며 우느냐?" 하는 말씀에 근거해서 본다면 이 사실이 더 분명하게 다가옵니다. 예수님의 죽음 앞에서 제자들도 떠들며 울었을 것입니다. 물론 복음서 기자들은 제자들의 태도에 대해서 침묵하고 있지만, 우리는 선생의 죽음 앞에서 제자들이 감당해야 할 그 슬픔과 절망의 무게를 미루어 짐작할 수 있습니다.

복음서가 제자들의 태도에 대해서 놀라우리 만큼 침묵하는 이유는 복음서 기자의 관심이 오직 예수님에게만 집중되어 있었기 때문입니다. 예수의 사건을 확연하게 드러내는 일이 아니면 과감하게 생략하는 게 바로 성서기자들의 글쓰기 스타일입니다. 그들은 예수님에 관해 서술할 때도 철저하게 절제미를 발휘했습니다. 예수님의 인간적인 감정은 생략하고, 그의 행동과 가르침과 그의 운명만 담담하게 따라갔습니다.

오늘 본문은 우리에게 묻습니다. 왜 이렇게 떠들며 우는가? 사람이 때에 따라서 떠들기도 하고 울기도 하는 것 자체는 아무 문제가 없습니다. 다만 사태의 진면목을 전혀 눈치 채지 못한 채 떠드는 것이 문제겠지요. 그런 일들이 우리에게 얼마나 자주 일어나는지 모릅니다. 신자들마저 공연한 일에 떠들어 댄다는 사실이 문제가 아닐는지요. 자신의 삶을 조금 성찰해 보십시오. 세상의 일에 대해서 공연히 흥분하고 떠들 때가 많습니다. 교회 안에서도 루머가 생산됩니다. 입을 닫는 것이 능사는 아니지만 과도한 관심은 우리의 영혼을 병들게 합니다. 이것은 남에 대한 선의의 관심이라기보다는 불평과 불만의 토로일 가능성이 높습니다.

예수님은 떠들며 울고 있는 사람들에게 이렇게 말씀하셨습니다. "죽은 것이 아니라 잔다." 바울도 그리스도인의 죽음을 잠이라고 표현했습니다. "그러나 이제 그리스도께서 죽은 자 가운데서 다시 살아나사 잠자는 자들의 첫 열매가 되셨도다"(고전 15:20). "우리가 예수께서 죽으셨다가 다시 살아나심을 믿을진대 이와 같이 예수 안에서 자는 자들도 하나님이 그와 함께 데리고 오시리라"(살전 4:14). 성서가 말하는 잠은 죽음에 대한 사실적인 표현이 아니라 일종의 종교적 메타포입니다. 죽음은 우리의 모든 것을 해체하지만 잠은 일상만 일시적으로 정지시킬 뿐이라는 점에서 똑같지는 않습니다. 여기서 중요한 것은 죽음으로 모든 것이 끝장나는 것이 아니라는 사실이겠지요. 잠은 언젠가 깨듯이 우리의 죽음도 언젠가 깹니다. 그때가 곧 예수가 재림하시어 세상을 심판하는 종말입니다. 그때 모든 실체가 홀연히, 그리고 온전히 드러납니다.

우리는 매일 밤 편안한 마음으로 잠자리에 듭니다. 다음 날 아침에 눈을 뜨리라는 확신이 있기 때문이지요. 만약 이렇게 잠자다가 그대로 죽을지 모른다는 걱정을 하게 되면 잠이 오지 않겠지요. 실제로 이런 걱정으로 불면증에 시달리는 사람들도 있을 겁니다. 기독교인들에게 죽음은 잠입니다. 당분간 우리는 모든 걸 잃게 될 겁니다. 모든 걸 말입니다. 자기의 몸까지도, 또는 자기의 영혼까지도 잃을지 모릅니다. 그러나 우리는 변화된 새로운 몸으로, 흡사 아침에 상쾌한 기분으로 눈을 뜨듯이 다시 살아날 것입니다. 이런 설명에 동의할 수 없다고 생각하는 분들도 있겠지요. 이런 일들은 우리가 이 세상에서 경험할 수 없기 때문입니다. 실증적으로 경험한 것만이 진리는 아니랍니다. 오히려 진리는 그것 너머에서 작동합니다.

"죽은 것이 아니라 잔다"는 예수님의 말씀에 거기 모여서 떠들며 울던 사람들이 비웃었다고 합니다. 죽음이라는 실증적인 사실을 거부하는 예수님의 말씀을 그들이 비웃는다는 것은 당연한 이치이겠지요. 역설적인 말이지만 교회는 세상으로부터 비웃음을 좀 당해야만 합니다. 비인격적이고 파렴치한 일들로 인한 비웃음이 아니라 전혀 새로운 세상을 향한 희망으로 인한 비웃음 말입니다. 화이트칼라이든지 블루칼라이든지 막론하고 모든 노동자들이 동일한 연봉을 받는 사회가 되어야 한다고 교회가 외친다면 어떻게 될까요? 일주일에 하루는 완전히 전기 없는 세상을 만들면 어떨는지요. 생사가 걸린 곳만 제외하구요. 가난한 나라의 모든 빚을 탕감해 주는 건 어떨는지요. 한국의 모든 목사들이 식구 수대로 월급을 받도록 하면요. 웃긴다는 말을 듣겠지만, 이사야는 훨씬 더 말이 안 되는 꿈을 꾸었거든요.

요즘 중산층으로 구성된 세련된 교회들은 세상과 너무 원만한 관계를 맺고 있는 것 같습니다. 사회봉사에 열심을 내고, 도덕적인 설교에도 열을 냅니다. 가능한 대로 사회로부터 욕을 먹지 않으려고 애를 씁니다. 교회가 실제로 비웃음을 당하는 것보다야 이렇게 도덕적인 모습을 취하는 게 백번 낫겠지요. 그러나 이런 모습도 별로 나아 보이지 않습니다. 비웃음, 겁내지 맙시다.

비웃는 사람들을 내보시고 아이의 부모와 제자 몇 명을 데리고 아이 있는 곳에 들어가신 예수님은 아이의 손을 잡고 이렇게 말씀하셨습니다. 달리다굼, 이를 번역하면 "내가 네게 말하노니 소녀야, 일어나라"입니다. 만약 우리가 이런 상황을 오늘 만나게 된다면 어떤 반응을 보이게 될까요? 저의 입장에서도 이건 말이 안 된다고 펄쩍 뛰었을 겁니다. 죽어 누워 있는 아이에게 일어나라고 소리치는 사람은 맛이 갔다거나 사기꾼이라고 빈정대고, 또는 조금 점잖은 어투로 죽기 전이라면 모를까 이왕 죽었다면 편안히 보내줘야 하는 게 아니냐 하고 타일렀을지 모릅니다. 이런 게 바로 지성인들의 한계입니다. 이리저리 합리성을 따지고 약간이라도 상대방에게 허점이 보이면 득달같이 달려들어 비난합니다. 모르긴 해도 오늘 본문의 현장에 제가 있었다면 그렇게 반응을 보였을 가능성이 높습니다. 다행스럽게도 저는 그 현장에 있지 않고 2천 년 후인 지금 여기서 살아갑니다. 저는 이미 예수가 메시아라는 사실을 배워서 알고 있으니 2천 년 전의 제자들보다 훨씬 행복한 사람일지 모릅니다.

오늘 저는 예수님이 달리다굼이라고 말씀하시는 상황을 아주 자연스럽게 받아들일 수 있습니다. 예수님에게는 이런 말씀이 가능합니다. 중풍병 들린 사람을 향해서 "네 죄가 용서받았다" 선포하셨던 것처럼 예수님만이 죽어 누워 있는 소녀에게 일어나라고 명령하실 수 있습니다. 왜냐하면 예수님이, 오직 그만이 그리스도이기 때문입니다. 이런 점에서 우리도 그리스도가 될 수 있다는 이들의 발언을 저는 받아들이지 않습니다. 죽은 것처럼 살아가는 우리의 영혼을 향해서 달리다굼 하고 말씀할 수 있는 권위는 오직 예수님에게만 있습니다.

본문의 중심은 아니지만 그래도 우리가 한번 짚어둘 만한 것은 성서기자가 달리다굼을 직접 번역했다는 사실입니다. 달리다굼은 그 당시 유대 지역의 일상 언어였던 아람어입니다. 예수님과 제자들도 모두 그 언어를 사용하셨습니다. 성서기자는 헬라어를 사용하는 독자들을 위해서 친절하게 번역해 준 것입니다. 기독교 신학은 기본적으로 번역 행위입니다. 예수님의 언어인 아람어를 헬라어나 라틴어로 번역한 것은 물론이고 그 뒤로 이어진 모든 신학 작업이 번역이었습니다. 예컨대 예수님의 정체성을 가리키는 "베레 호모, 베레 데우스"(참 인간, 참 하나님)라는 표현은 신약성서에 직접 나오는 개념이 아니라 기독교 공동체에 의해서 해석된 개념입니다. 그런 방식으로 2천 년 동안 기독교는 자신의 정체성을 해명했습니다. 앞으로도 이런 번역이 계속되어야 합니다. 설교도 역시 기본적으로는 번역입니다. 성서는 아주 특별한 시기에, 특별한 사람에 의해서 기록된 문서이기 때문에 번역되지 않으면 달리다굼 같은 아람어로 남을 수밖에 없습니다. 물론 깊은 영성이 주어진 사람이라고 한다면 번역이 없어도 이해할 수 있겠지만 일반적으로는 불가능합니다. 번역 행위는 단지 문법의 차원에 머물지 않습니다. 독문학을 전공했다고 하더라도 신학을 전공하지 않은 사람은 독일어로 된 신학책을 번역할 수 없습니다. 문장의 미묘한 차이를 찾아내야 하고, 언어 안에 들어 있는 개념들을 충분히 알고 있어야 합니다. 그렇지 못한 경우에 오역이나 반역에 떨어질 가능성도 높습니다. 오늘 교회의 언어는 번역되기 이전의 원어에 머물고 있지는 않을까요? 달리다굼을 번역한 복음서 기자처럼 우리도 기독교 신앙을 바르게 번역해야 합니다.

이 소녀의 생명이 위독하다는 말을 듣고 그곳으로 가던 예수님이 잠시 지체하게 된 이유는 혈루증을 앓던 여인 때문이었습니다. 그런데 공교롭게도 이 여인이 그 병을 앓아온 햇수가 열두 해였습니다. 이 숫자에 무슨 복선이 깔려 있는지는 모르겠습니다. 열둘이라는 숫자는 열두 지파나 열두 사도에서 보는 것처럼 이스라엘 사람들에게 특별한 의미가 있기는 하지만 그렇다고 해서 병든 햇수까지 여기에 연루시킬 필요는 없는 게 아닐는지요. 어쨌든지 소녀는 혈루증 여인이 앓아온 햇수만큼 세상을 살았다고 합니다. 열두 살의 나이는 일반적으로는 초경이 시작될 때입니다. 이스라엘에서는 보통 열네 살의 소녀들이 시집을 갔다고 합니다. 그런 거야 옛날 우리도 마찬가지입니다. 이제 출산이 가능한 나이의 이 소녀가 그 능력을 잃을 뻔하다가 다시 찾았습니다. 열두 해 동안 혈루로 고생하던 여인도 생명을 얻었습니다. 성서기자가 그걸 의식하고 기록했는지 모르지만 나이 든 여인이나 소녀나 모두 피와 연관됩니다. 예수님의 십자가 처형도 피입니다. 피는 생명입니다. 예수님은 우리 모두에게 생명을 주신 분이십니다. 그렇습니다. 그를 통해서 혈루증 앓던 여인과 열두 살 소녀와 우리 모두는 생명을 얻었습니다. 주님이 재림하실 때 영원한 생명을 얻을 것입니다.

　　죽었다고 생각했던 소녀가 일어나서 걷자 사람들은 크게 놀랐다고 합니다. 반복해서 놀랐다는 말이 나오는군요. 그렇습니다. 놀라움은 성서 전체의 주제와 연결됩니다. 복음서만이 아니라 구약성서도 역시 그렇습니다. 하나님을 경험한다는 것은 생명의 근원을 만나서 놀란다는 뜻입니다. 왜냐하면 그것은 완전히 이질적인 경험이기 때문입니다. 외경, 두려움, 놀라움은 결코 부정적인 의미가 아닙니다. 공포 영화를 보았을 때의 경험이나 군사독재자 앞에서 느끼는 두려움과는 다른 것입니다. 우리 인간이 감당할 수 없는 생명의 차원을 슬쩍 들여다보았을 때 엄습하는 놀라움이자 두려움입니다. 이런 두려움은 우리의 삶을 파괴하는 것이 아니라 오히려 세상에서 용기를 갖고 살아갈 수 있는 힘을 제공합니다. 여기서만 무조건적인 신뢰가 가능합니다. 이런 경험이 복음서에서는 예수 사건에서 발생했습니다. 예수 주변에 있던 사람들은 예수님의 사건 앞에서 놀랐고, 그래서 하나님을 찬양했습니다. 그게 도대체 무엇일까요? 모든 인간의 업적과 윤리와 가치들을 폐기시키는 그 능력의 원천은 무엇인가요? 그것은 곧 하나님이며, 그의 나라이며, 통치입니다. 이런 힘 앞에서 인간에게 요구되는 것은 무조건적인 순종과 신뢰뿐입니다. 달리다굼이라고 외치고, 그대로 실행할 수 있는 분은 오직 예수 그리스도뿐입니다.

예수님은 죽었다던 소녀가 다시 살아난 사건을 비밀로 하라고 단단히 이르셨습니다. 하나님의 영광이 드러난 사건이라면 널리 선전하는 게 마땅한 거 아닌가요? 그렇게 해서 많은 사람들이 몰려오면 예수님의 하나님 나라 운동에도 탄력을 받을 수 있을 텐데요. 이번 경우만이 아니라 다른 경우에도 예수님은 자신의 메시아성을 감추시려고 했습니다. 이것은 앞에서 몇 번 짚은 대로 메시아의 은폐성입니다. 메시아는 크게 드러나지 않습니다. 역사적인 차원에서 본다고 하더라도 예수님은 그 당시 변방인 나사렛 출신이고, 목수의 아들이며, 별 볼일 없는 갈릴리에서 활동했습니다. 그의 삶에 관심을 기울인 역사가들은 별로 없습니다. 그의 십자가 처형을 메시아의 운명으로 인정한 사람들은 아주 일부에 불과하고, 대부분은 외면했습니다.

이 은폐성은 오늘도 여전합니다. 우리는 어디에서 예수님의 구원 사건이 일어나는지 잘 모릅니다. 모든 사람들이 예수님을 믿는 게 곧 구원 사건이 아니냐 생각하시겠지요. 그렇습니다. 믿음으로 우리는 하나님의 구원 활동에 들어갈 수 있습니다. 그러나 구원의 실체가 무엇인지는 여전히 숨겨 있습니다. 본문에서 분명히 예수님은 사람들에게 이 소문을 퍼뜨리지 말라고 했습니다. 오늘 우리는 이 말씀에 따라서 교회를 세상에 알리려고 굳이 애를 쓰지 않아도 좋을 것 같습니다. 이것이 땅 끝까지 이르러 증인이 되라는 말씀과 대립하는 건 아닙니다. 예수님의 말씀에 증인(순교자)으로 산다는 것과 우리의 활동을 알리는 것과는 다른 것이니까요. 그리스도인으로 사는 것 자체가 바로 증인으로 사는 것입니다.

예수, 혈루증 여인을 고치시다

5:25-34

²⁵열두 해를 혈루증으로 앓아 온 한 여자가 있어 ²⁶많은 의사에게 많은 괴로움을 받았고 가진 것도 다 허비하였으되 아무 효험이 없고 도리어 더 중하여졌던 차에 ²⁷예수의 소문을 듣고 무리 가운데 끼어 뒤로 와서 그의 옷에 손을 대니 ²⁸이는 내가 그의 옷에만 손을 대어도 구원을 받으리라 생각함일러라 ²⁹이에 그의 혈루 근원이 곧 마르매 병이 나은 줄을 몸에 깨달으니라 ³⁰예수께서 그 능력이 자기에게서 나간 줄을 곧 스스로 아시고 무리 가운데서 돌이켜 말씀하시되 누가 내 옷에 손을 대었느냐 하시니 ³¹제자들이 여짜오되 무리가 에워싸 미는 것을 보시며 누가 내게 손을 대었느냐 물으시나이까 하되 ³²예수께서 이 일 행한 여자를 보려고 둘러 보시니 ³³여자가 자기에게 이루어진 일을 알고 두려워하여 떨며 와서 그 앞에 엎드려 모든 사실을 여쭈니 ³⁴예수께서 이르시되 딸아 네 믿음이 너를 구원하였으니 평안히 가라 네 병에서 놓여 건강할지어다

앞에서 말씀드린 것처럼 위 본문의 혈루증 여자 이야기는 회당장 야이로 이야기 중간에 끼어든 것입니다. 많은 사람들이 예수님을 따라가면서 서로 밀쳤습니다. 그들 중에 혈루증을 앓아온 한 여자가 있었다고 합니다. 그녀는 한두 해가 아니라 자그마치 12년 동안 그런 지병을 안고 살았습니다. 그녀가 그것으로 얼마나 깊은 좌절을 맛보았을지 상상이 갑니다. 결혼을 하지 못했을 가능성도 높습니다. 결혼을 했다 하더라도 혼자만의 비밀을 숨기느냐 고생이 이만저만이 아니었겠지요. 아이를 낳지 못한 건 아니었을까요? 어쨌든지 그녀는 어떤 의학적인 문제인지는 모르겠지만 여자로서 감당하기 힘든 병을 앓고 있었습니다.

그 당시 율법적인 차원에 보면 하혈을 하는 여자가 무리에 섞인다는 건 불손한 행위입니다. 율법에는 달거리하는 여자가 앉았던 자리에는 앉지 말아야 했습니다. 고대 시대는 생리학적이고 의학적인 인식이

미숙했기 때문에 출산과 연관된 여성들의 생리적 현상을 불결하게 생각했습니다. 그녀는 지금 자신의 병을 숨기고 있습니다. 다른 사람이 그녀의 병을 알게 되는 날에는 아주 곤란한 입장에 떨어집니다. 남이 자기를 알아볼까 전전긍긍하면서 그 무리 틈에 끼어 있었겠지요.

그렇습니다. 고대 시대나 지금이나 신체적인 약점이 인격적인 약점으로까지 연계되는 경우가 많습니다. 장애인들은 무언가 인격적으로도 문제가 있는 것처럼 간주되기도 합니다. 동성애자나 양성애자들이 겪는 사회적인 불안은 심각합니다. 그뿐만 아니라 저소득층이나 극빈자들도 역시 그런 경제적 능력이 인격적인 약점으로 평가되는 사회에 우리는 살고 있습니다. 외모 지상주의도 역시 이런 현상의 한 부분입니다. 우리는 신체적인, 경제적인 약점으로 삶이 훼손되지 않는 세상을 향해서 나가야 합니다.

열두 해나 혈루증을 앓던 여자를 소개하는 복음서 기자의 코멘트가 아주 인상적입니다. 많은 의사를 찾아다니느라 고생을 많이 했고, 재산 손실도 많았는데, 병의 차도는 없고 오히려 심해졌다는 것입니다. 이여자가 돌팔이 의사들만 골라서 찾아다닌 것인지, 또는 이 병이 원래 치유될 수 없는 것이었는지는 잘 모르겠지만 이 여자가 지금 가장 나쁜 상황에 떨어졌다는 사실을 말하고 있습니다. 사람의 몸은 계속해서 병에 노출되어 있고, 그렇지 않다고 하더라도 늙어가기 때문에 의사를 필요로 합니다. 그런데 의사와 환자의 관계는 대등하게 이루어지기가 어렵습니다. 치료 행위에서 의사가 전적인 주도권을 행사하기 때문입니다. 대등하고도 인격적인 관계는 그렇게 흔하지 않습니다. 목사와 신자 사이도 자칫하면 일방적일 수 있고, 실제로는 그런 경우가 많지만 그래도 의사와 환자 사이에는 비교가 안 됩니다. 의료 행위가 그만큼 배타적이기 때문이겠지요. 이런 점에서 의사에게는 다른 직업을 가진 사람보다 훨씬 더 능동적이고 전적인 윤리의식이 필요한 것 같습니다.

언젠가 '국경없는 의사회'라는 단체에 대해서 들은 적이 있습니다.

말 그대로 국경을 초월해서, 의료 혜택을 받지 못하는 지역을 찾아가 환자들을 치료하는 의사들의 모임입니다. 개인에 따라서 1년, 또는 2, 3년씩 보수를 받지도 않고 오지를 돌아다는 의사들을 보면 존경심이 우러날 수밖에 없습니다. 그렇습니다. 생명을 돌보고 살리는 일은 돈으로 계산될 수 없는 행위입니다. '국경없는 의사회'만이 아니라 일반 의사들도 자신들의 행위를 돈으로 평가받지 않았으면 좋을 것 같습니다. 물론 먹고 살아야 하니까 어느 정도의 보수는 받아야겠지요. 중고등학교 선생님들 수준이면 충분하지 않을까요? 또는 의사들을 모두 공무원으로 채용하는 건 어떨는지요. 지금과 같은 자본주의 체제에서는 이것이 헛소리인지 모르겠습니다. 그러나 이게 헛소리로 들리지 않을 날이 오지 말라는 법도 없겠지요. 목사들의 연봉 체계도 합리적으로 바꿔나가야 합니다. 모든 목사들이 중고등학교 선생님들보다 20퍼센트쯤 적게 받는 건 어떨까요? 만약 노회나 총회에서 마음만 먹으면 그걸 해결할 수 있을 겁니다. 제가 연봉의 기준을 중고등학교 선생님으로 잡는 이유는 제 부근에 있는 선생님들의 생활이 무난하기 때문입니다. 크게 잘살지도 않지만 크게 시달리지도 않더군요. 대학교수들과 판사들도 그런 정도의 월급만 주면 좋을 것 같은데요. 정확한 정보인지는 모르지만 북한 시스템은 그런 것 같더군요. 요즘은 개업한 의사들도 경우에 따라서 어려움을 많이 겪는다고 합니다. 오죽했으면 일반 노동자들처럼 집단적으로 휴진하면서 파업까지 했겠어요. 하여튼 돈벌이와 경제정의는 어려운 문제입니다.

성서기자는 왜 이 여자가 의사에게 많은 괴로움을 받았다고 말할까요? 물론 성서는 그 이유에 대해서 이렇다 할 설명이 없습니다. 그 당시는 요즘과 비슷한 의미의 의사가 없었을 겁니다. 복음서의 시대가 2천 년 전이라는 사실을 염두에 두십시오. 그 당시에는 다른 종족들도 마찬가지겠지만 제사장과 의사의 역할이 그렇게 명확하게 구분되지 않았겠지요. 의료 기술이 아주 미숙했을 뿐만 아니라 육체적인 질병을 악령과 연관해서 생각하던 시대니까 의사라는 개념이 그렇게 명확하지 않았으리라 생각되는군요. 본문의 헬라어 '이아트로스'는 분명히 의사라는 뜻입니다. 현재와 같은 개념은 아니라고 하더라도 병을 고치는 특정 계층의 사람들이 있었다고 보아야겠지요. 그들이 의과대학 같은 데서 전문적인 교육을 받은 건 아니겠지만 나름으로 병 치료의 카리스마를 확보했겠지요. 어쨌든지 이런 문제는 훨씬 전문적인 조사가 필요하니까 그냥 접어두고, 상식적으로만 생각하겠습니다.

앞에서 한 번 짚었듯이 의료 행위는 제삼자가 개입할 수 없을 정도로 전문적이고 배타적이기 때문에 자칫 환자들에게 일방적으로 불리한 일들이 벌어질 수 있습니다. 열두 해를 혈루증으로 앓던 여자가 많은 의사에게 괴로움을 당했다는 본문의 보도는 매우 사실적인 것인지 모르겠군요. 이런 힘의 불균형 문제는 비단 의사와 환자 사이만이 아니라 이 사회 전반에 해당됩니다. 검사와 피의자, 교수와 학생의 관계도 마찬가지입니다. 한 사회가 건강한지를 측정할 수 있는 기준은 이런 불균형을 제도적으로 바로 잡는 데 있지 않을까요? 그래야만 약자들의 괴로움을 조금이라도 덜어낼 수 있으니까요.

고장 난 생명을 치료하는 의료 행위는 하나님의 구원사역과 직결된다는 점에서 의사는 거룩한 직업입니다. 예수님이 공생애 중에 행한 일들 중에서 질병 치료가 매우 큰 부분을 차지하고 있었다는 관점에서 보더라도 의료 행위는 구원론적 사건입니다. 문제는 사람의 생명을 살리고 풍요롭게 해야 할 행위가 오히려 사람을 괴롭힐 수도 있다는 사실입니다. 의료 행위가 단지 치부의 수단으로 전락할 때 이런 일들이 일어나겠지요. 요즘처럼 모든 직업이 소명 의식을 상실한 시대에 유독 의사들에게만 이런 걸 요구하는 게 생뚱맞아 보일지 모르지만, 그래도 최후의 보루로 남아 있어야 하지 않을는지요.

목사인 제가 남의 말을 할 처지가 아닙니다. 노골적으로 하나님의 부름을 받았다고 하는 목사들이 과연 신자들의 구원을 위해서 자신의 삶을 헌신하고 있는지 별로 확신이 없으니 말입니다. 오늘 본문에 비추어서 나 자신을 비롯한 목사님들에게 이렇게 말씀드리고 싶습니다. 신자들을 괴롭히지 맙시다. 열두 해를 혈루증으로 앓던 여자가 의사에게 괴롭힘을 당하기만 했다는데, 우리 목사들도 신자들을 괴롭히는 일이 많습니다. 파렴치한 경우는 접어두고, 비교적 건전하게 목회를 한다고 하더라도 신학적으로 성숙하지 못하면 신자들을 괴롭히는 목회를 할 수도 있습니다. 그럼에도 불구하고 우리는 교회 공동체에서 희망을 접을 수 없습니다. 말씀이 선포되고, 성례전이 집행되는 한 우리가 모르는 방식으로 성령이 그 안에서 활동하시기 때문입니다. 이런 점에서 성령 의존적인 목회로의 전환이 시급합니다.

열두 해를 혈루증으로 앓고 있던 이 여자는 예수에 관한 소문을 듣고 달려 나왔습니다. 예수에게서도 아무런 해결책이 없으면 죽어버리겠다고 생각하지는 않았을까요? 26절의 묘사에 따르면 이 여자가 거의 절망적인 상태에 빠졌다는 것만은 분명합니다. 그동안 고생은 고생대로 하고 돈도 잃고, 병은 더 심해졌으니 말입니다. 사람이 막다른 골목에 다다르면 무슨 생각인들 못하겠습니까? 다행히 이 여자는 예수에 관한 소문을 듣게 되었습니다. 그 소문은 예수가 귀신을 쫓아내고 병을 고친다는 것이었습니다. 그 당시에는 매스컴이 없었으니까 입소문이었겠지요. 이런 입소문은 하나님 나라의 확장에 아주 소중한 통로인 것 같습니다. 이것은 오늘도 똑같습니다. 교회가 하나님 나라에 존재론적으로 일치하고 있으면 그것으로 이미 선교가 시작된 것입니다. 굳이 선교 전략적인 차원에서 어떤 프로그램을 시행하거나 연출할 필요가 없습니다. 그러나 소문은 늘 좋게만 나는 건 아닙니다. 예수님에 관한 소문도 부정적으로 날 때가 많았습니다. 일종의 헛소문, 또는 괴소문입니다. 예수님이 귀신의 우두머리인 바알세불에게 사로잡혔다는 소문이 나돈 적도 있으니까요. 이런 점에서 우리는 소문에 일희일비할 필요는 없겠지요.

이 여자가 예수님의 옷에만 손을 대어도 구원을 받을 거라고 생각했다는 게 분명한가요? 성서 기자가 그렇게 기록하고 있지만 실제로 그런지 아닌지는 우리가 확인할 길이 없습니다. 이 사건이 일어난 다음에 이 여자가 예수 공동체 앞에서 간증을 했다면 모를까, 그렇지 않고서는 아무도 그 여자의 중심을 알 수 없습니다. 같은 사건을 보도하고 있는 마태복음은 마가복음과 똑같이 진술하고 있지만, 누가복음은 이에 대해서 아무 말도 없습니다.

어쨌든지 초기 공동체에 속한 사람들은 예수님의 모든 가르침과 행위와 그의 존재 자체에 하나님 나라가 온전히 드러난다고 생각했다는 사실이 중요합니다. 그런 믿음으로 그들은 옷자락에까지 그런 치유 능력이 나온다고 고백할 수 있었습니다. 그런데 어떤 사람들은 옷에 관심을 너무 많이 기울입니다. 다시 말씀드립니다. 이 사건에서 정작 중요한 것은 옷에 마술적인 능력이 있다는 사실이 아니라 예수님을 향한 그들의 영적인 태도입니다. 초기 기독교 공동체는 예수님이 구원의 근원이라는 사실을 강조하기 위해서 옷이라는 매개를 통한 치유 능력을 언급한다는 말씀입니다.

29절에서 이 여자가 치료를 받았습니다. 이 여자가 얼마나 기뻤을지는 여러분의 상상에 맡기겠습니다. 아마 말문이 막혔을 겁니다. 남모를 병으로 열두 해를 고생하던 여자가 해방되었다는데 무슨 말을 덧붙일 수 있나요. 그렇습니다. 하나님의 구원 행위 앞에서 우리는 유구무언입니다. 그러나 질문할 필요가 있을 때는 질문해야 합니다. 의심을 위한 질문이 아니라 진리를 향한 목마름입니다. 비록 고단한 작업이라 하더라도 우리는 이 성서텍스트의 중심으로 들어가도록 노력해야 합니다. 이런 태도가 하나님의 말씀을 구원론적인 차원에서 받아들이는 사람들에게 필요합니다. 이에 반해 사이비 이단들의 특징은 모든 인식론적 노력을 일시에 허물어버릴 수 있는 열광주의로 빠져든다는 것입니다. 그런 열광주의 신앙을 가진 사람들을 설득할 길은 어디에도 없습니다.

우리는 본문의 실질이 무엇인지 물어야 합니다. 오늘의 사건을 조금 합리적으로 이렇게 생각할 수 있습니다. 사람의 몸은 정신과 밀접하게 연관되어 있다는 점에서 볼 때 예수님의 옷에 손을 대는 순간에 극한의 경지까지 올라간 그녀의 마음에 의해서 혈루의 근원도 치유된 거라고 말입니다. 이런 추정이나 상상은 무의미합니다. 예수님과의 관계가 기 치료나 심리 치료라고 할 수는 없으니까요. 성서기자도 역시 이에 관해서 자세하게 설명하지 않습니다. 성서기자에게는 예수에 의해서 이 여자가 안고 살던 병의 근원이 깨끗해졌다는 사실만이 중요합니다. 자신들이 알고 있는 세계관 안에서 그 사실을 설명하고 증명하려는 것뿐입니다. 이런 전승의 과정을 통해서 성서는 하나님의 말씀 사건이 되었습니다.

다시 앞에서 한 번 제기되었던 질문이 이 구절에도 해당됩니다. 본문은 여자의 혈루증이 치유된 이후에 예수께서 능력이 자신에게서 나간 것을 아셨다고 합니다. 우리의 질문은 이것입니다. 예수님이 그걸 아셨다는 사실을 성서기자는 어떻게 알았을까요? 예수님이 나중에 그렇게 말씀하셨을까요? 아니면 성서기자가 그렇게 넘겨짚은 걸까요? 또는 오랜 전승을 통해서 그렇게 해석된 것일까요? 이건 성서를 일부러 의심하기 위한 것이 아니라 말씀의 실체로 들어가기 위한 최소한의 신학적 성찰입니다. 다시 묻습니다. 능력이 나갔다는 것을 예수께서 스스로 아셨다는 보도는 정말 사실인가요? 성서는 이런 질문에 별로 관심이 없습니다. 성서는 예수에게 일어난 메시아 사건을 한편으로는 보도하고 다른 한편으로는 해석하고 있을 뿐입니다. 예수에 관한 사실과 해석이 초기 기독교 공동체 안에서 결합하여 오늘 우리가 복음서에서 읽을 수 있는 이런 전승이 형성되었습니다. 그 능력이 나갔다는 보도는 오랜 세월에 걸쳐 형성된 성서전승에 참여한 사람들의 해석이라고 보아야겠지요.

또 한 가지 사실을 염두에 두어야 합니다. 고대인들은 어떤 특별한 은사를 가진 사람의 능력이 환자에게 전이되어 병이 치료된다고 생각했습니다. 요즘도 그런 방식의 시술이 종종 일어나기도 합니다. 기치료라고도 부릅니다. 치료자가 기를 모아 환자의 환부에 투여하면 병이 낫는다는 것입니다. 이런 방식의 치료가 정통 한의학에서도 인정받는 것인지는 잘 모르겠습니다만, 어쨌든지 이런 방식의 치료가 일반적이었던 고대인들의 눈에 예수의 능력이 이 여자에게 전달된 것으로 보였다는 것은 이상할 게 전혀 없습니다. 그것이 그들에게는 자연스러운 것이었습니다.

예수님이 누가 내 옷에 손을 대었느냐 하시자 이 사건의 내막을 전혀 눈치 채지 못한 제자들은 많은 사람들이 밀치고 있는 그 상황을 설명하는 것으로 대답을 대신합니다. 참으로 재미있는 장면입니다. 제가 그림을 그리는 사람이라면 이 장면을 그려보고 싶군요. 예수님 부근에서 터줏대감 노릇을 하는 제자들이 예수님에게 가장 가까이 따라갔을 것이며, 몇몇 여자들도 그렇게 멀리 떨어지지 않았겠지요. 바리새인들이나 회당장 같은 사람들도 나름으로 예수에게 용무가 많은 사람들이었습니다. 동네 꼬마들과 청소년들도 어느 정도는 모여들지 않겠습니까? 그러나 화가는 오직 예수와 이 여자에게 포커스를 맞추어야 합니다. 다른 사람들은 그냥 칙칙하게 그리고 예수와 여자만 활짝 살아나게 하는 방식으로 그려야 합니다.

그렇습니다. 생명의 능력은 거기에 모인 모든 사람들이 아니라 예수와 여자 사이에서만 일어났습니다. 신탁(神託)이 이스라엘의 수많은 사람들 가운데서 예언자들에게만 일어났듯이 오늘도 하나님의 생명 통치는 많은 무리들 가운데서 특정한 사람들에게 일어납니다. 이 특정한 사람을 종교 엘리트라고 생각할 필요는 없습니다. 오히려 우리가 예상하지 못한 사람일 가능성이 높습니다. 열두 해를 혈루증을 앓던 여자를 통해 예수님의 능력이 나가리라는 걸 누가 예상했겠습니까? 오늘 우리는 주님으로부터 나오는 생명의 능력과 잇대어 있습니까? 본인들이 그렇게 생각한다면 다행입니다. 실제는 그렇지 않은데도 그렇게 착각할 수도 있겠지요. 거꾸로 자신도 모르게 이미 주님의 이런 능력과 연결되어 있을지도 모릅니다. 끝으로 묻습니다. 우리는 오늘 본문에 등장하는 인물 중에서 누구에 해당되나요?

누가 내 옷에 손을 댔느냐 하는 예수님의 물음에 사람들이 많이 몰려서 그렇다는 제자들의 답변을 들으신 예수님은 그 대답에 아랑곳하지 않고 주변을 둘러보셨다고 합니다. 자신에게서 나온 능력이 전달된 이 여자를 찾아서 치유를 말로 확인해 주려고 그랬겠지요. 이런 상황을 눈치 챈 사람은 거기에 하나도 없습니다. 거기에 많은 사람들이 모였지만 혈루의 근원이 깨끗이 치유되었다는 사실을 안 사람은 단 둘뿐이었습니다. 우리는 이 대목에서 두 가지 영적 사실을 발견할 수 있습니다. 영적인 치유 사건은 아주 은밀하다는 것이 하나입니다. 육체적인 것이었든 또는 정신적인 것이었든 그것이 치유되려면 생명의 영이 개입되어야 하는데, 그것은 은밀한 능력입니다. 이 말은 곧 우리의 하나님 경험은 아주 개인적이라는 뜻이기도 합니다. 이 여자의 치유가 배타적인 방식으로 일어난 것처럼 우리 영혼과 하나님 능력과의 조우는 은밀하고 개인적이고, 따라서 배타적입니다. 나의 숨을 다른 사람이 대신 쉴 수 없듯이 생명의 영은 순전히 개인적으로 경험할 수 있을 뿐입니다.

다른 하나는 주님이 결국 우리를 찾으신다는 사실입니다. 우리가 여러 가지 이유로 피하고 싶어도 우리의 생명 경험이 분명하다면 결국 주님은 우리를 향해서 몸을 돌리십니다. 우리가 어디 있든지 그분은 찾아오십니다. 이런 점에서 기독교 신앙은 인격적입니다. 아브라함의 하나님, 이삭의 하나님, 야곱의 하나님이 바로 우리의 하나님입니다. 정리합시다. 열두 해를 혈루증으로 앓던 여자가 매우 조심스럽게 예수님에게 왔으며, 능력이 전달된 다음 이제 예수님이 이 여자를 찾으셨습니다. 신앙 경험은 바로 이런 게 아닐는지요. 혹은 거꾸로 주님이 먼저 찾으시고 우리가 반응할 수도 있겠지요. 어쨌든지 여기서 중요한 것은 인격적인 만남입니다.

33절은 이 여자가 자신에게 일어난 일로 인해서 두려워했다고 그 상황을 설명합니다. 그에게 일어난 일은 물론 혈루의 근원이 치유되고 자신의 은밀한 행위를 예수가 짚어냈다는 것이겠지요. 이것이 과연 두려워할 일인가요? 아니면 기뻐해야 할 일인가요? 자신이 전혀 예상하지 못한 일이 일어났다는 것은 두려움의 이유이고, 평생 소원이 해결되었다는 것은 기쁨의 이유이겠지요. 종교 경험은 이 두 가지로 요약될 수 있습니다. 하나님 경험이 두려움으로 나타나는 이유는 그것이 기본적으로 낯설기 때문입니다. 사람이 귀신 앞에서 두려워하는 이유도 역시 귀신이 우리의 일상과 전혀 다른 현상이기 때문입니다.

두려움은 우리에게 두 가지로 작용합니다. 하나는 우리의 삶을 파괴하는 공포입니다. 전쟁, 기아, 질병, 성폭력 등등 인간 삶을 파괴하는 세력은 우리에게 공포심을 유발합니다. 삶을 파괴하는 것입니다. 반면에 우리를 심층의 기쁨으로 끌어당기는 두려움도 있습니다. 이것은 하나님과의 만남을 통해서 우리에게 주어지는 그분의 선물이겠지요. 깊은 영성으로 들어간 사람들은 한결같이 기쁨을 만끽합니다. 경우에 따라서 그가 처한 상황이 좋지 못하다고 하더라도 그의 내면에서는 기쁨이, 마치 샘물 같은 기쁨이 솟아납니다. 왜 그럴까요? 영적인 존재인 인간은 표면적 일상에서는 결코 만족할 수 없고, 그 심층에서만 가능하기 때문입니다. 그 일상의 심층이 바로 성령이 활동하는 영역이며, 그 안에서 우리는 거룩한 두려움을 경험합니다. 그 결과는 기쁨입니다. 성서가 보도하지 않지만 이 여자의 영혼은 분명히 기쁨으로 가득하지 않았을까요?

이 여자는 예수님 앞에 엎드려 '모든 사실을 여쭈'었다고 합니다. 이런 장면은 작은 에피소드이긴 하지만 기독교 신앙의 실체를 적나라하게 제시하는 것 같습니다. 두 가지 관점에서 그렇습니다. 첫째, 예수와의 만남은 자신의 전체 실존에 해당됩니다. 이 여자가 모든 사실을 예수님에게 말씀드렸다는 것은 자신의 부끄러웠던 질병까지 그대로 드러냈다는 뜻입니다. 이는 곧 자신의 모든 것을 무방비로 노출시킨 겁니다. 우리가 예수님을 만난다는 것은 고상한 인격이나 종교심, 또는 재산이나 헌신 같은 부분만이 아니라 죄, 병 같은 부끄러운 부분까지 그대로 그분에게 드러낸다는 의미입니다. 우리가 실존적으로 주님을 만난다는 것은 우리의 모든 영역을 그대로 인정한다는 뜻이기도 합니다. 우리의 모든 것들을 가치론적으로 평가하는 게 아니라 존재론적으로 받아들인다는 뜻입니다. 갓난아이들은 벌거벗은 채로 엄마와 아빠 앞에 안길 수 있습니다. 왜냐하면 그들 사이에는 오직 그렇게 존재하는 것이 최상이기 때문입니다.

둘째, 이 장면은 종말론의 현실을 설명합니다. 이 세상의 모든 것들은 종말론적으로 드러날 수밖에 없습니다. 이 여자가 예수님에게 모든 사실을 이실직고했듯이 어둠 속에서 행했던 것까지 그날에 완전히 밝혀질 것입니다. 그때가 되면 지금 부끄럽게 생각하던 것들도 전혀 그렇지 않게 생각될 것입니다. 오히려 자랑스러웠던 것들이 부끄럽게 생각되겠지요. 그 기준을 우리는 전혀 모릅니다. 모르는 것을 앞에 놓고 미리 겁먹지 마십시오.

예수님은 34절에서 이 여자에게 이렇게 말씀하십니다. "딸아, 네 믿음이 너를 구원하였으니 평안히 가라." 아주 유명한 말씀입니다. 이 여자에게 무슨 믿음이 있었다는 말인가요? 어떤 사람은 이 여자도 예수가 그리스도라는 사실을, 하나님의 아들이라는 사실을 알고 믿은 거 아닌가 하고 생각할지 모르겠군요. 그렇지 않습니다. 예수님의 공생애 중에는 제자들도 예수님이 누구인지 몰랐습니다. 예수님에 대한 참된 이해와 믿음은 부활 이후에 일어났습니다. 이 여자가 예수님을 정확하게 알고 믿었다는 것은 언어도단입니다. 그런데도 예수님은 분명히 이 여자에게 믿음이 있다고 말씀하셨습니다. 도대체 이 여자의 믿음이 무엇인가? 28절 말씀에 따르면 이 여자는 예수의 옷에 손만 대어도 구원을 받으리라고 생각했습니다. 여기서 구원받는다는 것은 치료된다는 뜻입니다. 이 여자에게 구원은 병 치료였습니다. 예수가 누군지 모르고 단순히 병을 낫게 하실 수 있는 분이라고 믿었다는 겁니다. 그것도 믿음인가요?

예수의 정체를 알고 믿는 것과 전혀 모르고 믿는 것 사이에 어떤 차이가 있을까요? 앎이 따라오는 믿음과 없는 믿음은 관점에 따라서 차이가 없을 수도 있고, 큰 차이가 있을 수도 있습니다. 구원이 하나님의 배타적인 행위라는 관점에서는 그 앎의 문제는 큰 의미가 없지만, 다른 한편으로 기독교 진리가 인식론적 근거를 필요로 한다는 관점에서는 차이가 있습니다. 어쨌든지 이 여자는 예수가 누군지도 모른 체 무조건 예수를 통해서 구원받으리라고 믿었습니다. 신학적인 깊이가 없어도 믿음 자체는 성립합니다. 책을 못 읽는 할머니라고 하더라도 예수님을 믿을 수 있으며, 그런 믿음도 소중합니다. 어쩌면 이런 믿음이 훨씬 더 원초적이라고 할 수 있겠지요. 다만 오늘 우리가 그런 단계를 지나왔다는 사실 역시 분명합니다.

예수님이 이 여자에게 구원을 언급하시면서 건강을 허락하신 걸 보면 이 여자에게 구원은 곧 건강 회복이었다는 걸 알 수 있습니다. 성서에는 구원에 대한 다양한 표상이 있습니다. 가장 결정적인 것은 출애굽입니다. 선악과를 취한 아담과 하와가 죽지 않았다는 것도 구원의 한 모습이겠지요. 노아의 방주는 대표적인 구원 표상입니다. 아브라함에게는 자손과 땅을 주시겠다는 하나님의 약속이 구원이었습니다. 이런 것들을 나열하기 시작하면 끝이 없습니다.

오늘 우리에게도 구원은 여러 모습으로 나타납니다. 어떤 사람에게는 죄책감에서 풀려나는 것이기도 하고, 또는 짝사랑하던 사람으로부터 사랑을 얻는 것이기도 하겠지요. 실업자는 일자리를 얻어야 하고, 불면증에 시달리는 사람은 단잠이 필요하겠지요. 한민족의 차원에서 보면 남북통일이 구원이기도 합니다. 생태적 차원에서 구원은 이 지구가 지속가능한 길을 찾는 것입니다. 지금 우리는 지구의 생명을 지속시킬 수 있을까요, 아니면 단축시키고 있을까요? 보는 관점에 따라서 약간씩 차이가 있긴 하지만 상황이 좋지 못하다는 것만은 분명한 것 같습니다.

기독교 신앙은 그런 구원의 표상들을 중요하게 생각하면서도 궁극적으로는 예수 그리스도의 십자가와 부활 사건으로 집중합니다. 특히 부활이 요체입니다. 왜냐하면 위에서 열거한 모든 구원표상들은 그것 자체로는 완전하지 않기 때문입니다. 우리가 원하는 것들이 성취된다고 하더라도 그것은 결코 영원하지 않습니다. 이런 점에서 질적으로 다른 차원의 생명인 예수의 부활만이 우리에게 궁극적인 구원을 약속합니다. 문제는 예수 부활을 '지금 여기서' 어떻게 경험하고 살아내느냐에 달려 있습니다.

6장

예수, 고향에서 배척당하시다

6:1-6

¹ 예수께서 거기를 떠나사 고향으로 가시니 제자들도 따르니라 ² 안식일이 되어 회당에서 가르치시니 많은 사람이 듣고 놀라 이르되 이 사람이 어디서 이런 것을 얻었느냐 이 사람이 받은 지혜와 그 손으로 이루어지는 이런 권능이 어찌됨이냐 ³ 이 사람이 마리아의 아들 목수가 아니냐 야고보와 요셉과 유다와 시몬의 형제가 아니냐 그 누이들이 우리와 함께 여기 있지 아니하냐 하고 예수를 배척한지라 ⁴ 예수께서 그들에게 이르시되 선지자가 자기 고향과 자기 친척과 자기 집 외에서는 존경을 받지 못함이 없느니라 하시며 ⁵ 거기서는 아무 권능도 행하실 수 없어 다만 소수의 병자에게 안수하여 고치실 뿐이었고 ⁶ 그들이 믿지 않음을 이상히 여기셨더라 이에 모든 촌에 두루 다니시며 가르치시더라

예수님은 고향을 방문하십니다. 나사렛입니다. 예수님의 출생지는 베들레헴이지만 자란 곳은 나사렛입니다. 그곳은 예수님의 가족, 친척, 동네 어른들이 계신 곳이고, 예수님의 어린 시절 추억이 깃든 곳입니다. 저는 서울시 삼선동에서 초등학교 5학년 1학기까지 다니다가, 2학기부터 광나루 다리 건너 천호동에서 살았습니다. 삼선동 동네는 내 기억에 생생합니다. 좁은 골목길이 많았습니다. 우리 집도 골목으로 들어가야 하는데, 붉은 벽돌로 된 담이 선명하게 기억에 남는군요. 그 골목길에서 공기, 줄넘기, 술래잡기를 했습니다. 작은 누님이 고무줄 하는 것도 본 적이 있지요. 그때는 서울이지만 가로등도 없고 해서 밤하늘의 별을 자주 보았습니다. 직접 찾아가지는 못했지만, 지금은 아무것도 남아 있지 않겠지요. 천호동은 그야말로 저에게는 낙원이었습니다. 집도 몇 채 없었습니다. 논, 밭, 과수원, 냇가, 숲은 모두 놀이터였습니다. 멀리 남한산성이 바라보였지요. 가난한 시절이었지만, 그래서 모든 게 달콤한 기억으로 남은 고향 땅, 그때의 친구들을 찾을 수 없습니다. 천호

동은 이제 집, 사람 천지가 되었더군요. 찾아갈 고향이 없다는 건 삶의 큰 부분을 상실한 거겠지요.

우리가 이미 잘 알고 있는 대로 예수님은 고향에서 대접을 받지 못했습니다. 그걸 이미 짐작하셨을 예수님이 굳이 고향을 찾아간 이유가 무엇인지 잘 모르겠군요. 앞에 놓인 십자가 사건을 예감하고 어머니 마리아에게 마지막 작별을 고하기 위해서 찾아갔는지, 아니면 고향 사람들에게 하나님 나라를 선포하기 위해서 찾아갔는지 모르겠습니다. 6절 말씀을 전제한다면, 아마 후자의 가능성이 높겠지요. 예수님이 고향 나사렛에서 안식일을 맞아 회당에 들어가 가르쳤다는 사실은 그가 고향에서도 이미 랍비로 인정을 받았다는 뜻입니다. 그런데 이상한 일이지만 그들은 곧 예수님을 배척합니다. 그 상황을 이렇게 이해해야 할 것 같습니다. 그 당시에는 예수님이 방랑 설교자로서의 입지를 굳혔기 때문에 비록 고향사람들이 내심으로는 예수님을 탐탁하지 않게 생각했다 하더라도 회당에서 가르치는 것 자체를 거부할 수는 없었다고 말입니다. 고향 사람들은 예수님의 가르치시는 모습을 보고 놀랐습니다. '이 사람이 어디서 이런 것을 얻었느냐?' 하고 궁금하게 생각했습니다. 그들로서 도저히 이해할 수 없는 일이 지금 벌어지고 있습니다. 자신들과 다를 게 별로 없어 보이던 예수님이 지금 전혀 다른 모습으로 나타나셨으니 말입니다.

예수님은 어디서 배워서 사람들을 가르치신 걸까요? 사람들은 대개 선생으로부터 이런 걸 배웁니다. 예수님의 선생은 없습니다. 그가 어려서 랍비들에게 글자를 비롯해서 무언가를 배웠는지는 잘 모르겠지만, 예수님의 가르침은 그런 배움을 통해서 얻어지는 게 아니었습니다. 배워서 아는 것은 바리새인들의 학습에 불과합니다. 예수님은 남에게서 들은 것을 전달하는 게 아니라 진리의 근원과 일치하신 분이셨습니다. 그래서 예수님은 "나는 본 것을 말한다"라고 말씀하셨습니다. 궁극적인 진리는 남에게 배워서 얻을 수 있는 게 아닙니다. 선생은 진리를 소유하는 게 아니라 단지 손가락으로 지시할 뿐이기 때문에 선생을 통해서는 배울 수 없습니다. 진리 자체로부터만 배울 수 있습니다. 예수님은 바로 그 진리이십니다. 우리는 그분에게서만 궁극적인 진리를 배울 수 있습니다.

고향 사람들은 예수의 지혜와 권능에 놀랐습니다. 그들이 전혀 예상하지 못하던 일들이 예수에게서 일어났으니 놀라지 않을 수 없었을 겁니다. 사람들은 세상을 자기의 전이해로 재단하면서 살아갑니다. 수능이 높게 나온 학생들이 좋은 대학에 가야 한다거나 경쟁력이 높은 사람이 많은 연봉을 받아야 한다는 예상이 바로 그런 것들입니다. 그뿐만 아니라 교회를 크게 키우면 그것이 곧 목회에 성공한 것이고, 그런 사람이 능력 있는 목사라는 생각도 이 세상을 자기 방식으로 예상하는 데서 벌어지는 것들입니다. 이런 예상들이 쌓이게 되면 고정관념으로 자리 잡습니다. 많은 한국 사람들이 갖고 있는 레드 콤플렉스나 친미사대주의 등은 고정관념입니다. 돈이 많아야만 행복할 것이라는 생각도 역시 고정관념으로 자리하고 있습니다. 신앙에서도 이런 고정관념은 이루 헤아릴 수 없이 많습니다. 이런 고정관념에서 벗어나지 못하는 한 우리는 기독교 영성의 심층으로 들어가기 어렵습니다.

고향 사람들이 갖고 있던 고정관념은 예수의 지혜와 권능으로 인해서 크게 도전받았습니다. 고정관념은 말 그대로 관념이지만 지혜와 권능은 실증입니다. 예수에게는 다른 사람이나 전통이, 특히 유대의 율법과 바리새인들이 따라올 수 없는 지혜와 권능이라는 실증이 있었습니다. 이런 것은 하나님으로부터만 주어지는 생명의 능력들입니다. 그렇습니다. 기독교 신앙은 이 세상의 고정관념으로부터의 탈주이며, 거꾸로 예수의 지혜와 권능에 사로잡힘입니다. 그뿐만 아니라 기독교 신앙의 고정관념에도 묶이지 않고 훨씬 근원으로 심화하는 과정이 아닐는지요.

3절에는 고향 사람들이 예수님을 배척한 이유가 나열되어 있습니다. 마리아의 아들, 목수 그리고 예수님의 형제들이 거론됩니다. 예수님이 자신들과 다를 게 하나도 없는 평범한 인물이라는 뜻입니다. 고향사람들의 마음이 이해가 갑니다. 얼마 전만 하더라도 동네 친구처럼 지내던 사람이 예언자 연하고 있으니 어처구니없었을 겁니다. 그들이 예수님을 배척하는 근거로 제시한 내용들이 중요합니다. 마가복음 기자가 그것을 실제로 감안하고 보도한 것인지 모르겠지만 이 내용은 예수님의 인성을 부정하던 사람들의 주장을 단호하게 거절하는 단서입니다. 그 내용을 몇 가지로 나누어서 따라가 봅시다. 우선 예수님은 마리아의 아들입니다. 많은 기독교인들에게 마리아와 예수님의 관계는 조금 어정쩡한 상태로 남아 있습니다. 그 이유는 예수님이 바로 하나님의 아들이라는 사실과 마리아가 남자와의 성관계 없이 예수님을 잉태했다는 사실 때문입니다. 이 두 가지 사실을 본격적으로 논의하기 시작하면 몇 권의 책으로도 부족하겠지요. 그냥 간단히 봅시다.

여기서 핵심은 우리와 다를 게 하나도 없었던 인간 예수가 어떻게 우리와 전적으로 다른 하나님과 하나인가라는 점입니다. 기독론에 대한 서로 다른 견해들로 인해서 초기 기독교는 몸살을 앓았습니다. 가장 대표적으로는 예수님의 신성을 부정하는 에비온주의와 인성을 부정하는 가현설입니다. 이들은 모두 이단으로 척결되었습니다. 특히 예수님의 인성을 부정하는 가현설은 그 시대적 조류에 맞물려 광범위하게 유포되었습니다. 바로 이 대목에서 마리아의 아들이라는 표현은 매우 중요합니다. 예수님의 인성을 증명할 수 있는 단적인 예이기 때문입니다.

앞에서 저는 마리아의 아들이라는 표현이 초기 기독교가 예수님의 인성을 확보하는 데 매우 중요한 것이라고 말씀드렸습니다. 이런 말을 듣고 조금 의아하게 생각하는 분들이 계시겠지요. 그런 분들은 아마 예수님과 마리아의 관계를 생각할 때마다 즉시 동정녀라는 단어를 기억할 겁니다. 예수님이 동정녀에게 태어나셨다는 사실은 그의 인성보다는 오히려 신성을 강조하는 것 아니냐 하고 말입니다. 동정녀에게서 태어나셨기 때문에 하나님의 아들이 아니냐고 말입니다. 옳습니다. 동정녀라는 단어 자체만 놓고 본다면 그것은 분명히 예수님의 신성에 대한 강조입니다. 그러나 조금 더 속내로 들어가면 예수님의 인성에 대한 강조이기도 합니다. 성서를 비롯해서 모든 기독교의 교리는 '삶의 자리'가 있습니다. 참고적으로, 성서도 근본적으로는 교리, 즉 신학적 해석의 결과입니다. 예수가 누구인가, 하는 질문을 해석하고 있기 때문입니다. 마리아에 관한 성서의 진술과 교리(사도신경)는 예수의 신성과 인성의 갈등이라는 삶의 자리에 놓여 있습니다.

예수님이 마리아의 아들이라는 사실은 곧 예수님이 우리와 똑같은 사람이라는 사실에 대한 실증입니다. 그는 하늘에서 뚝 떨어진 게 아니라 분명히 역사의 아들입니다. 유대인 남자이고, 마리아의 아들입니다. 여자의 몸에서 태어나셨습니다. 우리와 똑같은 몸과 피를 갖고 있으며, 똑같이 숨 쉬고 먹고 마셨습니다. 고향 사람들은 예수님이 마리아의 아들이라고 우습게 보았지만, 우리는 바로 그 사실에서 하나님 존재의 신비를 경험합니다. 성육신 신앙이야말로 초월과 내재가 일치한다는 기독교 신론과 구원론의 초석입니다.

본문이 나열하고 있는 예수의 가족 목록에서 아버지 요셉이 등장하지 않는다는 게 조금 이상합니다. 그가 일찍 죽었을 가능성이 높습니다. 이 대목만이 아니라 복음서는 전반적으로 요셉에 대해서 별로 관심이 없습니다. 마태복음과 누가복음의 예수님 탄생설화에 잠깐 등장하고 맙니다. 복음서 이외의 다른 신약성서는 요셉에 관해서 더 철저하게 침묵합니다. 본문에 거명된 예수님의 형제들이 누구이냐 하는 질문에도 많은 논란이 있습니다. 우선 마리아가 예수 출산 이후에도 여전히 동정녀로 머물렀다고 생각하는 로마가톨릭 교도들은 이들을 예수의 사촌형제들이라고 설명합니다. 심지어 어떤 사람은 이 형제들을 요셉의 전처 소생이라고도 주장합니다.

이런 문제는 기독교 신앙에서 크게 중요하지 않기 때문에 서로 논란을 벌이는 건 지혜롭지 않습니다. 사촌이든 친형제들이든 예수님의 혈통적 뿌리가 유대인에게로 이어진다는 사실이 중요합니다. 예수님이 유대인이라는 사실은 기독교 신앙이 유대교를 그 뿌리로 한다는 의미입니다. 유대교 전통이 없었다면 기독교 역시 역사에 등장하기 어려웠다는 사실만은 분명히 해야 합니다. 그뿐만 아니라 지금도 우리는 유대교적 전승과 긴밀하게 신학적으로 교류해야 합니다. 구약을 포함한 신구약성서 전체가 바로 하나님의 말씀이기 때문입니다. 예수님은 유대인이었고, 그의 형제들도 바로 유대인들이었습니다. 그뿐만 아니라 그들은 우리의 형제들이기도 합니다. 형제와는 형제애로 관계를 맺어야겠지요.

3절 하반절은 고향 사람들이 예수의 형제들을 열거한 다음에 예수님을 배척했다고 표현합니다. 성서기자는 이미 여기서 예수님의 십자가 처형을 암시하고 있는지 모르겠군요. 예수님을 가장 잘 아는 고향 사람들이 예수님을 배척했듯이, 예수님과 같은 민족인 유대인들이 결국 예수님을 십자가에 못 박았다고 말입니다. 복음서의 설명에 따르면 예수님이 하나님을 모독했다는 것이 그 이유지만, 이것은 초기 기독교와 유대교가 첨예하게 대립하면서 나타난 문제이지 예수님의 공생애에서 일어난 문제는 아닙니다. 예수님이 스스로 나는 하나님이 보낸 메시아라고 말씀하실 리가 없지요. 요한복음에 그런 뉘앙스가 풍기는 진술들이 있지만 그것은 초기 기독교에 의해 해석된 것입니다. 예수님의 메시아 인식은 매우 오래 논란이 된 주제인데, 여전히 열린 질문으로 남아 있습니다.

더 근본적인 질문은 이것입니다. 실제로 유대교가 예수님과 그의 하나님 나라 운동을 거부했는가 하는 점입니다. 베드로를 비롯한 사도들이 예수님의 십자가 처형 이후에도 여전히 예루살렘 성전을 제집처럼 드나든 것을 보면 그 갈등이라는 게 그렇게 심각하지 않았다고 보아야 합니다. 갈등은 훨씬 후대에 벌어집니다. 학자들의 견해를 빌린다면 유대전쟁이 끝난 기원후 70년이 고비라고 합니다. 자세한 설명은 생략하기로 하지요. 예수님은 고향을 찾았지만 배척받았습니다. 예수님은 유대교의 율법을 완성하려고 했지만 그들에게서 결과적으로는 거절당했고, 급기야 십자가에 처형당했습니다. 부활 이후로 이제 기독교는 유대교를 넘어서는 종교로 자리를 잡게 되었는데, 이런 큰 역사적 흐름의 단초가 고향 사람들의 배척이군요.

선지자와 고향 운운하는 예수님의 이 말씀은 아마 유대인들의 속담인 것 같습니다. 그런 속담을 빗대서 자신의 처지를 설명하신 거겠지요. 복음서가 보도하는 예수님의 진술 중에서는 예수님이 직접 말씀하신 것도 있고, 사도들에 의해서 추가된 것도 있고, 혹은 성서기자의 가필도 있으며, 오늘 본문에서 볼 수 있듯이 구약이나 속담에서 인용한 것도 있습니다. 이런 것들을 일일이 구분하기는 거의 불가능하지만, 할 수 있는 데까지는 구분하는 게 좋습니다. 왜냐하면 텍스트의 역사적 배경을 아는 것이 성서를 바로 이해하는 첫걸음이기 때문입니다. 복음서의 상황이 그렇다고 해서 권위가 떨어진다고 생각할 필요는 없습니다. 복음서는 아주 복잡한 과정을 통해서 현재의 모습을 갖추게 되었는데, 그 과정이 바로 성령의 활동입니다. 그 성령의 활동에는 당연히 사람들의 활동도 포함됩니다. 정확하게 말하면 사람의 해석 과정이 곧 진리의 영이신 성령의 활동입니다.

예수님이 인용하신 그 속담은 사람들의 선입견이 진리를 가로막을 때가 많다는 의미이겠지요. 자신들과 다를 게 별로 없는 사람이라는 생각에 사로잡히는 한 그들이 선지자를 이해할 길은 없습니다. 사람을 선입견 없이 대하는 게 쉽지 않습니다. 선입견은 그 사람을 있는 그대로 보지 못하게 만들고, 결국 좋은 관계에 이르지 못합니다. 물론 겉으로는 교양 있게 대하지만 속으로는 그것이 잘 되지 않습니다. 사람을 선입견 없이 있는 그대로 바라볼 수 있는 능력을 영성이라고 한다면 성령의 도우심밖에 다른 길은 없습니다.

예수님은 고향에서 아무런 권능을 행하실 수 없었다고 합니다. 몇몇 병자에게 안수하여 고치셨다는 보도가 뒤따르는 걸 보면 권능을 완전히 행하지 않은 것은 아닌 것 같지만, 전체적으로 볼 때 예수님의 고향인 나사렛은 예수님의 권능이 발휘될 수 없었던 곳이었다는 사실만은 분명합니다. 이것이 바로 메시아를 알아보지 못하는 고향의 비극이겠지요. 우리는 예수님의 권능이 기계적이지 않다는 사실을 알아야 합니다. 고향 사람들이 예수님에게 어떤 선입견을 갖고 있을 때 그의 권능은 그들에게 나타날 수 없습니다. 그렇다고 해서 그의 권능에 근본적인 한계가 있다고 생각하면 곤란합니다. 이것은 무한이나 한계를 말하는 게 아니라 권능의 역동성을 가리킵니다. 이 역동성은 기계론과 대립되는 개념입니다. 하나님의 창조 능력도 그렇습니다. 그는 인간을 아름답게 만들었지만 기계적인 차원에서 그렇게 한 것은 아닙니다. 인간은 역동적인 존재라는 점에서 아름다운 피조물입니다. 이 역동성이 타락으로 이어졌고, 그것은 다시 하나님이 자기의 아들을 땅에 보내는 은총으로 이어졌습니다. 하나님의 권능이 완전하다면 인간의 역사가 왜 이렇게 복잡하냐, 하는 질문은 의미가 없습니다. 이것이 곧 하나님의 권능이기 때문입니다. 하나님의 권능은 자기 자신을 완전히 무력한 상태로 내놓았다는 사실에서 분명히 역동적입니다. 예수의 십자가 처형은 그의 권능이 인간에 의해서 처분된 사건인데, 이는 곧 그에게는 무능력이 곧 능력이라는 의미입니다. 이것이 빌립보서 2장에 언급된 케노시스 신학입니다. 그는 "자기를 비워 종의 형체를 가지사 사람들과 같이…" 되셨습니다. 고향에서 푸대접을 받았지만 예수님은 여전히 하나님의 아들이십니다.

6절에 따르면 예수님은 믿음이 없는 고향 사람들을 이상하게 여기셨다고 합니다. 예수님이 당신을 알아주지 않는다는 사실을 섭섭하게 생각하셨을 리는 없습니다. 그들의 영적인 상태를 안타까워하셨다는 뜻이겠지요. 믿음이 없기는 고향 사람들만이 아니라 그 당시 모든 사람들도 마찬가지였습니다. 바리새인들은 물론이구요, 심지어 제자들도 역시 믿음이 없었습니다. 오죽했으면 예수님이 겨자씨 한 알만 한 믿음을 말씀하셨겠습니까? 새들도 보금자리가 있고, 여우도 굴이 있지만 인자는 머리 둘 곳이 없다는 주님의 한탄도 이런 상황과 연결되는 것 같습니다.

히브리서 기자는 이렇게 말한 적이 있습니다. "믿음은 바라는 것들의 실상이요, 보이지 않는 것들의 증거니"(11:1). 여기서 핵심은 무엇을 믿는가 하는 것입니다. 욕망에 사로잡힌 채 그것이 이루어지기를 바라는 것이라면 참된 믿음이라고 할 수 없겠지요. 또한 우리는 대개 보이는 것들이 성취되기를 바라고 있습니다. 이와 달리 우리의 생각을 뛰어넘는 하나님의 구원통치를 바라는 사람들은 예수님을 실상으로 받아들이게 됩니다. 그분이 바로 보이지 않는 것의 증거이기도 합니다. 오늘 주님이 우리를 보신다면 어떻게 생각하실까요? 우리에게 믿음이 있다고 보실까요, 아니면 믿음이 없다고 보실까요? 우리는 우리의 삶에 주님의 권능이 잘 나타나지 않는다는 점에서 믿음이 충분하다고 말할 수는 없을 것 같습니다. 이는 거꾸로 우리에게 바른 믿음이 있다면 주님의 권능, 즉 성령의 열매들이 열린다는 뜻이겠지요.

고향에서 푸대접을 받은 예수님은 여러 곳을 돌아다니시면서 말씀을 전했습니다. 이것은 전형적인 방랑설교자의 모습입니다. 발길 닿는 대로, 바람 부는 대로 떠돌아다니면서 하나님의 말씀을 전하는 설교자말입니다. 방랑설교자는 일정한 조직에 가담하지 않는다는 점에서 한편으로는 자유롭지만 다른 한편으로는 위험합니다. 조직은 사람들을 보호하기도 하지만 동시에 자유를 억압합니다. 교회도 나름으로 조직입니다. 특히 정통교회는 이런 조직의 속성이 강합니다. 많은 신자들은 종교 조직에 가담함으로써 안정감을 느낍니다. 작은 교회보다는 큰 교회로 몰리는 것은 아마 큰 교회가 주는 안정감에 매력이 있기 때문이겠지요. 그러나 그런 안정감 자체는 진리가 아니기 때문에 오래

가지는 못합니다. 사람들은 그런 안정감을 유지하기 위해서 또 다른 차원에서의 안정감을 모색합니다. 그런 것들이 종교적 업적으로 나타나는 것 같습니다.

기독교 신앙은 조직보다는 운동에 가깝습니다. 이는 곧 하나님 나라가 체제나 제도가 아니라 운동이라는 의미입니다. 그것은 회개운동이며, 변화와 개혁운동이며, 궁극적으로 생명운동입니다. 물론 운동이 지속하려면 체제, 즉 시스템이 뒷받침이 되어야 합니다. 이런 시스템이 없는 경우에 하나님 나라 운동은 탄력을 얻기 힘듭니다. 그럼에도 복음과 하나님 나라는 분명히 운동에 그 무게를 두어야 하는 건 분명합니다. 교회는 방랑설교자가 짊어져야 했던 두 가지 운명, 즉 자유와 위험을 감수해야 합니다. 아니 그것을 놓치지 말아야 합니다. 체제안정과 현상유지(status quo)는 나그네로 살아야 할 기독교인들과 교회 공동체가 투쟁해야 할 대상입니다. 위험, 위기, 고독은 우리에게 자유를 선물로 줄 것입니다.

예수, 제자를 파송하시다

6:7-13

⁷ 열두 제자를 부르사 둘씩 둘씩 보내시며 더러운 귀신을 제어
하는 권능을 주시고 ⁸ 명하시되 여행을 위하여 지팡이 외에는
양식이나 배낭이나 전대의 돈이나 아무것도 가지지 말며 ⁹ 신만
신고 두 벌 옷도 입지 말라 하시고 ¹⁰ 또 이르시되 어디서든지
누구의 집에 들어가거든 그 곳을 떠나기까지 거기 유하라 ¹¹ 어
느 곳에서든지 너희를 영접하지 아니하고 너희 말을 듣지도 아
니하거든 거기서 나갈 때에 발 아래 먼지를 떨어버려 그들에게
증거를 삼으라 하시니 ¹² 제자들이 나가서 회개하라 전파하고
¹³ 많은 귀신을 쫓아내며 많은 병자에게 기름을 발라 고치더라

예수님이 실제로 열두 제자를 두 명씩 짝을 지어 파송했는가에 대해서
는 학자들 사이에 의견이 분분합니다. 그러나 일단 성서의 보도를 충실
하게 따라가기만 해도 좋습니다. 성서는 근거 없는 이야기는 하지 않
습니다. 간혹 그 근거를 모를 뿐이지요. 이 파송 이야기가 예수님의 공
생애에 일어난 사건이 아니라고 한다면, 최소한 예수님의 부활 승천 이
후 초기 공동체에서 일어난 것만은 분명합니다. 파송은 기독교 신앙의
중심입니다.

　　오늘도 우리는 주님으로부터 파송받은 사람들입니다. 무슨 일로
파송을 받았을까요? 임박한 하나님 나라를 전하는 것입니다. 본문 마
가복음 6장 12,13절이 회개와 귀신축출을 주로 언급하고 있지만 그런
것들은 모두 하나님 나라에서 일어날 일들이라는 점에서 파송은 기본
적으로 하나님 나라를 위한 것입니다. 하나님 나라를 위해서 파송받았
다는 것은 구체적으로 무슨 뜻일까요? 오지로 선교활동을 나가야 한다
는 말인가요? 아니면 이웃을 위해서 봉사해야 한다는 말인가요? 아니
면 내가 처한 일터에서 하나님의 뜻을 이루는 것일까요? 여기에는 일
정한 답이 없습니다. 우리 각각의 삶이 다르듯이 모든 사람들에게 파
송의 의미는 다릅니다. 다만 공통적인 부분은 바로 하나님 나라에 대

한 인식과 참여입니다. 전업주부라고 하더라도 하나님 나라에 참여해서 살아갈 수 있습니다. 그럴 때 그는 전업주부로 파송받은 사람이라는 게 분명해지겠지요.

예수님은 제자들을 파송하시면서 더러운 귀신을 제어할 권능을 주셨다고 합니다. 축귀는 예수님에게서 많이 발생한 사건입니다. 이제 제자들도 이런 일에 동참하게 되었습니다. 복음서에 귀신 이야기가 자주 나오는 이유는 성서시대 사람들이 이 세상을 오늘 우리보다 훨씬 신비로운 눈으로 바라보았기 때문입니다. 더러운 영의 작용이 아니라면 도저히 이해할 수 없는 일들이 많았습니다. 불치병은 그들의 눈에 분명히 더러운 귀신의 작용이었습니다. 천재지변도 아마 그렇게 보였을 겁니다. 오늘 우리는 상당히 많은 부분에서 그들이 이상하게 본 현상들을 과학적으로 해명하고, 나아가 해결할 수 있습니다. 정신병자들을 치료할 수도 있고, 악성 피부병도 고칠 수 있습니다. 그렇지만 근본적인 차원에서는 우리나 고대인들이나 별 차이가 없습니다. 이 세상은 여전히 신비롭습니다. 영이라는 존재를 전제하지 않으면 이해할 수 없는 일들이 여전히 많습니다. 옛날에 비해서 줄어든 건 하나도 없습니다. 오히려 더 많아졌다고 보아야 하지 않을까요. 예컨대 옛날 사람들에 비해서 우리는 우주에 대해서 많이 알고 있지만, 그럴수록 우주는 더 신비롭습니다. 미시의 세계를 알아갈수록 그 세계는 우리로부터 더 깊이 숨습니다. 인간의 만남과 헤어짐, 삶과 죽음, 이 세상의 모든 우여곡절은 그 실체를 우리에게 드러내지 않습니다. 영의 활동이 아니라면 우리가 그것을 해명할 길은 없다는 말입니다. 우리는 어떻게 더러운 영인 귀신을 제어할 권능을 받은 제자들처럼 살아갈 수 있을까요? 이를 위해서는 우선 더러운 귀신이 오늘 어떻게 활동하는지를 정확하게 이해해야겠지요. 우리의 통제를 우습게 벗어나는 더러운 영의 현상 말입니다.

예수님은 제자들을 파송하시면서 지팡이와 신 이외에는 아무것도 준비하지 말아야 한다고 말씀하셨습니다. 여행을 떠나려면 오히려 꼼꼼히 많은 걸 챙겨야 하는데, 예수님의 말씀은 정반대입니다. 두 벌 옷도 입지 말라고 하십니다. 그렇다면 옷을 갈아입지도 말라는 건가요? 병행구인 마태복음 10장 10절과 누가복음 9장 3절에 따르면 제자들은 신이나 지팡이마저도 준비하면 안 됩니다. 마가복음보다 훨씬 높은 수준의 금지명령입니다. 그들은 아무것도 준비하지 말고 아무 곳이나 들어가서 주는 대로 먹으면서 지내야 합니다. 일종의 무전여행으로 보이는 이런 방식의 방랑여행은 고대 견유학파들이 애용했다고 합니다.

　　예수님은 왜 제자들에게 아무것도 갖지 말라고 말씀하신 걸까요? 소유를 벗어나서 오직 하나님의 능력에만 모든 삶을 걸라는 의미일까요? 아니면 단순히 앞으로 험한 길을 가야 할 제자들을 학습시키기 위한 방편이었을까요? 어떤 삶의 자리에 놓여 있었든지 이 보도는 기독교 공동체에서 아주 중요한 의미를 확보하고 있었다는 것만은 분명합니다. 그것은 곧 기독교인의 삶은 소유로부터의 자유라는 것입니다. 그것을 무소유라고 이름을 붙일 수 있는지는 잘 모르겠습니다. 예수님의 재림이 당대에 일어날 것으로 생각했던 원시 공동체는 그것을 생각했을 가능성이 높습니다. 그게 아니라면 최소한 사유재산을 극복하는 공동체를 생각하지 않았을까요.

　　앞에서 우리는 무소유와 사유재산의 극복이라는 말을 던지기만 했습니다. 조금 더 이야기를 이어가지요. 그것은 사도행전이 흔적을 전해주고 있듯이 원시 기독교공동체의 재산공유 개념을 가리킵니다. 사도행전 4장 32절 말씀은 다음과 같습니다. "믿는 무리가 한마음과 한 뜻이 되어 모든 물건을 서로 통용하고 자기 재물을 조금이라도 자기 것이라 하는 이가 하나도 없더라." 원시 공산주의 정신이 묻어납니다. 공산주의의 뿌리는 초기 기독교 공동체라고 해도 과언이 아닙니다. 물건을 서로 통용하고 자기 재물을 자기 것으로 여기는 사람이 없었다는 사도행전의 설명 그대로입니다. 이런 전통에 따라서 많은 수도원과 공동체들이 세워졌습니다. 그들은 재산을 서로 통용하면서 공동체를 꾸려갑니다. 지금도 그런 공동체들이 국내외에 제법 많습니다. 그런 공동체를 유지하기가 쉬운 게 아닙니다. 많은 이들이 공동체적 삶을 그리워해서 들어갔다가 실망해서 나오곤 합니다. 적지 않은 공동체들이 시작은 했지만 도중에 문을 닫기도 합니다.

다른 이유는 접어두고 소유 문제와만 연결해서 생각해보지요. 그 대답은 아주 간단합니다. 그런 공동체들이 간과하고 있는 사실은 인간이 본질적으로 소유 지향적이라는 것입니다. 아무리 고상한 체제 안으로 들어가 있다고 하더라도 인간은 소유욕을 포기하지 못합니다. 물론 좋은 제도가 정착되면 소유욕은 어느 정도 줄어들겠지만 완전하게 제거되지는 않습니다. 여기서 말하는 소유욕은 단순히 물질적인 것만을 말하는 게 아닙니다. 사회적인 명예심도 역시 그런 욕망의 한 부분입니다. 수도원에 들어가서 산다고 하더라도 인간은 이런 욕망을 완전히 떨쳐버릴 수 없습니다. 일종의 숙명이라고 보아야 합니다.

로마 가톨릭교회의 사제들은 서품을 받을 때 세 가지 서약을 해야 합니다. 순복, 동정, 청빈이 그것입니다. 순복은 가톨릭 교회의 위계질서를 지켜주는 핵심 개념입니다. 그들은 교황으로부터 피라미드 방식으로 내려오는 성직자 계급의 질서에 순복해야만 합니다. 순복이 교회의 잡음을 잠재울 수 있다는 점에서 효율적이기는 하지만, 다양성을 충분히 소화하지 못한다는 점에서 문제도 있습니다. 독일 신학자 한스 큉 교수가 교황청 제도를 비판하고 에큐메니컬 운동에 깊숙이 개입했다는 이유로 신부직과 교수직을 박탈당한 사건이나 라틴 아메리카 해방신학을 대표하는 레오나르도 보프 교수가 종교재판을 받은 사건 등이 그런 것입니다. 사제의 동정도 양면성이 있는 것 같습니다. 과연 건강한 남자 중에서 그 젊은 시절에 동정의 진정한 의미를 그대로 지킬 수 있는 사람이 얼마나 될까요? 물론 고도의 영성이 확보된다면 동정은 사제의 역할을 제고시킬 수는 있습니다. 사제들의 청빈 서약은 좋은 점들이 훨씬 많은 것 같습니다. 물론 이것도 동정 서약이 전제될 때만 가능하겠지요. 가족이 있다면 그들의 청빈 서약은 가능하지가 않습니다. 어쨌거나 신부들이 가족도 없고, 소유도 없이 오직 성직을 수행하기 위해서 용맹 정진한다는 것은 좋은 자세입니다.

본문에서 두 벌 옷도 준비하지 말라는 명령은 극한의 청빈을 가리킵니다. 쉽지는 않지만 현대에도 이렇게 살았던 분들은 많습니다. 간디, 테레사, 성철 같은 분들이 그렇습니다. 그 외에도 이름 모를 분들 중에서도 그렇게 살아간 분들이 많습니다. 우리가 무소유로 살아갈 수는 없다 해도 청빈은 배워야 할 삶의 태도가 아닐는지요.

우리 기독교인들은 소유에 집착하지 말라는 주님의 명령과 여전히 소유지향적일 수밖에 없다는 현실 사이에 끼어 있습니다. 이를 극복하기 위해서 기독교인들은 두 가지 극단으로 빠질 수 있습니다. 한쪽은 철저한 금욕, 더 나아가서 자학입니다. 몸에 관한 모든 것을 부정하는 삶이 그것입니다. 그런 전통은 뿌리가 깊습니다. 이것은 단지 돈에만 해당되는 게 아니라 성(性)에도 해당됩니다. 아우구스티누스—반드시 그 사람만의 책임이라고 할 수는 없어도 상당한 책임을 져야 할—이후로 원죄 개념은 성과 깊숙이 연결되었습니다. 많은 기독교인들이 오랫동안 돈과 성 문제로 인해서 죄의식을 느꼈습니다. 다른 한편으로 재물관의 세속화입니다. 신앙은 영적인 차원이기 때문에 물질 문제와 상관없다는 생각이 그것입니다. 약간 성격이 다르지만 직업의 소명의식도 이와 연결됩니다. 모든 직업을 하나님의 소명이라고 본 칼뱅의 가르침에 따라서 기독교인들은 성실하게 일했으며, 그 결과로 원하든 원하지 않든 자본주의가 자리를 잡게 되었다는 것이 막스 베버의 지적인 것 같습니다. 기독교인들 중에서 크고 작은 부동산 투기를 한다거나 합법을 가장해서 노동을 착취하는 이들도 적지 않을 겁니다. 오늘 자본과 소유, 그리고 노동에 관한 기독교 윤리가 어떤 정확한 방향을 잡지 못한 것 같습니다. 그런 고민도 별로 없습니다. 생산력을 높이기 위한 경쟁력을 최고의 가치로 확신하고 있는 신자유주의와 투쟁할 만한 힘도, 의지도 없는 것 같습니다. 이런 점에서 두 벌 옷을 입지 말라는 주님의 명령은 오늘 우리에게도 심각한 도전입니다. 그것이 도전으로 느껴지지 않는다면 우리는 무책임하거나, 생각이 없는 사람들이겠지요.

소유와 무소유, 청부와 청빈 사이의 논쟁은 쉽게 끝나지 않습니다. 왜냐하면 그것의 논리가 제각각이니까요. 이런 것들은 존재론적으로 악과 선으로 구분될 수 없습니다. 이런 문제는 어떤 절대적인 이념보다는 상황에 따라서 선택해나갈 수밖에 없습니다. 그런 선택의 가장 밑바닥에는 각각의 인간과 전체 인류가 더불어서 하나님의 평화에 참여할 수 있는가 하는 주제가 놓여 있습니다. 제가 보기에 오늘의 상황에서 우리가 선택할 수 있는 최선의 길은 부의 재분배를 꾸준히 실행해나가는 것입니다. 그것은 세금을 올려서 복지 예산을 확보하는 제도이겠지요. 주로 스웨덴이나 노르웨이 같은 북유럽 국가들이 그런 방식으로 국가를 경영합니다. 독일에도 그런 시스템이 발전되어 있습니다. 예컨대 모든 대학은 국립(도립)입니다. 돈이 없어서 대학을 못가는 젊은이는 없습니다. 이런 사회복지 시스템을 한국에서 현실화하려면 지금보다 많은 세금을 거두어야겠지요. 소득에 따라서 세금을 내고 그것을 함께 나누어 쓰는 방식이냐, 아니면 각각의 경쟁력에만 맡겨두는 방식이냐를 선택해야겠지요. 물론 이런 제도 자체가 인간의 모든 문제를 일소할 수 있다는 말은 아닙니다.

호모 에렉투스 이후 호모 사피엔스에 이르기까지 인류는 다른 종(種)과 경쟁하면서, 또한 같은 인간끼리 경쟁하면서 이 땅에 살아남았습니다. 살아남기 위해서 식량도 비축하고, 자식들도 많이 낳아야만 했습니다. 소유욕은 이 땅에 생존하기 위한 에로스의 결과라고도 할 수 있습니다. 이런 힘이 과연 인류의 미래를 담보해 줄까요? 이제 우리에게는 전혀 새로운 영적 에너지가 필요한 게 아닐까요? 한 벌 옷은 바로 그것의 메타포입니다.

예수님의 파송을 받은 제자들은 이제 유랑을 떠나야 합니다. 유랑의 길에서 지켜야 할 몇 가지 시행세칙이 제시되었습니다. 그중의 하나 가 어떤 집에 들어가든지 떠날 때까지 다른 곳으로 옮기지 말아야 한다 는 것입니다. 이게 무슨 뜻인지 그 당시의 상황을 파악하지 못하는 우 리의 입장에서 정확하게 말할 수 없습니다. 전도의 효율성을 위해서 거 처를 옮기지 말라는 것인지, 자주 옮기다 보면 위험에 노출된다는 경고 인지 궁금하지만 그냥 묻어 두어야겠습니다.

그 당시에도 손님들을 귀하게 맞는 습관이 있었다는 사실을 여기 서 간접적으로 알 수 있습니다. 모든 집이 그렇지는 않았겠지요. 그런 것에 대한 생각이 없을 수도 있고, 여건이 허락하지 않을 수도 있습니 다. 그러나 어느 마을에서 방랑객들이 최소한 잠자리와 먹을 걸 얻을 수 는 있었을 겁니다. 이런 전통은 아브라함 전승에 잘 드러나 있습니다. 그는 나그네를 잘 대접한 사람이라고 합니다. 그는 결국 천사를 대접할 수 있는 기회를 얻었고, 그 덕분에 소돔에 사는 조카 롯의 식구들을 구 해낼 수 있었을 뿐만 아니라 천사 덕분에 아들인 이삭을 낳게 되리라는 소식도 들을 수 있었습니다.

절에는 손님들이 묵을 수 있는 방이 항상 준비되어 있다고 합니 다. 특히 찾아온 손님에게 어디서 왔느냐, 어디로 가느냐 하는 질문을 일절 하지 않는다고 하네요. 삶의 연원과 종착지를 모른다는 불교철학 이 배어 있는 것 같습니다. 요즘 거주방식은 아파트라서 손님방을 따 로 준비하기가 어렵습니다. 그러나 부지불식간에 주님의 제자들을 맞 을 수도 있습니다.

제자들이 지켜야 할 또 하나의 규칙은 사람들에게 거부당했을 때 발 먼지를 털어내는 것이었습니다. 발 먼지를 어떻게 털어내라는 것일 까요? 발을 땅바닥에 대고 쾅쾅 울리라는 것인지, 아니면 발을 들고 신 발에 묻는 먼지를 손으로라도 털어내라는 것인지, 무엇일까요? 이것은 그 당시의 일반적인 습관, 또는 격언이었던 것 같습니다. 우리도 옛날 에는 소금을 뿌리거나 해서 액땜하는 경우가 있는 것처럼 말입니다. 공동번역은 이렇게 되어 있습니다. "그들에게 경고하는 표시로 너희의 발에서 먼지를 털어버려라." 발 먼지를 터는 것은 일종의 경고입니다. 하나님의 일을 거부한 사람들에게 주는 경고였습니다. 그런데 이런 경고는 예수님의 가르침에 어울리지 않는 것 같습니다. 오른뺨을 치는 사람에게 왼뺨을 대주고, 심지어 원수를 사랑하라고 말씀하신 예수님이 경고의 뜻으로 발의 먼지를 털어버리라고 하셨다는 건 약간 어색해 보입니다.

이것은 복음의 긴급성을 전하기 위한 일종의 퍼포먼스일지 모릅니다. 복음은 결단을 요구합니다. 소를 사거나 장가를 든다는 이유로 천국 잔치의 초청을 뒤로 미룰 수는 없습니다. 예수님은 심지어 아버지의 장례를 치르고 따르겠다는 사람의 요구를 거절하기도 했습니다. 가족을 버리고 따르지 않으면 자신의 제자가 될 수 없다고 말씀하셨습니다. 오해는 마세요. 복음이 세상과 무조건 적대적이라는 뜻이 아닙니다. 그리스도인들은 모든 세속적인 삶을 무시하라는 말도 아닙니다. 궁극적인 생명 앞에서 우리가 취해야 할 영적인 태도를 가리킵니다. 복음의 성격이 래디컬하다는 뜻입니다.

세상으로 파송받은 제자들은 메타노이아(회개)를 외쳤다고 합니다. 메타노이아는 기독교 신앙의 변하지 않는 상수입니다. 예수님이 선포한 하나님 나라도 역시 회개와 연결되어 있습니다. "때가 찼고 하나님 나라가 가까이 왔으니 회개하고 복음을 믿으라"(막 1:15). 우리는 회개한다고 할 때 두 가지를 생각합니다. 하나는 원죄이며, 다른 하나는 자범죄입니다. 원죄는 한 번의 회개로 끝나지만 자범죄는 반복적인 회개가 필요합니다. 어떤 사람들은 이 자범죄마저 이미 예수 그리스도의 십자가로 씻겼기 때문에 회개할 필요가 없다고 주장합니다. 대신 용서받았다는 사실을 믿기만 하면 된다는 거지요. 죄를 이렇게 원죄와 자범죄로 구분할 수 있을까요? 학자들은 죄의 현상을 다른 방식으로는 설명할 수 없기 때문에 그렇게 구분했을 뿐이지 그것이 정답은 아닙니다.

자범죄는 일단 우리가 행한 구체적인 잘못이라는 점에서 분명하게 드러납니다. 그러나 왜 우리가 죄를 지을 수밖에 없는지는 설명하기 힘듭니다. 교양과 의지로 해결되지 않으니까요. 우리의 의지 너머에서 작동하는 존재론적인 죄의 힘이 있다고 보는 겁니다. 그게 원죄 교리로 자리를 잡았습니다.

예수님이 말씀하신 회개는 단순히 그런 죄를 뉘우치는 것을 의미하지 않습니다. 뉘우치는 건 회개라기보다는 반성이라고 할 수 있습니다. 회개는 근본적으로 삶의 방향을 바꾸는 겁니다. 땅으로부터 하늘로, 소유로부터 존재로, 재물로부터 하나님으로 삶의 토대를 바꾸는 것입니다. 이런 점에서 가장 분명한 회개는 예수를 믿는 것이라고 할 수 있습니다. 그의 십자가와 부활에 자신의 운명을 거는 것보다 더 큰 회개는 없습니다. 회개하라와 예수 믿으라는 말은 동전의 양면입니다.

예수님은 열두 제자들을 파송할 때 귀신을 제어할 수 있는 능력을 주셨습니다. 오늘 본문의 현상들은 제자들의 능력이라기보다는 예수님의 능력입니다. 그래도 제자들을 통해서 일어난 현상이라는 사실도 분명합니다. 복음서에서 이런 일들은 드뭅니다. 대개는 예수님이 직접 귀신을 쫓아내고 병자를 고치십니다. 제자들로 이런 능력을 행하게 하신 것은 앞으로 제자들만 남았을 때를 위해서 미리 준비시키신 걸까요? 아니면 초기 기독교에서 벌어진 사건들이 시간을 거슬러 올라가 예수님의 공생애로 편입된 것일까요? 어떤 경우이었든지 중요한 것은 예수와 그의 제자들, 더 나아가서 교회 공동체를 통해서 치유 사건이 벌어졌다는 것입니다.

귀신을 쫓아냈다는 말은 정신적으로 치유가 일어났다는 뜻이고, 병자에게 기름을 발라 고쳤다는 것도 역시 육체적으로 치유가 일어났다는 뜻입니다. 양쪽 모두 핵심은 치유입니다. 종말론적 메시아 공동체인 교회에는 지금도 치유가 일어나야만 하고, 일어나고 있습니다. 구체적으로는 사람의 몸과 사회와 생태에서 치유가 일어나도록 우리가 최선을 다해야겠지요. 밥을 나누어 먹는 것도 치유입니다. 가장 궁극적인 치유는 영적인 것이겠지요. 영적인 것은 곧 생명(삶)을 가리킵니다. 삶의 의미를 잃어버린 사람들이 다시 그것을 찾는 일입니다. 교회는 영적인 치유를 일으키는 공동체입니다. 영의 치유는 심리학이나 윤리가 아니라 예수 그리스도와의 일치에서 이루어집니다. 예수의 십자가와 부활 안으로 들어가는 것이야말로 인간이 치유되는 가장 궁극적인 길입니다. 그것이 단지 정보의 차원이 아니라 실질의 차원에서 일어나야 합니다. 그럴 때 교회는 구원공동체로서의 자리를 잃지 않을 수 있습니다.

세례 요한의 마지막

6:14-29

¹⁴ 이에 예수의 이름이 드러난지라 헤롯 왕이 듣고 이르되 이는 세례 요한이 죽은 자 가운데서 살아났도다 그러므로 이런 능력이 그 속에서 일어나느니라 하고 ¹⁵ 어떤 이는 그가 엘리야라 하고 또 어떤 이는 그가 선지자니 옛 선지자 중의 하나와 같다 하되 ¹⁶ 헤롯은 듣고 이르되 내가 목 벤 요한 그가 살아났다 하더라 ¹⁷ 전에 헤롯이 자기가 동생 빌립의 아내 헤로디아에게 장가 든 고로 이 여자를 위하여 사람을 보내어 요한을 잡아 옥에 가두었으니 ¹⁸ 이는 요한이 헤롯에게 말하되 동생의 아내를 취한 것이 옳지 않다 하였음이라 ¹⁹ 헤로디아가 요한을 원수로 여겨 죽이고자 하였으되 하지 못한 것은 ²⁰ 헤롯이 요한을 의롭고 거룩한 사람으로 알고 두려워하여 보호하며 또 그의 말을 들을 때에 크게 번민을 하면서도 달갑게 들음이러라 ²¹ 마침 기회가 좋은 날이 왔으니 곧 헤롯이 자기 생일에 대신들과 천부장들과 갈릴리의 귀인들로 더불어 잔치할새 ²² 헤로디아의 딸이 친히 들어와 춤을 추어 헤롯과 그와 함께 앉은 자들을 기쁘게 한지라 왕이 그 소녀에게 이르되 무엇이든지 네가 원하는 것을 내게 구하라 내가 주리라 하고 ²³ 또 맹세하기를 무엇이든지 네가 내게 구하면 내 나라의 절반까지라도 주리라 하거늘 ²⁴ 그가 나가서 그 어머니에게 말하되 내가 무엇을 구하리이까 그 어머니가 이르되 세례 요한의 머리를 구하라 하니 ²⁵ 그가 곧 왕에게 급히 들어가 구하여 이르되 세례 요한의 머리를 소반에 얹어 곧 내게 주기를 원하옵나이다 하니 ²⁶ 왕이 심히 근심하나 자기가 맹세한 것과 그 앉은 자들로 인하여 그를 거절할 수 없는지라 ²⁷ 왕이 곧 시위병 하나를 보내어 요한의 머리를 가져오라 명하니 그 사람이 나가 옥에서 요한을 목 베어 ²⁸ 그 머리를 소반에 얹어다가 소녀에게 주니 소녀가 이것을 그 어머니에게 주니라 ²⁹ 요한의 제자들이 듣고 와서 시체를 가져다가 장사하니라

헤롯 대왕의 아들 헤롯 안티파스는 BC 4년에 아버지 헤롯 대왕이 죽자 16세의 나이로 갈릴리와 베뢰아 지역을 다스리는 군주가 되었다고 합니다. 그는 결국 예수님의 전(全)생애 동안 그 지역의 군주였다는 말이 됩니다. 그가 예수님의 소문을 들었으리라는 건 자연스럽습니다. 그런데 예수님과 헤롯은 직접적으로 연관되지 않고 그 사이에 다른 한 사람을 통해서 간접적으로만 연결됩니다. 그 인물은 세례자 요한입니다. 예수님도 세례 요한과 깊은 관계가 있고, 헤롯도 역시 그렇습니다. 예수님은 요한을 통해서 세례를 받은 뒤에 방랑설교자의 길을 나서게 되었고, 헤롯은 요한을 통해서 부도덕한 인물로 평가됩니다. 앞으로 자세하게 나오겠지만 헤롯은 세례 요한을 죽입니다. 이런 점에서 그는 예수님에게 십자가형을 선고한 빌라도의 선구자라 할 만합니다. 세례 요한을 죽인 헤롯 안티파스는 아주 심하게 양심의 가책을 받은 것 같습니다. 오늘 본문에 따르면 그가 예수에 관한 소문을 듣고 세례 요한이 죽은 자 가운데서 살아났다고 생각했으니 말입니다.

그 소문의 진상은 특별한 능력에 관한 것입니다. 요한도 특별한 능력을 보인 사람이며, 예수님도 역시 그렇습니다. 헤롯은 13절이 보도하듯이 예수님의 제자들까지 축귀와 신유 능력을 발휘한다는 이야기를 듣고 예수님을 요한의 환생으로 여겼습니다. 세 사람은 자기의 길을 갔습니다. 헤롯은 부도덕하고 야심적인 정치인으로 살다가 죽었고, 요한은 예언자의 길을 갔으며, 예수님은 그들과 전혀 다른 메시아의 삶을 살았습니다.

예수에 대한 소문이 여러 모양으로 퍼졌습니다. 그 소문에 따르면 예수님이 요한, 엘리야, 선지자 중의 하나입니다. 이런 소문은 마가복음 8장 28절에서 다시 나옵니다. 예수님이 제자들에게 직접 묻습니다. "사람들이 나를 누구라고 하느냐?" 이 질문에 대해서 제자들이 오늘 본문과 똑같은 이야기를 전달합니다. 6장과 8장의 배경이 다른데도 똑같은 이야기가 반복된 이유는 마가복음 기자가 이 전승을 필요에 따라서 배치했기 때문이겠지요. 어쨌든지 예수님의 공생애 중에 이미 그를 엘리야라고 생각한 사람들이 있었던 것 같습니다. 엘리야는 구약의 예언자 중에서 초자연적 카리스마가 가장 뛰어났던 인물입니다. 심지어 그가 죽지 않고 승천했다는 이야기도 전해집니다. 요즘도 그런 경향이 없지 않지만 고대사회에서는 한 영웅에 관한 이야기는 시간이 지나면서 훨씬 강한 전설적 성격을 갖게 됩니다.

사람들이 예수님을 엘리야라고 생각한 이유는 예수님에게 그런 초자연적 카리스마가 재현되었기 때문입니다. 우리가 예수님을 이런 초자연적 카리스마의 차원에서만 접근한다면 여전히 그 당시 사람들과 같은 오해에 빠지는 것입니다. 예수님은 엘리야가 아닌데도 불구하고 우리는 자꾸 예수님에게서 그런 걸 기대합니다. 예수님은 엘리야와 같은 전설적인 영웅이 아닙니다. 그런 영웅담을 예수님에게서 찾을 수 없습니다. 오히려 예수님은 수치스럽게 죽었습니다. 민족의 해방을 위해서 만세를 부르지 못하고 '하나님, 왜 나를 버리십니까?' 하고 무기력하게 죽었습니다. 그 예수님에게서 전혀 다른 생명사건이 일어났습니다. 우리는 바로 그 예수님에게 일어난 그 사건에 전적으로 의존하는 사람들입니다. 영웅이 아니라 하나님의 새로운 생명 말입니다.

예수님에 대한 소문을 들은 헤롯은 예수님을 세례 요한의 환생으로 생각했습니다. 요한을 죽인 사건이 그의 양심을 찌르고 있습니다. 도둑이 제 발 저린다거나 뺨 맞은 사람은 발 뻗고 자고 때린 사람은 오므리고 잔다는 옛말이 헤롯에게 그대로 적중되는 것 같군요. 양심이 늘 이렇게 바르게 작동되는 건 아닙니다. 양심에 화인 맞은 사람은 어떤 일을 저질러도 양심의 가책을 느끼지 않습니다. 그러나 이런 사람은 드뭅니다. 정신적으로 심한 병에 들린 사람이 아니라면 대개의 사람들은 정도의 차이가 있지만 양심을 묻어둘 수 없습니다.

양심이 지나치게 예민한 것도 정신적인 병에 속합니다. 감수성이 예민한 기독교인들 중에서 이런 현상을 보이는 이들이 많습니다. 일종의 자책감에 사로잡히는 사람들이 있습니다. 그들은 자신의 모든 행위에 죄책감을 느낍니다. 오늘의 기독교인들이 크고 작은 자책감이나 죄책감에 휩싸여 사는 이유는 그만큼 양심이 바르거나 윤리의식이 강하기 때문이 아니라 기독교 영성을 오해하기 때문에 벌어집니다. 그들은 매일 회개합니다. 특별 기도모임에 참석할 때마다 통곡을 합니다. 실컷 울고 나면 심리적으로 카타르시스가 될지는 몰라도 기독교 영성이 풍요로워지지는 않습니다.

오늘 본문만으로 헤롯의 정신적인 상태를 헤아릴 수는 없습니다. 다만 그가 당대의 예언자를 죽였다는 자책감에 사로잡혔다는 것만 미루어 짐작할 수 있습니다. 요한은 살아 있을 때만이 아니라 죽어서도 헤롯의 마음을 찌르는 가시였습니다. 이게 헤롯의 가장 큰 불행이었습니다. 정치적 권력에만 의존해서 살았던 사람이 맞이할 수밖에 없었던 불행입니다. 헤롯 안티파스가 동생 빌립의 아내 헤로디아를 아내로 맞았다는 사실은 유대인 로마 역사학자인 요세푸스의 역사 기록에도 나오는 사실입니다. 동생의 아내를 강제로 빼앗은 것은 아니고 동생이 죽은 다음에 정식으로 아내로 맞은 겁니다. 그런 것이 정략적인 결혼에 익숙했던 왕궁의 관습으로는 크게 문제가 되지 않았을지도 모르지만 민중들의 정서에는 맞지 않았습니다. 헤롯 대왕을 정점으로 배다른 형제들 사이에 얽힌 온갖 치정과 정쟁에 얽힌 이야기는 성서기자의 관심이 아니고 우리의 관심도 아닙니다. 우리의 관심은 세례 요한입니다. 헤롯은 예수의 친족이며 영적으로 선구자라 할 요한을 죽였습니다. 그 이야기가 마가복음 6장 14-29절에 아주 소상하게 기록되어 있는데, 마태복음과 누가복음에도 비슷한 내용이 기록되어 있는 걸 보면 복음서 기자들이 이 사실을 매우 중요하게 생각한 것 같습니다.

헤롯이 헤로디아를 위해서 요한을 감옥에 가두었다는 말은 무슨 뜻일까요? 아담이 하와 때문에 하나님의 명령을 어기고 선악과를 따먹었다는 말과 비슷하게 들리기도 합니다. 요한을 감옥에 넣은 것은 헤롯에게 직접적인 책임이 있는 걸까요, 아니면 헤로디아에게 있는 걸까요? 한편으로는 헤롯이 요한을 보호하기 위해서 감옥에 넣은 게 아닐까 할 수도 있습니다. 헤로디아가 요한에게 원한을 품고 있는 상황에서 일단 감옥에 넣는 것이 요한을 보호할 수 있는 유일한 길이었을지도 모릅니다. 그 자세한 내막을 우리는 알지 못합니다. 이스라엘의 마지막 예언자 요한은 이제 죽음의 길로 들어섭니다. 그런데 그것은 바로 예수님이 세상에 드러나는 순간이기도 했습니다. 역사는 우리의 예상을 뛰어넘습니다. 어떻게 흘러갈지 오직 하나님만 아십니다.

헤롯 안티파스가 세례 요한을 감옥에 가둔 이유는 요한이 헤롯의 재혼을 비판했기 때문이라고 합니다. 당시에 왕왕 이루어지던 황실의 비정상적인 혼인에 대해서 당시 최고의 영적 권위를 확보하고 있던 요한이 비판했으니, 헤롯의 기분이 좋을 리가 없습니다. 그런데 저는 헤롯의 행위가 어느 정도로 부도덕한 것인지 잘 모르겠습니다. 2천 년 전 그 당시의 황실에서 일어나던 관행들을 오늘의 잣대로 판단하기는 힘드니까요. 요한이 헤롯을 비판한 이유가 제수와의 결혼에만 한정된 게 아닐지도 모릅니다. 그것 말고도 유대 민중을 향한 잔혹한 행위들이 여럿 있지 않았을까요? 예컨대 마태복음 2장 16절 이하에 따르면 헤롯은 두 살 아래의 남자 아이들을 모두 죽이라는 명령을 내렸습니다. 물론 마태복음의 헤롯과 본문의 헤롯은 다른 인물이지만 헤롯 왕가에서 일어난 사건이라는 점에서 헤롯 왕가를 향한 복음서 기자들의 생각이 어땠는지는 미루어 짐작할 수 있습니다.

어쨌든지 요한은 헤롯의 행동을 대놓고 비판했던 것 같습니다. 예언자들의 특징이 바로 그와 같습니다. 다른 사람들은 웬만하면 좋은 게 좋다는 식으로 넘어가지만 예언자들은 칼처럼 시시비비를 가렸습니다. 오직 하나님의 영에 사로잡혔기에 가능한 일들이었겠지요. 세례 요한의 행위는 쉬운 게 아닙니다. 권력자를 비판하는 건 자기의 모든 걸 걸어야만 합니다. 모든 비판이 무조건 옳은 것도 아니긴 합니다. 자칫 하면 비판을 위한 비판으로 흘러갈 수도 있습니다. 비판은 예언자들처럼 영혼이 투명한 사람에게서만 가능합니다. 더 정확하게 말하면 영혼이 투명한 사람에게서 나오는 비판만이 예언의 자격이 있습니다. 우리의 후손들은 오늘의 한국 교회를 예언자적 영성을 담지한 공동체로 평가할까요?

요한을 원수로 여긴 사람은 헤롯 안티파스가 아니라 헤로디아라는 게 마가복음 기자의 입장입니다. 같은 사건을 다루고 있는 마태복음 기자와는 미묘한 입장의 차이를 보입니다. 사건의 전개과정을 따라가면 마태복음에서도 헤로디아가 요한의 죽음에 깊이 연루되지만 마가복음처럼 초장부터 원수 운운은 없습니다. 어쨌든지 강도의 차이는 보이지만 두 복음서 모두 요한이 죽게 되는 원인을 헤로디아에게서 찾습니다.

우리가 여기서 소설을 쓴다면 많은 이야기를 할 수 있겠지요. 헤로디아가 정권을 잡은 헤롯이 아니라 영적 카리스마를 갖고 있는 세례 요한을 흠모했을지도 모릅니다. 그녀가 어느 날 밤 요단 광야의 요한을 찾아가서 자기의 마음을 전했을지도 모릅니다. 요한의 마음이 흔들렸을까요? 결국 자기의 뜻을 이루지 못한 헤로디아는 헤롯 빌립의 청혼을 받아들였고, 남편이 죽자 다시 헤롯 안티파스의 청혼을 받아들였습니다. 요단 광야에서 메뚜기와 석청으로만 연명하면서 철저하게 금욕적으로 살던 요한은 헤로디아의 영원한 연인이었습니다. 요한이 자신과 헤롯 안티파스의 결혼을 비판한다는 소문을 들었을 때 그녀의 분노는 하늘에까지 닿았겠지요. 그래서 결국 요한을 죽일 결심을 했는지 모릅니다. 어쩌면 요한을 죽이기 위해서 헤롯 안티파스와 결혼한 건 아닐는지요. 위의 이야기는 소설처럼 생각해 본 것에 불과합니다. 그러나 개연성이 전혀 없는 건 아니겠지요. 사람은 개인적인 원한을 스스로 풀지를 못합니다. 동물들도 그런 성향을 보일 때가 있긴 하지만 인간처럼 오래 가지는 않습니다. 우리는 왜 그렇게 크고 작은 원한에서 해방받지 못하는 걸까요? 아마 인간만이 영적인 깊이를 갖고 있기 때문이 아닐는지요.

　　마가복음 기자는 요한을 원수로 여겨 죽이고 싶어 한 헤로디아가 그 뜻을 이루지 못한 이유를 20절에서 설명합니다. 헤롯이 요한을 의로운 사람으로 알고 두려워했고, 그래서 보호했다는 겁니다. 헤롯이 요한을 헤로디아의 공격으로부터 막아준 것입니다. 이런 보도가 과연 얼마나 역사적 진실성이 있는지는 잘 모르겠습니다. 헤롯이 실제로 그렇게 생각한 것인지, 아니면 헤로디아의 악을 강조하기 위한 것인지 지금 우리가 판단하기는 쉽지 않습니다. 어쨌든지 요한으로 인해서 헤롯과 헤로디아의 관계가 미묘했을 것 같은 생각이 듭니다. 헤롯의 입장에서는 더 힘들었겠지요. 자신의 잘못이 있는 데다가 헤로디아는 요한을 없애겠다고 펄펄 뛰고 있었으니까요.

　　헤롯은 요한을 거룩한 사람으로 알고 두려워했다고 합니다. 그 당시 모든 유대 민중들이 요한을 위대한 예언자로 믿고 따랐으니까 헤롯도 당연히 마음 깊은 곳에서 요한을 인정하지 않을 수 없었을 겁니다. 문제는 헤롯이 요한으로부터 공개적으로 비판을 받았다는 것입니다. 사람은 비판을 받으면 기분이 나쁠 수밖에 없습니다. 겉으로는 체면치레로 정당한 비판은 얼마든지 받아들이겠다고 하더라도 실제로는 그런 일을 당하면 못마땅해합니다. 마가복음의 진술을 그대로 따른다면 헤롯은 요한의 말을 듣고 나름으로 번민을 했다고 하니, 그래도 다행입니다. 그가 자신의 행동이 잘못이라는 사실을 원래부터 인정했다는 것인지, 아니면 그것을 지적한 사람이 위대한 예언자 요한이래서 뭔가 정신적으로 부담을 느꼈다는 것인지 정확하게 알 수는 없습니다만, 어쨌든지 양심이 움직이고 있었다는 것은 분명합니다. 그런 양심의 가책을 통한 번민만으로는 진리를 올바로 수행해 나갈 수 없습니다. 이것이 바로 헤롯의 한계였으며, 결국 그는 요한을 참수시키는 결정적인 잘못을 저지릅니다.

　　헤롯 안티파스는 생일잔치를 열었습니다. 즐거운 날입니다. 더구나 헤롯이 보통 사람이 아니라 한 지역에서 만인지상의 자리에 오른 사람이었으니 생일잔치가 얼마나 거나하게 준비되었을지는 불을 보듯 훤합니다. 먹을거리는 상다리가 부러질 정도이겠고, 요염한 무희들의 춤과 노래가 흥을 돋웠겠지요. 연극배우들도 데려왔을지 모릅니다.

사실 생일잔치를 비롯해서 여러 사람들이 모여서 즐기는 이런 놀이, 축제는 우리가 살아가는 데 아주 소중한 요소입니다. 어느 민족이건 놀이와 축제는 그들이 생존하는 데 필수적이었습니다. 하비 콕스의 《바보제》나 영화 〈노트르담의 꼽추〉에 보면 특별한 축제 이야기가 나옵니다. 그 축제 때는 무슨 복장을 해도 허락이 되었습니다. 거지가 사제 복장을 하거나 집시들이 여왕 복장을 해도 좋습니다. 그런 방식으로 사람들은 일상으로부터의 일탈을 경험했습니다. 이왕 축제 이야기가 나왔으니까 제가 독일 베를린을 방문했을 때의 경험을 한 마디 해도 좋겠지요. 원래 게르만 민족은 일만 잘하지 노는 건 별로입니다. 노는 건 이탈리아와 스페인 사람들이 잘 하지요. 그래도 독일 사람들도 축제를 크게 즐기는 편에 속합니다. 제가 직접 경험한 건 1984년 봄 쾰른 사육제와 1997년 10월에 뮌헨에서 열리는 맥주축제 '옥토버 페스트', 2000년 6월 베를린의 '러브 퍼레이드'였습니다. 그런 큰 축제 이외에도 마을마다 작은 축제는 많습니다. 벼룩시장도 축제의 성격이 짙습니다.

헤롯이 생일을 맞아 가까운 사람들과 즐겁게 노는 거야 누가 뭐랄 수는 없습니다. 그런 잔치가 모략과 중상이 모의되는 기회로 악용되거나 변질되는 경우가 있어 걱정하는 것이지요. 22절부터 이야기에 속도가 붙습니다. 헤로디아의 딸이 직접 춤을 추었다고 하네요. 이 장면에서 독자들은 무언가 심상치 않은 일이 벌어질지 모른다는 낌새를 알아차릴 수 있습니다. 그 당시에 공주는 이렇게 대중 앞에서 춤을 출 수 없다고 합니다. 어떤 성서학자는 헤로디아의 딸이 헤롯의 후처, 또는 정부였다고 주장하기도 합니다. 성서기자는 역사적 사실을 파헤치려는 생각이 없습니다. 예수님과 관계된 이야기를 전하기 위해서 필요한 정보만을 취사선택합니다. 오늘 우리는 성서기자가 전하는 내용을 일단 따라가는 게 좋습니다. 기분이 좋아진 헤롯은 그 소녀에게 무엇이든지 원하는 것을 말하라고 큰 소리쳤습니다. 술기운도 여기에 한몫 했겠지요. 헤롯은 그 소녀가 기껏해야 옷이나 반지 같은 것들을 원할 거라고 예상했을까요? 그렇다면 헤롯은 단순한 사람이군요.

역사는 우연한 일들이 겹쳐서 결정되는 것 같습니다. 이 대목은 예수님의 십자가 처형 다음으로 가장 불의한 죽음에 대한 이야기입니다. 한편으로는 처절하고, 다른 한편으로는 허탈한 세례자 요한의 죽음에 관한 이야기입니다. 예수님의 선구자였던 그의 죽음이 한 소녀의 춤으로부터 시작됩니다. 더 앞선 이유가 있지만 오늘 이야기에서는 그렇습니다. 헤롯은 왜 기분이 좋아졌다는 말인가요? 생일잔치에 초청받은 사람들이 헤롯이 듣고 기분 좋을 말을 했을지도 모릅니다. 이런 우연이 결국 돌이킬 수 없는 비극을 몰고 왔습니다. 역사의 신비입니다.

헤롯은 22절에 이어서 23절에서도 춤추는 헤로디아의 딸에게 뭐든지 구하라고 맹세합니다. 헤로디아는 마가복음의 설명에 따르면 헤롯의 조카인데, 헤롯이 헤로디아와 결혼했으니 이제는 헤롯의 딸이 되었습니다. 그 소녀의 춤이 거기 모인 사람들의 기분을 좋게 했습니다. 그런 분위기에 휩싸인 헤롯은 이 소녀에게 거듭해서 청을 들어주겠다고 큰소리쳤습니다. 마가복음 기자는 헤롯의 성품이 경솔하다는 것을 여기서 말하려는 것인지 모르겠습니다. "내 나라의 절반까지라도 주리라"는 말은 누가 듣더라도 허풍입니다. 그 표현이 당시에 자주 사용되던 격언인지는 모르겠지만, 헤롯이 단지 그 소녀만이 아니라 거기에 모인 사람들을 의식해서 그런 말을 한 것은 분명해 보이는군요. 마가복음 기자는 헤롯이 이렇게 허튼소리를 쉽게 내뱉는 사람이라는 사실을 암시하는 거겠지요.

우리가 사람들과 어울려 살아가면서 꼭 필요한 말만 가려서 하기는 쉽지 않습니다. 경우에 따라서 긴장을 풀고 잡담을 하는 시간도 필요하겠지요. 그게 정신 건강에 도움을 줄 때도 있습니다. 그러나 필요 없는 말을 많이 하다 보면 자기 자신의 정신세계에 어딘가 상처가 생기기 마련이고, 또한 그런 말들이 다른 사람의 정신을 파괴하기도 합니다. 말에 자신의 마음을 담는 훈련이 필요하지 않을는지요.

헤롯은 자기의 말이 무슨 결과를 불러올지 전혀 생각하지 못했습니다. 술집에 가서 기분이 좋다고 카드를 마구 긁어대는 사람처럼 헤롯은 사람들 앞에서 기분을 낸다고 춤꾼 소녀에게 하지 말아야 할 말을 내뱉고 말았습니다. 곧 후회할 수밖에 없는 말을 하고 만 셈입니다. 허풍에 가까운 그 말로 인해서 당시의 역사가 크게 흔들렸습니다. 당시의 역사만이 아니라 유럽 전체의 역사가, 더 나아가 인류의 역사가 달라졌다고 해도 과언이 아닙니다.

춤꾼 소녀는 어머니에게 달려가서 원래는 큰 아버지였다가 이제는 새 아버지가 된 헤롯 안티파스의 말을 그대로 전했습니다. 무엇이든지 구하라고 하는데, 무얼 구할까요? 헤로디아의 대답입니다. "세례 요한의 머리를 구하라." 짤막한 이 한 마디가 인류 역사를 바꾸었습니다. 헤로디아는 일이 이렇게 될 줄 알고 이미 있었을까요? 그렇다면 이 일은 헤로디아의 연출인가요? 그 내막이야 누가 알겠습니까만 딸에게 대뜸 세례 요한의 머리를 구하라고 말하는 헤로디아의 순발력이 놀라울 따름입니다. 요한을 없앨 수 있는 기회를 찾는 일에 온 마음을 쏟은 것 같습니다.

모든 인간은 나름으로 기회를 엿보며 살아가는 경향이 강한 것 같습니다. 출세할 기회를 엿보기도 하고, 남을 파괴할 기회를 엿보기도 합니다. 정치판의 돌아가는 행태는 이런 인간의 본질을 적나라하게 보여줍니다. 이런 본질은 오래전 유인원들이 척박한 야생에서 생존하기 위해 다른 종들과 투쟁하던 습관이 이어진 게 아닐는지요. 야생에서는 포식자들이 약한 동물을 잡기 위해서 바위 뒤나 언덕 아래에서 숨어서 기회를 엿보더군요. 인간이 야생을 떠나기는 했지만 여전히 엿보는 습관은 버리지 못한 것 같습니다. 자기 자신과 주변을 파괴할 개연성이 높은 야심보다는 오히려 자기에게 온 기회를 놓칠 줄도 아는 사람으로 살아가는 게 훨씬 바람직한 게 아닐는지요. 주여, 저희를 불쌍히 여기소서.

어머니의 조언에 따라서 이 춤꾼 소녀는 헤롯에게서 요한의 머리를 달라고 말했습니다. 헤로디아는 단순히 세례 요한의 머리라고 했는데, 딸은 소반에 얹어 달라고 약간 틀어서 말했습니다. 마가복음 기자의 문학적 수사인지 모르겠지만, 그 어머니에 그 딸이라고 해도 좋겠군요. 그런데 앞에서도 한번 말씀드린 적이 있듯이 이게 과연 정확한 역사적 사실인지 아닌지 단정하기가 어렵습니다. 그 상황을 아무리 이해하려고 노력해도 잘 잡히지가 않는군요. 잠시 지난 일을 돌아볼까요? 헤로디아는 자신의 결혼을 비판한 요한에게 앙심을 품었지만 재혼한 남편인 헤롯이 요한을 두려워한다는 사실을 알고 더 이상 행동을 취하지 못하고 있었습니다. 기회는 뜻하지 않게 왔습니다. 딸의 춤에 기분이 좋아진 헤롯이 소원을 말하라고 한 것입니다. 그렇지만 이런 순간 딸에게 요한의 머리를 달라고 시킬 수 있는 엄마가 세상이 있을까요? 아무리 요한을 향한 한이 하늘을 찌른다고 하더라도 딸을 통해서 그걸 푼다는 게 도저히 믿어지지 않는군요. 그러나 어머니가 딸을, 아버지가 아들을 인격이 아니라 수단으로 대하는 일들이 요즘도 흔하게 일어난다는 걸 보면 헤로디아의 행동을 이해 못할 것도 없습니다.

한국 부모들의 교육열은 하늘을 찌를 듯합니다. 이게 어제 오늘의 일이 아닙니다. 부모들이 자녀들을 통해서 무언가를 보상받으려는 심리가 여기도 작용하는 거겠지요. 명분으로는 자녀들을 사랑한다는 것이겠지만 실제로는 그 과정에서 자기를 실현해보려는 갈망이 더 강할 겁니다. 우리는 오늘 우리의 아들과 딸들이 세상에 나가서 서슴없이 "요한의 머리를 소반에 얹어 주시오" 하고 말하도록 가르치고 있는 건 아닐는지요. 겉으로는 교양의 옷을 입고 있지만 내면에서는 욕망이 화산처럼 솟구치는 건 아닐까요? 야심과 앙심이 대를 잇는다면 그 결과는 무엇일까요?

헤롯은 헤로디아의 딸이 세례 요한의 머리를 달라고 할 줄은 꿈에도 몰랐겠지요. 거기에 모였던 그 어떤 사람도 그걸 예상한 사람은 없었을 것입니다. 헤롯은 지금 어디로 빠져나갈 구멍이 없는 외통수에 걸린 셈입니다. 요한을 죽인다는 건 양심을 땅에 묻는 일이며, 뭐든지 주겠다는 자신의 말을 거두어들인다는 왕의 체통이 구겨지는 일입니다. 그곳에 모인 사람들에게 일구이언의 모습을 보일 수는 없었습니다. 그래서 그는 근심에 싸였습니다.

우리가 세상을 살아가면서 여러 가지 일로 근심하지만, 자기가 쏟아내는 무책임한 말로 인해서 근심하게 되는 경우도 많습니다. 비교적 말을 많이 하고 살아가는 설교자들은 이런 위험에 늘 노출되어 있습니다. 일부 설교자들이 강단에서 쏟아내는 매우 노골적인 반공, 반북, 친미적인 발언은 정치 선전이지 설교가 아닙니다. 무책임한 발언입니다. 설교에서 정치는 일절 노코멘트로 일관해야 한다는 말씀은 아닙니다. 설교가 정치적인 주제를 다루지 말아야 한다는 말씀도 아닙니다. 그러나 정치적 선동은 자제해야 합니다. 이런 무책임한 발언은 오늘 본문의 헤롯에게서 볼 수 있듯이 권위주의에 사로잡힌 목사들에게서 나옵니다. 정치적 권위주의도 이렇게 경솔하고 공격적이지만 종교적 권위주의도 이에 못지않은 것 같습니다.

급기야 헤롯은 당대의 정신적 거인인 요한을 참수하라고 명령을 내립니다. 그는 이렇게까지 하지 않아도 되었을 겁니다. 많은 사람들 앞에서 춤꾼 소녀에게 한 약속이긴 하지만 요한의 머리를 달라는 그 청을 들어주지 않는다고 해서 큰 문제가 벌어지는 건 아닙니다. 생일잔치에 참가한 사람들도 이런 일들이 바로 헤로디아의 농간이라는 사실을 눈치 채고 있었을 테니까요. 그런데 헤롯은 넘지 말아야 할 그 선을 넘었습니다. 말의 실수를 말로 해결하지 못하고 극단적인 행위로 치닫고만 셈입니다. 자기 말에 대한 체통을 지키려다가, 즉 자기 권위에 몰두

하다가 결국 큰 악을 행한 것이지요.

권위주의로 인해서 벌어지는 파괴적인 일들은 우리의 일상에서도 흔하게 일어납니다. 아버지의 가부장적 권위 때문에 얼마나 많은 자녀들의 삶이 파괴되는지 모릅니다. 목사의 권위주의 때문에 얼마나 많은 신자들의 영성이 파괴되는지 모릅니다. 장로들의 권위주의도 이에 못지않습니다. 약간 나쁜 경우라고 한다면, 장로들이 교회에서 주인 노릇을 하는 것이겠지요. 한국 교회의 개혁은 당회의 교권을 대폭적으로 축소하고, 명실상부한 민주적 운영시스템을 도입하는 데 있지 않을는지요.

정치적인 것이든 종교적인 것이든, 권위주의는 인간의 본성이라기보다는 제도에 기인하는 것 같습니다. 처음부터 권위적인 사람이 따로 있는 게 아니라는 말씀입니다. 군대라는 조직에서 오래 생활한 사람이 상명하복에 물들듯이 권위를 부릴 수 있는 조직에 들어가면 권위적인 사람이 될 수밖에 없는 것 같습니다. 그런 사람은 헤롯처럼 어떤 결과를 빚을지 전혀 알지도 못한 채, 또는 아주 자연스럽게 요한의 목을 가져오라고 명령을 내릴 수 있습니다.

헤롯의 명령에 따라 베어져 소반에 담긴 요한의 머리는 춤꾼 소녀의 손을 거쳐서 결국 헤로디아에게 갔습니다. 참으로 끔찍한 장면입니다. 바로 이 장면을 주제로 한 명화 한 점이 어딘가에 있을 것 같습니다. 그 장면을 상상해 보십시오. 여전히 헤롯의 생일 연회가 계속되고 있었겠지요. 아니면 아무도 예상하지 못했던 이 상황 앞에서 사람들이 숨을 죽이고 있었을지 모릅니다. 병사가 요한의 머리가 담긴 소반을 들고 들어왔습니다. 거기 모인 사람들의 눈은 모두 요한의 머리가 담긴 소반에 집중됩니다. 헤로디아는 딸에게서 그것을 받았습니다.

그 순간 헤로디아의 얼굴 표정을 어땠을까요? 득의의 미소인가요, 허탈한 쓴웃음인가요? 무표정이었을까요, 두려움이 가득한 표정이었을까요? 저는 지금 헤로디아의 심정을 따라잡기 힘들군요. 어떻게 보면 헤로디아는 이 장면에서 큰 충격을 받아 기절했을지도 모른다는 생각이 듭니다. 딸에게 "요한의 머리를 달라 하라"고 시켰지만 그게 실현될 거라고는 믿지 않았을 테니까요. 그녀는 남편인 헤롯이 요한을 정신적으로 존경하고 있다는 사실을 알고 있었거든요. 아마 요한의 머리를 달라는 자신의 말을 헤롯이 조크로 받아들일 거라고 생각했을지 모릅니다. 그런데 이게 뭡니까? 지금 자기 손에 요한의 머리가 담긴 소반이 들려 있습니다. 제가 화가라고 한다면 헤로디아의 얼굴 표정을 더할 수 없는 절망감에 사로잡힌 모습으로 그릴 겁니다. 요한의 생명을 빼앗았지만 결국 그녀는 자신의 영혼을 잃어버렸을 테니까요. 그녀의 분풀이는 요한만을 죽인 게 아니라 남편인 헤롯과 딸, 그리고 거기 모였던 모든 사람들을 죽인 거나 마찬가지니까요.

요한은 끔찍하고 허망하게 죽었습니다. 예수님은 빌라도에게 공식적으로 재판이라도 받았지만 요한은 그런 절차도 없이 헤롯의 생일잔치 자리에서 벌어진 그들의 객쩍은 농담 몇 마디에 목숨을 잃었습니다. 아무리 헤롯이 왕이라고 하지만 로마의 식민 치하에서 총독의 재가 없이 이렇게 참수형을 집행할 수 있는지는 잘 모르겠습니다. 사실 그 당시야 공식과 비공식이 그렇게 엄격하게 구별되지도 않았을 때니까 이런 일들이 일어날 수는 있었을 겁니다.

요한의 죽음이 비극이기는 하지만 다른 한편으로 생각하면 이런 방식으로 역사가 발전하는지도 모릅니다. 만약 세례 요한이 예수님의 공생애 바로 직전이나 아니면 아주 초기에 죽지 않았다면, 예수님보다 더 오래 살았다면 예수님의 역사는 어떻게 되었을까요? 예수님의 공생애는 요한의 죽음으로 가능했습니다. 예수님이 요한에게 세례를 받았으며, 요한의 제자들 중에서 일부가 예수님의 제자가 되었습니다. 요한은 옥에 갇힌 몸으로 제자들을 보내어 메시아가 바로 당신인가 하고 물었습니다. 그는 흥해야 하고 나는 망해야 한다는 말도 했습니다. 어쨌든지 요한은 예수님의 공생애를 가능하게 했을 뿐만 아니라 예수님의 그리스도 사건을 승하게 한 사람임에 틀림없습니다. 그런 그가 그렇게 갔습니다. 비록 참혹하지만 그는 역사의 가장 중요한 시기에 반드시 필요했던 일을 했습니다. 이런 점에서 그는 메시아의 길을 곧게 한 예언자입니다.

예수, 연민을 느끼시다

6:30-34

³⁰ 사도들이 예수께 모여 자기들이 행한 것과 가르친 것을 낱낱이 고하니 ³¹ 이르시되 너희는 따로 한적한 곳에 가서 잠깐 쉬어라 하시니 이는 오고 가는 사람이 많아 음식 먹을 겨를도 없음이라 ³² 이에 배를 타고 따로 한적한 곳에 갈새 ³³ 그들이 가는 것을 보고 많은 사람이 그들인 줄 안지라 모든 고을로부터 도보로 그 곳에 달려와 그들보다 먼저 갔더라. ³⁴ 예수께서 나오사 큰 무리를 보시고 그 목자 없는 양 같음으로 인하여 불쌍히 여기사 이에 여러 가지로 가르치시더라

앞서 마가복음 6장 7-13절이 보도하고 있듯이 예수님은 하나님 나라를 선포하라고 제자들을 파송했습니다. 그들이 돌아와서 자기들에게 일어난 일을 예수님에게 보고했습니다. 마가복음은 그 사이에 요한의 죽음에 관한 사건을 보도했습니다. 물론 요한은 그 이전에 이미 죽었습니다. 예수님의 이름이 드러난다는 사실을 알리기 위해서 바로 이 대목에서 요한의 죽음을 다시 거론한 것입니다. 마가복음의 이런 편집은 글쓰기의 기술이겠지요. 사도들의 보고는 큰 줄기로 볼 때 두 가지입니다. 하나는 행위이고 다른 하나는 가르침입니다. 전자는 실천(praxis)이고, 후자는 이론(theory)입니다. 이 두 가지는 학문, 예술, 정치를 비롯한 인간의 모든 삶의 토대입니다. 스포츠도 여기서 예외가 아닙니다. 수영을 배운다고 할 때도 이론과 실천이 함께 가야 합니다. 이론 없이 물에서 하루 종일 논다고 해서 그가 훌륭한 수영선수가 될 수는 없습니다. 물론 물에 들어가지도 않으면서 이론만 빠삭하게 배운다고 해서 수영선수가 되는 게 아닙니다.

사도들의 전통을 따르고 있는 오늘 교회의 신앙생활도 이 두 가지를 그 바탕에 놓아야 합니다. 프락시스는 교회가 하나님 나라를 실제의 삶으로 따라가는 것이며, 이론은 하나님 나라의 신학적 의미를 배우는 것입니다. 실천과 이론의 균형을 맞추기는 쉽지 않습니다. 이건 균형의

문제도 아닙니다. 때에 따라서 실천이 강조되거나 이론이 강조될 수 있습니다. 문제는 영성입니다. 그리스도인이 우리의 생각을 뛰어넘는 하나님 나라와 하나가 되는 영성에 침잠할 때 그는 실천과 이론을 구분하지 않고 온전히 그리스도의 제자로 살아갈 수 있을 겁니다. 그렇지만 이 영성이 우리의 삶에서 실천과 이론으로 나타난다는 것만은 분명합니다. 그렇게 구분될 수 있다는 말씀입니다.

31절 말씀은 파송에서 돌아온 제자들에게 준 예수님의 말씀입니다. 제자들에게 한적한 곳에 가서 쉬라는 예수님의 말씀을 문맥으로만 본다면 제자들의 수고와 피곤을 풀어주려는 예수님의 배려인 것처럼 보입니다. 아마 그럴 수도 있겠지요. 그런데 바로 이어지는 말씀, 즉 사람이 많아서 음식 먹을 겨를도 없다는 말씀을 따른다면 예수 공동체 전체가 아주 바쁘게 움직일 수밖에 없었다는 사실을 암시하는 것 같습니다. 마가복음 기자는 이 두 가지 사실을 모두 감안해서 이 대목을 기록한 것이 아닐는지요.

신학교나 교회에서도 가끔 수련회, 또는 퇴수회라는 이름의 모임을 갖습니다. 영어(retreat)를 번역한 것입니다. 이 단어는 퇴각, 귀영나팔, 피난처, (교회의) 묵상 등등의 뜻이 있습니다. 일상을 멈추고 삶 전체를 돌아보는 것이라 할 수 있습니다. 쉼은 단순히 아무것도 하지 않는 것이 아니라 생존에 묶이지 않는 일을 하는 것입니다. 이런 점에서 안식일이라는 의미와 주님의 부활을 가리키는 주일 자체가 '리트릿'이고, 예배가 '리트릿'이겠지요. 현대인들도 휴가철을 맞아 각종 이벤트로 쉼을 모색합니다. 일상에 시달린 몸과 마음을 쉬게 하자는 의미의 휴가이지만 오히려 몸과 마음을 혹사시키는 휴가가 될 수도 있습니다. 영적인 안식을 얻으려는 신앙생활도 자칫 우리의 영혼을 파괴할 수도 있다는 뜻입니다. 무엇이 참된 쉼인지 되돌아볼 때입니다.

휴식이 필요했던 예수님 일행은 배를 타고 한적한 곳으로 잠시 피했습니다. 밥 먹을 틈도 없이 바쁘게 돌아가던 그런 일상에서 이제 그런 것이 전혀 필요 없는 곳으로 자리를 옮겼습니다. 아무리 영적으로 높은 경지에 올라선 사람이라고 하더라도 역시 사람에게 시달리지 않는 자기 자신만의 시간과 장소가 필요한 것 같습니다. 이런 피신은 단순히 현장을 떠난다는 소극적인 의미가 아니며, 또는 사람들과의 만남 자체를 거부하는 자폐도 아닙니다. 그들은 다시 돌아올 겁니다. 아니 돌아오기 위해서 피하는 중입니다.

　오늘 목사들에게 이런 한적한 곳은 더 절실하게 필요한 것 같습니다. 인적 자원이 풍부한 소수의 교회를 제외한 대부분의 교회는 목사의 전적인 헌신을 요구합니다. 목회가 행사의 과부하에 걸려 있다고 보아도 크게 틀리지 않을 것입니다. 목사는 그 무게를 감당하기 어렵지만 다른 대안이 없으니 어쩔 수 없이 일과 함께 목회의 길을 갑니다. 그런 과정에 길들여지면 흡사 플라톤의 '동굴의 비유'에서 보듯이 그런 비참한 삶을 아무런 저항 없이 받아들이면서 살게 됩니다. 이런 교회 구조가 형성된 데에는 목사의 책임도 큽니다. 목사 스스로 그렇게 행사 중심의 목회를 이끌어갔으니까요. 신자들의 내적 결속력을 강화하기 위해서 신앙훈련이라는 명분으로 크고 작은 행사를 일 년 열두 달 계속 돌립니다. 이런 교회 구조에서는 두 종류의 신자밖에 버텨낼 수 없을 겁니다. 한 종류는 모든 삶을 오직 교회 행사에만 '올인'하는 사람들이며, 다른 한 종류는 교회공동체로부터 소외당하는 사람들입니다. 교회는 세상의 한적한 곳으로 자리를 잡아야 합니다. 참된 쉼, 즉 영적인 쉼이 샘솟는 곳으로 말입니다. 그뿐만 아니라 개인들도 나름으로 영적인 한적한 곳을 마련해야 하지 않는지요.

　본문의 보도를 그대로 따른다면, 예수님 일행이 한적한 곳으로 피신하는 것을 눈치 챈 사람들이 배를 타고 예수님 일행보다 먼저 목적지에 도착했다고 합니다. 배를 탄 사람보다 걷는 사람이 빨리 도착했다는 게 모순이긴 하지만, 마가복음 기자는 그런 것을 대수롭지 않게 생각했습니다. 중요한 건 예수님에게 일어난 하나님의 구원 사건을 전하는 것이었으니까요. 본문에서 예수님 일행을 따라온 민중과 예수님과의 관계는 늘 논란거리입니다. 복음서 기자들은 예수님이 책상머리에 앉아서 학자 티를 내는 사람으로 보도하지 않았습니다. 또는 자연을 벗 삼아 소요(逍遙)하는, 일종의 풍류과객으로 묘사하지 않았습니다. 그렇다고 해서 사회 혁명가라고 말하지도 않습니다. 예수님은 민중들의 구체적인 삶에 참여하시지만 동시에 거리를 두기도 합니다. 세리나 죄인들과 함께 먹고 마셨다는 점에서 보면 그는 민중의 삶에 깊이 개입하셨지만, 내 나라는 이 세상이 아니라는 말씀에 따르면 이 세상의 복지 향상을 사명으로 여기지 않았다는 게 분명합니다.

예수님의 삶은 하나님 나라를 빼놓고는 이해할 수 없습니다. 예수님에 따르면 하나님 나라는 임박했습니다. 임박했다는 것은 단지 시간적인 의미가 아닙니다. 바로 여기 이 순간(here and now)을 가리킵니다. 여기 지금을 어떻게 이해할 수 있을까요? 그런 순간은 미래일 수도 있습니다. 하나님 나라는 우리가 이 세상을 경험하는 그런 것으로 범주화할 수 없습니다. 하나님 나라의 지금은 다음일 수도 있고, 여기는 저기일 수도 있습니다. 그 전체가 바로 하나님 나라이니까요. 그것을 우리는 여기서 직접적으로 경험할 수 없습니다. 5천 년 전과 지금, 그리고 5천 년 후를 우리가 동시적으로 경험할 수 없으니까요.

많은 사람들이 예수님 일행보다 앞서 건너편으로 갔습니다. 현재 예수님과 제자들은 휴식이 필요한 때입니다. 그렇지만 무리들은 그런 것에 아랑곳하지 않고 예수님 주변에 몰려들었습니다. 왜 그랬을까요? 그들은 무언가를 필요로 하는 사람들입니다. 무리들은, 그런 필요에 따라서 움직입니다. 이 글을 쓰면서도, 다른 때도 마찬가지지만 도대체 민중이 누구냐 하는 질문에 속 시원한 대답을 하기가 어렵습니다. 가난한 사람, 권력이 없는 사람, 서민대중, 육체노동자들을 민중이라고 불러야 할는지요. 그럴 수도 있고 그렇지 않을 수도 있습니다. 왜냐하면 가난의 기준, 권력의 기준 등이 일정하지 않기 때문입니다. 이런 문제를 우리가 사회과학적으로 접근할 필요는 없습니다. 일단 기득권과 거리가 먼 사람들을 가리킨다고 볼 수 있겠지요.

예수님의 주변에 모여든 민중들의 구체적인 요구는 거의 복지에 관한 것들이었습니다. 일차적으로 병 치료입니다. 그 당시에 그들은 의료혜택을 전혀 받지 못했습니다. 그러니 치유 능력이 있다고 소문이 난 예수님을 찾지 않을 수 없었습니다. 병 치료는 물질적인 복으로까지 이어집니다. 소위 삼박자 축복이라는 메시지가 바로 민중들의 종교적 호기심을 자극시켰다고 보아야 합니다. 본문 말씀에 이어서 나오는 오병이어 사건도 이와 비슷합니다. 훗날 이들은 예수님의 십자가 사건 앞에서 모두 어디로 갔을까요? 병 치유와 물질적인 복은 잠시 민중들의 호기심을 발동시킬 수는 있어도 예수님이 선포하고 그렇게 사셨던 하나님 나라에 참여할 수 있도록 끌어들이는 힘은 없는 것 같군요.

34절은 민중(큰 무리)이 목자 없는 양 같은 처지에 놓여 있다고 설명했습니다. 목자와 양은 성서에서 하나님과 이스라엘 백성을 설명하는 중요한 메타포입니다. 구약의 시편과 신약의 요한복음에 이런 표현이 돋보입니다. 이런 메타포는 이스라엘 민족들의 살아온 삶의 여정과 깊은 연관이 있습니다. 이스라엘의 조상으로 거론되는 아브라함을 비롯한 세 명의 족장들은 모두 목축업으로 일가를 이루었습니다. 아브라함, 이삭, 야곱이 그들입니다. 요셉 시대에 이집트로 이민을 떠난 그들은 고센에서도 역시 목축업을 가업으로 삼았습니다. 이집트의 파라오는 이들의 목축 능력을 특별히 인정한 바 있습니다. 출애굽 이후 다시 가나안으로 돌아온 이들이 가나안 원주민들의 농경문화에 많은 영향을 받습니다만, 그래도 목양은 그들에게 중요한 삶의 수단이었습니다. 이런 삶의 경험에서 그들이 하나님과 이스라엘 백성의 관계를 목자와 양으로 비교했다는 건 자연스러운 일입니다.

예수님 당시에 민중들은 34절 표현처럼 목자 없는 양과 같은 신세였습니다. 두 가지 차원에서 그렇습니다. 하나는 정치·경제적인 차원입니다. 당시 이스라엘은 로마의 식민지였습니다. 이런 식민 역사는 고대로 거슬러 올라갑니다. 앗시리아, 바벨론, 페르시아의 지배를 받았습니다. 다른 하나는 종교적인 차원입니다. 이것이 더 원천적이라고 보아야 합니다. 아무리 정치·경제적인 상황이 어려웠다고 하더라도 종교적인 중심을 놓치지 않았다면 목자 없는 양과 같은 신세가 되지는 않습니다. 당시 유대교는 율법주의에 물들었습니다. 예수님은 수고하고 무거운 짐을(마 11:28) 진 자들이라고 말씀하셨겠습니까.

민중들을 불쌍히 여기신 예수님은 그들의 문제를 직접 해결하기보다는 여러 가지로 가르치셨다고 합니다. 저는 이런 대목을 읽으면서 오늘 교회 민중들도 바로 이것이 결정적으로 필요한 게 아닌가 하고 생각하게 되었습니다. 가르침과 배움 말입니다. 노숙자들에게 인문학 공부를 시켰다는 말이 있듯이 오늘 목자 없는 양 같은 교회 청중들에게도 역시 신학 공부가 필요합니다. 하나님, 믿음, 칭의, 종말, 창조 등등에 대해서 깊이 있게 생각할 줄 알아야만 자존심을 회복하고, 기독교가 말하는 생명의 세계로 들어갈 수 있습니다. 그럴 때 기독교 영성을 맛보게 될 것입니다.

예수님이 민중(무리)을 여러 가지로 가르치셨다고 하는데, 무엇을 가르치셨을까요? 오늘 본문이 그것을 구체적으로 언급하지는 않지만 독자들은 그것을 복음서 전체를 통해서 이미 알고 있을 겁니다. 예수님은 하나님 나라를 가르치셨습니다. 예수님의 비유는 모두 하나님 나라를 가리킵니다. 바리새인들과 논쟁에서 벌어지는 문제들도 역시 하나님 나라의 관점에서만 이해될 수 있습니다. 예수님은 모세의 가르침을 하나님 나라의 지평에서 새롭게 해석한 것이지요.

여기서 우리의 궁금증은 민중들이 예수님의 가르치심을 알아들었을까, 하는 것입니다. 그들은 예수님의 가르침이 기존의 가르침과 다르다는 사실 앞에서 놀라워한 것만은 분명합니다. 고향 사람들도 예수님의 그런 가르침을 이상하게 생각할 정도였습니다. 그렇지만 그들이 예수님이 전하고 행하신 하나님 나라를 이해했는지, 아니 이해하려고 노력했는지 지금 우리는 잘 모릅니다. 소크라테스의 가르침을 아테네 시민들이 잘 알아듣지 못했듯이 예수님과 이스라엘 민중들과의 관계가 그랬겠지요. 사실 못 알아듣기는 이스라엘 종교 엘리트가 더했을 것이며, 물론 거기에는 제자들도 해당되겠지요.

하나님 나라에 관한 예수님의 가르침이 민중적이었다는 주장도 있긴 합니다. 그가 비유로 사용하고 있는 소재들이 거의 민중들의 일상과 연결되어 있으니까요. 그러나 소재가 민중의 일상이었다고 해서 민중들이 그것을 제대로 알아들었다고 말할 수는 없습니다. 이런 현상은 요즘도 마찬가지입니다. 역설적으로 한국에서 민중 지향적 정치 집단을 지지하는 사람들이 민중이 아니라는 사실이 이를 방증합니다. 예수님의 가르침은 이런 계급적인 차원을 뛰어넘는 세계와 연결된다고 보아야 합니다.

앞에서 저는 민중들이 예수님의 말씀을 잘 알아듣지 못했을 거라고 말씀드렸습니다. 민중만 그렇다는 말씀이 아닙니다. 대다수의 사람들이 그랬을 가능성이 높습니다. 그런 상황은 예수님의 십자가 사건 이후로도 계속됩니다. 그 당시 누가 예수님의 십자가 사건이 담지하고 있는 구원의 우주론적 깊이를 이해했을까요? 예수를 따르던 제자들도 초기에는 여기서 예외가 아닙니다. 예수님의 십자가 처형이 "유대인에게는 거리끼는 것이요 이방인에게는 미련한 것"(고전 1:23)이라는 바울의 진술은 종교적인 수사가 아니라 객관적 사실을 말합니다. 유대의 종교적인 차원에서 보나, 헬라와 로마의 문화 정치적 차원에서 보나 예수의 십자가는 인류 구원과 아무런 상관이 없었습니다.

예수님의 가르침, 예수님의 사건, 예수님의 운명을 사람들이 이해하지 못하고 인정하지 않았다고 해서 큰 문제는 아닐지 모르겠습니다. 그런 사태가 옳다는 뜻이 아니라 그럴 수밖에 없었다는 뜻입니다. 모든 사람들이 예수님을 알고 믿는다는 사실과 하나님의 구원 행위는 별개의 것일 수 있습니다. 자식들이 모두 철이 들고 효도를 해야만 자식을 사랑하는 부모는 없습니다. 단지 자식이라는 이유만으로 부모는 자식을 보호합니다. 하나님이 창조주라고 한다면 우리의 이해나 믿음과 상관없이 우리를 구원하지 않을까요? 오해가 없기를 바랍니다. 예수님이 가르치신 하나님 나라를 모른 채 그것과 상관없이 살아도 좋다는 뜻이 아닙니다. 우리가 청중들을 가르친다는 명분으로 구원의 차원을 축소하거나 청중들을 괴롭히지 말자는 뜻입니다. 예수님의 가르침과 십자가, 궁극적으로 부활은 민중이 그것을 받아들이는가의 여부와 상관없이 하나님의 배타적 구원 사건이었습니다.

하나님의 구원 사건이 배타적이라는 사실에서 오늘 설교자들의 자리를 찾을 수 있습니다. 우리 설교자들이 해야 할 일은 이 하나님의 구원 사건에 초지일관하는 것입니다. 민중들이 그것을 알아듣든 못하든 상관없이 하나님의 구원사건에만 천착하는 것입니다. 설교는 하나님 나라에 모든 무게를 두어야 합니다. 설교자들과 교회의 교사들이 이런 태도를 유지하는 게 쉽지 않습니다. 그 이유는 두 가지입니다. 하나는 우리에게 하나님 나라가 별로 선명하지 않다는 사실입니다. 아마추어 바둑 애호가가 프로 기사의 바둑을 접하는 것과 비슷합니다. 프로 기사들은 하나의 수를 놓기 위해서 열, 스물의 경우를 생각하지만 아마추어는 바로 눈앞의 것만 봅니다. 다른 하나는 설교자와 교사들에게 청중들이 너무 큰 비중을 차지하고 있다는 사실입니다. 청중에게만 쏠려 있다는 것도 두 가지로 구분됩니다. 사심 없이 청중들의 구원에 모든 열정을 불태우는 경우가 하나이고, 그들을 도구로 다루는 경우가 다른 하나이겠지요. 후자보다는 전자가 낫기는 하지만 이것도 여전히 바람직하지 않습니다. 그런 열정이 필요 없다는 뜻이 결코 아닙니다. 예수님도 민중들과의 연민에 바탕을 두고 가르치고 행동하셨습니다. 그러나 예수님은 거기에 매달리지 않았습니다. 하나님 나라와의 일치가 더 본질적이며, 궁극적인 것이었습니다. 오늘 성서 텍스트에 근거해서 예수님을, 즉 예수님과 하나였던 하나님 나라를 전하는 설교자는 바로 그것에 전적으로 의존해야만 합니다. 그런 설교자를 통해서 진리와 자유의 영인 성령이 청중들의 영혼과 소통하는 일이 일어날 겁니다.

오병이어 이야기

6:35-44

³⁵ 때가 저물어가매 제자들이 예수께 나아와 여짜오되 이 곳은 빈 들이요 날도 저물어가니 ³⁶ 무리를 보내어 두루 촌과 마을로 가서 무엇을 사 먹게 하옵소서 ³⁷ 대답하여 이르시되 너희가 먹을 것을 주라 하시니 여짜오되 우리가 가서 이백 데나리온의 떡을 사다 먹이리이까 ³⁸ 이르시되 너희에게 떡 몇 개나 있는지 가서 보라 하시니 알아보고 이르되 떡 다섯 개와 물고기 두 마리가 있더이다 하거늘 ³⁹ 제자들에게 명하사 그 모든 사람으로 떼를 지어 푸른 잔디 위에 앉게 하시니 ⁴⁰ 떼로 백 명씩 또는 오십 명씩 앉은지라 ⁴¹ 예수께서 떡 다섯 개와 물고기 두 마리를 가지사 하늘을 우러러 축사하시고 떡을 떼어 제자들에게 주어 사람들에게 나누어 주게 하시고 또 물고기 두 마리도 모든 사람에게 나누시매 ⁴² 다 배불리 먹고 ⁴³ 남은 떡 조각과 물고기를 열두 바구니에 차게 거두었으며 ⁴⁴ 떡을 먹은 남자는 오천 명이었더라

이 단락에서 벌어진 사건은 소위 오병이어로 잘 알려져 있는 이야기입니다. 다섯 개의 빵과 두 마리의 생선으로 오천 명이 먹고 남은 것이 열두 광주리가 되었다고 합니다. 비슷한 이야기가 마가복음 8장 1-10절에도 나옵니다. 여기서는 빵 일곱 개와 두어 마리 생선으로 사천 명이 배불리 먹고 남은 것이 일곱 광주리나 되었습니다. 비슷한 사건이 왜 중복되었는지는 뒤에서 이야기하기로 하고 일단 위 본문을 찬찬히 살펴보겠습니다.

예수님이 말씀을 전하는 사이에 시간이 흘러 해가 저물었습니다. 그곳은 빈 들이었습니다. 사람들이 모인 곳에는 필요한 것들이 많습니다. 마실 것과 먹을 것, 그리고 배설할 장소입니다. 빈 들이니까 배설은 적당하게 처리한다고 하더라도 먹을 게 문제입니다. 저녁이 다 되어가니 사람들이 배가 고팠겠지요. 빈 들이며 날이 저문다는 말에서 그들이 처한 상황이 얼마나 피곤했을는지 간접적으로 알 수 있습니다. 우리의

삶에도 저녁과 빈 들이 중복해서 나타날 때가 있습니다. 무언가가 절실하게 필요하지만 그걸 준비할 수 있는 여건이 안 되는 때를 가리킵니다. 그것이 물질적인 것일 수도 있고, 또는 정신적인 것일 수도 있습니다. 우리가 최소한 노동할 수 있는 건강만 허락된다면 물질은 어느 정도 해결할 수 있지만 정신적인 부분은 쉽지 않습니다. 저녁과 빈 들이라는 절박한 상황에서 우리는 어떻게 헤쳐 나가야 할는지요.

개인적으로 능력이 있거나 운이 좋아서 이런 상황을 뚫고 나갈 수도 있긴 합니다. 가능한 대로 모든 사람들이 그런 교육을 받았으면 좋겠습니다. 국가도 사람들이 생존의 위기에서 벗어나게 도와줄 책임이 있습니다. 사회복지 시스템이 원활하게 작동될 수 있도록 공동의 지혜를 모아야 할 겁니다. 그러나 모든 경우를 그런 방식으로 완전히 해결할 수는 없습니다. 복지 프로그램이 가장 잘 돌아간다는 북유럽의 국가에서도 감당하기 어려운 문제들은 많습니다. 역설적이지만 저녁과 빈 들이라는 열악한 상황은 하나님이 개입할 수 있는 계기가 되는지 모릅니다. 오늘 본문으로부터 오병이어의 사건이 시작되었듯이 말입니다. 이런 삶과 은총의 신비를 예민하게 깨닫는 것이 바로 영성이겠지요. 주여, 우리에게 영적 통찰력을 허락해 주소서.

무리들은 여전히 빈 들에 남아 있었는데 날은 저물어 갑니다. 제자들은 이 상황을 현실적으로 판단했습니다. 무언가 빨리 조치를 취하지 않으면 지금의 상황이 훨씬 더 심각해질지 모릅니다. 사람들을 마을로 보내서 무엇을 사먹게 해야 한다고 예수님에게 제언했습니다. 주님의 말씀이 아무리 은혜롭다 해도 사람은 거기에만 머물러 있을 수가 없습니다. 먹고 배설하지 않으면 사람은 죽습니다. 먹는다는 것은 곧 사람이 구체적인 몸으로 산다는 의미입니다. 그렇습니다. 인간에게 영이 소중한 것처럼 육도 역시 소중합니다. 이 두 요소의 결합이 바로 사람입니다. 하나님을 믿고 따르는 우리도 이 두 요소를 소중하게 생각해야 합니다. 이것을 조금 구체적으로 말하면 이렇습니다. 우리는 기도와 먹는 일을 나누지 말아야 합니다. 예배와 공동식사를 나누지 말아야 합니다. 물론 표면적으로는 구별되겠지만 본질적으로는 하나가 되어야 합니다. 기도드리듯이, 예배드리듯이 밥을 먹어야 한다는 뜻입니다.

결국 먹는 일도 역시 기도와 찬송처럼 거룩한 일이라는 말이 됩니다. 그렇게 해보십시오. 기도하듯이 밥을 먹는 것입니다. 밥그릇에 담긴 밥 한 알 한 알에 우주적 에너지가 담겨 있습니다. 참으로 놀라운 사건입니다. 우주가 바로 하나님의 창조라고 한다면 밥 먹는 행위는 바로 하나님과 하나가 되는 것이겠지요. 더 나아가서 그것은 하나님을 먹는, 하나님과 존재론적으로 하나가 되는 것이겠지요. 우리의 밥은 곧 성만찬입니다. 성만찬은 혼자가 아니라 공동으로 나눕니다. 한 사람이 독차지 할 수 없습니다. 서로 나누어야 합니다. 그럴 때 하나님의 거룩하심에 참여하는 것이겠지요.

무리를 마을로 보내서 먹을 걸 사 먹게 하자는 제자들에게 예수님은 "너희가 먹을 것을 주라"고 대답하셨습니다. 제자들이 전혀 예상하지 못한 말씀입니다. 상식적으로만 본다면 당연히 제자들의 의견을 따라야 했습니다. 지금 제자들이 먹을 것을 줄 형편이 아니었습니다. 제자들에게 밥이 있었다면 예수님이 그런 말씀을 하기 전에 그들이 어련히 알아서 주지 않았겠습니까? 모든 형편을 아시는 예수님이 그런 말씀을 하셨으니, 제자들이 얼마나 당황했을는지는 불을 보듯 합니다.

이 이야기는 2천 년 전에 일어난 것이어서 그 정황을 오늘 우리가 정확하게 파악한다는 건 어렵습니다. 이런 말씀은 신문기자의 보도가 아니라 일정한 신학적 토대에서 예수님의 사건을 해석하고 있는 성서기자들의 증언이라는 사실이 중요합니다. 이런 고대 문서는 문자의 차원에서 엄밀성을 요구하지 않기에 우리는 오늘 문자 너머의 어떤 영적인 세계를 찾아야겠지요. 그렇다고 해서 성서의 역사성이 불확실하다는 뜻은 아닙니다. 성서는 분명히 하나님의 권위가 담겨 있는 기록된 계시입니다. 우리는 성서에서 하나님의 구원 통치를 분명하게 만날 수 있습니다.

"너희가 주라!"는 말씀은 초기 기독교 공동체가 예수님의 공생애 전체를 통해서 받은 말씀으로 이해해야 합니다. 예수님은 분명히 제자들에게 무리들이 빈 들과 저녁이라는 어려운 상황을 벗어날 수 있도록 도와야 한다는 메시지를 주었습니다. 그것은 그 순간만이 아니라 항시적입니다. 오늘도 우리는 무리에게 밥을 주라는 말씀을 주님에게서 받습니다. 구체적으로 무엇을 어떻게 주어야 할까요? 그것은 자기의 삶에서 선택해야 할 문제입니다. "너희가 주라!"

"너희가 먹을 것을 주라"는 예수님의 뜻밖의 말씀을 들은 제자들도 물러서지 않고 대답했습니다. 물러서지 않았다기보다는 상황에 대한 정확한 반응이겠지요. 돈도 없는 우리가 이백 데나리온 어치의 빵을 사와야 되느냐는 반론입니다. 오늘로 환산하면 천오백만 원 정도는 됩니다. 제삼자가 이 대화를 들었다면 제자들의 손을 들어주었겠지요. 하나님 나라를 향한 주님의 요청과 우리의 현실 사이에는 늘 이런 틈이 개입됩니다. 주님의 요청은 일종의 절대적인 당위입니다. 우리는 그 말씀에 무조건 순종해야만 합니다. 그러나 우리의 현실은 그것을 담아낼 만큼의 여유가 없습니다. 우리에게는 지금 이백 데나리온이 없습니다. 약간 생각을 돌려봅시다. 제자들에게 이백 데나리온이 있었다면 그들이 마을로 가서 빵을 사왔을까요? 제가 단정할 수는 없지만 그래도 결과는 달라지지 않았을 겁니다. 개인별로 해결하면 이백 데나리온이 절약되는 마당에, 그리고 앞으로 주님을 위해서 돈 들어갈 일이 많은 상황에서 무리를 먹게 하려고 그 돈을 쓸 수는 없었을 겁니다.

이백 데나리온이 없는 사람이나 그걸 소유하고 있는 사람이나 모두 무능력하기는 마찬가지입니다. 참된 신앙인으로 살아가려면, 쉽지는 않겠지만 이백 데나리온이라는 이데올로기로부터 자유로워져야겠지요. 그게 근본적으로 힘들다면 최소한 주님의 명령을 듣는 시늉만이라도 하는 게 좋지 않을는지요.

예수님과 제자들의 대화를 유심히 보십시오. "무리를 마을로 보내서 무엇을 사 먹게 하십시오." "너희가 먹을 것을 주라." "이백 데나리온의 떡을 사 오라는 말씀인지요." "너희에게 떡 몇 개나 있는지 알아보라." "떡 다섯 개와 물고기 두 마리가 있습니다." 이백 데나리온 운운하는 제자들에게 예수님은 너희에게 떡 몇 개가 있는지 알아보라고 말씀하셨습니다. 일단 그걸 알아야 대책을 세울 수 있었을까요? 예수님의 이 말씀은 매우 소중한 영적 의미를 담고 있습니다. 우리는 늘 우리에게 아무것도 없다고, 무언가 부족하다고 생각합니다. 그래서 모든 일에 미리 겁을 먹습니다.

예수님은 우리에게도 떡이 몇 개 있는지 알아보라고 말씀하십니다. 알아보지 않는 사람은 있는 것조차 잃어버릴 겁니다. 우리의 어디를 찾아보아야 할까요? 하나님 나라가 이 땅에 이루어지는 데 소용되는 어떤 은사들이 마치 밭에 묻힌 보화처럼 우리 삶의 어딘가에 숨어 있을 겁니다. 그걸 찾으려면 이백 데나리온에 대한 망상을 일단 잊어야 합니다. 소박한 마음으로 자신의 영적인 삶의 밭에 무엇이 있는지 일단 가서 알아보십시오.

떡이 몇 개나 있는지 알아보라는 예수님의 말씀에 제자들은 떡 다섯 개와 물고기 두 마리가 있다고 대답했습니다. 떡 다섯 개와 물고기 두 마리, 오병이어(五餅二魚)! 예수님의 공생애에서 일어난 사건의 총체를 코드화한다면 바로 이 오병이어라는 단어일 겁니다. 이것은 민중의 굶주림이 해결된 사건일 뿐만 아니라 예수님의 특별한 능력이 드러난 사건입니다. 오병이어는 별로 많은 먹을거리가 아닙니다. 몇 사람들이 요기를 하기 위해서 가져 온 것이겠지요. 다른 복음서는 어린아이가 가져온 것이라고도 했습니다. 제자들은 어디선가 오병이어를 구했습니다. 자신들이 구할 수 있는 것은 이것뿐이라고 대답했습니다.

오병이어뿐이라고 말하는 제자들의 심정은 어땠을까요? 그들은 바로 앞에서 이백 데나리온의 먹을거리가 필요하다는 계산을 한 사람들입니다. 이걸 데나리온으로 계산하면 십분의 일 데나리온 정도에 불과하겠지요. 오병이어는 그들이 처한 상황을 해결하는 데 쓸모가 없습니다. 떡 다섯 개와 물고기 두 마리밖에 없다고 말하는 제자들은 무력감에 빠졌을지 모릅니다. 자신들에게는 민중들의 굶주림을 해결할 수 있는 능력이 하나도 없다는 사실을 확인했으니까요. 그렇습니다. 오병이어는 제자들의 절망을 상징합니다. 우리의 상황도 이와 비슷하지 않을는지요. 필요한 건 이백 데나리온이지만 우리 손에 들린 건 반 데나리온, 아니 십분의 일 데나리온뿐인지 모르겠군요. 우리 주변을 보십시오. 생존에 힘겨워하는 이들이 널려 있습니다. 현실은 늘 이백 데나리온을 요구하는데 실제로 우리에게는 그걸 해결할 아무런 능력도 없습니다. 떡 다섯 개와 물고기 두 마리로 무얼 어찌해야 하나요?

제자들은 하찮다는 의미로 떡 다섯 개와 물고기 두 마리밖에 없다고 대답했습니다. 그게 바로 인식론적 한계입니다. 오병이어'밖'에 없으니 무얼 어떻게 할 수 있나요? 그런 생각을 바꿔야 합니다. 오병이어'나' 있습니다. 이 두 문장의 차이는 '밖'과 '나'입니다. 그러나 그 의미는 천양지차입니다. 흔히 그런 말들을 한다고 하지요. 지혜로운 사람은 술을 마시면서도 아직 잔에 남아 있는 것에 마음을 두지만 어리석은 사람은 이미 마셔버린 것을 아쉬워합니다. 똑같은 사태에 직면했는데도 전혀 다른 생각을 합니다. 우리에게는 아무것도 없는 게 아니라 무언가가 있습니다. 이 사실이 얼마나 놀라운지요. 무엇인가가 여기에 지금 이렇게 존재하고 있다는 것입니다. 많은 것과 비교해서 상대적으로 가치가 떨어질지 모르지만 존재한다는 차원에서 본다면 그것은 엄청난 사건입니다. 아주 작은 것이라 하더라도 존재하는 것이며, 아무리 큰 것이라 하더라도 존재하는 것뿐입니다. 존재의 차원에서 본다면 겉으로 드러난 차이는 아무런 의미가 없습니다.

만약 제가 화가라고 한다면 제자들이 갖고 온 오병이어를 멋있게 그려보고 싶군요. 비록 작은 것이지만 그것은 분명히 그곳에 존재하고 있습니다. 생명의 빛을 냅니다. 지금 제 책상 위에도 많은 사물들이 존재하면서 빛을 내는군요. 탁상시계, 대나무 통, 성경, 성경주석 책, 휴지, 컴퓨터, 베르디의 레퀴엠 DVD, 지갑, 우유 빈 통 등등. 모든 사물들이 제각각 빛을 냅니다. 더구나 지금 제자들이 오병이어밖에 없다고 투덜대는 광야에는 예수님이 함께하셨습니다. 태초에 로고스로 존재하시면서 모든 창조의 근원이 되신 예수님 말입니다. 예수라는 궁극적인 존재와 더불어 이제 작은 사물들이 전혀 새로운 의미를 갖게 됩니다.

오병이어가 예수님이라는 존재와 더불어 새로운 빛을 낸다는 사실을 좀더 생각해 보십시오. 사물이 거룩하게 변하는 순간입니다. 이 땅에 있는 사물이 과연 거룩한 빛을 낼 수 있을까요? 건성으로 보면 그런 일들이 일어나지 않습니다. 그런 것들은 일반적으로 우리 눈에 사소하게 보입니다. 늘 그렇게 널려 있는 상투적인 것들에 불과합니다. 거룩하게 빛을 내려면 무언가 색다른 것이어야만 하는데, 그 사물들은 너무나 평범해 보입니다. 이 세상의 사물들이 뿜어내는 거룩한 빛을 우리가 포착하지 못하는 이유는 거룩한 빛을 볼 수 있는 눈이 없기 때문입니다. 매너리즘에 빠져 있습니다. 산은 그곳에 늘 있어야 하고, 강은 그렇게 늘 흘러야 합니다. 소나무는 그렇게 늘 푸르게 서 있어야만 자연스러워 보입니다. 이런 낯익음에서 우리는 사물들의 다른 차원을 볼 수 없습니다. 여기서 다른 차원은 모든 사물들이 연결되어 있는 우주론적 깊이입니다. 권정생 선생의 《강아지 똥》이라는 동화가 있습니다. 강아지 똥도 우주의 한 부분입니다. 왜 그럴까요? 강아지 똥은 다른 곤충들의 먹을거리가 되거나 다시 흙으로 돌아갈 겁니다. 그것은 그것의 고유한 방식으로 우주와 소통하고 있습니다. 이 우주는 강아지 똥을 가능하게 만들었습니다. 그렇다면 결국 강아지 똥은 우주와 하나인 셈입니다.

여기 제자들의 손에 들린 오병이어가 있습니다. 제자들에게는 사소한 것일지 모르지만 그것도 역시 창조자 하나님의 행위입니다. 창조자 하나님의 행위라면 결국 그것은 우주의 차원에 속한 것이 됩니다. 그렇습니다. 사물을 창조론의 차원에서 바라볼 수 있는 눈이 바로 거룩한 눈입니다. 그런 눈을 가진 사람들에게 오병이어는 거룩한 빛을 냅니다.

　오늘 저희 교회에서는 예배 후에 점심으로 옥수수, 감자, **빵**을 먹었습니다. 옥수수와 감자를 텃밭에서 거두어온 교우의 말을 들어보니 옥수수 한 알에 옥수수 한 대가 올라오고, 그 한 대에 두 자루가 열린답니다. 제가 세어보지는 않았지만 눈짐작으로 옥수수 한 대에 삼백이나 사백 알은 충분해 보였습니다. 이런 계산이라면 옥수수 농사는 칠백 배의 결실을 얻습니다. 감자도 최소한 이십배의 결실을 얻는 것 같습니다. 물고기들도 역시 생산력이 대단합니다. 조기, 꽁치, 갈치 같은 물고기들은 한 번에 수천, 수만 개의 알을 낳습니다. 대단한 생산력입니다. 그렇다면 지구에는 늘 오병이어 사건이 일어나는 셈입니다. 굳이 복음서가 보도하고 있는 초자연적 현상이 아니라 하더라도 지구의 자연적 힘이 그런 사건을 일으킵니다. 더 정확하게 말하면 지구의 생명 현상은 모두가 기적입니다. 우리 눈에 자연적인 것처럼 보이지만 실제로는 자연적인 게 아닙니다. 이런 점에서 자연과 초자연의 경계선은 없다고 보는 게 옳습니다. 지구가 이렇게 놀라운 생산력을 갖고 있는데도 오늘 많은 사람들이 여전히 굶주리는 이유는 무엇일까요? 신학적이고 성서적인 관점에서 한 말씀 드린다면, 우리가 창조자 하나님을 인정하지 않고 인간 스스로 창조자 행세를, 주인 행세를 하기 때문이 아닐는지요.

　오병이어 사건이 벌어졌을 때 모인 사람의 숫자가 오천 명이라고 하는데, 그들이 갖고 있는 먹을거리가 겨우 떡 다섯 개와 물고기 두 마리뿐이었다는 게 이상해 보입니다. 여행을 다닐 때 대개는 자기 먹을 걸 갖고 다니기 마련입니다. 깜빡 잊고 나온 사람들이 개중에 있다고 하더라도 웬만한 사람들은 거의 챙겨 나왔을 텐데, 단지 오병이어뿐이라니요. 상황이 좀 심합니다. 여기에는 성서기자가 보도하지 않은 어떤 사연이 숨어 있을 겁니다. 이런 사연은 앞으로 여러 번에 나누어 다루어질 테니까 접어두고, 본문의 사태만 짚겠습니다.

아무리 사람들이 많아도 꼭 필요한 때에 필요한 일을 하는 사람은 그렇게 많지 않습니다. 하나님 나라 운동에서도 이런 원리는 그대로 적용되는 게 아닐는지요. 거기 모였던 오천 명은 그 순간에 무엇이 절실히 필요했는지 몰랐으며, 그리고 앞으로 무슨 일이 일어날 것인지 전혀 예측하지 못했습니다. 그럴 수밖에 없었겠지요. 역사는 그렇게 흘러갑니다. 오늘도 비슷합니다. 물질에 대한 욕심이 심하기 때문이기도 하겠지만 더 근본적으로 오병이어의 영적인 의미를 잘 모르기 때문이 아닌가 싶습니다. 도대체 우리에게 오병이어는 무엇일까요? 하찮은 것에 불과하지만 어느 계기에 소중하게 사용될 수 있는 것이 무엇일까요? 그것은 제삼자가 지적해 줄 수 없습니다. 우리의 모든 것들은 오병이어의 가능성이 있습니다. 그것이 적재적소에 자리하기만 하면 그것은 놀라운 힘을 얻습니다. 기독교 신앙은 바로 이것이 아닐는지요. 오병이어를 적재적소에 내놓을 줄 아는 통찰력 말입니다. 이왕이면 우리의 삶 전체가 바로 이런 오병이어가 되었으면 좋겠군요. 그 자리를 볼 수 있는 영적 눈을 허락해 달라고 기도를 드려야겠습니다.

지금 제자들이 손에 들고 온 오병이어가 어디서 온 것인지 생각해 보시지요. 그곳에 온 어떤 사람에게서 제자들이 건네받았을 겁니다. 이 사람은 그 전날 밤 잠들기 전에 아내에게 이렇게 말했을지 모릅니다. "내가 내일 예수님 말씀을 들으러 갈 텐데, 아무래도 먹을 게 좀 필요하니, 준비해 주시오." 이 아내는 남편을 위해서 오병이어를 준비했습니다. 기분 좋게 준비했을까요, 아니면 짜증을 부렸을까요? 상상력을 발휘해서 이 이야기를 좀 더 재미있게 풀어갈 수 있습니다. 남편에게서 먹을 걸 준비해 달라는 부탁을 받은 이 아내는 여러모로 고민에 싸였을지도 모릅니다. 평소에도 초근목피로 겨우 연명하는 형편인데 어떻게 먹을 걸 준비한단 말입니까? 남편이 지금 돈벌이를 하러 가는 것도 아니었으니, 먹을 걸 준비하는 일은 아내에게 큰 부담이 되는 일이었을 겁니다. 그래도 남편이 모처럼 부탁하는 것이니 그냥 버티고 있을 수만은 없겠지요. 평소에 형 아우 하면서 지내는 이웃집 여자에게 부탁해서 오병이어를 빌려왔습니다. "여보, 예수라는 분이 누군지 모르지만 당신이 그렇게 간절히 원하니, 어쩌겠어요. 다녀오시구려. 여기 떡 다섯 개와 물고기 두 마리를 준비했어요."

오늘 제자들의 손을 통해서 예수님 앞에까지 놓이게 된 오병이어는 여러 사람의 손길을 거쳐 왔습니다. 아내와 이웃집 아낙네의 손길, 조금 더 나가면 빵장수와 생선장수에게까지 가야겠지요. 사람의 세상살이는 이렇게 그물망처럼 연결되어 있습니다. 어느 누구도 혼자 살아갈 수 없고, 그 어떤 일도 독단적으로 일어나는 것은 없습니다. 현재 우리 눈앞에 나타난 어떤 사물이나 사건 주변에는 우리가 도저히 따라갈 수 없는 어떤 사람과 사연이 숨어 있습니다. 그런 것들을 감안하지 않는다면 우리는 이 세상을 표면적으로만 경험하면서 사는 것에 불과하겠지요.

오병이어는 겉으로 드러나지 않은 많은 사람들의 손을 거쳐서 지금 광야에서 하나님 나라를 가르치고 계신 예수님 앞에까지 왔습니다. 이런 사건에는 사람들의 손만 중요한 게 아닙니다. 그 이전에 훨씬 본질적으로 중요한 것들이 개입됩니다. 간단히 생각해도 이건 분명합니다. 떡(빵)은 밀가루로 만듭니다. 밀가루는 밀을 빻아서 만듭니다. 그 밀은 밀밭에서 자라지요. 한 알의 밀이 땅에 떨어져서 싹이 나고 결실을 거둘 때까지 어떤 힘들이 거기에 작용했을까요? 땅은 그런 모든 생명 사건의 토대입니다. 밀은 땅에 뿌리를 내리고 자랐습니다. 그 땅은 적당한 수분과 적당한 세균을 포함하고 있습니다. 소량이지만 질소를 포함한 필요한 만큼의 공기도 들어가 있겠지요. 그들은 땅속에서 오케스트라처럼 생명의 노래를 연주합니다. 땅속은 우리 눈에 보이지 않지만, 그래서 죽은 듯이 보이지만 놀라울 정도로 힘차게 생명운동을 합니다.

땅 위는 두말할 것도 없습니다. 땅속에서 밀 싹이 고개를 내밀었을 때 처음 반겨준 것들은 밤 안개였을까요, 아침 이슬이었을까요? 또는 애벌레나 나비였을까요? 새였을까요? 그 싹은 땅위로 고개를 내밀면서 전혀 새로운 세계와 만납니다. 그것이 얼마나 황홀한 일이었을는지 상상해 보십시오. 우리가 부활할 때에 그와 비슷한 경험을 할 수 있겠지요. 땅속에서는 햇볕을 간접적으로만 경험할 수 있었지만 이제는 직접 경험합니다. 편지로만 사랑을 나누던 연인들이 직접 만나는 경우와 비슷하겠군요. 바람과 비를 맞습니다. 탄소를 호흡합니다. 이런 과정에서 밀은 자기 몸속에서 이상한 일들이 일어나는 걸 느낍니다. 탄소동화작용! 그런 생명작용들이 진행되면서 밀은 풍부한 결실을 맺었습니다. 오병이어의 오병에는 이런 사연이 숨어 있습니다. 사람의 한 인생에 못지않은 놀라운 우주의 생명사건입니다. 오병만이 아니라 이어도 역시 똑같은 무게가 있습니다. 그 생선이 소금절이인지, 튀김요리인지, 단순히 말림인지는 확인할 길이 없습니다만 그놈들이 얼마 전까지만 해도 갈릴리 호수에서 퍼덕거리면서 놀고 있었다는 것만은 분명합니다. 운이 없었을까요? 어부의 손에 낚여 이제 오병이어의 한 토막이 되고 말았습니다.

동화작가라고 한다면 이 두 마리 물고기를 주인공으로 한 편의 아름다운 동화를 쓸 수 있을 겁니다. 쉽게 생각해서 이 물고기를 이스라엘 잉어라고 합시다. 한 마리는 오빠이고, 다른 한 마리는 누이입니다. 이들은 호기심이 많은 남매였습니다. 인간이 쳐놓은 그물을 조심해야 한다는 어머니와 아버지의 말씀을 귀에 못이 박히도록 들었지만 먹을 게 많은 호숫가로 놀러가고 싶어 하는 그들의 호기심을 막지는 못했습니다. 어느 날 이들 남매는 베드로의 그물에 잡히는 신세가 되고 말았습니다. 소금에 절여져 얼마간 지내다가 어느 사람의 손에 팔려 이제 예수님이 하나님 나라를 가르치는 이 광야에서 먹을거리로 제공되었습니다.

위 동화는 단순히 허구만은 아닙니다. 허구와 현실의 차이는 우리 생각만큼 크지 않습니다. 무슨 말인가요? 이 세상은 아무리 생각해도 이상하고 신비롭습니다. 어떤 때는 원인과 결과가 깊은 연관성이 있어

보이기도 하지만, 어떤 때는 전혀 그렇지 않아 보입니다. 왜 그럴까요? 우리 앞에 드러나는 현상들이 우리가 그 무엇으로도 예측하거나 계량할 수 없는 존재의 심층에 근거한다는 의미이겠지요. 지금 예수님 일행 앞에 드러나 있는 물고기 두 마리와 얽혀 있는 그 사연을 누가 무슨 재주로 다 풀어낼 수 있단 말인가요. 아무도 그 존재의 깊이에 도달할 수 없습니다. 그곳이 바로 하나님의 거처라 할 수 있겠지요.

오병이어를 확인하신 예수님은 거기 모인 사람들을 떼 지어 앉게 하라고 제자들에게 말씀하셨습니다. 무언가를 편안히 먹으려면 당연히 자리에 앉아야겠지요. 그뿐만 아니라 많은 사람들이 모였기 때문에 그런 질서도 필요했을 겁니다. 그 장면을 상상해 보십시오. 넓은 광야에 수천 명의 사람들이 떼 지어 앉았고, 예수님은 그 중간에 자리했겠지요. 저녁노을이 서쪽 하늘을 붉게 물들이고 있습니다. 부드러운 바람도 불었을지 모릅니다. 한 폭의 그림처럼 아름다운 장면입니다.

우리가 뒤에서 살펴보겠지만, 오병이어는 기본적으로 성만찬을 암시합니다. 성만찬은 기독교 예배의 중심에 자리하고 있습니다. 그렇다면 이 오병이어는 일종의 광야예배라고 할 수 있습니다. 상상력을 넓혀 본다면 오병이어는 예루살렘 성전의 제사와 대립하는 새로운 예배의 출현입니다. 성전제사와 광야예배의 대결! 이것을 성서기자가 말하려고 했는지는 잘 모르겠습니다만, 오늘 우리가 그렇게 해석한다고 해서 크게 잘못된 것은 아닙니다. 성서는 성서기자가 미처 알아채지 못하는 차원까지 은폐의 방식으로 담지하고 있는 하나님의 계시라는 점에서 새로운 해석은 항상 가능합니다.

여기서 사람들이 떼를 지어 풀밭에 앉았다는 것은 예배의 질서를 가리킨다고 볼 수 있겠지요. 그렇습니다. 예배의 주체인 성령은 자유와 질서의 영이십니다. 우리의 예배는 자유와 질서를 동시에 유지해야 합니다. 한 부분은 자유의 영이, 또 한 부분은 질서의 영이 지배한다는 뜻이 아닙니다. 자유와 질서는 동시적입니다. 예컨대 찬송과 기도는 그

것의 고유한 형식이 있으면서 그 안에서 우리는 영적인 자유를 경험합
니다. 오늘 우리의 예배에 자유와 질서가 온전히 작동되고 있는지 돌
아봐야겠군요.

　예수님은 오병이어를 손에 들고 하늘을 우러러 축사하셨습니다.
그 내용이 무엇인지 성서기자가 별 말이 없군요. 요즘 우리가 밥 먹을
때 드리는 기도와 비슷한 것이었을까요? 예수님이 유대인들의 식사관
습을 그대로 따랐다는 사실을 전제한다면 그는 분명히 이렇게 기도를
드렸을 것입니다. "세상의 왕, 우리 하느님 여호와여, 찬미 받으소서!"
그리고 이어서 떡에 대해서 구체적으로 이렇게 기도했을 것입니다. "당
신께서 떡을 땅에서 생겨나게 하셨나이다." 이 세상에 먹을거리 앞에서
드리는 기도보다 더 진실한 기도는 없습니다. 아이가 세상에 나온 뒤에
제일 처음으로 하는 행위는 숨 쉬기입니다. 태중에서 숨 쉬지 않고 지내
던 습관을 포기해야만 이 세상에서 살아갈 수 있는 거지요. 숨쉬기 다음
으로 중요한 일은 엄마 젖을 빠는 것입니다. 엄마 젖이 없는 아이는 젖
동냥을 하든지 아니면 소젖을 대신 먹어야겠지요. 어떤 방식이든지 먹
을거리는 사람에게 그 무엇과도 비교할 수 없이 중요한 삶의 조건입니
다. 그런 것이 거룩한 것입니다.

　몇백만 년 전의 유인원들을 생각해 보세요. 그들은 늘 먹을거리가
부족했습니다. 그들의 삶은 잠자는 시간만 빼놓는다면 먹을거리를 장
만하는 일에 바쳐졌습니다. 야생에서 살아가는 동물들의 운명과 비슷
했습니다. 우리가 그런 운명을 벗어난 지 그렇게 오래되지 않았습니다
만 지구촌에는 여전히 생존 자체가 위태로운 이들이 많긴 합니다.

　예수님은 오병이어를 들고 하늘을 우러러보셨습니다. 하늘을 우
러렀다는 건 하나님을 향했다는 뜻입니다. 성서시대 사람들은 하나님
이 하늘에 계시다고 생각했으니까요. 그들은 하늘을 비밀 가득한 신비
로운 세계로 생각할 수밖에 없었습니다. 그 신비로운 공간에 하나님
이 계신다고 생각한다는 건 당연합니다. 그게 어리석은 생각은 아닙니

다. 그런 비밀스러운 공간을 잃어버린 현대인들이 더 어리석은 게 아닐는지요.

　제 서재에서 밖을 내다보면 반은 땅이고 반은 하늘입니다. 땅은 숲, 밭, 논, 마을, 산으로 구성되었습니다. 하늘은 때에 따라서 늘 변합니다. 여러 종류의 구름이 보이기도 하고, 쪽빛 하늘로도 보이고, 별이 총총한 모습으로도 보입니다. 지금은 어느 정도 우주물리학에 관한 정보가 알려져서 하늘의 정체를 대략적으로 알 수 있지만 고대에는 형편이 전혀 그렇지 못했습니다. 그들에게 하늘은 그 어떤 접근도 허락하지 않았습니다. 천둥과 번개, 비, 유성, 구름은 절대 신비 그 자체였습니다.

　하늘에 하나님이 계시다는 고대인들의 표상을 무지몽매하다고 생각해서는 곤란합니다. 여기에는 두 가지 이유가 있습니다. 한 가지는 하늘에 관한 성서의 표상은 하늘 자체가 아니라 하나님에게 집중된다는 사실입니다. 그들은 그들이 알고 있는 정보의 한계 내에서 하나님을 만나고 있을 뿐입니다. 다른 한 가지는 오늘 우리의 우주론적 정보도 궁극적으로 본다면 고대인들보다 크게 나을 것이 없다는 사실입니다. 우리의 지식은 늘 상대적입니다. 고대인들에 비해서 우리의 지식이 조금 더 많은 것 같지만, 우리의 후손들에 비해서는 아주 부족합니다. 이런 지식의 많고 적음이라는 양적인 차이를 하나님 인식의 기준으로 삼을 수 없습니다. 따라서 오늘 우리도 역시 하늘을 우러러 감사 기도하며 살아야 합니다.

　하늘을 우러러 본다는 말은 표면적으로 하나님이 계신 곳에 마음을 둔다는 것이지만 내면적으로는 생명의 궁극적 신비에 마음을 둔다는 것입니다. 그렇습니다. 오병이어는 단순히 먹을거리 이상입니다. 그것은 생명의 신비를 가리킵니다. 생명의 신비가 무엇일까요? 우리는 어느 순간에 그런 신비를 느낄까요? 그런 신비 경험이 없어도 기독교 신앙이 가능할까요? 이 문제는 깊은 사유를 통해서만 알 수 있는 게 아닙니다. 상식적으로만 생각해도 얼마든지 그런 신비를 경험할 수 있습니다.

우리는 무언가를 먹어야만 생명을 유지할 수 있습니다. 그 이유가 무엇인지 생각해 보세요. 우리는 왜 먹지 않으면 생명을 유지할 수 없을까요? 이것의 생리적인 이유를 모르는 사람은 없습니다. 먹을거리가 위와 소장, 대장을 거치면서 우리가 살아가는 데 필요한 영양분으로 제공됩니다. 지구에 존재하는 모든 생명체들은 이렇게 무언가를 섭취하지 않으면 존재할 수 없습니다. 곰팡이류도 역시 그런 메커니즘에서 벗어나지 않습니다. 보기에 따라서 다른 방식이겠지만 식물들도 역시 생명을 유지하기 위해서 밖으로부터 무언가를 섭취해야만 합니다. 왜 이래야만 할까요? 바울에 따르면 하나님 나라는 먹고 마시는 것이 아니라 성령 안에서의 의와 평강과 희락(롬 14:17)입니다.

예수님의 말씀에 따르면 부활의 세계에서는 장가가고 시집가는 방식이 아니라 천사처럼 지낸다고(마 22:30) 했습니다. 그렇다면 궁극적인 생명의 세계에서는 오늘과 전혀 다른 생명이 작동된다고 보아야 합니다. 현재의 이런 생명 시스템을 절대화하지 말아야 합니다. 그럴 때 지금 이런 생명이 얼마나 소중한지 알게 됩니다. 지금 우리가 무엇을 먹으면서 생명을 유지한다는 사실이 얼마나 경이로운 사건인지 알게 됩니다. 이런 걸 느끼는 사람은 먹을거리 앞에서 하늘을 우러를 수밖에 없습니다. 무엇을 먹는다는 사실 자체가 신비롭기 때문입니다.

하늘을 우러러 축사했다는 말은 하나님께 감사의 기도를 드렸다는 뜻입니다. 오병이어는 현재의 생명과 미래의 생명을 통전하는 하나님의 행위이니, 우리가 어찌 감사하지 않을 수 있겠습니까? 여기서 오병이어가 바로 하나님의 행위라는 말은 오병이어가 바로 우주론적 사건이라는 의미입니다. 그렇습니다. 우리에게 사소해 보이는 나락 한 알도 역시 하나님의 창조와 구원행위라는 점에서 우주적 사건입니다. 이걸 뼈저리게 느끼는 사람은 하늘을 우러러 감사 기도를 드리지 않을 수 없습니다.

오늘 우리의 삶에서 세계 전체와 우주의 차원이 자꾸 축소됩니다. 당장 먹고사는 게 급하기에 현실과 동떨어진 우주에 관해서 신경을 쓸 여유가 없다는 것입니다. 이런 생각은 큰 착각입니다. 우리 발 앞에 놓인 이 모든 현실들은 기본적으로 우주론적인 사건입니다. 지구 자체가 바로 우주에서 생성된 것입니다. 지구 안에서 살아가는 모든 사물들은 곧 우주로부터 온 것입니다. 별이 어떻게 생성되는지를 생각하면 답이 나옵니다. 사람도 그 질료를 우주에서 취합니다. 다시 말하거니와 오병이어를 포함해서 우리의 모든 삶은 기본적으로 우주론적 사건입니다. 그런 시각이 너무 멀게 느껴진다면 오병이어가 어디서 왔는지, 그것을 먹는 우리가 어디서 왔는지 생각해 보십시오. 흙입니다. 그것은 우리의 질료입니다. 그것이 형상을 입어서 현재 여러 모습을 지닙니다. 이런 것들은 또다시 질료로 돌아갑니다. 그 질료, 그 흙은 보편적입니다. 예쁜 사람이나 못난 사람이나 죽으면 똑같은 흙이 될 뿐입니다. 예쁜 흙이 있고 못난 흙이 있는 게 아닙니다. 오병이어와 그것을 먹고 사는 우리가 우주론적 사건이라면 오병이어를 손에 들고 하늘을 우러러 감사하지 않을 수 없겠지요.

예수님은 오병이어를 들고 하늘을 우러러 감사의 기도를 드렸습니다. 가장 평범한 일상에 속하는 오병이어를 든 이가 하늘을 우러러 감사의 기도를 드리는 순간에 오병이어는 궁극적인 생명의 현실성이 됩니다. 오병이어는 비록 땅에서 나온 것이지만 하늘과 연결되었습니다. 그것은 유한한 사물이지만 무한한 하늘 사건이 되었습니다. 유한과 무한의 연대이며 일치입니다. 가시적인 사물이 불가시적인 능력을 덧입게 되었습니다.

위의 진술들이 너무 관념적이어서 따라가기가 쉽지 않다고 생각할 분들이 있을 겁니다. 기독교 신앙의 언어들은 추상적이고 관념적일 경우가 많습니다. 추상은 구체와 반대 개념이고, 관념은 현실과 반대 개념입니다. 구체와 현실을 실질(reality)로 받아들이는 데 익숙한 우리는 추상과 관념을 현실적이지 않은 것으로 느끼곤 합니다. 사실 기독교가 추상성과 관념성으로 지나치게 기울어질 때가 있었습니다. 세상이 어떻게 돌아가든지 예수 믿고 천당 가면 만족한다는 차원의 신앙이 그것입니다. 민중의 아편이라는 말을 듣기도 했지요. 어떤 학자들은 교부들이 플라톤의 관념주의를 받아들였기 때문에 이런 일이 벌어졌다고 비판하기도 합니다. 플라톤의 이데아 개념은 이 세상의 삶을 무조건 무시하고 관념의 세계로 빠져드는 철학이 아니라, 이 세상의 사물과 사건의 심층을 뚫어보려는 세계관입니다. 이 세상이 어떤 기계적인 원리에 의해서 돌아가는 게 아니라 그것을 뛰어넘는 궁극적인 이데아에 의존한다는 생각이 그것입니다. 그것이 기독교의 하나님 개념과 부합하기 때문에 교부들은 플라톤의 이데아 개념을 받아들였습니다. 다시 말하지만, 그것은 곧 이 세상을 무시하려는 게 아니라 그 심층을 보려는 해석학입니다. 오병이어에 하늘이 담겨 있다는, 즉 오병이어가 하늘로부터 왔다는 해석입니다.

오병이어와 하늘이 맞닿아 있다는 진술이 단순히 관념적 말장난이 아니라 사물과 세계의 심층에 대한 정확한 통찰이라는 사실을 조금 더 구체적으로 이해하기 위해서 물(物)에 대한 하이데거의 설명에 귀를 기울일 필요가 있겠군요. 우선 그의 말을 인용하겠습니다.

> 물은 잔과 걸상, 오솔길과 쟁기 등이다. 그러나 물은 또한 그것의 방식에 따라 나무와 연못이고 냇물과 산이다. 물은 그 때마다 체재하면서 그들의 방식에 따라 물화하면서 왜가리와 노루, 말과 황소이다. 물은 그 때마다 체재하면서 그들의 방식에 따라 무화(無化)하면서 거울과 혁대쇠, 책과 그림, 왕관과 십자가이다.

예수님 손에 들린 빵은 바로 직전에 밀로 존재했습니다. 그리고 그 이전에는 아무런 형태도 갖추지 못했습니다. 아니 하나의 밀알 안에 무엇인가가 숨어 있었습니다. 아직 세상에 모습을 드러내지 않은 채 은폐되어 있었습니다. 그것이 어느 날 땅, 하늘, 비, 탄소 등등의 결합으로 분명한 형태를 이루고 세상에 나타났습니다. 이 빵은 곧 사람들의 위 안으로 들어가서 어떤 부분은 인간의 생명을 유지시키는 영양소로 바뀌고 어떤 부분은 다시 배설될 것입니다. 그것들은 또다시 어떤 방식으로 물화(物化)하겠지요. 하이데거는 물(物)이란 사중자(Gevierte), 즉 땅, 하늘, 신성한 것들, 사멸할 자들의 회집이라고 규정했습니다. 그에게서 세계는 이 사중자가 겹침으로 발생하는 거울놀이입니다. 거울에 이런 모습으로 비칠 때도 있고, 저런 모습으로 비칠 때도 있습니다. 오해는 마세요. 하나님의 창조인 세상이 무의미하다는 게 아닙니다. 오히려 그 반대입니다. 오병이어는 땅, 하늘, 신성한 것들, 사멸할 자가 어우러져서 이뤄내는 거룩한 창조사건입니다.

물(物)에 대한 하이데거의 설명에서 저는 물의 영성을 느낍니다. 하이데거의 존재 개념이 하나님을 말하는 게 아니라고 하지만 하나님 개념과 아주 가깝습니다. 저는 그에게서 주로 존재, 사유, 언어, 세계를 깊이 생각할 수 있는 길을 배웠습니다. 이런 점에서 신학자들만이 아니라 철학자들도 좋은 선생님들입니다. 그들을 통해서 하나님이 창조한 세상을 더 정확하게 알 수 있으니 선생님들이시지요. 자연과학자들도 역시 똑같습니다. 그들은 하나님이 창조한 세계를 정확하게 설명하는 좋은 선생님들입니다. 물이 사중자의 회집이라는 하이데거의 설명을 셰익스피어 방식으로 바꿔 말한다면 사물은 요정들의 놀이터입니다. 철학자와 작가들의 눈에 모든 사물들은 살아 있습니다. 사물들은 오히려 거룩한 능력이고 거룩한 장소입니다. 빵은 땅, 하늘, 신성한 것, 사멸할 것의 모임입니다. 빵이 영적인 현실로 올라섰습니다.

여기서 영이라는 말은 존재의 가장 깊은 세계를 가리키는 용어입니다. 그것이 무엇인지 아직 밝혀지지 않았습니다. 성서도 그것을 암시하고 있을 뿐이지 명시적으로 언급하지 않습니다. 기독교 신자들은 이런 맥락을 정확하게 이해해야 합니다. 영, 성령, 하나님, 창조, 종말 등등은 우리의 인식으로 범주화할 수 없는 궁극적인 현실들을 가리키는 것이지 고정된 실체를 가리키는 게 아닙니다. 빵이 영적인 현실로 올라섰다는 말은 사물을 존재의 가장 심층에서 접근한다는 뜻입니다. 빵은 거룩합니다. 빵은 하나님의 몸입니다. 성만찬에서 우리는 빵을 그리스도의 몸으로 받아들입니다. 성만찬의 일상화가 곧 구원이기도 합니다.

성만찬은 예수님이 십자가 처형을 당하기 전날 밤 제자들과 함께 드신 유월절 만찬에 그 역사적 뿌리가 놓여 있습니다. 빵과 포도주를 가리켜 '나의 몸'과 '나의 피'라고 말씀하셨습니다. 예수님은 제자들을 향해서 이후로 이 만찬을 계속 행하라고 말씀하셨습니다. 바울도 이런 성만찬 전승을 그대로 이어받았습니다. 성만찬의 토대인 유월절 만찬은 이집트에서 소수 민족으로 살던 이스라엘 사람들이 모세의 인도로 애굽을 나오기로 한 전날 밤에 가족들끼리 먹은 만찬입니다. 양을 잡아서 피를 문설주에 발랐습니다. 애굽 지역의 모든 가정에 있는 맏아들과 짐승의 맏배를 죽이는 죽음의 천사가 들어오지 않고 지나가게(pass over)하는 표시였습니다. 그들은 누룩을 넣지 않은 빵, 쓴 나물을 먹어야 했습니다. 허리에는 끈을 동여야 했지요. 그날 이스라엘 사람들은 죽음과 삶의 경계선에 다가가는 경험을 했습니다. 그동안 함께 살던 애굽 이웃들의 집에서는 곡소리가 납니다. 그동안 정들었던 고센 땅을 떠나야 합니다. 가나안 땅을 향해서 길을 떠나는 이들에게 무엇이 기다리고 있을지 누가 알겠습니까? 애굽 파라오의 손에서 벗어난다는 것은 자유이기도 하지만 모험이기도 합니다. 이런 위기의 순간에 그들은 함께 만찬을 나누었던 것입니다. 이게 무슨 말인가요? 죽느냐, 사느냐 하는 긴박한 순간에 만찬이라니요. 하기야 초상집에서도 사람은 먹어야 하니, 더 설명이 필요가 없군요. 죽음의 천사가 지나갔다는 뜻의 유월절은 결국 생명의 날이군요. 그렇다면 빵을 먹고 포도주를 마셔야겠지요.

유월절 만찬도 그렇고, 예수님의 마지막 만찬도 그렇고, 오늘 기독교 예배의 성만찬도 역시 거기서는 먹고 마시는 일이 일단 핵심입니다. 가장 절박하고 거룩한 시간과 공간에서 먹고 마시는 일이 행해졌다는 것은 바로 그것이 종교적으로도 가장 본질적인 행위라는 뜻입니다. 곰곰이 생각해 보면 무엇을 먹고 마신다는 것은 엄청난 사건입니다. 빵과 포도주가 우리의 입에서 식도를 통해서 위로 들어갑니다. 음식은 식도로, 공기는 기도로 들어갑니다. 우리가 의식하지 않아도 몸이 자동적으로 그렇게 반응합니다. 위는 위액을 발산하고 압축과 이완 운동을 통해서 음식을 분해합니다. 분해된 음식물은 작은창자와 큰창자를 거치면서 사람의 몸에 흡수됩니다. 마지막 단계는 배설입니다. 단계에서 약간씩 차이가 있긴 하지만 모든 동물들은 이런 방식으로 섭취와 배설을 반복함으로 생명을 유지합니다. 그렇게 살다가 죽은 뒤에는 자기 자신도 다른 것의 먹이가 됩니다.

먹고 마시는 행위의 우주적 차원을 놓치지 말아야겠습니다. 그것은 우주 전체 생명의 순환 안에서 일어나는 사건들입니다. 우주적인 차원이라는 말은 곧 하나님께만 통용되는 거룩하다는 뜻이기도 합니다. 먹고 마시는 일은 우리가 거룩한 하나님과 연결되는 통로입니다. 성만찬은 이것을 종교적 상징으로 표현한 것입니다. 작은 빵을 떼고 한 모금 포도주를 마시면서 우리 기독교인들은 그리스도와 하나 되는 경험을 합니다. 기도와 찬양보다도, 또한 말씀을 듣는 것보다도 성만찬에 참여하는 것이 우리에게 훨씬 깊은 영성을 제공합니다. 성만찬에 참여한 사람들은 이제 일상의 밥을 그리스도의 몸처럼 거룩하게 대해야겠지요. 그렇습니다. 우리는 평생토록 밥을 거룩하게 먹는 연습에 치중해야 합니다.

밥을 거룩하게 먹는다는 게 무슨 뜻일까요? 밥 먹기 전에 습관적으로 기도한다고 해서 그것이 곧 거룩한 밥 먹기라고 할 수는 없습니다. 또는 구약의 이스라엘 사람들처럼 먹을 수 있는 것과 먹지 못하는 것을 구분한다고 해서 그런 문제가 해결되는 것은 아니겠지요. 어떤 기독교인들은 술과 담배를 신앙생활에서 반드시 배척해야 한다고 주장하기도 합니다. 그들은 그런 방식으로 거룩한 삶을 추구하는 것이겠지요.

도대체 거룩한 삶이라는 게 무엇일까요? 초기 기독교는 신자들을 가리켜 성도, 즉 거룩한 무리라고 불렀습니다. 거룩하다는 단어는 헬라어로 '하기오스'인데, 구별되었다는 뜻입니다. 기독교인들이 세상 사람들로부터 구별되었기 때문에 먹을거리도 역시 구별할 필요가 있겠지요. 그러나 예수님의 말씀에 의하면 밖에서 입을 통해 안으로 들어가는 것은 그 어떤 것도 더럽지 않지만 오히려 사람 안에서 밖으로 나오는 것 중에 더러운 것이 많습니다. 여기서 거룩하다는 말은 단지 생활양식을 가리키는 게 아닙니다. 우리가 세상 사람들보다 조금 더 도덕적이고 양심적으로 사는 것을 말하는 게 아닙니다. 그런 것은 예수를 믿는 것과 상관없이 삶에 대해서 성실한 사람들이 마땅히 지켜야 할 가치들입니다. 기독교인의 거룩한 삶은 자기 내부에서 실현된다기보다는 외부에서 주어집니다. 예수 그리스도의 의가 우리에게 전가된다는 뜻입니다. 그렇습니다. 우리의 신앙적 실존은 오직 예수 그리스도에 의해서 결정됩니다. 이런 점에서 밥을 거룩하게 먹는 문제도 역시 예수 그리스도에게서만 그 현실성이 확보됩니다. 우리는 밥 먹기에서 어떻게 예수님과 연결될 수 있을까요?

요한복음에 따르면 예수님은 생명의 밥입니다. "나는 생명의 떡이니 내게 오는 자는 결코 주리지 아니할 터이요. 나를 믿는 자는 영원히 목마르지 아니하리라"(요 6:35). 우리가 예수님을 믿는다고 하더라도 실제로 배고프지 않거나 목마르지 않은 것은 아닙니다. 오히려 예수 믿는 사람들 중에서도 찢어지게 가난하여 일용할 양식이 없는 사람들은 많습니다. 이 말씀이 단순히 문자적인 차원에서 배부른 상태를 말하는 게 아니라는 건 분명합니다.

예수님이 생명의 밥(떡)이라고 할 때 그 생명이 무엇을 가리키는지가 여기서 관건입니다. 초기 기독교인들도 우리와 마찬가지로 이 세상에서 아프고 배고프고 외롭기도 했습니다. 예수님을 믿는다고 그런 문제들이 즉시 해결되는 것은 아닙니다. 그들은 그런 것과 전혀 차원이 다른 생명을 예수님에게서 경험했습니다. 그 핵심은 부활입니다. 죽은 사람들 가운데서 다시 살아나신 예수님이야말로 영원하고 참된 생명의 토대였습니다. 이 말은 곧 이 세상에서 주어지는 생명은 영원한 게 아니라는 말씀입니다. 늘 배부르게 먹어도 사람은 곧 죽습니다. 그 어디에서도 사람은 참된 만족을 얻을 수 없습니다. 물론 마음 수양을 통해서 어느 정도의 평안과 만족을 얻을 수는 있겠지만 그것이 영생 자체는 아닙니다. 계속해서 마약을 취하는 사람의 상태를 올바른 삶이라고 말할 수 없는 것과 같습니다. 초기 기독교인들이 예수님의 부활에서 경험한 영원한 생명이 구체적으로 무엇인지 우리는 지금 자세하게 설명할 수 없습니다. 그 생명은 종말이 와야 실체적으로 드러나기 때문에 그때까지 우리는 잠정적인 생명에 의존해서 살아갈 수밖에 없습니다. 이런 점에서 기독교 신앙은 기다림입니다. 우리가 궁극적인 생명을 생산하는 것이 아니라 선물로 받게 된다는 말씀입니다.

예수님의 부활생명이 우리의 참된 밥이라고 한다면 오늘 우리가 매일 먹는 밥은 아무런 의미가 없다는 말인가요? 그렇지 않습니다. 오늘의 일용할 양식인 이 밥도 역시 하나님이 내려주신 은총이며, 그런 의미에서 생명의 밥입니다. 문제는 우리가 지금 이 실제적인 밥과 부활로 인한 궁극적인 생명과의 관계를 정확하게 알지 못한다는 것입니다. 그게 우리가 짊어져야 할 인식의 한계이며, 동시에 우리가 풀어야 할 신앙적 숙제이기도 합니다. 현재 우리가 선택할 수 있는 최선의 대안은 밥을 부활생명의 현실성으로 받아들이는 것입니다. 그것이 곧 밥을 거룩하게 먹는 연습이라고 할 수 있습니다. 한 사발의 밥에서 생명의 신비와 거룩성을 경험해야겠지요. 그것은 곧 밥과 온전한 일치입니다. 밥이 내가 되고, 내가 밥이 되는 신비를 경험하는 것입니다. 과연 이게 가능할까요? 일반적으로 우리는 밥을 단순히 생명을 유지하기 위한 수단으로 생각하기 때문에 이런 일치를 경험하기가 쉽지 않습니다. 그러나 조금만 생각을 열면 안 될 것도 없습니다.

언젠가 교회 가까이 있는 분식집에서 혼자 저녁을 먹을 기회가 있었습니다. 뭘 먹을까 생각하다가 감자수제비를 시켰습니다. 10분쯤 기다리니까 위가 넓고 밑이 좁은 큰 국그릇에 구수한 감자수제비가 나왔습니다. 수제비 조각이 제일 많이 들어 있고, 얇게 썬 감자, 파, 양파, 풀어진 달걀도 눈에 들어왔습니다. 몇 조각 소고기도 보이네요. 국물이 정말 시원했습니다. 저는 그 안에 든 먹을거리를 하나하나 꼭꼭 씹어서 먹었습니다. 그 순간에 저는 감자수제비와 하나가 된 듯한 느낌이 들었습니다. 황홀한 경험입니다.

예수님은 빵을 떼어 제자들에게 주시면서 사람들에게 나누어 주게 하셨다고 합니다. 이어서 물고기 두 마리도 그렇게 하셨습니다. 여기 빵이 다섯 개가 있습니다. 그 빵을 통째로 주었는지 아니면 한 개를 이등분이나 삼등분했는지 본문은 자세하게 설명하지 않습니다. 그것을 받아든 제자들이 사람들에게 나누어줄 때 다시 잘게 쪼개서 주었는지 아니면 통째로 주었는지도 우리는 모릅니다. 그 빵은 별로 크지 않았을 겁니다. 요한복음 전승에 따르면 이 빵과 물고기는 어린아이가 가져온 것입니다. 공관복음서는 어린아이에 대해서 아무런 언급이 없습니다. 요한복음 기자가 그런 전승을 어디서 얻었는지, 궁금하군요. 어쨌든지 요한복음이 어린아이를 여기서 등장시킨 이유는 오병이어가 큰 먹을거리가 못 된다는 사실을 암시하려는 것인지 모르겠군요. 어린아이의 한 끼, 또는 두 끼 먹을거리에 불과하다고 말입니다. 그 어린아이가 아버지 심부름으로 빵을 제자들에게 가져왔다고 하더라도 오병이어는 한 식구의 한 끼 먹을거리에 불과합니다. 그렇다면 빵 한 개는 아무리 커봐야 왕만두 하나 크기에 불과하겠지요. 도대체 지금 그 자리에서 무슨 일이 일어나고 있는 걸까요?

성서기자는 지금 어떤 역사적 사건을 사실적으로 보도하는 게 아닙니다. 예수님에게 일어난 무언가 엄청난 사건들을 기억과 전승에 의지해서 보도하고 있을 뿐만 아니라 자신들의 신학적 관점으로 해석하고 있습니다. 보도와 해석이 성서의 두 기둥입니다. 성서는 한편으로 보도이면서, 다른 한편으로 해석입니다. 보도는 사실(fact)의 관점이 강한 반면에, 해석은 사건(event)의 관점이 강합니다. 이 두 관점이 명백하게 구분되지는 않습니다. 서로가 긴밀히 연관됩니다. 이런 점에서 오병이어 이야기도 역시 사실이면서 동시에 사건입니다.

예수님이 빵을 '떼어' 제자들에게 주었다는 표현은 곧 오병이어를 성만찬의 관점에서 접근한 성서기자의 해석이라 할 수 있습니다. 오병이어가 시간이 지나면서 많은 이들을 통해서 전승되고, 그 과정에서 해석되면서 이제 새로운 사건으로 승화되었습니다. "그들이 먹을 때에 예수께서 떡을 가지사 축복하시고 떼어 제자들에게 주시며 이르시되 받으라, 이것은 내 몸이니라"(막 14:22). 오병이어와 성만찬이 떼어 준다는 단어를 통해서 새로운 차원으로 일치를 이룬 것입니다. 예수님이 빵을 떼어주듯이 우리에게 자신을 내어주셨다는 말을 우리는 수도 없이 들었지만 별로 실감하지 못합니다. 예수님이 나의 죄를 대신 지기 위해서 십자가에 달려 돌아가셨구나, 하는 정도로 생각합니다. 그것은 틀린 말은 아니지만 그것으로 기독교 신앙이 충분하게 해명된 것은 아닙니다. 예수가 자신의 몸을 떼어 주셨다는 말은 훨씬 근원적인 어떤 사태와 연결되어 있습니다.

그것은 성육신입니다. 말씀이 육신이 되었습니다. 보이지 않는 하나님이 보이는 하나님이 되셨습니다. 예수님은 곧 보이는 하나님입니다. 그는 우리와 똑같은 몸을 지니신 하나님입니다. 여기에 기독교 신앙의 긴장이 있습니다. 몸은 유한합니다. 하나님은 무한하신 존재입니다. 무한한 하나님이 유한한 몸을 지녔다는 말은 모순입니다. 기독교는 이 모순에서 시작되었습니다. 바르트 식으로 말해서 '불가능한 가능성'이 예수님에게서 일어난 것입니다. 예수에게서 하나님과 인간의 경계가 지양(止揚, Aufhebung)되었습니다. 이런 점에서 예수만이 참된 신이며, 참된 인간입니다. 그는 참된 오병이어입니다.

그 유명한 요한복음 1장 14절 말씀은 다음과 같습니다. "말씀이 육신이 되어 우리 가운데 거하시매 우리가 그의 영광을 보니 아버지의 독생자의 영광이요, 은혜와 진리가 충만하더라." 여기서 말씀은 언어, 이성을 뜻하는 헬라어 로고스의 번역입니다. 헬라의 철학적 용어가 요한복음에서 기독론적인 의미로 받아들여진 것입니다. 초기 기독교 시대에 헬라철학은 플로티노스가 대표적으로 활동한 신(新)플라토니즘으로 꽃을 피웠습니다. 이 사상의 중심에는 이원론이 자리하고 있습니다. 영과 육은 본질적으로 다르다는 관점입니다. 영은 거룩한 반면에 육은 추합니다. 영은 영원하고 육은 유한합니다. 인간의 영도 역시 영원합니다. 영원한 생명의 본질인 이데아로부터 온 인간의 영은 창조되지 않았다고 보았습니다. 이와 달리 기독교 신앙은 인간의 영도 역시 피조된 것이라고 봅니다.

헬라철학과 신학의 관계를 조금만 더 설명하겠습니다. 초기 기독교 교부들은 헬라철학, 특히 플라톤과 아리스토텔레스 철학과의 대화에 충실하면서도 구약성서의 전통을 포기하지 않았습니다. 가장 대표적인 것이 성육신입니다. 아우구스티누스는 플라톤 철학이 성육신을 제외하고는 대부분 기독교 신앙과 비슷하다고 말했습니다. 성육신 신앙은 플라톤 철학과 기독교 신앙을 구별하는 대표적인 신학개념입니다. 보이지 않고 영원한 하나님이 가시적이고 유한한 인간 몸이 되었다는 이 성육신 개념은 이원론적인 플라톤 철학에서는 용납될 수 없었습니다. 그렇습니다. 기독교 신앙에서 몸은 어느 한 순간에도 간과된 적이 없습니다. 그 몸은 오병이어를 필요로 합니다. 몸을 입으신 예수님은 당신의 몸을 떼어서 우리에게 주었습니다. 그것이 곧 기독교가 말하는 구원의 단초입니다.

요한에 따르면 성육신을 입으신 예수님의 영광은 하나님 아버지의 독생자의 영광입니다. 도대체 이게 무슨 말씀인가요? 예수의 영광이라니요. 예수님은 우리와 똑같은 조건에서 살았습니다. 간혹 예수님에게 특별한 현상이 나타나기는 했지만 그것은 예수님이 초기 기독교 공동체에 의해서 신앙의 대상으로 자리를 잡은 후에 일어난 것이라는 사실을 염두에 두어야 합니다. 그는 우리와 똑같이 먹고 배설하고, 그리고 감기에 걸리고, 외롭고 기뻐했습니다. 그런 그에게 나타난 영광이라는 게 도대체 무엇일까요? 요한복음서는 그 영광을 하나님의 외아들인 예수님에게 나타나는 영광이라고 묘사했습니다. 하나님이 사람처럼 자식을 낳는다는 말씀이 아닙니다. 그것은 일종의 종교적 메타포입니다. 하나님 자체는 아니지만 하나님과 본질이 동일한 분을 가리키기 위한 은유입니다. 외아들의 영광은 곧 하나님의 영광과 똑같다는 뜻입니다. 이런 논리에 따르면 예수님의 영광은 곧 하나님의 영광입니다.

결국 우리는 다시 영광이라는 용어로 돌아왔습니다. 영광은 창조주에게만 해당되는 신학용어입니다. 이사야도 하나님의 영광이 온 땅에 충만하다고 말했습니다(사 6:3). 그 영광을 우리는 구체적으로 묘사할 수 없습니다. 피조물은 창조주에 관해서 영광을 돌릴 뿐이지 그것을 직접적으로 인식할 수는 없습니다. 이렇게는 말할 수 있겠군요. 창조의 능력이 곧 영광이라고 말입니다. 요한복음 1장 3절에 따르면 로고스가 바로 창조의 능력입니다. 예수님의 오병이어는 바로 창조자의 능력을 가리킨다고 볼 수 있습니다. 그는 오병이어를 떼듯이 자기를 떼어서 우리에게 주셨습니다. 창조주만이 우리에게 생명을 줄 수 있습니다.

예수님은 떡을 떼어 제자들에게 주면서 사람들에게 '나누어' 주라고 하셨습니다. 표면적으로만 본다면 아주 간단한 행동입니다. 예수님은 떡을 떼기 위해서 우선 손으로 떡을 잡으셨겠지요. 예수님이 왼손잡이가 아니라면 왼손으로 떡을 잡고 오른손으로 떡을 떼어냈겠지요. 이제 떡은 예수님의 손에서 제자들의 손으로 넘어갔으며, 다시 사람들의 손으로 넘어갑니다. 손을 통한 가장 단순한 행위지만 그것이 결국 굶주림을 해결하며, 더 나아가 하늘로부터의 생명을 사람들에게 전하는 매개입니다.

사람의 손은 하나님의 구원이 이 땅에 실현되는 데 결정적인 도구입니다. 우리는 손으로 이 땅에서 무언가 먹을 것을 마련합니다. 부엌에서 음식을 만드는 사람의 손은 구원 능력입니다. 우리는 손으로 자동차를 만들고 농사를 짓습니다. 외과 의사들의 손을 보십시오. 그들의 손은 사람의 생명을 구합니다. 피아니스트나 바이올리니스트들의 손과 화가들의 손을 보십시오. 펜을 들고 글을 쓰는 시인들의 손을 보십시오. 컴퓨터 자판을 두드리며 설교준비를 하는 목사의 손을 보십시오. 사람의 손은 하나님의 손입니다.

미켈란젤로의 〈천지창조〉 그림에는 하나님이 아담에게 생명을 불어넣는 장면이 있습니다. 흙으로 빚어진 채 아직 영혼을 부여받지 못한 아담과 그에게 혼을 불어넣으려는 하나님이 아래와 위에서 마주보고 있는 장면입니다. 이 그림의 중심은 손입니다. 하나님은 아담의 머리에 안수하시는 방식이 아니라 손을 통해서 생기(生氣)를 불어넣으시는 중입니다. 손으로 작업하는 과학자이며 예술가인 미켈란젤로는 당연히 하나님에 대한 표상을 머리로 느끼기 전에 손으로 느꼈다는 말이 아닐는지요. 그렇습니다. 사람의 손은 바로 하나님의 손입니다. 떡을 떼고 있는 예수님과 제자들의 손을 보십시오.

손은 인간을 인간되게 하는, 그래서 하나님의 뜻을 현실화할 수 있는 가장 중요한 도구라는 것만은 분명합니다. 우리 인간과 가장 가까운 유인원은 호모 사피엔스(생각하는 존재)이며, 그 위로는 호모 에렉투스(직립인)이며, 다시 그 위는 호모 하빌리스(도구인)입니다. 최근에는 호모 에렉투스보다 더 오히려 후대에 살았던 호모 하빌리스의 유골이 발견되어 이런 연대기에서 약간의 혼란이 일어났습니다만 순서야 어떻게 되었든지 인간의 특성을 세 가지로 본다는 것만은 분명합니다. 생각하고, 서서 걷고, 도구를 사용하는 것이 그것입니다. 호모 하빌리스는 손으로 도구를 만들어서 사용했습니다. 다른 동물들과의 경쟁에서 앞서는 결정적인 계기입니다. 손을 자유롭게 사용하려면 당연히 두 발로 걸어야만 했겠지요. 직립이 아니라고 하더라도 손을 사용할 수는 있지만 직립 상태에서 사용하는 것과는 비교될 수 없습니다. 이런 점에서 호모 하빌리스와 호모 에렉투스는 동일한 시대에 살았을 가능성이 높습니다.

오늘 우리도 이런 호모 하빌리스의 유전적 영향을 받고 있습니다. 지금부터 180만 년 전 처음으로 손을 이용해서 도구를 만들어 사용하던 고대 유인원의 피가 우리에게 흐른다는 말이겠지요. 앞으로 우리의 후손도 역시 이렇게 손을 이용하며 살아갈 겁니다. 손에 관한 이야기를 한 번 더 해야겠습니다. 인간의 손은 인간이 다른 동물과 구별되는 가장 결정적인 요인 중의 하나입니다. 현재 인간과 가장 가깝다고 평가되는 침팬지나 고릴라도 손의 힘은 세지만 손 운동에서만큼은 인간을 도저히 따라오지 못합니다. 야구 방망이를 잡는다고 합시다. 인간은 엄지손가락과 나머지 손가락을 서로 나누어 그것을 잡지만 침팬지는 같은 방향으로 잡는다고 합니다. 이건 큰 차이입니다. 사람은 방망이를 정확하게 잡을 수 있지만 침팬지는 그게 안 되는 거지요. 이런 작은 차이가 축적되면서 결국 시간이 갈수록 벌어질 수밖에 없습니다.

요즘 침팬지나 고릴라, 또는 오랑우탄 등과 가깝게 지내면서 연구하는 학자들이 있습니다. 야생에서 그들 영장류들과 친구가 되는 거지요. 제인 구달이 제일 유명한 것 같습니다. 그녀는 밀렵꾼들로부터 그들을 보호하고, 다른 한편으로 그들 영장류를 연구하면서 인간 본질을 해명하기도 합니다. 오랫동안 애정을 쏟다보면 사람과 그들 사이에도 사람 사이 못지않게 신뢰가 싹튼다고 합니다. 사람이 그들의 말을 배우기도 하고, 그들에게 사람의 말을 가르치기도 합니다. 그런데 그들에게 피아노 연주를 가르쳤다는 말은 들어본 적이 없습니다. 아마 그것은 불가능할 겁니다. 음악 경험도 그렇겠지만, 손의 미세한 동작이 불가능하다는 뜻이겠지요. 그들에게 바느질을 가르쳤다는 말도 들어본 적이 없습니다. 그들은 바느질을 할 정도로 손가락 운동에 예민하지 못하다는 말이겠지요. 손은 하나님이 인간을 인간되게 하신 가장 중요한 선물입니다. 오병이어를 떼어내신 예수님의 손처럼 우리의 손도 역시 이런 귀한 일에 사용되어야겠지요. 그 시작은 밥을 서로 나누어 먹는 일로부터 시작되는 건 아닐는지요.

인간의 손이 경쟁력의 원천이라는 사실에 대한 설명이 필요하겠군요. 이는 곧 다른 동물과 달리 인간만이 손을 통해서 자연으로부터 해방을 맛보게 되었다는 뜻입니다. 손의 미세한 운동에서 결정적으로 취약한 동물들은 그 이외의 신체적인 능력이 아무리 뛰어나도 자연의 질서에 머물러 있지만 인간만은 전혀 다른 길을 걸어왔습니다. 그게 다 손의 능력에 근거한다고 해도 과언이 아닙니다. 물론 자연으로부터의 인간 해방에는 한계가 있습니다. 자연에, 세상에 던져진 존재들이라는 점에서 인간의 완전한 해방은 불가능하겠지요. 완전한 해방은 구원이 완결될 때만 가능하겠지요. 그러나 완전히 자연에 속한 동물과 달리 인간에게는 고유한 능력이 주어졌다는 사실을 부정할 수는 없습니다. 사람의 삶에는 동물들에게 없는 삶의 진보가 일어납니다. 예컨대 까치는 백 년 전이나 지금이나 똑같은 방식으로 집을 짓지만 인간은 전혀 다른 방식으로 집을 짓습니다. 동물들은 자연의 힘에 완전히 예속적으로 살아가지만 사람만은, 그 결과가 어찌될 것인지는 차치하고, 거기서 자유하려고 노력하며, 상당한 성과를 거두었습니다. 이게 인간에게만 가능한 문명의 속성입니다. 이런 과정에서 손은 결정적인 역할을 했습니다. 생각할 줄 아는 능력보다 어쩌면 손의 기능이 문명 발전에 더 중요한지도 모르지요.

지난 인류의 역사에서 손은 분명히 우리에게 자연으로부터의 해방을 허락했습니다. 손을 통한 자유의 길이 어디까지 이어질까요? 특단의 사건이 일어나지만 않는다면 종말까지 그런 길을 가겠지요. 유인원들이 돌도끼를 만들어 생존의 발판을 탄탄하게 다져왔듯이 오늘 우리도 역시 그런 도구를 만들어서 자유의 영역을 넓혀가겠지요. 그렇다면 우리 후손들에게는 우주로 나갈 기회가 찾아올까요? 그 손은 정반대로 타락의 원천이기도 합니다. 아담은 선악과를 손으로 따 먹었습니다. 그 이전에 이미 마음과 눈이 그를 움직였겠지만, 그것을 실천하려면 반드시 손을 필요로 합니다. 아담의 손은 자신과 인류 전체를 불행의 길로 끌어들인 셈입니다. 이런 점에서 손은 양날의 검입니다. 한편으로는 해방의 길을 내는 날이, 다른 한편으로 타락의 길을 내는 날이 선 검입니다.

손의 상반되는 두 속성이 우리의 깊은 무의식에 잠재하고 있는 게 아닐지요. 우리가 평소에도 손을 간수하기가 불편하다는 말씀입니다. 예컨대 우리는 대화하면서 손을 어떻게 놓는 게 좋은지 난감할 때가 있습니다. 어떤 분은 말보다 손이 먼저 나갑니다. 어떤 분은 손을 비비기도 하고, 턱을 받치기도 합니다. 상대방을 툭툭 치면서 말하는 사람들도 있더군요. 티브이에 나오는 분들 중에도 손동작이 자연스럽지 못한 분들이 많습니다. 설교할 때도 마찬가지입니다. 어떤 설교자는 손을 너무 많이 흔들기도 하고, 반대로 어떤 이는 밀랍인형처럼 굳어 있기도 합니다. 제 경험에 따르면 설교의 진도가 잘 나가지 않을 때 손에 힘이 들어갑니다. 손은 우리에게 자유도 주었고, 타락도 주었습니다. 우리는 그런 불안을 안고 삽니다. 여기서 말하는 손은 실제적 손만이 아니라 영적인 손이기도 합니다. 우리의 영이 하나님을 향할 수도 있고, 악한 힘을 향할 수도 있습니다. 우리의 영적인 손이 해방의 길을 개척하는 데 사용되었으면 합니다.

오병이어를 떼어내는 예수님의 손은 노동자의 그것처럼 투박하고 단단했겠지요. 아버지 요셉의 직업이 목수였으니 예수님도 출가하기 전까지 그 일을 했을 겁니다. 굳은살이 박이고, 상처도 났고, 힘줄도 확 드러났겠지요. 나무를 직접 손으로 다루는 목수로 평생을 살았으니 그의 손이 오죽했겠습니까? 예수님의 기도하는 모습을 담은 명화를 보면 그의 손이 섬섬옥수처럼 그려져 있습니다. 그의 생김새도 완전히 서

양의 전형적인 미남을 닮았습니다. 수년 전에 영국의 어느 컴퓨터공학자가 예수님의 얼굴을 컴퓨터로 재생해낸 적이 있습니다. 예수님의 모습을 당시의 평범한 유대인 노동자로 복원한 것입니다. 명화로 전해지는 모습과 정반대였습니다. 예수님의 실제 모습을 완전하게 찾아낼 수는 없지만, 위의 두 그림 중에서 비교적 가까운 쪽을 택하라고 한다면 아무래도 후자이겠지요.

오늘 우리는 예수님이 목수였는데도 불구하고 목수의 손을 잊고 살아갑니다. 오늘 우리는 씨를 뿌리고 김을 매고 곡식을 거둬들이는 농부의 손을 잊고 삽니다. 배를 몰고 바다로 나가 그물을 던지고 끌어당기면서 고기를 잡는 어부의 손을 잊고 삽니다. 김치를 담그고 설거지를 하는 살림살이의 손을 잊고 삽니다. 거기서부터 벗어나고 싶어 합니다. 그 손이야말로 오병이어를 떼어서 제자들에게 준 손인데도 말입니다. 대신 컴퓨터 자판을 두드리는 손, 카드를 긁는 손, 돈을 세는 손에만 관심이 있습니다. 정보화 시대, 그 이후, 서비스와 IT 시대에 사는 우리가 농부의 손만을 무조건 미화할 수는 없겠지만 땅과 접촉하면서 살아가야 할 인간은, 아니 그 땅을 질료로 만들어진 인간은 여전히 목수의 손을 기억해야 합니다. 그것을 망각해 가는 속도와 우리가 생명의 토대로부터 소외당하는 속도는 정비례하는 게 아닐는지요.

예수님은 떡을 떼어 먼저 제자들에게 주었습니다. 제자들로 하여금 그 떡을 사람들에게 나눠주게 했습니다. 예수님이 제자들과 함께 일하셨다는 뜻이겠지요. 복음서에 따르면 예수님은 공생애 초기부터 제자들과 함께 행동하셨습니다. 그들과 함께 갈릴리 호수를 거니셨고, 가버나움에서 사람들을 만나셔서 가르치고 병을 고치고 귀신을 쫓아내셨습니다. 예수님의 하나님 나라 운동은 처음부터 끝까지 공동체 운동인 셈입니다. 이런 점에서 오늘도 교회 공동체는 우리에게 매우 중요합니다. 여러 종류의 사람들이 함께 모여서 하나님 나라에 참여하는 그런 공동체가 중요합니다. 어떤 이들은 혼자서 기도하고 말씀을 읽고 영성생활을 하는 것으로 만족하신다고 하는데, 그건 큰 착각입니다. 기독교는 혼자서 도를 닦는 종교가 아니라 신영복 선생님의 책 제목처럼 '더불어 숲'을 이루는 종교라 할 수 있습니다. 공동체를 이룬다는 게 그렇게 만만한 일이 아닙니다. 갈릴리 나사렛 예수 공동체도 마찬가지였습니다. 예수님의 제자들이 사회적으로 모범적인 사람들도 아니고, 늘 예수님의 생각을 잘 이해한 것도 아니었습니다. 예수님의 십자가 처형과 부활사건을 경험한 이후로도 오랫동안 예수님이 누군지 잘 몰랐습니다. 가룟 유다 같은 제자가 나올 정도로 제자 집단이 문제가 많았지만 예수님은 그들과 더불어서 함께 일했습니다. 그렇습니다. 지금도 교회 공동체는 늘 더불어서 일을 나누어야 합니다. 썩 괜찮은 사람들만이 아니라 준비가 덜 된 사람들도 함께 어울려야 합니다. 비록 그들 때문에 교회가 욕먹는 일이 벌어진다 하더라도 함께 가야 합니다. 우리는 모두 예수님이 오병이어를 떼어 주시며 사람들에게 나눠주라 말씀하신 제자들입니다. 우리가 신앙적으로 더불어 숲을 이루어야겠지요.

제자들은 예수님으로부터 떡을 받았습니다. 그 순간에 그들이 무슨 생각을 했을지 우리는 상상하기 어렵습니다. 상식적으로만 본다면 그들은 뭔가 어색한 일이 벌어진다고 생각했겠지요. 그곳에 모여 있는 사람은 남자만 해서 오천 명이나 되었는데, 지금 예수님의 손에 들렸다가 자신들의 손에 넘겨진 것은 떡 다섯 덩이와 물고기 두 마리에 불과합니다. 앞에서 그들은 예수님에게 이백 데나리온으로도 민중의 굶주림을 해결할 수 없다고 말씀드리기까지 했습니다. 제자들은 늘 오병이어와 이백 데나리온, 오병이어와 오천 명 사이에 놓여 있는 사람들입니다. 그게 바로 오늘 제자로 자처하는 우리 기독교인의 실존입니다. 우리에게 주어진 능력은 오병이어에 불과한 반면에, 우리가 살아가야 할 이 세상에서 필요한 것은 수천 배입니다. 이 엄청난 불균형이 우리가 살아가는 삶의 자리입니다. 이런 상황에서 우리는 우리의 능력을 수천 배로 키워야 한다는 유혹을 쉽게 받습니다. 세상의 힘과 맞먹을 수 있는 힘이 필요하다고 말입니다. 돈이 있어야 하나님의 일을 할 수 있다는 논리가 교회를 지배하고 있습니다. 세계에서 제일 큰 교회당이 필요하고, 세계에서 제일 많은 해외 선교사를 보내야 한다고 주장합니다. 이처럼 그럴 듯한 힘에 의존하려는 것이야말로 금단의 열매를 따 먹으려는 유혹입니다. 그런 힘이 주어지면 이제 제자가 유지해야 할 영적인 긴장은 순식간에 무너집니다. 아니 영성 자체가 메마르고 세속적인 힘만 득세합니다. 비록 겉으로 초라해 보여도 우리는 오병이어에 의존해야 합니다. 그 오병이어는 예수님의 손에 들렸던 생명의 에너지입니다. 그것은 온 인류를 살리는 예수 그리스도의 몸입니다. 지금 우리 손에 그게 있나요?

41절이 묘사하는 장면을 다시 머릿속으로 생생하게 그려봅시다. 이미 해가 기울었습니다. 사람들이 백 명씩, 오십 명씩 모여 앉아 있습니다. 사람들을 빨리 집으로 보내든지 아니면 어디서 먹을거리를 구해와야 할 상황에서 예수님은 오병이어를 들고 하늘을 우러러 감사의 기도를 올린 뒤에 제자들에게 떼어주셨습니다. 저는 특히 오병이어 조각을 들고 있는 제자들의 심정을 한 번 더 되짚어보려고 합니다. 왜냐하면 그들이 바로 오늘 저를 비롯한 우리 모든 기독교인들의 모습이기 때문입니다. 앞에서 저는 제자들이 그 상황에서 뭔가 당황해하지 않았을까 하고 생각해보았지만, 반드시 그렇지만은 않았을 거라는 생각도 듭니다. 그들에게는 예수님을 향한 신뢰심이 있었습니다. 그동안 함께 생활한 기간이 얼마나 됩니까? 조금은 시행착오도 있었지만 그들은 기본적으로 예수님에게 모든 걸 의존하며 살아온 사람들이었다는 것만은 분명합니다.

제자들이 당면한 상황은 좋지 않았습니다. 그래도 그들은 예수님에게서 어떤 희망의 빛을 놓치지 않았을 겁니다. 그 빛은 늘 환하게 빛나지는 않습니다. 정확하게 말해서 예수님에게서 나오는 빛은 세상을 밝힐 만큼 환하지만 제자들의 영적인 인식은 그것을 확연하게 받아낼 수는 없었습니다. 그들은 예수님을 희미하게 의식할 뿐입니다. 그들은 자신들 앞에서 구체적으로 무슨 일이 일어날지는 예상할 수 없었습니다. 그러나 예수님을 통해서 이런 절박한 상황이 변화될 수 있을지 모른다는 사실을 어느 정도 기대하고 있었을 겁니다. 오늘 우리의 신앙이 명백하지 않아도 좋습니다. 희미해도 그 빛을 잃지만 않는다면 어느 날엔가 그 빛을 온 영혼으로 직면하게 될 것입니다. 우리는 빛으로 변화될 것입니다.

본문의 제자들처럼 지금 부끄럽기 그지없는 우리의 손에는 오병이어가 있습니다. 두 사실을 우리는 잊지 말아야 합니다. 첫째, 오병이어는 생명입니다. 그것은 그 당시 갈릴리 빈 들에 모였던 사람들의 굶주림을 해결하는 먹을거리이며, 또한 출애굽 이후 미디안 광야에서 유랑하던 이스라엘 사람들을 먹여 살린 만나와 메추라기이며, 인류를 구원하기 위해 골고다 언덕에서 십자가형을 당하신 예수 그리스도의 몸입니다. 오늘 우리에게 세상을 살리는 생명의 현실들이 있는지 진지하게 질문해야 합니다. 겉으로는 그렇게 말하겠지요. 그러나 실제로 그 생명이 무엇인지는 잘 모르기도 하고, 알려고도 하지 않는 것 같습니다. 복음은 말이 아니라 능력입니다. 그 능력은 생명의 힘입니다. 그런 힘을 가진 사람은 공연한 일에 영적 에너지를 소진하지 않습니다. 자기 연민이나 자기 집중에 빠지는 일이 없습니다.

둘째, 우리의 손은 능력이 없습니다. 우리의 손은 순전히 도구일 뿐입니다. 오병이어만이 확 드러나야 하고, 우리 손은 가능한대로 숨겨져야 합니다. 우리의 손에 오병이어가 들린다는 사실 자체가 곧 하나님의 은총이 아니면 이해될 수 없습니다. 우리의 부끄러운 인격에 복음이 담겨 있다는 사실은 은총입니다. 그렇습니다. 거룩한 오병이어가 세속적인 우리의 손에 담겨 있습니다. 성(聖)과 속(俗)이 같은 자리에 있습니다. 성은 속을 통해서 구체화되며, 속은 성을 통해서 거룩해집니다. 그리스도의 제자들은 한편으로 거룩하며 다른 한편으로 속됩니다. 거룩한 세속주의자이기도 하고, 세속적인 성자이기도 합니다. 우리는 죽을 때까지 이런 긴장을 벗어날 수 없습니다. 이 긴장을 모면하기 위해서 한 쪽으로 치우치는 순간에 그는 기독교 영성을 놓칠 겁니다.

오래전에 읽은 모파상의 〈비곗덩어리〉라는 단편 소설이 기억에서 떠나지 않습니다. 독일군이 프랑스를 공격할 때의 이야기입니다. 한 마을에 살고 있는 사람들이 피난을 떠나기 위해 마차를 탔습니다. 수녀, 공장 사장, 교사 등등의 사람들이 좋은 자리에 앉아 있고, 비곗덩어리라는 별명으로 불리는 그 동네의 창녀가 한쪽 구석에 자리했습니다. 일행들은 창녀를 흉보기 시작했습니다. 같은 자리에 앉았다는 것 자체를 아주 불쾌하게 생각하면서 피난여행을 계속했습니다. 그들이 도착한 마을은 이미 독일군에게 점령당한 곳이었습니다. 자신들이 민간인이니 그냥 지나갈 수 있게 해달라고 독일군 장교에게 부탁합니다. 그 장교는 한 여자를 오늘밤 자기에게 보내주면 무사히 통과시켜주겠다고 합니다. 일행은 창녀를 설득합니다. 수녀까지 나서서 독일군 장교와 동침하라고 권유합니다. 독일군 장교에게는 몸을 팔지 않겠다고 고집을 피우던 창녀는 일행의 안전을 위해서 결국 독일군과 동침했습니다. 다음 날 아침 다시 마차에 올라탄 일행은 겨우 몸만 빠져나온 창녀를 향해서 '역시 비곗덩어리는 어쩔 수 없어' 하고 비난합니다. 모파상은 그 당시 기독교 경건주의로 포장된 유럽인들의 도덕성을 고발합니다. 누가 과연 비곗덩어리인가, 하고 말입니다. 이 고발은 오늘 우리에게도 유효합니다. 우리의 거룩성은 종교적 무늬로 보장되지 않습니다. 우리 스스로는 거룩한 구석이 전혀 없습니다. 다만 예수의 거룩성이 전가될 뿐입니다.

류시화 선생이 번역한 바바하리 다스의 《성자가 된 청소부》라는 책이 있습니다. 인도의 히말라야에서 태어난 저자는 일찌감치 득도의 여정에 올라 침묵과 명상을 통해서 깨달음을 얻었다고 합니다. 이 책의 주인공 이름도, 전개되는 줄거리도 모두 잊었고, 결론 부분만 조금 남아 있습니다. 주인공이 여러 곳을 거친 후 고향으로 돌아와 청소부로 살아간다는 이야기입니다. 그는 무심(無心)으로 청소를 합니다. 주변 사람들을 전혀 의식하지 않고 비질을 하고 쓰레기를 처리합니다. 사람들은 그를 성자로 받아들였습니다. 이 책이 말하려는 것은 아주 분명합니다. 일상에 도가 깃들어 있다는 것이겠지요. 도와 일체가 되어 살아가는 삶이 바로 성자의 삶이라는 것이겠지요. 그렇습니다. 가을에 떨어지는 오동잎 한 장에도 삼라만상의 신비가 담겨 있습니다. 그 사건에 중력이 작용하고, 지구의 자전과 공전이, 그리고 태양의 생성이 연결되어 있습니다. 이런 차원에서는 대학 총장이나 그 대학의 청소부나 다를게 하나도 없습니다. 일상의 신비를 모른다면 총장 업무도 천해질 수있으며, 그것을 안다면 청소 업무도 거룩하겠지요. 문제는 우리가 이런것을 단지 이론적으로만 알지 실제의 삶으로는 접근하지 못한다는 것입니다. 삶의 무능력이지요. 일상에 깃든 도를 맛보지 못한 채 상투적으로 살아갈 뿐입니다. 우리 기독교인은 하나님의 아들인 예수로 말미암아 거룩한 사람들로 구분되었습니다. 우리는 거룩한 오병이어를 손에 받아든 사람들이며, 예수의 거룩한 몸을 성찬으로 받아먹은 사람들입니다. 그렇다면 이제 우리는 청소부로 살아간다고 하더라도 크게 서운해할 게 없겠지요. 말로만이 아니라 실제로 우리의 일상 자체가 거룩해졌으면 합니다.

이사야서 6장에는 이사야의 하나님 경험이 서술되어 있습니다. 이사야는 여호와께서 높은 보좌에 앉아 계시고, 그의 옷자락이 성소를 덮고 있는 장면을 보았다고 합니다. 날개가 여섯씩 달린 스랍들이 여호와 하나님을 모시고 훨훨 날아다니면서 이렇게 외쳤다고 합니다. "거룩하다 거룩하다 거룩하다 만군의 여호와여 그의 영광이 온 땅에 충만하도다"(사 6:3). 낱말 뜻으로만 본다면 거룩하다는 '속되다'의 반대말입니다. 속되다는 것은 천하거나 세상적이라는 뜻이 있습니다. 그렇다면 거룩하다는 것은 고귀하고 세상 초월적이라는 뜻으로 새길 수 있겠지요. 그러나 이런 방식으로 스랍들의 '거룩하다!'는 찬양을 모두 따라잡을 수는 없습니다. 앞에서 보았듯이 천한 직업의 창녀와 청소부가 거룩할 수 있다는 말이 옳다면 우리는 '거룩하다!'는 말을 훨씬 심층적으로 생각해야만 합니다.

거룩하다는 말은 오직 하나님에게만 해당됩니다. 왜냐하면 그는 창조주이며, 마지막 심판주이며, 생명의 중심이기 때문입니다. 그 하나님은 우리가 그 어떤 범주 안으로 한정시킬 수 없는 분이십니다. 피조물인 인간이나 역시 피조물인 이 우주는 결코 거룩하다는 말에 합당하지 않습니다. 그분 앞에서 모든 인간은 자신이 죄인이라는 사실을 인정하지 않을 수 없습니다. 이사야도 "나는 입술이 더러운 사람"이라고 고백했습니다. 우리 자신이 거룩하지 않지만 거룩한 옷을 덧입을 수는 있습니다. 그것이 곧 성령의 충만입니다. 거룩한 영에 사로잡힐 때 우리는 거룩하다고 인정받습니다. 우리의 더러운 입술이 불에 타버립니다. 사물에 불과했던 오병이어가 예수님을 통해서 거룩한 오병이어가 되었듯이 말입니다.

모세는 미디안 제사장의 데릴사위로 지내다가 어느 날 호렙 산에서 여호와 하나님을 경험합니다. 떨기나무에 불이 붙었지만 나무가 타지 않는 이상한 현상 앞에 섰습니다. 여호와 하나님은 떨기나무 가운데서 모세를 향해 이렇게 말씀하셨습니다. "이리로 가까이 오지 말라. 네가 선 곳은 거룩한 땅이니 네 발에서 신을 벗으라"(출 3:5). 이사야는 성전에서 스랍들의 찬양을 듣고 자신의 입술이 부정하다는 사실을 깨달았고, 모세는 호렙 산에서 신발을 벗어야만 했습니다. 양쪽 모두 하나님을 거룩한 존재로 경험한 것입니다.

우리는 이렇게 질문할 수밖에 없습니다. 왜 성전만이 거룩한가요? 왜 호렙 산만이 거룩한가요? 왜 하나님은 특정한 공간에서 그들을 만나셨을까요? 고대인들은 특정한 장소를 거룩하게 여겼습니다. 예루살렘 성전을 비롯한 몇몇 성지 전통을 이어온 이스라엘 사람들에게도 이런 인식이 깊습니다. 이슬람교도들은 성지순례를 매우 중요한 신앙적 업무로 생각합니다. 그러나 이 세상이 하나님의 창조물이라고 한다면 모든 장소가 거룩하다고 보아야겠지요. "네가 선 곳은 거룩한 땅이니"라는 말씀은 특정한 지역이라기보다는 하나님 경험을 가리킵니다. 하나님은 거룩한 존재입니다. 그를 경험한 사람은 모두 신을 벗을 수밖에 없습니다.

하나님 경험은 우리의 신을 벗을 수밖에 없는 거룩한 존재에 대한 경험입니다. 예수님의 오병이어는 그런 경험이 가능한, 그런 경험이 일어난 거룩한 먹을거리였습니다. 거기에 하나님의 현실성이 자리했기 때문입니다. 하나님이면 하나님이지 왜 하나님의 현실성이라고 하는가, 하고 생각할 분들이 있을 것 같아서 약간의 보충 설명을 하겠습니다. 주로 현실성(reality)이라는 단어가 확 와 닿지 않겠지요. 'reality'는 독일어 'Wirklichkeit'에 해당됩니다. 이 두 단어가 반드시 일치하지는 않습니다. 독일어에는 영어 리얼리티에 해당하는 'Realität'라는 단어가 따로 있습니다. 반면에 'Wirklichkeit'에 해당되는 영어는 따로 없습니다. 'reality'는 참으로 존재하는 것이라는 뜻이라면 'Wirklichkeit'는 변증법적 의미의 참된 것, 즉 진리를 가리킵니다. 하나님의 현실성을 말할 때 이 독일어를 염두에 두는 게 좋습니다.

하나님은 현실성으로 우리와 만나십니다. 그는 진리로 우리를 만나십니다. 그는 궁극적인 생명으로 우리를 찾아오십니다. 성서는 바로 그 하나님의 현실성을 경험한 사람들의 진술입니다. 그런데 그 하나님의 현실성은 어떤 하나의 형태로 고정되어 있는 게 아니라 이 우주만큼이나 다양합니다. 어떤 사람은 말씀을 읽다가, 어떤 사람은 길을 가다가, 어떤 사람은 예배를 드리다가 하나님의 현실성을 경험합니다. 젊은 시절의 마르틴 루터는 길을 함께 가던 친구가 벼락에 맞아 죽는 순간에 그런 경험을 했습니다. 앞으로 우리의 후손들은 우리와 다른 방식으로 하나님의 현실성을 경험하겠지요. 여기서 중요한 것은 그것이 바로 거룩함에 대한 경험이라는 사실입니다. 자신의 신을 벗을 수밖에 없는 궁극적인 경험, 즉 거룩한 두려움 말입니다.

우리가 하나님의 현실성을 경험한다는 것은 거룩한 존재를 경험한다는 것입니다. 종교학자 루돌프 오토는《거룩함》이라는 책에서 이런 경험을 가리켜 누미노제라고 했습니다. 그것은 곧 거룩한 두려움을 의미합니다. 모세가 호렙 산에서 느낀, 이사야가 성전에서 느낀 경험이 바로 그것입니다. 또는 처녀의 몸으로 남자 아이를 잉태하여 출산하게 될 거라는 천사의 말을 들은 마리아의 두려움이 바로 그것입니다.

〈신의 아그네스〉라는 연극이 있습니다. 아그네스는 영혼이 맑은 수녀입니다. 그녀는 수녀가 닦아야 할 경건생활에만 충실했습니다. 그이외의 것은 아무것도 모릅니다. 그런데 그녀가 어느 날 아기를 낳았습니다. 수녀원에서는 난리가 났습니다. 자칫하면 수녀원의 명성을 잃어버릴지도 모를 사건이었으니까요. 수녀원장은 남자가 누구냐고 추궁합니다. 그러나 아그네스는 아무것도 모릅니다. 그녀는 늘 정한 시간에 기도하고 말씀을 읽었을 뿐입니다. 어느 날 그녀는 환한 빛을 경험합니다. 요즘 말로 성폭행이었지만 그녀는 그것이 무슨 일인지 전혀 몰랐습니다. 수녀원장의 눈에 아그네스는 부정을 저지른 철부지 수녀입니다. 그 작품은 아그네스를 비난하지 않습니다. 오히려 그녀야말로 거룩한 영혼의 수녀였습니다.

우리는 거룩한 삶과 세속적인 삶을 쉽게 단정하면서 살아갑니다. 종교적으로 세련된 바리새인의 삶은 거룩하고, 영악한 세리와 천박한 창녀의 삶은 세속적이라고 단정합니다. 기도는 거룩하고 노동은 세속적이라고 생각합니다. 그런 것들은 삶의 태도일 뿐입니다. 그런 삶의 태도가 참된 종교경험이라 할 누미노제를 경험하게 하는 기준은 못 됩니다. 신앙의 연륜이나 인격으로 가능한 것도 아닙니다.

제자들은 예수님의 말씀에 따라서 떡과 물고기를 사람들에게 나누어 주었습니다. 그런데 이게 웬일인가요? 42절에 따르면 거기 모인 사람들이 모두 배불리 먹었다고 합니다. 남자만 계산해도 오천 명이 넘는다고 하는 그 많은 무리들이, 그래서 제자들이 이들을 먹이려면 이백 데나리온이 필요하다고 말한 그 무리들이 배불리 먹었다는군요. 우리는 지금 이 이야기가 무얼 말하는지 따라잡기가 쉽지 않군요. 바로 앞 대목까지는 그런대로 괜찮았습니다. 끼니때가 되었는데 어떻게 해야 하나요, 하는 제자들의 질문과 너희가 주어라, 하는 예수님의 답변이라든지, 오병이어를 들고 하늘을 우러러 기도하시고 그것을 떼어 제자들에게 주시는 예수님의 모습은 부분적으로 어색한 대목이 엿보인다 하더라도 우리가 읽는데 크게 어려움은 없습니다. 그러나 이제 상황이 전혀 달라졌습니다. 일상적 경험으로 도저히 받아들일 수 없는 진술이 나오기 시작합니다. 한두 사람의 끼니에 불과한 오병이어로 그 많은 사람들이 배불리 먹었다는 겁니다.

어떤 분들은 주님이시니까 그런 능력이 있지, 하고 생각할 겁니다. 그런 분들은 오병이어 사건을 예수님의 당연한 초자연적인 능력으로 여기는 겁니다. 이 이야기만이 아니라 더 넓혀서 이렇게 질문하는 게 좋겠군요. 예수님은 공생애에서 초자연적인 능력을 실제로 행하셨을까요? 복음서에는 예수님의 초자연적인 능력에 대한 보도가 아주 많습니다. 예수님은 물로 포도주를 만든다거나 물 위를 걷고, 불치 병자를 고치고, 심지어 죽은 자를 살리셨다고 합니다. 더 거슬러 올라가, 동정녀 출생 자체도 초자연적이었습니다. 이런 마당이니 오병이어로 오천 명 이상의 사람들을 배불리 먹게 하는 능력쯤이야 당연하다고 생각할 수 있습니다.

성서를 읽을 때 놓치지 말아야 할 관점이 몇 가지 있습니다. 첫째, 성서는 기본적으로 전승입니다. 신문기자가 어떤 사건을 현장에서 목격하고 직접 받아 쓴 게 아니라 사람들의 입에서 입으로 오랜 세월 전해져 내려온 이야기라는 말씀입니다. 둘째, 성서는 단순보도가 아니라 해석입니다. 정확히 말하면 영적인 해석입니다. 셋째, 성서에 진술된 초자연적 현상은 그것 자체가 아니라 그것의 주체가 핵심입니다. 그 주체는 물론 하나님이며, 우리의 본문에서는 구체적으로 예수님입니다. 위에서 특히 세 번째 요소가 중요합니다. 성서 기자의 영적인 시각은 하나님, 예수님에게 고정되어 있습니다. 그 이외의 것들은 그를 전하기 위한 수단들입니다. 오늘 성서를 읽는 우리는 수단들에 치우치지 말고 성서 기자와 동일한 시선으로 예수님에게 집중해야 합니다. 이렇게 설명하다 보면 두 가지 궁금증이 일어날 겁니다. 하나는 초자연적 사건에 집중하는 것이나 예수님에게 집중하는 것이 결국 똑같은 거 아닌가 하는 질문이고, 다른 하나는 예수님에게 초자연적 능력이 없다는 말인가 하는 질문입니다. 궁금하기는 하겠지만 오늘은 일단 묻어둡시다.

　다시 강조하지만, 성서는 고대 문서입니다. 고대인들이 경험하는 삶의 자리에서 전승되고 기록되고 편집된 역사적 문서입니다. 성서 시대의 사람들은 우리가 지금 초자연적이라고 부르는, 즉 기적이라고 말하는 그런 사건들을 자연스러운 것으로 생각했습니다. 자연과 초자연의 구별이 크지 않았다는 말씀입니다. 만나와 메추라기 사건처럼 자연적인 현상도 경우에 따라서 초자연적인 것으로 보였습니다. 지금도 이 미디안 광야에서 만나를 발견할 수 있습니다. 우리는 일단 성서를 그것이 기록되던 그 당시의 눈으로 보아야 합니다. 그렇지 않으면 우리의 영성이 맹신과 결합되든지, 아니면 냉소주의에 빠져버립니다. 어떻게 성서를 영적 의미가 지극한 하나님의 생생한 말씀으로 읽을 수 있을까요?

　앞의 묵상에서 묻어두었던 두 질문을 다시 꺼내겠습니다. 첫째, 초자연적 현상에 대한 관심과 예수 그리스도에 대한 관심이 결국 똑같은 걸까요? 그렇지 않습니다. 예수님이 기적 행위자로 복음서에 묘사되어 있긴 하지만 그것이 복음서의 중심은 아닙니다. 중심은 예수님 자체입니다. 하나님의 아들이신 예수님 말입니다. 초기 기독교 공동체가 예수님을 하나님의 아들로 인식했다는 사실이야말로 예수님과 연관된 모든 사건이나 현상을 이해하는 단초입니다. 하나님의 아들이기 때문에 그에게는 자연인에게 불가능한 사건들이 일어날 수 있었습니다. 그런 시각으로 예수님의 공생애는 새롭게 조명받게 되었습니다. 그렇습니다.

복음서의 예수님은 메시아라는 시각으로 새롭게 해석된 분입니다. 생각해 보십시오. 예수님의 공생애에서 이미 이런 기적이 일어나고 그가 메시아라는 게 공생애 중에 명확했다면 십자가 사건이 일어날 수 있었을까요? 그 당시에는 모든 것이 숨겨져 있었습니다. 아무도 예수님에게 주목하지 않았습니다. 아무도 십자가를 인류 구원의 길이라고 생각하지 않았고, 아무도, 심지어 제자들도 예수의 부활을 예상하지 못했습니다. 여기서 예수의 부활과 기적은 전혀 다른 차원의 이야기입니다.

둘째, 예수님이 기적을 행하시지 않았다는 말인가요? 이런 질문처럼 비(非)신앙적이고 비신학적인 것은 없습니다. 기적을 행했는가, 아닌가로 메시아 여부가 가려지는 게 아닙니다. 무(無)로부터 세상을 창조하신 하나님을 믿는 사람들이 무엇 때문에 그런 자질구레한 기적 설화에 마음을 빼앗기는지 잘 모르겠군요. 우리는 하나님의 구원 행위에 우리의 운명과 우리의 영혼을 걸어둔 사람들입니다. 특히 예수에게서 발생한 하나님의 우주론적 구원행위가 핵심입니다. 바울의 편지를 보십시오. 예수님의 기적에 대한 언급이 일절 없습니다. 바울의 관심은 예수 그리스도의 십자가와 부활뿐이었습니다.

우리는 바울에 대해서 오해하는 경우가 적지 않습니다. 특히 사도행전에 묘사된 이야기가 그런 오해를 자주 불러옵니다. 이를 해명해야겠습니다. 사도행전에 따르면 초기 기독교의 역사에 초자연적인 현상이 흔하게 일어났습니다. 심지어 바울도 그런 초자연적 사건에 개입되었습니다. 형식적으로만 본다면 사도행전은 바울에 관한 복음서라고 할 수 있습니다. 사도행전 저자가 바울의 활동에 대해서 기록한 문서이며, 복음서는 각각의 저자들이 예수님의 활동에 대해서 기록한 문서입니다. 바울에게는 그가 직접 집필한 편지가 있어서 사도행전의 이야기를 조금 더 객관적으로 파악할 수 있지만 예수님에게는 그런 글이 없어서 복음서를 이해하는 데 어려움이 있습니다. 우선 바울의 경우를 봅시다. 바울의 편지에 나타난 바울 상(像)과 사도행전에 나타난 바울 상 사이에는 적지 않은 차이가 있다는 게 신약학자들의 공통된 의견입니다. 어떤 차이가 있는지는 여기서 자세하게 언급할 수 없습니다. 오늘 우리의 주제와 연관해서 본다면 사도행전에는 바울이 초능력자로 활동하는 경우가 적지 않지만 그의 서신에는 없습니다. 왜 이렇게 다를까요? 바울에 관한 사도행전의 보도는 사실을 다룬 게 아닙니다. 사도행전의 저자인 누가는 바울이 죽은 지 최소한 한 세대 후에 살았던 사람입니다. 누가복음도 기원후 70년 이후에 기록된 책입니다. 이미 예루살렘의 히브리파 기독교가 쇠퇴하고 바울의 헬라파 기독교가 주류로 등장할 때였습니다. 그는 여러 구전과 자료를 앞에 두고 바울의 역사를 복원하는 글을 썼습니다. 그 당시에 얼마나 정확한 역사를 기록할 수 있었을까요?

지금 우리는 오병이어 사건을 초자연적 기적 현상으로 보아야 하는가에 관해서 생각을 나누고 있는 중입니다. 저의 설명이 본문에서 너무 멀리 나가는 게 아닌가 하고 염려할 분들이 있겠군요. 그렇지 않습니다. 우리는 어떤 말씀을 대하든지 그것을 성서 전체와 연관해서 바라보아야 합니다. 오병이어 텍스트는 그것만으로 해석될 수 없고 그것이 속한 마가복음 전체와 연결되어야 하며, 더 나아가서 복음서 및 신약성서 전체와 연결되어야 합니다. 그것으로도 충분한 게 아닙니다. 구약의 관점과 2천 년 기독교 역사 전체와도 연결됩니다. 이는 흡사 한 장의 낙엽을 연구하려면 그 개체 낙엽만이 아니라 그 나무 전체, 그리고 식물 및 생명현상 전체를 그 배경으로 놓아야 하는 것과 비슷합니다.

그래서 저는 이 묵상에서만이 아니라 다른 성서공부에서도 기회가 닿을 때마다 개론의 관점을 중요하게 언급합니다. 개론은 기본 방향입니다. 마가복음 및 신약성서의 기본 방향을 알아야만 우리는 구체적인 본문 앞에서 길을 잃지 않을 수 있습니다. 오늘 한국 교회의 성서공부와 설교의 가장 결정적인 문제도 바로 여기에 있습니다. 대개는 텍스트의 부분에만 머물러 있습니다. 그것마저 거의 대부분 자의적인 해석으로 빠져버립니다. 성서를 해명하는 사람의 주관성이 성서 텍스트를 지배하게 되면, 결국 말씀의 고유한 영적 현실성이 죽어 버립니다. 성서 개론이나 말씀의 객관성보다는 말씀에서 은혜 받는 게 중요하다고 생각하는 분들이 많을 겁니다. 남편의 사랑을 늘 확인해야 마음이 편해지는 아내처럼 우리는 지금 거의 신경증적으로 은혜일원론에 빠져버린 건 아닌지요. 남편에게서 사랑받고 있다는 사실을 확인하는 데 몰두하다가 결국 사랑의 세계에 들어가지 못하는 아내와 비슷할지 모르겠군요. 그런 상태에서는 성서의 깊이에 들어갈 수 없습니다.

다시 질문합니다. 그때 무슨 일이 실제로 벌어진 걸까요? 제자들이 빵을 떼어서 한 사람을 주면, 제자의 손에 들려 있던 빵이 다시 부풀어 올랐을까요? 본문은 이에 대해서 자세하게 설명하지 않습니다. 단지 먹을 게 없던 사람들이 모두 배불리 먹었다는 사실만을 지적합니다. 여기서 중요한 것은 성서기자가 빵 자체에 대한 언급이 없다는 것입니다. 빵이 늘어나는 현상은 마술입니다. 마술은 이상한 현상에 집중합니다. 마술사의 모자에서 비둘기가 나온다거나 손바닥에서 쉴 새 없이 카드가 나옵니다. 만약 오병이어 사건이 그런 차원의 것이라고 했다면 성서기자는 빵이 늘어나는 장면을 자세하게 묘사했겠지요.

본문은 배불리 먹었다는 사실에만 집중합니다. 자신들이 어떻게 설명할 수 없는 어떤 힘이 그들을 휩싼 것이지요. 그 힘은 바로 예수님에게서 일어난 것입니다. 복음서 기자는 하나님의 아들이며, 메시아이신 예수님에게 엄청난 사건이 일어난다는 사실을 전하고 싶었습니다. 고대 사회에서 이런 사실을 전하는 방법은 바로 초자연적인 사건이었습니다. 오해는 마십시오. 전혀 근거 없는 이야기를 복음서 기자가 일부러 꾸몄다는 말이 아닙니다. 예수님에게 오병이어 사건은 오히려 작은 일입니다. 요한복음에 따르면 로고스인 예수님은 창조의 시간으로 소급됩니다. 복음서의 증언에 따르면 예수 없이 창조 없습니다.

기적에 관심을 기울이는 분들을 위해서 이 문제를 한 번 더 언급해야겠군요. 복음서와 사도행전에 기록되어 있는 기적은 성서 밖의 세계에서도 흔하게 일어나는 것들입니다. 지금도 그런 소문들은 많습니다. 로마 가톨릭교회에서는 이런 현상들이 더 빈번하게 일어납니다. 성모 마리아가 직접 현현했다는 이야기나 병자를 특별한 능력으로 고치는 여자들에 대한 이야기도 많습니다. 신약성서에 들어오지 못한 외경이나 위경 중에는 예수님이 어린 시절에 행한 초능력에 관한 이야기가 많습니다. 초기 기독교는 이런 외경과 위경을 모두 포기하고 네 복음서만 경전으로 받아들였습니다. 이 말은 곧 초기 기독교가 예수님의 초능력에 관해서 관심이 크지 않았다는 뜻입니다. 그것보다는 예수님이 인류를 구원하실 하나님의 아들이라는 사실에 초점을 맞추었습니다. 이 사실을 그 당시의 세계관에 근거해서 증거 하기 위해서 오늘 우리에게 초자연적인 것처럼 보이는 사건들을 받아들였을 뿐입니다. 그중의 하나가 바로 오병이어입니다.

그렇습니다. 마가복음 기자는 기적 현상자체가 아니라 예수님에게 집중할 뿐입니다. 오병이어로 많은 사람들이 먹고 모두 배불렀다고 합니다. 그가 말하려는 것은 바로 그것입니다. 예수님은 모든 사람들이 배불리 먹을 수 있게 할 능력이 있었다는 것입니다. 다시 말씀드리지만, 그 능력을 자꾸만 초자연적인 것으로만 생각하지 마십시오. 자연과 초자연의 구분도 예수님 앞에서는 무의미합니다. 예수님의 능력은 그것을 뛰어넘습니다. 그것은 오히려 자기를 십자가에 낮춤으로 나타나는 능력입니다. 이제 우리는 예수님의 능력을 단지 초능력이 아니라 진정한 생명의 능력으로 보아야겠습니다. 그 생명은 우리의 모든 계획과 기대를, 그리고 이 세상의 모든 무상한 생명을 뛰어넘습니다. 종말에 완성될 생명입니다. 예수님의 능력은 바로 그것의 현실입니다.

오병이어로 남자만 계산해서 오천 명이나 되는 사람들이 다 배불리 먹었다고 합니다. 오늘 우리의 상황은 전혀 그렇지 않습니다. 오늘 우리에게는 여전히 배고픈 사람들이 많습니다. 심지어 결식아동들과 결식노인들도 상당한 숫자입니다. 북한을 비롯해서 총체적으로 가난한 나라로 눈을 돌리면 배고픈 사람들 천지입니다. 그들은 왜 배가 고플까요? 간단하게만 본다면 그들이 가난하기 때문이겠지요. 일반적으로 가난은 본인의 책임으로 취급됩니다. 당사자의 게으름이나 무책임, 또는 나쁜 운명이라고 말입니다. 그러나 가난은 우리 모두의 문제입니다. 흔한 말이지만 지구에 절대적으로 먹을거리가 부족해서가 아니라 공평한 분배가 이루어지지 않아서 굶주리는 사람들이 나옵니다. 너무 많은 걸 소유하고 소비하고 먹어치우는 사람들이 새로운 삶으로 돌아서지 않는다면 결국 배고픈 사람들의 문제를 해결해 줄 수 없습니다. 삶의 방향을 바꿔야 할 텐데, 그것이 곧 신약성서가 말하는 회개(메타노이아)의 진정한 의미입니다.

미국은 비만이 사회문제로 대두된다고 합니다. 특히 육류소비가 문제입니다. 그들이 먹는 소고기는 단순히 소고기에만 한정되지 않고 전체 먹을거리의 유통을 병들게 합니다. 소를 키우려면 곡식을 대량으로 생산해야 합니다. 소의 먹이로 사용되기 때문에 옥수수를 비롯한 많은 곡식들이 가난한 나라의 가난한 사람들에게 제대로 공급되지 못합니다. 소고기 시장의 10퍼센트만 줄여도 아프리카 기아 문제를 상당히 해결할 수 있을 겁니다. 이런 대목에서는 우리나라도 나을 게 별로 없습니다. 우리의 식생활 습관을 조금만 바꿔도 북한의 식량 문제를 크게 개선할 수 있을 겁니다. 오늘 현실에서 모두가 배불리 먹을 수 있는 그 길은 과연 어디에 있을까요?

김지하 시인은 1984년에 이야기 모음집 《밥》을 출간했습니다. 그는 여기서 예수님이 자신을 가리켜 밥이라고 지칭했다는 사실을 짚으면서 이야기를 풀어나갔습니다. 그 내용은 요한복음에 나옵니다. 요한복음 기자는 오병이어 사건을 일단 공관복음과 비슷한 구조로 전한 다음에 그것을 자신의 신학적 관점에 따라서 (재)해석합니다. 그 해석이 요한복음 6장 22-59절입니다. 이 본문은 공관복음에는 없는 요한복음의 고유한 진술입니다. 이 대목에서 핵심은 35절입니다. "나는 생명의 떡이니 내게 오는 자는 결코 주리지 아니할 터이요. 나를 믿는 자는 영원히 목마르지 아니하리라." 이 말씀을 중심으로 유대인들과 몇 마디 옥신각신이 있은 뒤에 예수님은 결론적으로 이렇게 말씀하셨습니다. "나는 하늘에서 내려온 살아 있는 떡이니 사람이 이 떡을 먹으면 영생하리라. 내가 줄 떡은 곧 세상의 생명을 위한 내 살이니라"(51절).

예수님이 우리의 밥이라는 김지하의 지적은 옳습니다. 그는 이 세상을 위해서 밥이 되셨습니다. 십자가에서 그의 살은 찢겼고 피는 쏟아졌습니다. 그의 몸이 제단에 바쳐진 것입니다. 그의 살과 피로 우리는 생명을 얻었습니다. 물론 김지하는 예수님의 살과 밥의 관계를 기독교의 전통적 의미보다는 주로 공동체적 삶의 차원으로 받아들였습니다. 예수님이 밥이 되셨다는 것은 우리가 이 세상에서 서로 밥을 나눠먹는 것을 의미한다고 말입니다. 여기에는 많은 신학적 논의가 필요하긴 하지만, 그런 해석을 거부할 필요는 없습니다. 그뿐만 아니라 좀 더 전향적으로 볼 때 이런 해석에는 기독교 영성을 역동적으로 끌어낼 수 있는 가능성도 열려 있습니다. 어쨌든 오병이어로 거기 모인 사람들은 모두 배불렀다고 합니다. 사물인 오병이어만이 아니라 예수님 자체가 바로 그 당시 그들의 밥이 되었다는 의미가 아닐는지요. 그렇습니다. 예수님은 오늘 우리에게도 가장 궁극적인 밥입니다.

오병이어에 관한 해석인 요한복음 6장 22-59절은 초기 기독교의 기독론입니다. 초기 기독교인들은 예수님이야말로 참된 생명의 양식이라고 믿었습니다. 35절 말씀은 이렇습니다. "나는 생명의 떡이니 내게 오는 자는 결코 주리지 아니할 터이요, 나를 믿는 자는 영원히 목마르지 아니하리라." 예수님에게 오는 사람이 굶주리지 않는다는 말은 분명히 문자적인 의미는 아닙니다. 예수님을 믿어도 밥을 먹지 않으면 배고프고, 물을 마시지 않으면 목마르고, 감기 몸살에 걸리면 괴롭습니다. 요한복음이 말하는 생명의 밥과 일반적인 먹을거리를 우리는 동일시할 수 없습니다.

그 단서는 이미 요한복음이 제공합니다. 생명의 밥이라는 예수님의 말씀으로 한참 논란이 벌어진 다음에 예수님은 이렇게 말씀하셨습니다. "너희 조상들은 광야에서 만나를 먹었어도 죽었거니와"(49절). 유대인들은 자신들의 조상이 광야에서 기적적으로 만나와 메추라기를 먹고 살았다는 사실에 긍지를 느끼고 있었습니다. 그런데 이제 예수님은 그들의 허점을 분명하게 짚으셨습니다. 광야생활을 하던 그들의 조상들은 비록 하늘에서 내려온 만나와 메추라기를 먹었다 하더라도 결국은 죽었습니다. 그렇습니다. 만나와 메추라기 현상이 기적이라고 하더라도 그것은 사람을 살리지 못합니다. 임시방편으로 어떤 위기를 모면하게 해줄 뿐입니다. 밥으로 연장되는 생명은 그것이 아무리 절실하다고 하더라도 참된 생명이 아닙니다. 초기 기독교는 생명을 그런 임시적인 것으로 생각하지 않았다는 뜻입니다.

그렇다면 무엇이 참된 생명이며, 참된 밥일까요? 초기 기독교인들은 예수의 부활이 참된 생명이라고 보았으며, 이런 점에서 예수가 곧 참된 밥이라고 믿었습니다. 그렇다면 초기 기독교가 이해하고 믿었던 하늘에서 내려온 밥과 실제의 밥은 아무런 상관이 없다는 말일까요? 실제의 밥은 유대인들이 광야에서 먹고도 죽은 만나를 가리킵니다. 오늘 우리도 역시 그런 만나를 먹고 살다가 그들처럼 죽겠지요. 만나인 밥은 우리의 생명을 잠시 유지시킬 뿐입니다. 그런 밥은 도대체 무슨 의미가 있는 걸까요?

저는 지금 딜레마에 빠진 것 같습니다. 밥이 없으면 우리는 당장 죽습니다. 밥은 오늘 생명 유지에 결정적으로 중요한 요소입니다. 그런데 요한복음서에서 예수님은 그 밥이 우리에게 생명을 주지 못한다고 말씀하셨습니다. 우리의 일반적인 경험과 주님의 말씀 둘 중의 하나는 거짓말이 되는 건가요? 일단 우리의 실제적인 삶의 경험에서만 본다면 예수님의 말씀보다는 우리의 현재 삶을 유지시켜주는 밥이 중요한 것 같습니다. 그렇다면 예수님의 말씀은 거짓말인가요? 거짓말은 아니라고 하더라도 현실을 정확하게 직시하지 못한 말씀일까요? 한 발 더 들어가서, 이 말씀은 예수님이 본래 말씀하려던 것이 아니라 사도들과 초기 기독교인들의 오해였을까요?

궁극적인 차원에서 말한다면 오늘 우리가 먹는 실제의 밥은 참된 생명이 아닙니다. 요한복음이 말하듯이 그걸 먹어도 결국은 죽으니까요. 그러나 이 밥을 단지 배고픔을 면하기 위한 수단으로만 볼 게 아니라 하나님의 사랑이 담긴 은총으로 본다면 이 밥은 오늘 우리에게 결정적으로 소중합니다. 밥이 하나님과 만날 수 있는 통로가 된다는 말씀입니다. 이런 시각이 우리에게 실제로 열린다면 우리는 밥을 독점할 생각을 하지 않을 겁니다. 하나님에게서 선물로 받은 것을 서로 나누지 않을 수 없겠지요. 만나 전승에 의하면 하루에 먹을 양보다 더 많은 걸 모아들였을 경우에 그게 모두 상했다고 합니다.

밥을 하나님의 은총으로 받아들이면서 살아간다면 이 밥은 오늘 우리에게 큰 의미가 있습니다. 그러나 그 밥은 살아 있을 때만 유효합니다. 그 밥은 우리의 생명을 영원히 유지시켜 주지 못할 뿐만 아니라, 죽은 다음에는 아무 소용이 없습니다. 조상의 혼령이 제삿밥을 실제로 먹었다는 말을 들어본 적이 없습니다. 결국 밥은 제한적인 생명인 셈입니다. 영원한 생명의 밥을 알기 위해서 우리는 요한복음 기자가 말하는 데로 돌아갈 수밖에 없습니다. "나는 하늘에서 내려온 살아 있는 떡이니 사람이 이 떡을 먹으면 영생하리라"(요 6:51 상). 예수님이 영원한 생명의 밥이라는 요한복음 기자의 진술은 초기 기독교와 오늘 우리까지 포함한 전체 기독교의 가장 중요한 신앙고백입니다. 그런데 이게 무슨 뜻일까요? 단순히 영적인 의미라고 생각할 수 있습니다. 예수님을 믿으면 삶의 의미를 찾을 수 있다고 말입니다. 그러나 삶의 의미는 반드시 예수님을 믿어야만 찾을 수 있는 건 아닙니다. 다른 종교인들, 예술가들, 심지어는 휴머니스트들에게도 나름으로 삶의 의미가 있습니다. 그렇다면 다른 종교, 예술, 박애주의도 생명의 밥이라는 뜻인가요?

기독교의 신앙을 다른 종교나 유사 종교와 비교하는 방식으로 해명하는 건 적합하지 않습니다. 우리는 일단 요한복음 공동체를 중심으로 한 초기 기독교인들이 예수님을 영원한 생명의 밥으로 인식했다는 사실에만 집중해야 합니다. 그들은 예수님에게서 이 세상의 유한한 것과는 전혀 다른 영원한 생명을 경험했습니다. 그 경험을 주변 사람들이 모두 인정하지는 않았지만 그들에게는 아주 분명했습니다. 그들은 자신들의 경험을 주변 사람들에게 설명했습니다. 그 설명을 듣고 받아들인 사람도 있고 거부한 사람들도 있습니다. 오늘도 우리는 그것을 설명해야 할 책임이 있습니다.

　　초기 기독교인들이 예수님을 영원한 생명의 밥이라고 설명한 이유는 그들이 예수님의 부활에서 참된 생명을 경험했다는 데에 있습니다. 이 세상의 모든 것은 죽습니다. 이것이 이 세상의 생명질서입니다. 초기 기독교인들은 이런 세상의 생명질서와 전혀 다른 생명을 예수님에게서 경험했습니다. 죽음으로 끝나게 될 이 세상의 모든 것들과 달리 예수님이 그 죽음으로부터 죽지 않을 영원한 생명을 얻으셨다는 경험입니다. 바로 이 부활 생명이야말로 영원한 생명이며, 첫 부활체가 되신 예수님이야말로 영원한 생명의 밥입니다. 부활의 실체적 진실 여부는 일단 접어놓고, 초기 기독교인들이 영원한 생명에 대한 확실성을 예수님의 부활에서 제시했다는 것은 옳습니다. 그것은 죽음을 넘어가는 생명이기 때문입니다.

　　사람들은 부활을 단순히 다시 사는 것으로 생각합니다. 부활은 죽을 생물학적인 몸으로 다시 살아나는 게 아니라 질적으로 전혀 다른, 그래서 영원하다고 말할 수밖에 없는 생명으로 변화되는 것입니다. 우리가 다른 말이 없어서 '영원'이라고 하지만, 그것이 부활의 실질을 온전하게 담아내는 것은 아닙니다. 우리는 지금 영원하다는 그 사실을 정확하게 인식할 수 없습니다. 빛의 속도 안에서 움직이는 시간 안에 묶여 있는 우리가 그것을 넘어서는 시간 개념을 따라잡을 수 없다는 건 당연합니다. 이는 개구리가 인간의 삶을 따라잡을 수 없는 것과 비슷하겠지요. 그보다 더 심각하겠지요.

예수님이 받으신 사탄의 세 가지 시험에 대해서 마가복음(1:12, 13)은 그런 일이 있었다고 간단히 전달하고, 마태복음(4:1-11)과 누가복음(4:1-13)은 자세하게 설명합니다. 세 가지 중의 하나가 바로 오병이어와 연관된 빵과 생명의 관계입니다. 예수님이 사십 일 동안 밥을 먹지 않고 지내신 후에 사탄이 예수에게 이렇게 말했다고 합니다. "네가 만일 하나님의 아들이어든 명하여 이 돌들로 떡덩이가 되게 하라." 이런 요구는 인류 역사 이후로 꾸준히 제기된 가장 강력하고 절실한 문제였습니다. 야생 짐승들이 거의 모든 시간을 먹잇감을 구하는 데 사용하듯 고대인들은 먹는 문제에 많은 삶을 쏟아 부을 수밖에 없었습니다. 그들은 굶지 않고 먹고 살 수 있는 날만을 손꼽아 기다리며 살았다고 해도 과언이 아닙니다. 돌을 밥으로 바꿀 능력이 있는 사람이 나타난다면 당연히 메시아로 대접받았을 겁니다. 사탄의 요구는 예수 당신도 그런 메시아가 되라는 것입니다.

오늘도 정치인들은 경제 성장을 약속합니다. 일반 사람들의 가장 큰 정치적 희망도 지금보다 잘살게 되었으면 좋겠다는 것입니다. 기업가들도 경제를 부흥시켜서 밥을 많이 제공하겠다고 합니다. 노조들의 요구도 역시 빵을 더 달라는 것입니다. 이들의 요구를 싸잡아 뭐라 할 수는 없겠지요. 실제로 이 세상의 모든 이들에게 골고루 돌아가야 할 밥이 어느 한 사람에게 독점되는 건 용납될 수 없으니까요. 경제정의는 윤리신학적인 차원에서도 우리가 진지하게 다루어야 할 문제입니다. 그러나 우리는 한 차원 더 깊이 들어가서 예수님에게 돌을 떡으로 만들라고 요청한 사탄의 주장이 오늘도 여전하다는 사실만은 놓치지 말아야 합니다. 이런 사탄의 주장은 어제 오늘이 아니라 인류 역사에 지속된 것입니다. 앞으로도 여전하겠지요.

사탄의 유혹에 대한 예수님의 답변을 들어보십시오. "사람이 떡으로만 살 것이 아니요, 하나님의 입으로부터 나오는 모든 말씀으로 살 것이라." 물론 이 말씀이 밥을 부정한 게 아니라는 사실은 분명합니다. 문장의 뜻으로만 본다면 밥과 말씀이 모두 필요하다는 것으로 새길 수 있습니다. 그러나 문맥적으로 본다면 말씀에 대한 강조입니다. 지금 사탄은 인류의 모든 문제가 밥에 놓여 있다고 주장했습니다. 그걸 해결하는 자가 곧 메시아입니다. 예수께도 그런 방식으로 메시아의 길을 가라고 요구한 것입니다. 예수님은 이런 생각에 제동을 걸었습니다. 사람은 밥만이 아니라 하나님의 말씀으로 생명을 얻는다고 말입니다.

밥이 세상을 구원한다는 주장이 옳은가요, 아니면 하나님의 말씀이 세상을 구원한다는 주장이 옳은가요? 둘 다 필요한가요? 우리는 하나님의 말씀을 선택한 사람입니다. 그렇지만 실제로 우리의 모든 행동을 지배하는 힘은 밥이 구원한다는 주장에 속해 있을지 모릅니다. 이것은 우리가 위선적이기 때문이라기보다는 하나님의 말씀이 무엇인지 잘 모르거나 그것이 실질적으로 다가오지 않기 때문입니다. 그렇습니다. 우리는 하나님의 말씀이 우리에게 지시하는 하나님의 구원통치를 진지하게 생각하지 않는 것 같습니다. 이는 곧 하나님의 생명을 생생하게(real) 느끼지 못한다는 뜻입니다. 이게 바로 영성이 자라지 못하는 이유입니다.

사람이 하나님의 입으로부터 나오는 모든 말씀으로 살 것이라는 주님의 대답을 더 깊이 생각해 보십시오. 이것은 예수님의 독창적인 말씀이 아니라 신명기 8장 3절의 인용입니다. 신명기는 출애굽 이후 사십 년에 이르는 광야생활을 마친 이스라엘 백성들에게 모세가 마지막으로 행한 연설로 알려져 있습니다. 모세의 유언인 셈이지요. 신명기 8장 3절에서 그는 광야에서 하나님이 만나를 주신 이유는 사람이 밥으로만 사는 게 아니라 여호와의 입에서 나오는 말씀으로 산다는 걸 알게 하기 위한 것이라고 선포했습니다.

광야는 이스라엘 백성들의 운명이 기로에 섰던 곳입니다. 그들이 광야에서 생존할 가능성은 별로 많지 않았습니다. 광야의 환경이라는 게 전문적으로 생존 훈련을 받은 사람들도 버텨내기 힘든 곳인데, 노약자를 비롯한 한 민족 전체가 떼를 지어 나섰으니 그 상황이 얼마나 곤란했을는지는 더 말할 나위도 없습니다. 그들은 만나 덕분으로 거기서 사십 년을 버텨냈습니다. 모세는 이런 역사적 사실이야말로 사람이 밥만으로 사는 게 아니라 하나님의 말씀으로 산다는 사실을 확증한다고 보았습니다.

모세의 이런 주장은 그렇게 당연한 게 아닙니다. 사람들은 생존의 위기에 처할 때마다 주로 밥만 찾습니다. 그게 실제로 우리의 굶주림을 해결한다는 점에서 어쩔 수 없는 것 같습니다. 출애굽 이후 이스라엘 백성들도 이럴 때마다 이집트로 돌아가자고 아우성이었고, 모세를 향한 원망도 많았습니다. 모세는 그들과 달랐습니다. 생존 자체가 바로 하나님께 달려 있다는 사실을 놓치지 않았습니다. 그 하나님은 곧 말씀으로 자기를 나타내는 분이십니다. 그 말씀에 집중할 때 우리는 하나님을 경험하게 되고, 그런 경험이야말로 우리가 생명을 얻을 수 있는 유일한 길이라는 뜻입니다. 예수님은 바로 그 모세의 언급을 인용하셨습니다. 사람이 밥만이 아니라 하나님의 입으로 나오는 말씀으로 산다고 말입니다.

우리가 이 세상에서 경험하는 삶의 안정감은 대개 밥에서 주어집니다. 이건 아주 분명한 사실입니다. 아무도 밥을 먹지 않고 살아갈 사람은 없으니까요. 여기서 밥은 우리가 성취하려는 모든 삶의 안전장치를 가리킵니다. 사회적인 지위, 건강, 가족 등등이 우리를 배부르게 하는 밥의 역할을 합니다. 그런 것들이 잘 갖추어져 있으면 스스로 자족하게 되고, 더 나아가서 행복감에 빠질 수 있습니다. 거꾸로 이런 안전망이 허물어지면 불안해지고, 더 나아가 불행하다고 생각합니다. 이런 점에서 요람에서 무덤까지 아무런 걱정 없이 살아갈 수 있는 복지사회 건설이 모든 사람과 모든 나라의 꿈이겠지요. 저도 개인적으로 우리나라가 가능한 빠른 시일 안에 이런 복지국가로 발전했으면 합니다. 최소한 의식주, 조금 더 나아가서 자녀교육과 의료혜택만은 기본적으로 보장된 나라가 되었으면 합니다.

우리가 단순히 이 세상이 말하는 행복한 삶에 머문다면 그렇게 생각할 수도 있겠지만, 기독교인이라면 그런 행복론의 이면을 생각해야 합니다. 제가 보기에 인간이 스스로의 힘으로 삶의 안전장치를 많이 실현하면 할수록 참된 삶에서 멀어질 가능성도 높아집니다. 그렇지 않은 사람들도 있겠지만 대개 평안하고 안전한 삶은 하나님을 필요로 하지 않기 때문입니다. 속된 표현으로 자기 잘난 맛에 사는 사람들은 그것을 포기하라는 하나님을 찾지 않습니다. 하나님 없이 얼마든지 자기의 삶을 누릴 수 있다고 생각하는 것, 즉 자기 집중과 교만이 죄입니다. 그것이 죄인 이유는 생명을 파괴하기 때문입니다. 불행하게도 그 당시에는 모르고 시간이 지나서야 그것이 자기를 파괴한다는 사실을 깨닫게 됩니다.

오병이어로 남자만 오천 명이 먹고 남은 것이 열두 바구니나 되었다고 합니다. 열둘, 오천이라는 숫자는 큰 의미가 없습니다. 성서기자가 이런 숫자를 제시하면서 이 사건을 보도하는 이유는 이 사건이 확실하다는 것을 강조하려는 것이겠지요. 간접적으로 어떤 신앙적 의미는 발견할 수 있습니다. 남은 먹을거리가 열두 바구니이며, 먹은 사람의 숫자가 남자만 오천 명이라는 43절과 44절의 보도는 다 배불리 먹었다는 42절의 보도에 대한 보충이 아닐는지요. 그렇습니다. "여호와는 나의 목자시니 내게 부족함이 없으리로다"라고 시편 23편이 가리키듯이 예수 공동체는 늘 풍요롭습니다. 부족할 정도가 아니라 오히려 남은 것을 담기 위해서 바구니를 준비해두어야 합니다.

그런 설명은 원리적일 뿐이지 현실적이지 않다고 생각하는 분들이 있을 겁니다. 한국에 미자립 교회가 30퍼센트나 되는 실정인데, 무엇이 남아도는가 하고 말입니다. 잘 보십시오. 한국 교회 전체는 결코 가난하지 않습니다. 만약 한국 교회가 건강해지기만 한다면 미자립 교회라는 말이 아예 없어질 겁니다. 우리에게 여전히 미자립 교회가 그렇게 많다는 건 한국 교회가 그만큼 건강하지 못하다는 의미입니다. 이건 단지 한국 교회 전체의 구조적인 문제만이 아닙니다. 개별 교회로 볼 때도 경제적으로 부족하다는 건 정확한 표현이 아닙니다. 교회가 자립하지 못한다는 말은 수입보다 지출이 많다는 뜻입니다. 처음부터 헌금으로 들어오는 액수만큼, 또는 그것보다 더 적게 지출하면 미자립 문제는 생길 수가 없겠지요. 수입과 지출의 균형을 맞추는 길을 찾기만 하면 교회는 모두가 배부르게 먹고도 열두 광주리를 남길 수 있습니다. 문제는 우리가 그럴 마음이 별로 없다는 데에 있습니다.

오천 명과 열두 바구니가 말하는 것은 영적인 기적입니다. 여기서 영적이라는 표현을 무언가 대답하기 궁색할 때 던지는 상투어로만 생각하지 마세요. 영적인 기적은 자연의 원리를 뛰어넘은 초자연적 기적보다 훨씬 근원적이고 심층적입니다. 하나님은 자연을 창조한 분이니까 당연히 그 자연을 넘어서는 기적을 행하실 수 있지만 마술같이 사람들의 호기심을 일으키는 기적을 행하시는 분은 아닙니다. 하나님은 오히려 자신이 창조한 자연에 예속되는 방식으로 기적을 일으키시는 분입니다. 예수의 십자가는 바로 자연에 예속되는 사건이었습니다. 예수의 부활은 초자연적 기적이 아닙니다. 부활은 자연과 초자연의 경계를 넘어서는 궁극적인 생명사건입니다. 우리가 오병이어 묵상의 앞부분에서도 한번 짚었지만, 기독교 신앙의 토대를 초자연적 기적에 놓는 건 별로 바람직하지 않습니다. 고대인들에게는 그런 것이 하나님의 구원행위를 이해할 수 있는 매우 자연스러운 현상이었습니다. 성서를 오늘의 시각이 아니라 그 당시의 시각으로 일단 바라보는 게 중요합니다.

오병이어로 많은 사람들이 먹고도 열두 바구니나 남았습니다. 이건 도저히 불가능한 일이었습니다. 불가능한 일이 가능한 일로 바뀐 것입니다. 이런 점에서 분명히 기적입니다. 우리는 여기서 무엇이 참된 기적인지 잘 생각해야 합니다. 자연 질서가 쉽게 허물어지는 기적보다는 그 자연 질서 안에서 일어나는 참된 기적에 눈을 돌려야 합니다. 그것은 그것을 볼 수 있는 눈을 가진 사람에게만 보이겠지요. 도대체 기적이 무엇일까요? 제 생각에 초기 기독교 공동체의 시작 자체가 일종의 기적입니다. 예수님의 제자들은 교회를 시작할 생각을 전혀 하지 않았습니다. 그들은 예수님을 잘 알지도 못한 평범한 사람들이었습니다. 예수님의 십자가와 부활을 상상도 하지 못했습니다. 무엇을 보아도 그들에게서 오늘과 같은 기독교가 시작될 수 있는 가능성은 전혀 없었습니다. 기독교의 역사는 곧 참된 기적입니다.

사실 기적은 우리 삶에 지천으로 널려 있습니다. 씨에서 잎이 돋아난다는 사실도 기적입니다. 거기서 다시 꽃이 피는 현상도 역시 기적입니다. 45억 년 전의 지구를 생각해 보십시오. 불덩어리였던 지구에 오늘과 같은 생명현상이 벌어지리라는 걸 누가 상상이나 할 수 있었겠습니까? 오늘 지구에서 벌어지는 생명현상 자체가 기적입니다. 오병이어 사건은 그런 자연의 생명현상과는 다르다고 말할 수 있겠지요. 그러나 궁극적으로는 다를 게 없습니다. 오병이어가 가리키는 것은 불가능한 일이 예수님에게서 발생했다는 사실입니다. 불가능한 일이 발생했다면 그것은 곧 기적입니다. 구체적으로 어떤 현상이 일어났는지 그 과정에서 대해서 성서 기자는 관심이 없습니다. 그런 관심은 호기심에 불과합니다. 자신들이 예상하지 못한 굉장한 사건이 일어난 것만이 그들에게 중요했습니다.

예수님을 그리스도로 고백하는 교회는 불가능한 일이 일어나는 곳이어야 하지 않을는지요. 세계에서 가장 큰 교회당을 건축하는 일은 가능한 일입니다. 불치병 환자가 치료되는 일도 따지고 보면 가능한 일입니다. 교회 밖에서도 자연치유는 많이 일어납니다. 교회에서 일어나야 할 기적은 무엇일까요? 한 가지 예를 들자면 일치입니다. 세상에서 일치는 불가능합니다. 회사끼리의 경쟁은 둘째로 치고, 노동조합도 서로 일치하지 못하고, 대학교도 역시 그렇습니다. UN 및 산하 여러 위원회도 역시 중구난방입니다. 겉으로는 세계 평화를 위해서 움직이는 것 같지만 유사시에는 힘이 지배합니다. 만약 한국 교회가 일치를 이룬다면 그것이야말로 기적이며, 그런 기적을 통해서 참된 선교가 이루어질 수 있습니다. 그런데 이게 실제로 가능할까요? 세상보다 더 심하게 갈라진 교회는 이런 기적을 스스로 이뤄낼 수는 없을 겁니다. 다른 힘이 개입되어야만 하겠지요. 가능하면 현재의 교회가 크게 상처를 받지 않는 한도 안에서 밖으로부터 어떤 강력한 힘이 작동되었으면 합니다.

더 근본적인 기적은 교회 공동체가 전혀 새로운 생명의 깊이 안으로 들어가서 그것을 세상에 알리는 일입니다. 세상은 표면적인 질서에 고정되어 있습니다. 기독교인들은 이런 고정된 생각을 뚫고 들어가서 일상과 사물에서 영적인 차원을 열어야 합니다. 그것의 상징은 성만찬입니다. 빵과 포도주가 예수님의 몸과 피인 성만찬에서 우리는 사물의 심층을 경험할 수 있습니다. 이런 영성이 우리에게 확보된다면 오늘 당장이라도 오병이어 사건은 우리에게서 다시 일어날 수 있습니다. 우리는 아주 적게 먹어도 배부를 수 있으며, 부족한 것 같은 상황에서도 많은 걸 남길 수 있습니다. 오늘 우리는 이것을 경험하고 있을까요?

오병이어로 오천 명이 배부르게 먹었다는 말은 모두가 만족스러웠다는 뜻입니다. 이런 일이 오늘 우리에게 실제로 가능할까요? 여기에 가장 큰 관심을 기울였던 학자라고 한다면 마르크스가 아닐는지요. 그는 사람이 능력만큼 일하고 필요한 것만큼 가져가는 사회를 내다보았는데, 이런 사회라고 한다면 분명히 모두가 배부르다는 말에 어울릴 것 같습니다. 저도 그런 사회가 이 땅에 하루라도 빨리 실현되었으면 하는 마음이 굴뚝같습니다. 그런 공동체가 우리 모두에게 있는 휴머니즘의 동기일 뿐만 아니라 이미 초기 기독교 공동체의 이상이었다는 이유에서 그렇습니다. 사도행전 4장 34, 35절 말씀은 이렇습니다. "그 중에 가난한 사람이 없으니 이는 밭과 집 있는 자는 팔아 그 판 것의 값을 가져다가 사도들의 발 앞에 두매 그들이 각 사람의 필요를 따라 나누어 줌이라." 이미 사도행전 2장 43-47절에서도 언급된 사실이지만 이런 구절에 따르면 공동의 소유, 공동의 분배라는 원리가 초기 기독교 공동체를 이끌어가고 있었던 것 같습니다. 흡사 수도원 공동체처럼 종교와 삶의 일치입니다. 오늘도 이런 원리가 현실화 된다면 모두가 배부른 사회를 실현할 수 있을지 모르지요.

인류 역사에서 프롤레타리아 혁명이 완성되어 인민이 노동의 소외로부터 해방되고 모두가 배부른 시대가 온다는, 따라서 그런 역사 발전을 위해서 계급투쟁을 불사해야 한다는 마르크시즘은 부분적으로 옳기도 하고 부분적으로 틀리기도 했습니다. 마르크시즘이나 기독교 사상이 모두 인간의 인간다운 새로운 미래를 꿈꾸고 있지만 결정적으로 대립할 수밖에 없는 이유는 마르크시즘이 유물론에 기초하는 반면에 기독교는 유신론에 기초한다는 사실에 놓여 있습니다. 유물론과 대립되는 개념은 유심론, 또는 관념론이라고 할 수 있겠지만 기독교는 그런 것과 차원을 달리하기 때문에 어쩔 수 없이 유신론이라는 단어를 사용했습니다. 하긴 유신론도 오해의 가능성이 있겠군요. 그것보다는 영적 현실성이라고 말하는 게 좋겠습니다. 거칠게만 구분한다면 마르크시즘은 인간을 물질적인 관점에서, 기독교는 영적인 관점에서 접근한다는 점에서 차이가 있습니다.

만약 인간이 소유와 분배에서 정의로운 사회를 구축함으로써 참된 해방과 자유를 누릴 수 있다면 마르크시즘 유물론적 해석은 옳습니다. 그러나 동물은 제 때에 먹이를 주고 새끼를 칠 수 있는 기회만 제공되면 행복한 삶이 가능할지 모르지만 인간은 그렇지 않습니다. 많은 걸 소유한 왕이 불행할 수 있고, 아무것도 없는 거지가 행복할 수 있다는 사실은 바로 인간의 해방이 단지 유물론적 구도로만 해결될 수 없다는 사실을 가리키는 게 아닐는지요.

마르크시즘만이 아니라 마르크시즘과 대립하고 있는 자본주의도

역시 인간을 유물론적으로 접근한다는 점에서는 비슷합니다. 자본주의
가 표면적으로는 유물론을 거부하는 것 같지만 내면적인 작동기제는 다
를 게 하나도 없습니다. 우리가 살아가고 있는 이 현실을 조금만 냉정
하게 바라보면 이게 사실이라는 게 드러납니다. 마르크시즘과 자본주
의의 차이점은 소위 '파이' 분배냐, 키우기냐에 있습니다. 마르크시즘은
정부가 철저하게 시장에 개입함으로써 파이를 정의롭게 분배하는 데 방
점을 둔다면, 자본주의는 가능한 시장에 개입하지 않음으로써 일단 그
것을 키우는 데 방점을 둡니다. 마르크시즘이 현실사회주의에서 실패
한 이후로 정부의 시장 개입을 극도로 제한하는 신자유주의가 오늘 온
세계를 지배하고 있습니다. 이들의 관심은 오직 한 가지입니다. 파이를
키우면 모든 문제가 저절로 해결된다는 것이지요.

　우리가 어느 정도까지 경제의 덩치를 키워야 모든 사람들이 배불
리 먹고도 열두 바구니가 남는 일이 일어날 수 있을는지요. 개인소득
5만 달러를 달성하면 그게 가능할는지요. 여러모로 지혜를 모아서 준
비를 잘하면 북유럽처럼 복지가 보장된 나라를 세울 수 있을지도 모릅
니다. 사회보장제도가 완벽하게 보장된 나라로 성장한다면, 그것도 사
실은 쉽지 않은 일이면서 동시에 그런 정도라도 성취할 수 있도록 노력
해야겠지만, 우리가 모두 만족할 수 있을까요? 그건 불가능합니다. 오
병이어로 모두 배불리 먹고 열두 바구니가 남는 상황은 우리가 만들어
낼 수 없습니다. 무언가를 소유하고 업적을 내세우는 방식으로 삶을 확
인하는 한 우리는 결코 만족할 수 없기 때문입니다. 이런 점에서 열두
바구니가 남는 사건은 메시아의 일입니다. 즉 메시아만이 우리에게 참
된 만족을 줍니다.

　메시아에게서 일어나는 일을 초자연적 기적이라고만 생각하지 마
십시오. 신앙적으로 초보에 속한 사람들만 그런데 머물러 있습니다. 그
런 신앙의 수준은 사과의 껍질을 혀로 핥은 것에 불과합니다. 메시아를
만난 사람은 전혀 다른 생명의 깊이를 경험했기에 많은 걸 소유하고 많

은 걸 먹어야만 만족하는 삶으로부터 벗어납니다. 하나님을 경험한 사람들은 더 이상 사람의 관심을 끌 생각을 하지 않는 것과 비슷합니다. 그런 사람들이 모이면 오병이어만 있어도 모두가 배부를 수 있고, 열두 바구니를 남길 수 있습니다.

초기 기독교인들은 그런 사건이 바로 예수님에게서 일어났다는 사실을 알게 되었고, 그래서 그를 믿었습니다. 더 정확하게 말하면 오병이어 사건이 일어났기 때문에 예수를 메시아로 믿었다기보다는 그를 메시아로 경험하고 믿었기 때문에 오병이어 사건이 일어날 수 있었습니다. 이것은 오늘 교회의 현실에서 두 가지 의미가 있습니다. 첫째, 오늘의 교회는 오병이어 자체에 대한 관심보다는 예수님을 바르게 알고 믿는 데 관심을 가져야 합니다. 기독교 신앙은 오직 한 가지, 예수님을 그리스도로 인식하고 믿는 것입니다. 이럴 때 우리는 오병이어의 기적이 일어나지 않아도 아무런 영향을 받지 않고 신앙의 길을 갈 수 있습니다. 둘째, 예수님을 바르게 믿는 교회 공동체에는 분명히 오병이어와 같은 사건들이 일어납니다. 왜냐하면 삶의 중심이 달라지기 때문입니다. 예수 그리스도 안에서 생명의 신비를 맛보았기 때문입니다. 매일의 일상이 오병이어가 될 수 있습니다.

이제 우리는 본문이 전하는 오병이어 사건이 우리의 구체적인 일상에서 무슨 의미가 있는지 질문할 차례입니다. 아무리 귀한 가르침이라고 하더라도 일상과 연결되지 않는다면 아무런 소용이 없으니까요. 그렇습니다. 기독교 신앙은 비록 초월적인 현실을 기다리고 있지만 지금 여기서 우리가 몸담고 있는 이 일상을 방기하지 않습니다. 그 어떤 종교보다도 일상을 중요하게 생각합니다. 신이 인간이 되었다는 성육신론이 기독교 신앙의 중심에 자리하고 있다는 사실을 생각해보십시오. 기독교 신앙의 모든 항목은 떼려야 뗄 수 없을 정도로 일상과 깊숙이 연결되어 있습니다.

많은 기독교인들의 삶에 신앙이 체화되지 못하고 있다는 사실은 누구나 인정할 겁니다. '신앙 따로, 삶 따로'인 경우가 많습니다. 신앙은 정보나 교양의 역할로 끝나고 실제의 삶은 다른 원리로 움직입니다. 거꾸로 신앙생활에 완전히 '올인'하는 사람들도 있습니다. 표면적으로만 보면 이들의 신앙과 삶은 하나가 된 것처럼 보이지만 실제로는 기독교의 규범들이 삶을 파괴합니다. 양쪽 모두 건강하지 못하다는 건 분명합니다. 전자에 속한 이들은 삶에서 복음의 능력을 상실하며, 후자에 속한 이들은 복음에서 삶의 능력을 상실합니다. 신앙과 삶이 분열되어 있다는 이 사실은 교회 공동체 안에서 신앙적 주제에 관한 담론이 형성되지 않는다는 현상에서 확인할 수 있습니다. 어쩌면 기독교인 가정도 비슷할지 모르겠군요. 그들은 죽음, 고통, 창조, 구원, 계시, 종말, 기쁨, 자유, 기도 같은 신앙적 주제를 함께 나눌 줄 모릅니다. 이 말은 곧 일상의 삶 안으로 들어가지 못했다는 뜻이기도 합니다.

신앙과 일상이 분리되는 이유는 여럿이지만 그중의 가장 핵심적인 것을 꼽으라고 한다면 기독교 신앙의 몰이해입니다. 이해하는 것만으로 모든 문제가 해결 되느냐, 하는 질문이 가능합니다. 그것은 또 다른 문제입니다. 신앙에 관한 이해가 실제 일상 안으로 들어가려면 오랜 동안의 훈련이 필요하기도 하고, 그 이해의 결정적인 순간을, 즉 큰 깨우침인 돈오(頓悟)의 순간을 경험해야 하겠지요. 어쨌든지 그 단초는 기독교 신앙을 바로 아는 데 있습니다. 자신은 기독교 신앙을 알 만큼 안다고 생각하는 사람들이 있을 겁니다. 성서에 관해서도 아는 게 많을 겁니다. 복음서에 등장하는 바리새인들도 신앙과 성서에 대해서 많은 걸 안다고 생각했습니다. 그것이 바로 예수에게 접근할 수 없는 걸림돌이었습니다. 오늘 우리도 바리새인들처럼 수많은 신앙정보를 쌓는 것을 신앙으로 착각하는 건 아닌지 모르겠습니다.

교회 지도자들이 기독교 신앙을 모른다는 이 엄연한 사실을 사람들은 외면하고 있습니다. 벌거벗은 임금님의 행차 앞에서 아무 말도 하지 않는 사람들과 비슷합니다. 서로 속고 속이는 것이지요. 속인다는 표현이 지나치게 들릴지 모르지만 제가 보기에는 그렇습니다. 교회에서는 그런 속임수가 잘 통합니다. 기도를 적당하게 하고, 헌금도 남부끄럽지 않게 낼 줄 알고, 주일학교 어린이와 학생회 및 청년회를 지도하기만 하면 교회에서 쉽게 인정받습니다. 그가 기독교 신앙을 실제로 알고 있는지 아닌지 다른 사람은 잘 모릅니다. 자신은 알고 있을 겁니다. 더 나쁜 경우는 실제로는 아무것도 모르면서도 자기가 알고 있는 것처럼 착각하는 겁니다. 부부가 서로 사랑하지 않으면서도 다른 사람에게 보이기 위해서 사랑하는 척하거나, 또는 그것이 사랑이라고 착각하는 것처럼 말입니다. 때로는 고의적으로, 때로는 무의식적으로 그런 착각에 빠집니다.

이런 현상은 교회 공동체에 속한 이들이 신앙적으로 솔직하지 않거나 교회의 신앙 구조가 그것을 아예 불가능하게 만들기 때문에 벌어지는 게 아닐는지요. 성서의 많은 사건들이 믿어지지 않으면서도 그런 걸 교회 안에서 말할 수 없습니다. 어쩌다가 그런 말을 꺼냈다가는 믿음이 없어서 그렇다든지 기도하면 된다는 핀잔을 듣기가 일쑤입니다. 이렇게 몇 번 당하고 나면 더 이상 깊은 대화는 포기한 채 다른 사람들처럼 신앙적 포즈를 취합니다. 모른다는 사실을 외면하는 것으로 위기를 모면하는 일들이 반복됩니다. 그렇다면 평신도들이 신학자가 되어야 한다는 말인가, 하고 질문할 분들이 있을 겁니다. 전문가는 아니라고 하더라도 신학적인 사유를 공부해야 하는 건 분명합니다. 아마추어 바둑 기사라고 하더라도 최소한 바둑의 정석을 배워야 하듯이 말입니다.

기독교 신앙을 모른 채 신앙생활을 한다는 사실을 구체적으로 설명하는 게 좋겠습니다. 한두 가지가 아닙니다. 성서, 계시, 그리고 창조와 종말과 칭의가 무엇인지 낱말 뜻으로만 알지 실제로는 모릅니다. 그들의 관심은 기독교 신앙이 아니라 순전히 교회생활입니다. 제가 지금 다른 사람을 무시하거나 비판하려는 게 아닙니다. 그들보다 제가 많은 걸 안다는 말씀도 아닙니다. 신학대학교를 나와서 전도사, 목사 행세를 하던 저의 젊은 시절을 돌아보면서 드리는 말씀입니다. 그 당시에 아주 성실하고 열정적으로 전도사, 목사 활동을 했지만 돌이켜 놓고 보면 아무것도 몰랐다는 걸, 또는 피상적으로만 알았다는 걸 인정할 수밖에 없습니다.

죄 문제만 해도 그렇습니다. 오늘 기독교인들은 성서와 기독교가 죄 문제를 심각하게 다루고 있는 근본적인 이유를 알고 있을까요? 아마 교리문답 차원의 대답은 알고 있겠지요. 아담과 하와가 선악과를 따먹은 뒤로 원죄가 인류에게 유전되고 있다는 말은 들어서 알고 있을 겁니다. 성서에 거론되고 있는 온갖 종류의 죄목들을 나열할 수도 있습니다. 교회 현장에서 죄는 도덕주의와 심리학의 수준에 머물러 있습니다. 죄의 실질 안으로 들어가지 못한다는 말씀입니다. 이런 수준에 머물러 있는 한 기독교 신앙은 심리치료나 도덕 재무장 운동과 다를 게 하나도 없습니다. 그것으로 인간 치유가 되지 않을 뿐만 아니라, 임상적으로 상당한 효과가 있다 하더라도 기독교의 길과는 전혀 다릅니다. 기독교의 죄 문제는 인간 삶의 완성과 연관됩니다. 인간 삶의 손상과 파괴에 대한 질문으로부터 죄 문제가 다루어집니다. 이런 점에서 죄는 여전히 열린 질문입니다. 과연 무엇이 우리의 삶을 파괴하는 걸까요? 프로이트, 니체 같은 이들이 주장했듯이 기독교 신앙이 오히려 우리의 삶을 파괴하지는 않을까요?

이 질문에 보충 설명이 필요할 것 같습니다. 우리는 기독교인들의 삶이 건강하지 못할 때가 많습니다. 그들이 부도덕하거나 파렴치하다는 사실을 말하는 게 아닙니다. 그런 것은 기독교인이냐 아니냐에 상관없이 모든 사람들에게 보편적으로 나타나는 반사회적 현상이니까 여기서는 접어두어야 합니다. 정작 우리가 주목해야 할 현상은 기독교인들이 빠져 있는 죄책감이 삶을 파괴하고 있다는 사실입니다. 죄책감을 강조하는 신앙적 특징은 주로 청교도 계열에서 자주 나타납니다. 그들은 사람이 머리끝에서 발끝까지 죄로 먹칠이 된 것처럼 죄 문제를 들추어내는 일에 전심전력을 기울입니다. 이 사회가 얼마나 크게 병들었는지 기회가 있을 때마다 늘어놓습니다. 도박, 마약, 성매매, 술과 담배, 사기, 도둑질, 포악성 등등이 그런 것들입니다. 또 경건생활에 게으른 것도 죄에 속합니다. 모두 옳은 소리이지요. 모든 사람들이 모범적으로 살아가면 좋기는 하겠지요. 그러나 위에 열거된 것들은 죄라기보다는 죄의 열매들이라는 사실을 놓치지 말아야 합니다. 죄의 지배에 놓여 있는 한 그런 열매를 맺지 말라고 아무리 닦달해도 맺지 않을 수 없습니다. 이는 곧 죄론은 훨씬 본질적이고 존재론적인 문제라는 뜻입니다. 왜 인간이 죄를 행하는지, 아직 완료된 대답은 없습니다. 성서는 사탄을 그 장본인으로 설명하지만, 그것은 뱀의 하와 유혹 이야기에서 보듯이 일종의 설화이지 실증적인 대답은 아닙니다. 까칠하게 따지고 든다면, 사탄의 활동은 하나님의 전능과 모순됩니다. 결국 죄 문제는 인간의 자유의지와 연결되는데, 아무도 이에 관해서 속 시원한 대답을 제시할 수는 없습니다.

인간의 자유의지를 전제하지 않으면 인간의 죄 문제는 설명할 수 없습니다. 아담과 하와는 선악과를 따먹으면 하나님처럼 눈이 밝아진다는 뱀의 유혹을 거절할 수도 있었지만 결국 받아들였습니다. 자신들이 선택한 겁니다. 그것이 자유의지입니다. 그렇다면 인간에게 자유의지를 허락한 하나님의 창조는 실패한 것일까요? 그렇지 않습니다. 인간이 자유의지로 인해서 하나님의 뜻을 거스르는 사태가 오는 것까지 감안하면서도 하나님이 인간에게 자유의지를 허락하셨다는 것은 하나님이 우리 인간을 사랑하신다는 결정적인 증거입니다. 배반의 모험이 허락되지 않은 사랑은 참된 사랑이 아닙니다. 하나님은 인간에게 모든 것을 선택할 자유를 주심으로 사랑의 극치를 실현하셨습니다.

거꾸로 인간에게 자유의지가 없었다면 어떨까요? 우리가 이 세상에서도 그와 비슷한 경우를 봅니다. 소위 마마보이로 불리는 청년들은 의지가 어머니에게 종속되어 있습니다. 인간이 하나님 앞에서 마마보이라고 한다면 하나님과 인간의 관계는 사랑의 관계가 성립될 수 없습니다. 그런 관계에서는 결코 행복을 경험할 수가 없습니다. 그러나 자유의지만으로 인간의 죄 문제를 완전히 해결할 수는 없습니다. 인간을 유혹하는 존재가 없다면 인간은 죄에 빠질 수 없습니다. 도대체 유혹자는 어디서 왔을까요? 에덴동산의 뱀은 누구의 허락을 받고 아담과 하와를 유혹했을까요? 하나님을 대적하는 또 하나의 궁극적인 세력이 존재한다는 말인가요? 오늘의 교회 지도자들은 기독교의 죄 문제를 전체적으로 접근하지 못하고 죄책감을 강조하는 쪽으로만 접근함으로써 결국 생명을 훼손시키지 말아야 합니다.

앞에서 저는 우리의 신앙과 일상이 일치하지 않는 이유가 기독교 신앙의 몰이해라는 사실을 말씀드렸습니다. 이것은 단지 성서와 교회에 관한 정보를 모른다는 뜻이 아닙니다. 정보는 웬만하면 대충 따라갈 수 있습니다. 조금 더 노력하면 전문가보다 더 많은 정보를 획득할 수 있습니다. 신앙은 정보가 아니라 삶(생명)입니다. 이 말이 무슨 뜻인지 실질적으로 와 닿지 않는 분들이 있을 겁니다. 이런 건 말이 아니라 앎의 실체로 들어가야 하는데, 이게 쉽지 않습니다. 초등학교인지 중학교인지 정확하게 기억이 나지 않지만 아주 어렸을 때 선생님이 원소의 구조를 칠판에 그림으로 그린 적이 있습니다. 큰 원이 하나 있습니다. 그게 원소라는 겁니다. 아주 작은 동심원을 그리더니 까맣게 칠했습니다. 그것이 핵이라고 합니다. 그 사이에 여러 점들을 찍었습니다. 그것이 전자라고 합니다. 선생님이 중성자도 그려 넣었는지 아닌지 기억이 없습니다. 그 그림으로 인해서 제 머리 속에 오랫동안 각인되었던 원소의 모습은 핵과 전자와 중성자로 가득 차 있는 어떤 소립자였습니다. 나중에 알고 보니 그게 아니었습니다. 원소는 순전히 빈 공간입니다. 원소 질량의 대부분을 차지하는 핵의 크기는 거의 무시해도 좋을 정도로 작습니다. 원소는 대부분이 에너지였습니다. 원소에 대한 어렸을 때의 생각은 죽은 지식이었습니다. 제가 보기에 신앙의 세계에서도 앎의 실체로 들어가지 못하고 주워들은 잘못된 정보에 머물러 있는 경우가 많은 것 같습니다. 그것에 묶여 있는 한 실제적인 앎으로 들어가기는 쉽지 않으며, 따라서 신앙과 삶이 일치할 수가 없습니다. 표면적으로 아무리 강렬한 신앙적 포즈를 취해도 실제로는 '신앙 따로, 삶 따로'입니다.

예수님이 우리에게 참된 양식이라는 의미의 오병이어 사건은 오늘 우리의 일상과 어떻게 연관될까요? 이 질문 앞에서 우리에게 가장 우선적으로 필요한 작업은 삶(생명)에 대한 인식과 경험을 심화하는 일입니다. 일상은 곧 삶의 문제이니까요. 우리는 감수성이 예민한 사춘기 시절이나 청년기에는 친구들과 그런 이야기를 나누다가도 세상살이에 이력이 붙은 기성세대가 되면 그런 이야기와 아예 담을 쌓고 삽니다. 우리가 삶의 본질에 대한 질문을 포기하고 사는 이유는 세상에 완전히 적응해버렸다는 데에 있습니다. 이걸 삶의 매너리즘이라고 할는지요. 생명을 창조한 하나님을 믿는다는 기독교인들도 이런 데서는 예외가 아닙니다. 겉으로는 창조, 생명, 사랑, 부활을 언급하지만 실제로 삶의 중심에 천착하는 이들은 많지 않습니다. 기독교 신앙도 역시 매너리즘에 빠질 수 있다는 뜻이겠지요.

삶에 대한 인식과 경험을 심화해야 한다는 말은 우리의 생명이, 즉 우리가 살아가는 이 삶이 무엇인지 아직 결정되지 않았다는 뜻입니다. 우리는 어머니 자궁에서 나와 30년쯤 배우고, 30년쯤 경제활동을 하고, 30년쯤 노후를 보냅니다. 그 과정에서 자식을 낳고 키우며, 재산을 모으기도 하고, 사회적인 신분도 높입니다. 개인과 사회에 따라서 약간씩 차이는 있지만 인간의 삶은 이런 구도에서 벗어나지는 않습니다. 만약에 이것만을 삶이라고 한다면 우리는 오병이어에서 배울 게 하나도 없습니다. 이런 삶은 궁극적인 생명의 양식인 예수님을 별로 필요로 하지 않습니다. 예수님이 없어도 이와 같은 구조의 세상살이에는 아무런 지장이 없다는 말씀입니다. 명목적으로는 예수님을 믿지만 실제로는 예수님이 없어도 아무 상관이 없는 기독교인들이 있겠지요.

바울은 고린도전서 15장 19절에서 이렇게 말한 적이 있습니다. "만일 그리스도 안에서 우리가 바라는 것이 다만 이 세상의 삶뿐이면 모든 사람 가운데 우리가 더욱 불쌍한 자이리라." 고린도전서 15장은 소위 부활장(章)입니다. 그는 부활이 기독교인의 궁극적인 생명이라고 말하고 있습니다. 이 세상의 생명과 질적으로 다른 생명인 부활이 없이 단지 우리의 생명이 이 세상의 것으로 완전히 끝장난다면 부활에 모든 삶의 토대를 놓고 살아가는 기독교인들은 당연히 어리석을 뿐만 아니라 불쌍한 사람임에 틀림없습니다. 없는 것을 희망했으니 어리석은 것이며, 이 세상의 삶을 마음껏 누리지 못했으니 불쌍하다는 것입니다.

기독교인들에게 생명은 부활을 빼놓고 생각할 수 없습니다. 간혹 어떤 사람들은 윤리적인 삶을 기독교인의 가장 중요한 삶으로 주장하기도 하는데, 그것은 기독교의 중심을 모르는 소리입니다. 복음서가 보도하고 있는 예수님의 가르침과 사건은 온전히 부활의 빛에서 새롭게 해석된 것입니다. 부활이 없다면 예수님의 가르침과 그에게 일어난 여러 사건들은 다른 종교 위인들의 그것과 크게 다르지 않습니다. 오늘 우리의 일상적 삶이 무엇이냐, 하는 질문에 대답하려면 예수님의 부활과 우리의 일상적 삶이 어떤 관계를 맺는지 질문해야 합니다. 지금 우리의 일상은 부활과 별로 상관없어 보입니다. 우리는 부활의 실체와는 전혀 달리 여전히 병들고, 좌절하고, 그리고 곧 죽습니다. 우리의 일상은 부활의 빛이 아니라 오히려 죽음의 그림자에 휩싸여 있는 것 같습니다. 이런 것만 본다면 우리는 지금 부활과 아무런 상관없는 삶을 살고 있는 중입니다. 과연 그렇기만 한 걸까요? 지금 우리의 일상에는 부활의 흔적이 전혀 없는 걸까요? 그래서 늘 목말라하고 영적으로 궁핍한 걸까요?

아닙니다. 제가 보기에 생명의 영인 성령과의 소통이 그 증거입니다. 잠정적인 이 세상에서 우리가 부활생명을 경험할 수 있는 가장 바른 길은 성령과의 소통입니다. 이렇게만 말하면 우리는 또 혼란스러워집니다. 성령과의 소통이 여전히 명료하지 않기 때문입니다. 간혹 잠을 자다가 비몽사몽간에, 또는 기도하는 중에 어떤 소리를 듣는 일이 있겠지만 성령과의 소통을 그런 현상이라고 하기는 어렵습니다. 아주 특별한 경우에 그런 현상이 없을 수는 없겠지만 기독교 신앙의 중심에서 볼 때 그것이 대답은 아닙니다. 하나님의 말씀이 그 대답입니다. 하나님은 말씀으로 존재하십니다. 창조도 언어로 일어났습니다. "빛이여, 있으라" 하니 빛이 생겼다고 합니다. 그 언어는 '다바르', 즉 창조의 힘입니다. 로고스인 예수님은 태초에 있었던 그 말씀 다바르(다바르는 '말하다'라는 뜻)이십니다. 구체적인 우리의 역사를 떠나시어 하나님 우편에 앉아 계신 예수님은 지금 전혀 다른 존재방식인 성서말씀으로 우리와 함께하십니다. 따라서 우리가 성서말씀을 바르게 이해한다면 거기서 예수 그리스도를 만나게 되며, 더 나아가서 부활생명을 만나게 될 것입니다.

우리가 성서말씀을 바르게 이해하면 부활생명을 만난다는 게 옳은 주장일까요? 그게 옳다면 그 근거는 무엇일까요? 상투적인 근거가 아니라 실질적인 근거는 무엇일까요? 성서는 달을 가리키는 손가락과 비슷합니다. 손가락의 방향을 정확하게 직시할 수만 있다면 우리의 영적인 시각은 달을 포착해낼 수 있습니다. 여기서 관건은 손가락의 방향을 어떻게 직시하는가에 있습니다. 이 과정에는 어떤 영적인 비약이 필요합니다. 비약이라는 말은 비현실적이라는 뜻이 아닙니다. 성서는 이 세상의 사물을 설명하는 게 아니라 이 세상의 그 어떤 것으로도 그 유비를 찾을 수 없는 하나님을 손가락으로 지시하고 있기 때문에 이 세상 사물의 이치에만 묶여 있는 사유방식으로는 성서를 바르게 이해할 수 없다는 뜻입니다. 시를 이해하려면 그 단어에 얽매이지 말고 그 내면의 세계로 들어가야 하듯이 성서를 이해하려면 성서의 고유한 세계로 들어가야 합니다.

성서의 세계에서 우리는 하나님의 통치를, 그의 존재를, 즉 부활생명을 경험하게 될 것입니다. 그걸 구체적으로 제시하라고 하면, 저는 자신이 없습니다. 시를 단지 낱말 뜻으로만 생각하는 사람에게 시를 이

해시킬 수 없듯이 하나님 자체를 저는 설명할 수 없습니다. 더구나 그 하나님은 성서의 세계에만 머물러 있지 않은 분이십니다. 우리가 조금 가까이 갔다고 생각하는 순간에 다시 멀리 떨어지시는 그 하나님을 무슨 수로 다른 사람에게 설명할 수 있단 말인지요. 그것은 설명이 아니라 느낌이라고 해야 좋겠군요. 느낌은 단지 느낌일 뿐이지 설명은 아니에요. 그 하나님을 우리는 성서에서 만날 수 있을 겁니다. 영적인 눈을 뜨기만 하면요.

성서를 통한 하나님의 경험이 느낌이라는 말이 자칫 오해를 불러일으킬지 모르겠군요. 그 느낌은 오늘 날씨가 좋은 탓인지 뭔가 좋은 일이 일어날 것 같다는 막연한 기분이나 우수수 떨어지는 가을 낙엽을 보고 들게 되는 애틋한 감정을 의미하는 게 아닙니다. 그것은 일단 슐라이어마허가 말하는 '절대의존감정'이나 루돌프 오토가 말하는 '누미노제', 즉 거룩한 두려움 같은 것에 가깝습니다. 이를 신앙적인 용어로 바꾸면 영혼의 공명이라고 해도 되겠지요. 영혼의 공명을 일으키는 느낌은 사람의 심리나 감정의 표피가 아니라 가장 궁극적인 현실에 대한 인식과 경험으로부터 얻어지는 것입니다. 따라서 역사 비평적 성서읽기와 치밀한 신학공부가 여기서 절대적으로 필요합니다. 이런 바탕 없이 열광적인 믿음으로만 접근한다면 이런 느낌을 얻을 수 없습니다. 사람들은 영혼의 공명에서 나오는 느낌과 인간의 단순한 감수성을 구분하지 않습니다. 대개는 자기의 주관성에 머문 채 그것이 하나님 경험인 것처럼 착각합니다. 이런 주관적인 경험은 사이비 이단들에게 훨씬 강하게 나타납니다.

이 느낌을 약간 다른 방식으로 설명하면 개념이라고 할 수 있습니다. 하나님은 우리에게 개념으로 경험됩니다. 물론 느낌과 개념이 똑같은 것은 아니지만 구체성 너머를 가리킨다는 점에서는 비슷합니다. 우리의 하나님 경험이 깊어진다면 결국 개념적으로 인식하게 됩니다. 그 개념의 심화는 신학이 감당합니다. 인간의 고통과 하나님의 통치, 하나님 나라의 은폐성, 죄와 자유의지 등등, 이런 신학적 사유훈련을 통해서 우리는 우리의 모든 인식범주를 근본적으로 초월하시는 하나님을 느낌과 개념으로 가까이 경험하게 됩니다. 이런 점에서 섬세한 영성과 깊은 신학적 통찰은 우리 기독교 신앙에서 마차의 두 바퀴와 같습니다.

하나님 경험이 탄탄하게 우리의 인식세계에 자리 잡으면 이제 우리는 이 세상을 새로운 눈으로 보게 됩니다. 우리의 일상이 하나님 경험에 휩싸이게 됩니다. 이 대목이 조금 까다롭습니다. 왜냐하면 하나님 경험과 일상이 서로 다른 차원이기 때문입니다. 신구약성서 전체와 그것의 해석인 신학과 그것의 실천인 경건생활을 통해서 주어지는 하나님 경험은 여전히 관념적인 차원인데 반해서 일상은 물질적이고 구체적인 차원입니다. 아마 많은 기독교인들도 이런 이질적인 두 세계를 거북스럽게 느낄 겁니다. 하나님 경험은 늘 교회 안에 머물러 있는 반면에, 일상은 교회 밖에 머물러 있습니다. 하나님 경험은 교회 구조 안에서만 치열하고 교회 밖에서는 나이브한 반면에, 일상은 교회 구조 안에서는 나이브하고 교회 밖에서는 엄청 치열합니다. 하나님 경험이 교회 안이나 밖에서 늘 치열하다고 생각하는 사람들도 있긴 하겠지요. 그들은 둘 중의 하나입니다. 사도나 교부들처럼 기독교 신앙의 고차원으로 들어가서 삶을 통전적으로 느끼는 사람이거나, 아니면 광신자처럼 기독교 신앙을 전혀 모른 채 삶을 훼손하는 사람들이겠지요. 우리처럼 평범한 사람들은 어중간하게 삽니다. 한편으로는 하나님 경험에 치우치다가 다른 한편으로는 일상에 치우치면서 살아갑니다.

어떻게 우리의 일상이 하나님 경험에 휩싸일 수 있을까요? 저는 어렴풋하게만 느끼고 있을 뿐이지 아직 그것을 명백하게 체험하지 못한 사람입니다. 그것은 인간에게 불가능한 것인지도 모릅니다. 상당한 경지의 영적 훈련을 거쳤다고 하더라도 우리는 주변 사람에게 쉽게 실망하기도 하고, 환경에 많은 영향을 받습니다. 이건 일상이 하나님 경험에 휩싸이지 못했다는 증거입니다.

    하나님 경험이 일상과 결합할 때 오병이어 사건은 어떻게 다가오
는 걸까요? 앞에서 여러 번 짚은 것처럼 오병이어는 구체적인 먹을거리
이면서 동시에 영적인 양식을 가리키기도 합니다. 우선 우리는 이 세상
의 모든 먹을거리를 부활생명의 차원에서 대해야 합니다. 오병이어를
생리학적인 차원에서만 본다면 우리 입을 통해서 우리 몸 안에 들어가
소화기관을 거치면서 분해되어 배설기관을 통해서 찌꺼기로 나오게 되
어 있습니다. 그러나 그것은 훗날 부활생명을 입게 될 현재의 우리 몸
을 살리는 생명의 질료입니다. 아직은 부활체가 되지 않았지만 언젠가
는 부활체가 될 우리 몸의 구성요소들입니다. 그렇다면 오병이어는 부
활생명의 알갱이들이라 할 수 있지요. 그것들은 거룩한 생명을 이루기
위한 거룩한 재료들이겠지요.

    잠시 우리 몸에 들어왔다가 분해되고, 우리의 세포 안으로 들어왔
다고 하더라도 언젠가 우리가 늙어 죽으면 다시 흙으로 해체되고 말 그
오병이어가 앞으로 어떻게 우리의 부활체에서 작용하게 되는지 우리는
지금 전혀 감을 잡을 수 없습니다. 그것은 비밀입니다. 비밀이라는 말
은 근거가 없다는 게 아니라 아직 모를 뿐이지 언젠가는 드러난다는 뜻
입니다. 이 세상을 하나님이 창조했다면 오병이어도 역시 하나님의 창
조물입니다. 하나님의 창조 행위에서 무의미한 게 하나도 없다면 밀이
나 생선도 모두 의미가 있습니다. 모두가 생명계 안에 들어 있으며, 우
리가 모르는 방식으로 생명의 유기적 그물망 안에 들어와 있습니다. 오
병이어가, 아니 들꽃 한 송이, 모기 한 마리마저 종말에 일어날 부활생
명과 연결되어 있겠지요. 이게 말이 안 될까요? 지금은 말이 안 되는 것
처럼 보이겠지만, 나중에는 확실해질 겁니다. 다만 지금 우리는 그 모
든 생명의 처음과 나중의 유기적 관계를 모를 뿐입니다.

    지금 제 책상 위에는 컴퓨터와 몇 가지 물건들이 놓여 있습니다.
그중에서 접시 위에 놓인 홍시가 눈에 뜨이는군요. 홍시를 반으로 잘랐
습니다. 놀라운 세계가 펼쳐지는군요. 사과나 수박처럼 껍질과 살의 색

깔이 서로 다른 과일이 많은데, 홍시는 똑같이 주홍색이군요. 살이 참으로 부드럽습니다. 홍시의 살은 살살 녹는다는 표현이 틀리지 않군요. 그 가운데 꼭꼭 숨어 있는 씨는 정반대로 색깔도 진한 갈색인 데다가 차돌처럼 딱딱하군요. 부드러움이 딱딱함을 감싸고 있는 형국입니다. 씨의 세계도 볼 수만 있다면 놀라울 겁니다. 이 홍시의 정체는 과연 무엇일까요? 그것의 과거는 우리가 대충 압니다. 감나무는 지난여름 작열하는 태양으로부터 공급받은 에너지와 탄소와 물을 결합해서 이런 놀라운 생명 알맹이들을 만들어 냈습니다. 아무리 위대한 유전공학자라고 하더라도 이런 일은 할 수 없습니다. 뛰어난 과학자는 이미 창조된, 그리고 그렇게 존재하고 있는 생명을 조금씩 개량할 수 있을 뿐이지 생명 자체를 만들지 못합니다. 그러나 감나무는 바로 생명의 생산기지입니다. 어느 인간도 엄두를 낼 수 없고, 흉내를 낼 수도 없는 일을 그는 합니다. 우리는 홍시를 생산해내는 감나무와 그것의 미래를 알 수 없습니다. 감나무가 언제까지 감을 맺을 수 있을는지 우리는 전혀 감을 잡을 수 없습니다. 감과 배의 중간쯤 되는 과일을 맺게 될지도 모릅니다. 이런 일이 생기는 이유는 감나무가 그것 단독이 아니라 우리의 예상을 넘어서는 지구의 전체 생명과 유기적인 관계를 맺으면서 살아가기 때문입니다. 이 전체 생명은 바로 하나님의 창조 행위입니다. 오늘 이 시간에 우리 입으로 들어가는 홍시는 바로 하나님의 길고긴 창조 행위의 한 순간에 자리하고 있는 생명사건입니다. 이것이 바로 오병이어입니다.

예수님은 우리에게 귀한 기도를 가르쳐 주셨습니다. 그 주기도에 이런 대목이 나옵니다. "우리에게 일용할 양식을 주십시오." 일용할 양식에 대한 간구는 땅에 관한 용건 중에서 가장 먼저 나옵니다. 그 뒤로 용서와 시험이 나오고, 마지막으로는 송영이 나옵니다. 일용할 양식이 땅의 삶에 가장 시급한 문제라는 뜻이겠지요. 하루의 먹을 것을 위해서 기도하라는 이유는 우리의 일상이 바로 하나님의 손에 달려 있다는 뜻이기도 하고, 그 이상의 일을 염려하지 말라는 뜻이기도 하겠지요. 이

렇게 사는 것이 쉬운 것 같지만 쉽지 않습니다. 왜냐하면 이 세상에서
의 경험이 우리로 하여금 내일 일을 늘 염려하게 만들기 때문입니다.

　　이런 점에서 볼 때 이 기도의 더 중요한 의미는 모든 사람들이 일용
할 양식을 염려하지 않도록 이 세상에서 경제정의를 세워 나가는 것입
니다. 창조의 하나님을 향한 신앙의 관점에서 그것이 가능하다고 믿습
니다. 문제는 세월이 흐르면서 일어나는 부의 편중을 우리가 어떻게 적
절하게 제어하는가에 달려 있습니다. 완전한 평등이나 완전한 만족은
하나님 나라가 온전히 실현되기 이전에는 불가능하겠지만 최소한 모든
사람들이 일용할 양식을 염려하지 않는 이 땅의 세계는 가능합니다. 이
런 일은 단지 도덕심이나 양심에 호소해서 되는 게 아니라 궁극적으로
일용할 양식을 허락하시는 하나님을 온전히 신뢰하게 될 때 가능한 게
아닐는지요. 남미 우루과이에 있는 작은 교회당의 벽에 "하지 말라"는
주기도문이 새겨 있다고 합니다. 그중의 한 대목이 이와 같습니다. "오
늘날 우리에게 일용할 양식을 주옵시고라고 기도하지 마라. 죽을 때까
지 먹을 양식을 쌓아두려고 하면서⋯."

　　앞에서 짚었듯이 떡 다섯 개와 물고기 두 마리를 뜻하는 오병이어
는 실제로 한두 사람의 한 끼나 하루치 먹을거리에 불과합니다. 그것으
로 남자만 오천 명이 먹고도 남은 것이 열두 바구니에 찰 정도라고 했는
데, 여기서 오천 명이라는 숫자에 관심을 너무 기울이지 마십시오. 그
숫자는 이 사건의 확실성을 강조하기 위한 수사에 불과합니다. 우리는
숫자의 허상에서 벗어나야 합니다. 오천 명이 모이는 교회는 일만 명의
교회로 크는 것에만 신경을 쓰고, 일만 명이 모이는 교회는 이이만 명의
교회가 되는 것에만 마음을 씁니다. 목사의 능력이 교인 수와 비례되기
도 합니다. 우리의 일상도 아마 이런 구도에서 벗어나지 못할 겁니다.
그런 숫자놀음이 우리의 삶을 자유롭게 하는지 깊이 생각해 보십시오.
우리가 가는 삶의 길을 잠시만 멈추어서 생각해 보십시오. 이런 생각을
자주 하는데도 불구하고 숫자의 미혹에 자주 빠지는 이유는 신앙과 삶

의 실질이 우리에게 체화되지 못했기 때문일지 모릅니다.

오늘 우리는 오병이어를 먹은 오천 명이라는 사람들의 숫자보다는 그것을 먹은 각각의 사람에게 관심을 기울여야 합니다. 모든 무리들은 결국 개인으로 구성됩니다. 개인은 어떤 경우에도 우주론적 무게를 잃지 않습니다. 예수님이 구원하신 온 인류 안으로도 사라져버리지 않습니다. 교회는 공동체이며, 종말 이후에 시작될 새 하늘과 새 땅도 역시 구원받은 이들의 공동체입니다만, 거기서도 역시 개인은 실종되지 않습니다. 오늘 이 세상의 모든 개인들이 오병이어를 취할 수 있는 길은 어디에 있을까요? 일용할 양식을 구하라고 기도를 가르쳐 주신 주님의 말씀을 따르는 우리는 그것의 구체적인 길을 서로 찾아나서야 합니다. 주여, 우리에게 일용할 양식을 주십시오!

일용할 양식을 구하라는 주기도의 가르침을 두 가지 관점에서 받아들여야 합니다. 첫째, 일용할 양식을 공동의 문제로 삼아야 합니다. 국가나 세계를 가정 경제로 꾸려가는 것이지요. 한 가정에서 밥상 공동체에는 온전한 정의가 실현됩니다. 어느 한 사람에 의해서 밥상이 독점되는 일은 없습니다. 가정에서는 약한 아이들에게 오히려 더 좋은 밥상이 제공됩니다. 이런 가정 경제가 국가와 세계로 확장될 수 있을까요? 현실 사회주의는 그걸 시도하다가 실패하고 말았지만 하나님의 우주론적 구원을 기다리는 우리 기독교인들은 그런 희망을 포기할 수 없습니다.

둘째, 각자가 일용할 양식에 집중해서 살아야 합니다. 이것은 사람이 먹는 일에만 치중해야 한다는 게 아니라 생존에 만족하는 삶을 꾸려가야 한다는 뜻입니다. 우리가 생존하기 위해서 필요한 최소한의 조건은 바로 일용할 양식입니다. 그것이 보장된다면 우리는 생명을 누릴 수 있습니다. 이런 삶의 방식은 동물들에게서 볼 수 있습니다. 그들은 모든 삶을 먹고 번식하는 데 놓습니다. 인간이 지금 동물의 삶으로 돌아갈 수는 없지만, 또한 그것이 절대 선은 아니지만 그것에 삶의 토대를 놓아야 한다는 것만은 분명합니다. 우리가 가정 경제 패러다임을 회복하며, 생존에 삶의 토대를 놓는다면 모든 사람들의 일용할 양식 문제는 해결될 것입니다. 그것이 실제로 가능한지 우리는 확신하지 못합니다. 이 세상에서의 경험이 그것을 불가능하게 만들기 때문입니다. 우리는 나이가 들어가면서, 그리고 문명의 꽃을 피우면서 좋지 못한 경험에 사로잡히는 것 같습니다. 이런 경험실증론을 극복하기 위해서 우리는 성서가 말하는 하나님 나라의 종말론적 희망을 배워나가야겠지요. 이런 희망들이 개인의 영성을 풍요롭게 할 뿐만 아니라 국가의 영성까지 바꿔나가도록 노력해야겠습니다.

　　이스라엘 민족의 광야생활에는 영적인 사건들이 많이 일어났습니다. 그중에서 만나는 대표적인 사건이라 할 수 있습니다(출 16장 참조). 앞에서 만나 이야기를 간단히 짚었지만 오병이어와 연관해서 중요한 사건이기에 여기서 보충하겠습니다. 그 만나는 오병이어와 대비되는 구약의 전승입니다. 구약에는 만나, 신약에는 오병이어가 있다고 보면 됩니다. 만나도 오병이어와 마찬가지로 사람들의 굶주림이 그 동기입니다. 이스라엘 사람들이 이집트에서 탈출한 지 얼마 지나지 않아 곧 먹는 문제가 현안으로 등장했습니다. 그들은 아마 이집트를 탈출하기만 하면 모든 문제가 쉽게 해결되리라고 기대했을지도 모릅니다. 파라오가 항복했고, 마음을 바꿔 뒤쫓아 온 파라오의 군대는 홍해에 수장되었습니다. 노예의 삶을 면치 못하던 이스라엘 사람들에게 이런 경험은 모든 현실 문제를 초월하게 만들었을 겁니다. 그러나 그런 열광과 초월은 잠시입니다. 당장 먹고 사는 문제가 그들에게 닥쳤습니다.

　　성서는 절박한 상황에 처한 이스라엘 백성들이 아침마다 만나를 거둬들일 수 있었다고 합니다. 저녁에는 메추라기가 떨어졌다고 합니다. 그들이 전혀 예상하지 못했던 일이 벌어진 것입니다. 그들은 그걸 먹고 40년 광야생활을 버텨낼 수 있었습니다. 이 만나 사건의 진상은 무엇일까요? 만나는 지금도 미디안 광야에서 흔하게 일어나는 자연현상이라고 합니다. 연지 벌레에서 나오는 분비물이 나뭇잎에 맺혔다가 기온이 낮아지는 밤중에 딱딱하게 굳는데, 아침에 그걸 먹을 수 있답니다. 모세는 미디안에서 40년 동안 목자로 살았기 때문에 이런 먹을거리를 쉽게 찾아낼 수 있었겠지요. 그들은 민족 전체가 몰살당할 수도 있는 위기를 만나로 모면할 수 있었습니다. 그게 바로 하나님의 은총이 아닌가요? 생존의 최악조건인 광야의 세월을 버텨낸 이스라엘 사람들이 만나 이야기를 잊을 수는 없었을 겁니다.

구약성서가 보도하고 있는 만나 사건에는 두 가지 특징이 있습니다. 첫째, 그들은 만나를 식구 숫자대로 먹을 만큼만 거둬들여야 했습니다. 개중에는 많이 거둬들인 사람도 있었는데, 집에 돌아와서 그들의 계측기인 오멜로 되어 보면 결국 식구 몫에서 더도 아니고 덜도 아닌, 딱 맞춤으로만 남았고, 거꾸로 적게 거둬들인 사람의 몫도 결과적으로는 똑같았다고 합니다. 이런 점에서 만나는 가장 정의로운 먹을거리입니다. 잘사는 사람과 못사는 사람의 차이가 없이, 신분이 높은 사람과 낮은 사람의 차이가 없이 모두 똑같은 것을, 똑같이 먹어야만 했으니까요. 둘째, 만나는 하루치의 먹을거리였습니다. 다음 날까지 남겨두는 만나는 모두 벌레가 먹었다고 합니다. 그들은 그야말로 일용할 양식에 철저하게 의존해서 살았습니다. 이것이 바로 그들의 신앙이었습니다. 까놓고 말한다면 단 하루치의 만나에만 의존해서 산다는 것은 불안했을 겁니다. 만약 그 다음날 큰비가 오거나 밖으로 나갈 수 없을 정도로 아프거나, 또는 전쟁이 일어나면 만나를 거두러 나갈 수 없을 테니까요. 만약의 경우를 대비해서라도 한 번에 일주일치의 만나를 거둬들일 수 있으면 좋아지겠지요. 그러나 우리의 형편이 넉넉하면 넉넉할수록 하나님과의 관계는 줄어드는 반면에, 단 하루의 생존에 만족하면 할수록 하나님과의 관계가 깊어진다는 게 바로 만나의 영적 신비입니다.

이스라엘 사람들은 광야의 만나를 하나님이 내려주시는 특별한 먹을거리로 생각했습니다. 여기서 핵심은 만나 자체라기보다는 하나님의 은총입니다. 생존의 조건이 가장 척박한 광야에서도 하나님이 그들에게 생존할 수 있는 은총을 내려주셨습니다. 이러한 은총이 오늘 우리의 삶을 지탱해 주는 원천입니다. 우리는 일용할 양식 앞에서 이런 은총을 경험하고 있을까요? 광야에서 이스라엘 백성들에게 내린 만나 사건은 분명히 하나님의 특별한 은총이기는 하지만 그것이 이스라엘 백성들의 삶을 근본적으로 새롭게 바꾸지는 못했습니다. 굶어죽을 지경이 되었을 때 처음 경험하게 된 만나는 그들이 하나님의 은총을 전혀 새롭게 경험할 수 있는 길이었지만, 그것이 일상으로 들어오면서 다시 시시하게 되었습니다. 그게 참으로 이상합니다. 만나를 경험했는데도 그들은 광야생활을 하면서 계속해서 불평불만을 터뜨리고, 의심하고 방황했습니다.

이스라엘 백성들이 참된 신앙의 경지를 보여 주지 못했다는 것은 그들이 특별히 교만하거나 생각이 없었다기보다는 하나님의 은총에 대한 인간 경험이 원래 그렇게 허약하다는 말이 아닐는지요. 제 생각에 우리는 하나님의 은총을 지속적으로 견지해 나갈 만한 영적 능력이 없습니다. 어떤 순간에 깊은 은총을 경험한다고 하더라도 그것은 순식간에 시시한 일로 떨어질 수도 있습니다. 여러분들도 신앙생활에서 그런 경험이 많을 겁니다. 산을 옮길 만한 믿음이 있는 것 같다가도 어느 순간에 저 나락으로 떨어지는 경험 말입니다.

우리의 신앙여정에서 하나님의 은총이 손상되는 가장 큰 이유는 하나님의 은총을 주관적 경험의 차원에서만 받아들인다는 데에 있습니다. 인간의 주관적 경험은 하나님을 향한 가장 확실한 근거이지만, 동시에 영적 상태에 따라서 쉽게 흔들리기도 합니다. 우리가 하나님의 은총을 상실하지 않으려면 훨씬 깊은 영성에 근거해야 합니다. 이를 위해서는 자기 신앙을 객관화시키는 작업이 필요하겠지요. 이 작업의 가장 바른 길은 영성의 대가들에게서 배우는 것입니다. 지난 2천 년 기독교 역사에서 활동한 그들을 신앙의 동반자로 삼는다면 우리는 하나님의 은총을 일상에서 계속 유지할 수 있을 겁니다.

저는 오병이어와 만나 사건을 연결해서 설명하면서 은총이라는 단어를 여러 번 사용했습니다. 오병이어와 만나 모두 우리의 일상에 임하는 하나님의 은총이라는 뜻이었습니다. 우리는 왜 그것을 은총이라고 말할까요? 은총이 도대체 무엇일까요? 라틴어로 '그라티아', 헬라어로 '카리스'라고 하는 은총은 말 그대로 값없이 받는 선물이라는 뜻입니다. 우리에게 값없이 선물을 주시는 분은 하나님이십니다. 어떤 사람들은 하나님이 아니라 자연이라고 말하고 싶겠지요. 그 자연을 창조하신 분이 하나님이라는 사실을 모르고 하는 소리입니다. 이런 점에서 자연주의자와 하나님을 믿는 사람 사이에는 작을 수도 있고 클 수도 있는 차이가 있습니다. 양쪽 모두 자연의 은총을 누린다는 점에서 비슷하기는 하지만, 그 자연의 힘을 어떻게 보는가에 따라서 다릅니다. 우리는 자연 현상 자체가 아니라 그 너머에서 생명을 주관하시는 인격자에게 마음을 둡니다. 자연주의자는 극단적인 생태주의자가 되겠지만 신자들은 생태 친화적이면서도 거기에 매달리지는 않습니다. 왜냐하면 우리가 생각하는 이런 자연이 궁극적인 세계라고 생각하지 않기 때문입니다. 이 자연이 파괴된다고 하더라도 그것을 무에서 창조(creatio ex nihilo)하신 하나님이 다른 방식으로 생명을 유지하리라고 믿기 때문입니다. 그런 세계관이 곧 요한계시록의 묵시사상에 기초한 종말론입니다. 그런 묵시적 종말론에 근거하면 오늘 이 세상에서의 삶이 아무런 무게를 갖지 못하는 거 아니냐 하고 반문할 수 있습니다. 그렇지 않습니다. 종말론적 빛에 의해서 이 세상의 삶이 은총이라는 사실은 더 빛납니다. 지금 여기서 우리는 하나님이 주인이신 모든 것을 빌려서 사용하고 살아갈 뿐입니다. 공짜로 세 들어 살고 있는 셈입니다. 그러니 어찌 감사하지 않을 수 있습니까.

저는 언젠가 깊은 가을에 경상북도 청도에 다녀온 적이 있습니다. 경산과 청도는 재를 중간에 두고 나뉩니다. 경산 쪽에서 꼬불꼬불하게

난 언덕길을 한참 치고 올라가 재를 넘는 순간 전혀 다른 모습이 눈에 들어옵니다. 저는 내리막길에서 운전하랴 풍경 보랴 전방주시라는 운전의 기초를 지키지 않아 하마터면 사고를 낼 뻔했습니다. 그 풍경은 주황색을 띤 감이 주렁주렁 달린 감나무였습니다. 집집마다 감나무가 없는 집이 없으며, 언덕마다 감나무 밭이 없는 언덕이 없었습니다. 깊은 가을의 어느 저녁 무렵 감나무 천지인 마을을 지난다고 생각해 보십시오. 정신이 아찔할 겁니다. 지난여름에 감나무가 무슨 일을 저질렀는지 제가 자세하게 설명할 필요가 없겠지요. 물과 탄소가 감나무의 먹을거리였겠지요. 1억 5천만 킬로미터 멀리 떨어진 곳에서 쏜살같이 달려온 햇볕은 이 감나무의 연인입니다. 그들은 지난여름 몇 달 동안 사랑을 나누었습니다. 그리고 이제 감을 생산해 냈습니다. 연인들은 함께 감을 먹으며 다시 사랑을 나누겠지요.

조금 시간이 더 지나 가을이 마감될 무렵이면, 감나무 잎은 떨어질 겁니다. 그 낙엽은 다시 땅을 기름지게 합니다. 어떤 소녀는 그 낙엽을 책갈피에 묻어 두었다가 성탄절에 카드를 만들지도 모릅니다. 감나무 잎차도 좋다고 하던데요. 차를 만들기에는 시간이 너무 흘렀군요. 지난여름에 따두었어야 했는데, 어쩔 수 없지요. 부지런한 분들의 도움을 받을 수밖에요. 감나무는 이 지구 전체의 생명과 일체를 이루고 있습니다. 그것은 바로 하나님의 창조능력이기도 합니다. 하나님이 세상을 무(無)에서 창조했다는 말은 피조물인 우리가 생명현상을 따라잡을 수 없다는 뜻입니다. 우리는 그 모든 것을 선물로 받았을 뿐입니다.

오병이어는 소소한 먹을거리에 불과합니다. 그것으로 많은 이들이 배부르게 먹었습니다. 남자만 오천 명이기 때문에 굉장히 큰 사건처럼 보이긴 하지만, 그들도 결국 한 끼만 먹었을 뿐이라는 사실이 여기서 중요합니다. 어느 날 저녁, 오병이어, 한 끼의 먹을거리를 주목해야 합니다. 우리 주변에 흔하게 일어나는 일상의 한 장면입니다. 아주 흔하디흔한 일상 말입니다. 오늘도 저는 다른 날과 비슷한 하루를 지냈습니다. 아침은 빵을 먹고 커피를 마셨습니다. 아내가 깎아준 배도 먹었지요. 너무 오랫동안 냉장고에 넣어둔 탓에 배가 좀 시들었군요. 아침 9시에 강의를 들으러 가는 큰딸을 학교까지 데려다 주었습니다. 일주일에 하루는 제가 데려다 줍니다. 교회로 와서 하루 종일 글을 썼습니다. 단양에서 있을 〈목회교육연구원〉 20주년 신학강의를 위한 원고입니다. 오후 5시에 테니스장에 가서 한 시간 반 동안 땀을 흘리고 돌아와, 저녁밥을 먹으러 집으로 갔습니다. 내일이 노는 토요일이라서 학교 기숙사에 있던 작은딸이 하루 일찍 집으로 와 있네요. 저도 그걸 미리 알고 찜닭을 사 갔습니다. 다시 교회로 돌아와 쓰던 글을 마치고, 마지막으로 일기를 쓰는 심정으로 말씀 묵상을 쓰고 있습니다.

이렇게 하루를 지냈습니다. 보석처럼 아주 소중한 하루였습니다. 이런 일상이 쌓여서 한 평생의 인생이 되겠지요. 저는 오늘 하루가 어떤 의미인지는 정확하게 알지 못합니다. 오늘 하루가 내일 하루와 어떻게 연결되는지, 내 평생과는 어떻게 연관되는지도 잘 모르겠습니다. 내 일상이 끝날 때가 되어야 그 일상의 삶이 정리되겠지요. 더 궁극적으로 예수님 앞에 설 때 드러나겠지요. 그 순간이 되어야 사소했던 것들의 참된 의미를 알 수 있겠지요. 모든 궁금증을 그때까지 묻어두고 가능한 대로 일상에 충실하면서 살아갈 뿐입니다.

요한복음이 보도하는 오병이어 사건의 마지막 장면은 의미심장합니다. 이 기적을 본 사람들이 예수를 억지로라도 왕으로 세우려고 했습니다(요 6:15). 이런 낌새를 알아차린 예수는 그들을 피해서 산으로 올라가셨다고 합니다. 민중은 빵을 원합니다. 그것도 아주 풍족한 빵을 원합니다. 빵을 해결할 수 있는 지도자가 곧 그들에게 메시아입니다. 민중들의 이런 욕구는 고대나 현대나, 시대를 초월해서 언제나 비슷합니다. 대통령의 가장 큰 역할이 경제발전이라고 모두가 외칩니다. 그런 외침이 지금 이 세상을 도도하게 끌어가고 있습니다. 국가의 간섭을 최소화하고 개인의 자유를 극대화함으로써 경쟁력을 높여야 한다는 주장이 오늘의 메시아니즘입니다. 예수님은 자신을 왕으로 세우려는 민중들의 뜻을 거절했습니다. 말도 꺼내지 못하게 했습니다. 무슨 뜻인가요? 빵 문제를 해결하는 방식으로는 인간 구원이 가능하지 않다는 뜻이겠지요. 더 나아가서 빵 문제는 그 어떤 방식으로도 해결될 수 없다는 뜻이기도 하겠지요. 기독교의 메시아니즘은 빵의 해결이 아니라 전혀 다른 것입니다. 그것은 곧 십자가와 부활입니다.

궁극적인 구원이 십자가와 부활로 주어진다고 하더라도 이 세상에 살아가는 한 빵 문제는 누구도 무시할 수 없는 거 아닌가, 하는 주장이 가능합니다. 민중들의 빵 문제를 해결하는 것이 아무리 시급하고 절실하다고 해도 그것으로 인간 구원이 가능하지 않다는 사실만은 놓치지 말아야 합니다. 왜냐하면 인간 구원은 이 세상의 문제를 해결하는 것으로는 불가능하기 때문입니다. 구원은 하늘로부터 와야만 합니다. 우리 기독교인들은 그것을 기다립니다. 주님의 재림으로 완성될 생명을 기다립니다.

오병이어에 관한 요한복음의 후일담은 또 하나의 새로운 이야기를 전합니다. 육체를 배부르게 하는 빵인 만나는 먹어도 죽지만 하늘에서 내려온 생명인 예수를 먹으면 영원히 산다는 말을 들은 사람들 중에서 많은 제자들이 예수를 더 이상 따르지 않고 물러갔다고 합니다. 여기서 말하는 제자들은 열두 제자가 아니라 일반적인 추종자들, 즉 민중들을 가리킵니다. 그들은 하늘로부터 주어지는 생명의 빵에 관해서는 더 이상 관심이 없습니다. 하늘의 빵이 그들에게는 현실성이 없어 보였을 겁니다. 예수님의 말씀을 들은 그들은 "말씀이 왜 이렇게 어렵소?" 하고 투덜거렸습니다(요 6:60). 물론 제자들도 예수님의 말씀을 모두 이해한 것은 아니었고, 예수의 형제들도 예수님을 믿지 않았다고 합니다(요 7:1 이하). 여기서 어렵다는 말은 실제로 어렵다는 뜻이기도 하지만 아예 관심이 없다는 뜻이기도 합니다. 요즘 설교를 듣는 청중들도 비슷하지만, 관심이 없는 말은 이해하기도 어려운 법입니다. 구름처럼 모여

들었던 수천 명이 모두 떠나고 열두 제자만 남았습니다. 예수님은 그들을 향해서 자네들도 떠나겠느냐, 하고 물었습니다.

오늘 교회 지도자들은 청중들이 떠날까 노심초사하고 있습니다. 그들을 교회에 붙들어 매기 위해서 온갖 방법론이 개발되고 있습니다. 신앙이 일종의 엔터테인먼트로 변질되고 있는 조짐이 많습니다. 그들의 관심인 빵을 제공합니다. 이런 방식으로 민중들을 어느 정도는 붙들 수 있겠지만, 교회가 하늘로부터 내려오는 참된 양식을 제공하지는 못하겠지요. 청중들이 빵을 주지 않는다고 떠나려고 할 때 우리는 어떻게 해야 합니까? 특별한 방법이 있는 건 아닙니다. 하늘의 양식이라는 예수님의 말씀에 집중해서 영적인 일상을 살아내는 것이 최선이겠지요.

일용할 양식을 위해서 기도하라는 주님의 말씀과 오병이어의 기적을 구하는 이들에게 하늘의 빵을 구하라 하신 주님의 말씀은 상충되는 걸까요? 그렇지 않습니다. 주기도가 가르치는 일용할 양식은 생존을 위해서 필요한 먹을거리입니다. 일용할 양식을 위해서 기도하라는 말은 생존의 아래층으로 마음을 낮추라는 말씀이기도 하고, 하나님이 이미 그것을 허락하셨다는 말씀이기도 합니다. 생존의 아래층은 바로 존재의 자리입니다. 그 자리에서만 우리의 영성은 살아납니다. 현재 살아 있다는 사실에 우리의 모든 관심을 집중시킬 수만 있다면 우리는 자유로워지고, 구원을 경험하게 될 것입니다. 일용할 양식은 바로 그런 사실의 징표입니다. 그 아래층까지 우리의 마음을 낮춘다는 게 쉽지 않을 겁니다. 그 이유는 오늘 우리가 이 세상의 경험에 완전히 묶여 있기 때문입니다. 이 세상은 우리가 풍족하지 않으면 불편하다고 가르칩니다. 돈이 없으면 자식 교육도 힘들고, 갑자기 큰 병이 들었을 때 병원을 찾아갈 수도 없습니다. 이렇게 특별한 경우만이 아니라 일상적으로도 우리는 가난을 저주라고 여깁니다. 말이 일용할 양식이지 실제로는 그것으로 결코 만족하지 못합니다.

우리가 이런 세상경험에 묶이는 강도만큼 우리는 하나님 나라로부터 멀어집니다. 이런 경험의 사슬로부터 나를 풀어내고 하나님 나라로 돌아서는 것이 신약성서가 말하는 회개(메타노이아)입니다. 하나님 나라가 가까이 임했다는 예수님의 외침은 곧 이 세상의 경험을 철저하게 상대화하라는 요구입니다. 율법과 정치적 경험을 상대화하라고 말입니다. 우리의 영혼이 이렇게 자유로워진다면 우리는 진정한 마음으로 일용할 양식을 위해서 기도할 것이며, 그것을 하늘의 양식으로 받아들일 것입니다. 일용할 양식을 구하라는 주님의 말씀과 육체를 배부르게 하는 땅의 양식이 아니라 영을 배부르게 하는 하늘의 양식을 구하라는 주님의 말씀은 다른 게 아니라 똑같은 의미라고 앞에서 말씀드렸습니다. 이 말을 정말 옳다고 생각하는 분도 있겠고, 대충 그러려니 하고 생각하는 분들도 있고, 설마 실제로 그렇다는 말은 아니겠지 하고 조금 달리 생각하는 분들도 있겠지요. 이런 이야기들은 이론적으로 알아들어도 실제 삶으로는 실감이 나지 않을 수도 있습니다.

한 달에 300만 원을 벌던 사람이 200만 원을 번다고 가정해 보세요. 허리띠를 졸라매야 합니다. 아이들 학원도 그만 보내야 하고, 외식도 없애고, 헌금도 줄여야 합니다. 처음에는 불편한 게 많겠지만 조금 지나면 그런 대로 살아갈 수 있습니다. 식구들이 조금씩 노력을 기울인다면 집안에서 더 행복하게 살아갈 수 있을 겁니다. 더 심한 예를 들어 보지요. 내가 교통사고를 당해서 한쪽 다리를 절단했다고 합시다. 이로 인해서 저는 내 삶의 많은 부분을 포기해야 합니다. 당장 테니스도 못하고, 운전도 할 수 없고, 산책도 어려워지겠지요. 그러나 조금 시간이 지나면 거기에 적응할 수 있을 겁니다. 그러면서 동시에 비장애인이었을 때 누리지 못했던 어떤 삶도 새롭게 발견할 수 있을 겁니다.

이런 말을 배부른 소리라고 생각할 분들도 있겠지요. 가난과 장애로 인한 고통이 얼마나 견디기 힘든지 직접 경험해 보지 않아서 그런 말을 한다고 말입니다. 그럴 수도 있을 겁니다. 감당 못할 어려움에 대해서는 입을 다물겠습니다. 다만 현재 내게 주어진 것이 훨씬 축소된다고 하더라도 삶의 내용은 크게 달라지지 않을 거라는 사실만 말씀드리는 겁니다. 일용할 양식을 구하는 영성이 바로 거기에 있지 않느냐, 하고 말입니다. 이 세상에서 먹지 않고 생명을 유지할 수 있는 사람은 아무도 없습니다. 일용할 양식을 위한 기도는 모든 사람에게 필요한 기도입니다. 오병이어의 기적을 향한 민중들의 요구도 그치지 않을 겁니다. 이제 우리의 질문은 이것입니다. 오병이어 기적을 요구하는 민중들에게 오늘 우리는 무슨 대답을 해주어야 할까요? 조금만 기다리면 하나님이 만나를 내리듯이, 오병이어로 오천 명이 먹었듯이 놀라운 축복과 기적을 내려준다고 약속해야 할까요? 아니면 그런 것은 육체적인 것이니까 무시하고 영원한 하나님 나라만을 기다리라고 외쳐야 하는지요.

사람마다 처한 형편이 다르기 때문에 여기서 딱 부러지는 대답을 찾기는 쉽지 않습니다. 최선을 다 기울였는데도 일용할 양식이 부족한 사람들도 있고, 일용할 양식은 있지만 더 많은 것을 원하는 사람도 있습니다. 우리들은 대개 후자에 속할 겁니다. 일용할 양식 문제가 해결되지 않는 가장 큰 원인도 후자에 속한 이들의 욕망이 너무 강하기 때문일 겁니다. 기독교 신앙은 공산주의나 자본주의와는 다른 길을 제시해야 하는데, 그것은 곧 하나님 나라입니다.

하나님 나라와 오병이어, 또는 하나님 나라와 일용할 양식의 관계를 생각해보십시오. 요한계시록의 보도를 따르면 천국은 새 하늘과 새 땅이며, 새 예루살렘입니다. 그곳은 눈물도 없고, 죽음도 없고, 슬픔도 없고, 고통도 없습니다. 생명수의 강 양쪽에는 열두 가지 열매를 맺는 생명나무가 있습니다. 그 나뭇잎은 만백성을 치료하는 약이 됩니다. 천국은 우리가 이 땅에서 염려하던 모든 것들이 완전히 해결된 곳입니다. 그런 곳에서 우리는 더 이상 일용할 양식으로 인해 힘들어하지 않을 겁니다. 질적으로 새로운 생명이 시작될 테니까요.

오병이어는 양날의 검입니다. 이 사건은 하나님이 작은 것으로 큰 일을 이루신다는 사실을 드러내기도 하지만, 동시에 인간의 욕망을 지적하기도 합니다. 따라서 그것은 우리의 희망이면서 동시에 우리의 부끄러움입니다. 희망의 불씨를 살려 나가면서 부끄러움을 줄여 나가는 일이 오늘 기독교인들에게 주어진 사명이 아닐는지요. 이 사명을 두가지 설명하는 것으로 오병이어 묵상을 접겠습니다.

첫째, 작은 일에 숨겨진 하나님의 큰일을 볼 수 있어야 합니다. 이것이 바로 기독교의 살아 있는 영성입니다. 그게 마음먹은 대로 되지는 않을 겁니다. 우리의 관심이 큰일에만 고정되어 있기 때문입니다. 그러나 우리의 영성이 깊어진다면 그 사실이 분명히 들어올 겁니다. 빵한 조각에 우주를 창조한 주님의 손길이 숨어 있다는 사실이 말입니다.

둘째, 세속적인 배부름에 대한 욕망을 줄여 나가야 합니다. 이런 일도 쉽지는 않습니다. 오늘 전(全)지구적으로 벌어지는 물결은 우리의 욕망을 무한정 자극하고 있기 때문입니다. 그것이 생산과 소비의 악순환이라는 사실을 알면서도 오늘 우리는 마치 호랑이 등에 올라탄 사람처럼 내려오기 힘듭니다. 그러나 참된 영적 만족을 아는 사람이라고 한다면 위험을 감수하면서도 새로운 생명의 질서로 내려올 겁니다. 결국 우리가 도달한 결론은 예수님이야말로 우리 삶에 참된 배부름을 주시는 분이라는 사실입니다. 그분이야말로 영적인 오병이어입니다. 이런 말을 상투적으로 듣지 않았으면 합니다. 하나님이 그를 통해서 행하신 구원 통치를 안다면 도저히 다른 것에 마음을 두지 못할 겁니다. 그렇습니다. 예수님은 우리 기독교인들과 더 나아가 인류 전체에게 생명의 떡입니다. 하늘에서 내려온 생명의 밥입니다.

예수, 물 위를 걸으시다

6:45-52

45 예수께서 즉시 제자들을 재촉하사 자기가 무리를 보내는 동안에 배 타고 앞서 건너편 벳새다로 가게 하시고 46 무리를 작별하신 후에 기도하러 산으로 가시니라 47 저물매 배는 바다 가운데 있고 예수께서는 홀로 뭍에 계시다가 48 바람이 거스르므로 제자들이 힘겹게 노 젓는 것을 보시고 밤 사경쯤에 바다 위로 걸어서 그들에게 오사 지나가려고 하시매 49 제자들이 그가 바다 위로 걸어오심을 보고 유령인가 하여 소리 지르니 50 그들이 다 예수를 보고 놀람이라 이에 예수께서 곧 그들에게 말씀하여 이르시되 안심하라 내니 두려워하지 말라 하시고 51 배에 올라 그들에게 가시니 바람이 그치는지라 제자들이 마음에 심히 놀라니 52 이는 그들이 그 떡 떼시던 일을 깨닫지 못하고 도리어 그 마음이 둔하여졌음이러라

이제부터 예수님이 바다(호수) 위를 걸으셨다는 이야기가 시작됩니다. 본문 이야기는 이렇게 시작됩니다. 오병이어 사건 후에 예수님은 사람들을 모두 흩어지게 했습니다. 요한복음의 보도에 따르면 사람들이 예수님을 왕으로 옹립하려고 했었다는군요. 예수님이 자기를 추종하던 사람들을 돌려보내려 했다는 사실은 오늘 교회 지도자들이 눈여겨보아야 할 대목입니다. 우리는 가능한대로 사람들을 자기 주변에 모으려고 합니다. 사람들이 주변에서 떠나는 걸 불안해합니다. 왜 그럴까요? 이 대답은 아주 간단합니다. 우리의 영적인 중심이 흔들린다는 것이 그 대답입니다. 만약 우리가 온전히 성령과 일치해서 살아간다면 주변 사람들을 향한 흥미는 사라질 것입니다. 성령으로부터만 생명의 힘을 공급받는다는 사실을 확실히 인식하고 있기 때문입니다. 그렇다고 해서 자기 혼자 고고한 척하면서 주변사람들과의 연대성을 소홀히 해도 좋다는 게 아닙니다. 다만 사람에게는 사람에게서 기대할 수 있는 것만을 기대해야겠지요. 더 큰 것을 기대했다가는 실망하게 될 것입니다.

예수님은 오병이어 사건 이후에 민중들을 흩어지게 하시고 기도하러 산으로 가셨다고 합니다. 예수님은 누구에게 기도를 드리셨을까요? 어리석은 질문처럼 들릴지 모르겠군요. 예수님은 당연히 하나님 아버지께 기도를 드리셨겠지요. 그러나 조금 다른 차원에서 생각한다면 이건 그렇게 이상한 질문이 아닙니다. 기독교의 가장 중요한 교리인 삼위일체론에 의하면 예수님은 하나님과 일치하십니다. 예수님 자신이 하나님이십니다. 그렇다면 하나님이 하나님에게 기도를 드렸다는 말이 됩니다. 여기서 우리는 두 번째 질문을 할 수 있습니다. 예수님이 하나님께 기도를 드린 분이라면 우리의 기도를 받으실 수 없는 건 아닐까요? 기도를 드리는 분이 어떻게 기도를 받으실 수 있나요? 이 문제를 이해하려면 초기 기독교 공동체가 어떻게 예수님을 하나님과 일치하신 분으로 인식하고 받아들였는지를 알아야 합니다.

예수님은 공생애 중에서 하나님을 대상으로 인식하시고, 그렇게 활동하셨습니다. 제자들은 예수님을 통해서 하나님을 율법이 아니라 복음 안에서 새롭게 이해할 수 있었습니다. 이 예수님은 십자가에서 "아버지여, 내 영혼을 아버지 손에 부탁하나이다"(눅 23:46) 하고 말씀하신 뒤에 숨을 거두셨습니다. 여기까지는 예수님이 분명히 하나님과 대립해 있습니다. 그 뒤로 어떤 한 경험에 의해서 전혀 다른 사태로 발전합니다. 제자들은 예수님을 부활의 현실로 경험하게 되었습니다. 그것은 궁극적인 생명의 비밀이었습니다. 그 경험으로 인해서 이제 그들에게 예수님은 하나님과 하나로 받아들여졌습니다. 제자들은 하나님에게 드리는 기도를 예수님에게도 드릴 수 있게 되었습니다. 하나님 우편에 앉아 계신 그 예수님은 이제 더 이상 하나님에게 기도를 드리지 않습니다. 왜냐하면 예수님과 하나님은 본질적으로 하나가 되었기 때문입니다.

예수님이 기도하기 위해서 산으로 가셨다는 사실에서 우리는 영적인 삶의 진수인 기도의 본질을 이해할 수 있습니다. 기도는 사람이 아니라 오직 하나님과의 영적인 관계에 집중하는 우리의 종교 행위입니다.

이를 위해서는 당연히 사람이 없는 한적한 곳을 찾아야겠지요. 예수님의 공생애는 광야에서 시작되었습니다. 광야도 사람이 없는 곳입니다. 거기서 그는 금식하시면서 기도하시고, 마귀에게서 세 가지 시험을 당하시기까지 했습니다. 그 뒤로 예수님은 갈릴리 호수 부근의 한적한 곳을 자주 찾으셨습니다. 하나님과의 깊은 관계 안으로 들어가려는 당연한 노력이었다고 할 수 있겠지요.

오늘 현대인들은 혼자 있는 시간도 공간도 별로 없는 것 같습니다. 삶과 죽음, 시간과 역사, 평화와 정의를 생각하는 시간이 없다는 뜻입니다. 현대 기독교인들도 역시 혼자 지낼 줄 모르기는 믿지 않는 사람들과 다를 게 없습니다. 그들은 다른 사람과 어울려서 서로 인정하고 인정받을 수 있을 때만 신앙적으로 만족합니다. 요즘 신자들이 대형교회로 몰리는 이유도 사람 사이에서 자기의 영적 정체성을 발견할 수 있을 것처럼 생각하기 때문입니다. 제가 보기에 신앙생활은 혼자로 돌아가는 영적인 산을 발견하는 과정이 아닐는지요. 거기서 우리는 우리를 가장 정직하게 바라볼 수 있으며, 삶의 가장 깊은 곳을 들여다볼 수 있습니다. 우리 각자에게 이런 영적인 산이 없다면 우리의 영혼은 작은 일로도 쉽게 피곤해집니다. 영혼의 주인이신 하나님과의 영적인 소통을 통해서만 참된 만족에 도달할 수 있으니까요.

벳새다 건너편으로 배를 타고 앞서 가라고 하신 주님의 말씀에 따라 제자들은 배를 탔습니다.그들이 벳새다 쪽에 당도하기 전에 이미 날이 저물었다고 합니다. 그들이 시간 계산을 잘못했는지, 아니면 바람 때문에 앞으로 나가지 못한 것인지, 또는 처음 배를 탈 때부터 날이 기울었는지 정확하게는 모르겠습니다. 만약 이 이야기가 오병이어 이야기와 시간적으로 연결된 것이라고 한다면 세 번째 경우에 해당될지 모르겠군요. 오병이어 사건이 이미 저녁 무렵에 일어난 것이니까요 (막 6:35).

그러나 이 두 사건을 시간적으로 연결된 것으로 보기는 쉽지 않습니다. 무리들을 돌려보냈다는 45절 보도만 감안한다면 연속적인 이야기 같지만 실제로는 독립적이라는 게 학자들의 일반적인 견해입니다. 복음서 기자들은 각각 독립적으로 전승된 이야기를 그 당시 글쓰기의 흔한 방법을 이용해서 연속적인 이야기처럼 편집했다고 보아야 합니다. 복음서는 예수님에게 일어난 사건들을 육하원칙에 따라서 사실 보도하는 게 아니라, 예수가 그리스도라는 사실을 전하기 위해서 사건들을 필요 적절한 대로 편집했습니다. 오해는 마십시오. 없는 이야기를 꾸며냈다는 게 아닙니다. 그들은 예수에게 일어난 메시아 사건을 그 당시에 사람들이 알아들을 수 있는 문학적 방식으로 전하려고 했습니다. 그래서 글쓰기의 엄밀성이 떨어지는 걸 감수하고 마가복음 기자는 오병이어 사건을 전하면서 저물었다고 보도한 후에 그 다음 이야기에서 다시 저물었다는 사실을 다시 반복적으로 묘사할 수 있었습니다. 오늘의 성서독자들은 성서를 그 당시의 눈으로 읽어야 합니다. 우리의 눈에 모순처럼 보이는 진술들도 그 당시 사람들에게는 당연한 것으로 받아들여졌다는 사실을 잊지 마십시오. 성서 기자들이 그런 방식으로 무엇을 전하려고 있는지를, 그들이 무엇을 경험했는지를 찾아내는 것이 곧 바른 성서 읽기입니다.

제자들이 배를 타고 건너편으로 가는 동안에 이미 날이 저물었다고 합니다. 그들이 처한 상황이 나쁘다는 사실을 암시하고 있군요. 저물지 않은 시간이라 하더라도 배를 젓는 일은 만만하지 않은데, 하물며 저문 시간이라고 하니 두말할 것도 없습니다. 그런데다가 배는 바다 가운데 있다고 하네요.

일반적으로 인생을 항해로 비유합니다. 그리스도인의 신앙생활도 역시 영적인 항해라고 말할 수 있겠지요. 우리의 신앙생활에 저문 시간은 무엇일까요? 신앙적으로 진도가 나가지 않는 시간일지 모릅니다. 예수를 믿는 세월이 쌓이면서도 신앙이 깊어지지 않는 시간 말입니다. 신앙에도 분명히 매너리즘이 작용합니다. 신앙생활이 습관으로 굳어지면 크게 어긋나는 일은 없어도 성장하지는 않습니다. 그걸 아주 자연스러운 것으로 받아들입니다. 아니 더 정확하게 말하면 신앙성숙, 또는 신앙심화가 무엇인지도 인식하지 않는 것 같습니다. 이건 신앙의 위기입니다. 위기라고 느끼지 않기 때문에 더 심각한 위기이겠지요.

제자들은 지금 어려운 형편에 처해 있습니다. 날은 저물고, 역풍이 불고, 예수님은 뭍에 계십니다. 그 시간은 새벽 4시 언저리입니다. 바로 그 장면에 예수님이 그들 앞에 나타나셨습니다. 성서기자는 예수님이 바다 위로 걸어서 그들에게 오셨다고 묘사합니다.

본문은 일차적으로는 제자들의 경험이지만, 이차적으로는 초기 기독교의 경험입니다. 이 두 경험이 유기적으로 연결되어 있는데, 정확하게 이해하려면 일단 구분해야 합니다. 제자들의 원래 경험은 미술품처럼 고정되어 있는 게 아니라 초기 기독교에 의한 전승의 과정을 통해서 새롭게 해석되었기 때문입니다. 그게 바로 계시의 역사이기도 합니다. 제자들의 예수님 경험은 예수님의 공생애와 그 이후에 따라서 약간씩 달라집니다. 오늘 우리가 그것을 주도면밀하게 구분하기는 조금 어렵습니다. 왜냐하면 두 가지 관점이 복음서에 서로 뒤섞여 있기 때문입니다. 이 두 경험을 나눈다는 것은 예수님이 메시아로, 즉 하나님으로 고양되기 전과 후로 나눈다는 뜻입니다. 제자들이 예수님의 십자가와 부활을 이해하지 못했다는 복음서의 보도를 메시아 이전의 관점이라고 한다면, 예수님에게 초자연적 사건이 일어났다는 보도는 이후의 관점이라고 할 수 있습니다. 예수님에 관한 이 두 관점이 완전히 별개의 것이라는 뜻은 아닙니다. 예수님은 하나의 인격입니다. 메시아 고양 이전과 이후나 똑같은 예수님이지만 제자들과 초기 기독교 공동체에 의해서 다른 차원으로 인식되었습니다. 왜 이런 일이 일어났을까요? 동일한 인격이셨던 예수님에게 인성과 신성이라는 두 속성이 일치를 이루게 된 이유가 예수의 부활 사건에 놓여 있다는 사실만 확인하는 것으로 넘어갑시다. 제자들은 갈릴리 호수에서 예수님과 함께 지낸 경험들이 분명히 많았을 겁니다. 이른 아침 호숫가를 거니시기도 했고, 민중들을 가르치시기도 하고, 제자들과 함께 배를 타신 적도 많았을 겁니다. 복음서가 자세하게 기록하지 않은 많은 이야기들이 있습니다. 그런 사건들이 예수님의 부활 승천 이후에 초기 공동체에 전승되었습니다. 몇 가지 사건들이 서로 겹치면서 우리가 지금 읽고 있는 이 본문의 이야기를 구성했을 가능성이 가장 높습니다. 그렇다면 실제로 예수님이 물 위를 걸으신 일은 없다는 말이냐, 하고 반문할 분들이 있을 겁니다. 그런 건 중요하지 않습니다. 예수님이 하나님의 아들이며, 메시아이며, 역사를 심판하실 분이라는 사실이 중요합니다. 이런 사건들은 그것을 가리키는 단서들입니다.

제자들이 그 순간에 유령인가, 하고 소리를 지른 이유는 무엇일까요? 비상한 사건 앞에서 우리는 유령 운운합니다. 새벽 4시에 호수에서 풍랑과 싸우고 있던 제자들 앞에 예수님이 나타났습니다. 그들은 놀라지 않을 수 없습니다. 여전히 우리에게 남아 있는 궁금증은 이렇습니다. 본문 48-49절에서 성서기자는 분명히 예수님이 물 위를 걸어서 그들에게 왔다고 했는데, 그걸 부인할 수 있을까요? 우리는 글을 읽을 때 그 맥락을 잘 이해해야 합니다. 예수님이 물 위를 걸어서 제자들에게 왔다는 이 문장에서 '물 위'가 핵심인지, 아니면 '오셨다'는 게 핵심인지를 구분해야 합니다. 제가 보기에 후자가 핵심입니다.

초기 기독교 공동체는 예수님에 관한 많은 경험들을 알고 있었습니다. 그 경험은 처음부터 고정된 게 아니라 시간이 지나면서 조금씩 달라졌습니다. 그럴 수밖에 없습니다. 예수님에 대한 인식이 깊어지면 그 경험도 역시 깊어질 수밖에 없는 거니까요. 예를 들어, 여기 젊어서 남편을 잃은 여자가 있습니다. 이 여자는 남편이 살아 있을 때의 많은 경험을 기억합니다. 그런데 시간이 지나면서 그 경험들이 새로운 차원으로 승화합니다. 이 여자가 삶의 깊이로 들어간 만큼 그 경험의 의미가 새로워집니다. 남편과의 경험이 더 깊이 있게 해석됩니다.

초기 기독교는 위경에 속하는 그런 이야기들을 모두 배격하고 권위 있는 전승만을 받아들였습니다. 이렇게 일부를 배격하고 일부를 받아들인 과정이 신학 작업, 즉 해석이라고 할 수 있습니다. 그래서 같은 사건이라 하더라도 복음서에 따라서 약간씩 다르게 받아들여졌습니다. 병행구인 마태복음 14장 22-33절에는 물 위를 걷다가 빠진 베드로를 예수님이 건져냈다는 내용이 첨가되었습니다. 만약 복음서의 보도가 신학적인 해석이 아니라 단순하고 건조한 사실 전달에 불과했다면 이런 차이가 생길 수는 없습니다.

제자들은 예수님을 보고 놀랐다고 합니다. 이것이 바로 성서기자가 말하고 싶은 핵심입니다. 그들에게 예수님은 놀라운 분이십니다. 앞 절에 묘사된 유령 운운도 역시 이 놀라움에 대한 서술입니다. 놀라움은 바로 하나님 경험입니다. 그들은 하나님이 예수님과 함께하신다는 사실을 경험하고 믿었습니다. 하나님 나라에서 일어나야 할 그 구원 사건들이 예수님에게서 일어났습니다. 이것은 아주 놀라운 일이었습니다. 구약성서의 하나님 경험도 역시 놀라움으로 묘사됩니다. 출애굽 이후 모세의 누이 미리암이 소고를 들고 춤추며 이렇게 노래했습니다. "너희는 여호와를 찬송하라. 그는 높고 영화로우심이요, 말과 그 탄 자를 바다에 던지셨음이로다"(출 15:21). 파라오의 막강 부대가 바다에 빠졌다는 사실은 이스라엘에 믿을 수 없을 정도로 놀라운 일이었습니다. 이런 놀라운 일을 경험한 사람은 하나님에게 영광을 돌리지 않을 수 없습니다.

예수님이 죄인이나 세리들과 함께 먹고 마시면서 그들에게 구원을 선포했다는 사실도 역시 놀라운 일이었습니다. 바리새인들에게야 그 일이 신성모독처럼 들렸겠지만 제자들과 초기 기독교 공동체에게는 참된 복음이었습니다. 놀라운 복음이었습니다. 하나님이 예수님과 함께한다고 믿지 않을 수 없었습니다. 가장 결정적인 놀라움은 예수님의 부활 현현입니다. 부활을 경험한 제자들은 이제 그 이전에 예수님에게서 일어났던 모든 사건들을 새로운 시각으로 회상하게 되었습니다. 호수의 물 위를 걸으셨다는 사실도 그런 회상의 한 대목입니다. 부활하신 분에게 물 위를 걷는 일은 당연했습니다. 하나님의 아들에게는 놀라운 일들마저 아주 자연스러운 일이 된다는 믿음이 여기에 담겨 있습니다.

본문 50절을 자세하게 보세요. 두 가지 사실이 언급되었습니다. 하나는 제자들이 예수님을 보고 놀랐다는 것이며, 다른 하나는 예수님이 그들에게 두려워하지 말라고 하셨다는 것입니다. 하나님 경험에 관한 성서의 묘사에서 자주 발견되는 구조입니다. 아직 동거하지 않은 상태에서 아이를 갖게 되리라는 천사의 말을 들은 마리아는 놀랐습니다. 그러자 천사는 마리아에게 무서워하지 말라고 했습니다(눅 1:30). 십자가에 처형당하신 예수님이 묻힌 무덤에 찾아갔던 여자들이 무덤 안의 장면을 보고 놀랐습니다. 그러자 청년(천사)은 놀라지 말라고 말했습니다(막 16:6). 그렇습니다. 제자들은 예수님 앞에서 놀라지 않을 수 없었습니다. 예수님에게 하나님의 구원이 그대로 나타났기 때문입니다. 그 구원은 곧 하나님 자신입니다. 예수님에게 하나님의 구원이 나타났다는 것은 곧 그에게 하나님이 함께하신다는 뜻입니다. 제자들은 예수님이 바로 하나님의 아들, 즉 하나님이라는 사실을 알게 되었습니다. 그러니 그들이 놀라지 않을 수 있었을까요?

하나님의 사건 앞에서 겪는 놀라움은 세상에서 흔히 말하는 공포와는 다릅니다. 전자는 생명의 신비로부터 오는 것이지만 후자는 생명의 파괴나 철저한 위축으로부터 옵니다. 전자의 경우에는 두려움이 점차 해소되지만, 후자의 경우에는 계속 확대될 수 있습니다. 전자는 생명의 힘에 휩싸이는 것이며, 후자는 생명으로부터 배척당하는 것입니다. 복음서 기자는 지금 제자들의 경험을 통해서 초기 기독교 공동체의 신앙을 설명하는 중입니다. 예수님이 하나님이라는 놀라운 사실 앞에서 그들은 두려움을 극복하고 평화의 세계로 들어갈 수 있었습니다. 그들은 허무한 세상살이에서 예수님을 통해서 참된 생명과 평화의 세계

를 발견한 것입니다. '그러니 두려워 말라.'

정도의 차이는 있지만 모든 사람에게 두려움이 있습니다. 작게는 일신에 관한 두려움입니다. 불치병에 걸리지 않을까, 사업이 망하지 않을까, 또는 자식이 공부를 못할까 두려워합니다. 조금 더 심각하게는 삶의 허무로 두려워질 때가 있습니다. 이런 것으로부터 완전히 벗어나기는 불가능합니다. 이 세상에서의 성취로 우리의 삶을 완성할 수 없기 때문입니다. 아무리 많은 걸 이루어도 여전히 채워지지 않는 자리가 남아 있다는 말입니다. 이런 상황에서 기독교 신앙은 무엇을 말할까요? 신앙은 어머니 품에 안겨서 어머니를 완전히 신뢰하고 있는 어린아이처럼 하나님을 향한 전적인 신뢰를 의미합니다. 그런데 지금 우리는 어린아이가 아니기 때문에 무조건 신뢰하면서 살아갈 수는 없습니다. 우리는 합리적으로 설득당해야만 신뢰할 수 있습니다. 경우에 따라서 합리적인 설득이 없더라도 순수하고 절대적인 신뢰가 일어나기도 하지만, 기독교 신앙의 중심으로 들어가는 사람이라고 한다면 그런데 머물러 있지 않습니다. 합리적인 신뢰의 근거들을 꾸준히 확보해 나갑니다. 그게 바로 신학 작업이라 할 수 있겠지요.

합리적인, 또는 이성적인 신뢰의 근거를 확보했다고 해서 무조건 참된 신앙의 세계로 들어가는 건 아닙니다. 여기서 신앙과 불신앙이 갈립니다. 하나님이 신뢰할 만한 대상이라는 사실을 이해했다고 하더라도 결국에는 결단과 헌신과 신앙이 필요합니다. 그 단계는 다른 사람이 도와줄 수 없습니다. 그것은 모든 인간이 혼자 죽어야 하듯이 혼자서 고독하게 하나님 앞에 서는 경험입니다. 예수님은 놀라는 제자들에게 두려워 말라고 말씀하셨습니다. 초기 기독교인들은 이 예수님에게서 죽음을 극복하고 생명에 이르는 구원의 길을 발견하고, 하나님을 참되게 신뢰함으로 삶의 두려움에서 벗어날 수 있었습니다. 우리도 역시 그렇습니다.

예수님이 배에 오르자 바람이 그쳤다고 합니다. 복음서 기자는 이 대목에서 제자들이 놀랐다는 사실을 다시 확인합니다. 제자들은 이미 49절에서 예수님을 유령인가 해서 소리를 지른 적이 있고, 50절에서 그 예수를 보고 놀란 적이 있습니다. 복음서 기자가 그 사실을 의도적으로 강조하고 있는 것 같습니다. 이 놀람의 문제는 앞에서 이미 말씀드린 것입니다. 오늘 본문에서 묘사하고 있는 그 상황은 앞의 상황과 약간 차이가 납니다. 앞에서는 예수님이 물 위를 걸어오시는 걸 보고 놀랐다고 한다면, 이번에는 바람이 그치는 걸 보고 놀란 것입니다. 물 위를 걷는 것과 바람이 그친 것 중에서 어떤 것이 더 놀랄 만한 사건일까요? 이런 질문은 의미가 없겠지요. 복음서 기자가 제자들의 영적인 경험을 그런 방식으로 진술하고 있다는 사실이 중요할 뿐입니다.

사람의 기억은 진리가 드러나는 길목에서 중요한 역할을 합니다. 기억은 참으로 이상합니다. 완전히 망각했다고 생각되는 것도 우연하게 다시 살아나게 합니다. 우리의 일상에도 그런 경험은 자주 일어납니다. 커피를 마시다가 실수로 커피 잔을 놓쳐 깨뜨리는 순간에 완전히 잊고 있던 십 년 전의 어떤 사건이 생생하게 기억나는 일도 있습니다. 그런데 이 기억은 지난 사건을 단지 사실의 차원에서 복원하는 정신현상만은 아닙니다. 그 일이 발생했던 당시에는 전혀 이해하지 못했던, 또는 표면적으로만 알고 있었던 사건의 심층적 의미를 인식하게 합니다. 문학과 예술에는 이런 특징들이 강합니다. 제가 신학대학교 다닐 때 읽었던 조병화 선생의 〈시인의 편지〉에 이런 이야기가 나옵니다. 삶에서 어떤 놀라운 경험을 했다 하더라도 그런 시상을 즉시 시로 쓰지 말고 완전히 잊어버렸다가 시간이 한참 지나 그 경험이 내면에서 다시 떠오를 때 시를 쓰라는 겁니다.

예수님의 제자들도 이런 영적 경험을 했을 겁니다. 예수님의 공생애에서는 그들이 별로 느낀 게 많지 않았을 겁니다. 훗날 그들은 예수님과 함께 지낸 시절을 전혀 새로운 차원에서 기억하기 시작했습니다. 예수님이 배에 오르자 바람이 그쳤다는 기억이 번뜩 떠오른 것입니다.

그들은 초기 기독교 공동체 안에서 그런 이야기를 반복해서 나누었습니다. 그 과정에서 다른 제자들의 경험이 덧붙여지기도 했겠지요. 흡사 어느 시인이 완전히 잊고 있던 시상(詩想)을 때가 되어 새롭게 떠올리듯이 말입니다. 이렇게 우리를 끌어가는 분이 바로 진리의 영이신 성령이십니다.

호수 위에서 바람과 싸우고 있는 제자들의 모습은 우리와 꼭 닮은 것 같습니다. 호수 건너편으로 건너가야 할 그들의 앞길을 막는 건 바람입니다. 여러분이 잘 아는 대로 제자들 중에서는 왕년에 이 갈릴리 호수를 주름잡던 이들이 제법 됩니다. 갈릴리 호수는 내 손 안에 있소이다, 하고 큰소리칠 만한 사람들이지요. 그렇지만 세상일이 그렇게 만만한 것 아니지요. 언제 어느 순간에 돌풍이 불어 닥칠지 모릅니다. 제자들에게는 바로 오늘밤이 그런 순간이었습니다. 진도가 전혀 나가지 않습니다.

독자들 중에서도 자기 삶에 진도가 나가지 않는다고 생각하는 분들이 있을 겁니다. 재정적인 문제로부터 사람 관계, 건강 문제 등등, 그 형편은 이루 헤아릴 수 없이 많습니다. 하루하루를 아주 힘들게 버텨내고 있겠지요. 거꾸로 어떤 분들은 삶이 잘 풀린다고 생각하는 분들도 있을 겁니다. 등에서 불어오는 바람을 타고 호수 위를 달리는 것 같은 기분을 느끼겠지요. 나는 참 행복한 사람이야, 하면서 즐겁게 살고 있겠지요. 삶의 짐이 무거운 분들은 하루빨리 그 짐을 벗을 수 있기를, 삶이 즐거운 분들은 계속 행복하게 살기를 바랍니다. 그러나 바람과 싸우면서 그 자리에서 뱅뱅 돌고 있는 삶의 정체가 무엇인지 분간하기가 쉽지 않습니다. 만사형통한다고 생각하는 분의 삶이 오히려 바로 이런 경우일지 모릅니다. 세상이 편하면 영적으로는 정체될 개연성이 아주 높거든요. 우리는 무엇이 우리의 삶을 가로막는 바람인지 조금 더 진지하게 생각해야 합니다. 인생살이의 구체적인 어려움을 가리킬까요? 물론 그런 것들은 평범한 우리가 감당하기가 어려운 짐들입니다. 그런 문제들로 인해서 우리의 삶이 앞으로 나가지 못한다고 생각될 때가 많습니다. 그런데 곰곰이 생각하면 그런 구체적인 어려움들이 해결된다고 해서 우리의 삶이 앞으로 나가는 게 아니라는 것도 분명한 사실입니다. 왜 그럴까요?

예수님이 배에 오르자 바람이 그쳤다고 본문은 말합니다. 자연마저 굴복할 수밖에 없는 예수님의 메시아적 권위를 설명하고 있는 이 본문을 굳이 우리의 삶에 적용한다면, 우리가 예수님을 영접하면 우리의 영혼을 피곤하게 하는 악한 힘들이 잠잠해진다고 할 수 있겠지요. 그 악한 힘은 외부적인 것이라기보다는 오히려 내부적인 것입니다. 우리의 영혼을 근본적으로 피곤하게 만드는 자기집중, 자기연민이 악한 힘입니다. 그 악한 힘을 제어할 수 있는 길은 우리의 인격이나 의지가 아니라 예수님과 함께하는 것입니다. 이런 점에서 그가 우리 인생의 배에 오르시면 거친 바람이 그친다는 말씀은 옳습니다.

예수님이 물 위를 걸은 이 사건 앞에서 보인 제자들의 모습을 마가복음 기자는 비판적으로 묘사했습니다. 그들이 바로 앞서 일어났던 오병이어 사건에 나타난 예수님의 메시아적 능력을 깨닫지 못했다고, 결국 마음이 둔해진 것이라고 말입니다. 이런 보도를 읽는 오늘 우리는 제자들을 이상한 사람들로 생각할 수 있습니다. 바로 직전에 오병이어를 경험했음에도 이 호수에서의 사건을 전혀 이해하지 못하는 사람들이라고 말입니다. 그러나 실상은 그렇지 않습니다. 앞서 묵상에도 암시되었지만, 이런 사건들은 시간이 상당히 흐른 다음에 제자들의 기억에 의해서 재구성된 것이라는 사실을 염두에 두어야 합니다. 오병이어도 그것이 일어난 바로 그 순간에는 아주 평범한 사건으로 받아들여졌을 가능성이 높습니다. 제자들은 그 순간에는 무슨 일이 일어난 것인지 잘 몰랐다는 말씀입니다. 호수 사건도 그렇습니다. 그들은 부활한 예수님이 하나님의 아들로 올림을 받은 후에 이 호수 사건을 새롭게 이해하게 된 것입니다.

구약사건도 이와 비슷합니다. 출애굽, 홍해, 광야의 만나, 불기둥과 구름기둥, 여리고 함락 등등 하나님이 살아 계시다는 수많은 증거들이 구약성서에 보도되고 있지만 이스라엘 사람들은 아주 쉽게 하나님을 배신하고 바알을 섬기곤 했습니다. 왜 그랬을까요? 믿음이 없기 때문에 이런 일이 일어나는 게 아닙니다. 그 놀라운 사건들도 그 당시 사람들에게는 대수롭지 않게 보였다는 게 그 대답입니다. 하나님이 자신들과 함께하신다는 사실을 망각하는 것은 사람에게 아주 자연스러운 현상이었습니다. 아마 오늘도 우리는 우리에게 일어나는 그런 큰일을, 즉 오병이어와 물 위를 걷는 사건을 인식하지 못하고 살아가는지 모릅니다. 그만큼 우리가 영적으로 민감하지 못하다는 뜻이겠지요.

제자들의 마음이 둔하여진 이유는 오병이어를 깨닫지 못했기 때문입니다. 오병이어는 예수님이 메시아라는 사실의 표징인데, 그것은 곧 하나님 경험이었습니다. 하나님이 우리와 함께한다는 사실을 예민하게 인식하지 못하는 순간에 우리의 마음은 이 세상의 온갖 걱정거리로 둔해질 수밖에 없습니다. 둔해진 마음은 현재 하나님의 통치를 민감하게 느끼지 못하게 합니다. 우리는 이렇게 시나브로 악순환에 빠지게 됩니다. 우리가 하나님 경험을 망각하지 않고, 더 나아가 예민하게 반응할 수 있는 길은, 그래서 악순환의 고리로부터 벗어날 수 있는 길은 어디에 있을까요? 여기에는 왕도가 따로 있는 건 아니겠지요. 우리의 영혼을 예민하게 하는 성령과의 소통이 아주 다양하기 때문에 그 길도 다양하다고 보아야겠지요. 그래도 가장 바람직한 하나의 길을 제시한다면 신앙의 선배들에게 있었던 하나님의 경험을 간접적으로 경험하는 것입니다. 그 경험의 요체는 바로 성서겠지요. 성서와의 참된 만남이야말로 우리가 하나님 경험을 가장 바르고 예민하게 기억할 수 있는 길입니다. 한국 교회 신자들이 성서공부에 열심을 보인다는 것은 이런 점에서 좋은 신앙의 자세라고 할 수 있습니다.

문제는 성서와 참된 만남이 단지 성서를 읽거나 공부하는 것만으로 간단히 해결되지 않는다는 사실입니다. 성서텍스트는 하나님 경험에 대한 진술이지 경험 자체는 아닙니다. 여기서 진술이 아니라 경험이 중요합니다. 더 나아가서 그 경험이 가리키는 하나님 자체가 중요합니다. 그런데 우리는 일반적으로 하나님이 아니라, 또한 하나님 경험이 아니라 표면적인 진술에 머물기 일쑤입니다. 진술로부터 경험을 뚫고 하나님에게 이르는 그 과정이 곧 성서해석입니다. 성서해석이 구체적으로 무엇을 말하는 걸까요? 성서해석이 하나님 경험에 이르는 가장 바람직한 길이라는 말은 곧 언어가 담지하고 있는 존재론적 능력을 가리킵니다. 우리가 성서라는 언어의 세계를 최대한 정확하게 파악하고 그 안으로 들어갈 수만 있다면 우리는 하나님을 만나게 될 것입니다. 그렇다고 하더라도 종말에 이르기까지 우리는 결코 완벽한 해석을 성취하지는 못하고, 그렇게 해석할 수 있도록 노력을 기울일 뿐이지요.

오늘 신자들이 성서를 대할 때 벌어지는 가장 결정적인 한계는 성서가 말하게 하지 않고 성서를 이용하기만 한다는 것입니다. 성서도구주의에 빠져 있는 겁니다. 가위가 형겊을 자르는 데 도구로 사용되듯이 성서가 우리의 신앙을 도모하기 위한 도구로 사용된다는 말씀입니다. 우리의 신앙을 위해서 성서가 사용되는 게 아니라 우리가 성서 안으로 들어가는 것이 필요합니다. 이런 말이 별로 실감 나게 들리지 않을 것 같군요. 여기에는 몇 가지 이유가 있습니다. 가장 큰 이유는 신앙이 이미 규범으로 자리하고 있다는 것이고, 그다음으로는 성서를 굳어진 체계로만 이해하고 있다는 것입니다. 전자는 신앙에 대한 오해이고, 후자는 성서에 대한 오해인데, 서로 연관되는 문제입니다.

오병이어에 담긴 메시아적 징표를 기억하지 못한 제자들의 마음이 굳어졌다는 이 진술이 과연 무엇을 말하려고 하는지 생각해보셨나요? 이 진술에서 우리는 하나님의 어떤 모습을 읽을 수 있을까요? 다른 말로 한다면 여러분들은 어떤 순간에 마음이 둔해지시나요? 제 경우를 말한다면 나 자신에게 집착하는 순간이 바로 그렇습니다. 나 자신에게 집착한다는 것은 곧 나에 대한 염려입니다. 염려하지 않는다면 집착할 필요가 없겠지요. 자신을 염려하기 시작하면 마음이 둔해지면서 글쓰기나 설교 중에서 집중력이 흐트러집니다. 나에 대한 염려가 결국은 나를 파괴하는 지름길인 셈입니다. 그래서 내일 일을 위해서 염려하지 말고 하나님 나라와 그의 의만 구하라고(마 6:33) 말씀하셨을까요? 위의 설명을 모르는 사람은 없습니다. 문제는 인간이라는 동물이 본질적으로 자기에게 집착할 수밖에 없다는 것입니다. 이 경우에는 자기 방어라고 하는 게 더 나은 표현인지 모르겠군요. 아담이 선악과를 취한 다음에 책임을 묻는 하나님에게 사실대로 말하지 않고 슬쩍 비틀어서 대답했지요. 당신이 나의 짝으로 준 하와가 그걸 따주어서 그냥 받아먹었을 뿐이라고 말입니다. 하나님 앞에서도 우리는 자기를 방어하는 존재들입니다. 만약 아담이 이렇게 대답했다면 인류의 역사를 달라졌을까요? "내가 한 순간에 눈이 멀어서 선악과를 따먹고 말았습니다. 저의 잘못입니다." 이렇게 자신을 드러내놓는 일은 별로 없을 겁니다.

자기집착, 자기방어, 자기염려가 인간에게 본질적인 속성이긴 하지만 피치 못할 숙명은 아닙니다. 구원의 가능성이 열려 있다는 뜻입니다. 여기서 우리의 실존을 정확하게 이해하는 게 우선적으로 필요합니다. 우리는 철저하게 하나님에게 의존되어 있는 존재들입니다. 하나님을 떠나서는 그 어떤 구원의 가능성도 없습니다. 염려는 구원이 자기에게서 나오는 것일지 모른다는 착각에서 발생합니다. 즉 염려는 곧 불가능한 것을 구하는 심리 상태입니다. 이런 상태에 빠지면 우리의 마음은 경직됩니다.

우리는 어떻게 자기염려, 자기집착으로부터 벗어나서 마음의 경직을 피할 수 있을까요? 이런 문제는 사실 기독교보다는 불교의 가르침이 더 세밀합니다. 불교는 근본적으로 마음을 다스리는 공부거든요. 그들에게 집착을 없애는 것, 즉 멸집(滅執)이 가장 핵심적인 공부입니다. 멸집에 이르는 깨우침을 돈오(頓悟)라고 하는데, 그 상태를 유지하기 위해서 멸도(滅道:집착에서 벗어나려는 수행)를 행합니다. 등을 바닥에 대지 않고 꼿꼿이 편 채로 24시간 도를 닦는 장좌불와를 수년씩 행하는 고승들도 제법 된다고 합니다. 그런 깨우침이 과연 마음공부로 가능한지에 대해서 저는 잘 모르겠습니다.

기독교인들도 마음의 경직을 경계해야 한다는 것만은 분명합니다. 도대체 우리는 어떻게 아집, 고집을 넘어설 수 있을까요? 기독교 신앙이 제기하는 길은 불교와는 다른 길입니다. 기독교 신앙은 우리의 마음을 포함한 우리 생명의 주인이 하나님이라는 사실을 인정하는 데서 시작합니다. 따라서 마음공부가 아니라 하나님 공부가 자기집착을 넘어서는 길입니다. 우리가 하나님을 아는 것만큼, 우리가 하나님과 일치하는 것만큼 우리는 자기집착에서 벗어날 수 있다는 뜻입니다. 그래서 기독교는 불교처럼 자기마음을 다스리라고 하지 않고 하나님을 믿으라고 말합니다. 그렇습니다. 우리는 우리 마음을 다스릴 수 없습니다. 왜냐하면 우리가 그 주인이 아니기 때문입니다. 주인은 따로 있습니다. 하나님을 바르게, 깊이 알고 믿는 사람은 자기도 모르는 놀랍고 신비로운 영의 활동을 통해서 마음이 열리는 걸 경험하게 될 겁니다. 성령이여, 저희를 도우소서!

제자들의 마음이 둔하여졌다는 52절의 말씀은 아마 초기 기독교 공동체에서 일어난 신앙적 위기를 내포하는 게 아닐는지요. 2천 년 전 초기 기독교 공동체는 우리의 예상보다 훨씬 어려운 일들이 많았습니다. 사도행전만 보면 복음이 일사천리로 전파된 것 같지만 실제로는 교회가 계속 유지되지 못할 수도 있는 위기가 계속되었습니다. 가장 결정적인 문제는 예수님의 재림이 지연되고 있었다는 사실입니다. 자신들이 살아 있을 때 재림할 것으로 기대를 모았던 예수님의 재림이 자꾸 뒤로 미뤄지고 있었으니, 그들의 심정이 어땠을지 상상해보십시오. 이런 문제로 인해서 그 당시에 많은 사람들이 교회를 떠났을 겁니다. 사도들은 교회 공동체를 향해서 예수님이 살아계실 때 일어났던 일들을 확인

시켜주면서 신앙적인 각성을 촉구했습니다. 또 다른 위기는 교회 안에서의 분파행동들입니다. 크게는 유대 기독교인들과 헬라 기독교인들이 갈등을 겪고, 또 고린도전서에 구체적으로 언급되어 있듯이 여러 교회 지도자들을 추종하는 세력 사이에서도 갈등이 있었습니다. 교회 안에서 벌어진 부도덕한 행위들도 교회의 위기였습니다. 초기 기독교 공동체 안에 이렇게 크고 작은 위기들이 끊임없었습니다.

오병이어 사건을 깨닫지 못하고 마음이 둔하여졌다는 오늘 본문의 진술은 초기 기독교는 물론이고, 오늘의 기독교에도 똑같이 적용되는 말씀입니다. 모든 신앙적인 위기는 바로 예수님에게 일어난 하나님의 구원행위 안으로 깊이 들어가지 못하는 데서 벌어집니다. 그렇다면 해결책은 이미 주어졌습니다. 예수 사건이 단지 우리가 암기해야 할 규범으로 끝나지 말고, 우리 삶의 심층에서 매순간 구원의 현실로 심화, 확대되어야 합니다. 구원이면 구원이지 구원의 현실이 뭐냐, 하고 이상하게 생각할지 모르겠네요. 그렇기는 합니다만, 구원의 문제를 더 엄밀하게 규정하려면 이런 언어 조합이 필요합니다. 하나님의 현실(reality of God)이라는 말도 역시 똑같습니다. 하나님으로 충분하기는 하지만 그 하나님을 더 엄밀하게 규정하기 위해서 하나님의 현실이라는 언어 조합을 하는 것이지요.

우리는 보통 구원받는다는 말을 자주 합니다. 그때 사람들은 어떤 확정된 구원의 실체를 머리에 그립니다. 마음의 평화, 죽은 후에 가게 된 천국의 호화로운 집 같은 그림이 담기겠지요. 구원은 그런 확정된 실체로 도저히 담을 수 없는 궁극적인 어떤 것을 말합니다. 그것이 곧 궁극적인 현실입니다. 이 현실은 철학자 화이트헤드의 경구인 "실재는 과정이다"에 나오는 실재, 리얼리티를 가리킵니다. 도대체 구원의 리얼리티, 구원의 현실은 무엇일까요? 그것은 우리에게 아직 확정되지 않은 채 종말로 열려 있습니다. 지금 우리가 생각하는 구원의 현실들은 부분적이고 잠정적인 것입니다. 세상이 뭔지, 인간이 뭔지 아직 결정되지 않은 것처럼 구원의 현실도 역시 그렇습니다.

그렇다면 오늘 예수 믿고 구원받았다고 생각하는 기독교인들의 믿음은 잘못되었다는 말일까요? 아닙니다. 예수 사건이 바로 구원의 처음이며 마지막이라는 사실은 우리의 신앙세계에서 명백한 진리입니다. 그러나 예수 사건으로 인한 구원의 구체적인 현실이 무엇인지는 여전히 열려 있는 질문입니다. 그래서 바울도 지금 우리는 거울로 보는 것 같다고 고백했습니다. 얼굴을 맞대어 볼 때까지 우리는 구원의 현실을 우리의 삶에서 심화시켜나가야 합니다. 이 길을 가기 위해서라도 우리의 마음이 굳어지면 안 되겠지요.

이어지는 치병 이야기

<u>6:53-56</u>

⁵³ 건너가 게네사렛 땅에 이르러 대고 ⁵⁴ 배에서 내리니 사람들이 곧 예수신 줄을 알고 ⁵⁵ 그 온 지방으로 달려 돌아다니며 예수께서 어디 계시다는 말을 듣는 대로 병든 자를 침상째로 메고 나아오니 ⁵⁶ 아무 데나 예수께서 들어가시는 지방이나 도시나 마을에서 병자를 시장에 두고 예수께 그의 옷 가에라도 손을 대게 하시기를 간구하니 손을 대는 자는 다 성함을 얻으니라

풍랑으로 고생하던 제자들은 예수님으로 인해 풍랑이 그친 뒤 게네사렛 호수 서안의 게네사렛 지역에 배를 대고 배에서 내렸습니다. 팔레스타인의 북쪽 지역을 크게 갈릴리라고 하는데, 오른편에 큼지막한 호수가 있습니다. 그 호수를 갈릴리 호수, 또는 게네사렛 호수라고 합니다. 그 호수가 없었다면 팔레스타인 문명은 불가능했을 겁니다. 게네사렛 호수에서 발원해서 남쪽 사해에 이르는 강을 요단강이라고 합니다. 게네사렛 호수와 요단강은 팔레스타인 지역 사람들에게 생명의 젖줄입니다. 이 호수 부근에는 유명한 마을이 많습니다. 가버나움, 벳세다, 게네사렛, 막달라, 디베랴 등이 그것입니다. 디베랴는 헤롯왕의 아들 안티바스가 기원후 17년에 세웠다고 합니다.

　　예수님이 게네사렛 땅에 올라서자 사람들이 곧 예수님을 알아보았다고 합니다. 그 상황이 어떤 건지 지금 우리가 정확하게 파악할 수는 없습니다. 예수님이 그곳에 오시기를 사람들이 학수고대하듯 기다렸다가 금방 알아본 건지, 아니면 예수님이 마을로 들어가서 활동하셨기 때문에 자연스럽게 알아본 건지 말입니다. 성서기자가 이 대목에서 전하고자 한 것은 그 당시에 사람들이 예수님을 절실하게 필요로 했다는 사실이겠지요. 만약 우리가 구원에 관심이 많다고 한다면 예수님을 절실하게 필요로 할 겁니다. 우리 자신에게서는 구원의 현실들이 불가능하다는 사실을 알기 때문입니다. 그렇습니다. 우리에게서 나오는 최선의 것들도 완전하지 않고 영원하지 못하다면 결국 구원은 예수님으로부터만 주어진다는 말이 되겠지요.

사람들은 예수님의 소문을 듣는 대로 병든 자를 침상째로 들고 왔다고 합니다. 침상째로 들고 왔다는 말은 병자들의 병이 아주 깊었다는 뜻이겠지요. 난치병, 불치병을 안고 산다는 건 오늘처럼 의학이 발달한 시대에도 벅찬 일인데, 2천 년 전이야 오죽했겠습니까? 복음서에 예수님의 치병 이야기가 왜 그렇게 많은지 조금 이상하다고 생각할 분들이 있을 겁니다. 또는 반대로 예수님이 병자를 고치셨으니까 지금 우리도 병을 고쳐야 한다고 주장할 분들도 있을 거구요. 이런 이야기는 제가 여러 번 했기 때문에 여기서 자세하게 거론하지 않겠습니다. 치병(治病)은 우리 생명을 고친다는 점에서 구원의 속성이 있는 건 분명합니다. 우리가 언젠가 부활의 몸을 입게 되면 모든 질병으로부터 완전히 해방되겠지만, 아직 우리는 계속적으로 병의 위협에 노출당합니다. 치병은 부활의 몸을 향한 작은 발걸음이라 할 수 있습니다.

문제는 고대 시대의 치병과 오늘의 치병이 전혀 다른 차원에서 일어난다는 것입니다. 고대사회는 병을 주술적으로 접근했지만 지금은 과학적으로 접근합니다. 패러다임이 바뀐 거지요. 이미 과학의 시대로 넘어온 상황에서 다시 주술적인 방식으로 돌아간다는 것은 신앙이라기보다는 미신으로의 퇴행에 가깝습니다. 오늘의 의학은 하나님의 치병 행위입니다. 그 방식으로 우리 몸의 생명을 치료해나가는 것이 곧 오늘의 신앙입니다. 약간 다른 관점에서 보면 고대인이나 현대인이나 모두가 병자입니다. 겉으로는 멀쩡한 거 같지만 내면적으로 병든 게 분명합니다. 우리는 침상째로 예수님에게 나와야 합니다. 육체적인 질병보다 더 심각한 영적인 질병을 고쳐야 하지 않을까요? 여기서 영적인 질병은 반(反)생명적인 삶에 묶여 있는 상태를 가리킵니다.

56절은 예수님의 활동 전반에 대한 총괄적 해설입니다. 옷자락 이야기의 구체적인 사례는 이미 앞에 나와 있습니다(막 5:28). 열두 해를 혈루증으로 고생하던 여자가 예수님의 옷자락에 손을 대고 병을 고친 이야기입니다. 예수님에게 신적인 능력이 분명하게 드러났다는 사실을 고대인들의 시각으로 묘사한 것입니다. 본문은 손을 대는 자가 모두 성함을 얻었다고 보도합니다. 보통 이런 치유 사건은 예수님이 사람의 몸에 손을 대는 데, 혈루증 여인과 오늘 본문의 경우에는 병자가 예수님의 옷자락에 손을 댑니다. 전자보다는 후자가 예수님의 신적인 능력을 훨씬 더 강조하는 표현으로 보입니다.

여기서 중요한 것은 누가 먼저 손을 댔는지, 옷자락인지 몸인지가 아니라 성함을 얻었다는 사실입니다. 즉 예수님에게서 치유의 능력이 나온다는 것입니다. 본문은 주로 질병의 치유 능력을 말하지만, 기독교 신앙에서는 전인적(全人的) 치유가 그 중심입니다. 총체적, 또는 통전적이라는 의미를 갖는 전인적이라는 단어를 신앙적인 용어로 바꾸면 영적이라는 뜻입니다. 참된 치유, 참된 구원, 즉 영적 치유는 바로 예수님의 신적 능력입니다. 전인적인 치유가 곧 영적인 치유라는 말씀을 기억해두십시오. 여기서 전인적이라는 말이 중요합니다. 영적인 사람은 전인적인 인격을 갖추게 됩니다. 구체적으로 말해서 예수님을 통해서 영적인 치유를 경험한 사람은 전인적인 사람이 됩니다. 이에 동의하시나요? 영적인 사람은 사물과 사건을 왜곡해서 보지 않고 그 정곡을 뚫고 들어갈 수 있다는 말씀입니다. 아우구스티누스, 아시시의 프란시스, 아퀴나스, 에크하르트 등 지난 2천 년 기독교 역사에서 활동한 위대한 신학자들, 영성가들, 신비주의자들은 비록 그 시대정신에 영향을 받았지만 전체적으로는 사태를 정확하게 인식했습니다. 이런 일이 가능한 이유는 영적인 사람들의 생각을 진리의 영이신 성령이 온전히 지배하기 때문입니다.

오늘 우리는 전인적으로 치유받은 사람일까요? 만약 우리가 정치적 좌파나 동성애자들을 향해서, 심지어는 타종교를 향해서 적개심을 숨기지 않는다면 전인적 치유를 받았다고 말하기 힘듭니다. 오늘 우리는 어린아이가 걸음걸이를 배우듯이 신앙의 걸음걸이를 처음부터 다시 시작해야 할 것 같습니다. 예수님과의 참된 접촉을 통해서(touch) 전인적으로, 영적으로 치유받는 게 무엇인지 배우고 경험하는 신앙의 걸음걸이를 말입니다.

신앙의 걸음걸이를 다시 시작해야 한다는 말을 오해하지는 마세요. 어느 정도 신앙의 깊이로 들어간 것처럼 느끼는 순간에 느닷없이 유치한 생각에 빠지기도 하고, 어리석은 행동도 합니다. 영적으로 깊은 경지에 들어가는 온전한, 전적인 치유는 한순간이 아니라, 몇 번의 과정으로도 해결되지 않습니다. 끊임없는 시행착오를 겪어야 합니다. 바울도 그런 하소연을 했는데, 우리야 더 말할 나위도 없겠지요. 이런 점에서 우리는 평생 신앙 훈련을 해야 합니다. 쉬지 말고 기도하라는 바울의 충고도 이런 데 해당되겠지요. 수도사들이 기도, 예배, 성경 읽기를 하루도 쉬지 않고 실천한 이유도 역시 이런 훈련이 중요하다는 사실을 알았다는 데에 있습니다. 이런 훈련을 율법의 차원에서 생각하면 곤란합니다. 경건의 훈련은 영적으로 살아가려는 사람에게 필수적인 것이지만 그것이 자칫하면 율법으로 작동될 위험성도 있습니다. 작년에 비해서 올해는 기도를 더 많이 했다는 만족감이 자신을 채워나가면 그것이 곧 율법으로 치우치는 것입니다. 이 차이를 구별하기가 쉽지 않지요. 제삼자는 아무도 판단할 수 없습니다. 당사자와 성령만이 알 수 있는 비밀이겠지요. 율법이 아니라 우리의 영을 살리는 경건의 훈련은 우리를 초심으로 돌아가게 하는 과정입니다. 그 초심은 예수님과의 영적인 접촉이라는 그 원초적 사실에 집중하는 것입니다. 이런 초심으로 돌아가면 우리는 종교적 업적을 쌓을 생각을 하지 않습니다. 그런 업적주의라는 짐에 의해서 벌어지는 우리의 모든 영적 질병들이 치유될 것입니다. 그 치유 능력은 바로 예수님에게서 발원합니다.

7장

예수, 바리새인과 논쟁하시다

7:1-23

¹ 바리새인들과 또 서기관 중 몇이 예루살렘에서 와서 예수께 모여들었다가 ² 그의 제자 중 몇 사람이 부정한 손 곧 씻지 아니한 손으로 떡 먹는 것을 보았더라 ³ (바리새인들과 모든 유대인들은 장로들의 전통을 지키어 손을 잘 씻지 않고서는 음식을 먹지 아니하며 ⁴ 또 시장에서 돌아와서도 물을 뿌리지 않고서는 먹지 아니하며 그 외에도 여러 가지를 지키어 오는 것이 있으니 잔과 주발과 놋그릇을 씻음이러라) ⁵ 이에 바리새인들과 서기관들이 예수께 묻되 어찌하여 당신의 제자들은 장로들의 전통을 준행하지 아니하고 부정한 손으로 떡을 먹나이까 ⁶ 이르시되 이사야가 너희 외식하는 자에 대하여 잘 예언하였도다 기록하였으되 이 백성이 입술로는 나를 공경하되 마음은 내게서 멀도다 ⁷ 사람의 계명으로 교훈을 삼아 가르치니 나를 헛되이 경배하는도다 하였느니라 ⁸ 너희가 하나님의 계명은 버리고 사람의 전통을 지키느니라 ⁹ 또 이르시되 너희가 너희 전통을 지키려고 하나님의 계명을 잘 저버리는도다 ¹⁰ 모세는 네 부모를 공경하라 하고 또 아버지나 어머니를 모욕하는 자는 죽임을 당하리라 하였거늘 ¹¹ 너희는 이르되 사람이 아버지에게나 어머니에게나 말하기를 내가 드려 유익하게 할 것이 고르반 곧 하나님께 드림이 되었다고 하기만 하면 그만이라 하고 ¹² 자기 아버지나 어머니에게 다시 아무것도 하여 드리기를 허락하지 아니하여 ¹³ 너희가 전한 전통으로 하나님의 말씀을 폐하며 또 이 같은 일을 많이 행하느니라 하시고 ¹⁴ 무리를 다시 불러 이르시되 너희는 다 내 말을 듣고 깨달으라 ¹⁵ 무엇이든지 밖에서 사람에게로 들어가는 것은 능히 사람을 더럽게 하지 못하되 ¹⁶ 사람 안에서 나오는 것이 사람을 더럽게 하는 것이니라 하시고 ¹⁷ 무리를 떠나 집으로 들어가시니 제자들이 그 비유를 묻자온대 ¹⁸ 예수께서 이르시되 너희도 이렇게 깨달음이 없느냐 무엇이든지 밖

에서 들어가는 것이 능히 사람을 더럽게 하지 못함을 알지 못하느냐 19 이는 마음으로 들어가지 아니하고 배로 들어가 뒤로 나감이라 이러므로 모든 음식물을 깨끗하다 하시니라 20 또 이르시되 사람에게서 나오는 그것이 사람을 더럽게 하느니라 21 속에서 곧 사람의 마음에서 나오는 것은 악한 생각 곧 음란과 도둑질과 살인과 22 간음과 탐욕과 악독과 속임과 음탕과 질투와 비방과 교만과 우매함이니 23 이 모든 악한 것이 다 속에서 나와서 사람을 더럽게 하느니라

오병이어와 호수에서의 사건을 급한 필치로 보도한 후 한 호흡 쉬어가듯이 예수님의 활동을 스케치한(6:53-56) 마가복음 기자는 이제 7장에서 다시 논쟁적인 구조로 글쓰기의 속도를 냅니다. 그 시작은 예루살렘에서 갈릴리로 내려온 바리새인과 서기관들의 등장입니다. 복음서기자가 묘사하고 있는 바리새인은 악명이 높습니다. 교만하고 음흉하고 비판적이고 논쟁적이며, 또한 비굴하기까지 합니다. 서기관들도 역시 비슷한 취급을 받습니다. 복음서기자들의 관점이 객관적인 건 아닙니다. 바리새인들은 그 당시 유대의 여러 계파 중에서 가장 민족주의적이면서 종교적인 사람들로 실제로 존경받는 집단에 속했습니다. 바리새인들의 경건성과 서기관들의 신학적 지식이 제사장들의 종교의식과 더불어 유대교를 지탱하는 중심축이었습니다. 그런데 복음서기자들의 눈에 그들은 예수님의 하나님 나라에 가장 적대적인 사람들로 비쳤습니다.

　　예수님이 실제로 복음서기자들이 묘사하고 있는 그런 정도로 바리새인들과 불편한 관계에 있었는지는 단정적으로 말하기 어렵습니다. 복음서기자들의 진술은 예수님의 공생애에서 일어난 사건과 말을 그대로 받아쓴 게 아니라 상당히 세월이 흐른 뒤에 새로운 신앙의 눈으로 해석된 것이라는 점을 염두에 두어야 합니다. 일반적으로만 본다면 오직 하나님 나라에만 집중하셨던 예수님이 어느 특정 집단에 의해서 그

렇게 지속적이고 노골적으로 배척당하셨으며, 따라서 예수님이 그들과 대결할 수밖에 없었다는 말은 지나친 감이 없지 않습니다. 한번쯤 다음과 같이 생각해 볼 수도 있겠지요. 예수님보다는 복음서가 기록되던 그 시기의 초기 기독교가 바리새인들과 훨씬 심각하게 대립한 것이 아닐는지. 그 여파가 복음서의 서술 방식에 영향을 끼친 게 아닐까요? 그렇다고 하더라도 마가복음 기자가 없는 말을 지어낸 건 아닙니다. 예수님도 바리새인들이나 서기관들과 좋은 관계를 맺지는 못했습니다. 한쪽에서 아무리 선의로 대하더라도 다른 쪽에서 시비를 걸기 시작하면 계속해서 좋은 관계를 유지할 수는 없는 노릇입니다.

오늘 본문에서 바리새인들과 서기관들이 예루살렘에서 왔다고 했습니다. 예루살렘을 강조하는 문장입니다. 예루살렘은 이스라엘의 종교적·정치적 중심지입니다. 그곳에는 예루살렘 성전이 있고, 제사장과 학자들이 있었습니다. 그들은 모든 기득권을 가진 주류입니다. 그들은 예루살렘이 누린 기득권을 계속 유지하고 싶었습니다. 그들만이 아니라 일반적으로 힘을 가진 사람들은 그걸 놓치기 싫어합니다. 그들은 예루살렘을 향한 도전으로 보이는 예수님의 언행을 용납할 수 없었겠지요. 힘이 들어간 사람들은 무슨 일에만 과민하게 반응하기 마련입니다.

조금 옆으로 가는 이야기입니다만, 요즘 한국에도 서울 중심적 생각에 빠져 있는 이들이 많은 것 같습니다. 언젠가 헌법재판소는《경국대전》을 인용하면서 서울을 옮기지 못한다고 판결했습니다. 코미디 같은 일이 벌어졌는데도, 우리는 그러려니 하고 지나갑니다. 진정한 의미에서 혁명을 경험하지 못한 우리는 권위 앞에서 무기력하고, 또는 권위에 아부합니다. 거꾸로 권위가 없는 사람들 앞에서는 안하무인입니다. 서울 이전 문제를 결정한 헌재 재판관들은 예수님 당시의 산헤드린 위원이며, 서기관, 바리새인에 해당됩니다. 이런 걸 보면 2천 년 전이나 지금이나 서울을 중심으로 한 권력은 비슷한 방식으로 작동되는 것 같습니다.

예루살렘에서 온 바리새인들과 서기관들이, 더 정확하게는 그들을 파송한 예루살렘의 유대교 수뇌부가 왜 예수님을 받아들일 수 없었을까요? 이런 문제를 꼼꼼히 살펴려면 그 당시의 종교와 정치 상황 전반에 대한 종합적인 연구가 이루어져야 합니다. 이런 짧은 묵상에서는 그렇게 긴 호흡으로 생각을 나눌 수는 없겠지요. 예수님이 유대교와 충돌했다는 것이 위의 질문에 대한 가장 가까운 대답이 아닐까 생각합니다. 예수님은 유대교의 기존질서를 일부러 훼손한 건 아니지만 거기에 묶이지도 않았습니다. 그는 예루살렘의 종교권력 앞에서 고분고분하지 않았습니다. 안식일 논쟁이 하나의 전형입니다. 안식일에 하지 말아야 할 일을 예수님은 거침없이 행했습니다. 이런 그의 태도가 예루살렘 종교 집권층에게 어떻게 보였을지는 불문가지입니다.

예수님과 예루살렘 종교 집권층 사이에 벌어진 이런 충돌은 근본적으로 하나님에 대한 태도의 차이에 기인합니다. 예수님의 하나님 인식과 유대교의 하나님 인식 사이에 서로 용납할 수 없는 간격이 있었다는 뜻입니다. 예수님에게 하나님은 아주 가까운 아빠 이미지였습니다. 사랑과 은총의 하나님이었습니다. 이런 하나님은 현실 그대로의 사람을 그대로 용납하십니다. 탕자도 그대로 받아들이고, 세리와 죄인을 그대로 받아들입니다. 이제 반해서 유대교, 즉 바리새인들의 하나님은 법 집행자 이미지였습니다. 선택과 심판의 하나님이었습니다. 이 하나님은 옳은 사람과 잘못된 사람을 솎아냅니다. 이런 하나님을 믿는 바리새인들은 세리나 죄인들과 자리를 함께하지 않았습니다. 이들은 일종의 법 실증주의자들이었습니다.

예루살렘에서 온 바리새인들은 예수님의 제자들 중에서 몇 사람이 부정한 손으로 떡을 먹고 있는 걸 발견했습니다. 본문이 설명하는 대로 부정하다는 말은 손을 씻지 않았다는 뜻입니다. 유대의 정결의식에 따르면 밖에서 돌아오거나 밥을 먹기 전에 물로 손을 씻어야만 했습니다. 고대 이스라엘 사람들이 지금의 파키스탄이나 인도 사람들처럼 손으로 밥을 먹었는지는 제가 잘 모르겠습니다. 손이 아니라 포크를 사용했다고 하더라도 밥 먹기 전에 손 씻는 습관은 좋은 것이지요. 이런 일은 우선 위생건강에도 좋습니다. 고대시대의 불결한 환경과 전염병 등을 염두에 둔다면 이런 정결의식은 아무리 강조해도 지나치지 않습니다. 유대교의 율법을 떠나서 요즘도 손 씻는 건 중요합니다. 아이들이 학교에서 돌아왔을 때 손 씻는 습관을 키워줄 필요가 있습니다. 감기나 눈병이 유행할 때는 더할 나위가 없겠지요.

예수님의 제자들이 실수로 손을 씻지 않은 건지, 그날 공교롭게도 손을 씻을 물이 없었거나 너무 배가 고파서 깜빡한 건지는 잘 모르겠습니다. 한 명이 아니라 여러 명이 손을 씻지 않았다는 걸 보면 습관적으로 그런 일을 저지른 것 같아 보입니다. 민중들의 삶은 대개 그렇습니다. 그들의 삶은 고단하고 척박하기 때문에 일일이 교양을 지키면서 살아갈 수가 없습니다. 그들은 거칠게 세상을 살았습니다. 만약 그런 삶의 태도를 율법으로 재단하기 시작하면 그냥 넘어갈 수 있는 사람은 하나도 없겠지요. 손을 씻지 않는 게 제자들에게는 아주 자연스러웠지만 바리새인에게는 몰상식해 보였습니다. 이 간격을 무엇으로 메울 수 있을까요?

손 씻는 장로의 전통은 위생건강을 지켜내기 위한 유대인들의 지혜입니다. 그것만이 아니라 모든 전통은 지혜의 축적입니다. 세속적인 전통도 그렇고, 종교적인 전통도 그렇습니다. 우리의 옛 선조들이 지키던 삼강오륜이라는 전통이 오늘 우리의 눈에는 이상하게 보일지 모르지만 우리 조상 시대에는 공동체를 유지하는 데 아주 중요한 역할을 했습니다. 제사 전통도 역시 그렇게 이해할 수 있습니다. 문제는 그런 전통의 근본 의미가 퇴색되고, 그것이 기득권을 보수하는 수단으로 전락해버린 것이겠지요.

본문에서 바리새인과 경건한 유대인들은 유달리 씻는 데 신경을 썼습니다. 시장에서 돌아와서는 손을 씻지 않으면 먹지도 않았고, 잔과 주발, 놋그릇을 잘 씻었다고 합니다. 물이 귀한 곳이라서 유대인들이 목욕을 자주 하지는 못했겠지만, 씻는 일에 부지런했다는 것만은 분명합니다. 기독교 전통에서 가장 중요한 예식 중의 하나인 세례, 또는 침례는 물속에 잠긴다는 뜻이면서, 조금 더 포괄적으로 본다면 씻는다는 뜻도 됩니다. 침례교나 순복음교회에서는 주로 피세례자를 물속에 넣는 방식으로, 일반교회에서는 물을 뿌리는 약식의 방식으로 세례를 베푸는데 여기서 물의 기능은 씻음에 있습니다. 우리가 물로 세례를 받을 때 우리의 죄가 예수님의 피로 씻김을 받는다는 것입니다.

어떤 사람들에게는 이런 세례 행위가 요식적으로 보일지 모르겠군요. 그렇게 보기 시작하면 모든 게 그렇게 보입니다. 성찬예식도 그렇고, 기도도 그렇게 보이겠지요. 세례의 의미를 실질로 이해하려면 기독교 전통이 말하는 고유한 영성 안으로 들어가야 합니다. 기독교의 예전들은 모두 기독교의 고유한 영성에서 나온 것이기 때문입니다. 그 영성은 곧 이 세상을 하나님, 그리고 영의 관점에서 보는 것입니다. 예수의 사건에서 진정한 용서와 화해가 일어났다는 시각에서만 우리는 세례가 우리의 죄를 씻는 종교행위라는 사실을 이해할 수 있습니다. 예수의 피는 우리를 씻겼습니다. 그 씻김으로 우리는 참된 생명을 얻었습니다. 진정한 씻김의 영성은 손과 그릇의 씻음이 아니라 세례를 통한 영혼의 씻음에 있습니다.

5절에서 바리새인들과 서기관들의 질문이 '당신의 제자들은…'으로 시작하는 걸 보면 예수님은 장로들의 전통을 지켰다는 뜻일까요? 본문만으로는 그 속사정을 정확하게 파악할 수 없습니다. 한편으로 예수님은 제자들과 달리 손을 씻고 밥을 먹었을지도 모르고, 다른 한편으로 예수님도 제자들과 마찬가지로 손을 씻지 않고 밥을 먹었지만 바리새인들이 감히 예수님에게 직접 시비를 걸지 못한 것일 수도 있습니다. 제 개인적인 생각으로 예수님은 어쩔 수 없는 특별한 경우에는 손을 씻지 않았겠지만 일반적으로는 손을 씻었을 것입니다. 예수님은 율법과 전통을 파괴하는 분이 아니라 그것의 근본 의미를 살리신 분입니다. 손 씻는 전통이 민중들의 삶을 파괴한다면 배척했겠지만 그건 아니지 않습니까.

바리새인들의 질문이 겉으로는 제자들을 향한 것이지만 실제로는 예수님을 향한 것입니다. 예수님의 제자들이 안식일에 밀밭 사이를 지나다가 이삭을 잘라먹었을 때도 바리새인들은 예수님을 향해서 "당신의 제자들은…" 왜 그 모양인가 하고 물었는데(마 12:2), 이 상황도 역시 똑같습니다. 그 당시 유랑 교사였던 예수님은 자기를 추종하는 제자들의 행위에 대해서 책임을 져야겠지요. 바리새인들의 질문은 그런 책임 추궁이 아니라 훨씬 본질적인 차원인 예수님의 정체에 대한 비난이 담겨 있습니다. 오늘 본문 뒤로 예수님의 논쟁적인 진술이 길게 이어지고 있다는 게 그 단서입니다. 우리도 바리새인처럼 이중적인 태도를 취할 때가 많습니다. 속의 의도를 숨긴 채 말꼬리를 잡기 위한 질문을 던집니다. 우리의 말과 마음이 이중적이라는 건 의도가 순수하지 않다는 뜻이며, 더 궁극적으로는 진리에 속하지 않았다는 뜻이겠지요.

예수님은 장로의 전통 운운하며 따지는 바리새인들과 서기관들에게 이사야 29장 13절을 인용해서 반론을 펴기 시작하십니다. 이사야의 예언 앞에서 장로들의 전통은 보잘것없습니다. 장로들의 전통은 유대교에서 기껏해야 2차 자료에 불과하니까요. 그런데 텐트에서 주인을 쫓아낸 당나귀라는 이솝우화처럼 토라를 바르게 세우기 위한 보조 역할에 머물렀던 장로들의 전통이 유대인들의 실제 삶을 훨씬 강력하게 지배하게 되었습니다. 원래 유대인들에게 가장 큰 권위가 있는 말씀은 토라라고 불리는 모세오경입니다. 이 모세오경 안에 십계명을 비롯한 모든 율법이 일목요연하게 기록되어 있습니다. 장로들의 전통은 이 토라의 해석입니다. 토라를 헌법이라고 한다면 장로들의 전통은 법률, 또는 시행세칙인 셈이지요. 장로들의 전통은 물론 필요합니다. 문제는 이 해석이 세월과 더불어 율법의 원전인 토라 못지않은 권위를 확보하게 되었다는 것입니다. 경우에 따라서는 이 전통이 훨씬 막강한 기세를 부리기도 했습니다. 이게 바로 역사의 아이러니입니다.

오늘 우리도 하나님의 말씀인 성경보다 교회의 여러 가지 시행세칙들을 더 중요하게 생각하는 일이 없지 않습니다. 수많은 종류의 정기예배와 각종 헌금, 직분과 조직 등등이 그런 것들입니다. 이런 것들은 하나님의 말씀을 따라 살기 위한 신자들의 삶을 규정해주는 세칙들입니다. 성경이 모든 것을 일일이 거론하지 않기도 하고, 성경과 우리 사이에 삶을 이해하는 방식이 제법 다르기 때문에 오늘 우리에게 맞는 신앙생활의 세칙이 필요한 건 당연합니다. 문제는 이런 것이 마치 신앙의 본질인 것처럼 취급되는 것입니다. 이런 태도가 바로 본문이 말하는 외식입니다.

예수님이 인용한 이사야의 선포가 장로들의 전통과 대립하는 것은 아닙니다. 예수님은 바리새인들과 서기관들이 장로들의 전통을, 더 근본적으로는 율법의 근본의미를 훼손하고 있다고 보고, 이를 지적하기 위해서 이사야의 말을 인용한 것뿐입니다. 위의 본문에서 이사야는 (29:13) 이렇게 말했습니다. "이 백성이 입술로는 나를 공경하되 마음은 내게서 멀도다." 이스라엘의 경건한 사람들은 하나님의 말씀을 입에 달고 다녔습니다. 옷소매에도 성경구절을 달고 다녔고, 집안에도 곳곳에 성경구절을 적어놓았습니다. 그들은 예루살렘 성전에서 하나님을 찬양하고 성경을 읽고, 지성으로 제사를 드렸습니다. 그들의 입술은 하나님을 공경하는 말로 가득했으나 마음은 하나님에게서 떠나 있었습니다.

그들은 아마 자신들의 말과 마음이 따로 논다는 사실을 모르고 있었을 겁니다. 그들은 이 세상에서 자신들이 여호와 하나님을 가장 바르게, 가장 열정적으로 섬긴다고 생각하고 있었을 테니까요. 이게 비극입니다. 형식적으로는 더할 나위 없이 경건하지만 내면적으로는 아주 세속적인 상황이 말입니다. 여기서 그들의 말과 마음이 따로 논다는 것은 그들의 신앙에 삶의 현실성(reality)이 없다는 뜻이겠지요. 그래서 결국 그들이 쏟아내는 신앙적인 용어는 죽은 문자에 불과하다는 뜻이겠지요.

우리는 우리의 신앙을 늘 진지하게 점검해야 합니다. 우리의 말과 마음이 과연 일치하고 있는지를 돌아봐야 합니다. 우리의 말과 삶이 하나인지를 말입니다. 이게 쉽지가 않습니다. 특히 신앙생활을 오래 한 사람일수록 이런 일치가 어렵습니다. 인간성이 나빠서가 아니라 타성에 젖는 인간의 속성 때문에 어쩔 수가 없습니다. 오늘 우리는 신앙적인 말과 그 형식에는 세련되어 있지만 마음과 삶은 엉뚱한 데 치우쳐 있는 건 아닐는지요.

이사야 시대나 예수님의 시대나 바로 지금이나 사람의 계명을 하나님의 계명으로 호도하는 일은 많은 것 같습니다. 공동번역은 이 구절을 이렇게 번역했습니다. "그들은 나를 헛되이 예배하며 사람의 계명을 하느님의 것인 양 가르친다." 사람의 계명을 하느님의 계명인 것처럼 가르치는 것은 헛된 예배입니다. 사람의 계명과 하나님의 계명은 어떻게 다를까요? 우리는 왜 이것을 구분해야만 할까요? 왜 우리는 사람의 계명과 하나님의 계명을 혼동할까요? 이런 질문은 별거 아닌 것 같지만 사실은 기독교 신앙에서 가장 핵심적인 것입니다. 이것은 곧 하나님을 향한 신앙의 본질이 무엇인가, 하는 질문과 똑같습니다. 우선 여기서 사람의 계명은 나쁜 것이고 하나님의 계명은 좋은 것이라고 미리 단정하지 마세요. 궁극적인 차원에서 본다면 그렇게 구별할 수 있지만 삶의 현장에서 본다면 사람의 계명도 좋은 것입니다. 좋은 것이라기보다는 매혹적인 것입니다.

예를 들어서 《긍정의 힘》이라는 책을 봅시다. 그 책은 긍정의 힘이 곧 신앙이라고 강조합니다. 그 책의 저변에 깔려 있는 내용이지만, 긍정적인 사람과 부정적인 사람이 이 세상살이에서 어떤 차이가 나는지는 통계적으로 확인이 됩니다. 긍정적인 사람은 심리적으로도 안정이 되고 다른 사람과의 관계도 원만합니다. 이런 게 바로 사람의 계명입니다. 겉으로는 나쁜 게 하나도 없습니다. 오히려 우리의 삶에 에너지를 공급한다는 점에서 매력적입니다. 문제는 이런 걸 하나님의 계명과 일치시킨다는 것입니다. 사람의 심리적 욕망에 부응하는 가르침을 하나님의 뜻과 일치하게 되면 결국 사람들은 하나님에 대한 관심을 잃게 됩니다. 끊임없이 자기를 확인하고, 또한 자신의 업적을 자랑하는 일에만 마음을 둘 수밖에 없습니다. 이것은 삶이 아니라 죽음의 길입니다.

　바리새인들과 서기관들은 그 당시 민중들을 가르치던 선생들입니다. 선생도 보통 선생이 아니라 선택받은 소수의 선생들입니다. 선생은 진리를 가르치는 사람입니다. 그런데 예수님이 인용한 이사야의 오늘 본문에 따르면 그들은 사람의 계명을 하나님의 것으로 가르쳤습니다. 사람의 계명은 아무리 좋은 것이라 하더라도 궁극적으로 사람을 살리는 게 아닐 뿐만 아니라 자칫하면 오히려 실족하게 만듭니다. 오해는 마십시오. 사람의 계명, 즉 사람의 일이 무조건 잘못되었다는 뜻이 아닙니다. 생물학이나 물리학 자체가 잘못은 아닙니다. 우리는 역사도 알아야 하고, 수학도 알아야 합니다. 사람의 공부는 반드시 필요합니다. 문제는 그 모든 공부의 목표가 바르게 설정되지 않는다는 것입니다. 그 모든 공부가 결국 출세의 기회로 작용하고 만다면 그런 공부는 우리를 살리지 못합니다.

　여기 유능한 변호사나 검찰이 있다고 합시다. 그는 어릴 때부터 수재 소리를 들었고, 사법고시에 높은 점수를 받은 사람입니다. 그는 법을 잘 압니다. 그 법을 이용해서 그는 부와 명예를 쌓았습니다. 그의 손을 거치면 불리한 재판도 승소합니다. 그가 수임료를 두둑이 받아서 잘못된 재판을 이기게 했다면, 그래서 옳은 사람이 지고 말았다면 그의 능력은 세상을 파괴하는 도구로 사용된 겁니다. 그런데도 사람들은 그의 능력을 높이 평가합니다. 여기 유능한 외과의사가 있다고 합시다. 만약 그가 사람들에게 병의 위험성을 과대하게 자극함으로써 사람들로 하여금 병에 두려움을 갖게 한다면 그의 가르침은 사람을 살린다기보다는 죽이는 것입니다. 그걸 자신은 모릅니다. 자신의 의학 기술만을 목표로 생각하기 때문입니다.

　오늘 목사들은 신앙을 가르치는 선생들입니다. 우리는 이사야의 예언처럼 사람의 계명을 하나님의 것인 양 가르치고 있는 건 아닌지 심각하게 반성해야 합니다. 오늘 교회에서 행해지는 많은 일들이 사람의 계명에 속한다는 사실에서 이를 확인할 수 있습니다. 교회에서 행하는 일들은 모두 거룩한 것이라고 생각할 분들도 있겠지요. 예배, 기도회, 찬양, 전도모임, 성경공부, 요즘 유행하고 있는 목장 모임과 각종 봉사 활동들이 그렇습니다. 교회 공동체를 꾸리기 위해서 이런 활동들은 물론 필요합니다. 그러나 우리는 이런 활동의 내용과 그런 활동을 추동하는 힘이 무엇인지, 알아야 합니다. 이런 활동들이 상당한 경우에 사람에게서 나온다는 사실을 부정할 수는 없을 겁니다. 예컨대 학생회 부장이나 성가대 대장은 자신의 이름을 내기 위해서 그 일에 최선을 다합니다. 교회에서 크고 작은 일을 맡은 분들은 하나님의 뜻이 무엇인가에 대해서는 별로 관심이 없습니다. 아니 잘 알지도 못합니다. 오늘 본문과 연관해서 조금 더 정확하게 말하면, 사람들은 자신의 의도와 목표를 하나님의 뜻인 양 포장합니다. 그렇게 확신합니다.

　아주 특이한 경우이지만, 어떤 교회에서는 특별새벽기도회를 개최하면서 개인 신자들의 좌석에 이름표를 붙여 놓는다고 합니다. 그 사람이 기도회에 참석했는지를 확인하는 작업입니다. 십일조 헌금을 공개적으로 도표로 작성하는 교회도 있다고 합니다. 이런 방식으로 추진해야만 교회 일의 성과가 있다고 생각했기 때문이겠지요. 이런 방식으로라도 성과를 올리면 흡족해합니다. 사람의 흥밋거리를 아주 쉽게 하나님의 뜻으로 착각하는 잘못을 교정하려면 우리 교회 지도자들은 일반 신자들보다 훨씬 명민한 영성이 필요합니다. 사명과 책임은 정비례하는 게 아닐는지요.

　이사야는 헛된 예배에 대해서 일침을 놓습니다. 여기서 헛된 예배라는 말이 무슨 뜻일까요? 이사야 당시의 제사가 너무 허술했다는 말인가, 하고 생각하면 곤란합니다. 그들이 기도를 적게 했다거나 번제물이 형편없다는 말도 아닙니다. 그 당시의 제사도 다른 때나 마찬가지로 최상의 제사였을 겁니다. 본문에 한정해서 본다면 사람의 가르침을 하나님의 것인 양 가르치는 것이 곧 헛된 예배입니다. 이 주제는 제가 이미 말씀드린 내용이지만 헛된 예배와 연관해서 다시 한 번 더 짚어야겠습니다. 이 대목이 우리의 신앙생활에서 결정적으로 중요하며, 동시에 혼동되기 쉽기 때문입니다.

오늘 우리의 예배 행위에서 가장 결정적인 문제는 하나님에게 영광을 돌리기보다는 사람의 흥미를 돋우는 데 집중되어 있다는 사실입니다. 예배가 표면적으로는 성삼위일체 하나님에게 영광을 돌린다고 말은 하지만 실제로는 사람들의 종교적 만족감을 자극하는 쪽으로 방향이 잡혀 있습니다. 평신도들에게는 이런 문제가 눈에 들어오지 않을 겁니다. 그들은 자신들의 종교적 욕구에만 관심을 두지 하나님에 관해서는 거의 관심이 없습니다. 하나님에 관한 관심이 무엇인지도 잘 분간하지 못하기도 하고, 그럴 의지도 별로 없습니다. 저는 하나님에 관해서 관심을 보이는 평신도들을 만나본 적이 많지 않습니다. 모든 신앙적 열정과 에너지를 오직 자기의 종교적 욕망을 분출하는 데 소진하고 있다고 해도 과언이 아닙니다. 그게 어디 평신도 책임이냐 목사 책임이지, 하면 할 말은 없습니다만, 책임 공방을 떠나서 그게 바로 우리가 처해 있는 현실이라는 것만은 인정해야 합니다. 혹시 지금 우리의 모든 노력이 헛된 예배는 아닌지 심각하게 되돌아봐야 합니다.

기도만 해도 그렇습니다. 우리는 자신이 얼마나 열정적으로 기도를 드렸나, 하는 것에 마음이 쏠려 있습니다. 한국 교회에 얼마나 많은 기도모임이 있습니까? 기억하기도 힘든 온갖 종류의 기도회가 퍼포먼스처럼 개회됩니다. 가장 대표적인 게 아마 특별새벽기도회를 줄여 부르는 '특새'겠지요. 한국의 몇몇 교회가 이 특새로 이름을 날린 후에 많은 교회들이 특새를 따라합니다. 한국 교회에 특새가 붐을 일으킨다는 것은 좋게 보면 한국 기독교인들의 영성이 치열하다는 의미이겠지만, 주님의 가르침에 따르면 기도는 가능하면 혼자 골방에서 은밀하게 드려야 합니다. 금식을 하더라도 표를 내지 말아야 합니다. 특새는 말 그대로 특별한 새벽기도회입니다. 특별한 새벽기도를 드리려면 그럴 정도의 위기상황이 있어야 하는 거 아닌가요? 봄과 가을의 절기에 맞춰 특새를 개최한다는 것은 기도가 완전히 이벤트가 되었다는 의미입니다.

오늘 우리는 우리가 기도를 드려야 할 하나님에게 관해서는 아무런 관심이 없고, 대신 기도 행위 자체와 기도를 행하는 자기 자신에게만 관심을 기울이는 것 같습니다. 그래도 기도하지 않는 것보다는 억지로라도, 이벤트 형식이라도 기도하는 게 낫다고 생각할 분들이 있겠지요. 그런 생각은 착각입니다. 헛된 예배가 우리의 영혼을 질식시키는 것처럼, 자기 자신에 대한 열정으로 나오는 기도는 우리의 영혼을 마비시킵니다. 헛된 예배, 헛된 기도가 무엇인지 눈에 보이시나요?

우리는 지금 이사야가 언급했고, 예수님이 인용한 헛된 예배에 관해서 묵상 중입니다. 앞에서 말씀드렸듯이 사람의 계명을 하나님의 것인 양 가르치는 헛된 예배는 이사야나 예수님 당시만이 아니라 지금도 여전합니다. 하나님과의 가장 내밀하고 심층적인 영적 소통이라 할 기도가 사람들의 종교적 욕망에 부응하는 특새로 자리하는 현상이 바로 그것입니다. 어디 그뿐인가요? 제가 앞에서도 몇번이나 지적한 것처럼 소위 '경배와 찬양'이라는 열린 예배도 역시 사람의 계명입니다. 많은 분들이 특새나 열린 예배가 사람의 계명으로 인한 헛된 예배라는 말에 동의하지 않을지 모르겠군요. 제가 지금 그런 이름이 붙은 모든 집회를 싸잡아 매도하려는 게 아닙니다. 어딘가는 그런 방식의 집회를 통해서도 사람의 일이 아니라 하나님의 구원 통치가 드러나겠지요. 그러나 일반적으로는 사람의 계명으로 나타날 때가 많습니다. 어떤 분들은 특새나 열린 예배가 기존의 무식한 부흥회가 아니라 아주 세련되고 건전한,

신앙적으로 교양이 있는 종교집회라는 점을 강조하고 싶겠지요. 잘 생각해 보세요. 신앙 사건에서 교양은 결정적인 요인이 아니랍니다. 거꾸로 교양이 우리의 신앙을 가로막을 때가 많지요. 교양은 단지 신앙의 형식에 불과합니다. 그 내용이 중요하지요.

신앙의 내용이 사람에게 놓여 있다면 그것은 분명히 사람의 계명에 충실한 것입니다. 세련된 복음찬송을 부르고 기도를 드리면서 은혜를 크게 받고 감격스러워하지만 그것이 자신의 종교적 만족에 불과할 때가 많습니다. 많은 정도가 아니라 거의 대부분이 그럴지도 모릅니다. 자기 확신이든, 감정적 몰입이든 자신의 믿음 자체에 만족하면, 이게 곧 헛된 예배입니다.

헛된 예배 개념을 좀더 명확히 하기 위해서 종교현상에 관한 몇 가지 예를 들어야겠습니다. 고대 근동의 종교에서는 자극적인 종교행위를 자주 행했습니다. 그런 흔적이 구약성서에도 제법 나오는데, 아마 엘리야 전승이 가장 대표적인 게 아닐까 생각합니다. 엘리야는 갈멜산에서 바알 선지자 450명(왕상 18:22)과 대결합니다. 엘리야를 위한 제단과 바알 선지자들을 위한 제단 위에 각각 황소 한 마리를 올려놓았습니다. 바알 선지자들은 바알에게 기도를 드렸고, 엘리야는 여호와 하나님에게 기도를 드렸는데, 결국 엘리야의 제단에 놓인 황소만 불에 탔다는 이야기입니다. 그 대목에 바알 선지자들과 엘리야의 기도하는 장면이 자세하게 묘사되어 있습니다. 바알 선지자들은 아침부터 한낮까지 바알의 이름을 불렀으나 응답이 없자 제단을 돌면서 절뚝거리는 춤을 추었고, 그래도 아무런 반응이 없자 자기네 의식에 따라서 칼과 창으로 몸에 상처를 내어 피까지 흘렸으며, 그렇게 신접한 모양으로 날뛰었다고 합니다.

바알 선지자들은 신과의 영적인 소통이 전혀 없는 사이비 선지자들이었습니다. 그들은 신 경험을 자신의 내면세계에서 끌어내려고 한 것입니다. 절뚝거리는 춤, 칼과 창, 상처와 피, 엑스타시는 모두 그런 종교현상입니다. 이런 모습을 보는 청중들은 거기에서 무언가 신기한 기운을 느낄지도 모르지요. 제가 어렸을 때 간접적으로 경험한 전도관과 십수 년 전에 매스컴을 통해서 나왔던 영생교는 열광적으로 찬송을 부르는 특징이 있습니다. 그런데 몰입하면 사람은 무언가 이상한 기운을 경험하게 됩니다. 이런 경험의 특징은 심리적이고 정서적인 확신을 신앙의 중심으로 생각한다는 것입니다. 오늘 우리의 신앙도 심리와 정서에 치우쳐 있는 게 아닐는지요. 그런 신앙으로 만족한다면 더 드릴 말씀은 없지만, 헛된 예배에 속고 있는 건 아닌지는 진지하게 생각해 보아야 합니다.

우리는 두 가지 관점에서 바알 선지자들을 용납하지 못합니다. 하나는 그들의 자해 행위입니다. 칼과 창으로 상처를 내고 피를 흘린 그들의 행위는 성서의 신앙에서 볼 때 이교적인 게 틀림없습니다. 그러나 그들을 무조건 매도할 수는 없는 이유가 있습니다. 아브라함이 아들을 번제로 바치려고 했고, 입다가 딸을 실제로 제물로 바친 행위는 바알 선지자들의 자해보다 질적으로 훨씬 나쁩니다. 다른 하나는 바알 선지자들이 어떤 형상을 만들어서 섬겼다는 사실입니다. 구약성서에는 바알과 아세라가 짝으로 나올 때가 많은데, 제가 알기로는 바알은 남성 신의 형상을, 아세라는 여성 신의 형상을 합니다. 이런 형상들은 기본적으로 십계명에 위배되는 건 분명합니다. 그러나 금송아지 사건에서 알 수 있듯이 이스라엘도 끊임없이 형상의 유혹을 받았지요.

여기서 중요한 것은 여호와 하나님 신앙이 오랜 투쟁의 역사를 통해서 점진적으로 형성된 것이라는 사실입니다. 엘리야 전승도 그런 투쟁의 한 과정입니다. 엘리야의 주장이 배척을 받는 반면에 오히려 바알 선지자들의 주장이 광범위하게 지지를 받는 역사적 순간이 있었습니다. 이 말은 곧 바알 신앙이 그 당시에는 신앙적 정당성을 확보하고 있었다는 뜻이지요. 오늘 우리의 신앙이 우상숭배인지 아닌지는 지금이 아니라 훗날 역사에 의해서 판단될 것입니다. 엘리야 시대에 엘리야만 그 사실을 꿰뚫고 있었듯이 오늘도 우리가 헛된 예배를 드리고 있다는 사실을 아는 사람은 소수가 아닐까 생각합니다.

헛된 예배와 달리 참된 예배는 무엇일까요? 그 대답은 헛된 예배와 반대되는 것을 찾으면 되겠지요. 헛된 예배는 사람의 계명을 하나님의 것인 양 가르치는 것이라고 한다면, 참된 예배는 사람의 계명과 하나님의 계명을 구분하는 데서부터 시작됩니다. 이 말은 곧 우리가 신앙의 본질에 천착해야 한다는 뜻입니다. 예수님이 이사야의 이 발언을 인용하게 된 그 출발점으로 돌아갑시다. 예수님의 제자들이 밥을 먹기 전에 손을 씻어야 한다는 장로들의 전통을 지키지 않은 것에 대해서 바리새인들과 서기관들이 시비를 걸었습니다. 손 씻는 일이 바로 하나님의 뜻을 따르는 본질이 아닌데도 바리새인들이 그걸로 사람을 판단한 거지요. 이런 신앙적인 태도와 그런 태도로 드리는 예배는 헛된 예배이고, 그것을 극복하는 태도와 그런 예배는 참된 예배입니다.

여기서 예배라는 말을 단지 우리가 교회당에 일정한 형식으로 드리는 예배로만 생각하지 마세요. 그건 협의에 속합니다. 광의의 예배는 우리의 삶 전체를 가리킵니다. 우리가 하나님의 영광을 위해서 사는 것 자체가 예배이지요. 우리 몸이 살아 있는 성전이기도 하구요. 가장 중요한 예배는 곧 우리의 삶을 하나님께 드리는 것입니다. 이런 점에서 협의의 예배나 광의의 예배나 양측에 모두 중요한 것은 신앙의 본질에 침잠하는 것입니다. 우리가 매일 먹는 밥 앞에서 취하는 태도만 해도 그렇습니다. 그것이 하나님의 우주론적 구원 사건이라는 사실을 깊이 인식하는 사람은 이런 일상에서도 하나님께 참된 예배를 드리는 것이겠지요. 더 궁극적으로 지금 이 시간에 여기에 이렇게 존재한다는 사실에 감격하는 사람이라고 한다면 그는 하나님께 영광을 돌리는 사람입니다.

우리의 삶으로 하나님께 영광을 돌리는 광의의 예배는 그렇다 하고, 협의의 예배를 어떻게 참되게 드릴 수 있을까요? 수가 성 우물가에서 예수님은 사마리아 여자에게 이렇게 말한 적이 있습니다. "아버지께 참되게 예배하는 자들은 영과 진리로 예배할 때가 오나니⋯ 하나님은 영이시니 예배하는 자가 영과 진리로 예배할지니라"(요 4:23, 24). 이 말씀에 따르면 참된 예배의 핵심은 영과 진리입니다. 여기서 영과 진리로 예배를 드린다는 게 무엇일까요? 우선 영부터 시작하지요. 이게 어려운 문제입니다. 성서와 기독교 신학은 온전히 이 영에 대한 질문이라고 해도 과언이 아닐 정도로 중요합니다. 지난 수천 년 동안 그렇게 많은 신학적 논의가 시도되었지만 아직도 그것의 완전한 정체를 우리는 모릅니다. 이 세상의 모든 실체가 온전히 드러나는 종말이 되어야 우리는 영이 누구인지 분명하게 알게 될 겁니다. 종말에 가서야 영의 정체를 안다면 오늘 우리가 영으로 예배를 드려야 한다는 말은 잘못된 걸까요? 그렇지 않습니다. 우리는 이미 신구약성서와 지난 2천 년 기독교 역사에서 이 영의 활동에 대한 진술을 들었습니다. 그 영은 생명의 영으로 정의와 평화의 질서를 세우십니다. 궁극적으로는 예수님을 죽은 자 가운데서 일으키셨습니다. 이 영은 지금도 우리와 함께하시면서 믿음, 희망, 사랑을 경험하게 하십니다. 여러분이 잘 아는 이야기지요? 다시 이렇게 질문해보세요. 영으로 예배드린다는 게 무엇일까요? 신구약성서와 그 성서의 해석인 신학이 가리키는 생명의 세계로 들어가는 예배가 곧 영으로 드리는 예배이며, 그것이 곧 참된 예배입니다. 영은 우리를 중층적인 생명의 세계를 깨닫고 그 안으로 들어가게 하는 능력이시니까요.

우리가 보통 교회에서 영, 성령, 영성 등등에 대해서 많은 말을 합니다. 성령을 받았다는 말도 곧잘 합니다. 난치병이 치료되거나 부도날 사업이 기사회생했다거나 절망 중에 있던 사람이 기쁨에 사로잡히게 되었을 때, 또는 예수님을 구주로 영접하게 되었을 때 성령의 인도하심을 받았다거나 더 나아가서 성령의 충만함을 받았다고 말합니다. 성령은 이런 일들을 가능하게 하는 영임에 틀림없지만 거기에 머물지 않습니다. 민들레꽃도 사실은 성령의 능력입니다. 모기와 파리도 역시 성령이 아니면 가능하지 않습니다.

제가 여기서 모기나 파리 같은 극단적인 예를 드는 이유는 오늘 교회에서 진술되는 성령이 지나치게 개인의 심리적 차원에 머물러 있다는 사실을 지적하려는 것입니다. 반드시 심리적 차원은 아니라고 하더라도 거의 개인적인 영성에 치우쳐 있다는 건 분명합니다. 예수님을 영접했다는 말이 한국 교회에서 어떻게 이해되는지 조금만 들여다보면 답이 나옵니다. 이런 개인의 영성에 머물러 버림으로써 결국 창조와 종말의 영성이 실종되고 말았지요. 창조와 종말에서 관건이라 할 역사도 자동적으로 사라졌습니다. 우리에게 남아 있는 건 개인의 회심과 사죄와 도덕적 결단일 뿐입니다. 우리에게서 영은 개인주의화하고 말았습니다. 영으로 예배한다는 것은 개인만이 아니라 지구 전체의 생명, 우주 전체의 생명 안으로 들어간다는 뜻이기도 합니다. 여기서 자아는 축소되고, 생명의 영이 확대됩니다. 이것이 바로 자기 초월이며, 동시에 구원의 현재적 경험입니다.

참된 예배를 위한 또 다른 요소는 진리입니다. 진리가 무엇인가는 동서양 사상의 화두입니다. 요한복음에 따르면 빌라도에게 심문을 당하시던 예수님이 빌라도에게 "곧 진리에 대하여 증언하려 함이로라 무릇 진리에 속한 자는 내 음성을 듣느니라" 하시자 빌라도는 예수님에게 "진리가 무엇이뇨?" 하고 되물었습니다. 요한복음은 예수가 진리라는 사실을 변증하는 문서라고 할 수 있습니다. 진리는 말 그대로 옳은 것입니다. 옳은 것이라고 한다면 그것은 보편적이지 않을 수 없습니다. 교회 안에서만 진리이고 교회 밖에서는 진리가 아닌 것은 없습니다. 진리는 보편적이라는 뜻입니다. 이러한 진리의 보편성은 이미 요한복음부터 시작해서 교부들에 이르기까지, 그리고 그 이후 기독교의 변증 작업에서 계속해서 추구된 것입니다.

진리의 보편성을 성서에 등장하는 종교 현상과 연결해서 잠시 설명해보지요. 바울은 고린도교회의 방언을 다룰 때 통역이 필요하다고 지적했습니다. 만약 교회에서 신자들이 저마다 이상한 말로 떠드는 것을 다른 사람들이 본다면 미쳤다고 하지 않겠느냐는 것입니다. 기독교 신앙은 남이 알아듣지 못하는 방언으로 남아 있으면 안 되고 알아듣는 예언(설교)으로 선포되어야 한다는 바울의 주장은 오늘 우리에게도 똑같이 설득력이 있습니다. 진리로 예배한다는 말과 영으로 예배한다는 말은 다른 게 아닙니다. 영은 바로 진리의 영이기 때문입니다. 이 세상의 옳고 그름을 판단할 수 있게 하는 진리의 영으로 예배할 때 그것은 참된 예배가 됩니다. 이 말이 여전히 추상적으로 들리는 분들이 있겠지요. 조금 더 진지하게 생각해 보십시오. 영과 진리가 어떻게 소통되는지, 영과 진리에 사로잡힌다는 게 무엇인지 말입니다.

영과 진리로 참된 예배를 드리기 위한 구체적인 준비는 무엇일까요? 그 준비를 위한 첩경은 따로 없습니다. 헛된 예배와 반대되는 걸 천천히, 그러나 깊이 있게 배워야겠지요. 사람의 계명에 머물러 있는 한 우리의 예배가 아무리 열정적이라고 하더라도 영과 진리로 드리는 참된 예배가 될 수 없습니다. 그렇다면 결국 우리에게 가장 중요한 공부는 사람이 아니라 하나님에 관한 공부입니다. 하나님에 관한 공부라는 말이 이상하게 들리는 분들이 있을 겁니다. 하나님에게는 기도를 드리기만 하면 되지 무슨 공부냐고 말입니다. 그 말은 옳습니다. 우리는 하나님을 배우는 게 아니라 경험하는 것입니다. 하나님의 구원이 임할 때 그걸 경험하는 것입니다. 그분이 우리 마음의 문을 두드릴 때 마음을 여는 것입니다. 그러나 그 순간에 이르는 과정은 분명히 공부가 필요합니다. 주님이 문을 두드릴 때 문을 열 수 있는 공부는 필요합니다. 우리가 하나님을 우리의 공부와 인식 안으로 끌어들인다는 뜻이 아닙니다. 그건 아예 불가능합니다. 공부라는 말은 우리의 왜곡된 인식과 판단력을 바로 잡는 일입니다. 하나님 경험을 결정적으로 가로막는 우리의 굳어진 선입관을 교정하는 일입니다. 성서 읽기만 해도 그렇습니다. 사람들은 마음을 열고 읽지 못합니다. 기존에 쌓인 선입견이 성서 읽기를 방해하고 있습니다. 마음을 연다는 말을 단순히 의지적인 차원이나 정서적인 차원으로 생각하지 마십시오. 그것은 성서의 깊이로 들어가는 진리론적 차원을 의미합니다. 성서의 깊이로 들어가려면 언어와 역사와 삶의 문제를 심층적으로 이해하지 않으면 안 됩니다. 오늘 우리는 사람의 계명, 교회의 전통을 하나님의 것처럼 가르치고, 그렇게 배우고 있는 건 아닐는지요. 하나님, 진리, 영에 온전히 집중합시다. 이것이 참된 예배로 가는 최선의 길입니다.

제자들이 손을 씻지 않고 밥을 먹는 걸 보고 트집을 잡던 바리새인과 서기관들에게 예수님은 앞에서 우리가 여러 번에 걸쳐서 묵상을 나누었던 이사야의 예언을 인용한 후 당신들은 하나님의 계명은 버리고 사람의 전통을 지키는 사람들이라고, 정곡을 찔러 말씀하십니다. 이 말을 들은 바리새인들은 아마 뒤통수를 맞는 기분이었을 겁니다. 그들은 자신들이야말로 하나님의 계명을 가장 바르게 따르는 사람들이라는 자부심이 있었거든요. 이런 게 바로 인간의 근본적인 한계입니다. 인간은 가장 열정적으로 추구하는 그것을 결과적으로 가장 크게 훼손시킬 수 있다는 것입니다. 이런 일은 우리의 일상에서도 자주 나타납니다. 우리가 자식에게 모든 정성을 쏟기는 하지만 그게 과연 자식을 위한 일인지 확신하기 힘듭니다. 애국자로 자처하는 사람들에게서 오히려 나라를 파괴하는 행태가 자주 나타나기도 합니다. 우리가 교회에 지극정성을 쏟고 있지만 그것이 결국은 교회를 허무는 것일 수도 있겠지요.

바리새인들이 하나님의 계명을 버리고 사람의 전통을 지킨 이유는 여러 가지이겠지만, 가장 결정적인 것은 사람의 전통이 자신들에게 실질적으로 이득이 된다는 것입니다. 장로의 전통이 노골적으로 사람들의 이득을 추구하지는 않겠지만 그것을 대하는 사람의 태도에 따라서 그렇게 될 가능성은 아주 높습니다. 교회당을 건축하면서 신자들이 인근 주민들과 싸우는 경우가 제법 있습니다. 그들은 하나님의 집을 짓는다는 명분으로 건축을 반대하는 주민을 사탄으로 간주합니다. 이런 행태는 이웃을 네 몸처럼 사랑하라는 주님의 계명을 버리고, 교회당을 건축해야 한다는 사람들의 요구에 집착하는 한 예입니다.

오늘 본문 9절은 8절의 강조입니다. 8절은 단순히 사실 전달이라고 한다면 9절은 원인 분석입니다. 바리새인들이 자신들의 전통을 지키려다가 하나님의 계명을 버린다는 지적이겠지요. 이런 지적에 따르면 바리새인들의 전통이 하나님의 계명과 완전히 다른 것처럼 보입니다만, 사실은 그렇지 않습니다. 장로들의 전통, 즉 바리새인의 전통은 하나님의 계명을 좀더 구체화한 것입니다. 유대인들의 율법이 삶의 모든 문제를 규정하지 않기 때문에 일종의 유권해석의 전통을 통해서 그런 사안을 해결할 수 있는 토대를 제공한 것입니다. 장로들의 전통은 당연히 하나님의 계명에서 나온 것입니다. 원칙적으로는 그렇지만 구체적인 상황으로 들어가면 이런 원칙이 흔들립니다.

한국 교회의 예를 들어서 설명하는 게 좋겠군요. 지금 한국 교회는 백 수십 개의 교단으로 분파되어 있습니다. 각각의 교단들은 자신들의 교단을 위해서 모든 정책을 폅니다. 일종의 교단 이기주의에 빠져 있는 것이지요. 찬송가 문제만 해도 그렇습니다. 찬송가 출판에 관계된 인사들은 교단에서 파송된 분들인데, 그들은 한국 교회의 일치와 그 미래를 내다보는 게 아니라 자기 교단의 이익을 충실히 대변할 뿐입니다. 음악적으로 수준이 떨어지는 찬송가도 힘이 있는 교단이 밀면 공식 찬송가로 채택됩니다. 교단의 전통과 이익을 위해서 하나님의 계명을 버리는 행태입니다. 사람의 전통을 지키려고 하나님의 계명을 버리는 일을 극복하기 는 어렵습니다. 왜냐하면 사람의 전통과 하나님의 계명이 서로 얽혀 있기 때문입니다. 사람의 전통도 현실적으로는 필요합니다. 다만 사람의 전통을 절대화하지 말고 하나님의 계명에 근거해서 꾸준히 개혁해나가기만 하면 큰 문제는 없습니다. 바른 영성으로 지킬 것과 버릴 것을 구분할 줄 알아야 한다는 말씀입니다.

예수님은 부모 공경을 예로 들어 말씀하십니다. 하나님의 계명인 모세오경은 부모를 공경하라고 했는데, 바리새인들은 하나님을 핑계로 부모를 공경하지 않는다는 사실에 대한 지적입니다. 우리는 오늘 바리새인의 이율배반적인 문제로 들어가기 전에 모세오경이 말하는 부모 공경에 관해서 생각을 나눠 보겠습니다. 구약은 이 대목에서 아주 투철합니다. 예수님이 인용하신 출애굽기와 레위기와 신명기는 부모 공경을 명시적으로 적시했을 뿐만 아니라 부모를 모욕하는 사람은 죽어야 한다고까지 했습니다. 특히 토라의 핵심이라 할 십계명에서 부모 공경이 사람의 관계에서 가장 먼저 거론되었다는 것은 그 당시에 이미 부모를 홀대하는 일들이 없지 않았다는 뜻이겠지요. 여기서 부모는 늙어서 생존 능력이 없는 이들을 가리킵니다. 그들은 갓난아이가 어머니와 아버지의 보살핌을 받아야만 하듯이 젊은 자식들로부터 보살핌을 받아야만 살아갈 수 있는 이들이었습니다.

다른 한편으로 예수님은 부모와 가족을 버리고 당신을 따라야 한다고 말씀하셨습니다. 부모가 경우에 따라서 하나님 나라를 방해할 수도 있다는 뜻이겠지요. 이렇게 신구약을 통시적으로 본다면 십계명의 부모 공경은 단지 혈육관계를 강조하는 것이라기보다는 공동체 전체의 생존을 위한 최소한의 필수적인 안전장치가 아닌가 생각됩니다. 그렇습니다. 한 사회가 건강을 유지하려면 능력이 있는 사람들이 없는 사람들의 삶을 책임지는 쪽으로 나가야 합니다. 어린아이들과 청소년, 그리고 노인들, 장애인들과 실직자들이 인간다운 삶의 품위를 유지하게 하는 것이 바로 그 기준이 되겠지요.

예수님은 바리새인들이 하나님의 명령을 따른다는 명분을 내세웠지만 결국 자신들의 전통에 사로잡힘으로써 결국 하나님의 계명을 놓쳤다는 사실을 지적하고 있습니다. 이걸 구분하기가 쉽지 않습니다. 그 이유는 두 가지입니다. 하나는 사람의 겉과 속이 일치하지 않는다는 것이며, 다른 하나는 본인 스스로 그것을 인식하지 못한다는 것입니다. 사람의 겉과 속이 일치하지 않는다는 사실은 제가 길게 말할 필요도 없

겠지요. 밑지고 판다는 장사꾼들의 이야기를 정말로 믿는 사람은 없겠
지요. 외교관들도 속을 감추고 외교적 발언을 잘 해야 유능한 사람으
로 인정받습니다. 종교에서도 이런 일들은 비일비재합니다. 겉모양은
경건해보이지만 속은 아주 세속적인 경우가 우리에게 많습니다. 도스
토옙스키의《카라마조프가의 형제들》에 등장하는 당시 러시아 정교회
의 대주교들이 재림한 예수를 감옥에 넣은 사건에서 우리는 이런 사태
의 극치를 발견합니다.

그런데 겉과 속의 불일치만이 아니라 더 어려운 문제가 있습니다.
그것은 무엇이 하나님의 계명이며, 무엇이 사람의 전통인지 구별할 줄
모른다는 사실입니다. 다시 말해서, 하나님의 이름으로 행하는 모든 일
들을 절대화하는 것입니다. 가장 전형적인 사건이 중세기의 마녀사냥
같은 것입니다. 이런 일을 행하는 사람들은 자신들의 행위를 하나님의
행위와 일치시킵니다. 일종의 확신범이지요. 그런 일들은 우리에게 종
종 일어납니다. 약간 과장해서 말한다면 오늘 우리 개신교가 사회를 향
해서 취하는 선교적 태도는 대부분 이렇습니다. '예수천당, 불신지옥'
같은 구호는 접어둔다 하더라도, 온갖 종류의 전도 프로그램도 이런 위
험성이 없지 않습니다. 우리 행위를 고르반으로 합리화하는 건 아닌지
돌아봐야겠습니다.

11절에 나오는 고르반은 제물, 예물이라는 뜻의 히브리어입니다.
구약 레위기에 40회(레 1:2-10, 14 등), 민수기에 38회(민 5:15 등), 에
스겔서에 2회(겔 20:28, 40:43) 나오고, 신약에는 지금 우리가 공부하
고 있는 본문인 마가복음 7장 11절에 딱 한 번 나옵니다. 이렇게 볼 때
이 단어는 구약적인 성격이 강한 편입니다. 제물은 구약의 신앙에서 핵
심적입니다. 구약에서 이에 관한 가장 오래된 전승은 카인과 아벨의 제
물이 아닐까 생각됩니다. 노아도 홍수 후에 하나님께 제물을 바치면
서 제사를 드렸습니다. 이런 원시적 제물, 제사 행위가 역사 과정 안에
서 세련된 틀을 갖추면서 유대교의 중심으로 자리하게 되었습니다. 레

위기에는 여러 종류의 제물과 제사의식이 나옵니다. 번제, 화목제, 소제 등입니다. 각각의 제사의식은 우리가 따라가기 힘들 정도로 정교하게 진행됩니다.

이런 제물과 제사 행위는 양면성이 있습니다. 하나님과의 참된 관계로 들어가게 한다는 것이 한 면이고, 종교를 형식주의에 빠지게 한다는 게 다른 한 면입니다. 전자는 긍정적인 부분이라면 후자는 부정적인 부분입니다. 긍정적인 부분만 살리고 부정적인 부분을 억제할 수 있으면 좋겠지만, 그게 잘 되지 않습니다. 지금 우리가 드리는 헌금과 예배를 생각해 보십시오. 아무리 노력해도 어느 순간에 상투적이 되는 걸 경험할 것입니다. 이걸 극복할 수 있는 길은 영적 각성이 최선입니다. 어떻게 영적인 각성이 가능한지는 또 다른 질문이겠지요.

11절에 나오는 고르반(제물)은 하나님께 바쳐졌다는 뜻입니다. 그 고르반에는 돈이나 양식이나 패물처럼 사람들에게 소중한 것들이 포함되겠지요. 이런 소중한 것들을 하나님에게 바쳐진 것으로 여긴다는 것은 우리 삶의 본질에 대한 정확한 인식에서 나오는 신앙적 태도입니다. 우리의 소유 중에서 하나님에게서 오지 않은 것은 하나도 없습니다. 우리의 몸은 물론이고 그 몸을 구성하고 있는 지체와 우리의 삶을 유지하는데 필요한 도구들이 모두 하나님에게서 왔습니다. 여기서 굳이 하나님이라는 이름을 거론하지 않아도 좋습니다. 자연, 또는 이웃이라고 해도 좋겠지요. 어쨌든지 우리의 것이라고 주장할 만한 것이 하나도 없다는 것만은 분명합니다. 이것은 우리가 창조주가 아니라 피조물이라는 뜻입니다. 창조주와 피조물을 구분하는 기준은 존재의 근거가 자신의 내부에 있는지 외부에 있는지에 있습니다. 창조주는 내부이며, 피조물은 외부입니다. 우리는 우리 스스로가 아니라 창조주에 의해서만 존재할 수 있습니다.

혹시 우리가 피조물이라는 사실을 불행의 원인이라고 생각하시나요? 성서와 신학이 말하는 인간의 피조성은 생명사건에서 인간이 무력하다는 사실을 말하는 것만이 아니라 인간의 생명이 인간의 능력이나 표상을 근본적으로 뛰어넘는 분에게 위탁되었다는 점에서 구원의 길입니다. 인간이 창조주가 아니라 피조물이라는 얼마나 다행인지 모르겠습니다.

우리의 삶이 하나님 앞에서 고르반(제물)이 된다는 것은 구체적으로 무엇을 의미할까요? 어떤 사람은 목사나 선교사가 되는 것을 생각하겠고, 어떤 사람은 믿지 않는 가족을 모두 교회로 인도하기 위해서 치러야 할 희생을 생각하겠지요. 기독교 역사에는 그렇게 제단 위에 오른 제물처럼 산 사람들이 많습니다. 지금도 때로는 이름이 드러나게, 때로는 이름 없이 그렇게 하나님 나라를 위해서 자신을 희생하는 사람들이 많습니다. 그들은 모두 고르반입니다. 말은 고르반이라고 쉽게 하지만 실제로 그렇게 살기는 어렵습니다. 어쩌면 고르반으로 살지 못하는 게 정상적인 건지도 모릅니다. 그게 옳다는 말은 아닙니다. 인간의 현실이 고르반으로 살아가기가 너무 어렵다는 뜻입니다. 멀리 갈 것도 없이 교회생활만 생각해 보세요. 우리는 아주 작은 일에도 신경질을 부리고, 체면을 차리는 사람들은 속으로 마음을 끓입니다. 가정 안에서도 구성원들이 대개는 자기의 뜻을 관철하려고 애를 씁니다. 이런 마당에 우리가 고르반의 삶을 살 수 있을까요?

참된 고르반은 예수 그리스도뿐이십니다. 지난 기독교 2천 년 역사에 등장했던 수많은 순교자와 성인들의 삶은 우리가 도저히 흉내 낼 수 없을 정도로 위대한 하나님의 제물로 바쳐졌지만 그건 그들의 몫이었을 뿐입니다. 그들의 희생으로 우리가 용서받고 구원받지 못합니다. 오직 예수의 삶과 그의 운명만이 인류를 죄에서 용서받을 수 있게 하는 고르반입니다. 이것은 예수님과 하나님과의 특별한 관계에서 일어난 우주론적 사건입니다. 그걸 믿는 것이 바로 기독교 신앙의 요체입니다.

다시 고르반에 관한 바리새인들의 오용 문제로 돌아갑시다. 그들은 연로한 부모님들에게 드려야 할 물품이나 돈을 고르반이 되었다고 선언함으로써 당연한 보모 공경의 책임을 회피했습니다. 도대체 어디에 문제가 있는 걸까요? 이들이 처음부터 부모 공경을 피하기 위해서 고르반을 악용한 것은 아닐 것입니다. 어떤 제도나 습관이든지 개혁되지 않고 도그마로만 남아 있을 경우에 근본정신을 놓치게 되는 것 같습니다.

언젠가 저는 어느 젊은 부부로부터 다음과 같은 어려움을 전해들은 적이 있습니다. 독실한 기독교 신자인 그들은 십일조 문제로 심한 갈등을 겪게 되었습니다. 형편이 아주 어려운 늙은 시부모님을 도와드리지 못하면서 십일조 헌금을 꼬박꼬박 내야 하느냐는 것이었습니다. 십일조도 내고 시부모님도 도울 수 있으면 좋겠지만 그들은 그럴 형편도 되지 못했습니다. 오늘 한국 교회에서 십일조는 오용되는 고르반과 비슷합니다. 그것에 손을 대면 하나님의 것을 도적질하는 거로 간주되고 있는 실정입니다. 물론 십일조가 아니면 교회를 꾸려가기 힘든 한국 교회의 현실은 아무도 부인할 수 없습니다. 그러나 십일조를 핑계로 기독교인이 감당해야 할 가족적인, 사회적인 책무를 회피하는 건 건강한 신앙이라고 할 수는 없겠지요. 성수주일도 일종의 고르반으로 오용되고 있는 건 아닐는지요. 성수주일이 사회관계를 외면하는 통로로 이용될수도 있습니다. 오늘 본문에 따르면 바리새인들은 고르반을 핑계로 도움이 필요한 사람(늙은 부모님)에게 아무런 도움도 주지 않았다고 합니다. 원래 사람과 공동체를 살려야할 전통이 어느 사이에 죽이는 도그마로 변질되고 말았습니다. 이런 일들은 그렇게 먼 데 있지 않습니다. 그럴듯하게 글을 쓰는 나 자신에게도 매일 일어나는 일입니다.

이제 예수님은 바리새인들에게 직설적으로 말씀하십니다. 그들이 하나님의 말씀을 해체시켰다고 말입니다. 예수님의 이 주장에 바리새인들은 동의하지 않을 것입니다. 그들은 하나님의 말씀을 그 누구보다도 잘 지킨다고 생각한 사람들이었으니 말입니다. 그들의 전통은 말씀을 지키기 위한 것이었습니다. 우리가 지금 교단헌법이나 교회질서를 세워나가듯이 말입니다. 바로 이게 전문적인 종교인들이 빠지기 쉬운 자기함정입니다. 무슨 말인가요? 표면적으로는 하나님의 말씀을 따른다고 하지만 실제로는 자기 전통, 자기만족에 빠지는 것입니다. 자신들이 교회에서 모범이 된다는 사실, 그래서 다른 사람들이 모두 부러워하고 있다는 사실에 신앙의 토대를 두는 것입니다. 저는 이걸 무조건 부정적으로만 말씀드리는 게 아닙니다. 교회에서도 모범적인 사람들이 필요하고, 그런 만족도 때로는 필요합니다. 사람이 늘 본질에만 천착하기는 쉽지 않으니까요. 그러나 그것이 반복, 강화되면 어느 순간에 하나님의 말씀을 폐하게 됩니다. 교회에서 인정받는 사람들일수록 이런 부분을 경계해야 합니다.

우리가 이런 함정에 자주 빠지는 이유는 하나님의 말씀과 사람(교회)의 전통을 구분하기 어렵다는 데에 있습니다. 목사에게 순종하는 것이 하나님에게 순종하는 것처럼 받아들여집니다. 목장, 셀, 단기선교 등등, 교회의 이름으로 행하는 것이 바로 하나님의 말씀과 동일시됩니다. 교회는 하나님 나라의 종말론적 징표일 뿐이지 하나님 나라 자체가 아니라는 사실을 정확하게 인식하는 신자들이 얼마나 될까요? 더 심각한 문제는 본문이 지적하고 있듯이 이런 일들이 아주 많다는 것입니다. 그런데도 사람들은 아무런 위기의식을 느끼지 못하고, 거기에 안주하고 있습니다. 심하게 표현해서 자신도 뭐가 뭔지 잘 모르고 빠져드는 자기 기만입니다.

바리새인들이 하나님의 말씀을 폐한다는 예수님의 비판은 과격하면서도 날카롭습니다. 바리새인들이 가장 중요하게 생각하는 부분을 허물었다는 점에서 과격하고, 그것이 아주 정확하다는 점에서 날카롭습니다. 예수님의 이런 비판은 오늘 우리 한국 교회 설교자들에게 딱 들어맞는 이야기가 아닐는지요. 설교자는 하나님의 말씀을 전문적으로 전하는 사람입니다. 설교자의 모든 실존은 바로 하나님의 말씀에 달려 있습니다. 그런데 상당한 경우에 그들은 하나님의 말씀을 전하는 게 아니라 자신의 신앙경험을 전하거나 심지어 신앙적인 무용담을 전합니다. 이들이 하나님의 말씀을 전하지 않는다는 말은 설교의 중심이 하나님에게 놓이는 게 아니라 사람에게 놓였다는 뜻입니다. 그것이 때로는 은혜 중심주의로, 또는 교회성장 지상주의로 나타나는데, 어느 쪽이든지 사람이 중심이라는 것만은 분명합니다.

이런 사태는 설교자만의 책임이 아닙니다. 하나님에 관한 설교를 듣지 않으려는 청중들의 책임도 막중합니다. 그들은 하나님에 관해서 별로 관심이 없습니다. 자신들이 이루어가는 종교적인 업적에만 매달립니다. 물론 형식적으로는 하나님을 전면에 내세우지만 실제로는 사람이 주인공으로 자리합니다. 저는 오래전 설교비평 작업을 하면서 바로 위의 사실 앞에서 늘 놀라곤 했습니다. 종교적 열정이 산을 옮길 것 같은 설교 현장에서 실제로는 하나님의 말씀이 극도로 축소되어 있더군요. 저는 그런 상황을 존재망각이라는 하이데거의 말을 패러디해서 하나님 망각이라고 표현한 적이 있습니다.

고르반을 예로 들어 바리새인들의 위선을 따끔하게 지적하신 예수님은 이제 결론을 내리십니다. 그 내용은 15, 16절인데, 결론에 앞서 이렇게 충고하셨습니다. "너희는 다 내 말을 듣고 깨달으라." 예수님의 이 충고에서도 우리는 바른 신앙에 이르는 길이 무엇인지, 우리의 영적인 태도가 어떠해야 하는지를 배울 수 있습니다. 깨닫는다는 말은 새겨듣는다, 또는 집중한다는 뜻도 포함합니다. 새겨듣고, 집중할 때만 깨달음이 있을 테니까요. 이를 바리새인들의 상황에 빗대서 말한다면, 그들의 종교적 위선은 주님의 말씀을 새겨듣지 않은 탓이라고 할 수 있습니다. 그렇습니다. 우리가 참된 신앙에 이르는 길은 하나님의 말씀을 흘려서 듣지 않고 집중해서 듣는 것에서 시작됩니다. 그런데 사실 이게 쉬운 게 아닙니다. 우리는 말씀에 집중하기보다는 자기에게 집중하는 버릇에 길들여져 있습니다. 우리는 나르시시즘(자기연민)에 사로잡혀 있습니다. 예배에 집중하지 못하는 것도 역시 바로 여기에 이유가 있습니다. 우리가 하나님의 말씀에 집중하려면 우선 자기연민으로 부터 벗어나야 합니다.

도대체 어떻게 자기연민에서 벗어날 수 있을까요? 마인드 컨트롤이나 심리치료를 통해서 어느 정도 효과는 보겠지만 근본적인 해결책은 못 됩니다. 하나님의 말씀에 푹 빠지는 길이 최선입니다. 자기연민으로부터의 탈출과 하나님의 말씀에 집중하는 것은 변증법적인 관계에 있습니다. 이것이 동시에 일어나지는 않습니다. 처음에는 잘 안 된다고 하더라도 인내심을 갖고 천천히 말씀에 집중하다 보면 자기연민에서 벗어나게 되고, 자기연민에서 벗어나면 훨씬 깊이 하나님의 말씀으로 들어갑니다. 이건 영적 성장을 위해서 매우 중요한 공부입니다. 이런 과정이 없이 우리가 순식간에 영적으로 어른이 될 수는 없겠지요.

예수님은 14절에서 회중들에게 "내 말을 듣고 깨달으라"고 말씀하셨습니다. 그냥 들으라고만 하지 않고 깨달으라고 하신 이유가 따로 있을까요? 마틴 루터는 '붙잡으라'(fassen)라고 번역했고, 공동번역은 두 명령어를 하나로 묶어서 '새겨들어라'라고 번역했습니다. 전체 문맥에서 이 명령문만이 특별한 의미가 있는 건 아니지만, 그래도 언어의 뉘앙스에서 어떤 영적 의미를 포착해낼 수는 있습니다. 우리가 무슨 말을 단순히 듣는 것과 그것을 새겨듣는 것, 또는 깨닫는 것은 다릅니다. 듣는 것은 정보로 받아들이는 것이라고 한다면 깨닫는 것은 실체로 받아들이는 것입니다. 전자는 그 말을 이해하기는 하지만 여전히 자신과는 분리되어 있는 상태라고 한다면 후자는 일치되는 상태라 할 수 있습니다. 후자가 참된 의미에서 공부입니다.

깨닫는 차원의 공부는 억지로 되지 않습니다. 그것은 진리의 영인 성령의 소관이기 때문에 성령에게 의존하지 않는 한 가능하지 않습니다. 예를 들어볼까요? 피아노를 어떤 학생이 배운다고 합시다. 선생이 가르치는 대로 잘 따라하면 어느 정도는 피아노를 칠 수 있습니다. 노력에 따라서 잘 친다는 소리도 들을 수 있습니다. 그러나 그 학생이 피아노 음악의 존재론적 근원인 소리의 세계로 들어가는 것은 자기 스스로 경험해야 합니다. 소리의 세계로 들어가야만 그는 피아노 음악을 깨우치는 것이요. 다른 모든 공부도 마찬가지입니다. 심지어 테니스를 배우는 것도 그렇습니다. 궁극적인 순간은 코치를 통해서가 아니라 본인이 스스로 깨우쳐야 합니다.

성경의 진리를 단지 듣는 데 머물지 말고 깨우침의 단계로 나가야 한다는 말은 어떤 신비한 비술(秘術)을 배워야 한다는 뜻이 아닙니다. 깨우침은 오히려 보편적인 해석학에 속합니다. 해석을 할 줄 안다는 것이 곧 깨닫는다는 뜻입니다. 여기서 해석할 줄 안다는 것은 말의 세계 안으로 들어간다는 의미이구요. 그렇습니다. 말, 세계, 해석의 연관에서 참된 깨우침이 일어납니다. 말의 세계가 있다는 게 무엇인지 잘 생각해야 합니다. 어떤 사람은 아무리 말해 줘도 알아듣지 못하는 반면에 어떤 사람은 말해 준 것보다 더 많은 걸 알아듣는 이유도 역시 말에 (무한한) 세계가 있기 때문입니다.

예컨대 여기 "나는 길이요, 진리요, 생명이다"(요 14:6) 하는 예수님의 말씀이 있다고 합시다. 만약 노자가 이 말을 전해 듣는다면 금방 알아들었을 겁니다. 노자가 예수님의 말씀을 쉽게 깨우칠 수 있는 이유는 그가 이미 길, 진리, 생명의 세계를 알고 있다는 데에 있습니다. 그런데 여기서 더 중요한 문제가 있습니다. 말의 세계는 고정된 것이 아니라 변한다는 사실입니다. 특히 하나님의 말씀인 성서의 세계는 아무리 퍼도 마르지 않는 샘처럼 종말까지 열린 세계입니다. 그래서 지난 2천 년 동안 위대한 신학자들이 많은 신학적 담론을 쏟아냈지만 여전히 성서에서 말할 게 많을 수밖에 없습니다. 우리는 말씀의 종말론적이고, 존재론적 세계를 전혀 알지도 못한 채, 아니 그런 게 있다는 사실을 눈치 채지도 못한 채 바리새인처럼 말씀의 정보에 묶여 있는 건 아닐는지요. 이런 방식으로는 평생 성서를 배워도 깨우침은 일어나지 않습니다.

당신의 주장에 따르면 결국 신학 공부를 많이 해야만 성서를 깨우칠 수 있단 말이냐, 하고 질문하고 싶은 분들이 계시겠지요. 신학공부가 깨우침에 이르는 유일한 길은 아니지만 중요한 길인 것만은 분명합니다. 예를 들어서 바둑의 깊은 수읽기에 들어가려면 정석을 정확하게 배워야 합니다. 정석을 배우지 않거나 설렁설렁 대충 배워도 바둑을 둘 수는 있지만, 그런 이들은 모두 아마추어의 한계를 벗어나지 못합니다. 친구들과 점심 내기 바둑을 둘 수는 있겠지만 프로 기사들처럼 바둑의 길을 뚫고 나갈 수는 없습니다. 바둑의 깊이로 들어가려면 정석 공부가 우선이며 필수입니다. 더 나아가서 대국 현장에서 벌어지는 온갖 변화까지 공부하고 실전 경험을 해야겠지요. 성서 읽기에도 역시 신학은 바둑에서 정석공부와 마찬가지로 필수입니다. 신학공부라고 해서 신학대학교에서 석사, 박사 공부를 해야 한다는 뜻은 아닙니다. 성서를 읽을 수 있는 최소한의 신학적 오리엔테이션이 필요하다는 뜻입니다.

신학공부가 없는 사람은 성서의 깨우침으로 들어갈 수 없다는 말이 아닙니다. 그렇지 않습니다. 본인이 성서를 직접적으로 해석할 능력이 없을 때는 전문가들에게 도움을 받으면 됩니다. 성서만이 아니라 기독교 신앙 전체에도 이런 지도가 반드시 필요합니다. 이는 프로 기사가 해설해 준다면 바둑 아마추어 동호인도 세계기왕전 결승 대국을 따라갈 수 있는 것과 비슷합니다. 마지막 질문은 아래와 같습니다. 신학공부도 없었고, 현재 옆에서 도와줄 전문가도 없다면 성서를 읽지 말아야 하는지, 깨우침이 전혀 일어날 수 없는지 하는 것입니다. 그럴 리가 있나요. 여기서 필요한 것은 깨어 있는 겸손한 영성입니다. 우리가 우리 자신을 낮춘다면 우리는 옳고 그름을 판단할 수 있습니다. 여기서 낮춘다는 말은 고정관념이나 선입관에 묶이지 않는다는 것입니다.

깨달음과 관련해서 저에게 다음과 같은 질문을 던지고 싶은 분들이 있을 겁니다. 깨달음이 해석이라고 한다면 도대체 성령의 역할은 무엇인가? 칼뱅 방식으로 바꿔 말해서 성령의 조명이 영적 깨달음의 관건이 아니냐 하는 것입니다. 우리는 칼뱅이 말하는 성령의 조명이 무슨 뜻인지 우선 정확하게 이해해야 합니다. 그는 아무런 해석학적 준비가 없다 하더라도 성령이 주술적으로 이끌어 주기만 하면 성서 텍스트의 가르침을 깨달을 수 있다고 말하는 게 아닙니다. 그는 로마 가톨릭의 교권적 해석을 반대하는 뜻으로 성령의 조명을 말했습니다. 로마 가톨릭 교회는 성서 해석이 오직 사제에 의해서만, 결정적으로는 사제의 수장인 교황에 의해서만 가능하다는 입장을 견지하고 있었습니다. 칼뱅은 성서 해석을 교황이 아니라 훨씬 원천적인 차원인 성령에게 돌립니다. 이런 점에서 칼뱅이 말하는 성령의 조명을 아무런 신학적 준비가 없어도 성서의 가르침을 깨달을 수 있다는 주장으로 받아들이면 안 됩니다.

기본적으로는 성령이 모든 성서해석과 깨달음의 근원입니다. 이 말은 성령의 활동이 무엇이냐에 대한 바른 이해를 전제합니다. 성령은 바로 진리의 영이십니다. 우리가 진리를 향해서 열려 있을 때만 성령은 우리를 조명하시어 말씀과 가르침을 깨닫게 하십니다. 물론 여기서도 성령이 기계적으로 작용하는 것은 아닙니다. 그분은 바람처럼 우리의 예상을 뛰어넘어 활동하십니다. 우리에게 필요한 것은 그분과의 참된 조우이겠지요. 어떻게 성령과의 참된 조우가 가능할까요? 이 문제는 다시 성서와 성서의 해석이라 할 지난 2천 년의 신학역사와 연관됩니다. 이런 과정이 바로 성령의 활동 흔적입니다. 그 안으로 들어가는 공부를 통해서 지금 이 순간에도 성령과의 바른 만남이 가능하고, 그 만남으로 참된 깨달음으로 나갈 수 있습니다.

예수님의 제자들이 손을 씻지 않은 채 밥을 먹는 사건에서 시작된 전통에 관한 논쟁이 이제 마지막 단계에 돌입했습니다. 바리새인들과 서기관들의 문제 제기는 터무니없는 게 아니었습니다. 요즘처럼 위생이 철저한 시대에도 밖에 나갔다가 들어오거나 밥을 먹기 전에 손을 씻는 건 당연한 일입니다. 고대 시대는 위생관념이 얼마나 나빴겠습니까? 이런 건 아예 법으로 묶어 놓아야만 사람들이 지키게 마련입니다. 원칙적으로만 본다면 식사 전 손 씻기는 아주 좋은 전통입니다.

예수님이 이런 걸 몰랐을 리가 없습니다. 그러나 예수님은 이걸 문제 삼은 바리새인들의 중심을, 말하자면 속에 숨어 있는 마음을 읽었습니다. 바리새인들은 제자들의 건강을 염려해서가 아니라 자신들의 전통이 인정받지 못한다는 사실 때문에 문제를 제기한 것입니다. 그렇습니다. 아무리 좋은 전통이나 규칙이라 하더라도 그것 자체가 목적이 되면 그건 사람을 죽이게 됩니다. 우리는 사람을 수단으로 다루지 말고 목적으로 다루라는 말을 귀가 따갑게 들으면서도 실제의 삶에는 그렇게 살지 못하는 것 같습니다. 사람이 하나님보다 더 상위라는 뜻이 아니라 사람의 제도와 법칙보다 상위라는 뜻입니다.

이제 예수님은 먹을거리, 또는 먹는 태도와 연관해서 훨씬 본질적인 문제를 끌어내십니다. 무엇이든지 밖에서 사람에게로 들어가는 것은 사람을 더럽게 하지 못한다고 말입니다. 먹을거리는 단순히 먹을거리일 뿐이라는 뜻이지요. 이게 바로 바리새인과 예수님의 근본적인 차이였습니다. 바리새인들은 전통을 절대화해서 거룩한 음식과 부정한 음식, 깨끗한 손과 부정한 손을 구별했지만, 예수님은 그런 구별을 아예 뛰어넘으셨습니다. 어떤 음식도, 어떤 손도 우리를 더럽게 하지 못한다고 말입니다.

우리는 지금 바리새인들이 아닌데도 정한 음식과 부정한 음식을 꽤나 까다롭게 구별하고 있습니다. 한국 교회의 실정에서는 크게 두 가지입니다. 하나는 제사 음식이고, 다른 하나는 술과 담배입니다. 아직도 제사 음식을 부정하다고 먹지 않는 분들이 있는지 모르겠지만, 그럴 필요는 하나도 없습니다. 제사를 신앙적인 이유로 드리지 않는 분들도 있더군요. 특히 명절 때마다 시집 식구들과의 마찰을 불사하면서까지 제사를 꺼리는 기독교인 며느리들이 있는 것 같습니다. 공연한 다툼입니다. 죽은 조상을 공경하는 한민족의 예절을 편안하게 따라가도 신앙적으로 큰 문제가 안 됩니다. 예수님이 분명히 말씀하셨습니다. 밖에서 사람에게 들어가는 것은 사람을 더럽게 하지 못한다고 말입니다.

술과 담배 문제는 조금 더 현실적이겠군요. 이건 단순히 사람의 기호에 불과한 문제라는 사실을 제가 굳이 설명할 필요도 없겠지요. 요즘은 담배 피우는 사람들이 왕따 당하는 시절이더군요. 비행기, 기차, 공공기관의 건물에서는 물론이고, 커피점이나 음식점에서도 금연이 일반적인 추세입니다. 그런 사회적 분위기는 아주 잘된 것 같습니다. 제가 나가는 실내 테니스장에서 몰래 담배를 피우는 사람이 있더군요. 담배는 옆 사람에게 피해를 주지만 술은 그렇지 않은 것 같습니다. 물론 술버릇이 고약한 사람은, 지나치게 마시는 사람은 가족에게 결정적인 어려움을 주기는 하겠지요. 이런 문제가 있다고 하더라도 이런 것은 사람을 근본적으로 더럽게 하는 게 아니라 그냥 개인의 단순한 기호에 불과합니다.

그렇다면 기독교인은 아무것이나 먹어도 좋다는 말인가, 하고 문제를 제기하고 싶은 분들이 있겠군요. 이 말은 인간의 욕망을 무한정 발산해도 좋으냐 하는 질문이기도 합니다. 지구에 존재하는 수많은 종(種) 중에서 인간만 자신의 욕망을 위해서 온갖 먹을거리를 찾아다닙니다. 정력 보강을 위해서 곰이나 사슴의 쓸개에서 나오는 생피를 받아 마시는 일도 있습니다. 뱀은 보통이구요. 순수하게 맛이나 잃은 건강을 찾기 위해서가 아니라 일상적인 먹을거리로는 성취할 수 없는 육체적 욕망을 채우기 위해서 큰 수고를 마다하지 않는 거겠지요.

사실 따지고 보면 이런 것만이 욕망의 결과가 아닙니다. 자본주의는 기본적으로 자본의 축적을 통한 욕망의 실현에 그 뿌리를 두고 있습니다. 돈이 되기만 한다면 그것이 사회 공동체를 허무는 일이 되는지 아닌지 전혀 생각하지 않습니다. 아파트 값이 천정부지로 뛰어오르는 일이 종종 있습니다. 투자자, 부동산 중개업자, 건축회사 등등이 한데 어울려서 이런 현상이 일어났겠지요. 부동산 투기는 아무것이나 먹고 싶다는 우리의 욕망을 교묘하게 자극하는 게 아닐는지요. 이런 세속적인 욕망을 뭐라 할 수도 없습니다. 교회의 성장 지상주의도 역시 이런 현상과 다를 게 하나도 없으니까요. 기독교인의 삶은 아무 거나 먹는 걸 허락받지 않았습니다. 우리의 욕망을 무한정 채우는 것으로는 결코 생명을 얻을 수 없기 때문입니다. 균형이 필요합니다. 자신의 생명을 학대하지 않으면서 동시에 무절제한 방종으로 빠지지 않을 수 있는 균형 말입니다. 이런 균형 잡힌 영성을 주님께서 허락해 주시길 바랍니다.

밖에서 사람에게로 들어가는 것이 사람을 더럽게 할 수 없다고 말씀하신 예수님은 또 하나의 다른 명제를 말씀하십니다. 사람 안에서 나오는 것이 사람을 더럽게 한다고 말입니다. 이런 논법을 역설적 방식으로 진리를 드러내는 패러독스라고 말할 수 있을까요? 바리새인들의 관심은 자신들의 조상으로부터 대대로 지켜온 정결의식을 충실하게 지키는 것에 놓여 있었습니다. 앞에서도 언급한 대로 그것은 일단 원칙적으로 개인과 사회를 건강하게 유지할 수 있는 최소한의 규범들입니다. 문제는 자칫하면 그런 규범들이 이데올로기로 작동된다는 것입니다. 여기에는 우리가 단정적으로 말할 수 없는 어떤 사회과학적인 기제가 작동하고 있습니다. 예컨대 오늘 대한민국의 질서를 잡아가는 헌법 및 여러 법률은 한편으로 공동체를 지탱해 주는 규범이면서 동시에 파괴하는 이데올로기로 작용할 수 있습니다. 법이 이 사회에서 어떻게 오용, 악용되는지에 관해서 일일이 설명할 필요도 없겠지요. 법이 사람과 공동체를 살리는 쪽으로 운용되려면 그것을 다루는 사람들이 바로 서야 합니다. 법을 위해서 사람이 있는 게 아니라 사람을 위해서 법이 있다는 사실이 늘 상수로 자리를 잡아야 합니다.

바리새인들도 이런 율법의 기본정신을 모르지는 않았을 겁니다. 그걸 알고 있다고 하더라도 법의 실제적인 운용에서는 어쩔 수 없이 법의 규범적 성격을 밀고 나가게 됩니다. 법을 지킬 수 없는 사람들의 형편을 감안하기 시작하면 이제 다시 법이 없는 카오스 상태로 떨어질 염려가 있으니까요. (율)법을 실증적으로 준수해야 하는지(규범윤리), 상황에 따라서 접근해야 하는지(상황윤리)를 판단하는 게 쉽지 않습니다.

이럴 때는 근원으로 돌아가서 사태를 직시하는 게 최선입니다. 오늘 본문에 따르면 그것은 밖과 안의 관계를 정확하게 파악하는 것입니다.

사람 안에서 나오는 것이 사람을 더럽게 하는 것이라는 주님의 말씀을 들은 바리새인들은 뒤통수를 얻어맞은 기분이었을 겁니다. 그들이 중요하게 생각했던 문제가 중요한 게 아니라는 말을 들었으니 말입니다. 오늘 우리 한국 교회에 주님이 오신다면 이런 일들이 많이 일어날 것 같습니다. 우리의 관심과 예수님의 관심이 전혀 다를지 모른다는 뜻입니다. 우리의 관심이 무엇인지는 길게 설명할 필요도 없습니다. 손을 씻는 일에 목을 매고 살았던, 실제로는 그렇지 않았다고 하더라도 남을 그런 기준으로 재단하며 살았던 바리새인들처럼 오늘 우리도 하나님 나라와는 직접적인 연관이 별로 없는 일에만 관심을 기울이고 있습니다. 헌금의 종류나 교회 출석을 세분화하고, 제직의 서열을 다양하게 하는 일들이 주로 그런 대상입니다. 그런 교회 내부적인 일만이 아니라 정치적인 일에도 신경을 많이 쓰고 있습니다. 나설 데, 나서지 말아야 할 데를 구분하지 못하고 모든 일에 참견하고 있습니다.

정작 중요하지 않는 일에 영적인 관심을 집중하게 되면, 사실 그건 영적이라고 할 수도 없지만, 마음이 경직될 수밖에 없습니다. 경직되면 옳고 그름을 판단할 수 있는 능력을 잃게 됩니다. 경직성은 우리를 갑충처럼, 자폐증 환자처럼 자신의 견고한 세계에 갇히게 하기 때문입니다. 성품과 지성이 괜찮아도 그런 일들은 일어납니다. 경건하고 성실했던 바리새인들이 예수님의 제자들이 손을 씻지 않고 밥을 먹은 것에 신경을 곤두세웠던 것처럼 말입니다. 당신들이 힘을 쏟고 있는 그거 헛방이야, 하는 주님의 음성이 들리는 것 같습니다.

밖에서 사람 안으로 들어가는 것이 사람을 더럽게 하는 게 아니라 오히려 사람 안에서 밖으로 나오는 것이 사람을 더럽게 한다는 예수님의 이 말씀은 우리의 생각을 근본적으로 뒤집습니다. 우리는 일반적으로 외부의 환경조건이 자신의 운명을 지배한다고 생각합니다. 좋은 가

문과 우수한 두뇌와 수려한 외모를 갖고 태어나기를 바랍니다. 이런 조건이 없는 사람은 그것을 얻으려고 하고, 주어진 사람은 그것을 유지하거나 확대 재생산하려고 합니다. 우리가 이 현실에서 얻은 이런 경험이 우리의 삶을 완벽하게 지배하고 있습니다. 지금 예수님과 충돌하고 있는 바리새인들은 종교적인 차원에서 이런 경험을 공고히 하는 사람들이었습니다. 예수님은 그들을 향해서 문제의 초점을 다른 데서 찾으라고 지시하십니다. 외부적인 환경조건이 아니라 자기 내면의 상태가 그것입니다. 그들이 중요하다고 생각했던 정결의식이 아니라 내면의 정신이 인간을 결정하는 핵심 요소라는 것입니다. 종교적 관심을 외부로부터 내부로 바꾸라는 요청입니다.

이런 요청을 알아듣고 따라가기가 사실은 쉽지 않습니다. 우리는 내면의 세계로 궁극적인 관심을 돌리는 게 무엇인지 알지도 못합니다. 아니 더 정확하게 말하면 그런 내면의 세계는 별로 재미가 없다고 생각합니다. 끊임없이 자기를 확대해나가는 방식으로만 삶을 경험했기 때문에 내면이 무엇인지 생각하지도 않았고, 들어도 무슨 뜻인지 알지 못합니다. 마치 바람기 많은 사람에게 가정에서 삶의 의미를 찾으라고 말하는 것과 비슷합니다. 내면의 세계로 돌아선다는 것이 밖과의 연대를 완전히 끊고 개인에게만 몰두하라는 말씀이 결코 아닙니다. 내면의 심층은 바로 영의 자리입니다. 우리 영혼이 숨 쉬는 곳입니다. 영혼의 숨을 쉴 줄 아는 사람은 타인과 진정한 의미에서 연대합니다.

한국 교회는 밖의 문제에 지나치게 치우쳐 있는 것 같습니다. 그 문제들이 모두 신앙의 이름으로 진행되고 있습니다. 예컨대 해외 선교만 해도 그렇습니다. 한국 교회에서 파송하는 해외 선교사의 숫자가 미국 다음으로 많다고 합니다. 이런 선교 열풍은 하나님의 온전한 뜻이 이 땅에 이루어지기를 바라는 영적인 관심이라기보다는 우리의 능력을 세계에 과시하려는 업적주의의 발현일 수도 있습니다. 오해가 없었으면 합니다. 순전한 마음으로 해외 선교 활동을 하는 분들을 매도하려는 게 아닙니다. 그들은 이벤트성 단기 선교가 아니라 수년, 또는 수십 년간 현지인들과 삶을 함께 나누는, 진정한 의미에서 십자가를 지고 가는 분들입니다. 이런 점에서는 해외 선교사도 소수 정예화가 필요한 것 같습니다.

예수님은 우리 안에서 나오는 것에 주목하라고 말씀하십니다. 우리의 외면이 아니라 내면에 충실하라는 뜻입니다. 외면에 치우치던 우리의 관심을 궁극적인 쪽으로 돌리셨습니다. 하나님은 우리의 외모가 아니라 중심을 보신다는 주님의 말씀에 따르더라도 우리가 하나님을 만나는 영적인 장소는 바로 우리 내면의 심층입니다. 우리의 영혼이 자리하고 있는 장소가 바로 그곳이겠지요. 거기서 우리는 하나님과 교제할 수 있겠지요. 우리 내면의 심층이 부실하면 우리가 기울이는 종교적 노력도 좋은 결실을 맺을 수 없을 뿐만 아니라 결국 우리의 영성이 소진되고 맙니다. 거꾸로 우리의 내면이 풍요로우면 무슨 일을 하든지 기쁨과 평화가 사라지지 않습니다. 주님은 바리새인들과 같은 우리에게 말씀하십니다. 밖이 아니라 속을 보라.

예수님은 정결의식 문제로 바리새인들과 한바탕 논쟁을 벌인 후에 17절에 따르면 무리를 떠나서 집으로 들어가셨습니다. 그 집이 누구의 집인지는 모릅니다. 제자의 집에 들어가셨을 수도 있고, 민박집에 들어가셨을 수도 있겠지요. 그런데 글의 흐름으로 볼 때 이런 대목은 자연스럽지 못합니다. 제자들이 손을 씻지 않고 밥을 먹는 바람에 시작된 바리새인들과 논쟁이 일어난 곳이 집이었을 텐데요.

중간에(14절) 무리를 다시 불러서 말씀을 이어가셨다는 구절을 근거로 본다면 이 전체 이야기는(막 7:1-23) 세 토막으로 구분됩니다. 1-13절은 밥 먹는 자리에서 일어난 바리새인들과의 논쟁이고, 14-16절은 바로 그곳일 수도 있고 다른 곳일 수도 있는 곳에서 무리들을 향한 주님의 가르침이고, 17-23절은 제자들과의 뒷담화입니다. 예수님이 집으로 들어갔다는 사실을 중심으로 예수님과 함께했던 대상이 무리와 제자로 나뉩니다. 집 밖에서는 무리가, 집 안에서는 제자들이 대상입니다. 예수님의 가르침이 그 대상에 따라서 달라진다는 사실은 복음서 곳곳에서 발견되는 현상입니다. 달라진다기보다는 심화한다고, 또는 구체화한다고 보아야겠지요.

제자들은 심화학습이 필요한 사람들입니다. 복음서가 기록되던 바로 그 시기의 초기 기독교에서도 이런 구분이 있었습니다. 예컨대 성찬예식이 바로 그것입니다. 모든 사람들이 함께 나누는 성찬은 애찬식이라고 해서, 그야말로 그리스도의 친교를 나누는 공동식사였다면, 세례 받은 이들만 참가하는 성찬식은 깊은 종교의식이었습니다. 그런 것만이 아니라 제자들은 교회 공동체 안에서 감당해야 할 특별한 사명이 주어졌습니다. 이런 일을 위해서는 예수 그리스도와의 특별한 친밀성이 필요합니다. 무리들의 관계와는 구별되는 깊이에서 주님과 나누는 사귐이 그것입니다.

예수님이 무리와 헤어져 집으로 들어가시자 제자들은 예수님에게 바로 앞에서 받은 가르침에 대해서 질문했습니다. 밖과 안이라는 비유가 가리키는 게 무엇이냐고 말입니다. 이들이 실제로 몰라서 이렇게 물었을까요, 아니면 자신들이 알고 있는 걸 확인해보기 위해서 이렇게 물었을까요? 이 대목에서 더 근본적인 문제는 밖과 안이라는 비유가 그렇게 이해하기 어렵지 않은 내용이라는 사실입니다. 이미 앞에서 정결의식 문제로 논란이 있었고, 고르반이 거론되었으니까 생각이 조금만 있는 사람이라고 하면 밖에서 안으로 들어가는 것과 안에서 밖으로 나오는 게 무엇인지 충분히 눈치 챌 수 있는 게 아닐까요? 그런데도 그들은 아무것도 모르는 사람처럼 질문합니다. 이런 사태는 삶의 지평이 다를 때 사유의 지평도 다르다는 사실을 가리키는 것 같습니다. 제자들을 포함한 그 당시 모든 사람들이 살아가는 삶의 지평은 율법이었습니다. 율법의 눈으로 세상과 자기의 삶을 이해했습니다. 이런 사람은 율법 너머의 것을 아무리 설명해줘도, 마치 낫 놓고 기역 자를 모르듯이 모를 수 있습니다.

우리는 이런 현상을 오늘에도 똑같이 발견합니다. 레드콤플렉스에 빠진 사람은 무슨 말로도 그것 너머의 세상과 삶을 설명해줘도 이해하지 못합니다. 더 정확하게 말해서, 그들은 이해하려고 하지 않습니다. '예수천당, 불신지옥' 패러다임에 빠진 분들은 하나님의 구원론적 구원 주권을 전혀 이해하지 못합니다. '소귀에 경 읽기'와 비슷한 일들이 벌어집니다. 예수님의 제자들은 그래도 다행입니다. 모르는 걸 질문할 줄 아니까요. 그게 바로 모르면서도 아는 척한 바리새인들과의 차이겠지요. 제자들처럼 자신이 모른다는 걸 알고 인정하는 데서부터 참된 신앙의 길이 조금씩 열리는 게 아닐까 생각합니다.

예수님은 제자들에게 "너희도 이렇게 깨달음이 없느냐?"(18절) 하고 되물으십니다. 이건 책망이 아니라 오히려 친근함의 표시에 가까워 보입니다. 그렇지만 친근함의 표시라고 하더라도 제자들의 입장에서는 진지하게 반성해야 할 말씀입니다. 그것은 곧 제자들에게 깨달음이 없다는 사실입니다. 자신의 일상을 완전히 포기하고 주님을 따라나선 제자들이라고 한다면 무리들과는 뭔가 달라도 달라야 하는데, 단지 솔직하게 자신들의 무지를 드러낸다는 점에서만 달랐지 진리를 깨닫지 못한다는 점에서는 크게 다를 게 없었습니다. 오늘 우리도 세상 사람들과 다를 게 없다는 점에서는 본문의 제자들과 피장파장이 아닌지요. 물론 우리는 제자들이 몰랐던 밖과 안이라는 비유를 잘 알고 있으니까 그들과는 뭔가 다르다고 말할 수도 있겠지요. 그러나 근본으로 들어가면 마찬가지입니다.

제자들이 예수님의 말씀을 제대로 알아듣지 못한 이유는 지성이나 믿음이 부족해서가 아니라 예수님의 가르침이 근본적으로 새로운 차원에 속한 것이었다는 데에 있습니다. 예수님의 십자가 사건을 이해하지 못했고, 더구나 부활을 전혀 예상하지 못했다는 점에서 이를 확인할 수 있습니다. 우리는 우리가 진리를 깨닫지 못한다는 점을 일단 전제해야 합니다. 그건 믿음의 문제와 상관이 없습니다. 진리는 그것이 일단 와야만, 또는 우리가 그 안에 들어가야만 알 수 있습니다. 참된 진리는 미래와 연결되어 있기 때문에 이 역사 안에서 살아가는 우리는 그것을 실증적으로 깨달을 수 없다는 뜻입니다. 우리가 깨닫지 못한다는 사실을 인정하고 겸손하게 주님의 말씀에 귀를 기울이면서, 동시에 깨닫지 못함을 절망적으로 생각하지 말아야 합니다. 그 깨달음은 오직 성령의 종말론적 행위로만 가능하다는 뜻입니다.

모든 음식이 깨끗하다고 말씀하시는 주님은 음식이 우리 몸을 통과하는 과정을 그림처럼 설명하는 것으로 그 의미를 명료하게 합니다. 음식은 배로 들어가 뒤로 나간다고 말입니다. 그렇군요. 이 말씀은 모든 음식이 깨끗하다는 사실에 초점이 놓인 게 아니라 들어왔다가 결국 나간다는 그 사실에 초점이 놓인 것 같습니다. 유대인의 아들인 예수님이 돼지고기가 부정하다는 사실을 모를 리가 없습니다. 그런 종교적 관습을 포기하지도 않았을 겁니다. 예수님은 아무리 부정한 음식이라고 하더라도 그것은 결국 잠시 우리 몸에 머물렀다가 나가고 마는 것이니까 결정적으로 중요하지 않다고 보신 겁니다. 이 대목에서 '마음으로 들어가지 아니하고'라는 표현을 주목해야 합니다. 음식이 우리 마음에 들어가지 않는다면 아무리 부정한 음식이라 하더라도 마음을 더럽히지는 못합니다. 그렇습니다. 지금 예수님은 율법을 겉모양에서 속마음의 차원으로 돌려놓는 중입니다. 마음을 깨끗하게 하는 것이 신앙의 본질이라는 뜻으로 새길 수 있습니다. 그렇습니다. 음식은 음식이고, 마음은 마음입니다.

예수님은 제자들의 질문에 따라서 이미 앞에서 말씀하신 내용을 다시 풀어서 설명하는 중입니다. 이렇게 반복하는 것은 말에서나 글쓰기에서나 별로 바람직하지 않습니다. 사람들은 반복을 지겨워하니까요. 예수님이나 이를 보도하고 있는 마가가 이를 모를 리가 없을 텐데, 왜 반복을 하는 걸까요? 오늘 이 텍스트를 읽는 우리와 달리 그 당시 사람들에게 이 문제가 아주 중요하거나, 또는 그들이 이 문제를 전혀 눈치 채지 못하고 있기에 이렇게 반복하는 게 아닐는지요. 그 문제는 이 전체 본문의 중심 주제입니다. 그 당시 사람들은 자신의 외부적인 환경과 조건으로 자신의 깨끗함을 확인받고 싶어 했습니다. 대표적인 인물들이 바로 바리새인들이었지만 실제로는 그 당시 모든 사람들이 그랬습니다. 그들만이 아닙니다. 오늘 우리도 거의 이런 데 마음을 쏟고 있습니다. 교회생활에서나 사회생활에서나 이런 현상은 똑같습니다.

인간이 이런 한계를 벗어나지 못하는 이유는 우리가 하나님 앞에서 선다는 사실이 무엇인지 알지 못한다는 데에 놓여 있습니다. 이건 아주 근본적이고 엄정한 것입니다. 우리는 하나님을 단독자로 직면하지 못합니다. 하나님만이 인정하는 상태가 무엇인지를 모르고, 그걸 감당하지도 못합니다. 주체성이 없는 사람이 늘 주변을 기웃거리듯이 신앙적 주체성이 없는 사람도 늘 주변 조건을 기웃거리다가 하나님과의 관계에는 소홀할 수밖에 없습니다. 하나님은 우리의 마음을 보십니다. 우리의 마음은 하나님을 만나는 영적인 공간입니다. 그곳이 어떤지에 따라서 우리는 하나님을 직면하기도 하고, 회피하기도 합니다. 우리의 마음이 다른 것에 유혹을 받아 순전하지 못하면 우리는 하나님을 직면할 수 없습니다. 우리 마음에서 나오는 불순한 것들은 우리의 마음이, 또는 영혼이 하나님을 직면하기 싫어한다는 증거이겠지요.

21, 22절에 나오는 악한 생각의 목록이 어디서 온 것일까요? 예수님이 이런 목록을 일일이 거론하신 것인지, 아니면 마가의 전승에 속한 것인지 제가 지금 단정적으로 말할 입장이 못 됩니다. 서로 연관되어 있다고 봐야겠지요. 전체가 열두 항목입니다. 음란, 도둑질, 살인, 간음, 탐욕, 악독, 속임, 음탕, 질투, 비방, 교만, 우매함. 모든 항목이 부끄러운 것들입니다. 그런데 곰곰이 생각해 보면 이 모든 항목이 우리 자신과 깊숙이 연결되어 있습니다. 강도에서 차이가 있을 뿐이지요. 이런 것들이 실제로 우리의 행위로 드러나는가, 아닌가는 여기서 그렇게

중요한 게 아닙니다. 우리의 마음에서 이런 생각들이 움직였다는 사실이 중요한데, 이런 악한 생각은 아주 보편적인 것이라고 보아야겠지요.

사람들은 이런 보편적인 악을 인정하려고 들지 않습니다. 자기만은 여기서 예외라고 생각합니다. 특히 종교적으로 경건한 사람들에게 그런 경향이 많습니다. 지금 예수님과 논쟁을 벌였던 바리새인들이 대표적이고, 오늘 신앙생활에서 모범 되는 우리도 그렇습니다. 우리는 이런 악한 생각을 행동으로 옮기는 사람들에 비해서 훨씬 윤리적이라고 생각한다는 뜻입니다. 우리는 그걸 확인하려고 무던히 많은 노력을 기울입니다. 우리가 변해야 세상이 변한다고 생각합니다. 그러나 우리가 변해도 세상은 잘 변하지 않습니다. 변한다고 해도 약간 무늬가 달라질 뿐입니다. 더구나 우리도 변하지 않습니다. 생각이 행동으로 거칠게 나타나지 않도록 조금 절제할 수 있을 뿐입니다.

수치스럽게 생각하는 모든 악한 것들은 우리 안에서 나옵니다. 우리의 인격이 고상해지거나 교양이 풍부해도 악한 생각을 극복하지 못합니다. 종교적인 경건도 역시 그런 능력이 없기는 매한가지입니다. 어떤 교계 지도자는 한국 교회 신자들이 변하지 않는다고 통탄해 하셨습니다. 제자훈련을 그렇게 열정적으로 시켰는데도 아무런 변화가 없으니 얼마나 안타까웠겠습니까? 신앙훈련으로 사람의 마음이 변하리라는 건 순진한 생각입니다. 우리 안에서 나오는 악한 생각은 사탄의 힘이라고 생각할 수밖에 없을 정도로 아주 강력합니다. 우리가 도저히 제어할 수 없는, 어떤 존재론적 힘처럼 보입니다. 이런 생각은 자칫하면 이원론에 빠질 위험성이 있습니다. 하나님은 선의 원천이고, 사탄은 악의 원천이라고 말입니다. 이건 틀린 생각입니다. 존재론적 원천은 오직 한 분이신 하나님밖에 없습니다. 악도 역시 하나님의 통치 안에 들어와 있는 존재에 불과하지 넘어서는 존재는 결코 아닙니다. 악의 힘이 우리 인간을 압도하고 있는 사실을 전하기 위해서 사탄의 활동을 말하는 것뿐입니다.

악이 강력하다고 해서 기독교인들이 늘 악의 현실에 종속당할 운명에 떨어져 있다는 뜻은 아닙니다. 우리 안에서 나오는 악한 생각은 우리 스스로 해결할 수 없습니다. 악은 하나님이 다스리십니다. 따라서 우리가 악한 생각을 극복하려면 하나님에게 철저하게 의존해야 합니다. 그게 바로 신앙훈련, 또는 제자훈련이 아니냐, 하고 생각할 수도 있지만 그렇지 않습니다. 여기에 작지만 결정적인 차이가 있습니다. 즉 제자훈련이 아니라 제자 됨(being)이 그 대답입니다. 바리새인들의 신앙은 훈련이었지만 임박한 하나님 나라를 받아들이는 것은 존재론적인 변화였습니다. 즉 우리 안의 변화가 관건입니다. 그것은 곧 하나님과의 존재론적 관계로 돌아선다는 뜻입니다. 이게 곧 칭의론이기도 합니다.

수로보니게 여자의 믿음

7:24-30

²⁴ 예수께서 일어나사 거기를 떠나 두로 지방으로 가서 한 집
에 들어가 아무도 모르게 하시려 하나 숨길 수 없더라 ²⁵ 이에
더러운 귀신 들린 어린 딸을 둔 한 여자가 예수의 소문을 듣고
곧 와서 그 발 아래에 엎드리니 ²⁶ 그 여자는 헬라인이요 수로
보니게 족속이라 자기 딸에게서 귀신 쫓아내 주시기를 간구하
거늘 ²⁷ 예수께서 이르시되 자녀로 먼저 배불리 먹게 할지니 자
녀의 떡을 취하여 개들에게 던짐이 마땅치 아니하니라 ²⁸ 여자
가 대답하여 이르되 주여 옳소이다마는 상 아래 개들도 아이들
이 먹던 부스러기를 먹나이다 ²⁹ 예수께서 이르시되 이 말을 하
였으니 돌아가라 귀신이 네 딸에게서 나갔느니라 하시매 ³⁰ 여
자가 집에 돌아가 본즉 아이가 침상에 누웠고 귀신이 나갔더라

손 씻는 정결의식에 관한 뜨거운 논쟁이 지난 후에 예수님은 두로 지방
으로 자리를 옮기셨습니다. 두로는 갈릴리 호수에서 북서 방향으로 지
중해에 면해 있는 마을로, 거리상으로도 상당히 멀리 떨어진 곳입니다.
특히 그곳은 이방인들이 사는 지역입니다. 주로 갈릴리와 유대 지역에
서 활동하시던 예수님이 두로 지방까지 올라오시는 것은 아주 드문 일
입니다. 외형적인 정결의식에 사로잡힌 바리새인들에게 실망하셨기 때
문에 예수님이 이방인들의 지역으로 훌쩍 떠나신 걸까요? 유대인이라
고 한다면 누구나 경멸하고, 따라서 멀리해야 할 이방인들이 살고 있는
두로 지방으로 가셨다는 진술은, 더구나 한 집에 들어가셨다는 진술은
무언가를 암시하는 게 분명합니다. 여기서 한 집은 당연히 이방인의 집
이겠지요. 성서가 그걸 명시적으로 밝히고 있지는 않지만 예수님이 머
무신 그 집으로 헬라인이요 수로보니게 족속인 한 여자가 찾아왔다는
사실을 감안한다면 이 집이 이방인의 집인 게 틀림없습니다.

　　본문은 예수님이 아무도 모르게 지내시려 했다고 합니다. 쉬고 싶
으셨다는 뜻입니다. 아무도 모르게 쉬고 싶다는 말은 곧 앞에서 벌어진

일들이 예수님을 상당히 피곤하게 한 게 아닐까 하고 예상할 수 있습니다. 우리가 앞에서 짚은 대로 바리새인들은 두말할 것도 없었고, 제자들도 일일이 설명해야 알아들을 정도였으니까 예수님이 처한 상황이 어떤지는 알 만합니다. 마가가 전하고 싶은 핵심은 그 뒤의 이야기입니다. 예수님은 숨고 싶었지만 그럴 수 없었습니다. 사람들이 내버려두지 않았다는 뜻이겠지요. 그렇습니다. 예수님은 드러나야만 했습니다. 예수님이 메시아라는 사실은 은폐와 노출의 변증법적인 사태에 놓여 있습니다. 그게 바로 메시아의 비밀입니다.

'예수는 그리스도다'라는 명제야말로 기독교 신앙의 요체입니다. 그리스도는 기름부음을 받은 자라는 뜻의 히브리어 메시아의 헬라어역입니다. 실질적인 의미는 구세주입니다. 기독교의 운명이 달려 있다고 해도 과언이 아닌 이 명제가 옳은지를 우리는 어떻게 알 수 있을까요? 예수가 메시이라는 사실의 증거는 무엇일까요? 예수님의 공생애에서 우리는 이런 증거를 찾을 수 있을까요? 예수님이 동정녀 마리아에게서 태어났다는 사실이 그 증거라고 말할 수는 없습니다. 동정녀 탄생에 관한 이야기는 복음서만이 아니라 기독교 이외의 문서에도 등장합니다. 따라서 이것만을 근거로 예수님이 메시아라는 사실의 확실성을 보장받기는 힘듭니다. 예수님이 일으키신 기적들도 역시 그런 증거는 못됩니다. 장애인이나 불치병 환자들의 치유 행위도 예수님에게만 일어났던 사건은 아닙니다. 만약에 이런 걸 증거로 삼는다면 메시아는 여럿일지 모릅니다. 율법을 능가하는 예수님의 가르침도 그런 증거는 아닙니다. 그런 가르침으로 위대한 스승은 될지 몰라도 메시아는 될 수 없겠지요. 예수님의 십자가 처형이 바로 그 증거일까요? 예수님 이외에도 십자가로 죽은 사람들이 참으로 많습니다. 십자가 처형 자체가 그의 메시아성을 보장해 주지는 못합니다. 그렇다면 결국 우리에게는 예수님의 부활 사건만 남은 셈입니다. 신약신학계에서 이미 정설로 인정되고 있듯이 복음서는 예수님의 객관적인 연대기에 대한 서술이 아니라 부활의 빛에서 새롭게 조명된 신학적 고백입니다. 이 부활이 바로 메시아성을 언급할 때 중심이라는 건 분명합니다. 그런데 이 부활도 역시 우리가 세상에서 경험하는 일반적인 사건이 아니라는 데에 어려움이 있습니다. 즉 예수님의 메시아성은 여전히 은폐되어 있다는 뜻입니다.

메시아성의 은폐와 부활이 어떤 관계에 있을까요? 예수님의 부활은 그 당시 모든 사람들이 확인할 수 있는, 마치 신문기자가 취재할 수도 있는 그런 사건이 결코 아니었습니다. 예수님의 부활 현현은 일부의 사람들에게만 경험된 것입니다. 그들은 바로 예수를 추종하던 이들, 또는 앞으로 그렇게 될 이들이었습니다. 고린도전서 15장에 이들에 대한 목록이 나옵니다. 게바, 열두 제자, 오백여 형제, 야고보, 모든 사도, 바울이 그들입니다. 그렇다면 예수님의 부활을 경험한 이들이 넉넉하게 잡아도 육백 명을 넘지는 않았을 겁니다. 그 이외의 사람들에게는 감추어졌습니다. 왜 예수님의 부활이 일정한 사람들에게만 경험되고 나머지에게는 감추어졌을까요? 이게 바로 계시의 두 측면입니다. 하나님의 계시는 한편으로는 노출이며, 다른 한편으로는 은폐입니다. 다르게 말하면, 계시는 은폐의 방식으로 노출되며, 노출의 방식으로 은폐됩니다.

여기 제 책상 위에 귤껍질이 있습니다. 귤 껍질은 분명하게 드러난 것이지만 그것의 본체라 할 생명은 드러나지 않았습니다. 주황색 껍질로 드러난 물질만이 이것의 현실(reality)은 아닙니다. 우리의 오감으로 확인할 수는 없어도 이 현상 너머에, 그 내면에 더 분명한 현실이 자리하고 있습니다. 그것은 현재 노출의 방식이 아니라 은폐의 방식으로 존재합니다. 예수님의 부활은 우리가 세상에서 경험하는 사물 현상으로 나타난 것이 아니라, 오히려 내면의 궁극적인 생명으로 나타난 것입니다. 그것은 노출이 아니라 은폐의 생명사건이라는 뜻입니다.

우리가 은폐라는 말의 의미를 정확하게 이해하지 않으면 기독교 신앙의 근본을 놓치게 됩니다. 예컨대 예수님이 비유로 말씀하신 하나님 나라의 핵심도 은폐성에 있습니다. 그 나라는 모든 사람들이 알아볼 수 있게 확 드러나 있는 게 아니라 숨어 있습니다. 따라서 볼 수 있는 눈이 있어야만 볼 수 있으며, 들을 귀가 있을 때만 들을 수 있습니다. 예수님의 부활을 일부의 사람들만 경험한 이유도 바로 여기에 있습니다. 하나님 나라, 부활, 계시가 은폐되었다는 말은 곧 역사가 아직 종결되지 않았다는 뜻입니다. 역사가 종결되어야만 그런 모든 것의 실체가 확연하게 드러납니다. 그때를 가리켜 종말이라고 합니다. 다른 말로 그때를 주님의 재림, 또는 심판이라고 합니다. 재림과 심판은 모든 역사의 사건들이 진리의 차원으로 고양된다는 뜻입니다. 그때까지 숨겨졌던 모든 일들이 그 속성을 완전하게 드러낼 것입니다. 거짓과 불의는 심판을 받고 진리와 정의는 구원을 받습니다.

이런 종말론적 시각에서 볼 때 오늘 역사 안에서 진행되는 우리의 삶은 은폐이면서 동시에 잠정적인 것입니다. 아직 성취되지 않았다는 뜻입니다. 여전히 진행 중이라는 뜻입니다. 그렇다고 해서 막연하다는 뜻은 아닙니다. 오늘 현재 여기서 우리가 경험하는 삶이 비록 잠정적이고 무상하지만 이 안에 궁극적인 생명이 은폐되어 있다는 점에서 이 삶은 소중합니다. 이 삶은 우주론적 차원이라도 해도 좋을 정도로 중요합니다. 우리의 현재 삶에 종말론적 부활 생명이 어떻게 은폐되어 있을까요? 그걸 촘촘히 살피고, 그런 생명의 역동성 안에서 살아가는 삶의 태도를 가리켜 영성이라고 합니다. 우리는 성서에서 그걸 배워야 합니다.

유대교 신자들은 우리가 오늘 메시아로 믿고 있는 예수님을 인정하지 않습니다. 유대교인들과 우리 기독교인들이 구약성서를 똑같이 하나님의 말씀으로 받아들이면서도 예수님의 정체에 대해서 서로 다르게 생각한다는 것은 매우 심각한 문제입니다. 초기 기독교인들에게 성서는 오직 구약뿐이었습니다. 그들은 유대교가 경전으로 결정한 그것을 아무 수정 없이 그대로 받아들였습니다. 초기 기독교인들은 구약에 근거해서 예수님을 메시아로 받아들이는 반면에 유대교인들은 똑같이 구약에 근거해서 예수님을 단순히 예언자로만 인정할 뿐입니다. 그 이유가 무엇일까요?

유대인들의 주장이 그렇게 터무니없는 건 아닙니다. 그들은 예수님이 메시아라고 한다면 그에 합당한 일들이 일어나야 했다고 주장합니다. 그런데 예수님이 오시기 전이나 오신 후나 세상은 달라지지 않았다는 겁니다. 고난 받는 사람들은 여전히 고난 받습니다. 선천적으로 장애로 태어나는 사람은 예수님 이전이나 이후나 다를 바가 하나도 없습니다. 메시아가 오셨는데도 이 세상이 전혀 달라지지 않았다는 이 엄정한 사실 앞에서 우리 기독교인들의 대답은 무엇일까요?

메시아 은폐성이 바로 그 대답입니다. 예수님이 메시아라는 사실은 명명백백하게 드러나지 않고 속으로 숨어 있습니다. 누구나 확연하게 아는 방식이 아니라 특별한 사람만이 알 수 있는 방식으로 나타납니다. 선택된 사람들에게 나타납니다. 들을 귀가 있는 사람만이 들을 수 있습니다. 이렇듯 일부에게만 드러나는 것이라면 진리가 아니지 않느냐 하는 말을 할 수 있겠지만, 그렇지 않습니다. 진리는 보편적이긴 하지만 구체적으로는 특수하게 나타납니다. 진리는 노출이면서 동시에 은폐라는 뜻입니다. 기독교인들은 예수님에게서 메시아 은폐성을 발견한 사람들입니다.

오늘 우리는 예수님의 메시아 은폐성을 중심으로 이 세상과 경쟁하는 중입니다. 유대교나 다른 종교와 마찬가지로 이 세상은 예수님이 메시아라는 사실을 인정하지 않지만 우리는 예수님을 진리라고 믿습니다. 그것이 우리 신앙의 모든 것이기 때문에 우리는 바로 그 사실에 우리의 운명을 걸고 삽니다. 메시아 은폐성으로 인해서 예수의 복음이 일부의 사람들에게만 받아들여지는 건 하나님이 이 세상의 창조자이시며 예수님이 종말의 심판자라는 점에서 바람직하지 않습니다. 우리는 그 메시아 은폐성을 세상에 드러내야 합니다. 그게 바로 지난 2천 년 동안 기독교가 세상을 향해서 선포한 메시지의 중심입니다. 다시 말해서 우리 신앙의 선배들은 예수님이 메시아라는 사실을 변증하는 일에 매진

했습니다. 그것의 역사가 바로 신학입니다.

오늘 우리가 직면해 있는 21세기는 지난 2천 년의 역사와는 전혀 다른 시대입니다. 예수님이 메시아라는 사실을 변증하려면 우리는 오늘 이 시대를 정확하게 읽어야 합니다. 니케아-콘스탄티노플 종교회의가 기독교의 교리를 결정할 때 헬라 철학과의 대화를 중요하게 다루었듯이 오늘 우리는 자연과학과의 대화를 중요하게 다루어야 합니다. 새로운 유전공학 시대에 예수님이 메시아라는 이 은폐된 진리를 우리는 어떻게 보편적 진리의 차원에서 변증해낼 수 있을까요? 우리가 이런 변증에 모든 힘을 기울인다고 하더라도 모든 이들의 동의를 얻기는 힘들 겁니다. 모든 진리가 확연하게 드러나는 일은 하나님이 직접적으로 통치하게 될 종말에서만 일어날 것입니다. 그 이전까지는 결국 들을 귀를 가진 사람들에게만 이런 말이 들릴 것입니다. 우리는 가능한 대로 이런 들을 귀를 가진 사람들이 늘어나도록 최선을 다 해야겠지요.

35절에 따르면 예수님이 두로 지방에 들어왔다는 소문을 듣고 한 여자가 예수님을 찾아와 그 발아래 엎드렸다고 합니다. 이 여자는 귀신 들린 어린 딸을 두었습니다. 어린 딸이 귀신 들렸다니, 이것보다 더 애처로운 일도 없습니다. 세상에는 왜 이리도 애처로운 일들이 많은지요. 소아 암 병동에 가보면 말문이 막힙니다. 장애로 태어난 아이들의 미래는 도대체 누가 책임을 져야 하는지요. 풍요롭고 화려한 문명이 꽃을 피우고 있는 오늘날 여전히 아동을 성 노리개의 대상으로 삼는 이들이 있습니다. 푼돈을 받으면서 양탄자를 짜거나 벽돌을 나르는 아이들도 많습니다. 더러운 귀신 들린 어린 딸을 둔 엄마가 예수님 발아래 엎드렸습니다. 그 여자에게는 이것밖에 다른 길이 없었습니다. 그 여자는 딸아이의 병을 낫게 하기 위해서 모든 걸 다 했겠지만, 아무런 구원의 길이 보이지 않았습니다. 그는 마지막으로 예수님에게 왔습니다.

하나님 경험은 바로 이 여자와 같은 심정에서만 가능합니다. 유유자적하는 소풍길이 아니라 귀신 들린 어린 딸을 둔 이 여자처럼 그것이

666

아니면 죽을 수밖에 없다는 영혼의 절박감 말입니다. 만약 우리 실존의 심연을 들여다볼 수만 있다면 우리는 '악!' 하고 고함을 칠 수밖에 없습니다. 우리는 늘 존재의 막다른 골목에 접하고 있습니다. 그걸 외면할 뿐입니다. 우리의 상투적인 삶의 방식들이 우리의 영혼을 게으르게 만드는 것 같습니다. 우리가 직면하는 삶의 문제를 영적으로 생각하지 않는 게 곧 게으른 겁니다. 이걸 교회에 열심히 나오라거나 기도를 많이 하라는 말로 들으면 오해입니다. 그런 종교행위는 깨어 있는 영혼에게만 득이 되지 잠자는 영혼에게는 오히려 수면제와 같습니다. "악!" 하는 고함은 영혼이 잠에서 깨는 표시입니다. 우리가 영적인 고함을 치지 않으면 안 될 정도로 놀라운 일들이 과연 무엇일까요?

귀신 들린 딸로 인해서 예수님에게 달려 나온 그 여자 이야기는 남의 이야기가 아니라 바로 우리 자신의 이야기입니다. 비유적인 게 아니라 아주 실제적인 이야기입니다. 지금 당장은 아닐지 모르지만 얼마 지나면 그런 일들이 일어납니다. 우리 자식들이나 손자들, 아니면 조금 더 아래로 내려가면 누군가 우리의 후손 중에서 그런 아이들이 나옵니다. 지금 아니라고 해서 안심해도 될까요? 만약 2백 년 후의 내 후손을 내가 아주 가깝게 느낄 수만 있다면 귀신들림 현상은 바로 지금 일어나는 일입니다. 이런 예가 너무 멀게 느껴진다면 우리가 오늘 밤이라도 생명의 끈을 놓칠 수 있다는 사실을 생각해보세요. 며칠 안으로 교통사고로 죽을 수도 있고, 장애가 될 수도 있습니다. 내가 아무리 조심해도 그런 일은 일어납니다. 며칠 안으로 우리 아이들이나 손자들이 행방불명될 수 있습니다. 만약 그 사실을 지금 알았다면 우리가 "악!" 하고 고함치겠지요.

우리가 악, 하고 고함을 칠 수밖에 없는 이유는 각종 사고에 완전하게 노출되어 있다는 사실 때문만은 아닙니다. 더 근본적으로 우리가 처한 우주론적 자리가 그것입니다. 먼 우주는 아니더라도 태양과 지구의 관계만 조금 생각해보세요. 태양에서 지구까지의 거리는 1억 5천만 킬로미터입니다. 그 거리가 별로 감이 오지 않을 겁니다. 초속 30만 킬로미터로 달리는 태양빛이 지구에 닿으려면 대략 9분 가까이 걸린답니다. 시속 1천 킬로미터로 비행하는 국제선 점보제트 여객기로 쉬지 않고 날아가면 대략 6천200일이 걸립니다. 지구의 둘레는 4만 킬로미터이고 지름은 대략 1만 2천7백 킬로미터입니다. 태양의 지름은 지구의 109배라고 하네요. 지름 4센티미터의 탁구공을 태양이라고 한다면 지구는 0.37미리 정도의 좁쌀에 해당됩니다. 여기 탁구공을 놓았습니다. 그렇다면 좁쌀은 대략 4.8미터 거리에 두어야 합니다. 좁쌀과 4.8미터를 머리에 그려보세요. 천왕성이나 해왕성은 수십 미터 떨어져 있겠지요. 모르긴 몰라도 해왕성에서 태양은 지금 우리 지구에서 보는 것과 비교한다면 야구공보다 별로 크게 보이지 않을 겁니다. 그것보다 더 작을지 모르지요. 태양빛이 그곳에 가 닿을까요? 빛은 아주 희미하게 닿더라도 열은 닿지 않을 겁니다. 지금 우리가 두 발을 딛고 서 있는 지구는 아슬아슬하게 생명을 유지하고 있답니다. 지구에 생명이 존재한다는 것 자체가 기적에 가깝지요. 그만큼 위태롭고, 그만큼 경이롭습니다. 이런 위태로움과 경이로움 앞에서 우리가 "악!" 하고 고함을 치지 않을 수 없습니다. 설교조로 한마디 한다면, 창조의 하나님이 조금만 한눈을 팔면 지구는 흔적도 없이 사라질 수 있습니다. 우리가 이렇게 여기서 살아 숨 쉬고 있다는 사실은 오직 은총입니다.

　태양과 지구를 비롯한 거시 물리의 세계가 별로 실감이 나지 않는다고 생각하는 분들을 위해서 아주 가까운 것을 예로 들어야겠군요. 여기 귤이 있습니다. 우리는 무의식적으로 그것을 집어 먹습니다. 그런데 그게 도대체 어디서 왔는지를 조금만 생각하면 놀라지 않을 수 없습니다. 이 귤은 태양으로부터 왔습니다. 빛, 물, 탄소가 이루어내는 광합성은 지구에서 일어나는 생명 현상의 가장 아래층에 자리한 현상입니다. 귤의 대부분을 구성하고 있는 물은 도대체 어디서 왔을까요? 물의 분자식은 H_2O입니다. 수소와 산소는 어디서 와서 이렇게 결합하게 되

었을까요? 물이 증발되면 그 물을 구성하고 있는 수소와 산소는 제 각
각의 길로 갑니다. 그 산소는 다시 우리 몸으로 들어오기도 합니다. 최
소의 입자라 할 원소는 더 이상 분열되지 않을까요? 그것을 결합시키
고 있는 에너지가 너무 강하기 때문에 강제로 분열시키기 어렵기는 하
지만 불가능한 것은 아닙니다. 그렇다면 원소를 구성하는 핵과 전자들
은 도대체 무엇일까요?

지금 제 책상 위에 놓인 귤이 제 손에 들어오기까지 많은 사람들의
손을 거쳤습니다. 어떤 사람이 귤 종자를 개발했겠지요. 그걸 키우고
수확해서 시장에 내다 팔았겠지요. 그런 과정을 우리가 완벽하게 따라
갈 수는 없습니다. 여기에는 정말 우리가 예측할 수 없는 어떤 힘들이
개입해 있습니다. 그게 무엇일까요? 그걸 우리는 아직 실증적으로 알
지 못합니다. 다만 우리 앞에 귤이 놓여 있다는 이 하나의 사실을 아주
표면적으로만 압니다. 우리가 직면하고 있는 이 세상은, 그것이 거시이
든 미시이든 상관없이 정말 놀랍습니다. 이런 놀라운 세상 앞에서 우리
는 엉뚱한 생각만 하면서 살고 있는 건 아닌지요.

카를 바르트는 신학자의 실존을 가리켜 놀라움이라고 했습니다.
그의 말을 아래에 그대로 인용하겠습니다.(《복음주의 신학입문》, 77쪽)

신학에 종사하는 사람에게 엄습하는 놀라움이란 전혀 다른 종류
의 것이다. 이 놀라움은 인간을 놀라움으로 몰아넣고 배움을 강
요한다. 신학자가 어느 날 배움을 끝내고 비상한 것이 평범한 것
으로, 새로운 것이 옛 것이 되어버리는 일은 일어날 수 없다. 신
학은 낯선 것을 결코 지배할 수 없다. 만약 누가 이 낯선 것을 지
배한다면 그는 신학을 아직 착수하지 않았거나 신학 하는 것으로
부터 이미 벗어난 것이다. 신학의 건전한 뿌리인 놀라움으로부터
우리는 결코 벗어나지 말아야 할 것이다. 신학의 대상은 집안에서
사용하는 가구처럼 신학자를 만나는 것이 결코 아니다. 이 참 신

학의 대상은 항상 신학자가 이전에 가졌던 표상을 초월하면서 신학자를 만난다. 신학이 아무리 발전해도 자신의 대상에 대한 당혹과 질문, 놀라움은 항상 신학을 지배한다. 이와 같은 놀라움의 경험은 그 어떤 점에서도 인간을 결코 상실시킬 수 없다. 이 놀라움의 경험이 그에게 일어날 때 그는 전적으로, 그리고 유일회적으로 놀란 사람이 된다.

하나님이 창조하신 세상과 예수 그리스도에게서 일어난 하나님의 구원통치 앞에서 "악!" 하고 비명을 지를 정도로 놀랄 때 우리는 세상에서 일어나는 사소한 일에 놀라지 않을 수 있습니다. 세상에서 일어나는 사소한 일들은 대개 일신상의 문제들입니다. 사업이 부도가 나거나 실연을 당하는 경우에 사람들은 놀랍니다. 그것보다 더 작은 일로도 소스라칩니다. 심지어 자식의 학기말 시험 성적이 조금만 떨어져도 놀라는 부모들이 있겠지요. 이런 건 궁극적인 놀람을 경험하지 못하기 때문에 벌어지는 현상들입니다.

지금 저의 말이 뜬구름 잡는 것처럼 들리는 분들이 있을 겁니다. 지금 당장 전세 값이 올라서 집을 줄여서 이사가야 한다거나, 수년 동안 집을 사기 위해 저축을 해왔는데 집값이 올라서 결국 포기해야 하는 게 얼마나 놀랄 일이냐고 말입니다. 지금 당장 나에게 손해를 끼치는 것보다는 더 놀랄 일이 어디 있느냐고 말입니다. 일상이 별 게 아니라는 뜻이 아닙니다. 그러나 우리는 일상이 하나님의 구원에 휩싸여 있다는 사실을 놓치지 말아야 합니다. 우리의 일상이 우리의 뜻대로 전개된다고 하더라도 그것으로는 결코 영적인 만족을 누릴 수 없습니다. 여기서 영적이라는 말은 단순히 종교적이라는 뜻이 아닙니다. 참되다는 뜻입니다. 우리는 일상의 안정으로는 결코 참된 만족을 누릴 수 없습니다. 무엇이 놀랄 일이고, 무엇이 아닌지를 잘 구분할 줄 아는 삶의 능력이 바로 영성입니다. 우리의 일상이 허물어지더라도 놀라지 않아야 합니다. 그게 말처럼 쉽지는 않지만 불가능한 것도 아닙니다. 잠시 흔들려도 곧 추스를 수 있습니다. 하나님의 구원 통치 앞에서 악, 하고 놀랄 때 그것이 가능합니다. 하나님의 행위는 근원적인 기쁨과 평화이기 때문입니다.

마가복음 기자는 예수님의 발아래 엎드린 여자를 헬라인이요, 수로보니게 족속이라고 밝히고 있습니다. 이방인인데다가 여자라고 한다면 완전히 무시해도 좋을 대상입니다. 성서기자는 이런 진술을 통해서 예수의 복음이 이방인에게까지 이른다는 사실을 암시하려는 것이겠지요. 약간 다른 시각으로 이 여자를 보십시오. 이 여자는 자기의 정체를 헬라인, 수로보니게 족속, 여자라는 사실보다는 귀신 들린 딸의 어머니라는 사실에 두었을 겁니다. 남자는 죽었다 깨도 어머니의 마음을 이해할 수 없습니다. 자식을 배 속에 열 달 가까이 품은 경험은 아무나 흉내 낼 수 없습니다.

그런데 예수님 발아래 엎드린 여자는 귀신 들린 딸의 어머니였습니다. 아무도 그녀의 심정을 이해할 수 없습니다. 그녀의 영혼은 오직 그 한 가지 사실에 멈춰 있습니다. 딸의 몸속에 들어온 귀신을 내쫓는 일이라고 한다면 그녀는 무슨 일이든지 했을 겁니다. 그녀는 그 어떤 일이나 상황 앞에서도 두려워하지 않았겠지요. 그런 마음으로 그녀는 이방인을 무시하는 유대인을 찾아왔습니다. 우리에게 필요한 신앙적 태도는 귀신 들린 딸을 가진 어머니의 그것입니다. 활을 쏘는 자의 시선이 과녁에만 맞추어지듯이 우리의 영적 시선이 하나님에게만 맞추어지는 것입니다. 그럴 때 우리는 우리 신상에 무슨 일이 일어나게 될지 걱정하지 않을 것입니다. 귀신 들린 딸을 가진 어머니가 외모나 체면에 신경 쓰지 않듯이 말입니다.

귀신 들린 딸을 고쳐달라는 이방인 여자의 요청을 예수님은 일언지하에 거절하십니다. 그 이유도 모욕적으로 들립니다. 자녀의 떡을 개들에게 던질 수 없다는 것입니다. 예수님이 과연 이렇게 발언했을지는 조금 의심스럽습니다. 이방인이라는 이유로 예수님이 도움을 거절한 경우가 복음서에 이번 말고는 더 없을 겁니다. 물론 이방인이 등장하는 경우 자체가 드물지만요. 간접적으로 사마리아 사람들에 대한 예수님의 호의적인 태도에서 이방인에 대한 것도 짚어볼 수 있습니다. 본문의 발언은 문자의 차원에서 그대로 예수님의 발언으로 볼 수는 없습니다. 이방인 여자의 영적인 태도를 미리 알고 계신 예수님이 다른 사람들에게 교훈을 주기 위해서 일부러 거절하신 것인지도 모릅니다. 또는 이런 표현이 오늘 우리의 눈에는 이상하게 보이지만 그 당시에는 관용적인 어투였을 가능성도 높습니다. 예수님이 이방인 여자의 요청을 쌀쌀맞게 무조건 거절하신 게 아니라 유대인과 이방인의 차이를 부드럽게 지적한 것뿐이라고 말입니다. '개'라는 말을 너무 강조할 필요는 없습니다.

그렇다 하더라도 자녀를 먼저 배부르게 한다는 말씀은 우리에게 중요한 사실을 암시해 주는 것 같습니다. 오늘 교회 지도자들이 주로 관심을 기울여야 할 대상은 교회 안의 사람들이라는 사실을 말입니다. 그들이 교회 밖의 사람들보다 더 귀해서가 아니라 그들이 하나님의 말씀을 더 잘 받아들일 가능성이 높기 때문입니다. 물론 교회 안의 사람들이 어떤 선입관 때문에 복음에 대해서 닫혀 있고, 밖의 사람들은 오히려 열려 있을 수도 있습니다. 그러나 전체적으로는 분명히 교회 안에 있는 사람들의 영혼이 복음에 더 잘 반응합니다. 그들을 영적으로 배부르게 하는 일이 오늘 교회 지도자들에게 주어진 급박한 사명이 아닐는지요.

자녀가 먹어야 할 떡을 개에게 던지는 건 옳지 않다는 예수님의 말씀이 모욕적인 게 아니라 그 당시의 관용적 표현이라고 하더라도 일단 귀신 들린 딸을 구해달라는 요청을 거부한 것은 분명합니다. 거부당했을 때 대개의 사람들은 다음과 같이 두 가지 반응 중 하나를 선택할 것입니다. 첫째 반응은 당장 돌아가는 것이지요. 사람을 뭘로 보느냐, 더럽고 치사해서 더 이상 구하지 않는다, 하고 휙 돌아서고 마는 겁니다.

둘째 반응은 무조건 떼를 쓰는 겁니다. 복음서의 다른 대목에도 조용히 하라는 말에 더 큰 소리를 치던 사람들이 있었습니다. 예수님의 비유 중에도 불의한 재판관 앞에서 떼를 쓰는 과부가 등장합니다. 각각 자신이 처한 형편에서 보이는 반응들입니다.

그런데 오늘 본문의 이 여자는 제삼의 방식을 취했습니다. 예수님의 말씀에 도전하는 방식입니다. 논리 대 논리의 대결입니다. 당신 말이 옳지만, 내 말도 옳지 않느냐, 하는 것입니다. 참으로 놀라운 착상입니다. 예수님의 말씀을 인정하면서 자신의 주장도 인정받을 수 있는 길을 튼 것이다. 그야말로 윈–윈 작전의 한 전형입니다. 이 여자의 대답은 이렇습니다. "상 아래의 개들도 아이들이 먹던 부스러기를 먹나이다." 아무도 이 여자의 대답에 반박할 수 없었을 것입니다. 이 여자의 대답은 흡사 선문답처럼 들립니다. 선문답은 정신적으로 일정한 단계에 오른 사람들끼리 나눌 수 있는 대화기술입니다. 다른 사람들이 볼 때는 두서가 없거나 아무런 의미가 없는 것 같지만 실제로는 진리와의 일체에서 나오는 존재론적 언어행위입니다. 거듭나야 한다는 예수님의 말씀을 니고데모가 알아듣지 못한 이유가 바로 여기에 있습니다. 기독교인들은 하나님 나라에 대해서 선문답을 나눌 줄 아는 사람들이 아닐는지요.

조금 노골적으로 표현해서, 예수님은 허를 찔렸습니다. 이방인 여자에게 부스러기를 먹는다는 말을 들을 줄 예상하지 못했을 것입니다. 처음 보았을 때 보통 여자가 아니라는 건 눈치 챌 수 있었을지 모르지만 자신의 말을 무시하지 않으면서도 완전히 뒤집어버리는 그런 논리를 어떻게 상상이나 할 수 있었겠습니까? 예수님은 이 여자에게 명령하십니다. 돌아가라. 귀신이 네 딸에게서 나갔다. 이 여자에게 구원은 딸이 귀신 들림에서 놓임을 받는 것입니다. 그런데 그 일이 이제 일어났습니다. 예수님이 메시아라는 사실은 바로 인간을 귀신 들림에서 해방시킨다는 의미입니다. 귀신은 우리의 생명을 파괴하는 악한 영들입니다. 성서가 그런 악한 영을 거론하는 이유는 그런 방식이 아니면 현재 인간의 삶에서 벌어지는 모든 파괴적인 현상들을 해명할 길이 없기 때문이었습니다. 이는 곧 악을 현상적으로만 보는 게 아니라 존재론적으로 본다는 뜻입니다. 예수님은 바로 그런 악한 존재들을 근본적으로 제압해버린 분이십니다.

예수님이 이 여자에게 돌아가라고 말씀하신 것을 주목하십시오. 구원을 받은 사람은 각각 제 삶의 터전으로 돌아가야 한다는 뜻이겠지요. 구원받은 사람들 중에 예수님을 계속 따라야 할 사람들도 있지만, 그들은 소수입니다. 하나님 나라 운동에는 그렇게 많은 사람들이 필요한 게 아닙니다. 왜냐하면 하나님 나라는 하나님 자신이 행하시기 때문입니다. 거기에 부름을 받은 사람들은 상징적으로 그런 일을 할 뿐입니다. 오늘도 교회는 회중들이 하나님의 구원을 자기 삶에 일치해서 살아가도록 세상으로 돌려보내는 게 옳습니다.

좋은 뜻으로 예수님과 한바탕 입씨름을 벌인 이방인 여자가 예수님의 말씀에 따라서 집에 돌아와 보니 귀신 들렸던 딸이 침상에 누웠고, 귀신이 나갔다고 합니다. 귀신이 나갔는데도 이 아이가 왜 계속해서 침상에 누웠을까요? 귀신 들렸을 때는 아무 데나 쏘다녔는데, 이제 정신을 차리고서는 조용해졌다는 뜻일까요? 어쨌든지 어머니의 애간장을 녹이던 아이가 귀신에서 놓여났다는 것만은 분명한 사실입니다.

예수님의 공생애에 관한 보도에는 이런 축귀 현상이 자주 나옵니다. 그 이유를 알려면, 복음서 기자들의 관심이 무엇인지를 일단 분명히 해야 합니다. 그들은 예수님이 메시아라는 사실을 증명하는 것에 모든 관심을 집중시켰습니다. 메시아는 구원자입니다. 예수님에게서 구원 사건들이 일어났다는 사실이야말로 복음서 기자들이 독자들에게 말하고 싶어 한 핵심입니다. 어떤 사람들에게 구원이 가장 절실하게 요청되는지를 생각해보십시오. 고대인들에게는 바로 귀신 들린 사람들, 즉 악한 영에 사로잡힌 이들입니다. 그들은 정상적인 삶을 살아갈 수 없었습니다. 삶 자체가 파괴되었고, 주변으로부터 완전히 배척되었습니다.

그리고 그런 상황을 고칠 수 있는 기회도 찾기 힘들었습니다. 그 어디에서도 도움의 손길을 얻을 수 없는 사람이야말로 메시아를 가장 필요로 하는 사람입니다.

예수, 언어장애인을 고치시다

7:31-37

31 예수께서 다시 두로 지방에서 나와 시돈을 지나고 데가볼리 지방을 통과하여 갈릴리 호수에 이르시매 32 사람들이 귀 먹고 말 더듬는 자를 데리고 예수께 나아와 안수하여 주시기를 간구하거늘 33 예수께서 그 사람을 따로 데리고 무리를 떠나사 손가락을 그의 양 귀에 넣고 침을 뱉어 그의 혀에 손을 대시며 34 하늘을 우러러 탄식하시며 그에게 이르시되 에바다 하시니 이는 열리라는 뜻이라 35 그의 귀가 열리고 혀가 맺힌 것이 곧 풀려 말이 분명하여졌더라 36 예수께서 그들에게 경고하사 아무에게도 이르지 말라 하시되 경고하실수록 그들이 더욱 널리 전파하니 37 사람들이 심히 놀라 이르되 그가 모든 것을 잘하였도다 못 듣는 사람도 듣게 하고 말 못하는 사람도 말하게 한다 하니라

오늘 본문 31절에 따르면 예수님은 갈릴리 북쪽의 이방인 지역인 두로, 시돈, 데가볼리를 순회한 뒤에 다시 갈릴리 호수로 돌아오셨습니다. 신약학자들의 설명에 따르면 이런 일련의 지명은 정확한 정보가 아니라고 합니다. 갈릴리는 몇 가지 점에서 예수님에게 아주 의미심장한 곳입니다. 예수님이 자라신 나사렛은 바로 팔레스타인의 북쪽 지역인 갈릴리에 속한 작은 마을입니다. 예루살렘의 종교지도자들은 나사렛에서 무슨 선한 것이 나겠느냐, 하고 빈정댈 정도로 변방에 속하는 곳이었습니다.

예수님의 본격적인 공생애 활동은 갈릴리에서 시작되었습니다. 그것은 공관복음이 모두 동일하게 지적하는 내용입니다. 세례 요한에게 세례를 받은 곳은 물론 남부의 유대 지역인 요단강이었고, 마귀에게 시험받은 곳은 요단 광야였습니다. 그러나 본격적으로 하나님 나라를 선포하기 시작한 곳은 갈릴리 지역이었습니다. 마가복음 1장 14-15절에 따르면 요한이 잡힌 후에 예수님은 갈릴리에 오셔서 "때가 찼고 하나님 나라가 가까이 왔으니 회개하고 복음을 믿으라"라는 말씀을 선포하셨

습니다. 예수님이 부활하신 빈 무덤에서 막달라 마리아와 다른 마리아
는 천사를 통해서 예수님을 갈릴리에서 다시 만날 수 있다는 말을 전해
들었습니다. 이렇게 본다면 예수님의 공생애는 갈릴리에서 시작해서
갈릴리에서 끝났다고 봐야 합니다. 복음서가 갈릴리를 이렇게 명시적
으로, 또는 암시적으로 중요하게 취급하는 이유가 무엇인지를 살펴보
려면 많은 연구가 필요합니다. 역사적으로, 지정학적으로 갈릴리는 특
별한 지역이었습니다. 반로마 봉기가 자주 일어났다는 사실을 보면 갈
릴리에 사는 사람들은 반골기질이 강했던 것 같습니다. 그게 바로 십자
가가 세상의 거침돌이라는 복음과 연관되는지도 모르겠군요.

　　먼 곳을 돌아 갈릴리 호수에 이르신 예수님에게 사람들이 장애인
을 한 사람 데리고 왔습니다. 본문은 그를 귀 먹고 말 더듬는 자라고 표
현했습니다. 청각장애는 언어장애를 수반합니다. 소리를 듣지 못하기
때문에 소리를 내지 못하는 거지요. 요즘은 훈련을 통해서 청각장애인
들도 말을 할 수 있게 한다는군요. 물론 완벽한 유성음이라기보다는 무
성음에 가까운 소리를 내는 것이겠지만요. 본문의 장애인은 완전히 말
을 못하는 사람이 아닙니다. 헬라어 모기라로스는 벙어리, 또는 말을
더듬는 사람을 가리키는데, 예수님의 치유 행위를 통해서 말이 '분명해
졌다'는 35절을 감안한다면 후자에 속한다고 보아야겠지요. 어쨌든지
그는 심한 언어 장애 때문에 정상적인 생활이 어려운 사람이었습니다.
그런데 조금 바꿔서 생각한다면 정도의 차이가 있을 뿐이지 모든 사람
들이 언어장애를 겪는다는 점에서 지금 예수님 앞에 나온 그 사람이나
우리나 피장파장이 아닐까 생각됩니다. 우리는 말을 잘하고 살기에 이
런 데에 아무런 문제가 없다고 생각합니다. 언어 소통에 아무런 장애가
없다고 생각하겠지만, 실제로는 그렇지 않습니다. 여러 가지 이유로 친
구나 부부 사이에도 통하지 않는 것들이 많습니다. 오늘 본문에 등장한
언어장애인이야말로 정직한 사람이 아닐는지요. 기독교인들도 가끔 세
상 앞에서 말더듬이로, 아니 벙어리로 살아갈 필요가 있을 겁니다. 왜냐

하면 우리와 세상은 전혀 다른 것을 생각하면서 살아가고 있으니까요.

예수님은 언어장애를 겪고 있는 사람을 데리고 무리를 피하셨다고 합니다. 치유 비법을 감추려는 것은 물론 아닙니다. 장애인의 마음을 배려한 것이겠지요. 장애를 겪는 사람은 자신의 장애가 드러나는 걸 힘들어합니다. 더구나 지금 예수님 앞에 나온 사람이 말을 심하게 더듬게 된 이유가 대인 공포증이었을 개연성도 부인할 수는 없는 형편이라면 더 긴 말이 필요 없습니다. 이번에 그를 치료하시는 예수님의 태도는 유별납니다. 보통은 그저 말씀으로 치유하십니다. 손에 장애를 가진 사람에게 "손을 내밀라"(막 3:5)라고 말씀하셨습니다. 바로 앞에 일어났던 이방인 여자의 귀신 들린 딸도 역시 "돌아가라"는 말씀으로 대신하셨습니다. 접촉이 있었다 하더라도 기껏해야 손을 만져주시거나, 환자가 예수님의 몸에 손을 대는 정도입니다. 그런데 오늘 본문에서는 전혀 다른 상황이 벌어집니다.

이 사람의 장애는 두 가지였습니다. 귀와 입이었습니다. 예수님은 손가락을 이 사람의 귀에 대셨고, 특히 혀에는 침을 묻힌 손을 대셨다고 합니다. 당시의 사람들은 침에 특별한 효능이 있다고 믿었습니다. 우리의 옛날 분들도 손자들이 다치면 침을 바르고, 배가 아프면 배에 침을 발랐습니다. 그게 실제적으로 어느 정도의 효능이 있었는지는 모르겠으나, 심리적인 효과는 있었겠지요. 예수님이 굳이 이런 방식으로 이 사람의 병을 치료한 이유를 저는 잘 모르겠습니다. 더구나 이런 방식은 이방인의 전통에 가까운데 말입니다. 혹시 그것은 장애인에게 치유된다는 확신을 주기 위한 일종의 퍼포먼스가 아니었을까요? 메시아 능력이 있으신 분의 침이 자기 혀에 닿았다는 그 놀라운 경험이 그를 장애로 만들었던 악한 힘을 몰아낼 수 있었을지 모릅니다.

예수님은 심한 언어장애를 겪고 있는 장애인을 향해서 "에바다" 하고 말씀하셨습니다. 그 뜻은 '열리라'입니다. 이렇게 말씀하시기 전에 하늘을 우러러 탄식하셨다고 합니다. 그 탄식이 에바다로 표현된 것이겠지요. 에바다는 아람어일 가능성이 높다고 합니다. 예수님 당시의 팔레스틴 민중들은 히브리어를 사용하지 않았습니다. 히브리어는 성서를 읽어야 할 종교 전문가들만이 구사하고 기록하는 언어였다는 말이겠지요. 마가복음 기자는 예수님의 치유 행위를 고대인들의 주술적인 행태로 묘사하면서도 결국은 그것과의 차이를 분명히 합니다. 그것을 우리는 복음서 기자가 에바다를 그대로 놓아두지 않고 번역했다는 데서 알수 있습니다. 에바다라는 말 자체를 일종의 주문처럼 사용한 게 아니라 그것을 발설한 분의 인격적인 능력을 중요하게 생각했습니다. 예수가 누구인가 하는 것이 바로 이 치유 행위의 핵심이라는 뜻입니다.

예수님은 우리를 향해서 진정한 의미에서 에바다를 말씀하시는 분이십니다. 무엇이 열려야 하는지는 각자가 처한 형편에 따라서 다릅니다. 오늘 본문의 장애인은 실제로 경직된 혀가 풀려야 했으며, 우리는 이 세상의 고정관념에 사로잡힌 가치관이 풀려야겠지요. 저는 오늘 이 단어를 한민족 전체의 운명과 연관해서 한마디 하고 싶습니다. 우리는 지금 분단된 운명을 살고 있습니다. 너무 오래 지속되다 보니 상당히 많은 사람들이 그걸 자연스럽게 받아들입니다. 통일 운운하면 좌파로 매도당할 정도입니다. 기독교인들만이라도 에바다의 신앙을 남북통일의 차원에서 심각하게 생각해야 하지 않을는지요.

언어장애인이었던 이 사람은 에바다라는 주님의 말씀을 들은 뒤에 세 가지 변화를 몸으로 경험했습니다. 첫째, 귀가 열렸고, 둘째, 혀의 맺힌 것이 풀렸으며, 셋째, 말이 분명해졌습니다. 이 사람은 이제 이전과는 질적으로 전혀 다른 삶을 얻게 되었습니다. 이것이 그 사람에게는 구원이었습니다. 이 사람의 치유는 개인에게만 머무는 게 아니라 초기 기독교인들의 영적인 경험과 연결되는 현상입니다. 그들은 하늘로부터 오는 소리에 귀가 열렸습니다. 예수의 사건은 바로 하늘로부터 들리는 소리입니다. 그 소리를 아무나 알아듣지는 못합니다. 영적인 귀가 열려야만 합니다. 비현실적이라는 뜻은 아닙니다. 환청과 같은 어떤 소리를 듣는 것을 가리키는 것도 아닙니다. 생명의 존재론적 깊이로 들어가는 경험이라 할 수 있습니다. 예수님과의 일치로 우리는 참된 생명의 소리를 들을 수 있는 귀가 열리게 될 것입니다.

초기 기독교인들은 이제 세상에 나가서 예수 그리스도를 전할 수 있게 되었습니다. 그들의 혀가 풀린 것입니다. 사도행전의 보도에 따르면 베드로가 예루살렘 저자거리에서 예수 그리스도를 전하자 그곳에 모인 외국인들이 모두 제 나라 말로 알아들었다고 하는데, 귀가 열리고 혀가 풀리면 참된 소통이 가능해진다는 뜻이겠지요. 막혔던 언어의 장벽이 허물어지는 사건입니다. 이 장애인이 경험한 것처럼 초기 기독인들도 이제 예수 그리스도를 통해서 정확하게 말할 수 있는 능력을 얻게 되었습니다. 여기서 정확한 말이 무엇일까요? 거꾸로 부정확한 말이 무엇일까요? 생명의 깊이로 들어간 사람의 말이 정확한 것이며, 표면에 머물러 있는 사람의 말이 부정확한 것입니다. 우리는 예수 그리스도를 통해서 생명의 본질에 닿아 있는 사람들입니다. 우리에게서 생명의 말이 실제로 분명해지고 있는지 곰곰이 되돌아봐야겠습니다.

예수님은 그곳에 모였던 사람들에게 그 사건을 아무에게도 알리지 말라고 경고하셨습니다. 우리가 상식적으로 생각하거나, 또는 하나님 나라의 적극적인 부분은 감안한다면 이런 놀라운 일들은 가능한 대로 세상에 널리 알려야만 합니다. 오늘 교회 안에서 이런 일이 일어났다고 생각해보세요. 그런데 예수님은 정반대로 일을 처리하셨습니다. 그 이유에 관해서 우리는 몇 가지를 생각할 수 있습니다.

앞에서 여러번 짚은 대로 하나님 나라의 속성이 은폐성이라는 게 첫 번째 대답입니다. 여러분은 다음과 같은 예수님의 비유를 기억하실 겁니다. 어떤 사람이 밭에서 값진 보물을 발견했습니다. 그는 그 보물을 다시 묻어두고 집으로 돌아와 모든 재산을 팔아서 그 보물이 묻혀 있는 밭을 샀다고 합니다. 그가 보물을 발견했을 때 크게 떠벌리지 않았다는 사실을 생각해 보십시오. 이와 마찬가지로 우리의 영혼을 걸어야 할 하나님 나라는 숨어 있어야만 합니다. 그걸 이상하게 생각하는 분들도 있을 겁니다. 하나님 나라는 많은 사람들이 참여해야 하니까 잘 알려져야 한다고 말입니다. 그래서 지금 우리가 국내외를 막론하고 선교를 하는 게 아니냐고 말입니다. 그런 생각은 물론 옳습니다. 복음 전파는 먼저 그것을 받아들인 사람들이 감당해야 할 당연한 사명입니다. 지금 우리는 복음 전파에 대해서 말하는 게 아니라 하나님 나라의 속성에 대해서 말하는 중입니다. 그 나라는 모두에게 드러나는 방식이 아니라는 뜻입니다. 오늘 교회는 하나님 나라의 속성인 은폐성을 신비의 방식으로 담지하고 있는 종말론적 구원 공동체입니다. 우리는 그걸 전할 방법이 없습니다. 밖으로 떠벌리지 말고 침묵을 지키고 있는 게 하나님 나라의 통치에 순종하는 길이 아닐는지요.

예수님이 밖에 나가서 아무에게도 이르지 말라 하신 두 번째 이유는 그런 방식으로는 세상이 예수 사건을 이해하지도 못하고 동의하지도 않는다는 데에 있습니다. 언어장애인을 고친 이 사건은 기껏해야 사람들에게 호기심 천국 정도로 받아들여질 뿐입니다. 오늘 세상에서 관심을 끌고 있는 일들이 어떤 것인지를 살펴보십시오. 부동산이나 주식 투자로 돈을 엄청 벌었다거나 톡톡 튀는 연예인들의 프라이버시, 또는 벤처 사업으로 대박을 터뜨렸다는 소문들입니다. 교회도 이런 방식으로 사람들의 관심을 끌려고 안간힘을 씁니다. 소위 철야집회에 등장하는 소재들을 보십시오. 집회를 인도하는 사람은 밤무대 사회자와 다를 게 하나도 없습니다. 신앙적으로 자극적인 이야기, 딴따라 풍의 찬송 부르기 등으로 범벅이 되어 있습니다. 청중들의 호기심을 부추기는 데 머물러 있을 뿐입니다. 이런 호기심은 예수님이 메시아라는 사실을 알리는 데 아무런 의미도 없고 설득력도 없습니다.

이런 방식으로라도 예수님을 믿게 하는 게 필요하다고 생각하는 분들이 있을 겁니다. 그건 착각입니다. 복음서가 증언하는 바에 따르면 오병이어의 능력에 사로잡혔던 사람들도 순식간에 흩어졌습니다. 그들은 아차 하는 순간에 예수님을 십자가에 못 박으라고 외치고 맙니다. 군중, 대중, 민중은 자기 입맛에 맞는 대상에게만 매달릴 뿐입니다. 교회는 대중추수주의에 매몰되면 안 됩니다. 그렇다고 해서 교회가 엘리트주의에 빠져야 한다는 말씀도 아닙니다. 민중이든, 엘리트이든 인간 본성이라는 차원에서 보면 아무런 차이가 없습니다. 그들은 자신의 필요에 따라서 주님을 선택하기도 하고 배척하기도 합니다. 교회는 그들의 태도에 일희일비하지 말아야겠지요.

언어장애인의 치유 사건이 예수님의 메시아 되심에 대한 직접적인 증거가 되지 못한다는 말을 조금 이상하다고 생각하는 분들이 있을 겁니다. 그런 분들은 아마 옥에 갇힌 세례 요한과 예수님의 대화를 기억하시겠지요. 요한은 제자들을 예수님에게 보내서 당신이 오실 그이(메시아)인가 하고 물었습니다. 예수님은 너희가 듣고 보는 것을 요한에게 전하라고 이르시면서 이렇게 말씀하셨습니다. "맹인이 보며 못 걷는 사람이 걸으며 나병환자가 깨끗함을 받으며 못 듣는 자가 들으며 죽은 자가 살아나며 가난한 자에게 복음이 전파된다 하라"(마 11:5; 눅 7:22). 이런 구절만 본다면 예수님이 메시아라는 사실은 기적적인 사건에서 증명되는 게 분명합니다. 예수님이 공생애 초기에 나사렛의 회당에 들어가셔서 읽으신 이사야의 글에도 그런 내용이 나옵니다. "주의 성령이 내게 임하셨으니 이는 가난한 자에게 복음을 전하게 하시려고 내게 기름을 부으시고 나를 보내사 포로 된 자에게 자유를, 눈 먼 자에게 다시 보게 함을 전파하며 눌린 자를 자유롭게 하고 주의 은혜의 해를 전파하게 하려 하심이라"(눅 4:18). 위의 말씀은 옳습니다. 메시아는 억압된 인간의 삶을 자유와 해방으로 이끌어내시는 분이십니다. 다만 여기서 우리는 혼동하지 말아야 합니다. 메시아는 우리의 삶을 이렇게 바꾸실 수 있지만 이런 현상 자체가 메시아의 행위와 일치하는 건 아닙니다. 하나님은 사랑이지만 우리가 사랑이라고 생각하는 그 행위를 곧 하나님과 일치시킬 수 없는 것과 비슷합니다. 요한의 제자들에게 주신 다음과 같은 예수님의 마무리 말씀이 더 중요합니다. "누구든지 나로 말미암아 실족하지 아니하는 자는 복이 있도다"(눅 7:23). 이게 도대체 무슨 뜻일까요? 기적을 보고 예수님이 메시아라는 사실을 믿어야만 한다는 말씀인가요? 아니면 다른 뜻이 숨어 있을까요.

앞 단락에서 살펴본 누가복음의 이야기에서 예수님은 당신이 메시아인가 하고 질문하는 요한에게 두 가지 메시지를 보낸 셈입니다. 하나는 예수님에게서 놀라운 사건들이 일어났다는 것과 예수님으로 인해서 실족하지 말아야 한다는 것입니다. 표면상으로만 본다면 이 두 가지는 서로 연관이 없어 보이지만 내면적으로는 깊이 연관되어 있습니다. 우선 실족하지 말아야 한다는 말씀이 무엇인지 생각해보십시오. 유대인들의 메시아상은 온갖 초능력을 행하는 존재입니다. 이 세상의 모든 제국을 제압하고 온전히 이스라엘이 지배하는 나라를 만드는 존재이어야만 합니다. 메시아가 오기 전에 엘리야가 먼저 와야 한다는 생각이 이것과 닿아 있습니다. 엘리야는 구약 인물 중에서 가장 놀라운 초자연적 카리스마를 행한 사람입니다. 이런 방식으로 메시아를 생각하는 사람은 예수님을 도저히 메시아로 받아들일 수 없습니다. 예수님 앞에서 실족한 사람들이 많습니다. 예수님을 대적한 바리새인들과 제사장들은 물론이고, 민중들도 마찬가지였습니다. 엘리트들이나 민중들이나 모두 일종의 초자연적 메시아관에 빠져 있었습니다. 그들의 눈에 예수님은 메시아로 보일 리가 없습니다. 참된 메시아를 메시아로 알아보지 못하는 것이 곧 실족하는 것이 아닐는지요.

예수님을 통해서 기적적인 사건들이 일어난 것은 분명합니다. 그래서 예수님은 세례 요한의 제자들에게 그것을 요한에게 전하라고 말했습니다. 문제는 이것입니다. 기적 자체가 중요한 게 아니라 예수님이 중요하다는 사실을 알아야 합니다. 기적에만 목을 매달면 그는 실족할 수밖에 없습니다. 기적을 행하든, 그렇지 않든 예수님만이 인류를 구원할 참된 메시아라는 사실을 기억해야 합니다.

다시 본문으로 돌아갑시다. 예수님이 언어장애인의 치유 사건을 드러내지 말라고 경고하셨지만, 사람들은 더욱 나발을 불었다고 합니다. 왜 그렇게 했는지는 긴 설명이 필요 없습니다. 그들은 예수님이 누군지는 몰라도 그들 앞에 벌어진 사건만은 분명하게 경험했습니다. 그런 놀라운 사건을 다른 이들에게 전하지 않을 수는 없었을 것입니다. 여기서 우리는 마가복음 기자의 신학을 읽을 수 있습니다. 예수님이 전하신 하나님 나라는 아무리 감추려고 해도 결국은 드러날 수밖에 없다는 사실이 바로 그것입니다. 마가복음 기자는 하나님 나라의 속성이 감춰짐과 드러남의 긴장이라는 사실을 말하고 싶은 것입니다. 하나님의 통치는 드러납니다. 진리는 드러납니다. 등경 위의 등불은 사람들에게 빛으로 전달됩니다. 오늘 우리는 하나님 나라가 드러난다는 사실을 얼마나 명백하게 인식하고 있을까요? 그것을 단지 교회 확장 같은 것으로만 생각하면 곤란합니다. 드러나야 할 하나님 나라는 교회 조직을 훨씬 뛰어넘습니다. 하나님 나라는 하나님 자신이 일으키십니다. 교회는 하나님 나라를 감당하기에는 힘이 너무 부족합니다.

그렇다면 교회의 존재 의미가 무엇일까요? 교회는 하나님 나라가 드러난다는(계시된다는) 사실을 목도하기 위해서 깨어 있는 사람들의 공동체입니다. 엄밀하게 말하면 우리는 하나님 나라의 구경꾼입니다. 단순히 방관자라는 뜻은 아닙니다. 하나님 나라가 너무 강력하고 철저하기 때문에 놀라서 무엇을 해야 할지 방향을 잡지 못한다는 것입니다. 본문에서는 사람들이 널리 전했다고 했습니다. 예, 우리도 하나님 나라의 능력을 전해야겠지요. 거기서 중요한 것은 그렇게 전달되는 사건이 우리의 설계와 의지가 아니라 오직 하나님의 힘에 의한 것이라는 사실입니다. 그 나라는 늘 스스로 드러내고 있습니다.

언어장애인 이야기의 결론도 이와 비슷합니다. 사람들이 심히 놀랐습니다. 그들이 놀란 이유는 물론 일상적으로 일어날 수 없는 일들을 경험했기 때문입니다. 이런 성서 텍스트에서 우리가 주목해야 할 대목은 장애의 치유 자체보다는 사람들의 놀람입니다. 그들이 받은 충격입니다. 메시아 앞에서 우리는 놀라운 일을 경험하게 된다는 것입니다. 놀람의 본질이 무엇인지 생각해 보십시오. 우리에게 익숙하지 않은 낯선 것을 만날 때 우리는 놀랍니다. 여기서 무엇이 낯선 것인지도 생각해보십시오. 우리가 세상에서 성취하고 추구하는 것들은 전혀 낯선 것이 아닙니다. 벤처 기업을 세워서 대박을 터뜨렸다거나 주식투자로 갑자기 큰돈을 버는 것도 아주 익숙한, 그래서 시시한 일들입니다. 그것이 시시하다는 말을 이미 잘 알고 있을 겁니다. 그런 일들로 우리의 기분이 좋아지는 것은 아주 순간에 불과합니다. 이런 시시한 것들은 기껏해야 잠시 흥미를 끌 뿐이지 놀람의 대상은 못 됩니다.

우리에게 낯선 대상은 오직 하나입니다. 하나님입니다. 그분은 만날 때마다 새롭습니다. 그분은 늘 우리의 예상을 넘어서 통치하십니다. 정반대로 생각하는 분들도 있을 겁니다. 하나님은 늘 익숙한 어머니처럼 우리를 편안하게 해주신다고 말입니다. 언제나 변함없이 우리의 친구가 되어 주신다고 말입니다. 그것 자체가 새로운 것입니다. 온 영혼으로 사랑하는 사람이 늘 새롭게 경험되듯이 말입니다. 뜨겁지도 않고 차갑지도 않은 상태에서 벗어나는 길은 하나님과 그의 통치를 낯설게 경험하는 것입니다. 그분 앞에서 놀람을 경험하는 것입니다.

적은 무리여 기뻐하라

마가복음을 읽는다 1
Lectures on the Gospel of Mark I

지은이 정용섭
펴낸곳 주식회사 홍성사
펴낸이 정애주
국효숙 김의연 김준표 송승호 오민택 오형탁 윤진숙
임승철 임진아 임영주 차길환 최선경 허은

2019. 5. 27. 초판 1쇄 인쇄 2019. 6. 3. 초판 1쇄 발행

등록번호 제1-499호 1977. 8. 1
주소 (04084) 서울시 마포구 양화진4길 3 **전화** 02) 333-5161 **팩스** 02) 333-5165
홈페이지 hongsungsa.com **이메일** hsbooks@hsbooks.com **페이스북** facebook.com/hongsungsa
양화진책방 02) 333-5163

ⓒ 정용섭, 2019

• 잘못된 책은 바꿔 드립니다. • 책값은 뒤표지에 있습니다.
• 이 도서의 국립중앙도서관 출판예정도서목록(CIP)은 서지정보유통지원시스템 홈페이지(http://seoji.nl.go.kr)와
  국가자료공동목록시스템(http://www.nl.go.kr/kolisnet)에서 이용하실 수 있습니다.(CIP제어번호: CIP2019017571)

ISBN 978-89-365-1371-9 (04230)
ISBN 978-89-365-0558-5 (세트)